अनुवाद विज्ञान की भूमिका

कृष्ण कुमार गोस्वामी

राजकमल प्रकाशन

ISBN : 978-81-267-1541-1

मूल्य : ₹ 1495

पहला संस्करण : 2008
चौथा संस्करण : 2023

प्रकाशक : राजकमल प्रकाशन प्रा.लि.
1-बी, नेताजी सुभाष मार्ग, दरियागंज
नई दिल्ली-110 002
शाखाएँ : अशोक राजपथ, साइंस कॉलेज के सामने, पटना-800 006
पहली मंजिल, दरबारी बिल्डिंग, महात्मा गांधी मार्ग, प्रयागराज-211 001
1, अनमोल सोराबजी संतुक लेन, धोबी तलाव, मरीन लाइंस, मुम्बई-400 002
वेबसाइट : www.rajkamalprakashan.com
ई-मेल : info@rajkamalprakashan.com

मुद्रक : बी.के. ऑफसेट
नवीन शाहदरा, दिल्ली-110 032

ANUVAD VIGYAN KI BHUMIKA
An Introduction to the Science of Translation
by Prof. Krishna Kumar Goswami

कुशल संपादक, अनुवादक और साहित्यकार
तथा
मेरे आदरणीय अग्रज
श्री उग्रसेन गोस्वामी
के कर कमलों में
सश्रद्ध और सादर समर्पित
जिन्होंने मुझे अनुवाद का
पहला पाठ पढ़ाया था।

क्रम

खंड तीन : विविध अवधारणाएँ

लेखकीय

'लेखक होना आसान है, किन्तु अनुवादक होना अत्यंत कठिन है,' यह कथन है मराठी के सुविख्यात साहित्यकार मामा वरेरकर का। इसमें दो मत नहीं कि लेखक के भाव और विचार का प्रस्फुटन उसकी अपनी भाषा में होता है अर्थात् वह अपने भाषा रूपी शरीर में भाव रूपी आत्मा को ढालता है, सँवारता है। किंतु अनुवादक का कार्य उससे भी इतना कठिन है कि उसे एक भाषा रूपी शरीर से उसकी आत्मा को सुरक्षित रूप से सँभालते हुए उसे दूसरे भाषा रूपी शरीर में प्रत्यारोपित करना, ढालना और सँवारना होता है। इस शल्य-क्रिया में अनुवादक को कितना जूझना पड़ता है, इसका अंदाजा लगाना मुश्किल है। इसीलिए इसकी विधि-प्रविधि और सिद्धांतों पर काफी चिंतन और मनन हुआ है। अनुवाद क्या है, अनुवाद की विधि क्या है? अनुवाद प्रक्रिया में क्या कठिनाई आती है, अनुवाद की व्यावसायिकता से क्या अभिप्राय है आदि अनुवाद संबंधी विभिन्न समस्याओं का विवरण तो मिल जाता है, किंतु फिर भी हम अनुवाद के दर्शन को अभी तक समझ नहीं पाए हैं। वास्तव में भाषा कोई स्थिर या निष्क्रिय वस्तु है, जो अपने सामाजिक सांस्कृतिक, परंपरागत और भौगोलिक परिवेश में पलती और पनपती है, तो प्रश्न उठता है कि क्या पहली भाषा का कथ्य दूसरी भाषा में आसानी से प्रतिस्थापित या प्रत्यारोपित हो जाएगा? उसके लिए अनुवादक को संघर्ष करना पड़ता है। भाषा कोई सामान्य माध्यम या साधन या उपकरण नहीं है, जो बिना किसी टकराव या संघर्ष के एक ही कथ्य को अपने भीतर ढाल ले और अनुस्यूत कर ले। अतः इस संदर्भ में प्रस्तुत पुस्तक में थोड़ा बहुत विचार करने का प्रयास किया गया है।

इस पुस्तक की रचना में लेखक का व्यक्तिगत रुझान तो रहा ही है। साथ ही उसका व्यावसायिक दायित्व भी रहा है। लेखक ने अपने व्यावसायिक कार्य का प्रारंभ लोकसभा सचिवालय में अनुवादक के पद पर किया था। बाद में 'डाक्टरेट' की उपाधि प्राप्त करने के बाद वह शिक्षण-व्यवसाय में जुट गया और लोकसभा सचिवालय के अनुभव के आधार पर अन्य दायित्वों के साथ-साथ उसे स्नातकोत्तर स्तर पर अनुवाद के शिक्षण का दायित्व भी सौंपा गया। इस श्रृंखला में लेखक ने केन्द्रीय हिन्दी संस्थान दिल्ली और आगरा, उच्च शिक्षा और शोध संस्थान, द.भा.हिं.प्र.सभा, हैदराबाद, दिल्ली विश्वविद्यालय, संत गाडगे अमरावती विश्वविद्यालय अमरावती, हैदराबाद विश्वविद्यालय,

हैदराबाद, लखनऊ विश्वविद्यालय, लखनऊ, पुणे विश्वविद्यालय, पुणे, महात्मा गांधी अंतरराष्ट्रीय हिन्दी विश्वविद्यालय, वर्धा, हिमाचल प्रदेश विश्वविद्यालय, शिमला, नई दिल्ली सांध्यकालीन हिन्दी संस्थान (भारतीय विद्या भवन) नई दिल्ली, भारतीय अनुवाद परिषद, नई दिल्ली आदि अनेक विश्वविद्यालयों और संस्थाओं में अनुवाद विषयक व्याख्यान दिए। इस प्रकार यह पुस्तक लेखक के अध्यवसाय, शिक्षण और व्याख्यानों का परिणाम है।

इस पुस्तक को तीन आयामों में विभाजित किया गया है—सिद्धांत, अनुप्रयोग और विविध अवधारणाएँ। 'सैद्धांतिक आयाम' में अनुवाद के अर्थ, स्वरूप, प्रक्रिया, क्षेत्र आदि के साथ-साथ पुनरीक्षण, मूल्यांकन, आशु-अनुवाद, मशीनी अनुवाद तथा व्यतिरेकी विश्लेषण के संदर्भ में अनुवाद का भाषावैज्ञानिक अध्ययन भी है। 'अनुप्रायोगिक आयाम' में साहित्य, विज्ञान, वाणिज्य, जनसंचार और विज्ञापन, विधि और न्यायालय तथा संसदीय साहित्य के अनुवाद में आनेवाली कठिनाइयों का विवेचन है। 'विविध अवधारणाएँ' आयाम में कुछ नई अवधारणाएँ रखी गई हैं और कुछ पुरानी अवधारणाओं पर नई दृष्टि से विचार करने का प्रयास किया गया है। अंत में 'संदर्भ सूची' में हिन्दी स्तरीय पुस्तकों की जानकारी दी गई है। इस समूचे अध्ययन में अनुवाद को अनुप्रयुक्त भाषाविज्ञान के परिप्रेक्ष्य में अंतरविधात्मक विषय के रूप में स्थापित करने का एक लघु प्रयास है।

इस पुस्तक की रचना में मुझे अनेक विद्वानों का प्रत्यक्ष या परोक्ष रूप में सान्निध्य तो मिला ही, उन विद्वानों की पुस्तकें भी मेरे विवेचन और चिंतन में संबल बनी रहीं। अनुवाद के क्षेत्र में मेरे प्रथम प्रेरणास्रोत रहे मेरे अग्रज आदरणीय उग्रसेन गोस्वामी जी। उन्हें यह पुस्तक हृदय से समर्पित करता हूँ। अनुवाद जैसे शास्त्रीय विषय, जिसे कुछ लोग नीरस मानते हैं, की प्रथम पाठिका रहीं मेरी अर्द्धांगिनी श्रीमती विमलेश गोस्वामी। उन्होंने कई बार सुझाव भी दिए। अतः इनका धन्यवाद करना तो उचित नहीं, अभिनंदन करना कर्तव्य बनता है। इस पुस्तक की रचना बहुत धीमी गति से चल रही थी, किंतु जुलाई-अगस्त 2007 के दौरान अमरीका में रह रहे अपने सुपुत्र गौरव के पास इर्विंग (डल्लास) में कुछ दिन रहा और वहाँ मैंने बैठकर इस पुस्तक का बहुत-सा अंश लिख डाला। इसमें वहाँ की इर्विंग लाइब्रेरी और एक सुप्रसिद्ध प्रकाशक 'बार्न्स एंड नोबल्स' का विशेष योगदान नहीं भुला सकता। इसके लिए गौरव और उसकी पत्नी श्वेता ने न केवल मेरा ध्यान रखा वरन् मुझे वहाँ से पुस्तकालयों का परिचय भी कराया। अतः इन दोनों के साथ मेरा आशीर्वाद सदैव रहेगा। मेरी पुत्रियाँ नम्रता और मुदिता तो सदैव मेरे साथ हैं, वे पल-पल मेरा ध्यान तो रखती ही हैं, साथ ही आपातकाल में पुस्तक के संदर्भ में मेरी सहायता भी किसी-न-किसी प्रकार से कर देती हैं। इन्हें आशीर्वाद ही तो दे सकता हूँ मेरे पास और है भी क्या? इन्हीं के साथ-साथ मेरे दामाद विवेक और मेरे नाती पार्थ ने अपने-अपने ढंग से सहयोग दिया, उनको भी आशीर्वाद। इस पुस्तक में मेरे मित्रों और छात्रों का भी कम योगदान नहीं है। उन्होंने किसी-न-किसी प्रकार से मुझे

सहयोग दिया है। 'लघु उद्योग समाचार' पत्रिका के संपादक श्री हरीश आनंद, प्रगत संगणन विकास केन्द्र (सी डैक) नोएडा के निदेशक श्री विजयेंद्र एन. शुक्ल, वरिष्ठ परियोजना प्रबंधक श्री करुणेश अरोड़ा, दिल्ली विश्वविद्यालय के डॉ. दिनेश कुमार गुप्त, डॉ. रमेश सी. गर्ग और डॉ. पूरन चंद टंडन, केन्द्रीय हिन्दी संस्थान के पूर्व प्रोफ़ेसर सुरेश कुमार, संसदीय राजभाषा समिति के अवर सचिव डॉ. रमेश चंद्र शर्मा 'रणाकोटी', केन्द्रीय अनुवाद ब्यूरो, नई दिल्ली की सहायक निदेशक डॉ. श्रीमती कुसुम अग्रवाल और उपनिदेशक श्री विनोद संदलेश आदि मेरे छात्रों और मित्रों को आशीर्वाद और धन्यवाद देना मेरा धर्म है। मेरी व्यस्तता को देखकर राजकमल प्रकाशन के अध्यक्ष और प्रबंध निदेशक श्री अशोक महेश्वरी ने लेखन-कार्य और टंकण कराने में मुझे जो सहयोग दिया और जो तत्परता दिखाई, उसके लिए उनका साधुवाद करना भी मेरा धर्म है। अंत में इस पुस्तक के कंम्प्यूटरटंकण में मेरे सहायक श्री नवीन चंद्र ने जो परिश्रम किया, वह वास्तव में प्रशंसनीय है। अतः मेरा आशीर्वाद उनके साथ है।

अंत में मैं यह बताना चाहूँगा कि इस पुस्तक के लिए आपके रचनात्मक सुझाव मेरे लिए आगे के संस्करणों में संबल होंगे।

मकर संक्रांति, 2008 **कृष्ण कुमार गोस्वामी**

1764, औट्रम लाइन्स,
डॉ. मुखर्जी नगर,
दिल्ली-110 009

खंड एक

सिद्धांत

अनुवाद का अर्थ, स्वरूप और क्षेत्र

अनुवाद आज अपने सैद्धांतिक संदर्भ में बहुआयामी और प्रयोजन में बहुमुखी हो गया है, किंतु अनुवाद की सार्थकता और व्यावहारिकता में जो संवर्धन हुआ, उसी अनुपात में उसके सिद्धांतों पर गहराई से चिंतन नहीं हुआ। वास्तव में अनुवाद की परिभाषा, स्वरूप, प्रकृति तथा उसके विवेचन में अनुवादशास्त्री इतने उलझ गए हैं कि वे अनुवाद के दर्शन को पूरी तरह समझ नहीं पाए, क्योंकि अनुवाद में इन सैद्धांतिक संदर्भों के अतिरिक्त व्यवहार के रूप में उसे साधना कोई सरल कार्य नहीं है। सफल अनुवाद का संबंध व्यवहार पक्ष से है और इसीलिए अनुवाद के सिद्धांत और व्यवहार पक्ष के संबंधों पर सार्थक विवेचन करने की आवश्यकता है ताकि अनुवाद प्रक्रिया स्पष्ट हो सके। कुछ विद्वानों ने अनुवाद को 'अर्थांतरण' अथवा 'भाषिक प्रतिस्थापन' की संज्ञा दी है, किंतु अनुवाद न तो 'अर्थांतरण' है और न ही 'भाषिक प्रतिस्थापन'। वस्तुतः भाषा की प्रकृति ऐसी स्थिर और समरूपी नहीं है कि एक भाषा की इकाई को दूसरी भाषा की इकाई द्वारा प्रतिस्थापित किया जा सके। भाषा न तो ऐसी निष्क्रिय ग्रहीता है जो किसी अन्य भाषा के कथ्य को बिना किसी टकराव के अपने भीतर समेट ले। क्या ऐसा तो नहीं समझा जाता कि भाषा अनुवाद के लिए उसी मिट्टी के समान है जिसके सहारे मूर्तिकार मूर्ति का निर्माण करता है? अनुवाद तो सादृश्यधर्मी सर्जनात्मक प्रक्रिया है, जिसमें भाषा मात्र एक साधन या उपकरण के समान इस्तेमाल होती है। यहाँ यह प्रश्न भी उठ सकता है कि यह सर्जनात्मक प्रक्रिया ललित साहित्य अथवा कविता, नाटक, कथा साहित्य आदि के संदर्भ में कुछ लोगों को उचित लगे, किंतु क्या यह ज्ञान साहित्य अथवा विज्ञान, वाणिज्य, प्रौद्योगिकी, जनसंचार, विधि, कार्यालय आदि के अनुवाद के लिए उतनी ही सार्थक होगी? यह प्रश्न हमारे सामने मुँह बाए खड़ा है, जिसमें भाषा की विभिन्न प्रयुक्तियों के संदर्भ में अनुवाद संबंधी उठनेवाली कठिनाइयों पर चिंतन करना आवश्यक हो गया है ताकि उसका सैद्धांतिक संदर्भ परिपुष्ट हो सके।

अनुवाद का अर्थ और परिभाषा : 'अनुवाद' संस्कृत का तत्सम शब्द है, किंतु संस्कृत में वह उसी अर्थ में प्रयुक्त नहीं होता जिस अर्थ में वह हिन्दी में प्रयुक्त होता है। संस्कृत व्याकरण के अनुसार यह 'वद्' धातु से बना है, जिसका अर्थ है 'बोलना' या 'कहना'। 'वद्' धातु के साथ 'घञ्' प्रत्यय जुड़ने से वह भाववाचक संज्ञा 'वाद' बन जाता है। 'वाद' का अर्थ है 'कहने की क्रिया' अथवा 'कही हुई बात'। 'वाद' से पहले 'अनु'

उपसर्ग जोड़ने से 'अनुवाद' शब्द बनता है। 'अनु' उपसर्ग का अर्थ सामान्यतः 'पीछे' या 'बाद में' होता है। इस दृष्टि से 'अनुवाद' का शब्दार्थ है (किसी के) 'कहने या बोलने के बाद बोलना' अथवा 'किसी कही हुई बात के बाद कहना'। इस भाव को व्यक्त करने वाला दूसरा शब्द हो सकता है 'पुनः कथन'। संस्कृत के कुछ कोशों में इसका अर्थ 'प्राप्तस्य पुनः कथनम्' अथवा 'ज्ञातार्थस्य प्रतिपादनम्' मिलता है। वास्तव में प्राचीन काल में हमारे देश भारत में गुरुकुलों में शिक्षा दी जाती थी और यह शिक्षा मौखिक परंपरा में थी। गुरु या आचार्य लोग प्रायः जो कुछ बोलते या जिन मंत्रों का उच्चारण करते, शिष्य लोग गुरु के उन कथनों को पीछे-पीछे उन्हें दुहराते थे। इसी को 'अनुवचन' अथवा 'अनुवाद' कहा जाता था।

पाणिनी ने अपने अष्टाध्यायी में एक सूत्र दिया है 'अनुवादे चरणानाम्'। टीकाकारों ने इसका अर्थ 'सिद्ध बात का प्रतिपादन' अथवा 'कही हुई बात का कथन' बताया है। इसी प्रकार भर्तृहरि ने अनुवाद शब्द का प्रयोग 'दुहराने या पुनःकथन' के अर्थ में किया है—'अनुवृत्तिरनुवादो वा'। जैमिनीय न्यायमाला में भी अनुवाद 'ज्ञात का पुनःकथन' के अर्थ में है—ज्ञातस्य कथनमनुवादः। इस प्रकार प्राचीन काल में भारत में अनुवाद शब्द का प्रयोग गुरु के कथनों को शिष्यों के द्वारा दुहराए जाने के लिए होता था। उपनिषदों में भी अनुवाद का प्रयोग दुहराने के अर्थ में मिलता है।

'अनुवाद' शब्द का प्रयोग भारतीय दर्शन के ग्रंथों में विशेषकर न्याय और मीमांसा में काफ़ी हुआ है। इनमें पहले से कही हुई बात के समर्थन में कहे गए दूसरे वचन को अनुवाद कहा गया है। न्यायशास्त्र में वाक्य के तीन प्रकार बताए गए हैं—विधि, अर्थवाद और अनुवाद। विधि के पुनः कथन को 'अनुवाद' की संज्ञा दी गई है। अनुवाद का सामान्य अर्थ था—एक बात की पुष्टि में कही गई दूसरी बात अथवा एक ही बात की अधिक और स्पष्ट पुनः व्याख्या। किंतु यह 'अनुवाद' पुनरुक्ति मात्र नहीं होता। पुनरुक्ति प्रायः निरर्थक होती है, किंतु यह पुनः कथन पहले कही हुई बात को अधिक और स्पष्ट करने के लिए होता था। इसके अतिरिक्त वैदिक साहित्य में अनुवाद का एक समानार्थी शब्द 'अनुवाक्' भी मिलता है। बाद में इस शब्द का प्रयोग वेद के अनुभाग के अर्थ में होने लगा। इस प्रकार प्राचीन काल में अनुवाद का प्रयोग मुख्यतया 'व्याख्या' और 'टीका' या 'भाष्य' के अर्थ में होता था, जिसे आज के संदर्भ में 'अंतःभाषिक अनुवाद' अथवा 'अन्वयांतर' की संज्ञा दी गई है।

आज हिन्दी में 'अनुवाद' शब्द का प्रयोग जिस अर्थ में चल रहा है, वह संस्कृत में प्रयुक्त अर्थ से भिन्न है। हिन्दी में अनुवाद का अर्थ है—एक भाषा में कही हुई बात को दूसरी भाषा में कहना। यह एक प्रकार का भाषांतर है। यह शब्द अंग्रेजी के 'ट्रांसलेशन' शब्द के पर्याय के रूप में अपनाया गया है। अंग्रेजी का 'ट्रांसलेशन' शब्द लैटिन के दो शब्दों Trans तथा Lation के योग से बना है, जिसका अर्थ होता है—पार ले जाना। अतः एक भाषा के पार (trans) दूसरी भाषा में ले जाने (lation) की प्रक्रिया के लिए 'ट्रांसलेशन' शब्द का प्रयोग अंग्रेजी में मिलता है। अन्य यूरोपीय

भाषाओं में ट्रांसलेशन के लिए अलग-अलग शब्द मिलते हैं; जैसे–Traduire (फ्रेंच), Upersetzen (जर्मनी), Translare (इटेलियन), Traduzir (पुर्तगाली), Traduir, Trasladur (स्पेनी), Traduce (रूमानियन), Lefordete (हंगेरियन), Salin (मलय), T'ungi, Fan-i (चीनी), Perevode (रूसी) आदि अनेक शब्द विदेशी भाषाओं में अनुवाद के लिए मिलते हैं।

भारत की अधिकृतर भाषाओं में अर्थात् मराठी, असमिया, बंगला और गुजराती, पंजाबी, कन्नड़ भाषाओं में अनुवाद या उससे मिलते-जुलते रूप मिलते हैं। तेलुगु में 'अनुवदर या 'अनुवादम' शब्द मिलते हैं। असमिया, बंगला और उड़िया भाषाओं में 'अनुबाद' शब्द का प्रयोग होता है। उर्दू और तेलुगु जैसी कुछ भाषाओं में 'तर्जुमा', कश्मीरी भाषा में 'तरजमु' शब्द, सिंधी और गुजराती भाषाओं में 'तजर्म' और 'भाषांतर' शब्द मिलते हैं। तमिल में इसके लिए मोळि पेयर्प्पु (भाषांतर) शब्द प्रयुक्त होता है।

फ्लोरा रास एमॉस ने अपनी पुस्तक 'अर्ली थियरीज़ ऑफ़ ट्रांसलेशन' में यूरोप में हुए अनुवादों और प्रतिपादित सिद्धांतों का विस्तृत वर्णन करते हुए कहा है कि मध्यकाल में यूरोप में बहुत अच्छे अनुवाद हुए। तत्पश्चात् 'बाइबिल' के अनुवादों का दौर आया। इन दोनों दौरों के दौरान अनुवादकों ने अत्यंत निष्ठा से सुंदर तथा कालजयी अनुवाद किए और अपने अनुभवों के आधार पर अपने अनुवाद संबंधी अपने विचार भी प्रस्तुत किए। सोलहवीं शताब्दी में काफी संख्या में अनेक प्रकार के अनुवाद हुए तथा अनुवादकों ने अपने-अपने अनुवाद सिद्धांतों का खुलकर प्रतिपादन भी किया। इसके बाद ए. काउले से एलेक्ज़ेंडर पोप तक के समय को एमोस आर फ्लोरे ने 'अंग्रेजी अनुवाद का स्वर्णिम युग' माना है। इस दौरान अनुवाद सिद्धांतों पर विस्तृत चर्चा भी हुई है। अनुवाद संबंधी सिद्धांतों पर स्वतंत्र चिंतन वस्तुतः बीसवीं शताब्दी से आरंभ हुआ है। इसी शताब्दी में साहित्यिक और भाषावैज्ञानिक दृष्टि से विचार हुआ है। विभिन्न कालों में पश्चिम में 'अनुवाद' का अर्थ स्पष्ट करने और अलग-अलग परिभाषित करने का प्रयास किया गया है।

धार्मिक और सर्जनात्मक साहित्य के परिप्रेक्ष्य में सेंट जेरोम, मार्टिन लूथर, एतीने दोले, ड्राइडन, एलेक्जेंडर पोप, विलियम कूपर, मैथ्यू आनर्ल्ड आदि अनुवादकों और साहित्यकारों ने अनुवाद में मूल पाठ की आत्मा को सर्वोपरि माना है। प्रारंभ में धार्मिक साहित्य के शब्दानुवाद पर अधिक बल दिया गया था, किंतु बाद में उसे नकार कर भावानुवाद को सर्वोत्तम स्वीकार किया गया। सर्जनात्मक साहित्य के अनुवाद में मूल पाठ की चेतना तथा ऊष्मा पर सर्वाधिक ध्यान दिया गया। इसी संदर्भ में एडवर्ड फिट्ज़जेराल्ड ने तो यहाँ कह दिया कि 'भूसा भरे बाज़ से जीवित गौरेया बेहतर हैं (Better a live sparrow than a stuffed eagle)'। वास्तव में उन्नीसवीं शताब्दी तक अनुवाद पर चिंतन तो हुआ, लेकिन वह छिटपुट ही रहा। अनुवादकों ने अपने अनुभव के आधार पर अपने विचार प्रस्तुत किए, कोई वैज्ञानिक चिंतन नहीं हुआ।

बीसवीं शताब्दी में भाषावैज्ञानिक दृष्टि से अनुवाद पर जो चिंतन हुआ, उसमें अनुवाद का अर्थ स्पष्ट करने और उसकी परिभाषा को सर्वांगीण बनाने का प्रयास किया गया। एक ब्रिटिश विद्वान जे.सी. कैटफर्ड ने अनुवाद को स्रोत भाषा की पाठ्यसामग्री का लक्ष्यभाषा की समतुल्य पाठ्यसामग्री द्वारा प्रतिस्थापन माना–The replacement of textual material in one language by equivalent textual material in another language; तो रूसी विद्वान फाइदोराव ने 'एक भाषा के माध्यम से पहले से व्यक्त की गई किसी बात को दूसरी भाषा के माध्यम से निष्ठापूर्वक और पूर्ण रूप से की गई अभिव्यक्ति' को अनुवाद का अर्थ दिया है–To translate means to express faithfully and fully with the media of one language what has already been said with the media of another language. अमरीकी विद्वान यूजीन ए. नाइडा और चार्ल्स टेबर ने अनुवाद का आशय स्रोत भाषा के संदेश को संग्राहक भाषा में पहले अर्थ और गौणतः शैली की दृष्टि कहा निकटतम सहज समतुल्य पुनःसृष्टि से है–Translating consists in reproducing in the receptor language the closest natural equivalent to the message of the source language, first in terms of meaning and secondly in terms of style. एक अन्य रूसी विद्वान बर्खुदारोव ने कहा है कि 'एक भाषा के कथन का दूसरी भाषा के कथन में रूपांतरण अनुवाद है, जिसमें कथ्यवस्तु अर्थात् अर्थ को बिना किसी परिवर्तन के बनाए रखा जाए'–Translation is the transformation of an utterance in one language into utterance in another language, maintaining unchanged the plane of content i.e. meaning.

उपर्युक्त परिभाषाओं से यह स्पष्ट होता है कि अनुवाद का संबंध स्रोत भाषा के पाठ से लक्ष्य भाषा के पाठ में अंतरण से है और यह अंतरण इस ढंग से किया जाए कि जो कुछ कहा गया है, न केवल उसको सुरक्षित रखा जाए वरन् कैसे कहा गया है, उसको ध्यान में रखा जाए। इस प्रकार अनुवाद में विषयवस्तु और शैली दोनों का अपना महत्त्व है। दो बातें विचारणीय हैं। इनमें एक बात है की इन परिभाषाओं में स्रोतभाषा से लक्ष्य भाषा के अनुवाद को कैटफर्ड ने 'प्रतिस्थापन', फाइदोरोव ने 'अभिव्यक्ति', नाइडा और टेबर ने 'पुनर्सृष्टि' और एकाध स्थल पर 'अंतरण' भी कहा है और बर्खुदारोव ने 'रूपांतरण' कहा है। वास्तव में ये सभी शब्द अनुवाद के भीतर समाहित होते हैं। अनुवाद में यदि पाठ्यसामग्री का रूपांतरण नहीं हो पाता तो 'प्रतिस्थापन' करना पड़ता है, कभी प्रतिस्थापन नहीं हो पाता तो उसमें नई 'अभिव्यक्ति' लानी पड़ती है, कई बार नई अभिव्यक्ति से आगे बढ़कर 'पुनर्सृष्टि' करनी पड़ती है, यह सभी मूल पाठ की प्रकृति पर निर्भर होता है। दूसरी बात है कि नाइडा और टेबर ने अपनी परिभाषा में लक्ष्य भाषा के स्थान पर 'संग्राहक भाषा' (receptor language) का प्रयोग किया है। इन विद्वानद्वय का अभिप्राय यह है कि लक्ष्य भाषा में स्रोत भाषा के पूर्ण कथ्य को समेटने की अपेक्षा रहती है, किंतु यह आवश्यक नहीं कि स्रोत भाषा का कथ्य

पूर्णतया लक्ष्य भाषा में समाहित हो जाए। अतः यहाँ 'संग्राहक भाषा' से अभिप्राय लक्ष्यभाषा की ग्रहण शक्ति से है। इसीलिए नाइडा और टेबर ने इसी परिभाषा में 'अनुवाद' (Translaton) शब्द का प्रयोग न कर 'अनुवादनीयता' (Translating) शब्द का प्रयोग किया है, क्योंकि अनुवाद में 'पूर्णता' (Perfection) की अपेक्षा नहीं रहती। यह तो एक प्रक्रिया है, जो निरंतर गतिमान रहती है और उसके लिए 'अनुवादनीयता' शब्द सटीक बैठता है।

उपर्युक्त विवेचन से यह स्पष्ट होता है कि अनुवाद शब्द का प्रयोग आज जिस अर्थ में हो रहा है, वह है एक भाषा में कही हुई बात को दूसरी भाषा में व्यक्त करना। जिस भाषा में मूलतः यह बात कही गई थी, उस भाषा को **स्रोत भाषा** कहा जाता है और जिस दूसरी भाषा में उसका अनुवाद करना हो, उसे **लक्ष्य भाषा** कहते हैं। स्रोत भाषा में कही गई बात को बिना किसी परिवर्तन अथवा घटाव-बढ़ाव के लक्ष्य भाषा में अभिव्यक्त करना अनुवाद है। इसमें यह भी अपेक्षा की जाती है कि स्रोत भाषा में कही गई बात का जो प्रभाव स्रोत भाषा के पाठक पर पड़ता है, वही प्रभाव लक्ष्य भाषा में कही गई बात का लक्ष्य भाषा के पाठक पर पड़े। इसी परिप्रेक्ष्य में भाषिक, सामाजिक, सांस्कृतिक संदर्भपरक आयामों से गुज़रना पड़ता है ताकि स्रोत भाषा की पाठ्य सामग्री की पूर्ण रूप से समान अभिव्यक्ति लक्ष्य भाषा में हो सके। इस पूर्ण रूप से समान अभिव्यक्ति का आशय निकटतम अभिव्यक्ति से भी हो सकता है। इसी संदर्भ में समतुल्यता की अवधारणा ने अनुवाद की परिभाषा को कुछ हद तक स्पष्ट करने का प्रयास किया है। अतः सभी परिभाषाओं के आधार पर अनुवाद की परिभाषा इस प्रकार हो सकती है--स्रोत भाषा में व्यक्त पाठ्य सामग्री का निकटतम समतुल्यता के आधार पर लक्ष्य भाषा की पाठ्य सामग्री में पुनसृजन करना अनुवाद है।

अनुवाद का स्वरूप

अनुवाद के स्वरूप पर चर्चा करते हुए इन प्रश्नों पर विचार करना आवश्यक है कि अनुवाद क्या है और अनुवाद करने की विधि क्या है? ये दो भिन्न स्तर के प्रश्न हैं। पहले प्रश्न का संबंध अनुवाद के सैद्धांतिक संदर्भ से जुड़ा हुआ है और दूसरे प्रश्न का उसकी प्रणालीगत संक्रिया (Methodological operation) से। इसका अभिप्राय यह है कि अनुवाद का अपना सिद्धांत है, किंतु अनुवाद मात्र सिद्धांत नहीं है वरन् उस सिद्धांत का प्रणालीगत प्रतिफलन भी है। इसमें 'अनुवाद अनुवाद के लिए' कहना तर्कसंगत नहीं लगता, जबकि भाषाविज्ञान 'भाषा भाषा के' अध्ययन-विश्लेषण करता है। वास्तव में अनुवाद के लिए प्रयोक्ता-सापेक्ष होना आवश्यक है, क्योंकि सिद्धांत और प्रणाली एक दृष्टि से अन्योन्याश्रित होते हैं। जहाँ तक सिद्धांत और प्रणाली के सोपानक्रम (hierarchical order) का संबंध है, प्रणाली सदैव सैद्धांतिक लक्ष्य से नियंत्रित होकर अपना विकास करती है। वस्तुतः एक ओर सिद्धांत हमेशा लक्ष्य के साथ

जुड़ा रहता है। कुछ क्षेत्रों में यह लक्ष्य स्वयं में अपना सिद्धांत होता है। इसे 'सिद्धांत के लिए सिद्धांत' (Knowledge for knowledge sake) माना जा सकता है। शुद्ध वैज्ञानिक सिद्धांत इसी दिशा की ओर मुड़े होते हैं; जैसे—गणित और तर्कशास्त्र। दूसरी ओर, सिद्धांत किसी व्यावहारिक लक्ष्य की सिद्धि का परिणाम होता है। अनुवाद का सिद्धांत इसी कोटि के अंतर्गत आता है। अनुवाद के सिद्धांत को उसके लक्ष्य के संदर्भ में ही परिभाषित करना उचित हो गया है। अनुवाद का लक्ष्य डॉ. जानसन के अनुसार 'एक भाषा का रूपांतरण दूसरी भाषा में होना अनुवाद है, लेकिन भावार्थ को बनाए रखा जाए' (To change into another language, retaining the sense)। डॉ. जानसन के कथन में अतिव्याप्ति दोष है, क्योंकि भाषाओं के इस आदान-प्रदान को हम कैसे प्रभावित करते हैं और दूसरी भाषा में भावार्थ का कितना अंश समाहित होता है, इसकी कोई कसौटी नहीं है।

प्रतीक सिद्धांत के परिप्रेक्ष्य में अनुवाद कथ्य का प्रतीकांतरण है। प्रश्न उठता है कि प्रतीक क्या है? इस संबंध में सी.एस. पीयर्स ने प्रतीक को वह वस्तु माना है जो किसी व्याख्याता के लिए अन्य वस्तु के स्थान पर प्रयुक्त होती है। उदाहरण के लिए, 'शिवलिंग' भगवान शिव का प्रतीक है यद्यपि वह एक पाषाण खंड है, किंतु भक्त के लिए वह कुछ विशेष संदर्भों में भगवान शिव (अन्य वस्तु) के स्थान पर प्रयुक्त होता है और दूसरे के लिए मात्र पत्थर का एक टुकड़ा। इसमें व्याख्याता या प्रयोक्ता के सामाजिक, सांस्कृतिक, ऐतिहासिक आदि कई संदर्भ जुड़े होते हैं। इसीलिए फ्रांसीसी विद्वान फर्दिना द सस्यूर ने समाज के भीतर के प्रतीकों के जीवंत पक्षों और उसके प्रकार्यात्मक संदर्भों का अध्ययन करने के लिए वैज्ञानिक दृष्टि अपनाने पर बल दिया था। उन्होंने भाषा को भी प्रतीकों की व्यवस्था के रूप में परिभाषित करने का प्रयास किया। उदाहरण के लिए, उच्चरित या लिखित रूप में 'घोड़ा' शब्द स्वयं वास्तविक घोड़ा पशु नहीं है। वह 'घोड़ा' पशु या प्राणी के लिए प्रयुक्त प्रतीकजन्य भाषिक वस्तु है, जिसे उसके प्रयोक्ता या व्याख्याता वास्तविक घोड़े के स्थान पर प्रयुक्त करते हैं। इस प्रतीकजन्य भाषिक वस्तु की अवधारणा त्रिवर्गीय संकेतन इकाइयों के संबंधों पर आधारित हैं। त्रिवर्गीय इकाइयाँ हैं—संकेतित वस्तु, संकेतार्थ और संकेतन प्रतीक। 'संकेतित वस्तु' का संबंध बाह्य जगत की वास्तविक और यथार्थमय वस्तुओं से है; जैसे—कमल, घोड़ा, पेड़, आदमी। 'संकेतार्थ' से अभिप्राय प्रयोक्ता के मन में स्थित मानसिक संकल्पना अथवा बिंब से है। संकेतन प्रतीक इस संकेतार्थ को भाषिक ध्वनियों के माध्यम से अभिव्यक्ति देने वाली इकाई है, जो संकेतित वस्तु के स्थान पर विशिष्ट संदर्भों में प्रयुक्त होती है। संकेतित वस्तु, संकेतार्थ और संकेतन प्रतीक के बीच सीधा संबंध है, किंतु संकेतित वस्तु और संकेतन प्रतीक के सीधा संबंध न होकर यादृच्छिक या आरोपित है। इसलिए संकेतित वस्तु के लिए अनेक पर्याय या शब्द या अभिव्यक्तियाँ मिलती हैं। उदाहरण के लिए; संकेतित वस्तु के रूप में घोड़ा संस्कृत में 'अश्व', अंग्रेजी में 'हार्स', फ्रांसीसी में 'शेवाल', तेलुगु में 'गुरमु' आदि शब्द या अभिव्यक्तियाँ हैं। यहाँ

संकेतित वस्तु और संकेतार्थ एक साथ मिलकर अर्थ अथवा कथ्य का रूप ले लेते हैं। कथ्य के साथ अभिव्यक्ति का समाहित होना ही प्रतीकजन्य भाषिक वस्तु है, जिसे भाषिक प्रतीक की संज्ञा दी गई है। वास्तव में अभिव्यक्ति और कथ्य अर्थ की समन्वित इकाई ही भाषिक प्रतीक है। इसे निम्न आरेख द्वारा समझा जा सकता है।

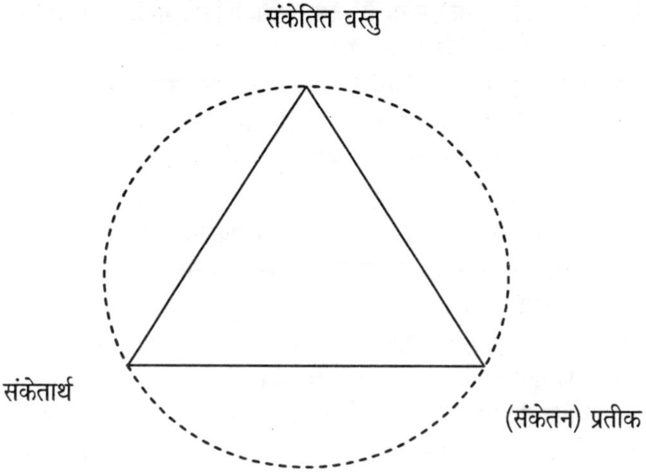

यह भी ध्यातव्य है कि संकेतार्थ के निर्माण में मात्र बाहूय जगत की वस्तुओं का योगदान नहीं होता वरन् प्रयोक्ता के जातीय इतिहास, उसकी सभ्यता, उसके समाज और संस्कृति का भी योगदान रहता है। इसी कारण संकेतार्थ में अर्थ की अगाध संभावनाएँ निहित रहती हैं। अर्थ की इन संभावनाओं को मुख्य रूप से चार वर्गों में विभाजित किया जा सकता है :

1. बोधात्मक अर्थ : यह कोशगत अथवा संकल्पनात्मक अर्थ है। इससे वस्तु या पदार्थ का मूलभाव या उसकी जातीय और विशिष्ट संकल्पना मन में उभरती है और वह यथार्थ वस्तु के रूप में दिखाई देती है। जैसे–'कमल' या 'घोड़ा' शब्द में एक प्रकार के फूल या पशु का भाव उठता है।

2. संरचनात्मक अर्थ : इसका आधार भाषिक संरचना है। इसमें शब्द या वाक्य की संरचना से अतिरिक्त अर्थ का भी द्योतन होता है; जैसे–'जलज' और 'पंकज' शब्दों में 'कमल' पुष्प की जातीय संकल्पना के साथ-साथ 'जल से उत्पन्न हुआ' अर्थात् मोहमाया से मुक्त और 'पंक से उत्पन्न हुआ' अर्थात् 'गुदड़ी का लाल' का भाव भी उत्पन्न होता है, जो एक अतिरिक्त अर्थ है।

3. सामाजिक अर्थ : इसका संबंध सामाजिक और सांस्कृतिक व्यवस्था अथवा परिवेश से जुड़ा हुआ है। वह यथार्थ वस्तु से भिन्न अर्थ प्रदान करता है। जैसे–तू, तुम, आप मध्यम पुरुष सर्वनाम के प्रयोग से वक्ता और श्रोता के सामाजिक संबंधों का

परिचय मिलता है। किसी मृत व्यक्ति के 'दाह संस्कार' अथवा 'फूल चुनना' या 'फूल प्रवाहित करना' अभिव्यक्तियों में सांस्कृतिक परिवेश निहित रहता है।

4. सांस्थानिक अर्थ : यह लाक्षणिक और व्यंजनापरक अर्थ है। इसमें ऐसे अर्थ की व्यंजना होती है जिसका समाहार मूल अर्थ में नहीं हो सकता है; जैसे–(1) अरे! मोहन तो शेर है; (2) उसका दिमाग ऊँचा है, जैसी अभिव्यक्तियों में शेर 'बहादुरी' का और ऊँचा 'अहंकार' का अर्थ व्यंजित कर रहा है।

इस प्रकार अर्थ का मूल वाच्यार्थ ही होता है जो वास्तविक संकल्पना है। संकेतार्थ में मुख्यतः दो अर्थ निहित रहते हैं। एक, बाह्य जगत की वस्तुओं का कोशगत अर्थ या वाच्यार्थ और दूसरा, अन्य संदर्भों में अतिरिक्त अर्थ। संकेतित वस्तु इन दोनों अर्थों को अपने भीतर एक साथ समेटे रहता है।

उपर्युक्त विवेचन से हम देखते हैं कि त्रिवर्गीय संकेतन संबंधों से दो भिन्न प्रतीक व्यवस्थाओं द्वारा दो भिन्न रूपों को अभिव्यक्त किया जा सकता है। इस दृष्टि से कथ्य का भाषांतरण अनुवाद हैं। इसलिए डब्ल्यु हास ने अनुवाद की संक्रिया में दो अभिव्यक्तियों और एक अर्थ (कथ्य) की भूमिका को स्पष्ट करने का प्रयास किया। कथ्य (अर्थ) को एक भाषा जिस रूप में अभिव्यक्ति देती है, उसमें भिन्न रूप में अन्य भाषा अभिव्यक्ति दे सकती है। इसका अभिप्राय यह है कि कथ्य को समान रूप में ग्रहण कर उसे दो भिन्न प्रतीक व्यवस्थाओं द्वारा दो भिन्न रूपों में अभिव्यक्ति किया जा सकता है। इसे आरेख द्वारा समझा जा सकता है।

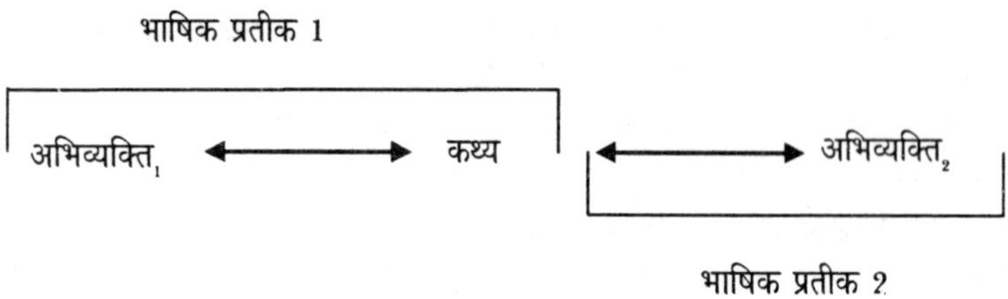

उपर्युक्त आरेख में दो भाषिक प्रतीकों में एक कथ्य और दो अभिव्यक्तियाँ हैं। इस कथन में संकेतित वस्तु तो एक है, किंतु संकेतार्थ दो हैं जो दोनों भाषिक प्रतीकों के अलग-अलग जातीय, सामाजिक और सांस्कृतिक परिवेशों के कारण अलग-अलग हो सकते हैं। इसे निम्न आरेख से इस प्रकार समझा जा सकता है।

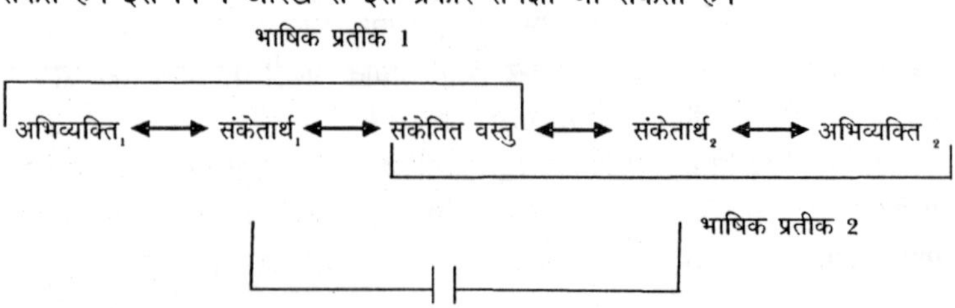

उपर्युक्त आरेख में संकेतित वस्तु का संबंध संकेतार्थ$_1$ और संकेतार्थ$_2$ दोनों से है। बाह्य जगत की वस्तु के रूप में संकेतार्थ$_1$ और संकेतार्थ$_2$ एक हैं, जो एक ही संकेतित वस्तु (उल्लू पक्षी) की ओर इंगित करते हैं, किंतु भाषिक प्रतीक (अर्थात् हिन्दी) में संकेतित वस्तु का संकेतार्थ$_1$, का एक अन्य आयाम में अलग भाव या अर्थ (अर्थात् मूर्ख) देता है और भाषिक प्रतीक$_2$ (अर्थात् जापानी) में संकेतित वस्तु का संकेतार्थ$_2$ भी अन्य आयाम में अलग भाव या अर्थ (अर्थात् बुद्धिमान) देता है। अतः संकेतित वस्तु के साथ दो संकेतार्थों के जुड़ने से संकेतित वस्तु को एक बनाए रखना नहीं है, वरन् संकेतार्थ$_1$ और संकेतार्थ$_2$ को एक बनाए रखने में ही अनुवाद की संभावना हो सकती है, क्योंकि दोनों संकेतार्थ अपने-अपने भाषिक प्रतीक में अपना-अपना विशिष्ट भाव लिए हुए है। किंतु यह कार्य कठिन और दुष्कर है, क्योंकि हर भाषा की अपनी जातीय चेतना होती है, उसके शब्दों और वाक्यों के साथ ऐतिहासिक, सामाजिक और सांस्कृतिक मूल्य लिपटे होते हैं, जिन से दोनों संकेतार्थों को एक समान करने में व्याघात होता है। इसलिए समतुल्यता सिद्धांत और व्यतिरेकी विश्लेषण के द्वारा एक भाषा के पाठ की प्रतीक योजना का अंतरण या प्रतिस्थापन अन्य भाषा की प्रतीक योजना में करना होगा। अर्थ की निकटतम सादृश्यता समतुल्यता है, जिसमें अभिव्यक्ति के स्तर के साथ-साथ कथ्य की सादृश्यता भी आवश्यक है। यह समतुल्यता दो भाषाओं के बीच की समरूपता (Iso morphism) का कारण होती है, जिसका संबंध भाषा की अर्थपरक संरचना से है। अर्थपरक संरचना से अभिप्राय लेखक को, उसके वातावरण को, उसके समाज को, उसकी परंपराओं और विश्वासों को समझना है। यह समतुल्यता शब्द (पद), पदबंध, वाक्य और प्रोक्ति के स्तर के साथ-साथ भावों, मुहावरों और लोकोक्तियों के स्तर पर होता है तथा विभिन्न शैलियों और विधाओं के आधार के साथ-साथ प्रतीकात्मक, लाक्षणिक, व्यंजनापरक आदि स्तर पर होता है। व्यतिरेकी विश्लेषण में दोनों भाषाओं की संरचनात्मक समानताओं और असमानताओं को देखा जाता है और उनके आधार पर दोनों भाषाओं के संकेतार्थ को एक समान लाने का प्रयास होता है। इन दोनों आधारों पर अनूदित पाठ मूल पाठ के सहपाठ का रूप ले लेता है। (समतुल्यता सिद्धांत और व्यतिरेकी विश्लेषण का विस्तृत विवेचन अलग अध्यायों में किया गया है।) इस प्रकार अनुवाद भाषिक प्रतीकों का वह व्यापार है जिसमें एक भाषा में व्यक्त अनुभवों की दूसरी भाषा में संप्रेषित हो जाने की व्याख्या होती है। इसमें स्रोत भाषा और लक्ष्य भाषा दोनों का होना तो अनिवार्य है, किंतु दोनों भाषाओं के सामाजिक, सांस्कृतिक, राजनैतिक आदि अपने-अपने संदर्भ और परिवेश होते हैं जो प्रायः एक समान नहीं होते। हर भाषा की अपनी अगाध शक्ति और जातीय संवेदना होती है। अतः इन भाषाओं की इन विशिष्टताओं पर विशेष ध्यान देना होगा, अन्यथा स्रोतभाषा और लक्ष्यभाषा के भाषायी संस्कार पर कुठाराघात होगा और अनुवाद की संप्रेषणीयता तथा बोधगम्यता पर बुरा प्रभाव पड़ेगा। निष्कर्ष रूप से यह कहना उचित होगा कि अनुवाद के स्वरूप को समझने के लिए भाषा दर्शन और अनुवाद दर्शन दोनों को समझना होगा।

अनुवाद का क्षेत्र

अनुवाद को दो संदर्भों में देखा जाता है : (1) व्यापक संदर्भ और (2) सीमित संदर्भ। व्यापक संदर्भ में अनुवाद को प्रतीक सिद्धांत के परिप्रेक्ष्य में देखा जाता है अर्थात् कथ्य का प्रतीकांतरण अनुवाद है। प्रतीक व्यवस्था के परिप्रेक्ष्य में सुविख्यात भाषाविज्ञानी रोमन याकोब्सन ने भाषिक पाठ का प्रतीकांतरण तीन रूपों में देखने का प्रयास किया है–(1) अंतःभाषिक अनुवाद (Intralingual Translation) (2) अंतर भाषिक अनुवाद (Interlingual Translation) और (3) अंतर प्रतीकात्मक अनुवाद (Inter semiotic Translation)।

1. अंतःभाषिक अनुवाद : किसी एक भाषा की प्रतीक व्यवस्था द्वारा व्यक्त अर्थ का उसी भाषा की अन्य प्रतीक व्यवस्था द्वारा अंतरण अंतःभाषिक अनुवाद है। इसमें एक ही भाषा के भीतर एक ही कथ्य को उसी भाषा की अन्य शैली, विधा, बोली आदि में व्यक्त किया जाता है। संस्कृत में किसी कृति का जो 'भाष्य' या 'टीका' होती थी, वह भी एक प्रकार का अंतःभाषिक अनुवाद है। इसे 'अन्वयांतर' भी कहते हैं। किसी एक भाषा के पद्य रूप का गद्य में, नाटक का कहानी में, औपचारिक शैली का अनौपचारिक शैली (जैसे–'उसकी माता जी का स्वर्गवास हो गया' का 'उसकी माँ मर गई'), भाषा की एक बोली के पाठ को दूसरी बोली में (जैसे–हिन्दी की ब्रजभाषा बोली के पाठ का अवधी, भोजपुरी, खड़ी बोली आदि किसी भी बोली में) किए गए रूपांतरण अंतःभाषिक अनुवाद के रूप हैं।

शेक्सपियर के अनेक गीति नाट्यों का अंग्रेजी साहित्यकार चार्ल्स लैंब ने गद्य में रूपांतरण किया था। इसी प्रकार एक अमरीकी विद्वान जॉन क्रोथर ने न्यूयार्क के एक प्रकाशक की 'स्पार्क नोट्स' श्रृंखला के अंतर्गत शेक्सपीयर के कई गीति नाट्यों और सॉनेट संकलन (2004) का गद्यानुवाद किया। शेक्सपीयर के एक सॉनेट के एक अंश के गद्यानुवाद का उदाहरण द्रष्टव्य है :

मूलपाठ :

Mine eye and heart are at a mortal war
How to divide the conquest of thy sight;
Mine eye my heart thy pictureys sight would bar;
My heart mine eye the freedom of that right.

(शेक्सपियर)

गद्य रूपांतरण : My eye and my heart have gone to war with each other. They're fighting over who gets to control your image. My eye wants to bar my heart from the image that if formed, while my heart wants to keep my eye away from its image.

(जॉन क्रोथर)

सॉनेट में जो लय विधान और छंद विधान की छटा है, वह गद्यानुवाद में नहीं है। सॉनेट में शेक्सपीयर युगीन भाषा की क्लिष्टता तो है, किंतु काव्यात्मकता के दर्शन भी होते हैं, गद्यानुवाद में आधुनिक अंग्रेजी की स्पष्टता और सरलता अधिक मिलती है।

इसी प्रकार प्रेमचंद के प्रारंभिक उपन्यासों का लेखन उर्दू शैली में हुआ था। बाद में प्रेमचंद ने स्वयं उसका अन्वयांतर हिन्दी शैली में किया। सन् 1924 में 'जमाना' पत्रिका में प्रेमचंद की कहानी 'शतरंज की बाज़ी' उर्दू शैली में प्रकाशित हुई थी और दिसंबर 1924 में इसका हिन्दी रूप 'माधुरी' पत्रिका 'शतरंज के खिलाड़ी' के नाम से प्रकाशित हुआ था। इसके अंश का उदाहरण द्रष्टव्य है :

उर्दू में मूल पाठ : अंधेरा हो गया था। बाज़ी बिछी हुई थी। दोनों बादशाह अपने-अपने तख्त पर रौनक-ए-अफ़रोज़ थे। उन पर हसरत छाई हुई थी, गोया मक्तूलीन की मौत का मातम कर रहे थे।

हिन्दी अन्वयांतर : अंधेरा हो चला था। बाज़ी बिछी हुई थी। दोनों बादशाह अपने-अपने सिंहासनों पर बैठे हुए मानो उन दोनों वीरों की मृत्यु पर रो रहे थे।

उपर्युक्त दोनों रूपों में न केवल शब्दों के संयोजन और वाक्यों के चयन में अंतर दिखाई देता है, वरन् रचना के वातावरण के घनत्व और संवदेना में भी अंतर मिलता है।

2. अंतर भाषिक अनुवाद : यह एक भाषा की प्रतीक व्यवस्था के अर्थ का दूसरी भाषा की प्रतीक व्यवस्था द्वारा अंतरण है। सीमित संदर्भ में स्रोतभाषा और लक्ष्य भाषा दोनों भाषाओं के बीच होनेवाला अनुवाद वास्तव में अंतरभाषिक अनुवाद अथवा भाषांतर ही है। इस अनुवाद में पाठधर्मी और प्रभावधर्मी अनुवाद के मुख्य रूप से दो रूप होते हैं। **पाठधर्मी अनुवाद** में अनूदित पाठ की संरचना और बुनावट यथासंभव मूलपाठ के अनुरूप होती है। इसमें अनुवाद को पाठ से बाहर जाने की छूट नहीं होती। **प्रभावधर्मी अनुवाद** में स्रोतभाषा का मूल पाठ उसी भाषा के पाठक को जिस प्रकार प्रभावित करता है, उसका अनूदित पाठक लक्ष्य भाषा के पाठक को उसी प्रकार प्रभावित करता है। अतः अनुवाद के प्रभाव के आधार पर पाठ-सृजन करने की अपेक्षा रहती है।

3. अंतर प्रतीकात्मक अनुवाद : इस अनुवाद में एक भाषिक प्रतीक होता है और दूसरा भाषेतर प्रतीक। हम जानते हैं कि चित्रकला, संगीतकला, नृत्यकला आदि में भी भावों या विचारों की अभिव्यक्ति होती है। इनमें भाषिक ध्वनियों का प्रयोग नहीं होता, इसलिए ये सभी भाषेतर प्रतीक हैं। इन प्रतीकों का रूपांतरण प्रतीकांतरण है। इस दृष्टि से अंतरप्रतीकात्मक अनुवाद में भाषिक प्रतीक के कथ्य का अंतरण भाषेतर प्रतीक में होता है। किसी मार्ग पर 'खतरे की चेतावनी' भाषा के माध्यम से देने के बजाय 'खोपड़ी का चिह्न' लगाया जाता है। सड़क पर वाहनों को 'रोकने' या 'चलने' के लिए भाषायी

ध्वनियों के माध्यम से बताने के बजाय 'लाल बत्ती' या 'हरी बत्ती' का प्रयोग होता है। अतः 'खोपड़ी' का चिह्न, 'लालबत्ती', 'हरी बत्ती' आदि भाषेतर प्रतीक हैं। इन भाषेतर प्रतीकों का रूपांतरण भाषिक प्रतीकों से हुआ है, जो अंतरप्रतीकात्मक अनुवाद के उदाहरण हैं। इसी प्रकार कवि के भावों या विचारों को चित्रकार अपनी कूची से चित्र में व्यक्त करता है, संगीतकार नाद-संयोजन से और नर्तक या नृत्यांगना अपनी नृत्य ये व्यक्त करता है। कहानी, उपन्यास, नाटक आदि की कथावस्तु का दृश्यांकन चित्र अथवा नृत्य से भी हो सकता है और टेलीविज़न अथवा फ़िल्म के दृश्य बिंबों के द्वारा भी प्रतीकांतर हो सकता है। संस्कृत और हिन्दी के रामायण, महाभारत, देवदास, सारा आकाश, तीसरी कसम, मैला आँचल, राग दरबारी आदि कृतियों का फिल्मीकरण और टेलीविज़नीकरण अंतरप्रतीकात्मक अनुवाद हैं।

रोमन याकोब्सन ने सीमित संदर्भ में **अंतरभाषिक अनुवाद** को ही वास्तविक अनुवाद की संज्ञा दी है, जो व्यापक संदर्भ में तीन अनुवादों में एक प्रकार हैं। वस्तुतः स्रोत भाषा के पाठ का लक्ष्य भाषा में समतुल्यता के आधार पर इस प्रकार अंतरण होता है कि मूल पाठ का संप्रेषणीय कथ्य अनूदित पाठ में प्रतिस्थापित हो जाए। इसमें यह अपेक्षा की जाती है कि अनूदित पाठ की बुनावट मूल पाठ के अनुरूप हो। इसलिए अनुवाद का भाषिक संदर्भ अंतरण की अपेक्षा प्रतिस्थापन पर बल देता है, क्योंकि दोनों भाषाओं के समकक्ष पर्याय निकटतम समतुल्य नहीं होते और निकटतम समतुल्य समकक्ष पर्याय नहीं होते। इसी कारण मूल अर्थ का अंतरण पूर्ण रूप से नहीं हो पाता, क्योंकि अंतरण प्रक्रिया के दौरान दोनों भाषाओं की अपनी-अपनी दृष्टियाँ और सामाजिक-सांस्कृतिक परिवेश सामने आ जाते हैं। उदाहरण के लिए, 'संजीवनी बूटी का काम करना' का अंतरण to work as a Sanjivani Plant और 'भीष्म प्रतिज्ञा' का अंतरण oath as firm as Bhishma's तो कर लिया, लेकिन 'रामबाण औषधि और 'पनीर' का अंतरण न होने के कारण इनका प्रतिस्थापन क्रमशः medicine is a panacea और cottage cheese किया जाता है। अतः अंतरभाषिक अनुवाद में स्रोत भाषा के पाठ के विभिन्न भाषिक रूपों का लक्ष्य भाषा के पाठ में न केवल अंतरण किया जाता है, वरन् प्रयोजन और प्रकार्य की दृष्टि से स्रोत भाषा की विशिष्ट अभिव्यक्तियों द्वारा प्रतिस्थापन भी किया जाता है। स्रोत भाषा के मुहावरों, लोकोक्तियों, सामाजिक-सांस्कृतिक अभिव्यक्तियों की अंतरण-प्रक्रिया की अपेक्षा प्रतिस्थापन प्रक्रिया अधिक प्रभावकारी सिद्ध होती है। यहाँ यह भी ध्याननीय है कि इसमें भी कई बार समतुल्यता की समस्या आती है। उदाहरण के लिए, हिन्दी समाज में प्रयुक्त हिन्दी का सांस्कृतिक शब्द 'जनेऊ' (यज्ञोपवीत) के लिए अंग्रेजी में 'सेक्रेड थ्रेड' या 'होली स्ट्रिंग' रखा जाता है जो न तो समतुल्य अंतरण है और न ही प्रतिस्थापन। यह तो एक व्याख्या है। इसी प्रकार 'लक्ष्मण रेखा पार करना' और 'संजीवनी बूटी का काम करना' का अंग्रेजी रूपांतरण क्रमशः exceeding one's limit is to invite troubles और prove to be the best remedy किया गया है, जो इन अभिव्यक्तियों की अपने-आप में

व्याख्या ही है। अतः अंतरभाषिक अनुवाद में कभी-कभी अंतरण और प्रतिस्थापन की बजाय व्याख्या और पुनर्सृजन की प्रक्रिया को साधना पड़ता है।

इस प्रकार अनुवाद का स्वरूप और क्षेत्र व्यापक है। इसमें स्रोत भाषा के मूल पाठ के भाषिक या बोधात्मक अर्थ, प्रयोग के वैशिष्ट्य से व्युत्पन्न लक्षणापरक और व्यंजनापरक अर्थ, विषयवस्तु तथा सामाजिक और संस्कृति संदर्भ शैली प्रयुक्ति की विशिष्टता को यथासंभव सुरक्षित रखे हुए उसका लक्ष्य भाषा में स्वाभाविक और निकटतम समतुल्यता के आधार पर पुनः सृजन किया जाता है। यही अनुवाद के सैद्धांतिक और व्यवाहारिक आयाम हैं।

अनुप्रयुक्त भाषाविज्ञान और अनुवाद

आधुनिक युग में यह संकल्पना दृढ़ हो गई है कि किसी भी विषय के प्रतिपादन में शुद्ध विज्ञान, अनुप्रयुक्त विज्ञान अर्थात विज्ञान का अनुप्रायोगिक रूप और व्यावहारिक प्रयोग का सम्मिलन अधिक उपयोगी सिद्ध हो सकता है। किसी विज्ञान के सिद्धांत को किसी दूसरे विषय-विशेष में अनुप्रयोग की बात करते समय उसके दो पक्ष हमारे समक्ष आते हैं—एक, सैद्धांतिक पक्ष और दो, अनुप्रायोगिक पक्ष। इसमें से दूसरा पक्ष पहले पक्ष पर आधारित होता है। दोनों पक्षों के कार्य का आरंभ पूर्वज्ञात बिंदु से ही होता है। यदि एक ओर वैज्ञानिक पक्ष से विषय की प्रकृति पर हमारी समझ विकसित होती है तो अनुप्रायोगिक पक्ष से उसकी व्यावहारिक प्रकृति के प्रति हमारी सोच का विकास होता है। यही कारण है कि विज्ञान की सार्थकता तथा विकास की कसौटी उसकी अनुप्रायोगिकता पर आधारित है। अनुप्रायोगिक विज्ञान 'सिद्धांत के लिए' दृष्टिकोण का खंडन करता है और यह सिद्धांतों का उपयोग व्यावहारिक क्षेत्र में करने की बात करता है। वास्तव में जब किसी विषय या कार्यक्षेत्र के सिद्धांतों का प्रयोग किसी अन्य विषय या कार्यक्षेत्र की स्थिति-विशेष या प्रक्रिया-विशेष को समझने के लिए किया जाता है, तब उस प्रयोग को 'अनुप्रयोग' की संज्ञा दी जा सकती है। यही अवधारणा भाषाविज्ञान पर भी लागू होती है। भाषाविज्ञान सिद्धांत के रूप में भाषा की आंतरिक व्यवस्था के अध्ययन का क्षेत्र है। इसीलिए सैद्धांतिक भाषाविज्ञान की जो अन्वेषण-सामग्री होती है, वह भाषा की अपनी परिधि के भीतर की सामग्री होती है। भाषा की अपनी संरचना, बुनावट और अपने नियमों की संहिता भाषाविज्ञान के मुख्य विषय बनते हैं। इसके अतिरिक्त यह उच्चतर स्तर पर भाषा-विशेष की सीमा का अतिक्रमण भी कर जाता है। उस दिशा में भाषावैज्ञानिक सिद्धांत किसी एक भाषा से संबद्ध न होकर भाषा के सामान्य पक्ष से जुड़ा होता है।

आधुनिक भाषाविज्ञान में भाषा के अनुप्रायोगिक पक्ष पर भी चिंतन हुआ है। इधर भाषाविज्ञान या उसके सिद्धांतों एवं प्रणालियों का प्रयोग अन्य विषयों अर्थात् मनोविज्ञान, समाजशास्त्र, मानवशास्त्र, दर्शन आदि कार्यक्षेत्रों में किया जाने लगा है। ऐसे सभी प्रयोगों को सामान्यतः अनुप्रयुक्त भाषाविज्ञान की संज्ञा दी गई है। दूसरे शब्दों में, इसे भाषिक मनोविज्ञान का अनुप्रयोग या भाषिक समाजशास्त्र का अनुप्रयोग या भाषिक मानवशास्त्र का अनुप्रयोग कहा जा सकता है। इस प्रकार भाषा का सैद्धांतिक

विश्लेषण और वाक्य, रूपिम, स्वनिम आदि उसके व्याकरणिक स्तरों का वैज्ञानिक अध्ययन भाषाविज्ञान का सिद्धांत कहलाता है, जबकि सैद्धांतिक भाषाविज्ञान के नियमों, सिद्धांतों, तथ्यों और निष्कर्षों का किसी अन्य विषय में अनुप्रयोग करने की प्रक्रिया और क्रिया-कलाप का विज्ञान ही अनुप्रयुक्त भाषाविज्ञान है। अनुप्रयुक्त भाषाविज्ञानी अपने ज्ञान भंडार के विवेचनात्मक परीक्षण के पश्चात् उसका अनुप्रयोग उन क्षेत्रों में करता है, जहाँ मानव भाषा एक केंद्रीय घटक होती है और उससे उन क्षेत्रों की कार्यक्षमता का संवर्धन किया जा सकता है।

अनुप्रयुक्त भाषाविज्ञान प्रायोगिक एवं कार्योन्मुख एक ऐसी वैज्ञानिक विधा है, जो मानव कार्य-व्यापार में उठने वाली भाषागत समस्याओं का समाधान ढूँढती है। भाषिक क्षमता एवं भाषिक व्यवहार के संदर्भ में अनुप्रयुक्त भाषाविज्ञान का संबंध प्रत्यक्षतः व्यवहार पक्ष से जुड़ा हुआ है। यदि भाषाविज्ञान प्रत्येक 'क्या' का उत्तर देता है तो अनुप्रयुक्त भाषाविज्ञान प्रत्येक 'कैसे' तथा 'क्यों' का उत्तर देता है। यह उपभोक्ता-सापेक्ष (Consumar oriented) होता है, जिसमें भाषा के उपभोक्ताओं की आवश्यकताओं द्वारा निर्धारित लक्ष्य के संदर्भ में भाषा-सिद्धांतों का अनुप्रयोग होता है। वास्तव में भाषा से हम क्या-क्या काम ले सकते हैं, अनुप्रयुक्त भाषाविज्ञान उस दिशा में काम करता है। इसलिए जैसे-जैसे इसकी उपयोगिता बढ़ती गई, देश एवं काल के अनुसार उसे भिन्न-भिन्न विधाओं से संबद्ध किया जाता रहा है; यथा– भाषा शिक्षण, अनुवाद, कोशविज्ञान, शैलीविज्ञान, कंप्यूटर भाषाविज्ञान, समाज भाषाविज्ञान। कुछ विद्वान इसे उपयोगी भाषाविज्ञान की संज्ञा भी देते हैं, क्योंकि यह वहाँ परिस्थितियों और आवश्यकता के अनुरूप कसौटी पर खरी उतरी है।

अनुप्रयुक्त भाषाविज्ञानी सैद्धांतिक भाषाविज्ञान द्वारा प्रतिपादित सिद्धांतों से तथ्यों का चयन करता है, जिसके लिए चयन के सिद्धांत, प्रासंगिकता के सिद्धांत और प्रयोजनीयता के सिद्धांत में से किसी एक सिद्धांत को उपयोग में लाया जाता है। अनुप्रयुक्त भाषाविज्ञान के क्षेत्र के संबंध में विद्वानों में मतभेद हैं। कुछ विद्वान समाज भाषाविज्ञान और मनोभाषाविज्ञान को भाषाविज्ञान के अनुप्रायोगिक क्षेत्र के भीतर समाहित करते हैं और कुछ इसे भाषाविज्ञान के रूप में ही स्वीकार करते हैं। अनुप्रयुक्त भाषाविज्ञान को भाषा शिक्षण के अनुप्रयोग तक सीमित माना जाता है। इसी परिप्रेक्ष्य में रवीन्द्रनाथ श्रीवास्तव, भोलानाथ तिवारी और कृष्ण कुमार गोस्वामी ने अनुप्रयुक्त भाषाविज्ञान के कार्यक्षेत्र का अध्ययन करते हुए उसके तीन संदर्भ बताए हैं (1980)।

1. ज्ञान-क्षेत्र का संदर्भ;
2. विधा-क्षेत्र का संदर्भ;
3. भाषा शिक्षण का संदर्भ;

1. ज्ञान-क्षेत्र का संदर्भ : जहाँ तक ज्ञान क्षेत्र का संदर्भ है, इसमें भाषाविज्ञान और उसके सिद्धांतों का अनुप्रयोग ज्ञान के अन्य क्षेत्रों को स्पष्ट करने के लिए किया

जाता है। इस संदर्भ में यदि हम समाजशास्त्र और मनोविज्ञान को लें तो यह सर्वसिद्ध तथ्य है कि मनुष्य सामाजिक प्राणी होने के साथ-साथ बातचीत करने वाला सर्जनात्मक प्राणी भी है। अतः भाषा एक बहुआयामी प्रक्रिया है, अतः इसका सीधा संबंध मानव मन और मानव जीवन के अनेक स्तरों से बना रहता है। यदि एक ओर वह मन की आंतरिक प्रकृति से जुड़ी हुई है तो दूसरी ओर समाज की संचार व्यवस्था से भी। इसी कारण चॉम्स्की जैसे विद्वान भाषा की आंतरिक प्रकृति को मानव मन की आंतरिक वृत्ति के साथ जोड़कर देखते हैं और वे मनोभाषाविज्ञान को मूलतः भाषाविज्ञान ही मानते हैं, न कि भाषाविज्ञान का मनोविज्ञान में अनुप्रयोग। इसके विपरीत लेबाव, गंपर्ज जैसे विद्वान मानव व्यवहार की आंतरिक संरचना के मूल में भाषा व्यवहार को सिद्ध मानते हैं। इनका मत है कि मानव जहाँ एक ओर समाज से बँधा होता है, वहाँ वह दूसरी ओर उस समाज की भाषा से भी बँधा होता है। समाज और भाषा को यदि हम समन्वित रूप में लें तो हम पाते हैं कि वे एक दूसरे के लिए संदर्भ ही नहीं बन जाते, अपितु ज्ञान के एक विशेष-क्षेत्र का प्रतिपादन भी करते हैं अर्थात् 'समाजशास्त्र' और 'भाषाविज्ञान' के समन्वित रूप 'समाज भाषाविज्ञान' की जो संकल्पना हमारे समक्ष आती है, वह जहाँ एक ओर समाज और व्यक्ति-समूह के सामाजिक-व्यवहार का अध्ययन 'भाषा' के माध्यम से करती है, वहाँ दूसरी ओर 'समाज भाषाविज्ञान' को भाषाविज्ञान का रूप मानती है। इसलिए हम समाज और भाषा को साथ-साथ लेकर ही भाषा की सही प्रकृति का अध्ययन कर पाते हैं। इसीलिए लेबॉव ने 'समाजभाषाविज्ञान' को भाषाविज्ञान माना है। इस प्रकार चॉम्स्की और लेबॉव का दृष्टिकोण जहाँ भाषावैज्ञानिक सिद्धांतों के निरूपण के लिए 'मानव मन' अथवा 'मानव समाज' से संबद्ध ज्ञान को जोड़ता है, वहाँ भाषाविज्ञान का अनुप्रायोगिक पक्ष भाषावैज्ञानिक सिद्धांतों के माध्यम से हमारे सामाजिक तथा मानसिक व्यवहार को समझने-समझाने में सहायता भी करता है। इसी दृष्टि से कंप्यूटरीकृत भाषाविज्ञान में भी मानव-मशीन अंतरक्रिया के परिप्रेक्ष्य में कंप्यूटर प्रणाली से उठने वाली भाषायी समस्याओं के समाधान के लिए भाषिक सिद्धांतों और पद्धतियों को उपभोक्ता के रूप में काम में लाया जाता है। इसमें प्रकृत भाषा संसाधन के लिए भाषावैज्ञानिक सिद्धांत, प्रक्रिया और नियमों का अनुप्रयोग होता है। इस प्रकार समाज की संरचना तथा प्रकृति को समझने के लिए भाषावैज्ञानिक सिद्धांतों का अनुप्रयोग 'समाजभाषाविज्ञान' है; मानव भाषा के विभिन्न रूपों तथा बोधन की प्रक्रिया को समझने के लिए भाषावैज्ञानिक सिद्धांतों का अनुप्रयोग 'मनोभाषाविज्ञान' है और मानव की कंप्यूटरीकृत क्षमता के अंतर्गत भाषावैज्ञानिक नियमों का संसाधन 'कंप्यूटरीकृत भाषाविज्ञान' है। ज्ञान क्षेत्र की ये विधाएँ अनुप्रायोगिक होते हुए भी अपनी स्वतंत्र सत्ता बनाए हुए हैं।

2. विधा-क्षेत्र का संदर्भ : चूँकि अनुप्रयुक्त भाषाविज्ञान का संबंध विशेष विधाओं से है, अतः इसमें भाषावैज्ञानिक सिद्धांतों का जो अनुप्रयोग किया जाता है, उसका लक्ष्य

संक्रियात्मक होता है। संक्रियात्मक रूप में शैलीविज्ञान, अनुवादविज्ञान, कोशविज्ञान, वाक्चिकित्सा विज्ञान आदि विषयों में भाषावैज्ञानिक सिद्धांतों का अनुप्रयोग अनिवार्यतः होता है, क्योंकि ये मुख्यतः भाषा से संबद्ध हैं। शैलीविज्ञान, भाषा की और सर्जनात्मक प्रक्रिया और कलात्मक प्रयोगों का अध्ययन करता है, जिसमें भाषावैज्ञानिक सिद्धांतों का अनुप्रयोग होता है। कोश-निर्माण की प्रक्रिया में भाषावैज्ञानिक सिद्धांत महत्त्वपूर्ण भूमिका निभाते हैं। वाक् चिकित्सा विज्ञान में भाषा संबंधी रोगों और विकारों के निदान में भाषावैज्ञानिक सिद्धांतों का अनुप्रयोग होता है। इन विधाओं को एक निश्चित सैद्धांतिक संदर्भ देने में और उसके अध्ययन-विश्लेषण के लिए एक सुनिश्चित वैज्ञानिक तकनीक विकसित करने में भाषावैज्ञानिक सिद्धांत एवं प्रणाली के अनुप्रयोग का सर्वाधिक योगदान है। दूसरे शब्दों में, भाषावैज्ञानिक सिद्धांतों का अनुप्रयोग इन विधाओं के लिए भाषावादी दिशा के साथ-साथ वस्तुवादी तथा वैज्ञानिक दिशा भी प्रदान करता है।

3. भाषा शिक्षण का संदर्भ : भाषावैज्ञानिक सिद्धांतों का सर्वाधिक अनुप्रयोग आज भाषाशिक्षण के संदर्भ में होता है। यह इसका संकुचित संदर्भ है। भाषाविज्ञान की इस देन ने अपना एक विशिष्ट स्थान बना लिया है और अनुप्रयुक्त भाषाविज्ञान की अनिवार्यता सिद्ध कर दी है। भाषा शिक्षण में भाषिक विश्लेषण करने और अधिगम प्रक्रिया को समझने में भाषाविज्ञान का अनुप्रयोग सहायक सिद्ध हो सकता है। आज मातृभाषा शिक्षण और अन्य भाषाशिक्षण, शैक्षिक व्याकरण, शिक्षण सामग्री और तकनीक इन सबमें भाषावैज्ञानिक सिद्धांतों के अनुप्रयोग की अनिवार्यता परिलक्षित होती है। यही कारण है कि विद्वान भाषाशिक्षण और अनुप्रयुक्त भाषाविज्ञान को सहधर्मी और पर्यायवाची संकल्पनाएँ बताते हैं।

अनुवाद : भाषाविज्ञान का अनुप्रायोगिक संदर्भ

अब प्रश्न यह उठता है कि विधाक्षेत्र के संदर्भ में क्या अनुवाद अनुप्रयुक्त भाषाविज्ञान के अंतर्गत आता है या नहीं। वास्तव में यदि हर भाषिक प्रक्रिया के अध्ययन का क्षेत्र भाषाविज्ञान माना जाता है तो अनुवाद भी अंततः भाषिक प्रक्रिया के क्षेत्र में आता है। अतः अनुवाद का क्षेत्र भाषाविज्ञान के क्षेत्र के भीतर समाहित हो जाता है। भाषा शिक्षण के क्षेत्र में भाषिक प्रक्रिया के अतिरिक्त अध्येता के अधिगम सिद्धांत और अध्यापक की अध्यापन तकनीक और विषयवस्तु के प्रस्तुतीकरण पर बल दिया जाता है। इसी प्रकार अनुवाद में मूल पाठ के बोधन की प्रक्रिया, अनुवादनीयता की तकनीक और लक्ष्यभाषा में उसके प्रस्तुतीकरण को भी देखा जाता है। वस्तुतः अनुवाद के दो मुख्य पहलू है—अनुवाद व्यवहार और अनुवाद सिद्धांत। अनुवाद कार्य एक व्यापार है। यह व्यवहार-विधा है, ज्ञान-विधा नहीं। अनुवाद संबंधी सभी समस्याओं का समाहार अनुवाद सिद्धांत से होता है, जो भाषाविज्ञान के सिद्धांतों के भीतर व्याख्या करता है।

भाषाशिक्षण में जिस अंतरण और उस अंतरण के परिप्रेक्ष्य में जिस व्याघात की स्थिति को पाते हैं, अनुवाद में भी अंतरण और व्याघात की स्थिति भी वैसी ही मिलती है। इन दोनों ही स्थितियों में एक भाषिक प्रतीक की व्यवस्था से उत्पन्न अर्थ को दूसरी भाषिक प्रतीक की अभिव्यक्ति व्यवस्था में संप्रेषित करना पड़ता है। दोनों भाषिक व्यवस्था के सैद्धांतिक पक्ष के साथ-साथ उसके कौशल पक्ष से भी जुड़े हैं और दोनों में ही कला-सापेक्ष पुनःसर्जन की आवश्यकता बनी रहती है। यह भी कहा जा सकता है कि भाषाशिक्षण और अनुवाद का एक रूढ़िगत मशीनी पक्ष हो सकता है। जिस प्रकार भाषा शिक्षण में 'रटना' यंत्रवत् अनुशिक्षण है, उसी प्रकार अनुवाद का शाब्दिक या यंत्रवत् अनुवाद हो सकता है। अनुवाद प्रक्रिया में अनुवाद की चर्चा करने से यह पता चल सकता है कि अनुवाद किस प्रकार भाषावैज्ञानिक सिद्धांतों का अनुप्रायोगिक पक्ष है। इसे विश्लेषण, अंतरण और पुनर्गठन के सोपानों पर देखा जा सकता है।

भाषी प्रक्रिया के रूप में कोडीकरण और विकोडीकरण की प्रक्रिया होती है। एक भाषा में वक्ता या लेखक संदेश को भाषाबद्ध रूप प्रदान करता है अर्थात् कोडीकरण करता है। इसका संचरण यह मुखोच्चार या लेखन के माध्यम से करता है और फिर इसका विकोडीकरण कर अर्थ ग्रहण करता है। इस प्रक्रिया से भाषा का संप्रेषण होता है, किंतु यह आवश्यक है कि कोडीकरण और विकोडीकरण के लिए कोड एक समान होना चाहिए तभी संप्रेषण स्पष्ट होगा। इसे आरेख द्वारा समझा गया है।

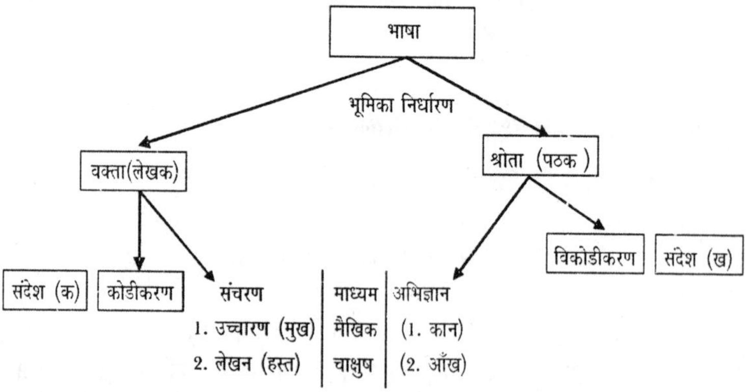

अनुवाद में भाषा के अनुप्रयोग की स्थिति आती है। इस सिद्धांत को अनुवाद के संदर्भ में लागू किया जाए तो हम देखते हैं कि यहाँ अनुवादक कोडीकृत पाठ का विकोडीकरण कर अर्थ ग्रहण करता है। तदनुसार, उसका अंतरण करते हुए कोडीकरण भी करता है, जिससे लक्ष्य भाषा में अनूदित पाठ तैयार हो जाता है। इसे भी आरेख द्वारा समझा जा सकता है।

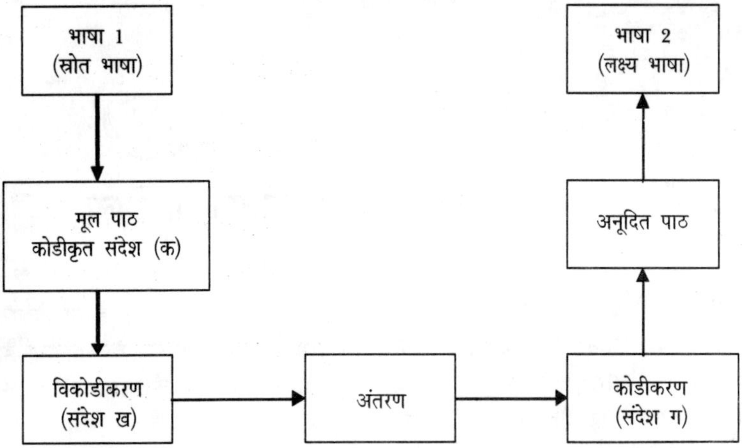

इस प्रकार अनुप्रयोग में तीन स्तर आते हैं। विकोडीकरण के स्तर पर भाषा का विश्लेषण होता है। अंतरण के स्तर पर भाषा 1 के संदेश (क) को भाषा 2 के संदेश (ग) में रखा जाता है। कोडीकरण के स्तर पर यह मुक्त नहीं है क्योंकि इसमें कुछ प्रतिबंध आते हैं। इसमें शैलीगत बाधाएँ खड़ी होती हैं। इसमें पाठ के संरचना और बुनावट द्वारा सामग्री को देखा जाता है। समतुल्यता के आधार पर अनूदित पाठ मूल पाठ का सहपाठ होता है।

वास्तव में विश्लेषण या विकोडीकरण के संदर्भ में अनुवाद विज्ञान है, क्योंकि इसमें प्रायः निश्चित नियमों का अनुसरण किया जाता है। कोडीकरण के संदर्भ में कौशल या शिल्प है, क्योंकि इसमें अभ्यास और शिक्षण की अपेक्षा रहती है। सर्जना के संदर्भ में यह कला है, क्योंकि अनुवाद का एक प्रकार की पुनःसर्जना है। इस प्रकार अनुवाद, कला और शिल्प होते हुए भी यह विज्ञान भी माना जाता है, क्योंकि इसकी प्रक्रिया में भाषावैज्ञानिक सिद्धांत भी लागू होते हैं। अतः यह कहा जा सकता है कि अनुवाद अनुप्रयुक्त भाषाविज्ञान की एक शाखा है, क्योंकि भाषाविज्ञान से अनुवाद को दोनों भाषाओं की विभिन्न इकाइयों की आंतरिक व्यवस्था अथवा प्रणाली को समझने में सहायता मिलती है और सही विकल्पों के चयन में भाषाविज्ञान काफी उपयोगी सिद्ध होता है।

अनुवाद की प्रकृति : कला, विज्ञान या शिल्प

अनुवाद की प्रकृति के संबंध में प्रायः यह प्रश्न उठता है कि यह कला है या विज्ञान या शिल्प या इन तीनों की मिश्रित विधा। वस्तुतः अनुवाद एक संश्लिष्ट प्रक्रिया है, जिसमें एक ओर इसके दोहरे संप्रेषण-व्यापार का संदर्भ मिलता है तो दूसरी ओर इसके क्रिया-व्यापार की दोहरी भूमिका दिखाई देती है। इसी प्रकार अनुवाद-सामग्री के रूप में हमें एक ओर सर्जनात्मक व्यापार की अलौकिक साहित्यिक रचना मिलती है तो दूसरी ओर तर्क-चिंतन के कार्य-कारण संबंधों पर आधारित वैज्ञानिक पाठ प्राप्त होता है और वर्तमान युग में प्रशासनिक, वाणिज्यिक तथा जन संचारी कार्यकलापों के आदान-प्रदान से सूचनापरक सामग्री उपलब्ध होती है। इन सभी तथ्यों से जहाँ अनुवाद सिद्धांत को व्यापक आधार मिला है, वहाँ पाठ की विशिष्टता के आधार पर वह विशेषीकृत भी बना है। इसलिए अनुवाद की प्रकृति के संबंध में विभिन्न विचारधाराओं का उभरना स्वाभाविक है।

अनुवाद को कला के रूप में मानने वाले विद्वानों का मत है कि अनुवाद एक सर्जनात्मक प्रक्रिया है, जिसमें अनुवादक अपनी सर्जनात्मक प्रतिभा से अनूदित पाठ को नया रूप प्रदान करता है और एक ही विषय को विभिन्न शैलियों में संजोता और ढालता है। वस्तुतः अनुवाद को कला मानते हुए थियोडोर सेवरी जैसे विद्वान अनूदित सामग्री के रूप में साहित्य को संदर्भ बनाते हैं, क्योंकि बीसवीं शताब्दी के पूर्वार्द्ध तक अधिकतम अनुवाद सर्जनात्मक साहित्य का ही होता था। इन विद्वानों के मतानुसार साहित्यिक कृति एक ओर मात्र संभावना होती है, जिसमें कथ्य देश और काल की सीमा का अतिक्रमण करता है और शाश्वत रूप से रूपबद्ध होता है। दूसरी ओर, प्रत्येक साहित्यिक कृति अपने में अलौकिक और विशिष्ट होती है। साहित्यिक कृति के शाश्वत पक्ष का दूसरी भाषा में अंतरण अथवा प्रतिस्थापन तो हो सकता है, किंतु साहित्यिक कृति की अलौकिकता और विशिष्टता अभिव्यक्ति के उस पक्ष से जुड़ी होती है, जो भाषा मुक्त नहीं होती। अतः अनुवाद (या व्याख्या) में उसकी विशिष्टता प्रायः नष्ट हो जाती है। इसीलिए एक अनुवादशास्त्री राबर्ट फ्रॉस्ट ने कहा है कि 'अनुवाद में जो तत्त्व छूट जाते हैं, वही कविता है'। अनुवाद को कला की श्रेणी में रखनेवाले मनीषी इन छूटे हुए तत्त्वों के प्रति सजग हैं और इस बात को भी वे भली-भाँति ध्यान में रखते हैं कि कृति की विशिष्टता को पुनः सर्जना द्वारा ही लक्ष्य भाषा में प्रतिस्थापित या अभिव्यंजित किया

जा सकता है। इसी कारण वे अनुवादक को एक विशिष्ट प्रकार का सर्जक भी मानते हैं। इसी परिप्रेक्ष्य में अंग्रेजी के सुप्रसिद्ध कवि एज़रा पाउंड ने साहित्यिक कृति के अनुवाद को 'साहित्यिक पुनर्जीवन' (literary resurrection) की संज्ञा दी है।

कुछ भाषा-मनीषी अनुवाद को विज्ञान की श्रेणी में रखते हैं। अनुवाद को विज्ञान के रूप में स्थापित करने में युजीन ए. नाइडा का प्रमुख योगदान है। वास्तव में इन विद्वानों ने संप्रेषण-व्यापार का विवेचन व्यापक संदर्भ में करते हुए अनुवाद को संप्रेषण-व्यापार की एक उपश्रेणी कहा है। इस संप्रेषण प्रक्रिया में विकोडीकरण (decoding) और कोडीकरण (encoding) की संकल्पना के आधार पर अनुवाद पहले स्रोत भाषा के पाठ का विकोडीकरण करता है और बाद में कोडीकरण के माध्यम से उससे व्यक्त अर्थ की पुनर्रचना (या पुनर्गठन) लक्ष्य भाषा के पाठ में होती है। इस पूरी प्रक्रिया में ठीक वही प्रणाली अपनाई जाती है, जो तुलनात्मक भाषाविज्ञान के अध्ययन अथवा व्यतिरेकी विश्लेषण में प्रयुक्त होती है। भाषावैज्ञानिक उपकरणों के माध्यम से पहले मूल पाठ का विश्लेषण (विकोडीकरण) का अर्थ ग्रहण किया जाता है। उसके स्रोत भाषा और लक्ष्य भाषा का वैज्ञानिक पद्धति से तुलनात्मक अथवा व्यतिरेकी अध्ययन कर उनके बीच पाई जाने वाली समानताओं और असमानताओं का पता लगाया जाता है। तत्पश्चात् प्राप्त अर्थ का पुनर्गठन (या पुनर्रचना) कोडीकरण के माध्यम से पाठ के रूप में किया जाता है।

अनुवाद को वैज्ञानिक प्रक्रिया का एक अन्य आधार उसकी वैज्ञानिक तकनीक है, जिसके अंतर्गत विकल्पों (Variables) का नियंत्रण पूर्ण रूप से हो सकता है। अनुवाद में भी विकल्पों का नियंत्रण कंप्यूटर से किया जा सकता है। इसीलिए आज अनुवाद का मशीनी पक्ष काफी विकसित हो गया है। इसमें कंप्यूटर के द्वारा विभिन्न पाठों का मशीन से अनुवाद हो सकता है। यह मशीन-अनुवाद प्रणाली 'साईबरनेटिक्स' के अंतर्गत मानी जाती है। अतः एक भाषाविद ओटिंगर का यह कथन सही लगता है कि अनुवाद को वैज्ञानिक प्रक्रिया मानने का ही यह परिणाम है कि आज हम मशीनी अनुवाद के सिद्धांत का विकास करने में समर्थ हो सके हैं।

विद्वानों का एक वर्ग अनुवाद को न तो कला मानता है और न ही विज्ञान। यह वर्ग उसे अभ्यास पर आधारित शिल्प या कौशल की श्रेणी में रखता है। इन विद्वानों के मतानुसार अनुवादक तो अनुवादक होता है, न कि सर्जक साहित्यकार या तर्कप्रवण वैज्ञानिक। किसी भी द्विभाषिक को पर्याप्त प्रशिक्षण द्वारा अनुवादक बनाया जा सकता है, जबकि कला और विज्ञान का आधार मात्र प्रशिक्षण नहीं है। अनुवाद को शिल्प मानने वाले विद्वान इसे उपयोगी कला (Functional art) की संज्ञा देते हैं, न कि ललित कला। इसके अतिरिक्त सौंदर्य बोध की प्रधानता वाली कला को जिन मनीषियों ने 'चारू कला' कहा है, उन्होंने शिल्प को 'कारू कला' का नाम दिया है। 'चारू कला' का विकास प्रशिक्षण और अभ्यास से तो हो सकता है, किंतु इसका अनिवार्य तत्त्व नैसर्गिक प्रतिभा है। 'कारू कला' में प्रशिक्षण और अभ्यास प्रधान होते हैं, किंतु इसमें नैसर्गिक प्रतिभा

आवश्यक तत्त्व तो नहीं होता, उपयोगी अवश्य होता है। इसीलिए शिल्प को प्रायोगिक विज्ञान की श्रेणी में रखा गया है, न कि सैद्धांतिक विज्ञान के अंतर्गत। उपयोगी कला और प्रायोगिक विज्ञान का संबंध अभ्यास, शिक्षण और उसके अनुप्रयोग की दक्षता के साथ जोड़ा जाता है, जबकि ललित कला और सैद्धांतिक विज्ञान का संबंध मूलतः सर्जना के साथ होता है। अनुवाद का कार्य न तो किसी संवेदना की सर्जनात्मक अभिव्यक्ति करना है और न ही उसका लक्ष्य 'सिद्धांत के लिए सिद्धांत' का प्रतिपादन करना। उसके कार्यक्षेत्र की परिधि या तो मूलपाठ का शिल्पगत अंतरण या प्रतिस्थापन है अथवा मूलपाठ में व्यक्त कथ्य की लक्ष्य भाषा में पुनः अभिव्यक्ति है। दूसरे शब्दों में, जहाँ सर्जक कलाकार और वैज्ञानिक किसी नए बिंब का निर्माण या प्रतिपत्ति की स्थापना करते हैं, वहाँ अनुवादक दूसरी भाषा के दर्पण में इनके प्रतिबिंब को प्रक्षेपित करता है। अतः अनुवाद कौशल है, न कि कला या विज्ञान। वास्तव में इस मत के अनुसार अनुवाद में अनुवादक के व्यक्तित्व के प्रक्षेपण को नकारात्मक दृष्टि से देखा गया है और इसे आत्माभिव्यक्ति न मान कर अनुवादक-तटस्थ विधा के रूप में स्वीकार किया गया है। अनुवाद को शिल्प के रूप में माननेवालों में अमरीकी विद्वान पीटर न्यूमार्क का विशेष महत्त्व है।

विद्वानों का एक अन्य वर्ग अनुवाद को न केवल प्रायोगिक मानता है, वरन् इसे अपनी प्रकृति में मिश्रित (eclectic) विधा स्वीकार करता है। इन विद्वानों का मत है कि अनुवादक से एक साथ ही साहित्यकार की सर्जनात्मक प्रतिभा, वैज्ञानिक की तर्कणा शक्ति, उपयोगी कला में पाई जाने वाली शिल्पगत दक्षता आदि सभी गुणों से युक्त होने का अपेक्षा होती है, क्योंकि अनुवाद एक संश्लिष्ट प्रक्रिया है और उसके विभिन्न चरणों पर अनुवादक को विभिन्न भूमिकाएँ निभानी पड़ती हैं। वैज्ञानिक के रूप में उसे स्रोत भाषा के पाठ में निहित अर्थ का पता लगाने के लिए विश्लेषणात्मक उपकरणों की सहायता लेनी पड़ती है। कवि की भाँति कृति के अर्थ की संश्लिष्ट अभिव्यक्ति के लिए उसे प्रभाव-समानार्थी अभिव्यंजना पैदा करनी होती है। इसी प्रकार शिल्पकार की भाँति उसे मूल पाठ की संवेदना को यथासंभव सुरक्षित बनाए रखने के लिए लक्ष्य भाषा में उसकी शिल्पगत प्रतिस्थापना करनी पड़ती है। अतः अनुवाद और अनुवादक की मिश्र भूमिका उसे एक ऐसे विशिष्ट वर्ग का सदस्य बनाती है, जो वर्गों के अवमिश्रण और समन्वयन का परिणाम होती है।

वास्तव में अनुवाद की प्रक्रिया पाठ-सापेक्ष होती है। यदि एक छोर पर गीति काव्य के पाठ के अनुवाद पर ध्यान दिया जाए तो उसे अनुवादक के व्यक्तित्व से निरपेक्ष नहीं किया जा सकता, क्योंकि साहित्य में अनुवाद आत्मसर्जना की अपनी अनिवार्य नियति से मुक्त नहीं हो सकता है। अनुवाद के कला रूप में अनुवादक के व्यक्तित्व का मूल लेखक के व्यक्तित्व से तादात्मय होता है और वह अनुवाद अनुवादक-सापेक्ष होता है। इसीलिए फिट्ज़जेराल्ड की उमर खैयूयाम की रूबाइयों में अनुवादक के व्यक्तित्व की छाप मिलती है। इसके विपरीत विज्ञान का निरूपण प्रामाणिक, तथ्यपरक और तर्कपूर्ण

होता है। इसके अतिरिक्त मूर्तिकला, हस्तकला आदि अभ्यास से सीखे हुए कौशल हैं, जो अपने-आप में प्रकार्यात्मक हैं। अतः विज्ञानपरक और सूचनापरक पाठ्य-सामग्री के अनुवाद में सदैव अनुवादक के व्यक्तित्व का लोप दिखाई देता है, क्योंकि इस साहित्य में अनुवादक अपने व्यक्तित्व को नकार कर ही सफल अनुवादक बन सकता है।

निष्कर्षतः अनुवाद कला, विज्ञान और शिल्प की समन्वित मिश्रित विधा नहीं है, वरन् पाठ्य-सामग्री की दृष्टि से कला के रूप में, विज्ञान के रूप में और शिल्प के रूप में इसकी अपनी अलग-अलग सत्ता है।

अनुवाद प्रक्रिया और प्रविधि

अनुवाद प्रक्रिया से अभिप्राय अनुवाद की विधि अथवा प्रविधि से है। इसमें एक भाषा से दूसरी भाषा में सन्देश (Message) और संरचना (Structure) का अंतरण होता है। सन्देश लक्ष्य है, संरचना माध्यम है और अंतरण प्रक्रिया। इन तीनों आयामों का कार्य-व्यापार अनुवाद प्रक्रिया (Process of Translation) कहलाता है। इस संबंध में सर्वप्रथम विवेचन अमरीकी भाषाविज्ञानी युजीन ए. नाइडा ने किया था। तत्पश्चात् अनेक विद्वानों ने गंभीर चिंतन किया, जिनमें पीटर न्यूमार्क और आर.एच. बाथगेट के नाम उल्लेखनीय हैं। नाइडा ने अनुवाद को एक वैज्ञानिक तकनीक के रूप में स्वीकार करते हुए अनुवाद प्रक्रिया के तीन सोपान बताए हैं–(1) विश्लेषण (Analysis); (2) अंतरण (Transference) और (3) पुनर्रचना* (Restructuring)। इन तीनों सोपानों को नाइडा ने आरेख द्वारा इस प्रकार व्यक्त किया है :

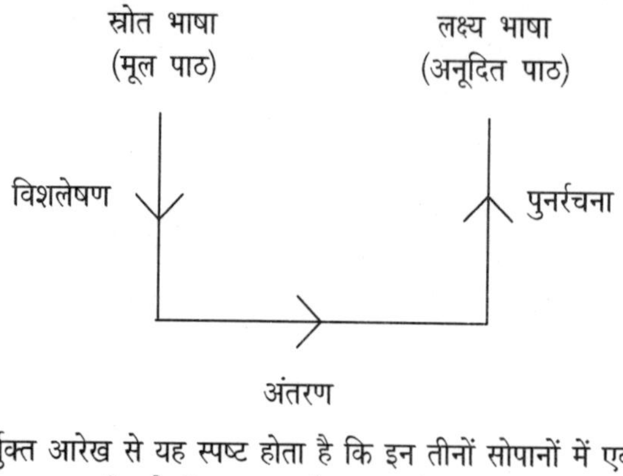

उपर्युक्त आरेख से यह स्पष्ट होता है कि इन तीनों सोपानों में एक निश्चित क्रम है। यह बात ध्याननीय है कि कुशल और अनुभवी अनुवादक इन तीनों सोपानों को एक ही छलाँग में पार कर लेता है और वह भी अज्ञात मन के भीतर। पहले, वह स्रोत

* यहाँ यह स्पष्ट कर देना आवश्यक है कि नाइडा द्वारा प्रतिपादित तीसरे सोपान 'रिस्ट्रक्चरिंग' के लिए हिन्दी पर्याय 'पुनर्गठन' रखा गया था, किंतु बाद में यह सोचा गया कि 'पुनर्गठन' में सर्जनात्मक और लेखकीय कला का भाव नहीं आ पाता, जो अनुवाद का आवश्यक तत्त्व है। इसलिए 'पुनर्गठन' शब्द के स्थान पर 'पुनर्रचना' शब्द अधिक उपयुक्त होगा।

भाषा के संदेश का स्पष्ट एवं सरल भाषिक रूपों में विश्लेषण करता है और उसका अर्थ ग्रहण करता है। इसके बाद, वह उसी स्तर पर दूसरे सोपान में उसका अंतरण करता है और तब लक्ष्य भाषा की प्रकृति के अनुसार तीसरे सोपान में वह उस संदेश की पुनर्रचना करता है। अध्ययन के स्तर पर इन तीनों सोपानों की अलग-अलग सत्ता मानना आवश्यक है, क्योंकि हर सोपान पर अनुवाद की अपनी विशिष्ट समस्याएँ देखी जा सकती हैं। इन सोपानों का विवेचन इस प्रकार है :

1. विश्लेषण सोपान

स्रोत भाषा के मूल पाठ का अर्थ ग्रहण करने के लिए अनुवादक सबसे पहले मूल पाठ का विश्लेषण ज्ञात या अज्ञात रूप से करता है। चूँकि मूल पाठ भाषाबद्ध होता है और उसके संदेश या मंतव्य का संप्रेषण लक्ष्य भाषा में भाषिक संरचना के माध्यम से करना पड़ता है, इसलिए नाइडा कहते हैं कि मूल पाठ के विश्लेषण के लिए भाषा सिद्धांत तथा उसमें अपनाई जाने वाली विश्लेषण तकनीक का उपयोग करना होता है। नाइडा का यह भी कथन है कि हर भाषिक संरचना के दो स्तर होते हैं–(1) आभ्यंतर और (2) बाह्य। आभ्यांतर संरचना का संबंध भाषा के सार्वभौम पक्ष से होता है, इसलिए इस स्तर पर निहित संदेश स्रोत भाषा और लक्ष्य भाषा के लिए समान रूप से होता है। दूसरी ओर, बाह्य स्तर की संरचना का संबंध भाषा-विशेष की विशिष्ट व्याकरणिक व्यवस्था के साथ होता है, जिससे गहन स्तर पर निहित समान संदेश को अभिव्यक्त करने के लिए स्रोत भाषा और लक्ष्य भाषा दोनों अलग-अलग अभिव्यक्ति-प्रणालियों का प्रयोग करती हैं। इसी गहन स्तर पर निहित समानधर्मी संदेश से ही अनुवाद हो सकता है। इसलिए बाह्य स्तर पर अभिव्यक्ति की विभिन्न इकाइयों और आयामों अर्थात् ध्वनि-संयोजन, रूप-प्रकिया, शब्द-संस्कार, वाक्य-विन्यास, प्रोक्ति-संरचना आदि का विश्लेषण किया जाता है ताकि गहन स्तर पर उसके अर्थ का पता लगाया जा सके। इसके साथ ही अनुवाद से विषय-वस्तु के ज्ञान की भी अपेक्षा रहती है, जिससे अर्थ-ग्रहण करते हुए विभिन्न विषयों और कार्य क्षेत्रों की संकल्पना भी स्पष्ट हो सके। इस दृष्टि से विश्लेषण के दो निश्चित संदर्भ हैं : (क) भाषा स्तर पर विश्लेषण और (ख) विषयवस्तु के स्तर पर विश्लेषण।

क. भाषा स्तर पर विश्लेषण : भाषा स्तर पर भाषिक अभिव्यक्तियों के विश्लेषण के आधार पर मूल पाठ के अर्थ को पूर्ण रूप से ग्रहण करने का प्रयास होता है। स्रोत भाषा का विश्लेषण करते हुए उसकी व्याकरणिक संरचना को सरल और स्पष्ट रूपों में देखा जाता है। कुछ संरचनाएँ आधारभूत होती हैं और कुछ रूपांतरित या व्युत्पन्न। इनमें मूल वाक्यों, उपवाक्यों, पदबंधों, पदों या शब्दों आदि पर ध्यान दिया जाता है। वाक्यों को आधार वाक्य और उसके संयोजन के संदर्भ में देखने की ज़रूरत पड़ती है। यदि कोई संयुक्त वाक्य या मिश्र वाक्य दो या दो से अधिक उपवाक्यों से बना है तो

उस वाक्य की मूल संरचना और विस्तार संरचना पर विचार करना होता है। उदाहरण के लिए;

1. The man, who killed the dog, is sitting on the tree.

   इस वाक्य का आधार वाक्य है– क. The man is sitting on the tree.

   और विस्तारक वाक्य है– ख. Who killed the dog.

वास्तव में विस्तारक वाक्य (ख) का कर्ता who आधार वाक्य का ही The man है, लेकिन इन दोनों वाक्यों के संयोजित हो जाने के कारण विस्तारक वाक्य में The man के स्थान पर who का रूपांतरण संबंधवाचक संरचना में हुआ है, जिससे मिश्र वाक्य बना है। इस प्रकार वाक्यों के विश्लेषण से अर्थ प्राप्त करने में आसानी होती है। यह विश्लेषण न केवल पाठ के कोशगत अर्थ या संकेतार्थ तक सीमित रहता है, बल्कि इसमें संरचनात्मक अर्थ, सामाजिक अर्थ, लक्षणापरक अर्थ पर भी विचार किया जाता है। उदाहरण के लिए;

2. **It** is a **fox**.
3. **He** is a **fox**.
4. She will **fox** him.

उपर्युक्त दो वाक्यों अर्थात् वाक्य (2) और वाक्य (3) में fox शब्द का प्रयोग 'संज्ञा' (क) रूप में हुआ है और वाक्य (4) में fox शब्द का प्रयोग 'क्रिया' के रूप में हुआ है। वाक्य (2) में fox का प्रतिनिधित्व करने के लिए It सर्वनाम का प्रयोग हुआ है। It सर्वनाम का प्रयोग अप्राणिवाचक अथवा मानवेतर प्राणिवाचक के लिए होता है। अतः यह fox पशु का संकेतार्थ या कोशगत अर्थ का प्रयोग हिन्दी में जंगली पशु 'लोमड़ी' के लिए होगा, किंतु वाक्य (3) में He अन्य पुरुष सर्वनाम का जो प्रयोग हुआ है, वह पुरुषवाचक मानव के लिए होता है। यहाँ fox संज्ञा रूप का संकेतार्थ पशु के रूप में न होकर लक्षणापरक अर्थ में 'धूर्त' या 'चालाक' के रूप में होगा। इसी प्रकार वाक्य (4) में fox शब्द का प्रयोग संज्ञा के रूप में न होकर क्रिया के रूप में हुआ है। संकेतार्थ एक होते हुए भी प्रकार्य की भिन्नता के कारण संकेतार्थ 'पशु' और 'धूर्त' धूमिल हो जाएगा और क्रिया के रूप में संरचनात्मक दृष्टि से इसका लक्षणापरक अर्थ 'धोखा देना' होगा।

इस प्रकार भाषा की मूल संरचना में कुछ शब्द ऐसे होते हैं, जिनका अर्थ-ग्रहण वाक्य के प्रकार्य द्वारा निर्धारित होता है। ये शब्द कभी संज्ञा, कभी क्रिया और कभी विशेषण के रूप में प्रयुक्त होते हैं। एक अन्य उदाहरण द्रष्टव्य है।

5. There is a **stone** lying on the road.
6. Now days, the students **stone** their teacher.
7. He is a **stone** deaf.

उपर्युक्त तीनों वाक्यों में Stone क्रमशः संज्ञा, क्रिया और विशेषण के रूप में प्रयुक्त हुए हैं। वाक्य (5) में stone 'पत्थर' वस्तु का द्योतक है, वाक्य (6) में 'पत्थर

मारना' घटना का और वाक्य (7) में अमूर्त रूप अर्थात् 'पूर्णतया या नितांत' अर्थ का द्योतक है। stone के इन तीनों रूपों के संकेतार्थ परस्पर मिलते-जुलते हैं, किंतु प्रकार्य की भिन्नता के कारण वे न केवल उनके संरचनात्मक अर्थ को भिन्न रूप में द्योतित करते हैं, बल्कि अपने लाक्षणिक और व्यंजनापरक अर्थ में भी भिन्नता लाते हैं। एक अन्य शब्द 'chair' की संकेतित वस्तु तो एक है, किंतु प्रकार्य की भिन्नता के कारण इनके संकेतार्थ अलग-अलग हो गए हैं; जैसे–

8. He bought a chair at the furniture shop. (कुर्सी)
9. He was condemned to the electric chair. (फांसी की सज़ा)
10. Please address the chair. (अध्यक्ष महोदय)
11. He will chair the meeting. (अध्यक्षता करना)
12. He was appointed to the Tagore chair in Kolkata University. (अध्ययन पीठ)

इसी प्रकार्यात्मक भिन्नता के कारण कई शब्द अनेकार्थी और संदिग्धार्थी हो जाते हैं। अतः विश्लेषण करते हुए ऐसे अनेकार्थी शब्दों के प्रकार्यों को पहचानना और संदर्भपरक अर्थ देना अनावश्यक हो जाता है। उदाहरण के लिए;

My Father (पिता), Father Grib (पादरी), The Heavenly Father (ईश्वर), The Holy Father (पोप) Father of the nation (राष्ट्रनिर्माता, राष्ट्रपिता) Father of the invention (आविष्कारक), our fathers in Heaven (पूर्वज), The wish is father to the thought (जननी), The child is the father of the man (प्रवृत्तियों का निर्धारक)

वस्तुतः भाषा में संप्रेष्य का आधार भाषिक संरचना होती है। इसमें भाषा की विभिन्न इकाइयों के परस्पर संबंध पर बल दिया जाता है। अंग्रेज़ी के कर्तृवाच्य और कर्मवाच्य संरचना के उदाहरण हैं :

13. The boy did not eat the bread. (कर्तृवाच्य)
14. The bread was not eaten by the boy. (कर्मवाच्य)

विचार के धरातल पर ये दोनों वाक्य एक ही अर्थ की ओर संकेत कर रहे हैं, किंतु कर्तृवाच्य में वाक्य (13) में क्रिया के अनुसार व्याकरणिक कर्ता boy सक्रिय कर्ता है, जबकि कर्मवाच्य में वाक्य (14) में व्याकरणिक कर्ता क्रिया के अनुसार boy भोक्ता है, सक्रिय कर्ता नहीं है।

इसी प्रकार के कर्तृवाच्य और कर्मवाच्य के हिन्दी वाक्य में एक अन्य अर्थपरक तत्त्व मिलेगा, जो इस प्रकार है;

15. लड़के ने रोटी नहीं खाई। (कर्तृवाच्य)
16. लड़के से रोटी नहीं खाई गई। (कर्मवाच्य)

अंग्रेज़ी और हिन्दी दोनों के वाक्यों में व्याकरणिक कर्ता और क्रिया के बीच जो संरचनात्मक संबंध है, वह एक समान है, किंतु हिन्दी में कर्मवाच्य के वाक्य

(16) में एक अतिरिक्त अर्थ निहित है। इस वाक्य (16) का अंग्रेजी अनुवाद इस प्रकार होगा।

17. The boy was not able to eat the bread.

यह वाक्य अंग्रेज़ी में कर्तृवाच्य बना है, जिसमें लड़के की असमर्थता या अशक्यता का बोधन होता है। कर्मवाच्य में The bread was not eaten by the boy वाक्य निषेधात्मक तो है, किंतु असमर्थताबोधक नहीं है और इसीलिए यह वाक्य अशुद्ध होगा। दूसरी ओर, एक भाषा में, विशेषकर हिन्दी में कुछ सकर्मक क्रियाएँ केवल कर्तृवाच्य में प्रयुक्त होती हैं और अकर्मक क्रियाएँ केवल कर्मवाच्य या भाववाच्य में प्रयुक्त होती हैं। उदाहरण के लिए;

18. शीला ने गिलास तोड़ दिया

19. शीला से गिलास टूट गया।

कर्तृवाच्य के वाक्य (18) में सकर्मक क्रिया 'तोड़ना' के अनुसार शीला 'व्याकरणिक कर्ता' के रूप में सक्रिय कर्ता है और कर्मवाच्य के वाक्य (19) में अकर्मक क्रिया 'टूटना' के अनुसार व्याकरणिक कर्ता के रूप में शीला 'भोक्ता' की भूमिका निभा रही है, न कि सक्रिय कर्ता की। यहाँ यह ध्याननीय है कि वाक्य (18) में शीला का जानबूझ कर गिलास तोड़ने का भाव निकाला जा सकता है और वाक्य (19) में अनजाने में शीला से गिलास टूटने का भाव मिल सकता है। यदि वाक्य (19) को सकर्मक क्रिया 'तोड़ना' के अनुसार कर्मवाच्य में बदलते हैं तो यह वाक्य होगा :

(19क) शीला द्वारा गिलास तोड़ा गया।

हिन्दी में वाक्य (19) स्वाभाविक और सहज वाक्य माना जाता है और इसमें 'अनजाने' में गिलास के टूटने का भाव मिलता है, किंतु वाक्य (19क) अस्वाभाविक और अशुद्ध वाक्य माना जाता है।

यह द्रष्टव्य है कि अंग्रेजी सकर्मक क्रिया Break के अनुसार कर्तृवाच्य और कर्मवाच्य दोनों संरचनाएँ बन जाती हैं और उनमें व्याकरणिक कर्ता सक्रिय कर्ता भी हो सकता है और भोक्ता भी; जैसे—

20. Shiela broke the glass.

21. The glass was broken by shiela.

इसी प्रकार हिन्दी में कुछ सकर्मक क्रियाएँ और उनसे व्युत्पन्न अकर्मक क्रियाएँ दोनों कर्मवाच्य संरचना में प्रयुक्त होती हैं; जैसे—

21. लकड़ी कट रही है।

22. लकड़ी काटी जा रही है।

कर्मवाच्य के वाक्य (21) में 'कटना' सकर्मक क्रिया 'काटना' की व्युत्पन्न क्रिया है। इस वाक्य में व्याकरणिक कर्ता का लोप है और 'लकड़ी' कर्तावत् कार्य अर्थात् कर्ता का काम कर रही है, हालाँकि यह स्वयं कर्म ही है। इसी प्रकार कर्मवाच्य वाक्य (22) में 'काटना' सकर्मक क्रिया तो है, किंतु इसमें भी

कर्ता का लोप है और 'लकड़ी' कर्म की ही भूमिका निभा रही है। ऐसे वाक्यों में कर्ता का प्रायः लोप होता है, किंतु विकल्प के रूप में कर्ता का प्रयोग हो सकता है; जैसे—

(21क) उस से लकड़ी कट रही है।

(22क) उस के द्वारा लकड़ी काटी जा रही है।

अंग्रेज़ी में cut सकर्मक क्रिया के अनुसार कर्मवाच्य की एक ही संरचना बनती है;

23. The wood is being cut (by him)

इसके अतिरिक्त इस प्रकार के हिन्दी कर्मवाच्य निषेधात्मक रूप में दो हो सकते हैं; जैसे—

24. उससे लकड़ी नहीं कट रही है।

(24क) उससे लकड़ी नहीं काटी जा रही है।

हिन्दी के वाक्य (14) के अनुसार इसका अनुवाद अंग्रेजी में वाक्य (17) की भाँति कर्तृवाच्य में होगा, न कि कर्मवाच्य में; जैसे—

25. He is not able to cut the wood.

इस प्रकार उपर्युक्त विवेचन से यह निष्कर्ष निकलता है कि विचार के धरातल पर कर्तृवाच्य और कर्मवाच्य एक ही घटना की ओर संकेत करते हैं, किंतु प्रकार्य की दृष्टि से वे अलग हो जाते हैं। अनुवादक को विश्लेषण करते हुए इस समस्या पर ध्यान रखना पड़ता है।

स्रोत भाषा की अपनी बनावट और बुनावट होती है और उसमें सहप्रयोग (Collocation) की विशेष भूमिका रहती है। वास्तव में सहप्रयोग का आधार भाषिक अभिव्यक्ति का भाषिक परिवेश होता है। कई बार शब्दों का परस्पर संगम शब्दों में नया अर्थ भर देता है। समस्त शब्द को अलग कर देने से उसके शब्द अलग-अलग अर्थ देते हैं, लेकिन समस्त रूप में उस शब्द का अर्थ भिन्न हो जाता हैं; जैसे—दशानन, नीलकंठ और पीतांबर समस्त शब्दों में सहप्रयोग के कारण इनका अर्थ क्रमशः 'रावण', 'शिव' और 'कृष्ण' हो गया, लेकिन दश+आनन, नील+कंठ और पीत+अंबर शब्दों को अलग करने से यही अर्थ अभिव्यक्त नहीं होते। इसी प्रकार मूलपाठ का 'संदेश' भाषिक अभिव्यक्तियों की बुनावट के भीतर छिपा रहता है, जिसको प्राप्त करने के लिए कई बार कोशगत अर्थ का सहारा लेना पड़ता है और कभी संरचनात्मक अर्थ या सामाजिक अर्थ या लक्षणापरक अर्थ का। अतः संदेश को पकड़ने के लिए अभिव्यक्ति का अन्वयांतर भी करना पड़ सकता है। इसी प्रकार निम्नलिखित मुहावरों में परसर्ग के सहप्रयोग से अर्थ में भिन्नता स्पष्ट दिखाई देती है; जैसे—

(किसी की) आँख लगना - नींद आना
(किसी से) आँख लगना - प्रेम हो जाना
(किसी पर) आँख लगना - ललचा जाना

एक अन्य बात स्रोत भाषा और लक्ष्य भाषा में शब्दों का सहप्रयोग प्रायः अपना-अपना होता है। जैसे–

—To answer a call – टेलीफोन सुनना

—To consult the dictionary – कोश देखना

भाषा सामाजिक संस्कार का बोध भी कराती है। भाषिक परिवेश का संदर्भ सामाजिक-सांस्कृतिक स्थिति के साथ रहता है। इसमें संप्रेष्य कथ्य का संबंध भाषिक अभिव्यक्ति के प्रयोग या व्यवहार से जुड़ा होता है। इससे सामाजिक शैली का जन्म होता है और इससे जो अतिरिक्त अर्थ व्यंजित होता है, वह सामाजिक अर्थ भी माना जा सकता है। उदाहरण के लिए, 'तू, तुम और आप' मध्यम पुरुष सर्वनाम भाषा में सामाजिक संबंधों का परिचय देते हैं। इसके अतिरिक्त कुछ ऐसी अभिव्यक्तियाँ भी मिलती हैं, जिनका कोशगत अर्थ और संरचनात्मक अर्थ जिस कथ्य का बोध कराता है, उससे भिन्न उसका सामाजिक और सांस्कृतिक अर्थ होता है। उदाहरण के लिए; 'गंगा स्नान' या 'गंगा नहाना' अभिव्यक्ति का अर्थ गंगा में मात्र स्नान करना नहीं है। इसके कई सामाजिक-सांस्कृतिक अर्थ निकलते हैं; जैसे–'पवित्र डुबकी' (holy dip), 'पाप धोने के लिए गंगा में नहाना' (to bath in the Ganges to wash away the sins), 'बेटी के विवाह के बाद मुक्त हो जाना या मुक्ति महसूस करना' (to be relieved or to feel relieved after the marriage of the daughter).

भाषिक अभिव्यक्तियों के संकेतार्थ का कोशगत अर्थ में अतिरिक्त भाषा में ऐसे अर्थ की व्यंजना भी मिलती है, जिसका समाहार मूल अर्थ में नहीं हो सकता। यह लक्षणापरक अर्थ भाषिक संरचना और वक्ता की मानसिक स्थिति के संबंध पर बल देता है। उदाहरण के लिए; 'उसका बाप पत्थर दिल है' वाक्य में 'पत्थर दिल' का कोशगत अर्थ संभव नहीं है, क्योंकि पत्थर तो एक ठोस वस्तु है। यहाँ 'दिल' के साथ 'पत्थर' का योग हो जाने से लक्षणापरक अर्थ पर जाना होगा–'अत्याचारी' या 'कठोर दिल'। इसी प्रकार 'रमेश तो भेड़िया है', लेकिन 'रमा गाय है' वाक्यों में भेड़िए का नाम रमेश नहीं है और न ही 'गाय' का नाम रमा है। यहाँ 'भेड़िया' का लक्षणार्थ 'ज़ालिम व्यक्ति से' है और गाय का लक्षणार्थ 'भोली-भाली' या 'सीधी-सादी' लड़की से है।

विश्लेषण का लक्ष्य मात्र वाक्य संरचना या विषयवस्तु को समझना नहीं है, बल्कि पाठ में अंतर्भुक्त अर्थ ग्रहण करना भी है। कई बार वाक्य में अर्थ का बोधन नहीं होता, इसलिए वाक्य से ऊपर की संरचना पर जाना पड़ता है। इसमें दो या दो से अधिक वाक्यों में परस्पर संयोजन होता, जो अपेक्षित अर्थ की प्राप्ति में सहायक होता है। व्याकरणिक और अर्थपरक दृष्टि से इस अंतरवाक्यीय अथवा वाक्योपरि संरचना को **प्रोक्ति** भी कहते हैं। यह वाक्योपरि स्तर संसक्तिपूर्ण, संदर्भपरक और तर्कपूर्ण होता है। इसमें भाषिक रूपों और संप्रेषणपरक प्रकार्यों के बीच साम्य बना रहता है। कई बार

अनेकार्थी, संदिग्धार्थी अथवा पर्यायवाची संरचनाएँ मिल जाती हैं, जिनके अर्थ का विशिष्टीकरण संदर्भ से ही हो पाता है। उदाहरण के लिए;

26. आज मुझे सोना महँगा पड़ा।

वाक्य (26) में शब्द स्तर पर 'सोना' शब्द संदिग्धार्थी है। इसमें 'सोना' शब्द 'स्वर्ण' अथवा 'निद्रा' दोनों अर्थ दे रहा है।

27. राम ने केला खाते हुए बंदर को देखा।

इसमें 'राम केला खा रहा है' अथवा 'बंदर केला खा रहा है' दोनों अर्थ निहित हैं।

28. मोहन ने बच्चे को उठाया।

इसमें 'मोहन ने बच्चे को नींद से जगाया' अथवा 'बच्चे को गोदी पर उठाया' दोनों भाव मिलते हैं।

29. यह राम की तस्वीर है।

इसमें 'तस्वीर का मालिक राम है' अथवा 'तस्वीर का चित्रकार राम है' अथवा 'राम का स्वयं का चित्र या फोटो है' तीन भाव मिलते हैं।

30. Chickens are ready to eat.

इसमें cooked chickens अथवा living chickens दो अर्थ मिलते हैं।

31. Visiting relatives is a nuisance.

इसमें visiting of relatives अथवा visits to relatives दोनों भाव मिलते हैं।

अनेकार्थी या संदिग्धार्थी वाक्य को विभिन्न व्याकरणिक संरचनाओं के साथ जोड़ कर अर्थ की खोज की जा सकती है, जैसे—अंग्रेजी का एक वाक्य लीजिए :

32. Deepti frightens Amit.

इसकी दो व्याकरणिक संरचनाएँ हो सकती हैं। एक में frighten शब्द सकर्मक क्रिया के रूप में है और दीप्ति सक्रिय कर्ता के रूप में कार्य कर रही है। दूसरे में frighten शब्द अकर्मक क्रिया का कार्य कर रहा है और दीप्ति 'करण' के रूप में अर्थात् क्रिया के मात्र साधन के रूप प्रयुक्त है। इसी कारण frighten क्रिया के दो अर्थ हो सकते हैं।

33. दीप्ति अमित को डराती है।

(33क) अमित दीप्ति से डरता है।

यदि लक्ष्य भाषा में इसी प्रकार की कोई अनेकार्थी अथवा संदिग्धार्थी संरचना होती है तो अनुवादक लेखक के मंतव्य के अनुसार या संदर्भ के अनुकूल इस संदिग्धार्थकता का निराकरण करे ताकि सही संदेश प्राप्त हो सके। वाक्य (33क) में 'दीप्ति के जानबूझ कर डराने का भाव' मिलता है और वाक्य (33ख) में 'दीप्ति की उपस्थिति से अमित का डरना' है, जबकि दीप्ति को अमित के डरने की जानकारी नहीं भी हो सकती।

इस प्रकार हर भाषा में अनेक संदिग्धार्थी वाक्य होते हैं। इन संदिग्धार्थी वाक्यों का अर्थ तभी स्पष्ट होता है, जब भाषा की विभिन्न इकाइयों अर्थात् शब्दों, पदों, पदबंधों, उपवाक्यों, वाक्यों आदि में अंतःसंबंध और परस्पर संयोजन होता है और वे

अपने-आप में एक संपूर्ण इकाई का रूप धारण कर लेते हैं। इन पूर्ण इकाइयों से अपेक्षित अर्थ ग्रहण किया जाता है। इसलिए अनुवादक को न केवल भाषिक ज्ञान तक सीमित रहना पड़ता है, बल्कि भाषा की अर्थ-व्यवस्था और अर्थ-क्षेत्र पर भी सजग दृष्टि रखनी पड़ती है।

ख. विषयवस्तु के स्तर पर विश्लेषण : पाठ का संबंध जिस विषय से हो, अनुवादक से कुछ सीमा तक उसके ज्ञान की अपेक्षा रहती है, तभी वह विषयवस्तु का बोधन और उसका अर्थ ग्रहण कर पाएगा। यह बात नहीं है कि अनुवादक पाठ संबंधी विषय का विशेषज्ञ हो, लेकिन एक सामान्य पाठक के रूप में उससे कथ्य को समझने की अपेक्षा भी रहती है अन्यथा अनुवाद सही और सटीक नहीं हो पाएगा। प्रशासन, विधि, विज्ञान, भौतिकी, चिकित्सा, इंजीनियरी, प्रौद्योगिकी आदि विषयों की भाषा निश्चित और सीमित अर्थतंत्र लिए होती है, जबकि सामान्य भाषा व्यापक और असीम अर्थतंत्र लिए होती है। उदाहरण के लिए; अंग्रेज़ी के एक शब्द Communication के सामान्य भाषा में कई अर्थ मिलते हैं—बात पहुँचाना, संदेश, संलाप, अभिव्यंजना, पत्राचार, संप्रेषण, संचार आदि। ये सभी शब्द अलग-अलग विषय-क्षेत्रों में अलग-अलग अर्थ लिए होते हैं। प्रौद्योगिकी में संचार, मनोविज्ञान में संप्रेषण, प्रशासन में पत्राचार, साहित्य में अभिव्यंजना, सामान्य भाषा में बात पहुँचाना, संदेश आदि अर्थ निश्चित और निर्धारित हैं। इसी प्रकार अर्थ के आधार पर reaction शब्द के तीन हिन्दी पर्याय संभव हैं, क्योंकि वे अलग-अलग प्रक्रियाओं से जुड़े हुए हैं; जैसे—प्रतिक्रिया (भौतिकी), अभिक्रिया (वनस्पतिशास्त्र) और अनुक्रिया (रासायनिकी)। अतः अनुवादक को विश्लेषण करते हुए यह ध्यान में रखना पड़ता है कि हर शब्द का अर्थ पाठ-सापेक्ष होता है और वह विषय तथा प्रसंग के अनुसार बदल जाता है। अंग्रेज़ी के Right शब्द के अलग-अलग विषयों के अनुसार अर्थ बदल रहे हैं, जिनका विवरण नीचे दिया जा रहा है।

Right direction	-	दाहिनी दिशा
Right answer	-	सही उत्तर
Right angle	-	90° का कोण
Right conduct	-	उचित आचरण
Rightist	-	दक्षिणपंथी

इस प्रकार अनुवादक पाठक के रूप में जब पाठ का विश्लेषण करता है तो विषयवस्तु का ज्ञान होने पर उसे सटीक अर्थ की प्राप्ति में सुविधा होती है।

2. अंतरण सोपान

विश्लेषण से जब अनुवादक अर्थ ग्रहण कर लेता है तो वह लक्ष्य भाषा में उस अर्थ का 'अंतरण' करने लगता है। यह अनुवाद प्रक्रिया का दूसरा चरण है। इस प्रक्रिया में दो

भाषाओं की आर्थी-संरचनाओं में परस्पर टकराहट होती है। भाषायी और सामाजिक सांस्कृतिक टकराहट की प्रकृति को ठीक से समझे बिना अर्थांतरण नहीं हो पाता। प्रत्येक भाषा स्रोत-भाषा के मूल पाठ के संदेश को अपने ढंग से अपनी भाषिक इकाइयों में बाँधती है। अनुवादक को इस प्रक्रिया में द्विभाषिक की भूमिका निभाते हुए मूलपाठ के भाव या विचार को दूसरी भाषा में व्यक्त करना होता है, किंतु एक भाषा में व्यक्त विचार या संप्रेष्य कथ्य का अन्य भाषा में व्यक्त करना कोई सरल कार्य नहीं है, इसलिए अनुवादक में द्विभाषिक क्षमता की अपेक्षा रहती है।

यह तथ्य बताना असमीचीन न होगा कि प्रत्येक भाषिक इकाई मूलतः एक मूल्यपरक इकाई होती है, न कि किसी भाव, वस्तु या विचार की नामपरक अथवा वाचक अभिव्यक्ति। सस्यूर के मतानुसार भाषिक इकाई शतरंज के मोहरे की तरह होती है जो अपने आंतरिक मूल्यों से पहचानी जाती है, न कि बाहरी रूप-रंग अथवा आकार द्वारा। यह मूल्य अपनी-अपनी भाषायी व्यवस्था के भीतर होता है। हर भाषा के अपने लिंग-विधान, वचन-विधान, पुरुष, कारक, पक्ष और वृत्ति होते हैं और उन्हीं में उनके मूल्यों का निर्धारण होता है। अंग्रेजी के लिंग-विधान में तीन लिंग—पुल्लिग, स्त्रीलिंग और उभयलिंग हैं, जबकि हिन्दी में पुल्लिग और स्त्रीलिंग दो ही लिंग है। इसलिए 'पुस्तक' शब्द अंग्रेजी में उभयलिंग है, जबकि हिन्दी में स्त्रीलिंग।

कई बार अनुवादक को दो भिन्न भाषाओं की भिन्न व्यवस्था के भीतर शब्दार्थ को पकड़ना पड़ता है। इसके लिए उसे उस शब्द के अर्थक्षेत्र को समझना होगा। वास्तव में प्रत्येक भाषा जीवन और जगत को देखने के लिए एक निश्चित दृष्टि प्रदान करती है, जिससे उस भाषायी अनुवाद का व्यक्ति बाह्य संसार से प्राप्त अनुभव को व्यवस्थित करता है। इसलिए विभिन्न भाषाओं की रंगावली को व्यक्त करने वाली व्यवस्था के आधार पर भाषिक बोध का विवेचन करें तो उन भाषाओं की अलग-अलग व्यवस्था की जानकारी प्राप्त होगी। उदाहरण के लिए; न्यू गाइना की जेलो भाषा में रंग संबंधी केवल दो शब्द मिलते हैं—सफ़ेद और काला, नाइजीरिया का तीव भाषा में तीन शब्द—सफ़ेद, काला और लाल शब्द हैं, फ़िलीपीन की हनुन् भाषा में चार शब्द—सफ़ेद, काला, लाल और हरा उपलब्ध हैं। रंग संबंधी शाब्दिक व्यवस्था शब्दों के अर्थ क्षेत्र को निर्धारित करती है और व्यक्ति की रंग संबंधी संकल्पना पर अपना दबाव डालती है। यह बात नहीं कि रंग संबंधी दो या तीन शब्दों वाले भाषाभाषी वर्णांधता (Colour blindness) के शिकार हों अथवा सात-आठ रंग वाले भाषाभाषी जैविक दृष्टि से इनसे अधिक सक्षम हों। वास्तव में भाषा के माध्यम से रंग संबंधी संकल्पना उसके अनुभवों को एक विशेष रीति से विभाजित और व्यवस्थित करती है, जिसके सहारे व्यक्ति वस्तुओं को पहचानता और समझता है। इसी तथ्य को अफ्रीका की नवाहों भाषा की रंग व्यवस्था को स्पष्ट किया जा सकता है। नवाहों भाषा की रंग शब्दावली में 'डिको' और 'डूटलिज़' शब्दों का हिन्दी या अंग्रेज़ी में

अनुवाद क्रमशः 'पीला' और 'हरा' किया जाए तो सूचना का ह्रास होगा। 'डिको' शब्द के अंतर्गत 'पीला' और 'संतरी' दोनों रंग आते हैं और 'डूटलिज' में हरा, नीला और बैगनी तीनों रंग सम्मिलित हैं।

इसी परिप्रेक्ष्य में हिन्दी की नाते-रिश्ते की शब्दावली के अंतर्गत यदि 'चाचा' शब्द का अनुवाद अंग्रेज़ी में 'अंकल' किया जाए तो उसमें ताऊ, मामा, फूफा, और मौसा जैसे रिश्तों का भी अतिरिक्त योग होगा। इससे यह स्पष्ट होता है कि सतही तौर पर दिखाई देने वाली दो भाषाओं की समानता भाषायी बोध और अर्थक्षेत्र के संदर्भ में समान नहीं होती। इसलिए एक भाषा की संकल्पना का दूसरी भाषा में अंतरण किया जाए, तो उसमें या तो कुछ जुड़ता है या कुछ छूटता है या फिर कुछ बदल जाता है। हिन्दी शब्द 'चाचा' के लिए अंग्रेजी में 'पैटर्नल अंकल' (Paternal uncle) शब्द व्याख्यात्मक अनुवाद के रूप में रखा जाए तो अतिरिक्त सूचना कम हो जाती है। यहाँ अनुवाद समरूप (identical) न होकर समतुल्य होता है।

प्रत्येक भाषा की शब्द-संपदा अपने सामाजिक और सांस्कृतिक व्यवस्था की माँग के अनुरूप होती है। इससे एक भाषा के शब्द द्वारा व्यक्त अर्थ को ठीक उसी तरह दूसरी भाषा में उपलब्ध शब्दों द्वारा अभिव्यक्त करना कठिन हो जाता है। इसका यह आशय न समझा जाए कि लक्ष्य भाषा किसी भी विषयवस्तु या भाव-विशेष को अभिव्यक्त करने में अक्षम होती है। वास्तव में भाषा अक्षम नहीं होती, उसकी अभिव्यक्ति के ढंग या रीति में अंतर आ जाता है। उदाहरण के लिए; हिन्दी की नाते-रिश्ते की शब्दावली में प्रयुक्त जेठ, देवर और ननदोई शब्दों जैसी अंग्रेजी की नाते रिश्ते की शब्दावली में व्यवस्था नहीं है और इनका अनुवाद अंग्रेजी में brother-in-law होता है, किंतु इस अनुवाद से जेठ, देवर और ननदोई के रिश्ते स्पष्ट नहीं होते। अतः भाषावैज्ञानिक दृष्टि से घटकीय विश्लेषण (Componential analysis) से इनका अन्वय कर उसका संकेतार्थ व्यक्त किया जा सकता है। वय के आधार पर जेठ का elder brother of husband तथा देवर का younger brother of husband हो सकता है। भारतीय परिवार में ननद का विवाह हो जाने के बाद वह पिता के परिवार की सदस्य नहीं होती, इसलिए बड़ी या छोटी ननद के लिए कोई अलग शब्द नहीं है; जैसे पति के बड़े भाई के लिए 'जेठ' और छोटे भाई के लिए 'देवर' शब्द प्रयुक्त होता है। इस दृष्टि से 'ननदोई' शब्द वय-निरपेक्ष है और इसका अन्वय करते हुए इसकी संकल्पना husband of the elder or younger sister of the husband ही होगी।

अर्थांतरण की समस्या का समाधान स्रोत भाषा और लक्ष्य भाषा की टकराहट की प्रकृति को समझने से ही हो सकता है। प्रश्न उठता है कि अंग्रेजी के मध्यम पुरुष सर्वनाम you or your के लिए हिन्दी के 'तू, तुम और आप' 'अथवा 'तेरा, तुम्हारा और आप का' में से किसका प्रयोग किया जाए, क्योंकि इन तीनों का प्रयोग एकवचन और बहुवचन दोनों के लिए होता है। इसी प्रकार हिन्दी वाक्य 'यह उसकी पुस्तक है'

में 'उसकी' रूप का अंग्रेजी में या तो his होगा या her होगा। इसी प्रकार अंग्रेजी वाक्य Mohan told his son में his निजवाचक सर्वनाम के लिए हिन्दी में 'उसके' अथवा 'अपने' निजवाचक सर्वनामों में से किसे चुना जाए, यह समस्या सामने आ जाती है। इन समस्याओं का निराकरण दोनों भाषाओं की अंतरणपरक तुलना से हो सकता है, जिसमें दो भाषाओं की व्यवस्था का अध्ययन होता है।

स्रोत भाषा के कथ्य के अंतरण की प्रक्रिया एक ऐसा व्यापार है, जिसमें स्रोत भाषा रूपी संदूक में संयोजित और सुव्यवस्थित संदेश या कथ्य-सामग्री को उससे भिन्न आकार के लक्ष्य भाषा रूपी संदूक में ठीक उसी प्रकार पुनः संयोजित और सुव्यवस्थित रूप से किया जाता है। विषय के अनुसार कथ्य पर जहाँ बल देने की आवश्यकता होती है, वहाँ अभिव्यक्ति पर कम बल दिया जाता है और जहाँ अभिव्यक्ति पर बल देना होता है, वहाँ कथ्य पर भी ध्यान देने की ज़रूरत होती है। कविता के कथ्य का अंतरण करते हुए कथ्य पर बल देने के साथ-साथ छंद योजना या कोमलकांत पदावली की ओर भी ध्यान देना होता है। सूचनापरक पाठ्य-सामग्री में आर्थी संरचना के साथ अभिव्यक्तिपरक भाषिक पक्ष पर बल दिया जाता है। इस अंतरण प्रकिया में संदेश के सूचना तत्त्वों का सामान्यतः पुनर्विन्यास (Redistribution) होता है। इस पुनर्विन्यास की चार स्थितियाँ मानी गई हैं, जो इस प्रकार हैं:

क. **पूर्ण पुनर्विन्यास** : इसमें अर्थांतरण के लिए भाषिक इकाइयों का अंतरण न होकर संपूर्ण अर्थ का अंतरण होता है। इसमें स्रोत भाषा की अभिव्यक्ति को पूर्णतया नई अभिव्यक्ति के रूप में संयोजित किया जाता है। इस कोटि में मुख्यतया मुहावरों और लोकोक्तियों के अनुवाद आते हैं। उदाहरण के लिए;

क. A drop in the ocean. ⇒ ऊँट के मुँह में जीरा।
ख. Once in a blue moon ⇒ ईद का चाँद होना।
ग. गधे को बाप बनाना ⇒ To flatter a fool for expediency.
घ. नाच न जाने आँगन टेढ़ा। ⇒ A bad carpenter querrels with his tools.

ख. **विश्लेषणात्मक पुनर्विन्यास** : इसमें स्रोतभाषा की एक शाब्दिक इकाई को लक्ष्य भाषा की कई शाब्दिक इकाइयों में अभिव्यक्त किया जाता है। उदाहरण के लिए;

जेठानी ⇒ sister in law और wife of the elder brother of husband, Sibling ⇒ भाई और बहन, Parents ⇒ माता और पिता। पनीर ⇒ Cottage cheese, रायता ⇒ spiced curd with vegetables.

ग. **संश्लेषणात्मक पुनर्विन्यास** : इसमें स्रोत भाषा की कई शाब्दिक इकाइयों को लक्ष्य भाषा में एक संश्लिष्ट इकाई के रूप में अभिव्यक्ति दी जाती है। उदाहरण के लिए;

पति और पत्नी ⟹ spouse, भाई-भतीजावाद ⟹ nepotism, Father in law ⟹ ससुर।

घ. **संरचनात्मक पुनर्विन्यास :** इसमें किसी व्याकरणिक प्रकार्य को व्यंजित करने वाली संरचना को लक्ष्य भाषा की अन्य व्याकरणिक संरचना में अभिव्यक्त किया जाता है। अंग्रेजी के उपपद article a (an) और the के उदाहरण इस प्रकार हैं :

34. There is a snake in the room.
35. These is the snake in the room.

इन उपपदों (a और the) के प्रकार्यों का हिन्दी में पदक्रम-परिवर्तन के द्वारा इस प्रकार अभिव्यक्त किया जा सकता है :

36. कमरे में साँप है।
37. साँप कमरे में है।

इस प्रकार पुनर्विन्यास की प्रक्रिया से यह स्पष्ट होता है कि अनुवाद में स्रोत भाषा के पाठ में निहित अर्थ का अंतरण सामान्य रूप से नहीं होता, बल्कि समतुल्यता के आधार पर उस अर्थ का अंतरण लक्ष्य भाषा में प्रतिस्थापन, पुनर्लेखन या उसकी व्याख्यापरक अभिव्यक्ति द्वारा की जाती है। यह समतुल्यता भाषापरक, भावपरक, शैलीपरक और पाठपरक होती है जो स्रोत भाषा के कथ्य को लक्ष्य भाषा में समाविष्ट करने में सहायक होती है। इसके अतिरिक्त अंतरण के सोपान में व्यतिरेकी विश्लेषण की भी विशेष भूमिका रहता है, जिसमें स्रोत भाषा और लक्ष्य भाषा की संरचनाओं की समानताओं और असमानताओं के आधार पर कथ्य का अंतरण करने में सुविधा होती है। भाषा के संदर्भ में अर्थ अपनी भाषा की अभिव्यक्ति से पूर्णतया मुक्त नहीं हुआ करता, इसलिए अनूदित पाठ में उस अर्थ को पूर्ण रूप से ला पाना संभव नहीं हो पाता। इस दृष्टि से मूल पाठ के अर्थ के अनुरूप लक्ष्य भाषा में उस अभिव्यक्ति को ढूँढ़ना पड़ता है, जो मूल पाठ के अर्थ के समान हो। यहाँ पर समतुल्यता का सिद्धांत और व्यतिरेकी विश्लेषण काफ़ी हद तक कारगर सिद्ध होते हैं। निष्कर्षतः यह कहना असमीचीन न होगा कि अनुवाद के संबंध में अर्थांतरण व्यापक अर्थ में एक अभिव्यक्तिजन्य खोज है।

3. पुनर्रचना सोपान

पुनर्रचना (पुनर्गठन) अनुवाद का तीसरा चरण है। अंतरण के बाद संदेश को लक्ष्य भाषा की प्रकृति और नियमों के अनुसार पुनः व्यवस्थित करना पड़ता है, जिससे मूल तथा अनूदित पाठों के बीच समतुल्यता का संबंध स्थापित होता है, किंतु समतुल्यता न केवल रूपपरक होती है, वरन् संदर्भपरक और गत्यात्मक भी होती है। वास्तव में प्रत्येक भाषा की अपनी अभिव्यक्ति प्रणाली और कथन-रीति होती है। इसलिए मूल पाठ के संदेश को लक्ष्य भाषा के अभिव्यक्ति-संस्कार से जोड़ना पड़ता है ताकि अनूदित पाठ सहज,

स्वाभाविक, बोधगम्य और संप्रेषणीय बन सके। स्रोत भाषा के अर्थ के लिए लक्ष्य भाषा में समतुल्य अर्थ का चयन करते समय शब्द अथवा वाक्य की सीमा से बाहर निकल कर पाठ अथवा प्रोक्ति के स्तर पर भी जाना पड़ता है। भाषिक रूपों के व्याकरणिक संबंध, उनके संदर्भपरक अर्थ और इन दोनों के लक्ष्यार्थ मूल्यों पर ध्यान देना ही पुनर्रचना है। इसमें लक्ष्य भाषा की प्रकृति पर सबसे अधिक ध्यान देना पड़ता है ताकि स्रोत भाषा की किसी भी ऐसी अभिव्यक्ति का रूपांतरण लक्ष्य भाषा की अभिव्यक्ति में न आ जाए जो लक्ष्य भाषा की अपनी न हो। चूँकि अभिव्यक्ति रूपी शरीर में अर्थ रूपी आत्मा अंतर्भुक्त होती है, अतः एक भाषिक अभिव्यक्ति से दूसरी भाषिक अभिव्यक्ति में ले जाने के लिए कथ्य की आत्मा को सुरक्षित रखने का प्रयास रहता है। इसमें यह भी ध्यान रखा जाता है कि स्रोत भाषा के मुहावरेदार प्रयोगों, मुहावरों और लोकोक्तियों का कायाबद्ध लक्ष्य भाषा में लक्ष्य भाषा की प्रकृति के अनुरूप हो। यही कायाबद्ध रूप ही पुनर्रचना है। इस कायाबद्ध रूप की सार्थकता तभी होगी, अगर लक्ष्य भाषा में अनूदित पाठ मूल पाठ का सहपाठ बन जाता है अर्थात् अनूदित पाठ अनुवाद न लगकर लक्ष्य भाषा का मूलपाठ लगना ही सहपाठ है। इसी सहपाठ का अर्थ सुप्रसिद्ध साहित्यकार और अनुवादक मैथ्यू आनर्ल्ड द्वारा सुविख्यात यूनानी कवि होमर के अनुवाद के संबंध में कहे गए कथन से स्पष्ट हो जाता–"अनुवाद ऐसा होना चाहिए कि पाठक यथासंभव यह भूल जाए कि वह अनुवाद पढ़ रहा है। अनूदित रचना के सम्मोहन से वह इस भ्रम में आ जाए कि वह एक मौलिक रचना पढ़ रहा है।"

शैलीकरण :

पुनर्रचना के परिप्रेक्ष्य में यह प्रश्न भी उठना स्वाभाविक है कि अनुवाद की शैली क्या हो? मूल भाव को अक्षुण्ण बनाए रखने के लिए मूल शैली को भी यथासाध्य अक्षुण्ण बनाए रखने का प्रयास रहता है। हर भाषा की अपनी शैली होती है और विषय तथा विधा के अनुसार शैली में परिवर्तन होता रहता है। शैली के मुख्य रूप से तीन प्रकार माने गए हैं–सामान्य शैली, वस्तु शैली और विधा शैली।

क. **सामान्य शैली :** यह प्रयोक्ता-सापेक्ष होती है, जिसमें वक्ता के सामाजिक, सांस्कृतिक, भौगोलिक, शैक्षिक, आर्थिक आदि संदर्भों का योगदान रहता है। इसके भी दो रूप मिलते हैं–एक, हिन्दी में संस्कृतनिष्ठ शैली, अरबी-फ ारसी मिश्रित शैली (उर्दू), सामान्य बोलचाल की शैली (हिन्दुस्तानी) और अंग्रेजी मिश्रित शैली (हिंग्लिश) अभिव्यक्ति शैलियाँ हैं और दो, रूढ़िपरक शैली, औपचारिक शैली, सामान्य शैली, अनौपचारिक शैली और अंतरंग शैली सामाजिक शैलियाँ हैं।

ख. **वस्तु शैली :** यह प्रयुक्ति-सापेक्ष अथवा कार्यक्षेत्र प्रधान (domain based) होती है। इसमें कार्यालयी, वैज्ञानिक, वाणिज्यिक आदि सूचना-प्रधान शैलियाँ अलग-अलग होती हैं।

ग. **विधा शैली :** यह साहित्य-प्रधान होती है और इसमें कविता, नाटक, उपन्यास, कहानी आदि के अलग-अलग भाषा-रूप उद्‌भूत होते हैं। कविता में प्रायः छंदोबद्ध और मुक्त छंद रूप मिलते हैं, जबकि नाटक में मुख्यतः संवाद-शैली और गद्य रूप मिलते हैं।

उपर्युक्त तीनों शैलियों के अतिरिक्त व्यक्ति शैली भी होती है। वस्तुतः हर व्यक्ति और रचयिता की अपनी शैली होती है। रूसी भाषा में टालस्टॉय की शैली और चेखव की शैली अपनी-अपनी है। हिन्दी में रामचंद्र शुक्ल और हज़ारी प्रसाद द्विवेदी की शैली में अंतर दिखाई देता है। प्रेमचंद और प्रसाद के कथा साहित्य की शैली की अपनी-अपनी विशिष्टता है। इनका अनुवाद एक शैली में नहीं किया जा सकता। इसके अलावा अनुवादक की अपनी शैली भी होती है। अनुवादक की शैली की टकराहट मूल लेखक की शैली से होती है। इस टकराहट में अगर अनुवाद में कुछ विशिष्टता आ जाती है तो अनुवाद बेहतर हो जाता है। उमर खैय्याम की रूबाइयों के अनुवाद में फिट्ज़जेराल्ड का व्यक्तित्व अधिक दिखाई देता है। इन रूबाइयों के हिन्दी अनुवाद में हरिवंश राय बच्चन, सुमित्रानंदन पंत, मैथिलीशरण गुप्त आदि के अनुवादों में इनके अपने शैलीगत तत्त्वों की झलक स्पष्ट दिखाई देती है। अतः अनुवाद यदि पुनः सृजन है तो अनुवाद की शैली अवश्य दिखाई देगी। साहित्यिक अनुवाद में तो अवश्य दिखाई देती है, साहित्येतर अनुवाद में संभवतः दिखाई न दे। इस प्रकार पुनर्रचना में स्रोत भाषा पाठ के अर्थ संप्रेषण के साथ-साथ भाषा का शैली-संस्कार अथवा शैलीकरण भी होता है, जो उसे सुंदर और प्रभावी बनाता है।

अनुवाद प्रक्रिया में अनुवादक की भूमिका

अनुवाद में दो भाषाओं का जो संप्रेषण व्यापार होता है, उससे दो प्रकार के पाठों का सामना करना पड़ता है। मूल पाठ स्रोत भाषा में रचित होता है और अनुवादक को कृति के रूप में पहले से ही उपलब्ध होता है। इस मूल कृति का लेखक अथवा रचयिता कोई अन्य व्यक्ति होता है, जिसका पाठक स्रोत भाषा का व्यक्ति होता है। इसमें आवश्यक नहीं कि अनुवादक का परिचय मूल कृति के लेखक से हो। अनुवादक सबसे पहले पाठक के रूप में मूलकृति से टकराता है और पाठक का दायित्व निभाते हुए उसका विश्लेषण करता है तथा उसमें अंतर्निहित कथ्य को समझने और पकड़ने का प्रयास करता है। स्रोत भाषा के मूल पाठ में अंतर्निहित अर्थ को ग्रहण करने का काम स्रोत भाषा का सामान्य पाठक भी करता है, किंतु अनुवादक को उस पाठ का अर्थांतरण करने के लिए द्विभाषिक की भूमिका भी निभानी पड़ती है। उसे संदेश को लक्ष्य भाषा में बाँधना होता है। इसलिए द्विभाषिक के रूप में स्रोतभाषा और लक्ष्यभाषा दोनों की व्याकरणिक संरचनाओं के ज्ञान के साथ-साथ दोनों भाषाओं की अभिव्यक्ति प्रणालियों तथा शैली-संस्कार से परिचित होना पड़ता है। मूल पाठ के कथ्य का अंतरण करते हुए वह अनूदित पाठ को

लक्ष्य भाषा के पाठ में इस प्रकार प्रस्तुत करता है, जिससे वह मूल पाठ का सहपाठ बन सके और साथ ही लक्ष्य भाषा के अपने पाठकों के लिए बोधगम्य और संप्रेषणीय हो सके। इस पुनर्रचना में अनुवादक की यह भूमिका लेखक के रूप में होती है, जिसे वह अपने पाठ के प्रति ईमानदारी से निभाने का प्रयास करता है। यह बात अवश्य है कि इस लेखकीय भूमिका में अनुवादक जो कुछ जोड़ता है और बदलता है, उसकी सीमा सहपाठ के रूप में बनी रहती है। वास्तव में अनुवाद प्रक्रिया के भीतर अनुवादक को तीन प्रकार्यों के कारण तीन भूमिकाएँ निभानी पड़ती हैं। विश्लेषण के स्तर पर अर्थ ग्रहण के प्रकार्य के लिए पाठक की भूमिका, अंतरण के स्तर पर अर्थांतरण के प्रकार्य के लिए **द्विभाषिक** की भूमिका और पुनर्रचना के स्तर पर अर्थ संप्रेषण के प्रकार्य के लिए **लेखक** की भूमिका निभानी पड़ती है। इसे इस प्रकार समझा जा सकता है

प्रक्रिया	**अनुवादक की भूमिका**	**प्रकार्य**
विश्लेषण	पाठक (मूल पाठ)	अर्थग्रहण
अंतरण	द्विभाषिक	अर्थांतरण
पुनर्रचना	लेखक (अनूदित पाठ)	अर्थ संप्रेषण

अनुवाद प्रक्रिया में दो भाषाओं के समूचे संप्रेषण व्यापार में दो लेखकों, दो पाठों और दो पाठकों की संकल्पना निहित है, जिसे रवीन्द्रनाथ श्रीवास्तव और कृष्ण कुमार गोस्वामी ने निम्नलिखित आरेख द्वारा समझाने का प्रयास किया है :

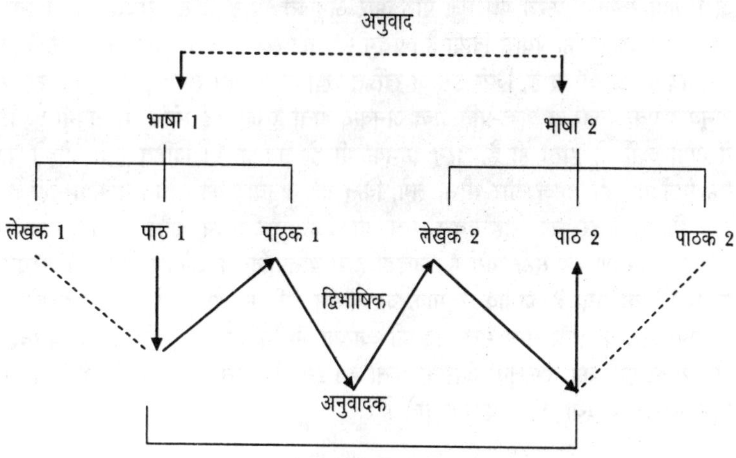

एक अन्य अमरीकी विद्वान पीटर न्यूमार्क ने अनुवाद प्रक्रिया के चार सोपानों या चरणों की संकल्पना प्रस्तुत की है—(1) मूल भाषा पाठ, (2) बोधन व्याख्या, (3) अभिव्यक्ति पुनर्सृजन और (4) लक्ष्य भाषा पाठ। इसे निम्न प्रकार से देखा जा सकता है :

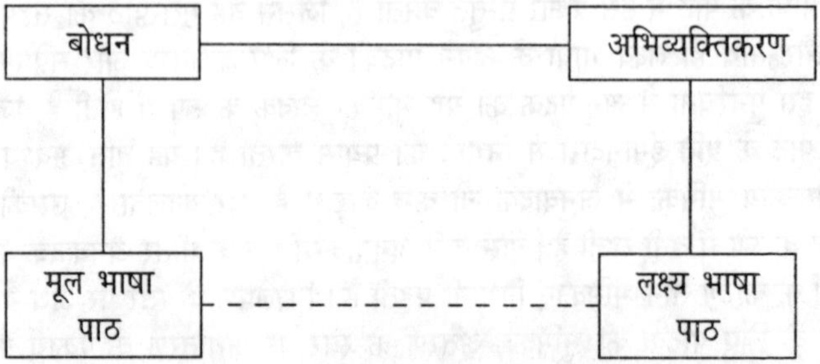

वास्तव में नाइडा और न्यूमार्क में कोई मौलिक अंतर नहीं है। बोधन एक व्याख्या है, जो नाइडा का विश्लेषण सोपान है और अभिव्यक्ति पुनःसर्जना है, जो नाइडा का पुनर्रचना सोपान है। किंतु इन दोनों में एक सीमा तक भिन्नता दिखाई देती है। चूँकि नाइडा बाइबिल के अनुवादक रहे हैं, अतः उन्होंने बाइबिल जैसे प्राचीन पाठ का आधार लिया, जिसकी भाषा में अर्थग्रहण की समस्या व्याकरणिक संरचना से जुड़ी हुई है। व्याकरगिक व्यवस्था से व्यक्त अर्थ में विश्लेषण अधिक सहायक होता है। इसलिए नाइडा की अनुवाद प्रक्रिया में भाषायी सिद्धांत का विशेष महत्त्व है। न्यूमार्क ने भाषायी सिद्धांत की अपेक्षा पाठ की प्रकृति और उसके संदेश पर अधिक बल दिया है। वस्तुतः न्यूमार्क का चिंतन अधिक व्यापक है, जिसमें आधुनिक पाठ तथा वैविध्यपूर्ण भाषा-भेदों के अनुवाद की समस्याओं का विवेचन किया गया है। न्यूमार्क ने अनुवाद प्रक्रिया की दो दिशाएँ स्वीकार करते हुए मूल पाठ और अनूदित पाठ के सह-संबंध को दो स्तरों पर स्थापित करने का प्रयास किया है। प्रथम स्तर का सह-संबंध दो पाठों के अंतरक्रमिक अनुवाद पर आधारित है, जिसे उन्होंने खंडित रेखा के माध्यम से जोड़ा है। अंतरक्रमिक अनुवाद एक प्रकार से शब्द-प्रति-शब्द अनुवाद होता है जो कई संदर्भों में अपनी प्रकृति में अपारदर्शी तो होता ही है, वरन् भ्रामक भी हो सकता है। खंडित रेखा जोड़ने का यह मार्ग भले ही सहज और सीधा लगे, किंतु यह अनुवाद की उचित प्रक्रिया नहीं है।

द्वितीय स्तर का सह-संबंध मूल पाठ के अर्थबोधन और लक्ष्य भाषा में अभिव्यक्तीकरण का सही मार्ग है। नाइडा द्वारा प्रतिपादित विश्लेषण में सतही संरचना पर बल दिया गया है, जबकि न्यूमार्क का बोधन अधिक व्यापक है, जिसमें विश्लेषण से प्राप्त अर्थ के साथ-साथ मूल पाठ की व्याख्या भी निहित है। इसमें अर्थ के पारदर्शी और स्पष्ट होने की संभावना अधिक रहती है। इन दोनों स्तरों के विवेचन के लिए हम निम्नलिखित वाक्यों का उदाहरण लेते हैं।

(1) **मूल भाषा पाठ**

(क) उसकी माँग में सिंदूर तो मैंने डाला था।

(ख) No Admission

(2) अंतरक्रमिक अनुवाद

(क) her hair in vermillion I had put.

(ख) नहीं प्रवेश

(3) बोधन

(क) मैं ही व्यक्ति हूँ जिसने इसकी माँग में सिंदूर डाल कर विवाह किया था।

(ख) Admission is not allowed here.

(4) अभिव्यक्तिकरण

(क) I was the one who put the vermillion in her hair.

(ख) प्रवेश करना मना है।

(5) लक्ष्य भाषा पाठ

(क) It was I, who had married her by putting the vermillion in her hair.

(ख) प्रवेश निषेध/अंदर आना मना है।

अनुवाद प्रक्रिया का विवेचन करते हुए एक अन्य अमरीकी विद्वान आर.एच. बाथगेट ने अनुवाद की व्यावहारिक प्रकृति को ध्यान में रखते हुए उसके सात सोपान बताए हैं, जो निम्न प्रकार से हैं :

मूल भाषा पाठ
⇩
समन्वयन
⇩
विश्लेषण
⇩
बोधन
⇩
पारिभाषिक अभिव्यक्ति
⇩
पुनर्रचना
⇩
पुनरीक्षण

पर्यालोचन
⇩
लक्ष्य भाषा पाठ

इस प्रक्रिया में समन्वयन के सोपान में अनुवादक मूलपाठ का पाठन करते हुए उसका मंतव्य अथवा मूल भाव जानने का प्रयास करता है और मूल पाठ से अपनी मानसिकता का तालमेल बिठाता है। विश्लेषण में मूलपाठ का विवेचन और व्याख्या करता है और तभी बोधन की प्रक्रिया से अर्थग्रहण का कार्य प्रारंभ हो जाता है। इन दोनों सोपानों से अर्थ-निर्धारण में सहायता मिलती है। पारिभाषिक अभिव्यक्ति के अंतर्गत मूल पाठ के संदेश की निष्पत्ति में अन्य अर्थों और संदर्भों पर ध्यान दिया जाता है। इसमें विषय तथा कार्यक्षेत्र-विशेष के संदर्भ में अर्थ को पहचाना जाता है ताकि संदेश को स्पष्ट, पारदर्शी और संप्रेषणीय बनाया जा सके। पुनर्रचना में पर्यायों का निर्धारण करते हुए पाठ की प्रकृति और प्रयोक्ता की पृष्ठभूमि पर ध्यान दिया जाता है। पुनरीक्षण के समय अनूदित पाठ की पूरी जाँच-पड़ताल की जाती है, जिसमें व्याकरणिकता, स्वाभाविकता, स्पष्टता और परिष्करण की दृष्टि से अनूदित पाठ का संशोधन किया जाता है। अंत में पर्यालोचन के अंतर्गत विषय-विशेषज्ञ के माध्यम से अनूदित पाठ की प्रामाणिकता की पुष्टि की जाती है।

बाथगेट के उपर्युक्त सातों सोपान नाइडा द्वारा प्रतिपादित तीनों सोपानों के अंतर्गत समाहित हो जाते हैं। बाथगेट ने इन तीनों सोपानों की विस्तृत व्याख्या ही की है। नाइडा के विश्लेषण सोपान में समन्वयन, विश्लेषण और बोधन तीनों सोपान आ जाते हैं। नाइडा द्वारा प्रतिपादित पुनर्रचना सोपान के अंतर्गत बाथगेट के पुनर्रचना, पुनरीक्षण और पर्यालोचन सोपान आते हैं। वास्तव में नाइडा द्वारा प्रस्तुत विश्लेषण में विषयवस्तु की व्याख्या के साथ-साथ अर्थग्रहण भी होता रहता है। पुनर्रचना में लक्ष्य भाषा की प्रकृति के अनुसार मूलपाठ के संदेश को संयोजित किया जाता है और उसी में अनुवादक संशोधन और परिष्कार भी करता है ताकि अनूदित पाठ मूल पाठ का सहपाठ बन सके। इसमें कई बार पुनरीक्षण और पर्यालोचन की आवश्यकता भी नहीं होती।

उपर्युक्त विवेचन से यह स्पष्ट होता है कि अनुवाद प्रक्रिया से अनुवाक को अनुवाद करने की विधि की जानकारी मिलती है। इससे वह मूल पाठ का अर्थ ग्रहण कर उस संदेश का अर्थांतरण करता है और लक्ष्य भाषा में अनूदित पाठ का अर्थ संप्रेषण करने में सक्षम होता है।

समतुल्यता का सिद्धांत

पिछले अध्यायों में अनुवाद प्रक्रिया पर चर्चा करते हुए यह बताया गया कि अनुवाद प्रक्रिया में अनुवादक को तीन सोपानों से गुजरना पड़ता है—विश्लेषण, अंतरण और पुनर्रचना (पुनर्गठन)। स्रोत भाषा में पाठ का अर्थ प्राप्त करने के पश्चात् उसके कथ्य का अंतरण लक्ष्य भाषा की आंतरिक संरचना में होता है। इस कथ्य का भाषांतरण लक्ष्यभाषा में अर्थपरक तथा वाक्यपरक स्थिति में होता है। अंतरण की प्रक्रिया में स्रोतभाषा और लक्ष्यभाषा की अर्थगत अभिव्यक्तियों को भाषिक, शैलीगत, सामाजिक-सांस्कृतिक और सौंदर्यपरक स्तरों पर सामना करना पड़ता है। इस दृष्टि से अनुवाद संप्रेषण का मात्र अंतरभाषिक व्यापार नहीं है वरन् एक जटिल संरचना है जिसमें इसके द्विभाषिक और द्विसांस्कृतिक रूप स्रोतभाषा से लक्ष्यभाषा में अर्थ का अंतरण करते हुए उसे प्रभावित भी करते हैं। इराके अतिरिक्त, इस अंतरण में शैलीगत परिवर्तन भी दिखाई देते हैं। अतः स्रोतभाषा के समूचे अर्थ का अंतरण लक्ष्यभाषा में नहीं हो पाता क्योंकि स्रोतभाषा और लक्ष्यभाषा की संरचना तथा बुनावट समरूपी नहीं होती है।

स्रोतभाषा का मूलपाठ और लक्ष्यभाषा का अनूदित पाठ पूर्ण रूप से एक समान नहीं होते। इसलिए अनुवादक को लक्ष्यभाषा के अर्थ को स्रोतभाषा के अर्थ के मूलगुण से यथासंभव निकट बनाए रखना पड़ता है। अर्थ की इस निकटतम सादृश्यता को समतुल्यता की संज्ञा दी गई है। वास्तव में 'समतुल्यता' शब्द गणित से आया है जिसमें 'समानता' की खोज की जाती है। इसी संदर्भ में मूल पाठ और अनूदित पाठ पूर्ण समरूपी नहीं होते वरन् समतुल्य या सममूल्य होते हैं। दूसरे शब्दों में, स्रोतभाषा और लक्ष्य भाषा की भाषापरक और अर्थपरक अभिव्यक्तियाँ समान वज़न और समान मूल्य की होंगी। नाइडा और कैटफ़र्ड जैसे आधुनिक अनुवादशास्त्रियों ने समतुल्यता के सिद्धांत के आधार पर अनुवाद की जो परिभाषाएँ दी हैं, उनमें स्रोतभाषा के पाठ का अंतरण लक्ष्यभाषा के पाठ में किया जाता है। उनमें कैटफ़र्ड ने पाठपरक उपादानों की समतुल्यता के प्रतिस्थापन की बात की है और नाइडा ने पाठ में निहित अर्थ और शैली दोनों के समतुल्य उपादानों के प्रस्तुतीकरण पर बल दिया है। इस दृष्टि से लक्ष्यभाषा का पाठ स्रोतभाषा का सहपाठ समतुल्यता के आधार पर ही संभव हो पाएगा क्योंकि अनुवादक को मूल पाठ और अनूदित गाठ में संतुलन

बनाए रखने के लिए कभी भाषिक इकाइयों का अंतरण करना पड़ता है और कभी संपूर्ण अर्थ का अंतरण करना पड़ता है। चूँकि भाषा एक सर्जनात्मक प्रतीकात्मक संरचना है, इसलिए समतुल्यता दो विरोधी आयामों के बीच कार्य करती है—एक, भाषा-सार्वभौम और दो, विशिष्ट तथा विलक्षण भाषा संरचना। अनुवाद प्रक्रिया के अंतर्गत स्थिति के संदर्भ में समरूपता परिलक्षित होती है जिसमें कुछ तत्त्वों में साम्य लाने का प्रयास रहता है।

अनुवाद की भाषा एकनिष्ठ रचना नहीं है। अनूदित कृति में दो भाषाओं की संरचना और संस्कार एक दूसरे में निहित होकर संश्लिष्ट रूप में स्थित होते हैं। एक ओर, इसमें मूल कृति का संप्रेष्य कथ्य तथा कलात्मक बुनावट का दबाव रहता है और दूसरी ओर, लक्ष्यभाषा की अपनी संपूर्ण व्यवस्था और सामाजिक एवं सांस्कृतिक संस्कार अनूदित पाठ को अपना स्वरूप प्रदान करते हैं। इस दृष्टि से समतुल्यता भी एकनिष्ठ नहीं है और यह बहुआयामी स्तर पर कार्य करती है। अनुवादक कृति की व्याख्या अपने परिप्रेक्ष्य में करता है जो निश्चित समय पर विशिष्ट संस्कृति की आवश्यकता के अनुरूप होती है। फ्रांसीसी आलोचक ज़ाक देरिदा ने अपने 'विखंडन सिद्धांत' में अनुवादक के गौण स्तर को नकार दिया है। उनका मत है कि अनुवाद लेखन है अर्थात् यह प्रतिलेखन के ही अर्थ में अनुवाद नहीं है बल्कि मूल पाठ के माध्यम से एक रचनात्मक लेखन है। इस रचनात्मक प्रक्रिया के कारण मूल पाठ और अनूदित पाठ दोनों में से एक रचनात्मक लेखन है। इस रचनात्मक प्रक्रिया के कारण मूल पाठ और अनूदित पाठ दोनों में तादात्म्य और समतुल्यता की स्थिति आ जाती है।

दो भाषाओं के पाठों के बीच प्रत्येक इकाई की परस्पर अनुरूपता मात्र सामान्य धरातल पर नहीं होती बल्कि कथ्य में भी होती है। मूल पाठ में जो अर्थ-व्यंजित होता है, उसे दूसरी भाषा में सदैव व्यंजित कर पाना संभव नहीं होता। वास्तव में जब मूल पाठ की संकल्पना का अंतरण अनूदित पाठ में किया जाता है तो अनुवाद 'अनुरूप' (Identical) न हो कर 'समतुल्य' (Equivalent) होता है, क्योंकि अनूदित पाठ में या तो कुछ छूट जाता है या कुछ जुड़ जाता है या मूल से अलग होकर मूल कथ्य संप्रेषित होता है। कैटफॅर्ड ने रूपपरक अनुरूपता और पाठपरक समतुल्यता में अंतर करते हुए स्पष्ट किया कि रूपपरक अनुरूपता का आशय है लक्ष्यभाषा की किसी इकाई, तत्त्व आदि का जो स्थान लक्ष्यभाषा में है उसका वही स्थान स्रोतभाषा में भी होगा। पाठपरक समतुल्यता से अभिप्राय लक्ष्यभाषा का कोई भी रूप अर्थात् उसके पाठ या पाठांश स्रोतभाषा के रूप अर्थात् पाठ या पाठांश का समतुल्य अथवा समान मूल्य के होंगे। भाषाविज्ञानी ए.एल न्यूबर्ट के प्रतीकविज्ञान की संकल्पना के आधार पर समतुल्यता की व्याख्या करते हुए इसके वाक्यपरक, शब्दार्थपरक और व्यवहारपरक (Pragmatic) प्रकारों का वर्णन किया है।

अनुवाद के बहुआयामी और बहुस्तरीय परिप्रेक्ष्य में नाइडा ने भी दो समतुल्य बताए—एक, रूपपरक समतुल्यता और दो, गत्यात्मक समतुल्यता। रूपपरक समतुल्यता में कथ्य के रूप और मंतव्य पर ध्यान दिया जाता है। गत्यात्मक समतुल्यता में इस बात पर ध्यान दिया जाता है कि स्रोतभाषा के पाठ और लक्ष्यभाषा के पाठ को हृदयंगम करने वाले पाठक पर क्या एक समान प्रभाव पड़ता है? चेक विद्वान अंतोन पोपोविच ने व्यापक स्तर पर समतुल्यता का वर्गीकरण चार आधारों पर किया है—भाषापरक, रूपावलीपरक (Paradigmatic), शैलीपरक और विन्यासक्रमागत (Syntagmatic)। वस्तुतः इन विद्वानों ने जो वर्गीकरण प्रतिपादित किया है, वह पाठ के आधार पर नहीं किया गया। इसलिए समतुल्यता का विवेचन विभिन्न संदर्भों में करना उचित होगा, जिसमें सामाजिक-सांस्कृतिक संदर्भ, शैलीगत सौंदर्य और पाठ की विशिष्ट भूमिका का समावेश हो। साहित्यिक कृति भावों और विचारों की समग्रता है, जिसमें प्रतीकविधान, बिंबविधान, सूक्ष्म अर्थवत्ता, व्यंग्यार्थ आदि अंतर्निहित होते हैं। इन सबका अंतरण नई भाषा में करना होता है। अंतरण की प्रक्रिया में आगम, लोप, स्थानापत्ति आदि विभिन्न तत्त्वों की भी अपनी विशेष भूमिका रहती है। इसके अतिरिक्त शब्दानुवाद, आगत शब्द, शब्द-निर्माण, क्रम-परिवर्तन, रूपांतरण, अनुकूलन, लिप्यंतरण और भावानुवाद समतुल्यता के सिद्धांत में महत्त्वपूर्ण भूमिका निभाते हैं। इसमें अनुवाद को पुनः प्रस्तुतीकरण के आधार पर देखना अपेक्षित है। इसलिए कैटफॉर्ड, न्यूबर्ट, नाइडा और पोपोविच ने समतुल्यता के संबंध में जो वर्गीकरण किया है, उसमें संशोधन करते हुए यहाँ समतुल्यता के चार प्रकार सुझाए जाते हैं :— (1) भाषापरक समतुल्यता; (2) भावपरक समतुल्यता; (3) शैलीपरक समतुल्यता; (4) पाठपरक समतुल्यता।

1. भाषापरक समतुल्यता : भाषापरक समतुल्यता का आधार भाषिक सामग्री है। इसमें स्रोतभाषा के पाठ के शब्दों, पदबंधों, वाक्यों आदि के समतुल्य लक्ष्यभाषा में शब्दों, पदबंधों, वाक्यों आदि का चयन किया जाता है। यह एक प्रकार से शब्दानुवाद है। उदाहरण के लिए;

(क) शब्द के धरातल पर : Manager = प्रबंधक Consumption = खपत
Deposit = निक्षेप Fossil = जीवाश्म
Literacy = साक्षरता Director = निदेशक

(ख) पदबंध के धरातल पर : Prime Minister = प्रधानमंत्री
Lameduck President = शक्तिहीन राष्ट्रपति
Hung Jury = पूर्वाग्रही निर्णायक
Hung Government = त्रिशंकु सरकार
Flying visit = तूफानी दौरा

(ग) वाक्य के स्तर पर : (1) The doctor felt my pulse.
= डाक्टर ने मेरी नब्ज़ देखी।

(2) I hired a taxi for the hotel.
= मैंने होटल के लिए टैक्सी ली।

(3) Capital punishment has been abolished in many countries.
= कई देशों में फाँसी की सज़ा खत्म कर दी गई है।

(4) He got his shoes mended
= उसने अपने जूते की मरम्मत कराई।

2. भावपरक समतुल्यता : यह वस्तुतः व्यवहारपरक अर्थ है जो स्रोतभाषा और लक्ष्यभाषा के बीच सामंजस्य स्थापित करता है। इसमें भाषिक अभिव्यक्ति की अपेक्षा संप्रेष्य कथ्य पर अधिक बल दिया जाता है और बाह्य स्तर की अपेक्षा आंतरिक स्तर पर अर्थ का निर्धारण किया जाता है। उदाहरण के लिए;

1. Environmental handicaps = परिवेशजन्य सीमाएँ
2. Tug of war = खींचतान (रस्साकशी)
3. Acid test = अग्नि परीक्षा
4. A man of rank = प्रतिष्ठित व्यक्ति
5. Mind and matter = जड़-चेतन

भावपरक अर्थ अधिकांशतः प्रोक्ति के स्तर पर ही उद्घाटित होता है; जैसे–

1. I have crow's feet = मेरी आँखों की कोरों में सिकुड़न है।
2. He is a stone deaf = वह नितांत बहरा है।
3. He is the black sheep of our family = वह हमारे कुल का कलंक है।
4. I wash my hand of this business = मैं इस कारोबार से अलग होता हूँ।
5. You fight shy of my presence = तुम मुझसे आँख चुराते हो।

इसके अतिरिक्त स्रोतभाषा के मुहावरों अथवा मुहावरेदार प्रयोगों का रूपांतरण करते हुए लक्ष्यभाषा के मुहावरे या मुहावरेदार प्रयोगों का प्रतिस्थापन किया जाता है। उदाहरण के लिए;

1. To add fuel to flame = आग में घी डालना
2. A drop in the ocean = उँट के मुँह में जीरा
3. To kill two birds with one stone = एक पंथ दो काज।
4. Praise is no recommendation = अपने मुँह मियाँ मिट्ठू।
5. Chips of the same block = एक ही थैली के चट्टे बट्टे।

यदि समतुल्य मुहावरा लक्ष्यभाषा में उपलब्ध नहीं होता तो उसकी समानंतर अभिव्यक्ति प्रस्तुत की जाती है; जैसे—

हिन्दी से अंग्रेजी

1. दाँत खट्टे करना = To give a tough fight
2. गधे को बाप बनाना = To flatter a fool for expediency
3. आँखे बिछाना = To give a very cordial welcome

अंग्रेजी से हिन्दी

4. To go to the dogs = बर्बाद हो जाना।
5. To get into hot water = मुश्किल में पड़ना।
5. To beat about the bush = विषय से हट कर बोलना (इधर-उधर की हाँकना)।

3. शैलीपरक समतुल्यता : यह समतुल्यता व्यापक परिप्रेक्ष्य में देखी जाती है। इस के अंतर्गत औपचारिक, अनौपचारिक, लिखित, मौखिक, सामाजिक, प्रयुक्तिपरक आदि सभी प्रकार की शैलियाँ आती हैं। उदाहरण के लिए;

औपचारिक : Would you please be kind enough to visit our place.
क्या आप हमारे यहाँ पधारने की कृपा करेंगे?

अनौपचारिक : Would you come to our place.
क्या तुम हमारे यहाँ आओगे?

प्रयुक्तिपरक : The draft alongwith relevant papers may be put up.
संगत कागज़पत्रों के साथ मसौदा प्रस्तुत किया जाए।

इसके अतिरिक्त कुछ शैलीगत विकल्पों का अनुवाद लक्ष्यभाषा की संरचना के आधार पर होता है; जैसे—

1. वह गिरा कोई = Look, there falls a man.
2. उठा दिया उसने = He is picked up by him.
3. वह है भी फुर्तीला = He is prompt indeed.
4. समझे कुछ = Got it.

इसके अतिरिक्त गद्य, पद्य, कथा साहित्य, नाटक आदि विभिन्न विधाओं को भी इसके अंतर्गत सम्मिलित किया जा सकता है। स्रोतभाषा की विभिन्न साहित्यिक विधाओं की शैलियों के समतुल्य लक्ष्यभाषा की साहित्यिक विधाओं की शैलियों को देखना होगा।

4. पाठपरक समतुल्यता : यह एक प्रभावकारी प्रकार्य है। इस समतुल्यता में प्रतीकात्मक, लक्षणापरक और व्यंजनापरक अर्थ पर ध्यान दिया जाता है। यह वास्तव में अपने-आप में स्रोतभाषा की कृति की पुनर्रचना है। फिट्ज़ज़ेराल्ड द्वारा अंग्रेजी में अनूदित 'रूबाइयात ऑफ उमर खैयाम' कृति का हिन्दी अनुवाद हरिवंश राय बच्चन ने किया है, जो पाठपरक समतुल्यता का सुंदर उदाहरण है।

With me along some strip of Herbage strow
That just divides the desert from the sown
where name of slave and sultan scarce is known,
and pity Sultan Mohamud on his throne.

चलो, चल कर बैठें उस ठौर,
बिछी जिस थल मखमल-सी घास,
जहाँ जा शस्य-श्यामला भूमि
धवल मरु के बैठी है पास,
जहाँ कोई न किसी का दास,
जहाँ कोई न किसी का नाथ,
भूपति महमूद सिहाए भाग
जहाँ हमको यदि देखे साथ।

समतुल्यता के उपर्युक्त तीनों प्रकारों में प्रथम तीन प्रकारों (भाषापरक, भावपरक और शैलीपरक) को नाइडा द्वारा प्रतिपादित रूपपरक समतुल्यता के अंतर्गत रखा जा सकता है, क्योंकि इनमें रूप और कथ्य के भीतर संदेश केन्द्रित रहता है। पाठपरक समतुल्यता को गत्यात्मक समतुल्यता माना जा सकता है जिसमें स्रोत भाषा और लक्ष्य भाषा दोनों के पाठ में प्रभावोत्पादकता समान रूप से होती है। इस समतुल्यता में लक्ष्यभाषा के पाठक और अनूदित कृति के संदेश के बीच जो संबंध स्थापित होता है, वही संबंध स्रोतभाषा के पाठक और मूलकृति में थोड़ा बहुत समान होता है। लेकिन ये सभी समरूपी नहीं होते। एक साहित्यिक कृति के अनुवाद विभिन्न अनुवादकों द्वारा विभिन्न रूपों में मिलते हैं। शेक्सपियर के 'ओथेलो' नाटक के मराठी में जो चार अनुवाद एम.जी.कोल्हटकर, जी.वी.देवल, टी.वी.कशर्वादकर, इन्दुमती जगपत ने किए हैं, वे अपने अलग-अलग रूप लिए हुए हैं। प्रेमचंद की कहानियों के प्रकाशचंद्र गुप्त, नंदिनी नोपानी और पी.लाल, रूबिन तथा उषा प्रियवंदा द्वारा किए गए तीन-चार रूपांतरण भिन्न-भिन्न रूप लिए हुए हैं। इसके अतिरिक्त फिट्ज़जेराल्ड द्वारा अनूदित 'रूबाइयात ऑफ उमर खैयाम' के हिन्दी में लगभग पंद्रह अनुवाद हुए हैं, जिनमें हरिवंश राय बच्चन, मैथिलीशरण गुप्त, सुमित्रानंदन पंत, केशवप्रसाद पाठक, रघुवंश लाल गुप्त आदि मुख्य हैं। इन सभी अनुवादों के

अलग-अलग अभिव्यक्ति-रूप हैं, किंतु इनमें समान तत्त्व निहित हैं जिसमें अर्थ के मूल में परिवर्तन नहीं होता। पोपोविच ने इसे मूलकृति का 'अपरिवर्तनीय मूलभाव' (Invariant core) कहा है। यह मूलभाव किसी एक कृति के सभी अनुवादों में समान रूप से विद्यमान रहता है।

समतुल्यता का व्यावहारिक अध्ययन करने के लिए प्रेमचंद की कहानी **पंचपरमेश्वर** का अंग्रेजी अनुवाद प्रकाशचंद्र गुप्त और नंदिनी नोपानी एवं पी.लाल ने किया है। उनके अंग्रेजी अनुवादों के एक अंश में व्याप्त भिन्न-भिन्न समतुल्यों को दिखाने का यहाँ प्रयास किया गया है।

मूल पाठ : थोड़ी देर बाद जुम्मन अलगू के पास आए और उनके गले लिपट कर बोले,—"भैया, जबसे तुमने मेरी पंचायत की तब से मैं तुम्हारा प्राणघातक शत्रु बन गया था, पर आज मुझे ज्ञात हुआ कि पंच के पद पर बैठकर न कोई किसी का दोस्त होता है, न दुश्मन। न्याय के सिवा उसे और कुछ नहीं सूझता। आज मुझे विश्वास हो गया कि पंच की जुबान से खुदा बोलता है।" अलगू रोने लगे। इस पानी से दोनों के दिलों का मैल धुल गया। मित्रता की मुरझाई हुई लता फिर हरी हो गई।

अनूदित पाठ

(क) प्रकाशचंद्र गुप्त : (The Village Judge)

After a short while, Jumman approached Algu and embraced his. He said, Brother, after you gave your award, I had become your mortal enemy. But today I realized that after assuming the seat of the judge, one is neither any body's friend nor foe. He can have no other consideration except that the justice. Today I am convinced that God himself speaks through the Panch. Algu broke down. These tears washed away all the dust in their hearts. The languishing plant of friendship revived once again.

(ख) नंदिनी नोपानी और पी. लाल : (The panchayat is the Voice of God.)

Later Jumman went over to Algu and embraced him warmly. Brother, he said, you may not know it, but ever since you gave your verdict against me, I became your bitterest enemy. Today, I have discovered a great truth. I have seen that when you become one of the Panchayat, you are no one's friend and no one's enemy. You are there only to dispense justice. Today, I have realized that God speaks through the Panchayat.

Algu broke down and wept. The tears washed away bitterness in the hearts of both. The faded creeper bursts again into leaf and flower.

उपर्युक्त दोनों अंग्रेजी रुपांतरों में विभिन्न समतुल्य देखे जा सकते हैं। सर्वप्रथम, 'पंचपरमेश्वर' कहानी के शीर्षक के दोनों रूपांतरों में भिन्नता दिखाई देती है। प्रकाशचंद्र गुप्त ने 'The Village Judge' अनुवाद किया है और नंदिनी नोपानी तथा पी. लाल ने 'The Panchayat is the Voice of God' लिखा है। दूसरा रूपांतर हिन्दी शीर्षक का निकटतम समतुल्य है और यह भावपरक समतुल्य है जिससे समूची कहानी का अर्थ स्पष्ट हो जाता है।

भाषापरक स्तर पर हम देखते हैं :

मूल पाठ	अनुवादक (क)	अनुवाद (ख)
1. थोड़ी देर में	After a shortwhile	Later
2. गले लिपटना	to embrace	to embrace warmly
3. प्राणघातक शत्रु	mortal enemy	bitterest enemy
4. पंचायत करना	to give award	to give verdict
5. ज्ञात होना	To realize	to discover a great truth
6. दुश्मन	enemy	foe
7. विश्वास हो जाना	to be convinced	to realize
8. मैल	dust	bitterness
9. मुरझाई हुई लता	the languishing plant	the faded creeper
10. हरी हो जाना	to be revived	to burst into leaf and flower

यदि उपर्युक्त दस अनूदित अभिव्यक्तियों का विश्लेषण किया जाए तो हमें पता चलेगा कि अधिकतर अनूदित अभिव्यक्तियाँ शब्दानुवाद हैं किंतु निकटतम समतुल्य हैं। अनुवाद (क) की अपेक्षा अनुवाद (ख) अधिक स्वतंत्र है किंतु यह भी प्रभावशाली नहीं है। वाक्यपरक स्तर पर हम देखते हैं कि दोनों अनुवादों में हिन्दी की वाक्यसंरचना का पालन किया है। मूल पाठ का प्रथम वाक्य एक बड़ा संयुक्त वाक्य है जबकि दोनों अंग्रेजी अनुवादों में इसे तीन वाक्यों में विभाजित किया गया है। सामाजिक-सांस्कृतिक स्तर पर 'खुदा' मुस्लिम संस्कृति का संकेत देता है जबकि इसके अनुवाद से ऐसा आभास नहीं होता। यह अनुवाद की सीमा हैं। इसके अतिरिक्त मूलकृति और अनूदित कृति

की शैली में समतुल्यता की खोज भी करनी होती है, जो पाठपरक समतुल्यता की दृष्टि से प्रभावकारी भी हो।

उमर खैय्याम की रूबाइयों का अनुवाद

काव्यकृति की अनुवाद प्रक्रिया में समतुल्यों की अपनी विशेषता होती है। उमर खैय्याम की फ़ारसी में रचित रूबाइयों का अंग्रेजी अनुवाद फिट्ज़जेराल्ड ने किया था और उसी को आधार बनाकर हिन्दी में कई अनुवाद हुए। यहाँ हरिवंश राय बच्चन, मैथिलीशरण गुप्त और केशवप्रसाद पाठ के अनुवादों का अध्ययन समतुल्यता के संदर्भ में किया जा रहा है। उमर खैय्याम की रूबाई है :

'आमद सहरे निदा जे मय खानाए मा
किए रिन्द खराबाती व दीवानाए मा
बरख़ेज कि पुरकुनेम पैमानाए जे मय
जां पेश कि पुरकुनंद पैमानाए मा।'

अर्थात्– प्रातःकाल हमें अपनी मधुशाला से आवाज आई कि हे मदिरापान करने वाले मेरे दीवाने, उठ! और मय से अपना प्याला भर ले। कहीं ऐसा न हो कि (देवता लोग) हमारे जीवन का प्याला भर दें अर्थात् यमराज का बुलावा आ जाए।

फिट्ज़जेराल्ड का अंग्रेज़ी अनुवाद

Dreaming when Dawn's left hand was in the sky
I heard a voice within the tavern cry,
"Awake, my little ones, and fill the cup
Before life's liquor in its cup be dry"?

इस अंग्रेजी अनुवाद के तीन हिन्दी रूपांतर दिए गए हैं :

(क) बच्चन द्वारा अनूदित

उषा ने ले अंगड़ाई, हाथ
दिए जब नभ की ओर पसार,
स्वप्न में मदिरालय के बीच
सुनी तब मैंने एक पुकार
उठो, मेरे शिशुओ नादान
बुझा लो पी-पी मदिरा भूख,
नहीं तो तन-प्याली की शीघ्र
जाए गी जीवन-मदिरा सूख।

(ख) गुप्त द्वारा अनूदित

वाम-कनक-कर ने उषा के
जब पहला प्रकाश डाला
सुना स्वप्न में मैंने सहसा
गूँज उठी यों मधुशाला—
उठो, उठो, ओ मेरे बच्चो,
पात्र भरो, न विलंब करो,
सूख न जावे जीवन-हाला,
रह जावे रीता प्याला।

(ग) पाठक द्वारा अनूदित

अंगड़ाता था अरुण खड़ा, जब बढ़ा वाम कर अंबर में
मुझे सुन पड़ा स्वप्न-राज्य में, तब यह स्वर मदिरा घर में
व्यर्थ सूखने के पहले ही जीवन-प्याली में हाला
जाग-जाग, अय मेरे शिशुदल, ढाल-ढाल मधु पी प्याला।

उपर्युक्त तीनों हिन्दी अनुवादों में अलग-अलग समतुल्य दिखाई देते हैं। भाषायी स्तर पर इसका विश्लेषण करने पर हम देखते हैं :

अंग्रेजी पाठ	अनुवादक (क)	अनुवादक (ख)	अनुवादक (ग)
Dreaming	स्वप्न में	स्वप्न में	स्वप्न राज्य में
Dawn	उषा ने ली अंगड़ाई	उषा ने पहला प्रकाश डाला	अंगड़ाता था अरुण खड़ा
Left hand was	हाथ दिए जब	वाम कनक कर	बढ़ा वाम कर
in the sky	नभ की ओर पसार		अंबर में
tavern cry	पुकार	गूँज	स्वर
Awake	उठो	उठो, उठो	जाग-जाग
my little ones	मेरे शिशुओ नादान	ओ मेरे बच्चो	अय मेरे शिशुदल
Fill the cup	बुझा लो पी पी मदिरा भूख	पात्र भरो, न विलंब करो	ढाल ढाल मधु पी प्याला
Life's liquor	जीवन मदिरा	जीवन हाला	जीवन प्याली में हाला

फिट्ज़जेराल्ड के अनूदित पाठ को देखने से पता चलता है कि उन्होंने उमर खैय्याम की तरह रूबाई छंद अपनाया है और उनके अनुवाद में कल्पना-शक्ति तथा काव्यत्व का पूरा परिचय मिलता है लेकिन यह हमारे अध्ययन का विषय नहीं है।

काव्यानुवाद में शब्द चयन का विशेष महत्त्व होता है। शब्दों का सम्यक चयन और प्रयोग अनुवाद को सुंदर बना देता है। उपर्युक्त तीन अनुवादों के समतुल्य शब्दों का अध्ययन करने से हम देखते हैं कि बच्चन जी और गुप्त जी ने dreaming के लिए 'स्वप्न' शब्द रखा है जबकि पाठकजी ने इसका अनुवाद 'स्वप्न राज्य' किया है जिसका अपना महत्त्व है क्योंकि नींद में मनुष्य एक अनोखे 'स्वप्न राज्य' में विचरण करता है और ऐसी स्थिति में आवाज़ 'सुन पड़ती हैं,' सुनाई नहीं देती। dawn के लिए बच्चन जी के 'उषा ने ली अंगड़ाई' अर्थाभिव्यक्ति में जो सौन्दर्य आया है, वह पाठक के 'अंगड़ाता था अरुण खड़ा' में नहीं मिलता। पाठक ने इसका पुल्लिंग रूप में प्रयोग कर इसके लालित्य को कम कर दिया है। गुप्त जी के अनुवाद में मूलनिष्ठता तो है लेकिन काव्य सौन्दर्य नहीं है।

Left hand in the sky में बच्चन ने 'हाथ दिए जब नभ की ओर पसार' के वर्णन में यह दिखाया है कि जब कोई भी अंगड़ाई लेता है तो उसके हाथ अपने-आप फैले होते हैं। पाठक की 'बढ़ा वाम कर अंबर में' की अभिव्यक्ति में सौंदर्य नहीं आ पाया। गुप्त जी ने तो 'वाम कनक कर' शब्दानुवाद ही कर दिया। उल्लेखनीय है कि बच्चन ने Left hand के अनुवाद में Left का अनुवाद 'बायाँ' छोड़ दिया, क्योंकि उससे बच्चन जी का मूल भाव छूट जाता। Tavern cry के लिए बच्चन ने 'गूँज', गुप्त ने 'पुकार' और पाठक ने 'स्वर' का प्रयोग किया है। 'स्वर' में जो मृदुलता, है वह 'गूँज' और 'पुकार' में नहीं मिलती।

Awake का अनुवाद बच्चन जी 'उठो' करते हैं और गुप्त जी 'उठो-उठो', लेकिन इन दोनों समतुल्यों में तीव्रता नहीं आ पाई है, किंतु पाठक के 'जाग-जाग' समतुल्य में मनोवैज्ञानिकता परिलक्षित होती है। जब व्यक्ति को स्वप्न राज्य में झिंझोड़ कर जगाया जाता है तो 'जाग-जाग' का दृश्य सामने आ जाता है। little one में बच्चन और पाठक ने क्रमशः 'शिशुओ नादान' या 'शिशु दल' कहा है, जबकि गुप्त जी ने 'बच्चो' का अनुवाद किया है जो अपने आप में नीरस है। fill the cup के अनुवाद में 'मदिरा पान' करने वालों में व्यग्रता दिखाई देती है। बच्चन जी के 'बुझा लो पी-पी मदिरा भूख' में मदिरा ढालने तक नहीं रुकते और इसलिए मदिरा की भूख का चित्रण करते हैं। गुप्त जी के 'पात्र भरो न विलंब करो' में व्यग्रता तो है लेकिन मदिरा का नाम लेने से वे डरते हुए दिखाई देते हैं। पाठक जी के 'ढाल ढाल मधु पी प्याला' में व्यग्रता के साथ ध्वन्यात्मकता भी मिलती है।

life 's liquor के तीनों अनुवादों में कोई विशेषता नहीं मिलती किंतु before life's liquor in its cup be dry' वाक्य के अनुवाद में बच्चन जी की सर्जनात्मकता का थोड़ा-बहुत परिचय मिल जाता है; जैसे—

'नहीं तो तन प्याली शीघ्र
जाएगी जीवन-मदिरा सूख'

गुप्तजी के अनुवाद में तुकबंदी स्पष्ट झलकती है :

सूख न आवे जीवन हाला
रह जावे रीता प्याला।

पाठकजी की समतुल्यता 'व्यर्थ सूखने के पहले ही जीवन प्याली में हाला' मिलती है।

वास्तव में तीनों अनुवादों में वाक्य के स्तर पर जो समतुल्यता मिलती है, वह अपनी अलग-अलग विशिष्टता लिए हुए है। इसमें समरूपता कहीं नहीं मिलती। बच्चन और गुप्त ने रुबाई छंद के नियमों का पालन नहीं किया जबकि पाठकजी ने इस छंद का प्रयोग काफ़ी मात्रा में किया है। तीनों अनुवादों में भाषापरक, भावपरक और शैलीपरक दृष्टि से समतुल्यता का काफ़ी सीमा तक अच्छा निर्वाह हुआ है, लेकिन पाठपरक समतुल्यता की दृष्टि से बच्चन और पाठकजी के अनुवाद गुप्तजी के अनुवाद की अपेक्षा अधिक प्रभावशाली बन पड़े हैं।

इस प्रकार अनुवाद प्रक्रिया में समतुल्यता का सिद्धांत पर्यायों के निर्धारण में काफी उपयोगी सिद्ध हुआ है। इसमें यह अपेक्षा रहती है कि प्रत्येक अनुवादक की अभिव्यक्ति अलग-अलग तो हो सकती है किंतु उनके मूलभाव में बदलाव नहीं होगा। यह एक गत्यात्मक अवधारणा है लेकिन यह अनुवाद प्रक्रिया का अंतिम लक्ष्य नहीं है। यह अपने लक्ष्य में अनुप्रयोगिक और अपनी प्रकृति में व्यावहारिक है। तकनीकी और ज्ञान साहित्य में भाषापरक समतुल्यता तो हो सकती है किंतु सर्जनात्मक साहित्य के अनुवाद में इसे व्यापक स्तर पर, मुख्यतः पाठपरक समतुल्यता के स्तर पर कार्य करना होता है।

अनुवाद के प्रकार

अनुवाद एक प्रायोगिक विधा है। इसकी प्रक्रिया में प्रयोग, प्रयोजन और प्रयोक्ता आदि कई तत्त्व समाविष्ट हैं। इसी आधार पर अनुवाद को अनेक भेदों-प्रभेदों में विभाजित किया जा सकता है। इन भेदों-प्रभेदों अथवा प्रकारों के विवेचन के लिए तीन मुख्य आधार निर्धारित किए जा सकते हैं—(1) माध्यम, (2) प्रक्रिया और (3) पाठ। इन्हीं के आधार पर अनुवाद के प्रकारों का विवेचन किया जा रहा है।

1. माध्यम के आधार पर : इसके अंतर्गत भाषेतर प्रतीक और भाषिक प्रतीक होते हैं। भाषिक प्रतीक के ध्वन्यात्मक प्रतीक और लेखिमिक प्रतीक होते हैं और इन्हीं, ध्वन्यात्मक प्रतीकों की स्वनिमिक तथा स्वनिक इकाइयाँ होती हैं, जो माध्यम के रूप में कार्य करती हैं। इनके आधार पर अनुवाद के तीन आधार माने जा सकते हैं—(क) प्रतीक प्रकार (ख) भाषा प्रकार और (ग) लेखन प्रकार।

(क) **प्रतीक प्रकार :** इसमें भाषेतर प्रतीक के अतिरिक्त एक भाषा के विभिन्न प्रतीक और दो भिन्न भाषाओं के अपने-अपने प्रतीकों के आधार पर अनुवाद के तीन भेद किए गए हैं—(अ) अन्वयांतर अथवा अंतःभाषिक अनुवाद (आ) भाषांतर अथवा अंतरभाषिक अनुवाद और (इ) प्रतीकांतर अथवा अंतरप्रतीकात्मक अनुवाद। इन प्रकारों के बारे में 'अनुवाद' अर्थ, स्वरूप और क्षेत्र' अध्याय में विस्तार से चर्चा की गई है।

(ख) **भाषा प्रकार :** इसमें भाषा के ध्वन्यात्मक और लिखित उपादानों तथा भाषा के पद्यात्मक और गद्यात्मक रूपों के आधार पर दो भेद किए गए हैं—(अ) उपादान-सापेक्ष अनुवाद और (आ) रूप-सापेक्ष अनुवाद।

(अ) उपादान-सापेक्ष अनुवाद : इसके अंतर्गत सामान्य अनुवाद और आशु-अनुवाद दो प्रकार आते हैं। सामान्य अनुवाद का उपादान लेखन तथा लिखित रूप होता है और आशु-अनुवाद का उपादान ध्वनि अथवा उच्चरित रूप होता है। भाषा के लिखित और उच्चरित रूप एक ही कथ्य की अभिव्यक्ति के दो स्वतंत्र और स्वायत्त रूप हैं। ये एक दूसरे का स्थान लेने के लिए नहीं है, वरन् भाषा का सही प्रतिनिधित्व करने के लिए और संदेश के संप्रेषण के लिए ये दोनों अलग-अलग माध्यम के रूप में काम करते हैं। इसी आधार पर अनुवाद और आशु अनुवाद का भेद प्रस्तुत किया गया है। अनुवाद लिखित होता है और आशु-अनुवाद मौखिक। अनुवाद संपादित और सुविचारित होता

है जबकि आशु-अनुवाद असंपादित सहज और तात्कालिक होता है। जब दो भिन्न भाषाभाषी व्यक्ति बात कर रहे होते हैं तो उनके बीच सहायता के लिए जो व्यक्ति अनुवाद का कार्य करता है, वह आशु अनुवादक या दुभाषिया (interpreter) कहलाता है। इसीलिए आशु-अनुवाद में दुभाषिया को अन्य अनुवादकों की भाँति इतना अवकाश नहीं मिलता कि वह देर तक सोच सके या अपेक्षित कोश आदि की सहायता ले सके, किंतु उससे यह अपेक्षा अवश्य की जाती है कि वह संदेश को सही रूप में तत्परता से पहुँचा सके। आशु-अनुवाद (तत्काल अनुवाद) की व्यवस्था भारतीय संसद, संयुक्त राष्ट्र संघ के अधिवेशनों और राष्ट्रीय तथा अंतरराष्ट्रीय मंचों, विचारगोष्ठियों और संगोष्ठियों में होती है। अनुवाद और आशु-अनुवाद के भेद का विस्तृत विवेचन 'आशु-अनुवाद : स्वरूप और क्षेत्र' अध्याय में किया गया है।

(आ) रूप-सापेक्ष अनुवाद : इसके अंतर्गत (1) पद्यानुवाद और (2) गद्यानुवाद के दो प्रकार आते हैं।

पद्यानुवाद से अभिप्राय पद्य में अनुवाद करना है। इससे मूल पाठ पद्य का अनुवाद पद्य में होता है। मूल गद्य पाठ का पद्य में अनुवाद भी इसी के अंतर्गत आता है।

गद्यानुवाद से अभिप्राय गद्य में अनुवाद करना है। इसमें मूल गद्य का अनुवाद गद्य में होता है। मूल गद्य पाठ का गद्य में अनुवाद भी इसी के अंतर्गत आता है, किंतु इन दोनों प्रकारों के अनुवादों की अपनी-अपनी समस्याएँ होती हैं। पद्यानुवाद और गद्यानुवाद की समस्याओं के संबंध में पुस्तक में विभिन्न अध्यायों में चर्चा की गई है। पद्यानुवाद और गद्यानुवाद के उदाहरण इस प्रकार है :

पद्यानुवाद का उदाहरण

मूल पाठ

My heart aches and a drowsy numbness pains
My sense, as though of hemlock I had drunk,
or emptied some dull opiate of the drains
One minute past, and I ethewards had sunk.

(John Keats - Ode to a Nightingale)

पद्यानुवाद

हृदय हो रहा विकल, त्रसित हो उठी चेतना मेरी
एक अलस जड़तावश, जैसे मैंने पान किया हो,
गरल भरे प्याले का, अथवा मैंने कोई गहरी
मादक बूटी के रस का तलछट तक चषक पिया हो,
एक निर्मिष ही पूर्व, निमग्न हुआ विस्मृति-सरिता में।

(यतेंद्र कुमार)

गद्यानुवाद के उदाहरण

मूल गद्य पाठ

'No talking, please', said the invigilator.
'I was just borrowing a ruler, Sir.'
'If you have to do that, do it through me.'
'Yes, Sir.'

The boy sat down and applied himself once more to the question paper in front of him.

A fly buzzed against the window-pane of the examination hall. Outside the window the red crown of a gul-mohur tree could be seen below the stone steps. The fans whirled slowly around. Row after row of heads, row after row of hands, drop after drop of ink, words and yet more words. Someone got up to have a drink of water from the earthenware pitcher near the exit. Someone leaned back against his chair and sighed.

(Vikram Seth - A Suitable Boy)

अनूदित गद्य पाठ

'कोई खुसुर-फुसुर नहीं! बातचीत बिलकुल मना है।' निरीक्षक ने सख्त आवाज और कठोर अदा के साथ कहा।
'सर, मैं सिर्फ़ रूलर माँग रहा था।' लड़के ने सफ़ाई दी।
'अगर माँगना-लेना हो तो मेरे ज़रिए।'
'जी, सर!' लड़का फुस-गुब्बारे जैसा सिमट गया और अपने सामने रखे प्रश्नप्रत्र पर गौर करने लगा।

परीक्षा-कक्ष की बंद खिड़की के बाहर एक मक्खी भिनभिना रही थी, और उसके पीछे गुमलोहर का एक लाल-सुनहरा ताज अपनी ठंडी आग बिखेरे हुए था। कमरे में पंखा धीरे-धीरे मंडरा रहा था, जैसे किसी दलदल को थरथरा रहा हो, हवा को नहीं। इम्तिहान दे रहे नौजवान कतार-दर-कतार बैठे थे। उनके झुके हुए सिरों की सफ़ें, एक के पीछे एक, और कागज़ पर फिरते हुए उनके हाथ एक के पीछे एक जैसे इस इम्तिहान की तहें बन गए थे, ऐसी तहें जिनमें कितने ही अलग-अलग जीव, अलग-अलग उम्मीदें और योजनाएँ समा गई हों। कलमों में स्याही ख़त्म होती, भरी जाती और फिर खत्म हो जाती। शब्द-दर-शब्द दिमाग से, याददाश्त से, पठन-पाठन से उतरकर उन कोरे कागज़ों पर चले जाते।

कोई लड़का अपनी मेज़-कुर्सी से उठकर दरवाज़े के पास रखी सुराही से पानी पीने चला। कोई और थककर बैठे-बैठे ही अंगड़ाई लेने लगा। अंगड़ाई जंभाई में बदली और दोनों क्रियाएँ एक आह में समा गई।

(गोपाल गांधी)

मूल गद्यपाठ

कितना है बदनसीब ज़फ़र दफ़न के लिए,
दो गज़ ज़मीं भी न मिली कूए-यार में।

(बहादुर शाह ज़फ़र)

अनूदित गद्य पाठ

How unfortunate, Zafar did not get Even two
yards of land for burial in his beloved's (India) lane.

(Kuldip Salil)

(ग) लेखन प्रकार : पाठ में कुछ ऐसे शब्द भी होते हैं, जिनका अनुवाद नहीं किया जा सकता। इन शब्दों का जो उच्चारण होता है, उसी को लक्ष्य भाषा में या तो ज्यों-का-त्यों रखने का प्रयास होता है या उसे कुछ परिवर्तन के साथ रखा जाता है। इसमें स्रोत भाषा की ध्वनि का अंतरण पहले लक्ष्य भाषा की ध्वनि में किया जाता है और फिर लक्ष्य भाषा की उन ध्वनियों को प्रतिनिधि लिपिचिह्नों में लिखा जाता है

ध्वनि (स्रोत भाषा) ⟹ लिपिचिह्न (स्रोत भाषा) ⟹ ध्वनि (लक्ष्य भाषा) ⟹ लिपि चिह्न (लक्ष्य भाषा) ध्वनियों का यह अंतरण स्वनिमिक और स्वनिक दो आधारों पर होता है, जिसके कारण इसके दो भेद मिलते हैं–(अ) लिप्यंतरण और (आ) लिप्यंकन।

(अ) लिप्यंतरण (Transliteration) में स्रोत भाषा की वर्तनी में प्रयुक्त लिपिचिह्नों के स्थान पर लक्ष्य भाषा में प्राप्त लिपिचिह्नों को प्रतिस्थापित किया जाता है। इस प्रक्रिया में मुख्यतः तीन चरण होते हैं।

(i) स्रोत भाषा के लिखित माध्यम का रूपांतरण मौखिक माध्यम में अर्थात् स्रोत भाषा के लिपिचिह्न का परिवर्तन स्वनिमिक इकाइयों (Phonemic units) में किया जाता है; जैसे–अंग्रेजी लिपि चिह्नों का स्वनिमिक इकाइयों में निम्न प्रकार से रूपांतरण हुआ है :

<p> = |p|	(Police)
<sh> or <tio> = | Š |	(Sheep, motion)
<ch> = | è |, | K |, | Š |	(church, chemist, chauffer)

(ii) स्रोत भाषा के मौखिक माध्यम का लक्ष्य भाषा के लिखित माध्यम में रूपांतरण अर्थात् स्रोत भाषा की स्वनिमिक इकाइयों का लक्ष्य भाषा की स्वनिमिक इकाइयों

में परिवर्तन किया जाता है; जैसे—अंग्रेजी से हिन्दी और हिन्दी से अंग्रेजी में स्वनिमिक इकाइयों का रूपांतरण निम्न प्रकार से मिलता है :

अंग्रेजी	**हिन्दी**	**हिन्दी**	**अंग्रेजी**
|p|	|प|	|ख|	|k^h|
|Š|	|श|	|रि, ऋ|	|R|
|č|, |K|, |Š|	|च|, |क|, |श|	|औ|	|au|

(iii) लक्ष्य भाषा के मौखिक माध्यम का उसी भाषा के लिखित माध्यम में रूपांतरण अर्थात् लक्ष्य भाषा की स्वनिक इकाइयों का उसी भाषा के लिपि-चिह्नों में परिवर्तन किया जाता है; जैसे—हिन्दी स्वनिमिक इकाइयों का लिपि चिह्नों में निम्न प्रकार से रूपांतरण हुआ है :

|प| = <प>
|श| = <श>
|रि| = <रि>, <ऋ>

इस पूरी प्रक्रिया को निम्नलिखित आरेख से समझा जा सकता है।

स्रोत भाषा		**लक्ष्य भाषा**
लेखन		लेखन
⇓		⇑
मौखिक	⇒	मौखिक

इस प्रक्रिया के आधार पर अंग्रेजी से हिन्दी और हिन्दी से अंग्रेजी के कुछ शब्दों का लिप्यंतरण निम्नलिखित प्रकार से किया जा सकता है :

अंग्रेजी	**हिन्दी**	**हिन्दी**	**अंग्रेजी**
bomb	बंब	पटना	patna
keats	कीट्स	कृष्ण	krishna
Shelly	शेली	चाँद	chand
Walmart	वॉलमार्ट	गौरव	gaurav

इसी प्रकार अंग्रेजी-हिन्दी के अतिरिक्त हिन्दी-तमिल, हिन्दी-बंगला, चीनी-हिन्दी, रूसी-हिन्दी, फ्रेंच-हिन्दी आदि विभिन्न भाषाओं के अनेक शब्दों का लिप्यंतरण किया जा सकता है।

(आ) लिप्यंकन (Transcription) में स्रोत भाषा के शब्द की वर्तनी पर ध्यान न देकर उसके उच्चारण को आधार माना जाता है। लक्ष्य भाषा में इसी उच्चारण के अनुरूप शब्दों को लिखा जाता है। इसमें स्रोतभाषा के उच्चारण के अनुसार लक्ष्य भाषा के लिपिचिह्न निर्धारित किए जाते हैं। इसमें अंतरराष्ट्रीय स्वनिक वर्ण (International Phonetic Alphabets - IPA) अथवा किसी अन्य लिपिचिह्न व्यवस्था के आधार पर लिप्यंकन किया जाता है। आई.पी चार्ट में विश्व की अनेक भाषाओं की ध्वनियों का एक समेकित प्रारूप उपलब्ध है। अंग्रेज़ी (रोमन लिपि) और हिन्दी (देवनागरी लिपि) के निम्न उदाहरण दिए जा रहे हैं।

अंग्रेज़ी	**हिन्दी**	**हिन्दी**	**अंग्रेज़ी**
bomb	बॉम	पटना	p∂ṭna
keats	खीट्स	कृष्ण	kRṣn∂
Walmart	वॉल्मॉःट	चाँद	čãd
kroger	क्रोगॅ	गौरव	gaur∂v

अंग्रेज़ी में bomb शब्द में 'o' ध्वनि का उच्चारण ऑ (वर्तुल आ) होता है और अंतिम 'b' ध्वनि का लोप हो जाता है। इसलिए bomb का उच्चारण 'बॉम' होता है। अंग्रेज़ी के किसी शब्द के पूर्व अल्पप्राण ध्वनि का उच्चारण प्रायः महाप्राण ध्वनि के रूप में होता है। इसलिए Keats का लिप्यंकन देवनागरी में 'खीट्स' के रूप में होगा। अंग्रेजी में शब्द के मध्य या अंत में प्रायः 'r' का उच्चारण अति दीर्घ 'आऽ' स्वर में बदल जाता है। इसलिए Walmart का लिप्यंकन देवनागरी में 'वॉल्मॉट' होगा। kroger शब्द में 'O' ध्वनि का उच्चारण 'ओ' ही होता है। इसलिए इसका लिप्यंकन क्रोगॅ ही होगा। हिन्दी में ट, ष्, ण्, अनुनासिक (ँ) और 'औ' ध्वनियों के उच्चारण के अनुसार अंग्रेजी में प्रायः लिपि-चिह्न नहीं मिलते, इसलिए लिप्यंकन में इनका प्रतिनिधित्व विस्तृत लिपिचिह्नों के द्वारा करना पड़ता है।

2. प्रकिया के आधार पर : इसमें मूलपाठ की संरचना, बुनावट और उसमें निहित प्रभाव तथा कथ्य को आधार बनाया जाता है। इस आधार पर अनुवाद के दो प्रकार होते हैं। (क) पाठधर्मी अनुवाद और (ख) प्रभावधर्मी अनुवाद।

(क) पाठधर्मी अनुवाद में मूल पाठ को स्वायत और स्वनिष्ठ मानते हुए अनुवाद को उससे बाहर जाने की छूट नहीं होती। अनुवादक पहले मूलपाठ की भाषा का अध्ययन और विश्लेषण करता है और उसमें निहित अर्थ को अनूदित पाठ में व्यंजित करने के लिए मूल पाठ की संरचना और बुनावट को अपना केन्द्रबिंदु बनाए रखता है। इस दृष्टि से वह पाठ की प्रकृति और प्रयोजन को ध्यान में रखते हुए उसके वाक्य-विन्यास और अर्थपरक विश्लेषण को आधार बनाए रखता है। इस प्रकार पाठधर्मी अनुवाद दो भाषाओं के संक्रमण का परिणाम होता है।

(ख) प्रभावधर्मी अनुवाद में मूल पाठ को लेखक और पाठक के बीच संबंध स्थापना का एक उपकरण माना जाता है। अनुवादक इस पाठ का मूल्यांकन पाठक पर पड़े प्रभाव के आधार पर करता है। इसमें वह वाक्य-विन्यास और अर्थ विश्लेषण के साथ-साथ व्यावहारिक और प्रयोगधर्मी अर्थ (Pragmatics) पर अपना ध्यान केंद्रित करता है। इसमें वह अनूदित पाठ को इस रूप में प्रस्तुत करता है कि उस पाठ से उसके पाठकों पर भी वही प्रभाव पड़े जो मूलपाठ के पाठक पर पड़ता है। वह अनूदित पाठ लक्ष्य भाषा के रंग में रंजित होकर भी अनुवाद न लगकर लक्ष्य भाषा का ही मूल पाठ लगे। अतः प्रभावधर्मी अनुवाद प्रभाव के आधार पर पाठ-सृजन होता है, जिसमें मूल पाठ के बीज का अनूदित पाठ में पल्लवन या पुनर्सृजन होता है।

(3) पाठ के आधार पर : इसके अंतर्गत अभिव्यक्ति अर्थात् वाचक और अर्थ अर्थात् वाच्य के आधार पर अनुवाद के भेद किए गए हैं।

(क) अभिव्यक्ति (वाचक) आयाम के अंतर्गत पाठ के परिमाण और उसके भाषिक स्तरों के आधार पर दो भेद किए गए हैं : (अ) रचना-सापेक्ष अनुवाद और (आ) व्यवस्था-सापेक्ष अनुवाद।

(अ) रचना-सापेक्ष अनुवाद में पाठ के परिमाण और आकार को आधार बनाया गया है। इस आधार पर अनुवाद के दो उपभेद किए गए हैं—(i) पूर्ण अनुवाद और (ii) आंशिक अनुवाद।

(i) **पूर्ण अनुवाद :** इसमें स्रोत भाषा की पाठ्य सामग्री के प्रत्येक अंश को लक्ष्य भाषा की पाठ्य सामग्री में रूपांतरित किया जाता है। प्रत्येक अंश से अभिप्राय शब्द, पदबंध, उपवाक्य, वाक्य, अनुच्छेद आदि से है। इस प्रकार मूल पाठ को पूर्ण रूप से अनूदित किया जाना पूर्ण अनुवाद है।

(ii) **आंशिक अनुवाद :** इसमें स्रोत भाषा के पाठ के किसी अंश या कुछ अंशों को अनुवाद किए बिना छोड़ दिया जाता है। उनको सामान्यतः लक्ष्य भाषा के पाठ में यथावत् सम्मिलित किया जाता है अर्थात् उनका लिप्यंतरण किया जाता है। सर्जनात्मक अनुवाद में स्रोत भाषा के कुछ शब्दों और सांस्कृतिक अभिव्यक्तियों का अनुवाद नहीं हो पाता। इसी प्रकार आंचलिक रंगों से युक्त कुछ कृतियों का अनुवाद करते समय हुक्का, चिलम, रायता आदि कुछ अभिव्यक्तियों को स्थानीय रंग देने की दृष्टि से अथवा उनका अननुवाद्य होने के कारण उनको छोड़ दिया जाता है। वास्तव में लक्ष्यभाषा के पाठ में स्रोत भाषा के शब्दों को अंतरित करने की प्रक्रिया काफ़ी जटिल है। स्रोत भाषा का कोई-न-कोई शब्द अननुवाद्य रह ही जाता है। उदाहरण के लिए, भारतीय संस्कृति के ब्रह्मचर्य, वानप्रस्थ, संन्यास, ब्राह्मण, ठाकुर आदि शब्दों का अनुवाद नहीं हो सकता। रूसी शब्द 'स्पुतनिक' को अंग्रेजी, हिन्दी आदि अनेक भाषाओं में ज्यों-का-त्यों अपना लिया गया है।

यह बताना असमीचीन न होगा कि पूर्ण अनुवाद और आंशिक अनुवाद में जो भेद है, वह भाषायी या तकनीकी नहीं है। वस्तुतः यह वर्गीकरण उद्देश्यपूर्ण है। इसके अतिरिक्त यह भी ध्यान में रहे कि प्रभावधर्मी अनुवाद प्रायः पूर्ण अनुवाद की ओर झुका होता है और पाठधर्मी अनुवाद आंशिक अनुवाद की ओर।

(आ) व्यवस्था-सापेक्ष अनुवाद : में पाठ के अनुवाद का निर्धारण भाषिक स्तरों और कोटियों पर किया जाता है। स्तरों और कोटियों से अभिप्राय स्वनिम, लेखिम, रूपिम, शब्द, वाक्य आदि से है। इसके भी दो उपभेद किए गए हैं—(i) समग्र अनुवाद और (ii) परिसीमित अनुवाद।

(i) **समग्र अनुवाद :** इसमें स्रोत भाषा के पाठ के सभी स्तरों को लक्ष्य भाषा के पाठ में प्रतिस्थापित किया जाता है। वस्तुतः समग्र अनुवाद एक भ्रमात्मक अवधारणा है। यद्यपि इसमें प्रतिस्थापन समग्र रूप में होता है, किंतु यह प्रतिस्थापन समतुल्यता के आधार पर सभी स्तरों पर नहीं हो पाता। वास्तव में स्रोत भाषा के व्याकरण और शब्दों का प्रतिस्थापन लक्ष्य भाषा के व्याकरण और शब्दों के समतुल्यता के आधार पर हो सकता है, किंतु इस प्रतिस्थापन में स्रोत भाषा के ध्वन्यात्मक और लेखिमिक रूप लक्ष्य भाषा के ध्वन्यात्मक और लेखिमिक रूपों में आ जाते हैं और यह प्रतिस्थापन लक्ष्य भाषा के समतुल्य नहीं होते। अतः 'समतुल्यता' को अनिवार्य न मानते हुए यह कहा जा सकता है कि समग्र अनुवाद में ध्वन्यात्मक, लेखिमिक, व्याकरणिक और कोशगत (शब्दगत) सभी स्तरों पर प्रतिस्थापन किया जाता है।

(ii) **परिसीमित अनुवाद :** स्रोत भाषा की पाठ्यसामग्री का समतुल्यता के आधार पर लक्ष्य भाषा की पाठ्यसामग्री में भाषा के किसी एक स्तर पर प्रतिस्थापन करना परिसीमित अनुवाद है। यह अनुवाद मात्र ध्वन्यात्मक या लेखिमिक स्तर पर अथवा व्याकरणिक और कोशगत स्तरों में से किसी एक स्तर पर होगा।

यह ध्याननीय है कि यद्यपि ध्वन्यात्मक या लेखिमिक अनुवाद होता है तो वह संदर्भपरक अनुवाद नहीं हो सकता। वस्तुतः अनुवाद संदर्भ को लेकर चलता है, जो व्याकरणिक और कोशगत इकाइयों में निहित रहता है। इन भाषिक इकाइयों में स्थिति-विशेष का संयोजन संदर्भ से ही होता है, इसलिए ये इकाइयाँ एक-दूसरे के साथ जुड़ी होती हैं और व्यावहारिक दृष्टि से इन्हें अलग नहीं किया जा सकता। निस्संदेह, ध्वनि-प्रक्रिया इकाई के रूप में ध्वनि-सामग्री का संयोजन करती है। ये इकाइयाँ एक साथ घटक के रूप में काम करती है, किंतु ध्वन्यात्मक इकाइयाँ अपने-आप में व्याकरणिक कोशगत इकाइयों से इस प्रकार जुड़ी हुई नहीं हैं, जिस प्रकार संदर्भपरक इकाइयाँ इन से जुड़ी हुई हैं। वास्तव में ध्वन्यात्मक अनुवाद विदेशी या प्रादेशिक लहज़ा, तान आदि दिखाने के लिए किया जाता है। कई बार यह अनुवाद नाटकों के किसी पात्र या विदूषक या नकलची द्वारा जानबूझ कर किए जाते हैं। यह अनुवाद कभी-कभी सचेत होकर या नियमित शैली में भी किया जाता है, किंतु

ध्वन्यात्मक और लेखिमिक अनुवाद काफ़ी जटिल होता है और इस संबंध में अभी कोई व्यवस्थित अध्ययन नहीं हुआ है।

परिसीमित अनुवाद में व्याकरणिक और कोशगत स्तरों पर भी तनाव देखा जा सकता है। यदि स्रोत भाषा के व्याकरण का प्रतिस्थापन लक्ष्य भाषा के समतुल्य व्याकरण में करना है तो इसमें कोशगत प्रतिस्थापन सही रूप में नहीं हो पाएगा। यदि स्रोत भाषा का कोशगत प्रतिस्थापन लक्ष्य भाषा के समतुल्य कोश रूपों में करना है तो सही रूप में व्याकरणिक प्रतिस्थापन करना कठिन होगा। इन दोनों स्तरों में किसी एक स्तर पर अनुवाद करना आदि असंभव नहीं तो कठिन और दुर्गम अवश्य है। चूँकि व्याकरण और कोशगत रूप एक दूसरे के साथ जुड़े होते हैं और व्याकरणिक कोटियों के घटकों की प्रकृति को कोशगत रूपों के घटकों के साथ मिलाना होता है, इसलिए इन दोनों स्तरों का अलग-अलग अनुवाद किया जाए तो सही अनुवाद नहीं हो पाएगा। उदाहरण के लिए, हिन्दी का एक वाक्य लिया जाए–'मैंने इस लड़के को कल देखा था।' इसका अंग्रेजी अनुवाद होगा–I saw this boy yesterday. यदि इसका अनुवाद मात्र व्याकरणिक स्तर पर किया जाए तो वह इस प्रकार होगा–मैं (+) दिस लड़का (+) कल देख (+ भूतकालिक रूप)। यदि कोशगत स्तर पर अनुवाद किया जाए तो यह इस प्रकार होगा 'आई ने (यह+) ब्वाय को येस्टरडे सी किया था।' इसे आरेख द्वारा इस प्रकार समझा जा सकता है।

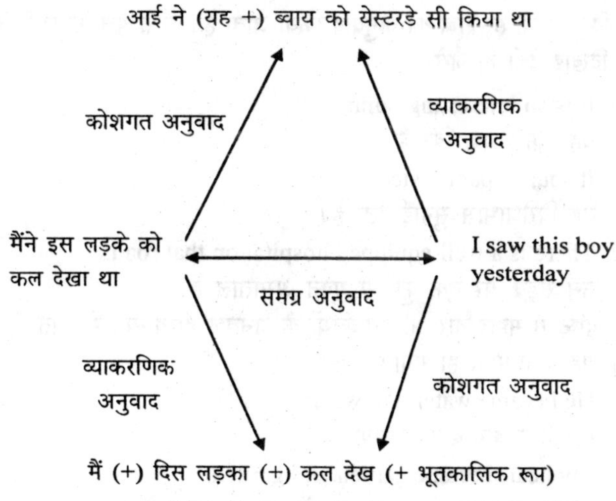

इस प्रकार परिसीमित अनुवाद भ्रमपूर्ण होगा और बोधगम्य भी नहीं हो पाएगा, किंतु कभी-कभी हिन्दी में कोशगत स्तर पर आंशिक अनुवाद किए बिना व्याकरणिक स्तर पर अनुवाद हो जाता है तो कोड मिश्रण के संदर्भ में उपयुक्त बैठता हैं। उदाहरण के लिए, अंग्रेजी का एक वाक्य है–I addressed some of the members in the meeting का व्याकरण स्तर पर हिन्दी अनुवाद होगा—'मैंने इस मीटिंग में कुछ मेंबरों को एड्रेस किया।' तथापि, इस बात का ध्यान रखा जाए कि परिसीमित अनुवाद में व्याकरणिक और कोशगत स्तरों का अनुवाद यथासंभव एक साथ किया जाता है, तभी वह बोधगम्य हो सकता है।

(ख) अर्थ (वाच्य) आयाम के अंतर्गत पाठ के अर्थपरक, संदर्भपरक, भावपरक, व्यवहारपरक पक्षों के आधार पर अनुवाद के चार भेद किए गए हैं—(1) शब्द-प्रति-शब्द अनुवाद; (2) शाब्दिक अनुवाद; (3) भावानुवाद और (4) छायानुवाद।

(1) शब्द-प्रति-शब्द अनुवाद : यह अनुवाद शब्द के स्तर पर होता है। इस शब्द-कोटि के अनुवाद में रूपिम के स्तर पर भी अनुवाद हो सकता है। इसमें वाक्य में संयोजित शब्द के मूल क्रम के अनुसार (Word for word translation) अनुवाद होता है, न कि वाक्य-योजना के अनुसार। उदाहरण के लिए, अंग्रेजी वाक्य I am going home का हिन्दी में शब्द-प्रति-शब्द अनुवाद होगा- 'मैं हूँ जा रहा घर।' ईसाई धर्म के 'प्राचीन ग्रंथ' के कई यूनानी अनुवाद लगभग इसी प्रकार से किए गए थे। यह अनुवाद का निकृष्टतम रूप है। यह 'मक्षिका स्थाने मक्षिका' अनुवाद वास्तव में अनुवाद नहीं है। यह एक प्रकार की शब्दार्थ सूची (glossing) है।

शब्द-प्रति-शब्द अनुवाद का एक अन्य उदाहरण है, जिसमें वाक्य के अंतर्गत शब्द जिस क्रम में होता है, उसमें मूल क्रम को न लेकर वाक्य विन्यास का तो ध्यान रखा जाता है, किंतु उसके हर शब्द का अनुवाद किया जाता है। इससे मूल की शैली अनुवाद में स्पष्ट दिखाई देती है; जैसे—

(1) It is an interesting point.
यह एक रोचक बिंदु है।

(2) It sounds paradoxical.
यह विरोधाभास सुनाई देता है।

(3) There is a well-equipped hospital on that road.
उस सड़क पर एक कुएँ से युक्त अस्पताल है।

इसी दृष्टि से मुहावरेदार अभिव्यक्तियों के अनुवाद हास्यास्पद हो जाते हैं; जैसे—

(३) वह पानी-पानी हो गया।
He became water and water.

(4) मेरा दिल बाग-बाग हो गया।
My heart became garden and garden.

(2) शाब्दिक अनुवाद : इसमें वाक्य-संरचना को ध्यान में रखकर अनुवाद किया जाता है। इसमें शब्द क्रम नहीं, वाक्य विन्यास केन्द्र बिंदु होता है और इसी वाक्य-विन्यास के अनुसार मूलपाठ का यथासाध्य अनुगमन किया जाता है। एक भाषा के भाव या दूसरी भाषा में रूपांतरण करते हुए प्रत्येक शब्द, पदबंध, उपवाक्य, वाक्य आदि के महत्त्व पर ध्यान दिया जाता है। इसीलिए मूल पाठ के अनुसार अभिव्यक्ति

और कथ्य दोनों के बीच संबंध स्थापित किया जाता है, किंतु इसमें शब्द या वाक्य की उपेक्षा नहीं की जाती। वास्तव में यह अनुवाद साहित्येतर अर्थात् सूचनापरक और तकनीकी साहित्य में काफी उपयोगी होता है। विज्ञान, विधि, मेडिकल, इंजीनियरी, प्रौद्योगिकी, गणित आदि के साहित्य में हर शब्द और वाक्य अपना महत्त्व रखता है और उसका एक निश्चित अर्थ होता है। मूल पाठ का यथातथ्य निरूपण अथवा उसमें कुछ परिवर्तन या हेर-फेर आदि न करने से अनुवाद में प्रामाणिकता आ जाती है और अनूदित पाठ में मूलपाठ का संपूर्ण कथ्य उसी प्रकार मिल जाता है। कुछ अनुवादशास्त्रियों ने इसे पंक्ति-दर-पंक्ति (inter linear translation) भी कहा है।

शाब्दिक अनुवाद एक विशिष्ट प्रकार का शब्दानुवाद है। इसमें कुछ कमियाँ भी परिलक्षित होती हैं। वास्तव में शाब्दिक अनुवाद में जहाँ शक्ति है, वहाँ उसकी सीमा भी है। सूचनापरक अभिव्यक्तियों का शाब्दिक अनुवाद जहाँ शक्ति के रूप में काम करता है, वहाँ सर्जनात्मक साहित्य एवं मुहावरेदार अभिव्यक्तियों के लिए सीमा भी बन जाता है। इसका कारण यह है कि शाब्दिक अनुवाद कथ्य के भाव पर उतना बल नहीं देता, जितना कि उसकी भाषिक संरचना पर। अतः संदर्भ अथवा प्रकरण से प्राप्त अर्थ भी कई बार छूट जाते हैं और यह अनुवाद एक प्रकार से कृत्रिम लगने लगता है। उदाहरण के लिए, blue book या dead hand का तकनीकी अर्थ 'नीली पुस्तक' या 'मृत हाथ' नहीं वरन् 'अधिकृत रिपोर्ट या 'दक्ष या सिद्धहस्त' होगा। शाब्दिक अनुवाद के दो नमूने नीचे दिए जा रहे हैं।

(क) मूलपाठ : The major portion of my ashes should be disposed of otherwise. I want these to be carried high up into the air in an aeroplane and scattered from the height over the fields where the peasants of India toil, so that they might mingle with the dust and soil of India and become an indistinguishable part of it.

अनूदित पाठ : मेरी भस्म का अधिकतर भाग अन्य ढंग से समाप्त किया जाए। मैं चाहता हूँ कि उसे एक वायुयान द्वारा बहुत ऊँचे आकाश में ले जाया जाए तथा उस ऊँचाई से उन खेतों में बिखेर दिया जाए, जहाँ भारत के कृषक परिश्रम करते हैं, ताकि वह भारत की धूल और मिट्टी में घुलमिल जाए तथा उसका एक अभिन्न अंग बन जाए।

(ख) मूल पाठ : आजकल विविधता और जटिलता की दृष्टि से सरकारी कामकाज की मात्रा में वृद्धि हुई है। अब कल्याण संबंधी गतिविधियों पर अपेक्षाकृत अधिक बल दिया जाता है। केन्द्र और राज्य सरकारों ने सामाजिक व्यवस्था में बेहतर परिवर्तन लाने की जिम्मेदारी अपने ऊपर ले ली है। लोग सरकार से यह आशा करते हैं कि इन कार्यकलापों के ठोस और उपयोगी परिणाम प्राप्त होंगे। यद्यपि नीति और कार्यक्रम निर्धारित

करने तथा आवश्यक सहायता प्राप्त करने की ज़िम्मेदारी मंत्रि-परिषद और सचिवों की होती है, फिर भी क्षेत्र विभाग इन नीतियों और कार्यक्रमों के सफल कार्यान्वयन के लिए जिम्मेदार है।

अनूदित पाठ : Governement work has now a days, grown in volume, variety and complexity. Greater emphasis in now laid on welfare activities. The Central and state Governments have taken up the responsibility for bringing about a better change in the social order. People look to the Government for a concrete and helpful outcome from its activities while the council of ministers and secretaries are responsible for framing policies and programmes as well as rendering necessary assistance, the field departments are responsible for their successful implementation.

(3) भावानुवाद : यह एक प्रकार का कोटिमुक्त अनुवाद (free translation) है। इसमें मूल पाठ के शब्द-चयन, वाक्य विन्यास आदि पर ध्यान न दे कर भावार्थ को पकड़ने का प्रयास रहता है। शाब्दिक अनुवाद में मुख्यतः मूल सामग्री की भाषा पर ध्यान दिया जाता है तो इसमें मूल सामग्री के मूल भाव पर। वास्तव में भावानुवाद 'सेंस फार सेंस' अनुवाद है, जिसमें कभी अनुच्छेद का, कभी समूचे वाक्य का, कभी उपवाक्य का, कभी शब्द का और कभी संपूर्ण पाठ का अनुवाद होता है। इसमें लक्ष्य भाषा के अपने शब्द-संस्कार, वाक्य-विन्यास, मुहावरा-सौष्ठव आदि की योजना अधिक होती है। यदि मूल सामग्री में सूक्ष्म भाव अंतर्निहित हो तो भावानुवाद की विशिष्ट भूमिका रहती है। शाब्दिक अनुवाद मुख्य रूप से सूचनापरक और तकनीकी सामग्री के लिए तो उपयोगी होती है, किंतु कभी-कभी ऐसी स्थिति भी आ जाती है कि पाठ का शाब्दिक अनुवाद नहीं हो पाता तो भावानुवाद का सहारा लिया जाता है। इससे भाव-बोध स्पष्ट हो जाता है। भावानुवाद में स्रोत भाषा की भाषिक अभिव्यक्तियों की गंध लक्ष्य भाषा में नहीं आ पाती, किंतु भाव-संवेदना की इसमें अभिव्यक्ति अवश्य होती है। इस प्रकार का अनुवाद मूल पाठ का यंत्रवत् अनुसरण नहीं करता, अपितु उसमें मौलिक रचना जैसा सहज प्रवाह ले आता है। इसमें अनुवादक की सर्जनात्मक शक्ति कार्य करती है और उसकी अपनी शैली या व्यक्ति की छाप भी आ जाती है। सर्जनात्मक साहित्य की तो यह शक्ति है, लेकिन सूचनापरक या तकनीकी साहित्य की सीमा है।

भावानुवाद की भी अपनी कुछ सीमाएँ हैं। इसमें प्रायः मूल पाठ का प्रायः साक्षात् रसास्वादन नहीं हो पाता। यह अनुवाद कभी-कभी मूलपाठ से दूर हो जाता है। इससे मूलपाठ के शब्द-गुंफन, अभिव्यक्ति-चातुर्य, लय-विधान, मुहावरा-सौष्ठव आदि की झलक भी नहीं मिल पाती। ऐसी स्थिति में इसका उद्देश्य अधूरा रह जाता है। भावानुवाद के दो उदाहरण आगे दिए जा रहे हैं :

मूल पाठ :

To be, or not to be: that is the question.
Whether 'tis nobler in the mind to suffer
The slings and arrows of outrageous fortune,
Or to take arms against a sea of troubles,
And by opposing end them. To die; to sleep;
No more; and by a sleep to say we end
The heart-ache and the thousand natural shocks
That flesh is heir to. Tis a consummation
Devoutly to be wish'd. To die; to sleep;-
To sleep? Perchance to dream! Ay, there's the rub;
For in that sleep of death what dreams may come,
When we have shuffl'd off this mortal coil,
Must give us pause. There's the respect
That makes calamity of so long life:
For who would bear the whips and scorns of time,
The oppressor's wrong, the (proud) man's contumely
The pangs of dispriz'd love, the law's delay,
The insolence of office, and the spurns.

(William Shakeshpear)

भावानुवाद :

हों कि न हों, सवाल यह है
मार खाते रहें मुकद्दर की, या
मुसीबतों के खिलाफ़ उठा हथियार
पर उतर जाएँ दुख के सागर से।

मौत क्या? एक लंबी नींद
एक ऐसी नींद जिसमें दर्दे-दिल

और हज़ारों ग़म जो मुकद्दर है हमारा
उनसे हो जाता है छुटकारा

और क्या होगा इससे अच्छा भला!
मौत यानी नींद, नींद यानी ख्वाब
इसी से बस, इसी से है मुश्किल तमाम
शरीर छोड़ने के बाद, सोचना पड़ता है, जाने
क्या-क्या ख्वाब आए नींद में
इसी लिए जिंदगी की लंबी मार
पड़ती है सहनी, वरना
कौन चाहेगा खाना कोड़े समय के
जब्र सहना
लताड़े जाना, होना अपमानित अहंकारी व्यक्तियों से,
लिए फिरना टूटा दिल मुहब्बत में, कौन चाहे।

(कुलदीप सलिल)

मूल पाठ :

वाजिदअली शाह का समय था। लखनऊ विलासिता के रंग में डूबा हुआ था। छोटे-बड़े, गरीब-अमीर सभी विलासिता में डूबे हुए थे। कोई नृत्य और गान की मजलिस सजाता था, तो कोई अफीम की पीनक ही में मज़े लेता था। जीवन के प्रत्येक विभाग में आमोद-प्रमोद का प्राधान्य था। शासन-विभाग में, साहित्य में, सामाजिक अवस्था में, कला-कौशल में, उद्योग-धंधे में, आहार-व्यवहार में सर्वत्र विलासिता व्याप्त हो रही थी। राजकर्मचारी विषय वासना में, कविगण प्रेमी-प्रेमिका और विरह के वर्णन में, कारीगर कलाबत्तू और चिकन बनाने में, व्यवसायी सुरमे, इत्र, मिस्सी और उबटन का रोज़गार करने में लिप्त थे। सभी की आँखों में विलासिता का मद छाया हुआ था। संसार में क्या हो रहा है, इसकी किसी को खबर न थी। बटेर लड़ रहे हैं। तीतरों की लड़ाई के लिए पाली बदी जा रही है। कहीं चौसर बिछी हुई है; पौ-बारह का शोर मचा हुआ है। कहीं शतरंज का घोर संग्राम छिड़ा हुआ है।

(प्रेमचंद्र – शतरंज के खिलाड़ी)

भावानुवाद :

It was the era of Wajid Ali Shah. Lucknow was plunged deep in luxurious living. Exalted and humble, rich and poor, all were sunk in luxury. While one might arrange parties for dancing and singing another would find enjoyment only in the drowsy ecstasy of opium. In every sphere of life, pleasure and merry making ruled supreme. Indulgence in luxury pervaded the government, the literary world, the social order, arts and craft, industry, cuisine, abosolutely everywhere. The bureaucrats were steeped in gross sensuality, poets in describing lovers and the sufferings of separtion, artisans in creating intricate patterns of gold and sliver thread an embroidery, merchants in selling eye-shadow, perfumes, unguents and coloring for the teeth. All eyes were dimmed with the intoxication of luxury. No one had any awareness of what was going on in the world. There were quail fights, betting on matches between fighting partridges, here the italics cloth for **causar** spread out, there shouts of 'What luck, I've made an ace and twelve!' and elsewhere a fierce chess battle getting underway.

(David Rubin)

(4) **छायानुवाद :** मूल कृति का पठन करने के बाद अनुवादक ने जो समझा, उसे जो अनुभूति हुई, जो अनुभव हुआ या उसके मन पर जो प्रभाव पड़ा, उसके संदर्भ में वह मूल पाठ का लक्ष्य भाषा में जो रूपांतरण करता है, वह छायानुवाद है। इसमें अनुवादक को पूरी छूट होती है कि वह मुख्य भाव को ले कर पाठ-रचना करे। वास्तव में छायानुवाद में मूलपाठ की छाया-मात्र होती है। इसमें मूल पाठ के कथ्य का अनुकूलन लक्ष्य भाषा की सामाजिक और सांस्कृतिक स्थितियों के अनुसार होता है। यह एक प्रकार का रूपांतरण अथवा अनुसृजन है, जिसमें नाम, स्थान, वातावरण आदि का प्रायः देशीकरण किया जाता है। इस प्रकार के अनुवाद मूलपाठ का मंतव्य और भाव भी बता देते हैं और अपनी मौलिकता भी बनाए रखते हैं। शेक्सपियर के नाटक 'मर्चेंट ऑफ़ वीनिस' का छायानुवाद भारतेंदु हरिश्चंद्र ने 'दुर्लभ बंधु' य 'वंशपुर का महाजन' नाम से किया था। इसमें भारतेंदु जी ने सभी पात्रों तथा नगरों के नामों का और वातावरण का भारतीयकरण किया है। अतानिओ, बसानिओ, पोर्शिया आदि पात्रों के अनंत, वसंत, पुरश्री आदि और 'नेपल्स' नगर के लिए 'नेपाल' आदि को भारतीय रूप दिया है। अंग्रेजी, फ्रांसीसी, जर्मन आदि अनेक यूरोपीय भाषाओं के नाटकों और उपन्यासों के भी छायानुवाद मिलते हैं। इस प्रकार छायानुवाद मूल पाठ के कथ्य को तो लिए होता है, किंतु उसका समूचा परिधान और परिवेश लक्ष्य भाषा की स्थानीय संस्कृति, समाज और वातावरण से जुड़ा होता है। यह शाब्दिक अनुवाद की भाँति मूल पाठ के शब्दों का अनुसरण नहीं करता और भावानुवाद से आगे बढ़कर मूल पाठ से बंधे बिना उसकी छाया लेकर चलता है।

रवीन्द्रनाथ श्रीवास्तव और कृष्ण कुमार गोस्वामी ने उपर्युक्त प्रकारों को निम्न आरेख द्वारा समझाने का प्रयास किया है।

अनुवाद प्रकार - प्रयोग, प्रयोजन और प्रयोक्ता

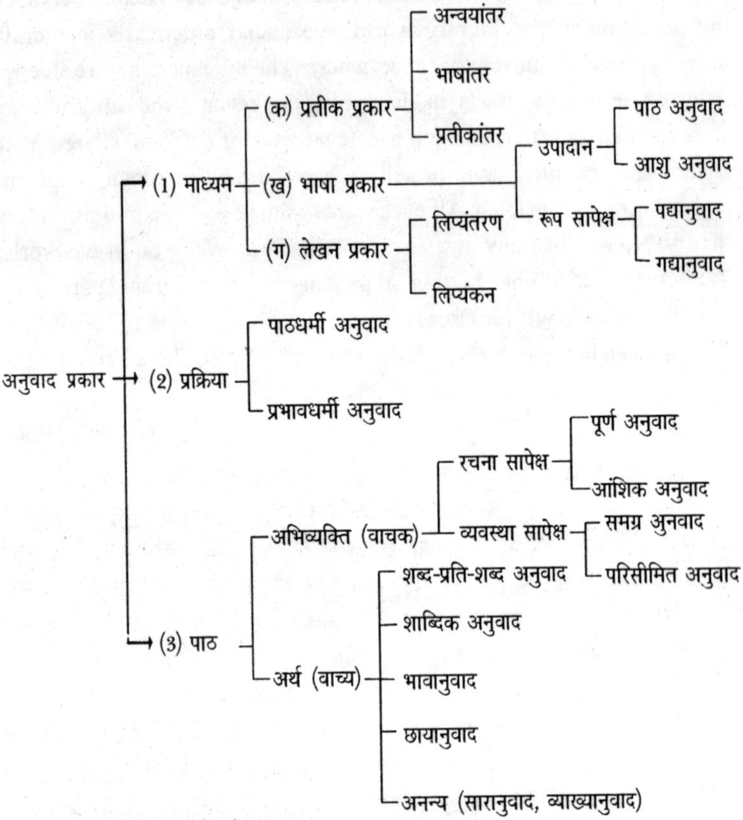

उपर्युक्त प्रकारों के अतिरिक्त अन्य आधारों पर अनुवाद के अनेक प्रकार हो सकते हैं। विधा के आधार पर काव्यानुवाद, नाट्यानुवाद, कथानुवाद, निबंधानुवाद आदि अनेक प्रकार निर्धारित हो सकते हैं। इसी प्रकार संक्षिप्तीकरण और पल्लवन के आधार पर सारानुवाद और व्याख्यानुवाद जैसे प्रकार भी हो सकते हैं, किंतु ये सभी प्रकार उपर्युक्त प्रकारों के अंतर्गत किसी-न-किसी रूप में आ जाते हैं।

अनुवाद की सीमाएँ

पूर्ण अनुवाद की सीमाएँ बताना कठिन है क्योंकि स्रोत भाषा का पाठ न तो पूर्णतया अनुवाद होता है और न ही अननुवाद्य। पाठ में ऐसे कई भाषिक रूप होते हैं जिनका अनुवाद नहीं हो पाता। इसमें कई बार भाषापरक कठिनाइयाँ सामने आती हैं और कई बार सामाजिक-सांस्कृतिक। इसी संदर्भ में ब्रिटिश विद्वान जे.सी. कैटफ़र्ड ने अनुवाद की सीमाएँ दो प्रकार की बताई हैं—पहली, भाषापरक और दूसरी, सामाजिक-सांस्कृतिक। भाषापरक सीमा से अभिप्राय है कि स्रोत भाषा के शब्द, वाक्य-रचना आदि का पर्यायवाची रूप लक्ष्य भाषा में न मिलना। सामाजिक-सांस्कृतिक अभिव्यक्तियों के अंतरण में भी काफी सीमाओं का सामना करना पड़ता है क्योंकि प्रत्येक भाषा का संबंध अपनी सामाजिक-सांस्कृतिक व्यवस्थाओं से जुड़ा हुआ है। दूसरी ओर, एंटों पोपोविच का मत है कि भाषापरक समस्या तो दोनों भाषाओं की भिन्न संरचनाओं के कारण पैदा हो सकती हैं, किन्तु सामाजिक-सांस्कृतिक समस्या सर्वाधिक जटिल होती हैं। इसके साथ ही पोपोविच ने यह भी सुझाया है कि भाषापरक और सामाजिक-सांस्कृतिक समस्याएँ एक दूसरे के साथ गुत्थी हुई हैं, अतः इनका विवेचन एक-दूसरे को ध्यान में रखकर एक साथ किया जाना चाहिए। वास्तव में सामाजिक-सांस्कृतिक स्थितियों के अलगाव से उत्पन्न समस्याएँ अनुवाद की सबसे अधिक जटिल समस्याएँ हैं। 'देवर-भाभी', 'जीजा-साली' का अनुवाद यूरोपीय भाषा में नहीं हो सकता क्योंकि भाव की दृष्टि से इसमें जो सामाजिक सूचना निहित है, वह शब्द के स्तर पर नहीं आँकी जाती। इसी प्रकार भारतीय संस्कृति के 'कर्म' का अर्थ न तो 'एक्शन' (Action) हो सकता है, न ही 'डीड' (Deed) और न ही 'परफार्मेंस', (Performance) क्योंकि 'कर्म' से यहाँ पुनर्जन्म की धारणा पुष्ट होती है, जबकि 'एक्शन' (Action), 'डीड' (Deed) और 'परफार्मेंस' (Performance) शब्दों में यह अवधारणा नहीं मिलती। इस प्रकार ये शब्द उन रूपों का प्रतिस्थापन नहीं हैं जो एक ही विषय-वस्तु से जुड़े हुए हैं। एक भाषा के व्याकरणिक या कोशगत रूपों का पूर्णतया रूपांतरण नहीं हो सकता। इसलिए अनुवाद की इन सीमाओं को समतुल्यता के सिद्धांत के साथ जोड़ा गया है। समतुल्यता के लिए यह आवश्यक है कि स्रोतभाषा और लक्ष्यभाषा के भाषिक रूपों के पाठगत अभिलक्षणों में काफी समानता हो। इसमें संदर्भ और सामग्री के समान और प्रारंभिक लक्षणों से स्रोत भाषा और लक्ष्य भाषा के पाठों के परस्पर संबंधों को भी देखा जाता है। इस दृष्टि से

कभी-कभी किसी-न-किसी कारण कई भाषिक रूपों का अनुवाद नहीं हो पाता और कई बार सामाजिक-सांस्कृतिक अभिव्यक्तियों के अनुवाद में कई समस्याएँ खड़ी हो जाती हैं। पाठक और पाठ की प्रकृति भी अपनी विशेष भूमिका निभाती है जो स्रोत भाषा के पाठ और लक्ष्य भाषा के पाठ के परस्पर परिवर्तन पर आधारित है। इन अभिव्यक्तियों के अनुवाद की समस्या पाठ के परिवर्तन पर आधारित है। इसीलिए कहा गया है कि अनुवाद की समस्या असमाधेय है।

उपर्युक्त विवेचन के आधार पर इन सीमाओं को तीन वर्गों में विभाजित किया जा सकता है–(1) भाषापरक सीमाएँ (2) सामाजिक-सांस्कृतिक सीमाएँ और (3) पाठ-प्रकृतिपरक सीमाएँ।

1. भाषापरक सीमाएँ- प्रत्येक भाषा की अपनी संरचना होती है। इसीलिए स्रोतभाषा और लक्ष्य भाषा के भाषिक रूपों में समान अर्थ मिलने की स्थिति बहुत कम होती है, किंतु यह बात अवश्य है कि वे एक ही स्थिति में कार्य करते हैं। उदाहरण के लिए, 'लकड़ी कट रही है' और 'लकड़ी काटी जा रही है' जैसी कर्मवाच्य अभिव्यक्तियों का अनुवाद अंग्रेजी जैसी भाषा में कैसे किया जाए? इन दोनों कर्मवाच्य वाक्यों में समान अर्थ पूर्णतया नहीं मिलता और इनमें सूक्ष्म अर्थ निहित है। दूसरा, यह भी देखा गया है कि कई बार दोनों वाक्यों का प्रकार्य एक ही स्थिति में मिलता है किंतु स्रोत भाषा और लक्ष्य भाषा के भाषिक रूपों में कई बार कुछ ऐसे अर्थ होते हैं जिनमें एक-दूसरे के कुछ अंश मिल पाते हैं। उदाहरण के लिए, रूसी वाक्य ja prišla का हिन्दी अनुवाद 'मैं पहुँच गई हूँ' होगा। किंतु रूसी भाषा की संरचना के अनुसार इसमें कुछ ऐसे व्याकरणिक अभिलक्षण हैं जो हिन्दी में नहीं मिलते। prišla क्रियापद में स्त्रीलिंग, पहुँचना, पैदल, पूर्वघटना और कार्य पूरा होना की जानकारी मिलती है। यह पूर्वघटना होने के साथ-साथ आसन्नभूत भूतकाल अथवा पूर्णकालिक पक्ष के साथ जुड़ी हुई है, जबकि हिन्दी अनुवाद में यह अर्थ पूरी तरह नहीं आ पाया है।

इसी प्रकार स्रोत भाषा के समान वाक्यों में सूक्ष्म अर्थ की प्राप्ति होती है, लेकिन उनका अंतरण लक्ष्यभाषा में कर पाना संभव नहीं होता। उदाहरण के लिए, हिन्दी के निम्नलिखित वाक्यों में सूक्ष्म अर्थ की अभिव्यक्ति होती है :

1. मुझे जाना है।
2. मुझे जाना होगा।
3. मुझे जाना पड़ेगा।
4. मुझे जाना चाहिए।
5. मुझे जाना ही है।
6. मुझे जाना ही होगा।
7. मुझे जाना ही पड़ेगा।
8. मुझे जाना ही चाहिए।

9. मुझे जाना तो है।
10. मुझे जाना तो होगा।
11. मुझे जाना तो पड़ेगा।
12. मुझे जाना तो चाहिए।
13. मुझे जाना तो है ही।
14. मुझे जाना तो पड़ेगा ही।
15. मुझे जाना तो होगा ही।
16. मुझे जाना तो चाहिए ही।

उपर्युक्त सोलह वाक्यों में प्रथम पाँच वाक्यों का अंग्रेजी में अनुवाद निम्न प्रकार से होता है किंतु शेष ग्यारह वाक्यों का अनुवाद नहीं हो पाता।

1. I ought to go.
2. I must go.
3. I shall have to go.
4. I should go.
5. I have to go.

उपर्युक्त 11-16 हिन्दी वाक्यों का अनुवाद उपर्युक्त पाँच अंग्रेज़ी वाक्यों के भीतर ही संयोजित किया गया है जबकि हिन्दी वाक्यों के अर्थ इन पाँचों वाक्यों में समा नहीं पाए।

किसी कृति में अंचल विशेष या क्षेत्र-विशेष के जन-जीवन का समग्र चित्रण कई बार अपनी क्षेत्रीय भाषा या बोली में जितना स्वाभाविक या सटीक हो पाता है, उतना भाषा के अन्य रूप या शैली में नहीं। इससे अंचल-विशेष के लोगों की सहज अभिव्यक्ति का परिचय मिलता है और वातावरण में स्वाभाविकता आ जाती है। इसके अतिरिक्त ये क्षेत्रीय बोलियाँ अपनी भाषा को प्रवाहपूर्ण बना देती हैं। भाषा की विभिन्न बोलियाँ अपने क्षेत्रों की विशिष्टता लिए होती हैं। यह प्रवृत्ति ध्वनि, शब्द, वाक्य आदि स्तरों पर देखी जा सकती है। ध्वनि के स्तर पर हिन्दी-भाषी क्षेत्र में एक अंचल पर 'पैसा', 'कैसा', 'औरत' बोला जाता है तो दूसरे अंचल या क्षेत्र में 'पइसा', 'कइसा', 'अउरत' बोला जाता है। शब्द के स्तर पर विभिन्न शब्द मिलते हैं। जैसे--'अरबी' के लिए 'घुइयाँ'; 'सीताफल' के लिए 'काशीफल, कुम्हड़ा; 'जुराब' के लिए 'मोजा'; तोरई के लिए 'निनुआ; बालक के लिए 'लड़का, छोरा, लोंडा, मोड़ा, लरिका, छोकरा, बेटा, बचवा, बेटवा, बबुआ' आदि कई शब्द मिलते हैं। इनकी विशिष्टता को दिखाने वाले विशिष्ट शब्द लक्ष्य भाषा में नहीं मिल पाते जिससे वे किसी अंचल-विशेष की सहज अभिव्यक्ति की जानकारी दे सकें।

यह कठिनाई किसी भाषा की बोली में प्रयुक्त वाक्यों के अनुवाद में भी है जो किसी भाषा की कथा या नाटक में पात्रों द्वारा बोले जाते हैं, जैसे—राही मासूम रज़ा के आंचलिक उपन्यास 'आधा गाँव' के एक अंश "जरा सी बात भई ना कि तेरा टेंटुआ

खुला ना बस पें पें शुरू कर देथ्यु। ई नफ़ीसा तुहों कउनों काम जोग ना छोड़ि हैं। आ बेटा, हमरे पास आ। उसने भाई साहब को चुमकारा। वे उसके पास चले गए।” इस भोजपुरी संवाद में भोजपुरी अंचल की जो विशिष्टता और स्वाभाविकता मिलती है, वह अनुवाद में नहीं आ पाएगी। इस प्रकार अंचल-विशेष की विशिष्टता दिखाने वाला अनुवाद संभव नहीं हो पाता।

यदि किसी भाषा की दो या तीन शैलियाँ स्थिर रूप में प्रयुक्त हो रही हों तो उनमें जो सामाजिक सूचना मिलती है, वह उनके अनुवाद में नहीं मिल पाएगी और न ही शैलीगत भेद दिखाई देगा; जैसे—हिन्दी भाषा में संस्कृतिनिष्ठ हिन्दी, सामान्य बोलचाल की हिन्दी (हिन्दुस्तानी) और अरबी-फारसी मिश्रित हिन्दी (उर्दू) प्रयोग में स्थिरता लिए हुए है। इसी प्रकार अंग्रेजी के प्रभाव से अंग्रेजी-मिश्रित हिन्दी (हिंग्लश) का भी प्रयोग हो रहा है। अतः इन चारों शैलियों का अनुवाद अन्य भाषा में कर पाना संभव नहीं होगा। उदाहरण के लिए,

1. उसकी पत्नी ज्वरग्रस्त है।
2. उसकी बीवी (या घरवाली) को बुखार है।
3. उसकी बेगम की तबीयत नासाज़ है।
4. उसकी वाइफ को फ़ीवर है।

इन चारों शैलियों में जो सामाजिक एवं सांस्कृतिक पृष्ठभूमि समाई हुई है, उनकी समतुल्य अभिव्यक्तियाँ अनुवाद में नहीं मिल पातीं। इसी प्रकार (1) क्या हाल है, (2) कुशल से तो हो, (3) सब ठीक-ठाक है न, (4) अच्छे हो? आदि हिन्दी के चारों भाषा विकल्पों के लिए अंग्रेजी में प्रायः How are you समतुल्य रूप मिलता है।

2. सामाजिक-सांस्कृतिक सीमाएँ : भाषायी समस्या के अतिरिक्त पाठ में जो सामाजिक एवं सांस्कृतिक सूचना मिलती हैं, उसका अंतरण वास्तविक समस्या खड़ी कर देता है। भाषा और संस्कृति का अटूट संबंध होता है। उस समाज के बारे में काफी सूचना मिल जाती है। अतः इन सूचनाओं से निहित भाषिक रूपों का अंतरण नहीं हो पाता। उदाहरण के लिए, फिनलैंड की भाषा में menen Saunaa का हिन्दी अनुवाद होगा ‘क्या आप सॉना जा रहे है’? यदि Saunaa का अर्थ ‘स्नानघर या नहाने की जगह’ रखा जाए तो पूर्ण अभिव्यक्ति नहीं होती क्योंकि भारतीय परंपरा में स्नान घर में स्नान सामान्यतः अकेले किया जाता है। स्नान में गर्म या ठंडे का प्रयोग होता है इससे शरीर को धोया जाता है और यदि नदी या सरोवर में स्नान किया जाए तो पानी में डुबकी लगाई जाती है। इसमें साबुन का भी इस्तेमाल हो सकता है। सॉना में सामूहिक स्नान होता है। इसीलिए इसके कक्ष का निर्माण या उसका रूप भी अलग होता है। इसमें न तो गर्म पानी का प्रयोग होता है और न ही ठंडे पानी का। न ही पानी में डुबकी लगाई जाती है और न ही शरीर धोया जाता है। ये सभी कार्य सॉना के क्षेत्र के बाहर हैं। इसमें वाष्प का प्रयोग किया जाता है और यह एक प्रकार का वाष्प स्नान होता है जिसका प्रयोग सब लोग एक साथ मिलकर आनंद के लिए करते हैं। यह वह वाष्प

स्नान भी नहीं है जो प्राकृतिक चिकित्सा में प्रयुक्त होता है। इसी Sauna का अनुवाद यूरोपीय भाषाओं में भी नहीं होता।

संस्कृति के संदर्भ में देश-प्रदेश की वेशभूषा का विशेष स्थान होता है। इसके अनुवाद में भी काफी कठिनाई होती है। हिन्दी भाषी क्षेत्र में साड़ी, धोती, लुंगी आदि वस्त्रों का संदर्भपरक अर्थ है। महिलाएँ 'साड़ी' पहनती हैं और पुरुष 'लुंगी' पहनते हैं, जबकि धोती पुरुष और महिलाओं के लिए अपने-अपने किस्म की होती हैं। दक्षिण भारतीय वस्त्र 'मुंडु' अथवा 'निरयत' अथवा 'वेष्टि' है जो 'लुंगी' के ही रूप है। 'लुंगी' को पूर्णतया पहनने अथवा कमर तक लुंगी पहनने के लिए अलग-अलग शब्द हैं। इनका अनुवाद अंग्रेजी भाषा में कर पाना कठिन है क्योंकि ये वस्त्र उनकी वेशभूषा में नहीं आते। इसी तरह पंजाबी वस्त्र 'सलवार कुर्ता' अपनी संस्कृति को अपने भीतर समेटे हुए हैं और इनका अनुवाद किसी भी भाषा में नहीं हो सकता, क्योंकि अन्य भाषाओं में कोई ऐसी वेशभूषा न होने के कारण इसका समतुल्य शब्द ढूँढ़े भी नहीं मिलता। अतः संस्कृति को उद्घाटित करने वाले पाठ का अनुवाद करते हुए अनुवादक को कई बार विवरणात्मक समतुल्य शब्द बनाने पड़ते हैं ताकि वे पाठक को बोधगम्य हो सकें। इसी प्रकार हर देश अथवा प्रदेश का अलग-अलग भोज्य पदार्थ या खान-पान होता है और उनका भी प्रतिस्थापन करना असंभव सा हो जाता है। उदाहरण के लिए, भारतीय भोजन के अंतर्गत चपाती, रोटी, पराठा, इडली, डोसा आदि और यूरोपीय भोजन के अंतर्गत सेंडविच, हमबर्गर, पिज़्ज़ा आदि का अनुवाद संभव नहीं है। इसलिए इनका अनुवाद न कर इनको लक्ष्य भाषा में ज्यों-का-त्यों रखा जाता है।

पाठ में सामाजिक सूचना सभी स्तरों पर दी जाती है। शब्द के आधार पर 'उबटन' 'दीवानखाना', 'कलश', 'चिलम' आदि शब्दों में सामाजिक सूचना निहित रहती है। इन शब्दों को विभिन्न अर्थों में विभाजित किया जा सकता है और उनके सामाजिक एवं सांस्कृतिक संदर्भों को उसकी के अनुसार विभिन्न प्रकारों से अंतरण किया जा सकता है। 'उबटन' पूर्णतया संस्कृतिबद्ध शब्द है। यह बड़ा कठिन या असंभव सा हो जाता है कि अंग्रेजी में उसी के अनुरूप शब्द मिल जाए। कुछ अनुवादकों ने इसे A paste for anointing the body कहा है और कुछ ने इसका अनुवाद Special body pastes for the massage of ladies किया है, जो 'उबटन' की सामाजिक सूचना दे पाने में असमर्थ है। इसी प्रकार 'दीवानखाना' के लिए यदि Drawing room अथवा Hall of audience का प्रयोग किया जाए तो वह समतुल्यता के निकट नहीं है। 'कलश' और 'चिलम' के लिए अंग्रेजी पर्याय sacred pot और Earthern pipe का प्रयोग किया जाए तो वह इन लोगों को हास्यास्पद लगेगा जो इन दोनों के अंतर से परिचित है और उन लोगों के लिए यह अशुद्ध होगा जिन्हें इनकी जानकारी नहीं हैं। इसी प्रकार द्विज (twice born), पत्तल (dining leaf), तिलक (forehead masking), चोटी (sacred tuft knot), यज्ञोपवीत (holy thread), रथ यात्रा (car festival) शब्दों की यही स्थिति है, जिनके अनुवाद में सामाजिक और सांस्कृतिक सूचना का ह्रास होता है।

भारतीय संदर्भ में 'संस्कार' शब्द अत्यंत व्यापकता लिए हुए है जिसका सही अनुवाद कर पाना एक समस्या है। कन्नड़ भाषा में वी.आर. अनंतमूर्ति द्वारा रचित 'संस्कार' उपन्यास में 'संस्कार' शब्द का प्रयोग 58 बार हुआ है। इस उपन्यास के अंग्रेजी अनुवादक ए.के. रामानुजन ने 'संस्कार' शब्द का अनुवाद विभिन्न रूपों में किया है। इस शब्द का पर्याय Culture, discipline, history, rites आदि दिए गए हैं। वास्तव में अंग्रेजी में कोई भी एक ऐसा शब्द नहीं है जो 'संस्कार' के सभी संभावित अर्थों को व्यक्त कर सके। इसी कारण अनुवादक ने इस शब्द का अनुवाद कहीं तो एक सामान्य संकल्पना के रूप में किया है और कहीं व्यापक परिप्रेक्ष्य में किया है। इसी समस्या के कारण अनुवादक ने 'संस्कार' शीर्षक का अनुवाद न कर उसे अनूदित कृति में यथावत् रख दिया है।

ऐसे शब्दों के लिए कैटफ़र्ड कहते हैं कि इनका अनुवाद न कर इन्हें यथावत् रखा जाए और उसी पृष्ठ के नीचे उसकी पाद-टिप्पणी दी जाए या संदर्भ के अनुसार कोई अर्थ बनता हो तो कोष्ठक में दिया जाए। इससे एक लाभ यह होगा कि इसके निकटतम समतुल्य की जानकारी हो जाएगी। दूसरा, इससे मूल की गंध आएगी तथा पाठ को स्थानीय सांस्कृतिक सूक्ष्मताओं की जानकारी मिलेगी, किंतु यह भी एक सीमा हैं। वास्तव में अधिक पाद-टिप्पणी देने से मूल शब्द की पठनीयता की गति कम हो जाएगी। इसके अतिरिक्त अर्थ निकालने में समय भी लगेगा तथा अनुवाद नीरस हो जाएगा।

किसी भी भाषा के मुहावरों और लोकोक्तियों में उसकी सामाजिक एवं सांस्कृतिक सत्यता का परिचय मिलता है। मुहावरे और लोकोक्तियाँ भाषा को अधिक प्रभावशाली एवं व्यंजक बनाती हैं। उनके अनुवाद में उसी प्रकार की प्रभावशीलता और व्यंजना को लाने की समस्या पैदा होती है। उदाहरण के लिए, हिन्दी में 'नमकखाना' का अंग्रेजी अनुवाद devoted slave अथवा to be loyal अथवा to eat your salt करना लेखक के साथ पूर्ण न्याय नहीं हो पाता। इसी प्रकार हिन्दी मुहावरे 'सिंदूर पुँछ जाना' या 'चूड़ी टूटना' का अंग्रेजी अनुवाद to wipe off vermilion अथवा to break bangles करना शाब्दिक अनुवाद है और इसमें सामाजिक एवं सांस्कृतिक सूचना नहीं मिल पाती।

हर भाषा में कुछ ऐसी संरचनाएँ होती जो संरचना की दृष्टि से तो समान लगती हैं लेकिन प्रकार्य की दृष्टि से वे अलग-अलग अर्थ प्रदान करती हैं; जैसे–

1. **देखते-देखते** मेरी आँखें दुख गई।
2. **देखते-देखते** दिन बीत गया।

उपर्युक्त दोनों वाक्यों (1) और (2) में 'देखते-देखते' प्रयोग विपरीतार्थी हैं। पहले वाक्य में 'समय के आधिक्य' का बोध होता है और दूसरे वाक्य में 'समय का चोरी-चोरी बीत जाना' अथवा 'समय का पता न लगना' की सूचना मिलती है। एक अन्य उदाहरण है :

3. **देखते-देखते** वह गायब हो गया।
4. **देखते-देखते** उसका कारोबार बढ़ गया है।

उपर्युक्त वाक्य (3) में देखते-देखते अभिव्यक्ति में 'आकस्मिकता' का बोध होता है और वाक्य (4) में 'अत्यल्प समय' का बोध होता है।
इसी प्रकार 'मजाल' शब्द का एक उदाहरण है :

5. **मजाल** कि उसकी आँख से आँसू निकल जाए।
6. किसी की **मजाल** कि मुझे छू जाए।

उपर्युक्त वाक्य (5) में 'मजाल' शब्द में अपने पर नियंत्रण रखने की अर्थात् स्व-नियंत्रण की शक्ति (Self controlling power) का परिचय मिलता है और वाक्य (6) में 'मजाल' का आशय 'भौतिक शक्ति' (Physical power) से है। इस प्रकार के मुहावरेदार प्रयोगों में अनुवाद पराजित हो जाता है क्योंकि स्रोत भाषा में जो अर्थाभिव्यक्ति होती है, यह लक्ष्यभाषा में नहीं आ पाती। इसी प्रकार 'लाल पीले क्यों हो रहे हो?' और 'तुम बस घास खोदते रहोगे' के अंग्रेजी में अनुवाद क्रमशः Why are you getting angry? और You will always be an useless person किए जाएँ तो मूल हिन्दी मुहावरों की प्रभावभिव्यंजकता को अभिव्यक्त नहीं कर पाएँगे।

हिन्दी में पुरुषवाचक सर्वनाम 'मैं', हम या तू, तुम, आप या वह और वे एक ओर व्याकरणिक अर्थ लिए हुए हैं तो दूसरी ओर सामाजिक अर्थ भी लिए हुए हैं। इनका अनुवाद दूसरी भाषा में कर पाना संभव नहीं है। मध्यम पुरुष सर्वनाम के तू, तुम, आप रूपों का अनुवाद तो कठिन है ही, आदरसूचक एक वचन के रूप में बहुवचन 'हम' और 'वे' अनुवाद का समतुल्य अंग्रेजी में नहीं मिलता। कई बार हिन्दी में 'तुम' और 'आप' मध्यम पुरुष सर्वनाम का प्रयोग करते हुए आवेश अथवा व्यंग्य में 'आप' के स्थान पर 'तुम' और 'तुम' के स्थान पर 'आप' का प्रयोग होने लगता है तो वहाँ उनका अनुवाद अंग्रेजी जैसी भाषा में कर पाना संभव नहीं है।

प्रत्येक भाषा-भाषी समाज में नाते-रिश्ते की शब्दावली का अपना-अपना महत्त्व होता है। नाते-रिश्ते के इन शब्दों का एक भाषा से दूसरी भाषा में अनुवाद कर पाना संभव नहीं हो पाता। Uncle अथवा Aunt के लिए चाचा, मामा, ताऊ, फूफा, मौसा अथवा ताई, चाची, मामी, फूफी, मौसी आदि कई शब्द हिन्दी में मिल जाते हैं और Cousin के लिए चचेरा भाई, चचेरी बहन, ममेरा भाई, ममेरी बहन, मौसेरा भाई, मौसेरी बहन, फुफेरा भाई, फुफेरी बहन आदि अनेक शब्द हैं जो अनुवाद की भाषा में भ्रमात्मक स्थिति पैदा कर देते हैं। हिन्दी भाषी समाज में ये शब्द समाज की संयुक्त परिवार की संकल्पना प्रस्तुत करते हैं, जबकि अंग्रेजी भाषी समाज में एकल परिवार की अवधारणा होने के कारण Uncle, Aunt और Cousin शब्द प्रयुक्त होते हैं। इसी प्रकार 'जेठ' और 'देवर' शब्दों के अनुवाद भी जटिलता पैदा करते हैं क्योंकि हिन्दी भाषी क्षेत्र में 'जेठ' और 'देवर' का दर्जा परिवार में अलग-अलग होता है। इसी प्रकार तमिल भाषी समाज में 'इनम्मा' और 'इतिमा' शब्दों का प्रयोग 'भाभी' के लिए होता है। अब प्रश्न उठता है कि क्या ये दोनों शब्द पर्यायवाची है या एक ही अर्थ देते हैं, किंतु ऐसा नहीं है। तमिल भाषी परिवार में लड़कियाँ अपने भाई की पत्नी को 'इनम्मा' के संबोधन से पुकारती हैं जबकि

लड़के 'इतिमा'। अतः हिन्दी भाषी के लिए ये दोनों शब्द एक ही अर्थ देते है, किंतु तमिल भाषी के लिए एक अर्थ नहीं देती। मणिपुरी भाषा में नाते-रिश्ते की शब्दावली में 'इजेल इबोई' शब्द बहनोई, साला, समधी, ममेरा भाई और फुफेरा भाई सभी के लिए प्रयुक्त होता है। इससे उनकी पारिवारिक संरचना की जानकारी मिलती है किंतु इनके अनुवाद में विशेष सूचना प्राप्त नहीं होगी। इस प्रकार के अनुवाद में या तो अतिव्याप्ति दोष होगा या अव्याप्ति दोष।

हर भाषा में अपनी रंग शब्दावली होती है, इसलिए रंग के कुछ शब्दों का अनुवाद तो हो जाता है, किंतु कुछ शब्दों का अनुवाद करना कठिन हो जाता है; जैसे—हिन्दी में भूरा, मटियाला, खाकी और कत्थई रंग अपनी अलग-अलग सत्ता रखते हैं किंतु अंग्रेजी में ये सभी रंग grey के अंतर्गत शामिल किए जाते हैं। मैक्सिको की भाषा ताराहुमारा मे 'नीले' और 'हरे' रंग के लिए एक ही शब्द है। इसी प्रकार अंग्रेजी के green colour अर्थ क्षेत्र में हिन्दी के हरा, मूँगिया, घानी, मेंहदी, अंगूरी, तोतिया, तर्बूजी रंग समाहित हो जाते है। अंग्रेजी के Navy blue और sky blue के लिए 'गहरा नीला' और 'हलका रंग' समान अभिव्यक्ति नहीं कर पाते। इस प्रकार एक भाषा के कुछ रंगों का अनुवाद दूसरी भाषा की रंग शब्दावली व्यवस्था को देखकर करना पड़ता है।

कई बार विभिन्न शैलियों से भी सामाजिक सूचना मिलती है। लेखक अपनी भावाभिव्यक्ति के लिए तत्सम, तद्भव, देशज, विदेशी आदि शब्दों का प्रयोग करता है, किंतु उनके अनुवाद में समस्या खड़ी हो जाती है। उदाहरण के लिए, संस्कृतनिष्ठ शब्द आमोद-प्रमोद, मनोमालिन्य, संस्कार, तद्भव शब्द 'अचरज, घिन, पंछी और अरबी-फारसी शब्द मनहूस, दिल्लगी, नाजुक मिजाज़ आदि शब्द अपने भीतर सामाजिक सूचना लिए होते हैं। इनसे दो भिन्न संस्कृतियों की विशिष्टता की जानकारी मिलती है। इनके अनुवाद में इन शब्दों की विशिष्टता नहीं आ पाएगी।

3. पाठ की प्रकृतिपरक सीमा : विभिन्न विषयों तथा कार्यक्षेत्रों की भाषा विशिष्ट प्रकार की होती है। इसमें यह भी देखा जाता है कि पाठ की प्रकृति सरल है या जटिल। विशिष्ट कार्य-क्षेत्रों तथा विषयों अर्थात् वाणिज्य, कार्यालयीन, मेडिकल, दर्शन आदि प्रयुक्तियों की भाषा की अलग संरचना होती है। इसके अतिरिक्त इसमें पाठक वर्ग का भी ध्यान रखा जाता है कि इसका पाठक विशेषज्ञ है या सामान्य व्यक्ति, प्रौढ़ है या बालक। उसी के आधार पर अनुवाद कर पाना कई बार कठिन हो जाता है। प्रशासनिक शब्द 'कार्रवाई' और 'कार्यवाही' तथा Sanction और approval का अर्थ एक जैसा लगता है, किंतु संदर्भ के अनुसार इन दोनों शब्दों में भेद कर पाना संभव नहीं है। इसी प्रकार न्यायालय की भाषा में To be present, to attend और to appear अलग-अलग अर्थ लिए होते हैं। खेलकूद की शब्दावली में Long jump और High jump शब्दों के लिए क्रमशः लंबी कूद और ऊँची कूद शब्द प्रयुक्त हो रहे हैं किंतु आजकल पौराणिक मिथ के आधार पर इन्हें क्रमशः 'हनुमान कूद' और 'अंगद कूद'

शब्द भी प्रयुक्त होने लगे हैं। इन शब्दों में जो व्यापकता और विराटता है वह Long jump और High jump में नहीं है।

वस्तुतः पाठ की प्रकृति के अनुसार पाठ का विन्यास करना पड़ता है। जब तक पाठ की प्रकृति और उसके पाठक का निर्धारण नहीं हो पाता, तब तक उसका अनुवाद कर पाना संभव नहीं है। इसी प्रकार विधा का संबंध पाठ के रूप से होता है; जैसे—ललित साहित्य में कविता, नाटक और उपन्यास। इन विधाओं के बाह्य रूप के साथ उनकी आंतरिक प्रकृति पर भी ध्यान देना पड़ता है। साहित्यिक कृति में निहित अलौकिकता और विशिष्टता अनुवाद में प्रायः नष्ट हो जाती है। इसके अतिरिक्त कविता में छंद-विधान और उसकी काव्यात्मकता, नाटक की संवाद-योजना और उसकी नाटकीयता का अनुवाद लक्ष्यभाषा में कर पाना असंभव-सा हो जाता है।

इस प्रकार हर भाषा की अपनी संरचनात्मक व्यवस्था और सामाजिक-सांस्कृतिक परंपरा होती है। इसके साथ-साथ विभिन्न प्रयोजनों में प्रयुक्त होने के कारण उसका अपना स्वरूप होता है। इसीलिए अनुवाद में स्रोत भाषा की सूचनाओं का लक्ष्य भाषा में न्यूनानुवाद या अधि-अनुवाद (under translation or over translation) हो जाना स्वाभाविक है। कभी-कभी तो अशुद्ध अनुवाद (mistranslation) भी हो जाता है। वास्तव में अनुवाद को उसकी इस प्रकार की सीमाओं के कारण उसे पूर्ण अनुवाद की श्रेणी में नहीं रखा जाता।

पुनरीक्षण : स्वरूप और प्रक्रिया

पुनरीक्षण अनुवाद प्रक्रिया का अंतिम सोपान है। अनुवाद के तीसरे सोपान पुनर्रचना (पुनर्गठन) में पुनरीक्षण की प्रक्रिया समाहित है। जैसा कि अनुवाद प्रक्रिया में बाथगेट द्वारा प्रतिपादित सात सोपानों में पुनरीक्षण को छठा सोपान माना गया है। इस प्रकार पुनरीक्षण अनुवाद की जाँच और परिष्करण की प्रक्रिया है, जो अनुवाद पूरा हो जाने के बाद की जाती है। अंग्रेजी में इसके लिए Revision और Vetting दो शब्द इस्तेमाल होते हैं। Revision और Vetting निकट अर्थ रखते हुए अपना अलग-अलग संदर्भ लिए हुए हैं। Revision शब्द दोबारा अवलोकन अथवा सामान्य जाँच के लिए प्रयुक्त होता है और Vetting शब्द विषय-विशेष के पाठ के लिए प्रयुक्त होता है, जो अनुवाद प्रक्रिया के संदर्भ में ही उपयुक्त भूमिका निभाता है। अतः Vetting एक तकनीकी और पारिभाषिक शब्द है जिसका सूचनाप्रधान साहित्य अर्थात् वैज्ञानिक, तकनीकी, वाणिज्यिक, विधि संबंधी साहित्य के अनुवाद में अपना विशिष्ट महत्त्व है। पुनरीक्षण में Revision और Vetting दोनों शब्द समाहित हैं।

पुनरीक्षण से तात्पर्य अनूदित पाठ का पुनः अवलोकन करना, मूलपाठ से मिलान करना, दोनों की परस्पर तुलना करना और उसमें अपेक्षित सुधार तथा संशोधन करना है। इसमें अनुवाद की जाँच विभिन्न स्तरों पर और कोणों से की जाती है तथा जहाँ भी आवश्यकता हो उसमें सुधार किया जाता है। इस दृष्टि से इसमें अनुवाद को संवारा जाता है और यह एक प्रकार का संपादन भी है। पुनरीक्षण करने वाला व्यक्ति पुनरीक्षक कहलाता है। मूल और अनुवाद की तुलना तथा अनुवाद की उपयुक्तता-अनुपयुक्तता की जाँच और परख भी हो जाती है, इसलिए इसे कुछ हद तक अनुवाद की समीक्षा भी कहा जाता है। उसके लिए समीक्षा की बजाय 'पुनर्रक्षण' शब्द अधिक उपयुक्त लगता क्योंकि पुनरीक्षण में किसी पाठ अथवा कृति की समीक्षा करते समय उसकी गुणवत्ता को तो देखा जाता है, लेकिन उसमें पुनरीक्षक अपनी राय या टिप्पणी नहीं देता जबकि समीक्षा में समीक्षक उसकी सीमाओं और संभावनाओं पर अपनी राय देता है। पुनरीक्षक वस्तुतः अनूदित पाठ में मात्र सुधार अथवा संशोधन या संपादन करता है और उसे बेहतर बनाने का प्रयास करता है। इस प्रकार पुनरीक्षण की प्रक्रिया में न तो अनुवाद की गुणवत्ता का मूल्यांकन होता है और न ही उसके गुण-दोषों का विवेचन होता है।

सर्जनात्मक साहित्य के अनुवाद में प्रायः पुनरीक्षण नहीं होता क्योंकि साहित्यिक अनुवाद में प्रायः स्वप्रेरणा और सर्जना की अपेक्षा रहती है। इसमें अनुवादक भाव-विधान तथा शिल्प-विधान संबंधी छूट लेने का अधिकारी होता है। अतः ऐसे अनुवादों के पुनरीक्षण की अपेक्षा उनकी समीक्षा या मूल्यांकन की आवश्यकता होती है। हाँ, संस्थागत स्तर पर जब साहित्यिक अनुवाद कराया जाता है अर्थात् भारत में साहित्य अकादमी, नेशनल बुक ट्रस्ट या ऐसी ही अन्य संस्थाएँ जब किसी कृति का अनुवाद कराती हैं तो वे उस अनूदित कृति की जाँच उस क्षेत्र-विशेष के किसी विद्वान द्वारा कराती हैं, किंतु यह जाँच मूल्यांकनपरक ही होती है।

पुनरीक्षण की प्रक्रिया

पुनरीक्षण की प्रक्रिया में निम्नलिखित सोपान होते हैं :

(1) **मूल पाठ और अनुवाद का पठन :** पुनरीक्षक अनूदित पाठ और मूलपाठ को पंक्ति-दर-पंक्ति एक साथ पढ़ता है। इसमें ऐसा नहीं होता है कि एक बार मूलपाठ को पूरा पढ़ लिया जाए और तत्पश्चात् अनुवाद को पूरा पढ़ा जाए। ऐसा करने से यह पता चल जाता है कि मूल कृति या पाठ में निहित समस्त भाव अनूदित पाठ में आ पाया है अथवा नहीं। इसके अतिरिक्त यह पता चल जाता है कि मूल पाठ का कोई अंश अनुवाद किए बिना ही छूट तो नहीं गया। यदि छूटा है तो क्यों छूटा है? मूल अंश किसी भूल या चूक के कारण छूटा है अथवा जानबूझ कर। यदि जानबूझकर छूटा है तो छोड़ने के कारण का भी पता चल जाता है। यह भी पता लगाया जाता है कि यह अंश छोड़ने लायक है या नहीं। यदि भूलवश छूटा है तो पुनरीक्षक उस अंश का अनुवाद या तो स्वयं करता या अनुवादक से कराता है। सूचनाप्रधान साहित्य में अक्सर कथ्य का कोई अंश छोड़ा नहीं जाता क्योंकि वहाँ भावानुवाद नहीं होता। लेकिन यदि किसी अंश को अनुवाद में प्रस्तुत किए बगैर भी बात पूरी हो गई हो या कोई अंश लक्ष्य भाषा के मुहावरे के प्रतिकूल हो तो उसे रखना अनिवार्य नहीं होता।

(2) **अनुवाद और मूलपाठ का मिलान :** मूलपाठ और अनुवाद को पंक्ति-दर-पंक्ति पढ़ते हुए दोनों की तुलना की जाती है। यह तुलना कथ्य और भाषा शैली दोनों स्तरों पर होती है। तुलना की इस प्रक्रिया में पुनरीक्षक जाँच करता है कि अनुवाद में कोई भूल या चूक तो नहीं हो गई। उसमें वही कहा गया है जो स्रोत भाषा पाठ में निहित है। कहीं दोनों पाठों का आशय अथवा निहितार्थ अलग-अलग तो नहीं जा पड़ा है। दोनों के कथन के ढंग में ऐसा कोई अंतर तो नहीं है कि दोनों की भिन्न-भिन्न ध्वनि निकलती हो। इस प्रक्रिया में पुनरीक्षक अनुवाद की अशुद्धियों का पता लगाता है।

(3) **कथ्यगत अशुद्धियों का सुधार :** मूलपाठ और अनुवाद की तुलना करने पर पुनरीक्षक को अनुवाद में जो भी कथ्यगत भूलें अथवा अशुद्धियाँ मिलती हैं, वह उनका सुधार करता है। यह देखता है कि अनुवाद का वही अर्थ निकल रहा है जो

मूलपाठ से निकलता है। जहाँ कहीं भी दोनों के अर्थ में भेद मिलता है वहीं यह अनूदित पाठ में सुधार करके उसे मूल पाठ के निकट लाने का प्रयास करता है। उदाहरण के लिए;

मूल पाठ : I have no reservation about this point.

अनूदित पाठ : मेरे पास इस मुद्दे पर कोई आरक्षण नहीं है।

अथवा

इस मुद्दे पर मेरा कोई आरक्षण नहीं है,

ऐसी स्थिति में पुनरीक्षक मूल वक्ता के कथन का निहितार्थ प्रस्तुत करके अनूदित कृति को सुधारता है। उपर्युक्त अनुवाद में अपेक्षित आशय बिलकुल भी नहीं आ पाया अतः इसका सही अनुवाद होगा :

पुनरीक्षित पाठ : इस मुद्दे पर मेरा कोई मतभेद नहीं है।

अथवा

इस विषय पर मेरी सहमति नहीं है।

साहित्य अकादमी द्वारा प्रकाशित स्वीडिश उपन्यास The Dwarf के अनुवाद 'बौना' में The Prince और The Princess शब्द आए हैं। अनुवादक ने इनका अनुवाद 'राजकुमार' और 'राजकुमारी' किया है किंतु इटली में ये अंग्रेजी शब्द राजकुमार और राजकुमारी के लिए प्रयुक्त नहीं होते। ये शब्द 'राजा' और 'रानी' के लिए प्रयुक्त होते हैं। अतः स्रोत भाषा के सामाजिक संदर्भ की जानकारी होने पर इसका पुनरीक्षण किया जा सकता है। इसी उपन्यास में The Prince had me clapped in iron for several days वाक्य का अनुवाद राजकुमार ने कई बार अपने लौह कक्ष में बैठकर मेरी इस भूमिका पर ताली बजाई किया गया है, जो अशुद्ध है। इसका पुनरीक्षण करते हुए यह ध्यान रखना होगा कि यहाँ clapped का अर्थ 'ताली बजाना' नहीं, वरन् 'बांधना' है। अतः पुनरीक्षित अनुवाद होगा : 'राजा ने मुझे कई दिनों तक लोहे की ज़ंजीरो से बाँध कर रखा था।'

(4) विषयपरक अशुद्धियों का सुधार : कथ्यगत और अर्थगत अशुद्धियों के सुधार के पश्चात पुनरीक्षक अनुवाद की विषय अथवा कार्यक्षेत्र संबंधी भूलों का पता लगाता है। यह देखता है कि अनुवाद की भाषा विषय के अनुरूप है या नहीं। प्रयुक्ति और प्रयोक्ता के अनुकूल शब्दावली और भाषायी संरचना का प्रयोग लक्ष्य भाषा में किया गया है कि नहीं। वास्तव में विभिन्न विषयों की अपनी-अपनी शब्दावली होती है; जैसे—विज्ञान, विधि और साहित्य के क्षेत्र की शब्दावली में पर्याप्त अंतर होता है, इसलिए अनुवादक को विषयानुकूल शब्दावली और भाषायी संरचना का ध्यान रखना पड़ता है। उदाहरण के लिए; Plant का अर्थ 'पौधा' और 'संयंत्र' (कारखाना) दोनों है। उद्योग संबंधी अनुवाद में उसे देखना है कि आशय किस 'प्लांट' से है अर्थात् किसी औद्योगिक इकाई से है अथवा उन पौधों से जिनसे उद्योग के लिए कच्चा माल मिलता है। उदाहरण के लिए; निम्नलिखित दो वाक्यों में वाक्य

(क) में रेखांकित Plant शब्द का आशय 'संयंत्र' है और वाक्य (ख) में Plant का अर्थ 'पौधा' है–

(क) Steel **plant** has been installed in Bhilai . (संयंत्र)

(ख) Eucalyptus **plants** have been provided to the villagers. (पौधा)

इस प्रकार अनुवाद की विषय संबंधी भूलों का पता लगाकर पुनरीक्षक सटीक और समुचित शब्दावली का प्रयोग करता है तथा वाक्य-विन्यास में विषयानुकूल अपेक्षित संशोधन और सुधार करता है। साथ ही देखता है कि भाषा विषयवस्तु और कथ्य के स्वभाव के अनुकूल है भी या नहीं। कहने का तात्पर्य यह है कि गंभीर, सरल आदि विषयों के अनुकूल भाषा का प्रयोग हुआ है या नहीं, यह देखना पुनरीक्षक का दायित्व है।

(5) **भाषा-शैलीगत संबंधी सुधार :** पुनरीक्षक को यह भी देखना होता है कि अनूदित पाठ में कहीं अटपटी भाषा तो प्रयुक्त नहीं हुई है और उच्चारण में कोई अशुद्धि तो नहीं हुई है। वाक्य-विन्यास सहज और सरल है कि नहीं। अनुवाद की भाषा लक्ष्यभाषा की प्रकृत्ति और मुहावरे के अनुकूल है कि नहीं। The Dwarf उपन्यास में प्रस्तावना लेखक Quentin Crew के नाम का लिप्यंतरण 'क्वेन्टिन क्रुव' किया गया है, लेकिन इसका उच्चचारण है 'क्वैन्टिन क्रू'। इसी प्रकार Teodora का शुद्ध उच्चारण तेओदोरा है, 'तेवदोरा' नहीं। अतः अनुवादक को स्रोत भाषा की उच्चारण व्यवस्था का ज्ञान होने पर अनुवाद के पुनरीक्षण में अनुवादक की उच्चारण संबंधी अशुद्धियों का निराकरण कर सकता है। एक अन्य उदाहरण है जो भारत सरकार के एक मंत्रालय द्वारा जारी विज्ञापन से लिया गया है। यह मूल भाषा में नहीं लिखा गया बल्कि अनुवाद है और अनुवाद भी हू-ब-हू शब्दानुवाद; जैसे–

(1) एक प्रदूषित आकाश आपके जीवन को कम बना देता है

(2) मोटर वाहनों के प्रदूषण पर नियंत्रण कीजिए

ये दोनों उपर्युक्त वाक्य अंग्रेजी वाक्य के अनुवाद हैं–

(1) A polluted sky reduces your life.

(2) Please Control motor vehicle pollution.

हिन्दी में यह आवश्यक नहीं है कि 'a' के स्थान पर हर बार 'एक' अवश्य लिखा जाए। आसमान तो दो चार होते नहीं, इसलिए 'एक' लिखना बेमानी है। इसी प्रकार आपके जीवन को कम बना देता है, हिन्दी की प्रकृति के अनुकूल नहीं। इसके स्थान पर होना चाहिए–'प्रदूषित आकाश आपकी उम्र घटाता है' अथवा 'प्रदूषित आकाश से आपकी आयु क्षीण होती है'। इसी प्रकार 'मोटर वाहनों का प्रदूषण' नहीं 'मोटर वाहनों से होने वाला प्रदूषण' उचित अभिव्यक्ति होगी।

हर विषय और स्थिति के अनुरूप लेखन की विशिष्ट शैली होती है जिससे भाषा में प्रांजलता और सौष्ठव आता है। अनुवाद में विषयानुकूल शैली का प्रयोग हुआ है

अथवा नहीं, इसकी जाँच पुनरीक्षक करता है और जहाँ कहीं आवश्यकता होती है, वहाँ सुधार करता है। निम्नलिखित अनुवाद देखिए :

मूल पाठ 1 : The Municipal Committee will supply eggs to the schools.

अनूदित पाठ : नगरपालिका विद्यालयों को अंडे देगी।

मूल पाठ 2 : Jai Prakash Narayan has gone again into a state of unconsciousness.

अनूदित पाठ : जय प्रकाश नारायण फिर बेहोशी की हालत में चले गए।

मूल पाठ 3 : It was good-bye to Rajiv and hello to V.P. Singh.

अनूदित पाठ : यह राजीव को नमस्कार कहना और वी.पी. सिंह को हैलो कहना था।

मूल वाक्य (1) के अनुवाद से ऐसा लगता है कि नगरपालिका एक मुर्गी है जो विद्यालयों को अंडे देगी। मूलवाक्य (2) के अनुवाद से यह प्रतीत होता है कि जय प्रकाश नारायण अपनी इच्छा से बेहोश हो गए हैं। मूल वाक्य (3) में good-bye तथा hello दो मुख्य शब्द हैं। किसी व्यक्ति को good-bye 'अलविदा' कहने में यह बात अंतर्निहित है कि व्यक्ति आपके पास से तब तक के लिए विदा ले रहा है, जब तक कि दोनों एक-दूसरे को दोबारा मिलना नहीं चाहते। Hello कहना इस बात की ओर संकेत करता है कि सौहार्द, सत्कार-भाव से अंदर आने का निमंत्रण देना। इसलिए पुनरीक्षण के बाद तीनों वाक्य का सही अनुवाद इस प्रकार अपेक्षित है।

पुनरीक्षित अनुवाद :

1. नगरपालिका विद्यालयों में अंडों की आपूर्ति करेगी।
2. जय प्रकाश नारायण फिर से बेहोश हो गए।
3. यह राजीव को अलविदा कहना और वी.पी. सिंह को गले लगाना था।

लेकिन पुनरीक्षित वाक्य (3) का अनुवाद भी संदर्भ और प्रसंग को प्रस्तुत नहीं करता। इसमें एक ऐतिहासिक संदर्भ निहित है। सन् 1989 में चुनाव में वी.पी. सिंह प्रधानमंत्री बने थे, इससे पहले राजीव गांधी प्रधानमंत्री थे। प्रस्तुत मूल पाठ वाक्य सत्ता परिवर्तन की इस घटना को सूत्र रूप में प्रस्तुत करता है, इसके अनुवाद में भी इसी ध्वनि की अपेक्षा की जाती है। इस दृष्टि से संदर्भानुसार निम्नलिखित अनुवाद भी हो सकता है—"चुनाव के माध्यम से जनता ने प्रधानमंत्री के रूप में राजीव गांधी को विदा देते हुए वी.पी. सिंह का स्वागत किया।"

मूल पाठ 4 : The dacoits succeeded in escaping.

अनूदित पाठ : डाकू भागने में सफल हो गए।

मूल पाठ 5 : The work is in progress.

अनूदित पाठ : कार्य प्रगति पर है।

वाक्य (4) और (5) शब्दानुवाद के उदाहरण हैं। वाक्य (4) के अनुवाद में डाकू के भागने की बात प्रशंसा वाले भाव से कही गई प्रतीत होती है जबकि अर्थ को दृष्टि से यह अनुवाद इस प्रकार होना चाहिए, 'डाकू बचकर भाग गए' अथवा डाकू निकल भागे। इसी प्रकार वाक्य (5) के अनुवाद में 'यहाँ काम चल रहा है' 'अथवा कार्य हो रहा है' लिखना अधिक उपयुक्त होगा, क्योंकि यह हिन्दी की वाक्य-संरचना के अनुकूल है।

कई बार पुनरीक्षक को यह भी देखना होता है कि कहीं गंभीर अथवा पांडित्यपूर्ण विषय को बहुत अधिक सरलीकृत शैली में तो नहीं कहा गया अथवा अत्यंत सरल विषय को जटिल शैली में तो प्रस्तुत नहीं किया गया। मूलकथ्य के मनोभावों तथा स्थितियों के अनुकूल शैली अपनाई गई है अथवा नहीं।

पुनरीक्षक यह भी देखता है कि अनूदित सामग्री का पाठक कौन है? अतः उस पाठक की अपेक्षाओं के अनुरूप वह अनुवाद में सुधार और संशोधन करता है। विशेषज्ञ पाठक, सामान्य पाठक या बाल पाठक के अनुरूप अनूदित पाठ में संशोधन करना उचित है। यदि कोई अनूदित सामग्री विदेशी लोगों द्वारा पढ़ी जानी है तो पुनरीक्षक को देखना होगा कि अनुवाद कुछ ऐसा तो नहीं है जो विदेशियों को भिन्न संस्कार अथवा परिवेश के कारण समझ में न आ सके।

(6) अनूदित पाठ की लक्ष्यभाषा संस्कृति की दृष्टि से जाँच : प्रत्येक भाषा का संबंध हर समाज और संस्कृति से होता है। वह जिस समाज और संस्कृति को अभिव्यक्त करती है, उसी समाज और संस्कृति की सूक्ष्मताओं को भी अपने भीतर वहन करती है। स्रोत भाषा और लक्ष्य भाषा दो भिन्न-भिन्न भाषाभाषी समाजों का प्रतिनिधित्व करती हैं और कभी-कभी यह भिन्नता बहुत अधिक होती है, कभी-कभी बहुत कम। विभिन्न भारतीय भाषाओं में सांस्कृतिक एकता अधिक मिलती है जबकि विदेशी भाषाओं में अधिक सांस्कृतिक समानता नहीं होती। वास्तव में अनुवाद प्रक्रिया में किया जाने वाला भाषांतर एक हद तक सांस्कृतिक अंतरण भी होता है। इसमें कथ्य को स्रोतभाषा की संस्कृति से लक्ष्य भाषा की संस्कृति में अंतरित किया जाता है जिससे कई बार समस्या पैदा होती है।

पुनरीक्षण करते समय पुनरीक्षक को यह तो देखना ही पड़ता है कि अनुवाद में वही कथ्य है जो स्रोत भाषा में मौजूद है, लेकिन इसके साथ ही यह भी देखना पड़ता है कि लक्ष्य भाषा की संस्कृति में वह बात ग्राह्य है अथवा नहीं। कुछ बातें कुछ समाजों में स्वीकार्य होती है लेकिन दूसरे समाजों में नहीं। उदाहरण के लिए; अंग्रेजी का वाक्य है–He is as humble as sheep. हिन्दी में इसका अनुवाद 'वह भेड़ की तरह विनम्र (भला) है।' कर दिया जाए तो यह सर्वथा अनुपयुक्त होगा। पुनरीक्षक को विनम्रता और सज्जनता की ऐसी उपमा देनी होगी जो हिन्दी भाषा की संस्कृति में मान्य हो। अतः हिन्दी में अनुवाद होगा 'वह तो बिल्कुल गऊ है।'

(7) प्रारूप संपादन : विभिन्न प्रकार के सुधार और संशोधन के पश्चात् पुनरीक्षक अनूदित पाठ का मूल पाठ के फार्मेट (प्रारूप) के अनुरूप संपादन करता है। प्रत्येक पाठ्य

सामग्री का एक बाहरी ढाँचा होता है जिसमें पाठ के विभिन्न अध्यायों अथवा अनुच्छेदों के विभाजन, पैराग्राफ विभाजन, अंकन, विभिन्न खंडों के लिए अलग-अलग वर्णाक्षरों का प्रयोग, चित्र-आलेख आदि के निर्धारित स्थान आदि की जाँच करता है और उनमें अपेक्षित सुधार करता है। ऐसा करते समय वह स्रोत भाषा के मूल पाठ का अनुपालन करते हुए भी आवश्यकतानुसार लक्ष्यभाषा की प्रवृत्ति का अनुसरण करता है। उदाहरण के लिए; विभिन्न खंडों के लिए अंग्रेजी के अक्षरादि के क्रमानुसार संख्याओं a, b, c, d, e, f, g, h, i, j आदि के लिए यदि हिन्दी में अ, ब, स, द संख्याएँ प्रयुक्त की जाएँ तो वे उपयुक्त नहीं रहतीं और न ही अ, आ, इ, ई स्वरों का वर्णानुक्रम इस उद्देश्य के लिए स्वीकार्य है। हिन्दी वर्णों की गिनती के लिए प्रयोग करना क, ख, ग, घ के क्रम में चलता है। यदि इसी क्रम के अंतर्गत उपखंडों में विभाजन करना हो तो अ,आ,इ,ई आदि का प्रयोग हो सकता है। चूँकि हिन्दी में यह मान्य पद्धति है अतः अनुवाद में इसी को अपनाना अपेक्षित है। पुनरीक्षक को यह देखना होता है कि जहाँ मूल में संख्यांक 1, 2, 3, 4 है वहाँ अनूदित पाठ में वही संख्यांक ही रहे। जहाँ रोमन अंक है, वहाँ उन्हीं को रखा जाए, यानी i, ii, iii, iv को इसी ढंग से लिखा जाए। जहाँ वर्णों द्वारा अंकन है वहाँ क, ख, ग, वर्ण प्रयुक्त हों।

पुनरीक्षक की प्रक्रिया में क्या-क्या कार्य किए जाते हैं, इसके बाद यह प्रश्न उठना स्वाभाविक है कि पुनरीक्षण का कार्य किसका है? उसे कौन करता है? पुनरीक्षण की प्रक्रिया का अध्ययन करते समय यह भी प्रश्न उठ सकता है कि क्या यह अनुवाद का अगला चरण है। अनुवाद हो जाने के बाद उसमें सुधार-संशोधन का कार्य होता है। इस दृष्टि से पुनरीक्षण वही कर सकता है जो अनुवाद कर सकता है यानी अनुवादक ही पुनरीक्षण कर सकता है तो क्या अनुवादक स्वयं अपने अनुवाद का पुनरीक्षण करता है? अनुवादक अपने अनुवाद का मूल पाठ से मिलान और सुधार तो कर सकता है, जाँच भी कर सकता है किंतु वह सही पुनरीक्षण नहीं कर पाएगा, क्योंकि वह अपनी अशुद्धियों को कई बार परख नहीं पाता। इसलिए यह अपेक्षा की जाती है कि अनुवादक स्वयं पुनरीक्षक न हो बल्कि अन्य व्यक्ति ही पुनरीक्षण करे।

अब प्रश्न उठता है कि यह अन्य व्यक्ति कौन है? वैयक्तिक स्तर पर किए गए अनुवाद को भी अनुवादक विषय और भाषा के जानकार व्यक्ति को पढ़ने के लिए देता है और उसके सुझावों पर विचार करता है। यह व्यक्ति अनुवाद के क्षेत्र का अनुवादक से अधिक अनुभवी और वरिष्ठ होता है। कहा जा सकता है कि पुनरीक्षक बेहतर और उच्चतर श्रेणी का अनुवादक होता है, जिसमें स्रोतभाषा और लक्ष्यभाषा की गहन जानकारी के अलावा गंभीर विवेक और आत्मविश्वास होता है। वह बहुत बारीकी से मूलपाठ और अनूदित पाठ की तुलना कर लेता है। किसी प्रकार की भ्रांति का शिकार हुए बगैर वह उपयुक्त-अनुपयुक्त की पहचान करता है। उसमें शब्द के सही प्रयोग के विषय में निर्णय की क्षमता होती है और अनुवाद को लेकर वह किसी प्रकार की दुविधा

में नहीं रहता। अपनी इन क्षमताओं और योग्यताओं से वह अनुवाद को संवारता और अधिक सुघड़ बनाता है।

संस्थागत स्तर पर कराए गए अनुवाद के लिए औपचारिक रूप से पुनरीक्षक की व्यवस्था होती है। अनुवादकों द्वारा अनुवाद किए जाने के बाद वह अनूदित पाठ पुनरीक्षक को सौंपा जाता है, जो पुनरीक्षण करके अनुवाद को अंतिम रूप देता है। विभिन्न सरकारी कार्यालयों तथा स्वायत्त संस्थाओं में पुनरीक्षण के लिए बाकायदा एक प्रणाली है जिसमें पुनरीक्षण के लिए अधिकारियों की नियुक्ति होती है। इस पद पर कार्य करने वाला अधिकारी अथवा हिन्दी अधिकारी या सहायक निदेशक होता है। अनुवाद से संबंधित अन्य संस्थाएँ जो अनुवाद कराती हैं, वे उसका पुनरीक्षण कार्य वरिष्ठ विद्वानों अथवा अनुवाद के क्षेत्र के वरिष्ठ और जाने-माने लोगों से कराती हैं।

अनुवाद की जाँच, सुधार और संपादन के अतिरिक्त पुनरीक्षक एक अन्य महत्त्वपूर्ण दायित्व वहन करता है और वह है अनुवादक प्रशिक्षक का। इसके लिए पुनरीक्षक कोई कक्षा अथवा कार्यशाला नहीं चलाता वरन् अनूदित पाठ के पुनरीक्षण के दौरान वह जो सुधार और परिवर्तन करता है, उन्हें वह अनुवादक को दिखाता है और समझाता है। अनुवादक अपने अनुवाद और उसमें किए गए संशोधन की तुलना करता है। ये संशोधन एक तरह से अध्यापकीय टिप्पणियों (Teaching remarks) का कार्य करते हैं। अनुवादक दोनों की तुलना करने पर समझ जाता है कि उसने कहाँ समझने या प्रस्तुत करने में चूक की है अथवा कहाँ बात को और बेहतर ढंग से या प्रभावशाली ढंग से कहा जा सकता है। जिन संस्थाओं में पुनरीक्षक औपचारिक ढंग से नियुक्त होता है, वहाँ अनुवाद उसकी ही देखरेख में होता है। अनुवादक को जहाँ कहीं भी समझने, उपयुक्त पर्याय तलाश करने में कठिनाई होती है, वहीं वह पुनरीक्षक से संपर्क स्थापित करता है। पुनरीक्षक उसकी समस्या का समाधान करता है। अपने अनुभव और बेहतर जानकारी के आधार पर वह अनुवादक का मार्गदर्शन करता है। संदेह की स्थितियों में वह सही समाधान देकर न केवल अनुवादक का संदेह निवारण करता है बल्कि उसे सही-गलत की पहचान करा उसमें आत्मविश्वास पैदा करने की कोशिश करता है। अच्छे पुनरीक्षक के मार्गदर्शन में अनुवादक अपनी ग्रहणशीलता और अभिव्यक्ति क्षमता को पर्याप्त ढंग से परिमार्जित कर पाता है। वह पुनरीक्षित सामग्री का पुनर्गठन या पुनर्रचना करके अपनी भूलों को समझता है और भविष्य में उन भूलों से बचता है। इतना ही नहीं, जब कभी अनुवादक महसूस करता है कि वह पुनरीक्षित संशोधन से सहमत नहीं है तो वह पुनरीक्षक से उस विषय पर विचार-विमर्श करके अपनी शंका का समाधान कर सकता है। इस प्रकार अनुवाद सीखने की प्रक्रिया में पुनरीक्षक अनुवादकों के लिए प्रशिक्षक का कार्य भी करता है।

अनुवाद एक व्यावहारिक और प्रायोगिक प्रक्रिया है, इसलिए इसमें त्रुटियों का होना स्वाभाविक है। इन्हें अनुवाद दोष भी कहा जा सकता है। मूल पाठ और अनूदित पाठ के बीच जो संबंध निहित रहता है, वह संदेश (अर्थ) पर आधारित होता है। इस

संदेश में गड़बड़ी होने पर अनूदित पाठ में निष्पादित संदेश में दोष आने की संभावना रहती है। संदेश भाषा और विषय-वस्तु में से किसी एक में दोष आ जाने से अन्विति बिगड़ जाती है और संदेश संप्रेषणीय नहीं हो पाता है। इसकी जाँच-पड़ताल के लिए पुनरीक्षण की आवश्यकता रहती है। अनूदित पाठ में विभिन्न भाषायी स्तरों पर कई दोष मिल जाते हैं। ध्वनि, वर्तनी, रूप, पदबंध, उपवाक्य, वाक्य, प्रोक्ति आदि संरचनागत इकाइयों के अतिरिक्त शैलीगत दोष भी पाए जाते हैं। भाषा की प्रकृति के अनुसार कई बार वाक्यों में परस्पर संयोजन नहीं होता जिससे पाठ दुर्बोध या अटपटा हो जाता है। उदाहरण के लिए, The explanation furnished by Shri Sudhir Kumar has not been found satisfactory. का अनुवाद 'श्री सुधीर कुमार द्वारा प्रस्तुत किया गया स्पष्टीकरण संतोषजनक नहीं पाया गया' हिन्दी की प्रकृति के अनुकूल नहीं है। पुनरीक्षक इसमें सुधारकर लिख देता है कि 'श्री सुधीर कुमार ने जो स्पष्टीकरण प्रस्तुत किया है वह संतोषजनक नहीं पाया गया' तो यह वाक्य हिन्दी की प्रकृति के अनुकूल अधिक स्वाभाविक और सहज लगता है। इसी प्रकार No enclosure allowed का अनुवाद 'संलग्नकों की अनुमति नहीं है' किया जाए तो यह न तो संप्रेषणीय होगा और न ही बोधगम्य। पुनरीक्षक इसे संप्रेषणीय और बोधगम्य बनाने के लिए 'इस पत्र में कुछ न रखें' वाक्य से संशोधित कर देता है तो यह अधिक सरल और सहज लगता है। इस प्रकार अनेक भाषायी दोषों के निराकरण की संभावना पुनरीक्षण के दौरान होती हैं।

विषय वस्तु के स्तर पर विषय और पाठक दोनों का संदर्भ निहित रहता है। मूलपाठ का विषय प्रशासनिक, विधिक, वाणिज्यिक, वैज्ञानिक, सामाजिक विज्ञान अथवा विज्ञापन संबंधी हो सकता है। अनुवाद करते समय उसमें कई बार शब्दावली संबंधी और संरचनागत दोष आ जाते हैं जो विषय के अनुकूल नहीं होते। उदाहरण के लिए; 'Company Director' के लिए 'कंपनी निदेशक' या 'कंपनी संचालक' या 'समवाय निदेशक' में से किसी एक पर्याय का निर्धारण करना है। अनुवादक द्वारा दिए गए पर्याय को पुनरीक्षक संदर्भ के अनुसार तौलकर देखता है कि वह पर्याय उपयुक्त है अथवा नहीं। उपयुक्त प्रतीत न होने पर वह सही पर्याय निर्धारण करता है। मान लीजिए अनुवादक venom और poison के लिए एक ही शब्द 'विष' का प्रयोग करता है किंतु दोनों की अलग-अलग संकल्पनाएँ होने के कारण पुनरीक्षक उन दोनों में अंतर करेगा। वह Poison के लिए 'विष' और venom के लिए 'गरल' या 'जीविष' पर्याय देगा। सही तो यही है कि मानक, सर्वस्वीकृत और निर्धारित पर्यायों का प्रयोग किया जाए।

विषय वस्तु की प्रकृति के अनुसार भाषा संरचना विशिष्ट होती है। साहित्यिक रचना के अनूदित पाठ की भाषा को परखते समय विवेक से काम लिया जाता है कि उसमें कितनी संप्रेषणीयता, सर्जनात्मकता और प्रभावोत्पादकता है और आवश्यकता पड़ने पर उसमें कितना सुधार किया जा सकता है? लेकिन साहित्येतर अनुवाद को

यथातथ्य सहज, सुबोध और प्रवाहशील बनाने के लिए पुनरीक्षक पर्यवेक्षक की भूमिका अदा करता है।

अनुवाद करते समय अनुवादक कई बार यह भूल जाता है कि मूल कृति का अनुवाद किसके लिए किया जा रहा है। पुनरीक्षण के समय पुनरीक्षक इस बात की ओर ध्यान रखकर संशोधन करता है। उदाहरण के लिए; No admission के लिए तीन वैकल्पिक अनुवाद मिलते है—(1) प्रवेश निषेध (2) अंदर आना मना है (3) अंदर न आइए। अब यहाँ पुनरीक्षक यह देखेगा कि यह अनुवाद किस वर्ग के लिए किया गया है। उसी के अनुरूप अनूदित पाठ का निर्धारण करेगा और आवश्यकतानुसार संशोधन करेगा। इसलिए अनुवाद को एक लचीली अवधारणा माना जाता है, क्योंकि इसमें संदर्भगत कारण काम करते हैं और वही उसे सफल अनुवाद की श्रेणी में ले जाते हैं। इसी बिंदु पर पुनरीक्षण की महत्त्वपूर्ण भूमिका होती है।

कई बार किसी मूल पाठ का अनुवाद कई अनुवादकों से कराया जाता है। प्रत्येक अनुवादक की अपनी शैली होती है। किसी की शैली तत्सम-प्रधान होती है तो किसी की शैली सामान्य बोलचाल की। कोई अनुवादक संयुक्त और मिश्र वाक्यों का अधिक प्रयोग करता है तो कोई सरल वाक्यों का। इस शैलीगत भिन्नता से अनूदित पाठ सहज और सुबोध नहीं हो पाता। पुनरीक्षण के दौरान उस पाठ में शैलीगत एकरूपता लाने का प्रयास रहता है। इसके अतिरिक्त प्रत्येक अनुवादक के पास स्रोतभाषा के शब्द के कई वैकल्पिक पर्याय होते हैं और उन्हें अपने विवेक और रुचि के अनुसार प्रयुक्त करता है। इससे अनूदित कृति की बोधगम्यता और संप्रेषणीयता को आघात पहुँचता है। अतः पुनरीक्षक की भूमिका यहाँ महत्त्वपूर्ण है कि वह इन वैकल्पिक पर्यायों में एकरूपता लाए ताकि अनूदित पाठ में, विशेषकर तकनीकी साहित्य में बोधगम्यता और संप्रेषणीयता में कोई आघात न पहुँचे। यहाँ पुनरीक्षण का महत्त्व अनूदित पाठ में समन्वय और समरूपता लाने में है।

यह बात ध्यान देने योग्य है कि पुनरीक्षण अनुवाद से अलग विधा नहीं है। यह अनुवाद प्रक्रिया का अंतिम सोपान माना जा सकता है जो लक्ष्यभाषा की प्रकृति के अनुसार अनूदित पाठ को मूल पाठ का सहपाठ बनाने में महत्त्वपूर्ण भूमिका निभाता है। इसमें शब्दावली, संरचना और शैली की एकरूपता तो रहती ही है, साथ में प्रामाणिकता, संप्रेषणीयता, स्वाभाविकता और प्रभावोत्पादकता भी आ जाती है। इस प्रकार पुनरीक्षण में मूल निष्ठता को ध्यान में रखकर अनुवाद को सफल बनाने का प्रयास रहता है।

संक्षेप में कहा जा सकता है कि पुनरीक्षण द्वारा अनुवाद की जाँच, सुधार और साज-संवार की जाती है। इससे अनुवाद की अशुद्धियाँ तो सुधरती ही हैं, उसका अनगढ़पन भी दूर होता है और उसमें परिष्कृति और सौष्ठव रूप आ जाता है। वैसे तो अच्छा अनुवादक स्वयं ही अपने अनुवाद को मूल से मिलाकर एक बार दोहराता है और भूल सुधार तथा भाषा शोधन करता है, लेकिन किसी अन्य कुशल एवं सिद्धहस्त

अनुवादक द्वारा पुनरीक्षण करने से अनुवाद में वस्तुनिष्ठता और प्रामाणिकता आने की संभावना अधिक रहती है। अनुवादक का अपने अनुवाद के प्रति स्वयं एक तरह का सर्जनात्मक अनुराग हो जाता है, जो स्वाभाविक ही है। ऐसे में कई बार वह अपने अनुवाद के दोषों को देख नहीं पाता लेकिन अन्य कोई भी कुशल पुनरीक्षक मूल और अनुवाद को पढ़ते समय तटस्थ दृष्टि अपनाने के कारण मूल और अनुवाद की तुलना काफी बारीकी से कर लेता है और गलतियों को सहजता से पकड़ लेता है।

पुनरीक्षण का महत्त्व आज न केवल मनुष्य द्वारा किए गए अनुवाद में ही है बल्कि कंप्यूटर द्वारा किए गए अनुवाद में तो यह एक तरह से अनिवार्य ही है। मशीनी अनुवाद में यह आवश्यक नहीं कि सही अनुवाद हो जाए। कई बार मशीनी अनुवाद में मूल पाठ के कई वैकल्पिक अनुवाद भी आ जाते हैं, अतः इनमें सुधार लाने तथा उन्हें जाँचने, संवारने और सही विकल्प का चयन करने में जो पूर्व संपादन, पश्च संपादन आदि होता है, वह पुनरीक्षण का कार्य ही तो होता है। अतः मशीनी अनुवाद में पुनरीक्षण के बिना अनुवाद की कोई उपयोगिता ही नहीं रहेगी। इस प्रकार यह स्पष्ट है कि अनुवाद कार्य में पुनरीक्षण का अत्यंत महत्त्व रहता है, वह चाहे मानव अनुवाद हो या मशीनी अनुवाद।

अनुवाद मूल्यांकन : स्वरूप और प्रविधि

अनुवाद प्रक्रिया के तीनों सोपानों—विश्लेषण, अंतरण और पुनर्रचना के पश्चात् अनुवाद पुनरीक्षण और मूल्यांकन की प्रक्रिया प्रारंभ होती है। पुनरीक्षण में परीक्षण अथवा जाँच के साथ-साथ अनुवाद का परिष्कार, संशोधन और संपादन भी होता है। मूल्यांकन में मुख्यतः जाँच अथवा पुनरीक्षण तो होता है किंतु उसमें अनुवाद के स्वरूप, उसकी गुणवत्ता, उसकी सफलता और असफलता का भी विवेचन किया जाता है। अनुवादक चाहे कितना ही सफल अनुवाद करे, उसकी सफलता को मूल्यांकन की कसौटी पर कसने से ही जाँचा जा सकता है और उसकी सीमाएँ भी बताई जा सकती हैं। वास्तव में अनुवाद का मूल्यांकन अनुवाद कौशल का मूल्यांकन है। इसमें मूलपाठ के परिप्रेक्ष्य में अनूदित पाठ के गुण-दोषों का विवेचन होता है। यह विवेचन अनुवाद कार्य की निष्पत्ति से है जो अनुवाद संशोधन और स्तर के संवर्धन में सहायक होता है। इस प्रकार मूलपाठ के कथ्य की पुनर्रचना का परीक्षण अनुवाद मूल्यांकन है जिसमें भाषायी इकाइयों के संयोजन और सृजन में निहित गुण-दोषों की जानकारी मिलती है।

अनुवाद मूल्यांकन के लिए अंग्रेज़ी में दो शब्द प्रचलित हैं—(1) ट्रांसलेशन क्वालिटी असेसमेंट (Translation Quality Assessment) और (2) ट्रांसलेशन इवैल्युएशन (Translation Evaluation)। इन दोनों शब्दों का संबंध अनुवाद की गुणवत्ता के परीक्षण से है। 'क्वालिटी असेसमेंट' में अनुवादक की गुणवत्ता का निर्धारण होता है और 'इवैल्युएशन' में गुणवत्ता के निर्धारण के साथ-साथ यह भी देखा जाता है कि अनूदित पाठ मूल पाठ के स्तर का है अथवा नहीं। इसे मूलपाठ का सहपाठ माना जा सकता है अथवा नहीं। 'क्वालिटी असेसमेंट' मुख्यतः सूचनापरक पाठ का होता है। इसमें अधिकांशतः ज्ञान संबंधी और सूचना प्रधान साहित्य की जाँच की जाती है जिसमें निहित सूचना या कथ्य का संप्रेषण सही रूप में और तात्कालिक रूप से हो सके। 'इवैल्युएशन' सर्जनात्मक और ज्ञानपरक दोनों पाठों के संदर्भ में होता है। इस में विविध विषयों के पाठों के अनुवाद की जाँच होती है और उसकी गुणवत्ता का परीक्षण करते हुए अनुवाद के महत्त्व को भी परखा जाता है। साहित्यिक कृति के अनुवाद में यह देखा जाता है कि अनूदित कृति में मूलकृति का संदेश किस सीमा तक समा पाया है। अंग्रेज़ी के 'असेसमेंट' और 'एवैल्युएशन' के अर्थ में तो अंतर मिलता है किंतु हिन्दी मूल्यांकन में इन दोनों शब्दों के अर्थ समाहित हैं। वास्तव में मूल्यांकन एक व्यापक शब्द है जिसमें

मूलपाठ और अनूदित पाठ की तुलना करते हुए अनूदित पाठ का परीक्षण किया जाता है। साथ में यह भी देखा जाता है कि मूलपाठ से अलग रखे जाने पर या स्रोत भाषा से अनभिज्ञ लक्ष्य भाषाभाषी द्वारा पढ़े जाने पर अनूदित पाठ में वह संदेश या आशय पूर्ण रूप से मिलता है या नहीं, जो मूल पाठ में मिलता है। मूल्यांकन में यह भी देखा जा सकता है कि अनुवाद प्रक्रिया के अंतर्गत अनूदित कृति में क्या-क्या छूट गया है और क्या-क्या जुड़ गया है। इसमें भाषा और भाव के स्तर में कोई नई उद्भावना तो नहीं हुई है और यदि हुई है तो किस कारण हुई है? क्या यह नई उद्भावना मूल कृति और अनूदित कृति के बीच दोष-काल के अंतराल के कारण हुई है अथवा अनुवादक की अपनी मनोभूमिका के कारण हुई है।

प्रारंभ में मूल्यांकन किसी निश्चित नियम से मुक्त होकर प्रभाववादी (Impressionstic) होता था। इसमें मूलनिष्ठता पर ध्यान देते हुए मूल पाठ की आत्मा, उसकी शैली, उसकी गंध और उससे प्राप्त होने वाले रसास्वादन को ढूँढ़ने का प्रयास होता था और अनूदित पाठ में मूलपाठ के प्रभाव को देखने की चेष्टा होती थी। लेकिन इससे स्पष्ट और निश्चित नियम उभर कर नहीं आते थे और वे परस्पर विरोधी होते थे, क्योंकि अनुवादक और मूल लेखक के बीच तादात्म्य अथवा उनकी समान अभिरुचि की बात बीच में आती है। सफल अनुवाद के निर्धारण के संबंध में एक भाषाविद् डी.एल. गोल्ड ने जो आधार प्रस्तुत किए, वे परस्पर विरोधी लगते हैं। एक ओर गोल्ड कहते हैं कि अच्छे अनुवाद में मूलकृति के शब्दों की रक्षा होनी चाहिए तो दूसरी ओर वे कहते हैं कि अच्छे अनुवाद में मूल विचारों की रक्षा होनी चाहिए। कभी वे अच्छे अनुवाद में मूल पाठ की झलक पाना चाहते हैं तो कभी वे मूल पाठ के लेखक की शैली को अपनाने की बात करते हैं और कभी वे अनुवादक को अपनी शैली अपनाने की बात कहते हैं। इसके साथ ही, कभी वे अनुवाद को मूल के समान होना मानते है तो कभी वे अनुवाद को अपना रूप बनाए रखने के लिए कहते हैं। वास्तव में अच्छे अनुवाद के मूल्यांकन के आधार निश्चित न हो पाने के कारण ऐसे विचार पाए गए।

सन् 1960 के आसपास अनुवाद के क्षेत्र में भाषाविज्ञान का पदार्पण हो गया था। इस समय अनुवाद के मूल्यांकन और परीक्षण के संबंध में विद्वानों में काफी मतभेद रहा है। मूलनिष्ठ अनुवाद और लक्ष्यभाषानिष्ठ अनुवाद में से कौन-सा अच्छा अनुवाद है, इस बारे में कई पद्धतियों का विकास हुआ। कुछ विद्वानों ने पाठधर्मी और प्रभावधर्मी दो प्रकार के मूल्यांकन स्वीकार किए। **पाठधर्मी मूल्यांकन** में मूलपाठ को कसौटी बनाया जाता है और **प्रभावधर्मी मूल्यांकन** में अनूदित पाठ की प्रभावोत्पादकता आँकी जाती है। इसमें अनूदित पाठ लक्ष्यभाषा में वही प्रभाव उत्पन्न करती है जो स्रोतभाषा में मूलपाठ करता है। कुछ विद्वान प्रभाववादी और व्यवहारवादी मूल्यांकन को उचित मानते हैं। **प्रभाववादी मूल्यांकन** में समीक्षक या मूल्यांकक की प्रतिक्रिया एक 'विशेषज्ञ पाठक' के रूप में व्यक्त होती है। **व्यवहारवादी मूल्यांकन** में संभावित पाठकों के प्रतिक्रिया के

आधार पर अनुवाद की सफलता को मापा और जाँचा जाता है। भाषा के व्यवहारवादी दृष्टिकोण के आधार पर मूल्यांकन को अधिक मान्यता प्राप्त हुई और इस की अनेक पद्धतियों का विकास हुआ है, जिनमें मुख्य पद्धतियाँ इस प्रकार हैं :

(1) पुनरनुवाद आधारित मूल्यांकन : मूलपाठ के अनूदित पाठ का स्रोतभाषा में पुनः अनुवाद किया जाता है। इसमें अनुवादक और पुनरनुवादक अलग-अलग व्यक्ति होते हैं। पुनरनुवादित पाठ की तुलना मूलपाठ से की जाती है। इसमें त्रुटियों को पहचाना जाता है। इस पद्धति से अनुवाद की शुद्धता और यथातथ्यता के आधार पर जाँचकर अनुवाद की सफलता को मापा जा सकता है। यह पद्धति भाषापरक त्रुटियों के लिए उपयोगी तो हैं, किंतु सामाजिक-सांस्कृतिक अभिव्यक्तियों के परिप्रेक्ष्य में अधिक कारगर सिद्ध नहीं होती। मूलपाठ में जो सामाजिक-सांस्कृतिक अभिव्यक्ति है, यह आवश्यक नहीं, वह अनूदित पाठ में बोधगम्य और संप्रेषणीय बन सके। उदाहरण के लिए, अंग्रेज़ी वाक्य No Smoking का हिन्दी अनुवाद 'धूम्रपान निषेध' हुआ और इसी का अंग्रेज़ी में पुनरनुवाद Smoking is Prohibited हो जाता है। इसी प्रकार हिन्दी वाक्य 'अंदर आना मना है' का अंग्रेज़ी अनुवाद 'No admission' हुआ और इसी का हिन्दी में पुनरनुवाद 'प्रवेश वर्जित' होता है तो इससे हमारा उद्देश्य सफल नहीं हो पाता। दूसरी ओर, हिन्दी में 'चरणामृत' अथवा 'पंचामृत' जैसे सांस्कृतिक शब्द यूरोपीय समाज के लिए अपरिचित हैं, अतः इसका अनुवाद सटीक अर्थ नहीं दे पाएगा।

(2) अनुक्रिया आधारित मूल्यांकन : इसके अंतर्गत अनूदित पाठ का पाठकों से पाठन कराया जाता है और उनसे उसके बारे में अनुक्रिया प्राप्त की जाती है। इसी आधार पर अनुवाद को मापा जाता है। व्यवहारवादी संप्रदाय के विद्वान एल. फोर्स्टर के मतानुसार अनुवाद का मूल्यांकन करते हुए इस बात का ध्यान अवश्य रखा जाता है कि अनूदित पाठ वही भूमिका निभाए जो मूल पाठ निभाता है। उदाहरण के लिए, प्रेमचंद के उपन्यास समाज में नई चेतना जगाने के लिए सामाजिक जीवन के जिन अभावों के यथार्थ चित्रण से स्रोतभाषा के पाठ में भाव उत्पन्न करते हैं, वही भाव उनके अनुवाद लक्ष्यभाषा के पाठक में उत्पन्न करें। किंतु यह असंगत और असंभव-सा है। अनुवाद की अनुक्रिया प्रत्येक भाषा-भाषी की समसामयिक, सामाजिक, सांस्कृतिक और राजनैतिक परिस्थितियों पर निर्भर करती है। भाषायी दृष्टि से अनुवाद समतुल्यता के आधार पर सही चयन करने में सफल तो हो सकता है किंतु भूमिका-निर्वाह की पूर्ण समतुल्यता लाना संभव नहीं है। इस बात की पुष्टि करते हुए एक अन्य अनुवादशास्त्री एस.पी. ज़िलाही ने भी कहा कि उत्तम अनुवाद वही है जो पाठक के मन पर वैसा ही प्रभाव डाले, जैसा प्रभाव मूल स्रोत भाषा के पाठक पर पाठ से उत्पन्न होता है; जैसे—यदि किसी दुखांत पाठ में विरेचन की स्थिति मूल पाठ से होती है, वही स्थिति अनूदित पाठ से भी प्राप्त हो। कथानक में यदि कोई सार्वभौमिक तथ्य निहित हो तो कुछ सीमा तक विरेचन हो सकता है, लेकिन इस विरेचन (प्रतिक्रिया) का मापन कैसे

किया जाए। उदाहरण के लिए, ग्रीक नाटकों में विशिष्ट सामाजिक और सांस्कृतिक संदर्भों का जो रूप मिलता है, अनूदित कृति में यही प्रतिक्रिया कितनी उत्पन्न हो सकती हैं, इसे मापना कठिन है।

अनुक्रिया पर आधारित एक अन्य पद्धति यह भी है कि समूचे मूल पाठ के या उसके कुछ अंशों के वैकल्पिक अनुवाद तैयार कराए जाएँ और उन पर अलग-अलग पाठकों की अनुक्रिया प्राप्त की जाए कि कौन-सा अनुवाद सुनने में अधिक मधुर है, कौन-सा अधिक पठनीय है, कौन-सा अधिक बोधगम्य है आदि। इसकी अपनी सीमाएँ हैं। इसमें अनेक अनुवादकों की तुलना तो की जा सकती है लेकिन मूलकृति की तुलना में अनुवाद की यह जाँच नहीं हो सकती कि अनुवाद कितना शुद्ध हुआ है।

इसी पद्धति के आधार पर सुविख्यात अमरीकी भाषाविज्ञानी और अनुवादशास्त्री यूजीन ए. नाइडा ने अनुवाद मूल्यांकन के तीन आधार बताए हैं :

(क) **संप्रेषण प्रक्रिया में सहज प्रभाव :** पाठक या संग्राहक कम-से-कम श्रम में पाठ का अधिकतम अर्थ ग्रहण करता है तो वह अच्छा अनुवाद है।

(ख) **कथ्य का बोधन :** यदि मूल पाठ में निहित सामाजिक, सांस्कृतिक और सौंदर्यपरक कथ्यों का बोधन अनूदित पाठ में सहज रूप से होता है तो वह भी अच्छा अनुवाद माना जाएगा।

(ग) **अनुक्रिया की समतुल्यता :** पाठक मूल पाठ के प्रति जिस प्रकार की अपनी अनुक्रिया व्यक्त करता है बिलकुल उसी प्रकार की अनुक्रिया अनूदित पाठ के प्रति भी व्यक्त करता है, तो अनुवाद सफल माना जा सकता है।

अच्छे अनुवाद के संबंध में नाइडा ने जो उपर्युक्त आधार बताए हैं, वे परिमाण के स्तर पर प्रभावकारी सिद्ध नहीं होते, क्योंकि अनुक्रिया को मापना संभव नहीं है। अतः नाइडा ने एक अन्य अनुवादशास्त्री चार्ल्स टेबर के सहयोग से इन आधारों में थोड़ा-सा परिवर्तन कर अच्छे अनुवाद के लिए अन्य आधार सुझाए हैं, जो इस प्रकार हैं :

(क) **संदेश का सहज संप्रेषण :** अनूदित पाठ में संदेश इतना स्पष्ट हो कि मूल पाठ के संदेश के समान ही वह आसानी से समझ में आ सके।

(ख) **पठनीयता द्वारा बोधन :** अनूदित पाठ इतना सरल और सुगम हो कि उसके पठन से पाठक को उसका बोधन पूरी तरह से हो सके।

(ग) **अनुवाद की पर्याप्तता से पाठक की अभिरुचि :** अनुवाद में इतनी पर्याप्तता और क्षमता हो कि पाठक को अपनी ओर आकर्षित कर सके और उसका पाठ के साथ तादात्म्य स्थापित हो सके।

ये आधार अच्छे अनुवाद की बात तो करते है किंतु मूल्यांकन द्वारा अच्छे-बुरे अनुवाद में स्पष्ट भेद कर पाने में सक्षम नहीं हो पाएँगे, क्योंकि इन आधारों में वस्तुनिष्ठता और वैज्ञानिकता नहीं मिलती। इसलिए नाइडा और टेबर ने अनुक्रिया

संबंधी प्रभाव को मापने के लिए चार प्रायोगिक अध्ययन किए जो क्लोज परीक्षण, वाचन परीक्षण, बोधन परीक्षण और तुलनात्मक परीक्षण पर आधारित थे, किंतु इन परीक्षणों में भी कुछ न कुछ कमियाँ पाई गईं।

(1) **क्लोज़ परीक्षण :** यह पद्धति जेस्टाल्ट मनोविज्ञान के 'क्लोश्ज़र' (closure) सिद्धांत से ली गई है। इसमें अनूदित पाठ के प्रायः पाँचवें, सातवें, नवें और उससे आगे के शब्दों को व्यवस्थित क्रम से हटा दिया जाता है। इसमें लगभग पचास रिक्तियाँ रखी जाती हैं। इसके बाद पाठकों से इन रिक्त स्थानों की पूर्ति के लिए कहा जाता है। पाठक उस रिक्त स्थान पर जिस शब्द को उपयुक्त समझता है, उसकी पूर्ति कर देता है। इसके बाद पूर्तियों से मूल शब्दों का मिलान कर यह देखा जाता है कि पाठक के कितने अनुमान सही है। सही अनुमानों की जितनी अधिक संख्या होगी, वह अनुवाद उतना अधिक सरल और बोधगम्य माना जाएगा। इस परीक्षण का आधार यह स्वीकार किया गया है कि अगर पाठक को संपूर्णता का आभास हो तो वह रिक्तियों को स्वतः भरने में समर्थ होगा।

यह परीक्षण अनुवाद मूल्यांकन की एक अच्छी पद्धति तो है क्योंकि इससे अनुवाद की बोधगम्यता का परिचय मिल जाता है, किंतु इसकी अपनी सीमाएँ भी हैं। यह सापेक्षिक परीक्षण है जो अच्छे अनुवाद को चुनने में सहायता तो करता है किंतु यह सिद्ध नहीं कर पाता कि वह स्वयं में कितना अच्छा है। इसके अतिरिक्त रिक्त स्थानों की पूर्ति करते समय पर्यायों के विकल्पों के आधार पर भी अनुवाद का सही मूल्यांकन नहीं हो पाता। मूलपाठ से संपर्क न हो पाने के कारण यह मूल्यांकन एकपक्षीय रह जाता है।

(2) **वाचन परीक्षण :** इसमें अलग-अलग पाठकों को अनूदित पाठ के विभिन्न रूपों के प्रति अनुक्रिया व्यक्त करने की सुविधा दी जाती है और यह निर्धारित किया जाता है कि कौन-सा अनुवाद सुनने में मधुर है, कौन-सा पठनीय और कौन-सा समझने में आसान। यह परीक्षण तीन प्रकार से होता है। **पहला,** तीन-चार लोगों को अनुवाद का सस्वर वाचन करने के लिए कहा जाता है जिसमें यह देखा जाता है कि वाचक वाचन करते समय कहाँ-कहाँ अटकता है, हिचकता है या त्रुटियाँ करता है। इससे अनुवाद की सहजता का पता चलेगा। **दूसरा,** किसी एक पाठक को अनूदित पाठ देकर यह कहा जाए कि वह इसे पढ़कर इसमें निहित सूचनाएँ अन्य लोगों तक पहुँचाए। वह जितनी अधिक सूचना पहुँचा पाएगा, अनुवाद उतना अच्छा माना जाएगा। **तीसरा,** अनुवाद का पाठन ऊँचे स्वर में किया जाएगा। इस पाठन से कई त्रुटियाँ स्पष्ट हो जाएँगी। वाचन परीक्षण की यह पद्धति सिद्धांत रूप में अच्छी लगती है, किंतु व्यावहारिक रूप में लंबी प्रक्रिया है। इसमें एक व्यक्ति की राय पर निर्भर न रहकर अनेक व्यक्तियों की राय मिलती है और उसमें भिन्नता की संभावना बनी रहती है। इसमें अनेक अनुवादों की तुलना तो हो सकती है किंतु मूलकृति की तुलना में अनुवाद की जाँच नहीं हो सकती। साथ ही इसमें विभिन्न व्यक्तियों के अपने ज्ञान और उसकी अभिव्यक्ति क्षमता का पता तो

चल सकता है, किंतु अनुवाद की कमियों की जानकारी नहीं मिल पाएगी और न ही अनुवाद के विभिन्न शैलीगत रूपों का पता चल पाएगा।

(3) **बोधन परीक्षण** : इसमें किसी पाठ के विभिन्न अनूदित पाठ पर आधारित प्रश्न बनाए जाते हैं जिनसे उसमें निहित सूचना तत्वों को समझने में सहायता मिलती है। इस परीक्षण से विभिन्न अनुवादों में तुलना तो की जा सकती है, किंतु इससे अनुवाद की सफलता की जाँच नहीं हो पाती। इसके अतिरिक्त अनेक अनुवादों को गुणात्मक अंतर की जाँच और परीक्षण सामान्य से नहीं हो सकती।

(4) **उत्तम अनुवाद से तुलना** : किसी उत्तम अनुवाद से तुलना करने के लिए जिस उत्तम अनुवाद का चयन किया जाता है, वह विशेषज्ञों के परामर्श से किया जाता है। इसी के आधार पर विशिष्ट पाठक वर्ग से अनूदित पाठ से संबंधित प्रश्न पूछे जाते हैं।

उपर्युक्त चारों आधार वस्तुनिष्ठ आधार नहीं दे पाए। इसके साथ ही इनका संबंध मूल पाठ से भी नहीं है। इनसे अनूदित पाठ की बोधगम्यता का तो पता चलता है, किंतु इसकी सफलता के लिए ये निश्चित आधार का काम नहीं कर पाते। उपर्युक्त सभी पद्धतियों में कोई-न-कोई कमी अवश्य मिलती है। एक तो ये पद्धतियाँ वस्तुनिष्ठ की अपेक्षा व्यक्तिनिष्ठ अधिक हैं और दूसरी इसमें मूलपाठ से कोई संबंध नहीं रखा गया जिससे जाँच करने पर सही निष्कर्ष निकाला जा सके। इन पद्धतियों में बोधगम्यता की मात्रा को ध्यान में रखकर मूल्यांकन किया गया है जिससे मूल्यांकन में कोई लाभ नहीं होता। वास्तव में इसमें बोधगम्यता के भाषिक रूप को आधार नहीं बनाया गया। अच्छे अनुवाद की कसौटी सहज बोध मात्र नहीं है। जब तक मूलपाठ को ध्यान में नहीं रखा जाएगा तब तक मूल्यांकन सही नहीं हो पाएगा। इन परीक्षणों से पाठ की बोधगम्यता, प्रभावशीलता, स्वाभाविकता आदि की जाँच तो की जा सकती है, किंतु गुणवत्ता को नहीं मापा जा सकता।

अमरीकी विद्वान जी.ए. मिल्लर और बीडे सेंटर ने भी अनुवाद मूल्यांकन संबंधी कई मनोवैज्ञानिक परीक्षण सुझाए हैं—(1) एक से अधिक सुयोग्य एवं विशेषज्ञ निर्णायकों द्वारा अनुवाद का मूल्यांकन कराया जाए; (2) विभिन्न सांख्यिकीय सूचकों के प्रयोग द्वारा आदर्श अथवा उत्कृष्ट अनुवाद की तुलना में अन्य अनुवादों की जाँच की जाए; (3) विशेष श्रोताओं से मूल पाठ तथा अनूदित पाठ से संबंधित प्रश्न पूछे जाएँ। यदि इन सभी श्रोताओं का उत्तर समान हो तो अच्छा अनुवाद माना जा सकता है। उपर्युक्त परीक्षणों के द्वारा उत्कृष्ट अथवा आदर्श अनुवाद का चयन विवादास्पद है। वास्तव में ये सतही परीक्षण हैं जिनसे मात्र अनुवाद की बोधगम्यता की जानकारी मिल सकती है।

एक विद्वान जे.बी. कैरोल ने अनुवाद मूल्यांकन के लिए जो परीक्षण प्रस्तुत किया, उसमें संप्रेषणीयता, बोधगम्यता, मूलनिष्ठता और सूचनात्मकता का विवेचन है। इसे निम्नलिखित आरेख से इस प्रकार समझा जा सकता है :

संप्रेषणीयता	:	मूल निष्ठता
बोधगम्यता	:	सूचनात्मकता

उपर्युक्त आरेख में एक दूसरे में उलटे अनुपात का संबंध है। दूसरे शब्दों में, अनुवाद पाठ के बाद मूल पाठ के वाक्य द्वारा ऐसी सूचना का पता चलता है जो अनूदित पाठ के वाक्य में नहीं था। अनुवाद जितना अधिक बोधगम्य होगा, उतना ही कम सूचनात्मक होगा।

इस परीक्षण की भी अपनी सीमाएँ हैं। यह परीक्षण वैज्ञानिक अथवा तकनीकी साहित्य पर लागू हो सकता है। इसमें अलग-अलग वाक्यों का परीक्षण संदर्भच्युत हो जाता है, जबकि अधिकतर वाक्य संदर्भ-विशेष में ही सही अर्थ दे पाते हैं। इस प्रकार इस परीक्षण में अर्थ के संदर्भगत पक्ष की उपेक्षा हो जाती है। इसके अंतर्गत बोधगम्यता और सूचनात्मकता का परिणाम तो निकाला जा सकता है, किंतु इस संबंध में न तो कारण की जानकारी मिलती है और न ही कोई दूरगामी प्रभाव मिलता है तथा पाठ के शैलीगत पक्ष का भी महत्त्व नहीं मिलता।

अनुक्रिया पर आधारित इन सभी परीक्षणों में मूल पाठ पर आधारित मापदंड होने के कारण अनुवाद द्वारा समतुल्य अनुक्रिया का उचित परीक्षण संभव नहीं हो पाता। अनूदित पाठ के कई रूपों की तुलना करने पर अनुवाद मूल्यांकन सापेक्षिक रूप से नहीं हो पाता। सापेक्षिक और पूर्ण मूल्यांकन के लिए मूलपाठ का अवलोकन आवश्यक है। इस दृष्टि से अर्थगत, शैलीगत, प्रकार्यात्मक और संदर्भगत गुणों का विश्लेषण करने पर मूलपाठ की प्रकृति का निर्धारण ऐसे आधारों पर होगा जिससे अनुवाद का मूल्यांकन हो सके।

मूल पाठ पर आधारित अध्ययन : एक विद्वान डब्ल्यु विल्स के मतानुसार मूल पाठ पर आधारित अनुवाद का मूल्यांकन विशिष्ट संदर्भ में उस भाषा को बोलने वालों के सामान्य मानक प्रयोग के आधार पर अपेक्षित है। अनुवादक के पास विकल्प के रूप में कई मानक उपलब्ध होते हैं। भाषिक प्रक्रिया होने के नाते अनुवाद एक सर्जनात्मक प्रक्रिया भी है और इसीलिए संदर्भपरक अर्थ के प्रतिपादन के लिए अनुवादक को कई समतुल्य विकल्प मिल जाते हैं। फ्रांसीसी विद्वान वर्नर कोल्लर ने इस संदर्भ में एक बोधगम्य भाषिक आधार के विकास की आवश्यकता की ओर संकेत करते हुए कहा कि अनुवाद का मूल्यांकन तुलना-सामग्री में आधारित तथा बोधगम्यता की अपेक्षा 'पर्याप्त' और 'अपर्याप्त' के आधार पर अपेक्षित है। इस प्रकार यह विश्लेषण मूलपाठ के लक्ष्य भाषा में अंतरण पर आधारित होगा। जर्मन विद्वान केथरीना रीस के मतानुसार सर्वप्रथम मूल पाठ की विशेषता और प्रकार्यों का निर्धारण किया जाता है। पाठ के प्रकार्यों का निर्धारण जर्मन भाषाविज्ञानी कार्ल ब्यूलर ने वक्ता, श्रोता और तथ्यों के आधार पर किया है। इसी आधार पर उन्होंने, भाषा के तीन प्रकार्य बताए हैं– (1) **संकेतपरक प्रकार्य**–इससे वस्तु, तथ्य अथवा यथार्थ जीवन से संदेश के संबंध का पता चलता है; (2) **भावनात्मक और अभिव्यक्तिपरक प्रकार्य**–यह संदेश के वक्ता या लेखक से संबंधित है, जिससे अतिरिक्त अर्थ की प्राप्ति भी होती है। (3) **अभिधापरक प्रकार्य**–यह श्रोता या पाठक से संबद्ध है जो अर्थ को नियंत्रित करता

है। इन तीनों प्रकार्यों में संकेतपरक प्रकार्य को सबसे महत्त्वपूर्ण माना गया है। यही संदेश का केन्द्रीय आधार है और सहज भी है।

सुविख्यात भाषाविज्ञानी रोमन याकोब्सन ने ब्यूलर के तीन आधारभूत प्रकार्यों को लेते हुए इनमें तीन और प्रकार्य जोड़ दिए हैं। उन्होंने भाषिक संप्रेषण के छह प्रकार्य बताए हैं—(1) वक्ता (लेखक), (2) श्रोता (पाठक), (3) संदेश, (4) संदर्भ, (5) संहिता (कोड) और (6) संपर्क। वक्ता और श्रोता में जो संप्रेषण व्यापार चलता है, वह उनके परस्पर संबंधों के आधार पर चलता है। वक्ता के अनुभवों को व्यक्त करने वाली भाषा का प्रकार्य उसकी प्रवृत्ति की प्रत्यक्ष अभिव्यक्ति है जिससे पता चलता है कि वक्ता क्या कह रहा है? यही संदेश है। श्रोता या पाठक अपने प्रकार्य से वक्ता द्वारा संप्रेषित जो संदेश प्राप्त करता है, वह ध्वन्यात्मक और वाक्यपरक रूपों में एक अलग प्रकार की अभिव्यक्ति होती है, क्योंकि भाषा का संबंध बाह्य और आंतरिक जगत के यथार्थपरक आधारभूत तत्त्वों से बना रहता है। बाह्य और आंतरिक जगत का यह संबंध संदर्भ के अनुसार होता है जो संदेश को एक निश्चित रूप प्रदान करता है। वक्ता और श्रोता के उस संदेश की पृष्ठभूमि में एक संहिता होती है जो इन दोनों में समान रूप से होती है, किंतु उनमें समानता होते हुए भी नियमों में भिन्नता होती हैं और व्यवस्था-भेद होता है। अपनी अभिव्यक्ति को प्रभावशाली बनाने के लिए वक्ता और श्रोता के बीच संपर्क का होना जरूरी है। 'अच्छा, तो मैं कह रहा था,' 'सुना आपने', 'मैं पहले भी बता चुका हूँ' आदि संपर्कसूचक शब्दों और वाक्यों का यही प्रकार्य है जो वक्ता और श्रोता के बीच संपर्क बनाए रखने में सहायक होते हैं। ये सभी प्रकार्य अनुवाद के लिए उपयोगी और कारगर भूमिका निभाते हैं।

ब्रिटिश भाषाविज्ञानी एम.ए. के हैलिडे ने भाषा के तीन प्रकार्य बताए हैं—(1) बोधपरक, (2) अंतरवैयक्तिक और (3) पाठपरक। ये तीनों प्रकार्य अलग-अलग निष्पादित नहीं होते बल्कि परस्पर जुड़े होते हैं। **बोधपरक प्रकार्य** में संप्रेषण का कार्य होता है और इसमें संकल्पनात्मक अर्थ निहित रहता है। **अंतरवैयक्तिक प्रकार्य** में वक्ता और श्रोता की प्रवृत्ति और दृष्टिकोण से भाषा में परिवर्तन होता रहता है। साथ ही, इन दोनों के संबंधों की जानकारी मिलती है। **पाठपरक प्रकार्य** व्यक्ति की भाषायी सर्जनात्मकता से संबंधित है। यह संदेश-प्रधान होती है और भाषा के भीतर समाहित होती है। इसमें भाषा के अंग-अंगी के परस्पर संबंधों का निर्वाह होता है। यह व्यापार संदर्भ एवं स्थिति के अनुसार निष्पादित होता है और वाक्य की सीमा का अतिक्रमण कर जाता है।

भाषिक प्रकार्य और पाठ प्रकार्य - सुविख्यात विद्वान सी.के. ऑग्डन और आई. ए. रिचर्ड्स ने भाषा के पाँच प्रकार्य बताए हैं : (1) संकेतित वस्तु का प्रतीकीकरण, (2) श्रोता के दृष्टिकोण की अभिव्यक्ति, (3) अभीष्ट के प्रभाव का संवर्धन, (4) संकेत का समर्थन और (5) संकेतित वस्तु के प्रति दृष्टिकोण की अभिव्यक्ति। इन

प्रकार्यों के आधार पर भाषा के दो आधारभूत प्रयोग हैं—प्रतीकात्मक और भावनात्मक। उपर्युक्त पाँच प्रकार्यों में पहला प्रतीकात्मक है तथा शेष चार भावनात्मक हैं।

भाषा के क्या-क्या प्रकार्य हो सकते हैं, इस विषय पर अनेक भाषाविज्ञानियों ने चर्चा की है। एक ही बात को किसी ने छह भागों में बाँटा तो किसी ने तीन और किसी ने पाँच भागों में। सच तो यह है कि भाषा के प्रयोग का महत्त्व सच को पकड़ने के लिए होता है। भाषा के प्रकार्यों के माध्यम से इन सभी भाषाविज्ञानियों ने मूल कृति या मूल पाठ को इन प्रकार्यों के आधार पर वर्गीकृत करना चाहा था। प्रकार्यों के माध्यम से वे अनुवादक को मूल पाठ की तह तक पहुँचने में समर्थ और सशक्त बनाना चाहते थे, क्योंकि मूल कृति को आत्मसात् किए बिना उसका अनुवाद अत्यंत ही कठिन है।

वोल्फ्रेम विल्स, कोल्लर और रीस जैसे विद्वानों ने मूलपाठ पर आधारित अनुवाद के मूल्यांकन पर बल देते हुए बताया कि विशिष्ट संदर्भ में उस भाषा के बोलनेवालों के सामान्य मानक प्रयोग पर आधारित होते हैं। अनुवाद भाषिक प्रक्रिया के साथ-साथ सर्जनात्मक प्रक्रिया भी है और संदर्भपरक अर्थ के प्रतिपादन के लिए कई विकल्प भी मिल जाते हैं। अतः अनुवाद के मूल्यांकन में मूल पाठ के गहन विश्लेषण की अपेक्षा रहती है। विशिष्ट संदर्भ में उस भाषा के बोलनेवाले के सामान्य मानक प्रयोग पर आधारित मूल्यांकन अच्छे निष्कर्ष दे पाता है। इसमें बोधगम्यता की अपेक्षा पर्याप्तता और अपर्याप्तता का आधार उचित माना गया है।

इसी संदर्भ में सुप्रसिद्ध अनुवादशास्त्री जुलियाना हाउस ने मूल पाठ के अध्ययन के लिए अनुवाद प्रक्रिया में एक भाषा से दूसरी भाषा में अंतरण करते हुए अर्थ सुरक्षित रखने की बात कही है। उनके मतानुसार अर्थ के तीन पक्ष हैं—कोशगत अर्थ, संदर्भगत अर्थ और पाठगत अर्थ।

1. **कोशगत अर्थ** - अर्थ के इस पक्ष में संदर्भ-संबंध सम्मिलित हैं अर्थात भाषिक प्रतीकों का उनके यथार्थगत संदर्भों से संबंध होता है। यह एक प्रकार का वाच्यार्थ ही है। यह अर्थ मूलपाठ के संकल्पनात्मक अर्थ को सुरक्षित बनाए रखने में सहायक होता है।
2. **संदर्भगत अर्थ** - यह पक्ष एक निर्दिष्ट संप्रेषण-स्थिति में भाषिक प्रतीकों और उनके प्रयोक्ताओं के संबंध का सूचक है अर्थात् किसी प्रोक्ति का इस आशय से अध्ययन होता है कि उसका प्रयोग किस प्रयोजन से हुआ है यानी सामाजिक कार्यकलाप करते समय वाक्य का जो संप्रेषणगत प्रयोग होता है, वह है संपृक्तार्थ अर्थात किसी उक्ति के संकल्पनात्मक अर्थ के साथ उसका संप्रेषणीय मूल्य। अनुवाद में इसके कोशगत पक्ष की तुलना में संदर्भगत पक्ष का अधिक महत्त्व रहता है। वास्तव में अनुवाद मूल पाठ के संदर्भगत पक्ष का पुनर्कथन है।

3. **पाठगत अर्थ** - कैटफॅर्ड, ग्लीसन आदि विद्वानों ने पाठपरक अर्थ पर अधिक बल दिया। इस संदर्भ में पाठ से अभिप्राय है एक भाषिक रचना की इकाई जिसके सभी अंग एक-दूसरे से जुड़कर एक संबद्ध अंगी के रूप में प्रकट होते हैं। अंग-अंगी के संबंध की यह इकाई पाठ है किंतु वाक्यों की बड़ी इकाई के रूप में अनुवाद में प्रायः पाठपरक अर्थ को पूर्ण महत्त्व नहीं मिलता। इसी कारण अर्थ स्पष्ट नहीं हो पाता। अतः एक पाठ की जो स्थानापत्ति अर्थपरक और समतुल्य पाठ द्वारा होती है, वही अनुवाद है।

मूलपाठ के विश्लेषण के लिए अनुवाद में कोशगत अर्थ के साथ-साथ संदर्भगत और पाठगत अर्थ भी होता है। संदर्भगत और पाठगत अर्थ वाक्योपरि संरचना अर्थात् प्रोक्ति संरचना में निहित होता है जब कि कोशगत अर्थ शब्द और वाक्यस्तर पर ही निकाला जाता है। इस संदर्भ में सुप्रसिद्ध अनुवादशास्त्री जुलियाना हाउस का मत है कि किसी पाठ के प्रकार्य का निर्धारण इस आधार पर किया जा सकता है कि पाठ का प्रयोग किस विशेष स्थिति के संदर्भ में हुआ है, क्योंकि विशेष स्थिति के अंतर्गत पाठ अर्थवत्ता प्राप्त करता है। इसके अतिरिक्त पाठ के प्रकार्य को समझने के लिए भाषिक और भाषेतर आधार पर पाठ का विश्लेषण किया जा सकता है। अतः अनुवाद के मूल्यांकन के लिए उन्होंने इन आधारों को निम्नलिखित प्रारूप द्वारा प्रस्तुत किया है :

भाषिक आधार	भाषेतर आधार	
	भाषा-प्रयोक्ता पर आधारित	**भाषा-प्रयोग पर आधारित**
(i) वाक्य-स्तरीय	(i) भौगोलिक स्थिति	(i) माध्यम
(ii) शब्द स्तरीय	(ii) सामाजिक वर्ग	(ii) सहभागिता
(iii) पाठ स्तरीय	(iii) काल-निर्धारण	(iii) सामाजिक संबंध
		(iv) सामाजिक दृष्टिकोण
		(v) विषय क्षेत्र

भाषिक आधार पर शब्द, वाक्य, प्रोक्ति या पाठ आदि से न केवल वर्ण्य और अंतरवाक्यीय संबंधों की जानकारी मिलती है, वरन् पाठ के सामान्य और विशिष्ट गुणों का भी परिचय मिलता है। इसमें भाषिक अभिव्यक्ति के स्तर पर शब्दों के परस्पर संबंधों और वाक्यों के परस्पर संबंधों को आधार बनाया जाता है और अर्थ की प्राप्ति हो जाती है।

मूल्यांकन करते समय भाषिक संरचना का आधार तभी कारगर सिद्ध हो जब उसमें भाषेतर आधार पर भाषा-प्रयोक्ता और भाषा-प्रयोग दोनों दृष्टियाँ भी रहती हैं।

(क) भाषा प्रयोक्ता की दृष्टि से निम्नलिखित आयाम होते हैं :

(i) भौगोलिक स्थिति : किसी भी पाठ की भाषा से ऐसी स्थिति का पता चल सके जो उसके भौगोलिक स्थिति का निर्धारण कर पाए। भारत में छह ऋतुएँ होती हैं, अन्य देशों में छह ऋतुएँ नहीं होती। भारतीय 'बसंत' ऋतु का अनुवाद यूरोपीय Spring (बसंत) का पूरा अर्थ नहीं दे पाएगा। इसी प्रकार 'हेमंत' ऋतु का अर्थ अन्य भाषाओं में नहीं हो पाएगा। पाँव में पहने जाने वाले मोजे और जुराब शब्दों, एक ही सब्जी घुइयाँ और अरबी का प्रयोग अलग-अलग भौगोलिक क्षेत्रों में होता है। इनके अनुवाद में इन भौगोलिक रूपों को ध्यान में रखना होगा। इसी प्रकार फणीश्वरनाथ 'रेणु' के उपन्यास 'मैला आंचल' और राही मासूम रजा के उपन्यास 'आधा गाँव' की भाषा एक विशेष अंचल अथवा भौगोलिक स्थिति से बँधी होने के कारण उनकी विशिष्टता व्यक्त करती है।

(ii) सामाजिक वर्ग : लेखक और पाठक के सामाजिक परिवेश को ध्यान में रख कर यह देखा जाता है कि किस प्रकार का लेखक या वक्ता किस प्रकार के पाठक या श्रोता के लिए पाठ लिख या बोल रहा है। यथा—प्रेमचंद का कथा साहित्य मुख्यतः सामान्य वर्ग के लिए सामान्य बोलचाल की हिन्दी में लिखा गया है।

(iii) काल निर्धारण : इसमें यह देखा जाता है कि पाठ किस समय से संबंधित है अर्थात् कृति की रचना किस काल को ध्यान में रख कर की गई है। जब तक काल का पता न चलेगा, मूलकृति का विश्लेषण संभव नहीं हो पाएगा। शेक्सपीयर की कृतियाँ एलिजबेथ काल के अंतर्गत आती हैं और इसलिए वे एजिलबेथकालीन अंग्रेज़ी में लिखी गई हैं। जयशंकर प्रसाद के ऐतिहासिक नाटक अपने-अपने काल, मुख्यतः गुप्तकाल का परिचय देते हैं। इनमें तत्कालीन संदर्भ के अनुसार संस्कृतनिष्ठ हिन्दी का प्रयोग हुआ है। इनका अनुवाद करते हुए उस काल को ध्यान में रखना होता है लेकिन यह संभव नहीं हो पाएगा।

(ख) भाषा-प्रयोग की दृष्टि से निम्नलिखित आयाम होते हैं :

(i) माध्यम : मूल पाठ में भाषा का प्रयोग किस दृष्टि से हुआ है? इसमें लेखक का आशय क्या है? इसी आधार पर भाषा का वर्णनात्मक, प्रश्नसूचक और लयात्मक रूप मिलता है। दूसरे शब्दों में, नाटककार ने उसके सुनने के माध्यम पर बल दिया है अथवा किसी और माध्यम पर।

(ii) सहभागिता : इसमें जटिल सहभागिता के अंतर्गत सहभागिता ज्ञापन और अप्रत्यक्ष सहभागिता के अनेक ऐसे रूपों से मूल पाठ का अध्ययन होता है। वार्तालाप अथवा एकालाप में प्रयुक्त होने वाले सर्वनाम, प्रश्नचिह्न आदि से पाठक की सहभागिता का परिचय मिलता है। विज्ञापन की भाषा इसका उत्कृष्ट उदाहरण है।

(iii) **सामाजिक संबंध :** इसमें वक्ता और श्रोता के बीच के सामाजिक संबंधों का विवेचन होता है। इसके सम और विषम दो रूप हैं। वक्ता-श्रोता में घनिष्ठता या समानता का संबंध है तो भाषा का समरूप होगा। यदि उनका संबंध समानता का न होकर उच्च और निम्न या अधिकारी और अधीनस्थ का होगा, तो भाषा का विषम रूप दिखाई देगा। जैसे—मालिक और नौकर का संबंध विषम होता है अथवा परिवार के सदस्यों की अपनी-अपनी भूमिकाएँ सामाजिक संबंधों का परिचय देती हैं, जो भाषा पर भी प्रभाव डालती हैं।

(iv) **सामाजिक दृष्टिकोण :** इसमें मूलतः सामाजिक शैली आती है। इन शैलियों का अध्ययन करने से सामाजिक दृष्टिकोण की जानकारी मिलती है। वक्ता और श्रोता के अंतःवैयक्तिक संबंधों के आधार पर जन्म होता है। पाठ के आधार पर यदि संपादित और तकनीकी शैली का विकास होता है तो सामाजिक आधार पर औपचारिक, अनौपचारिक तथा अंतरंग शैली का विकास होता है।

(v) **विषय-क्षेत्र :** यह आयाम बताता है कि मूल पाठ किस विषय से संबद्ध है? वह तकनीकी है या गैर-तकनीकी, वैज्ञानिक है या सौंदर्यपरक है, सूचनापरक है या तर्कपरक है अथवा व्यंग्यपरक जिससे भाषा रूपों में वैभिन्न्य मिलता है।

जुलियाना हाऊस के मतानुसार स्थिति और संदर्भ के आधार पर उपर्युक्त तीन और पाँच अर्थात् आठ आधारों पर मूल पाठ का विश्लेषण करने के बाद इन स्थितियों के भाषायी स्वरूप का विवेचन शब्द-स्तरीय, वाक्य-स्तरीय और पाठ-स्तरीय संबंधों पर किया जाता है। पाठ के इस स्थितिजन्य विश्लेषण से पाठ की पृष्ठभूमि मिल जाती है। वस्तुतः मूल पाठ का विश्लेषण करते हुए न केवल वर्ण्य-विषय, अंतरवाक्यपरक संबंध, अंतरप्रतीकात्मक संबंध का पता लगता है, अपितु पाठ के सामान्य और विशिष्ट गुणों का भी निर्धारण होता है। इसके अतिरिक्त मूल पाठ के तर्कपूर्ण गठन और वर्णन के आधार का भी पता लगाया जा सकता है।

जुलियाना हाऊस ने भाषा प्रकार्य और पाठ के प्रकार्य में भेद किया है। उनके कथनानुसार किसी पाठ का प्रकार्य इससे निर्धारित होता है कि उस पाठ का प्रयोग किस विशेष संदर्भ में किया गया है। प्रत्येक पाठ मूलतः किसी विशेष स्थिति से बँधकर ही अर्थवत्ता प्राप्त करता है। इसके अतिरिक्त, पाठ के प्रकार्य को समझने के लिए स्थिति का आधार भी पाठ के विश्लेषण में सहायक होता है। इस विश्लेषण के पश्चात् अनूदित पाठ में भी वैसा ही विश्लेषण करना अनिवार्य है जिससे मूल पाठ और अनुवाद में कितना अंतर है, यह स्पष्ट किया जा सके। मूल पाठ और अनुवाद में स्थितिजन्य आयाम पर आधारित अंतर को जुलियाना हाऊस ने परोक्ष दोष माना है। उनके मतानुसार ऐसे दोष का निर्धारण करते समय वह पूर्वानुमान भी निर्धारित हो सकता है

कि मूल पाठ और अनुवाद में सांस्कृतिक-सामाजिक अंतर की तुलना हो सकती है। इससे अंतरभाषिक भेद दूर हो सकता है। यह भी अनुमान लगाया जाता है कि दोनों भाषाओं की विभिन्न अभिव्यक्तियों के पीछे समान आर्थी स्तर भी है और मूल या अनुवाद किसी विशेष पाठक के लिए नहीं लिखा गया है।

इस प्रकार अनुवाद मूल्यांकन न तो व्यक्तिनिष्ठ, एकपक्षीय और तदर्थ होगा और न ही मूलपाठ से कटा हुआ अनुक्रिया पर आधारित आंशिक मूल्यांकन। वह मूल पाठ और अनूदित पाठ का समतुल्यता के विशिष्ट आधार पर सर्वांगीण मूल्यांकन होगा। इससे अनुवाद में पाए जानेवाले विभिन्न दोषों का कारण ढूँढ़ने में सहायता मिलेगी। वास्तव में अनूदित पाठ का पाठक वह है जिसकी भाषा मूलपाठ की नहीं है, इसलिए अनूदित पाठ की अपनी एक स्वतंत्र सत्ता होती है। किंतु यह सत्ता तभी संभव है जब वह अनुवाद अच्छा किया हुआ हो। अच्छे अनुवाद की पहचान के लिए कोई मानदंड होना चाहिए। उपर्युक्त चर्चा के आधार पर अच्छे अनुवाद में चार गुणों का होना अनिवार्य माना गया है—(1) मूलनिष्ठता, (2) पठनीयता, (3) बोधगम्यता और (4) प्रयोजन सिद्धि। अनूदित पाठ में वे सभी सूचना तत्त्व अवश्य आ जाएँ जो मूलपाठ में अभिप्रेत हैं। यही **मूलनिष्ठता** है। मूलपाठ के कथ्य या विषयवस्तु का अंतरण करते हुए उसकी विधा या शैली को भी ध्यान में रखना आवश्यक है। प्रयुक्ति के क्षेत्र में प्रशासन, विधि, विज्ञान की अपनी शब्दावली, शैली और मुहावरा होता है। अतः उसी के अनुरूप अंतरण की अपेक्षा रहती है। शब्द या वाक्य या प्रोक्ति के स्तर पर यदि मूलपाठ को पृष्ठभूमि में रखा जाता है, तो सफल अनुवाद की संभावना अधिक रहती है। पठनीयता और **बोधगम्यता** एक दूसरे से जुड़े हुए आयाम हैं। **पठनीयता** का संबंध अभिव्यक्ति से है और बोधगम्यता का संदेश से। एक कथ्य को अभिव्यक्त करने के लिए अनुवादक के पास कई विकल्प हो सकते हैं किंतु अनुवादक की सर्जनात्मक शक्ति मूलपाठ की सीमाओं से बँधी है, इसलिए वह अपनी शिक्षा, अभिरुचि और ज्ञान के कारण उनमें से किसी एक विकल्प को चुनेगा। यहाँ ध्यान देने की बात यह है कि उसने जिस विकल्प का चयन किया है, वह सामान्यतः लक्ष्य भाषा का होना आवश्यक है अन्यथा वह बोधगम्य नहीं होगा, हालाँकि यह स्थिति कठिन है। पठनीयता की एक कसौटी यह भी है कि अनुवाद अनुवाद न लगे। अच्छे अनुवाद की सबसे बड़ी पहचान यही है। यदि यह अनुवाद स्वाभाविक हो गया तो उसमें काफ़ी मात्रा में बोधगम्यता और संप्रेषणीयता भी होगी। अनुवादक ने जिस प्रयोजन के लिए अनुवाद कार्य किया, अगर वह उसमें सफल हो जाता है तो अनुवाद भी सफल हो जाता है। लक्ष्यभाषा का पाठक अगर मूल संदेश को समझ लेता है तो इसका अभिप्राय यह है कि वह उसका प्रयोजन भी समझ जाएगा। पाठक की अनुक्रिया से भी **प्रयोजन की सिद्धि** हो सकती है क्योंकि इसमें लक्ष्य भाषा के पाठक पर वही प्रभाव पड़ने की संभावना रहती है जो प्रभाव स्रोत भाषा के पाठक में देखा जाता है। इस प्रभाव में न केवल भाषा आती है वरन् विषयवस्तु, कार्यक्षेत्र अथवा

कथ्य भी समाविष्ट है। इस दृष्टि से यह अनुवाद लक्ष्यभाषा में स्वीकार्य होने पर अपने प्रयोजन को सिद्ध कर लेता है। इस प्रकार मूलनिष्ठता, पठनीयता, बोधगम्यता और प्रयोजनसिद्धि अनुवाद मूल्यांकन के मुख्य आयाम हैं।

निष्कर्षतः अनुवाद मूल्यांकन एक जटिल, विवादास्पद और संवेदनशील प्रक्रिया है जिसे व्यवस्थित आधार देने हेतु प्रविधियों के विकास के लिए कई प्रयास हुए, किंतु फिर भी कोई सुनिश्चित वस्तुनिष्ठ, विषयपरक और प्रामाणिक आधार नहीं मिल पाया। वास्तव में अनुवाद एक संश्लिष्ट प्रक्रिया है जिसकी पूर्ण प्रतिबद्धता मूलपाठ से है, किंतु अनुवाद के बाद अनूदित पाठ लक्ष्यभाषा का अंग होते हुए भी अपनी स्वायत्त सत्ता रखता है। मूलपाठ का सहपाठ होते हुए भी मूलपाठ से उसका संबंध टूट जाता है और वह लक्ष्यभाषा की व्यवस्था और परंपरा में पूर्णतया विन्यस्त और संयोजित हो जाता है। इसलिए अनुवाद मूल्यांकन की सफलता इसी में है, जो यह निर्णय दे सके कि अनुवाद के साथ पूर्ण न्याय हो पाया है और वह अपने-आप में प्रामाणिक और सफल है।

अनुवाद दोष विश्लेषण : स्वरूप और प्रक्रिया

अनुवाद दोष विश्लेषण की संकल्पना अनुवाद मूल्यांकन के एक उपयोगी उपकरण के रूप में उद्भूत हुई है। इसमें स्रोत भाषा और लक्ष्यभाषा की समानताओं और असमानताओं संबंधी समस्याओं पर विचार किया जाता है। वास्तव में इसका सैद्धांतिक आधार पुनर्नुवाद है अर्थात् दो भाषाओं की परस्पर अंतर्विनिमयता, जिसमें स्रोत भाषा से लक्ष्य भाषा में हुए अनूदित पाठ को पुनः स्रोतभाषा में अनुवाद कर उसकी संरचनात्मक, सामाजिक-सांस्कृतिक और प्रयुक्तिपरक समस्याओं को देखा जाता है। दोनों भाषाओं की तुलना करने पर देखा जाता है कि लक्ष्य भाषा में जो संदेश मिला है, वह स्रोत भाषा में निहित संदेश से कितना भिन्न है। इसमें यह भी देखा जाता है कि बोधन में किस प्रकार के दोष दिखाई दिए हैं और सूचना में अथवा उन संदेशों में कितनी बाधा पहुँची है। अनुवाद के दोष विश्लेषण का अध्ययन एक प्रकार का पुनरीक्षण है, जिसमें न केवल यह परखा जाता है कि कौन-सी कठिनाइयाँ पैदा हुई हैं, वरन् यह भी देखा जाता है कि दोनों भाषाओं की प्रकृति क्या है, उनकी अनुवाद प्रक्रिया में संरचना संबंधी क्या विशेषताएँ हैं और अनुवादक ने अनुवाद के समय किन बातों पर ध्यान दिया है। यह तो माना जा सकता है कि अनुवाद को किसी भी शब्द या वाक्य संरचना का चयन करने की स्वतंत्रता है, किंतु यह चयन बहुत ही सीमित रहता है और जब तक वह दोनों भाषाओं की संरचना या व्यवस्था से अवगत नहीं होता, तब तक उसका चयन व्यवस्थाबद्ध नहीं होता और न ही वह संदेश के अर्थ को व्यवस्थित रूप दे पाता है। इस अर्थ का विवेचन लक्ष्य भाषा में समतुल्यता के आधार पर भाषा के सतही और आंतरिक संरचना के आधार पर किया जा सकता है। भाषा शिक्षण के क्षेत्र में एस. पिटकार्डर आदि विद्वानों ने भाषा दोषों का विवेचन करते हुए बताया कि अन्य भाषा शिक्षण में अध्येता के भाषा-दोष उसकी मातृभाषा के व्याघात के कारण ही नहीं होते, वरन् वे भाषा अधिगम प्रक्रिया के स्वाभाविक अंग भी हैं और उनका विश्लेषण भाषा की प्रकृति को समझने में सहायक सिद्ध हो सकता है। इस संदर्भ में पिटकार्डर ने भाषा-दोष विश्लेषण के स्तर पर जो वर्गीकरण किया है, उसी के आधार पर ब्रिसलिन ने मूलपाठ और अनूदित पाठ में तुलना करने के लिए अनुवाद दोष विश्लेषण का वस्तुनिष्ठ आधार मानते हुए इसे भी चार वर्गों में विभाजित किया है। (1) वृद्धि दोष (2) स्थानापत्ति दोष (3) लोप दोष और (4) विकृति दोष।

उपर्युक्त चारों वर्ग शब्दगत, व्याकरणिक, प्रयुक्तिपरक और सामाजिक-सांस्कृतिक संदर्भों में देखे जा सकते हैं। मूल पाठ और अनूदित पाठ की तुलना के लिए अनुवाद-दोष विश्लेषण को मुख्य आधार माना गया है। यह प्रणाली विशेषतः लिखित अनुवाद के मूल्यांकन हेतु प्रयुक्त है। इसमें सबसे पहले विभिन्न अनुवाद-रूपों के दोषों को निश्चित करना होता है। इसके लिए यह जरूरी है कि दोषों को रेखांकित करने से पहले समीक्षक से अनुवाद के ज्ञान की अपेक्षा रहती है। इसके अतिरिक्त एक ही पाठ के विभिन्न अनुवाद-रूपों की परस्पर तुलना करने के बाद ही समुचित अनुवाद सिद्धांत निश्चित किए जा सकते हैं।

(1) **वृद्धि दोष :** इसके अंतर्गत यदि अनूदित पाठ में ऐसे अंश पाए जाएँ जो मूलपाठ में उपलब्ध न हों और ये अंश अनूदित पाठ की सार्थकता और संप्रेषणीयता में सहायक न हों तो वे वृद्धि दोष के अंतर्गत आएँगे।

(2) **स्थानापत्ति दोष :** इसमें वे दोष आते हैं जो मूल पाठ को ध्यान में रखते हुए सटीक और उपयुक्त न हों। इसमें यह भी देखा जाता है कि अनुवादक मूलपाठ के भाव को तो ठीक प्रकार से समझ जाता है और लक्ष्य भाषा में लगभग उचित चयन भी कर लेता है, किंतु लक्ष्य भाषा में वह शब्द पूर्ण रूप से समतुल्य नहीं समझा जाता और उससे अधिक उपयुक्त विकल्प उस भाषा में उपलब्ध हो।

(3) **लोप दोष :** इसके अंतर्गत अनुवाद के वे दोष आते हैं, जो मूल पाठ में तो उपलब्ध हों, किंतु अनूदित पाठ में उनको छोड़ दिया गया हो, अथवा किसी न किसी कारण (चाहे सही हो या गलत) वह अंश रह जाता है। वास्तव में ये तत्त्व लोप दोष के अंतर्गत आएँगे जो मूल पाठ में तो सार्थक हों, लेकिन अनूदित कृति में उनका अभाव पाठ की सार्थकता और पूर्णता को कम कर देता हो।

(4) **विकृति दोष :** इसमें ऐसे दोषों को रखा जाता है जो उपर्युक्त तीनों दोषों में से किसी भी वर्ग में न आते हों, लेकिन उनके कारण मूल पाठ और अनूदित पाठ में सार्थक दृष्टि से अंतर दिखाई पड़ता हो। यह विकृति दोष भाषायी और व्याकरणिक संदर्भ में देखा जा सकता है।

अनुवाद दोष विश्लेषण करते समय नाइडा द्वारा प्रतिपादित अनुवाद प्रक्रिया—विश्लेषण, अंतरण और पुनर्रचना को इन चारों वर्गों के साथ मिलाकर विवेचन किया जाए तो लोप दोष मुख्यतः विश्लेषण के स्तर पर आता है। यह तब उत्पन्न होता है, जब अनुवादक मूल पाठ की भाषा के कुछ सार्थक तत्त्वों का सही विश्लेषण नहीं कर पाता। इसके कारण उससे अर्थ ग्रहण नहीं हो पाता और वह उस कमी को पूरा करने के लिए उसका लोप करने का प्रयास करता है। स्थानापत्ति की स्थिति दोष अंतरण के स्तर पर उत्पन्न होती है। ये स्थिति तब पैदा होती है जब अनुवादक को लक्ष्य भाषा में उचित समतुल्य नहीं मिल पाते अथवा दोनों भाषाओं के बीच समतुल्यता स्थापित करने में कठिनाई होती

है। वृद्धि दोष मुख्यतः पुनर्रचना (पुनर्गठन) स्तर पर होता है। लक्ष्यभाषा में मूल पाठ के कथ्य को संयोजित करते समय कभी-कभी ऐसी अभिव्यक्तियाँ जुड़ जाती हैं जो अनूदित पाठ को सार्थक बनाने में सहायक नहीं होती। पुनर्रचना के स्तर पर विकृति दोष की संभावनाएँ भी मिल जाती हैं। इसमें यह भी पता चलता है कि स्रोत भाषा के मूल पाठ को भली-भाँति समझने के बाद अनुवादक लक्ष्य भाषा में अंतरण सही रूप में करने के पश्चात् भी वह लक्ष्य भाषा की प्रकृति और संरचना के अनुसार अनूदित पाठ का संयोजन नहीं कर पाता। वास्तव में अनुवाद दोष विश्लेषण अधिक व्यावहारिक तथा उपयोगी निष्कर्ष दे सकता है। इसमें दोनों भाषाओं के सूचनापरक तत्त्वों और भाषिक रूपों में तुलना की जा सकती है। इसमें दोनों भाषाओं का विभेदन भी किया जा सकता है।

अनुवाद-दोष की प्रक्रिया को स्पष्ट करने के लिए अंग्रेज़ी के मूल पाठ के तीन अनूदित पाठ दिए गए हैं। ये अनूदित पाठ तीन अलग-अलग अनुवादकों से कराए गए हैं। इन अनूदित पाठों को ध्यान में रखते हुए अनुवाद दोषों का विवेचन किया गया है।

मूलपाठ

1. Ever since the dawn of civilisation sex has been a subject of controversy.
2. Theology claims that sex is a sin; biology contends that it is a necessity.
3. However, recent researches in the field of anthropology have shown that sex for the primitive men
4. was not a sin since he had no society and sin, according to sociology, it is a violation
5. of the social conscience which grows with the growth of the society sex was to
6. him aimply a biological necessity. copulation with any woman at any time was the
7. satisfaction of his body hunger. He sought to satisfy his needs for food and
8. lodging.
9. Herodotus, father of history, has recorded some of the most curious and shocking
10. sex rites of the ancient world. He mentions in his stories that every woman in
11. Babilyon before marriage had to be a prostitute. And the people of India in his time

12. fifth centrury (BC), he writes, used to 'coupulate in the open' This sounds ridiculous
13. however, when we view the vast expanse of this country and the infinite variety of
14. races living in it, and imagine for a while the state of civillsation 2,500 years ago,
15. we are persuaded to believe that there must be some truth in it.

अनूदित पाठ (क)

सभ्यता के उदय से ही सैक्स विवाद का विषय रहा है। धर्मविज्ञान इसे पाप मानता है, जीवविज्ञान इसे आवश्यकता के रूप में स्वीकारता है। परंतु फिर भी पुरातत्व के क्षेत्र में हाल ही में हुए अनुसंधान से यह पता चलता है कि आदिम मानव के लिए सैक्स पाप नहीं था, क्योंकि उसका कोई समाज नहीं था और समाजविज्ञान के अनुसार पाप उस सामाजिक चेतना का उल्लंघन है जो समाज के विकास के साथ-साथ उत्पन्न होता है। आदिम मानव के लिए सैक्स केवल एक जैविक आवश्यकता थी। किसी भी स्त्री के साथ कभी भी मैथुन करना उसकी शारीरिक क्षुधा की पूर्ति मात्र थी। वह सदा अपने खान-पान और निवास संबंधी आवश्यकताओं की पूर्ति की खोज में लगा रहता था।

इतिहास के जनक हैरोडोट्स ने प्राचीन संसार के कुछ अत्यंत विचित्र और चौंका देने वाले सैक्स प्रक्रियाओं का वर्णन किया है। वह अपने इतिहास में लिखता है कि बैबिलोन में प्रत्येक स्त्री को विवाह से पहले वेश्या बनना पड़ता था। उसी समय ई.पू. 5वीं सदी) भारत के लोग खुलेआम संभोग में लिप्त होते थे। वैसे आज यह हास्यास्पद सा प्रतीत होता है, परंतु फिर भी हम उस देश की विशालता और इसमें रहने वाली अनेक विभिन्न जातियों पर विचार करते हैं तथा आज से 2500 वर्ष पूर्व की सभ्यता की कल्पना करते हैं तो हमें कुछ सच्चाई प्रतीत होती है।

उपर्युक्त अनूदित पाठ (क) के पंक्ति (1) में Sex के 'सेक्स', पंक्ति (2) में theology के लिए 'धर्मविज्ञान' पंक्ति (3) में anthropology के लिए 'पुरातत्व', पंक्ति (9) में recorded के लिए 'वर्णन', पंक्ति (10) में rites के लिए 'प्रक्रियाओं', पंक्ति (11) में used to के लिए लिप्त होते थे और in the open के लिए 'खुले आम' आदि स्थानापत्ति दोष हैं जो प्रायः विश्लेषण के स्तर पर दिखाई देते हैं। पंक्ति (6) और पंक्ति (12) में copulation के लिए 'मैथुन' और 'संभोग' दो भिन्न हिन्दी पर्याय दिए गए हैं, वे अंतरण के स्तर पर स्थानापति दोष है। इस प्रकार पंक्ति (13) में infinite के लिए भी 'अनेक विभिन्न' स्थानापत्ति दोष अंतरण के स्तर पर ही हुआ है। पुनर्रचना के स्तर पर पंक्ति (15) में Persuaded to believe के अनुवाद नहीं हुआ जो लोप दोष है। पंक्ति (9) में the most curious and shocking sex rites का अनुवाद 'विचित्र और चौंका देने वाले सेक्स प्रक्रियाओं तथा पंक्ति (15) में must be के लिए 'प्रतीत होती है' विकृति दोष है, जिनमें वाक्य संरचना अशुद्ध दिखाई देती है।

अनूदित पाठ (ख)

जब से मानव सभ्यता का उदय हुआ है तभी से काम बड़ा विवादास्पद विषय बन गया है। धर्मशास्त्र काम को पाप की संज्ञा देता है जबकि जीवविज्ञानी यह तर्क देते हैं कि काम मानव की शारीरिक आवश्यकता है। हाल में सांस्कृतिक नृविज्ञानियों द्वारा किए गए अनुसंधान से यह निष्कर्ष निकाला गया है कि आदि मानव के लिए काम पाप नहीं माना जा सकता है। चूँकि उस समय समाज की उत्पत्ति नहीं हुई थी। समाजशास्त्रियों के अनुसार समाज की उत्पत्ति के लिए काम को अपवित्र नहीं माना जा सकता। इसी से सामाजिक चेतना जाग्रत हुई है, काम को शरीर की प्राकृतिक भूख माना गया है जिस प्रकार मानव के लिए भोजन तथा आवास आवश्यक है। हरेक स्त्री अपनी काम वासना किसी भी समय किसी के द्वारा संतुष्ट करती थी।

इतिहास के जनक हीरोडोटूस का कहना है कि काम को धार्मिक कृत्य मानकर बड़े कौतूहल से पूरा किया जाता था। वह अपने इतिहास में उस बात को स्पष्ट रूप से स्वीकार करता है कि बेबीलोन में रहने वाली हर नारी विवाह पूर्व वेश्या होती थी। पाँचवीं शताब्दी ईसा से पूर्व भारत में मुक्त संभोग प्रचलित था। यह बात फिर भी हास्यास्पद लगती है कि 'जब हम भारत जैसे विशाल तथा विस्तृत रूप से फैले असंख्य प्रजातियों की विभिन्नता पर दृष्टि डालते हैं।'

फिर भी यह मानना पड़ेगा मानव सभ्यता की स्थिति 2500 वर्ष पूर्व यहाँ हुई तो हमें बाध्य होकर स्वीकार करना ही पड़ता है (करना ही पड़ेगा) कि इसमें कुछ-न-कुछ सच्चाई है।

अनूदित पाठ (ख) में पंक्ति (2) में biology के लिए जीवविज्ञानी, biological necessity के लिए 'प्राकृतिक भूख' स्थानापत्ति दोष है जो विश्लेषण के स्तर पर दिखाई देते हैं। पंक्ति, (2) में claims तथा contends का लोप है और पंक्ति (3) में anthropology के लिए जो 'सांस्कृतिक नृविज्ञानियों' हिन्दी पर्याय लिया गया है, उसमें स्थानापत्ति दोष तो है ही, साथ में 'सांस्कृतिक' अभिव्यक्ति वृद्धि दोष के रूप में मिलती है। ये लोप स्थानापत्ति और वृद्धि दोष अंतरण के स्तर पर हुए हैं। पंक्ति (6) अंग्रेजी अभिव्यक्ति Copulation with any woman at any time was the satisfaction of his body hunger को हिन्दी अनुवाद 'हरेक स्त्री अपनी काम वासना किसी भी समय किसी के द्वारा संतुष्ट करती थी' विकृति दोष से पूर्ण है। पंक्ति (9) में the most curious and shocking sex rites अंग्रेजी अभिव्यक्ति की हिन्दी अभिव्यक्ति 'काम को धार्मिक कृत्य मानकर बड़े कौतूहल से पूरा किया जाता था', में विकृति दोष है और

पंक्ति (15) में persuaded to believe की हिन्दी अभिव्यक्ति 'बाध्य होकर स्वीकार करना ही पड़ता है' में भी विकृति दोष है। ये विकृति दोष पुनर्रचना के स्तर पर दिखाई देते हैं।

अनूदित पाठ (ग)

सभ्यता के अभ्युदय काल से ही काम एक विवाद का विषय रहा है। धर्मविज्ञान का दावा है कि काम पाप है। जैविक विज्ञान का दावा है कि यह एक शारीरिक आवश्यकता है। लेकिन मानव विज्ञान के क्षेत्र में किए गए आधुनिक अनुसंधानों ने यह दिखा दिया है कि आदिम मानव के लिए काम पाप नहीं था, क्योंकि उस समय समाज और पाप नामक चीज़ नहीं थी परंतु समाजविज्ञान के अनुसार यह उस सामाजिक विवेक का उल्लंघन है जो समाज के विकास के साथ-साथ विकसित होता है। उसके लिए काम सामान्यतः एक जैविक भूख थी। किसी भी औरत के साथ किसी भी समय मैथुन करना उसकी शारीरिक भूख की संतुष्टि थी। अपनी आवश्यकताओं की संतुष्टि के लिए उसने भोजन और आवास ढूँढ़ निकाला।

इतिहास के जनक हिरोडौट्स ने प्राचीन जगत की अत्यंत विचित्र एवं वीभत्स रति अनुष्ठानों से कुछ विवरण प्रस्तुत किए हैं। उसने अपने इतिहास में इस बात का उल्लेख किया है कि बैबीलोन में प्रत्येक स्त्री को शादी से पहले वेश्या बनना पड़ता था और वह लिखता है कि उसके समय में (ईसवी 5वीं शताब्दी पूर्व) भारत में लोग खुले मैदान में मैथुन किया करते थे। यह हास्यास्पद प्रतीत होता है। लेकिन, जब हम इस देश के सुविस्तार एवं उसमें बसने वाली जातियों की अनंत विविधता पर विचार करते हैं और 2500 वर्ष की सभ्यता की अवस्था की थोड़ी देर के लिए कल्पना करते हैं तो हमें यह विश्वास करना ही करने के लिए बाध्य होना पड़ता है कि इसमें जरूर कुछ-न-कुछ सच्चाई है।

अनूदित पाठ (ग) के पंक्ति (2) में biology के लिए जैविक विज्ञान पंक्ति (12) में in the open अभिव्यक्ति के लिए हिन्दी में 'खुले मैदान में' पंक्ति (13) में expanse के लिए 'सविस्तार' आदि स्थानापत्ति दोष के अंतर्गत आते हैं। ये स्थानापत्ति दोष विश्लेषण अथवा अंतरण के स्तर पर हो सकते हैं। पुनर्रचना स्तर में पंक्ति (9-10) में the most curious and shocking sex rites का अनुवाद 'अत्यंत विचित्र एवं वीभत्स रति अनुष्ठानों' विकृति दोष है। इस प्रकार हम देखते हैं कि उपर्युक्त तीनों अनूदित पाठों में कहीं लोप दोष अधिक है तो कहीं स्थानापत्ति दोष और कहीं विकृति। वृद्धि दोष के एकाध उदाहरण प्राप्त हुए हैं।

जैसा कि पहले संकेत किया गया है कि अनुवाद दोष विश्लेषण की मूल संकल्पना पुनर्नुवाद से ही उद्भूत हुई है। अतः अनुवाद दोष का अध्ययन मूल पाठ तथा अनूदित पाठ में पाए जाने वाले अंतरों का विश्लेषण करने से होता है, जिसका श्रेष्ठ प्रमाण

पुनरनुवाद है। पुनरनुवाद से अनुवाद के गुण-दोष को जांचने के लिए एक अंतर्दृष्टि मिलती है। मूल पाठ में जो पाठ्य सामग्री थी, उसका अंतरण लक्ष्य भाषा में करने से सूचनाओं में किसी-न-किसी स्तर पर व्याघात पहुँचता है और लक्ष्य भाषा से पुनः स्रोत भाषा में अनुवाद करने के लिए इस प्रकार के व्याघातों की जानकारी मिलती है। वास्तव में, पुनरनुवाद एक भाषा-विशेष की विभिन्न विशेषताओं को जाँचने के लिए उपयोगी है और यह अनुवाद में निहित अर्थ का मूल्यांकन करने के लिए एक प्रणाली प्रस्तुत करता है। वह उन महत्त्वपूर्ण रूपों की जानकारी देता है, जो अर्थ को स्पष्ट करने में सहायक होते हैं। मूल पाठ और पुनरनूदित पाठ में दिखाई देने वाले अंतरों से यह पता चलता है कि स्रोत भाषा तथा लक्ष्य भाषा के भाषिक, परंपरागत, ऐतिहासिक, धार्मिक, मनोवैज्ञानिक तथा सामाजिक-सांस्कृतिक अभिलक्षण एक दूसरे को प्रभावित करते रहते हैं।

यहाँ एक उदाहरण दिया जा रहा है। प्रेमचंद की जिस कहानी 'सद्‌गति' का अनुवाद चीनी भाषा में हुआ और उसका पुनर्नुवाद हिन्दी में कराया गया तो उसमें वृद्धि, स्थानापत्ति तथा लोप दोष दिखाई दिए। इससे केवल मूल पाठ और पाठ में पाए जाने वाले विभिन्न दोषों को दिखाने का प्रयास किया गया है :

वृद्धि दोष

मूलपाठ (1) : दुखी ने सुबह से कुछ नहीं खाया था। उसे भी ज़ोर से भूख लगी, पर कहीं खाने चला जाए, तो पंडित जी बिगड़ जाएँ।

पुनरनुवाद (1क) : सुबह से दुची ने कुछ नहीं खाया। उसको बहुत भूख लग रही थी। **'लेकिन यहाँ खाने को क्या रखा था। घर यहाँ से एक मील दूर है,** यदि खाना खाने के लिए जाऊँगा, तो पंडित जी जरूर क्रोधित हो जाएँगे।'

पुनरनुवाद (1क) में रेखांकित वाक्य वृद्धि दोष के अंतर्गत आता है क्योंकि यह मूल पाठ में नहीं है और इस वाक्य के हटाने से अर्थ में कोई अंतर भी नहीं पड़ता।

स्थानापत्ति दोष

मूलपाठ (2) : दुखी—धीरे-धीरे बोलो भाई, कहीं सुन लें तो **आफत** आ जाए।

पुनरनुवाद (2क) : दुखी—आवाज़ कम करो, भाई, उनको सुनाई पड़ गया तो **सर्वनाश** हो जाएगा।

मूलपाठ (3) : उधर दुखी की लाश को खेत में गीदड़ और गिद्ध, कुत्ते और **कौए** नोच रहे थे। वहीं जीवन पर्यंत की भक्ति, सेवा और निष्ठा का **पुरस्कार** था।

पुनरनुवाद (3क) : जब भेड़िया, गिद्ध और कुत्ते दुची का मुरदा खा रहे थे। यही दुची की सारे जीवन की भक्ति, सेवा और निष्ठा का **फल** था।

मूलपाठ (2) और (3) के रेखांकित शब्दों में स्थानापत्ति दोष है। इसके अतिरिक्त पाठ (3क) में लोप दोष तथा अशुद्धि भी हैं। 'गीदड़' के लिए 'भेड़िया' शब्द आया है और मूल पाठ में 'कौए' शब्द का लोप हो गया है।

लोप दोष

मूल पाठ (4) : पंडित जी—भीतर आ गया, तो क्या हुआ, तुम्हारी कोई चीज़ तो नहीं छुई। धरती पवित्र है, **जरा-सी आग दे क्यों नहीं देती। काम तो हमारा ही कर रहा है।** कोई **लोनियाँ** यही लकड़ी फाड़ता तो कम से कम चार आने लेता।

पुनरनुवाद (4क) : उसका आना कोई बात नहीं। उसने कुछ नहीं छुआ। भूमि पवित्र होती है, अगर लकड़ी चीरने के लिए किसी को रखा जाए, तो कम से कम चार आना देना पड़ेगा।

मूल पाठ (5) : हाथ उठाए न उठते थे। पाँव काँप रहे थे, कमर सीधी न होती थी, आँखों तले अँधेरा हो रहा था, सिर में चक्कर आ रहे थे। **तितलियाँ उड़ रही थीं।** फिर भी अपना काम किए जाता था।

पुनरनुवाद (5क) : जब वह फिर उठ गया, तो उसके हाथ उठ न सके। दोनों पाँव काँप रहे थे, कमर भी सीधी नहीं हो रही थीं उसकी आँखों के सामने अँधेरा छाया था और सिर चक्कर खा रहा था। फिर भी उसे जोर से चीरते रहा।

मूल पाठ (4) और (5) की रेखांकित अभिव्यक्ति का पुनरनूदित पाठ में लोप हो गया है और कहीं-कहीं विकृति दोष भी आया है।

विश्लेषण के स्तर पर मूल पाठ की संरचना समझ न पाने के कारण भी संरचना संबंधी अशुद्धियाँ हो जाती हैं। उदाहरण के लिए;

विकृति दोष

मूल पाठ (6) : यह कहकर दुखी फिर संभल पड़ा और कुल्हाड़ी की चोट मारने लगा।

पुनरनुवाद (6क) : यह बात कहने पर दुची फिर कुल्हाड़ी उठाकर खराब जगह की मरम्मत करने लगा।

मूल पाठ (7) : ब्राह्मण लोग हम नीच जातों की तरह तमाखू थोड़े ही पीते हैं।

पुनरनुवाद (7क) : हम नीच जाति के लोग जो हुक्का पीते हैं वह ब्राह्मण लोग बहुत कम पीते हैं।

यहाँ मूलपाठ (6) में संभवतः चीनी अनुवादक ने यह समझा है कि कुल्हाड़ी को चोट लग गई। इसलिए कुल्हाड़ी की चोट की मरम्मत करनी है। मूल पाठ (7) में 'थोड़े ही' का अर्थ 'नहीं' समझा गया है। इसलिए यहाँ 'थोड़ा' का शाब्दिक अर्थ लेकर 'कम' शब्द दिया गया है। इस प्रकार विश्लेषण के स्तर पर यह विकृति दोष आया है।

इस प्रकार अनुवाद दोष विश्लेषण मूल्यांकन की एक पद्धति है, किंतु इसकी सार्थकता पुनरीक्षण के स्तर पर दिखाई देती है। इस विषय पर अभी तक कार्य नगण्य-सा हुआ है, विशेषकर हिन्दी तथा भारतीय भाषाओं में तो हुआ ही नहीं। इसलिए एक प्रामाणिक, वस्तुनिष्ठ और सुव्यवस्थित पद्धति के रूप में अनुवाद दोष विश्लेषण उभर कर नहीं आ पाया।

पुनरनुवाद : अनुवाद मूल्यांकन का एक मानदंड

पुनरनुवाद से अभिप्राय स्रोत भाषा से लक्ष्य भाषा में अनुवाद करना और उसी अनूदित पाठ का स्रोत भाषा में पुनः अनुवाद करना है। ये दोनों अनुवाद अलग-अलग व्यक्ति करते हैं। इसे अंग्रेजी में Back Translation कहते हैं। यह अनुवाद का तीसरा कदम है। दूसरे शब्दों में, मूल भाषा (अंग्रेजी मूल पाठ) से लक्ष्य भाषा(हिन्दी में अनूदित पाठ) से दोबारा मूल भाषा (अंग्रेजी में अनूदित) पाठ में रूपांतरण ही पुनरनुवाद है। यह अनुवाद मूल्यांकन की एक कसौटी है, जिसमें स्रोत भाषा में किए गए पुनः अनूदित पाठ की तुलना मूल पाठ से की जाती है। पुनरनुवाद से अनुवाद के गुणों के प्रति अंतर्दृष्टि मिलती है। आर. डब्ल्यु ब्रिसलिन और एच.सी. बैरिक ने लक्ष्य भाषा से स्रोत भाषा में किए गए पुनरनुवाद को दोषहीन स्वीकार किया है, किंतु यह स्थिति सही नहीं है, क्योंकि यदि पुनरनुवाद में कोई दोष हो तो वह मूल अनुवादक के अनुवाद के कारण भी हो सकता है। इसके अतिरिक्त एक अन्य बात यह है कि मूल पाठ और पुनरनूदित पाठ की तुलना प्रायः भाषायी स्तर पर होती है। अतः सूचनापरक साहित्य के शब्दानुवाद में अनुवाद प्रक्रिया के अंतर्गत दो बार गुज़रने के पश्चात वही अभिव्यक्ति मिल सकती है, किंतु साहित्यिक अनुवाद अर्थात् भावानुवाद में वही अभिव्यक्ति मिल पाना कठिन है। इसी बात की ओर भारतीय विद्वान रघुनाथ राव ने संकेत करते हुए कहा था कि उच्चकोटि की साहित्यिक कृतियों पर इसे लागू नहीं किया जा सकता। उन्होंने संस्कृत नाटक 'अभिज्ञान शांकुतलम' के मोनियर विलियम्स के अंग्रेज़ी अनुवाद का उदाहरण देते हुए कहा कि यदि इस अनूदित नाटक का संस्कृत में पुनः अनुवाद कराया जाए तो मूल कृति उपलब्ध नहीं होगी। अतः पुनरनुवाद का मानदंड सर्जनात्मक साहित्य पर लागू नहीं किया जा सकता। इसके अतिरिक्त रघुनाथ राव का यह भी मत है कि पुनरनुवाद द्वारा मूल पाठ की पुनः प्राप्ति सजातीय भाषाओं में तो हो सकती है, किंतु विजातीय भाषाओं में नहीं, क्योंकि अभिव्यक्ति के स्तर पर अलग-अलग भाषाओं की संरचना और उसकी बुनावट अलग-अलग होती है। कथ्य के स्तर पर उनके सामाजिक-सांस्कृतिक परिवेश भी अपने-अपने होते हैं। इस प्रकार पुनरनुवाद में शाब्दिक अनुवाद की वाक्यपरक संरचना तो काफी हद तक सही और सटीक मिल सकती है, किंतु भावानुवाद और साहित्यिक अनुवाद में ऐसा संभव नहीं हो पाता। उदाहरण के लिए;

मूल पाठ : Leaks occurring beyond relief valve could cause from indication of low oil pressure.

अनूदित पाठ : विमोचन कपाट के बाहर यदि तेल चू रहा हो तो तेल के निम्न निपीड़ के होने से वह कार्य कर सकता है।

पुनरनूदित पाठ : If oil is leaking at the outside of the pressure relief valve, it can activate the warning of oil low pressure.

मूल्यांकन के स्तर पर पुनरनुवाद अनुवाद दोष विश्लेषण में अधिक कारगर सिद्ध हो सकता है। इससे विभिन्न अनुवादों के स्तर-क्रम की जानकारी मिल सकती है कि कौन-सा अनुवाद अच्छा है और कौन-सा निकृष्ट। इससे भाषा की संरचना अथवा वाक्य-विन्यास के प्रकारों का पता चलता है और शब्द-प्रयोगों से यह भी जानकारी मिलती है कि किसका अनुवाद सही नहीं हो पाया। यदि वाक्य-विन्यास अथवा शब्द-प्रयोग में कोई कठिनाई आती है तो इसका अभिप्राय मात्र अनुवाद की कठिनाई नहीं, वरन् भाषा की कठिनाई भी हो सकती है। इससे यह भी पता चलता है कि शब्दगत, वाक्यपरक और मनोवैज्ञानिक अभिलक्षण एक-दूसरे को प्रभावित करते हैं और इसीलिए अनुवादक को पाठ का अध्ययन उसी लक्ष्य भाषा के अनुरूप करना पड़ता है। पुनरनुवाद से अंतरभाषिक संरचनात्मक विभेदों का संकेत मिलता है तथा भाषा-विशेष और पाठ-विशेष की सार्वभौमिक विशिष्टताओं के भेदों को जानने में सहायता मिलती है। इसीलिए अनुवाद के लिए अंतरण प्रक्रिया की आलोचनात्मक विधि का पता चलता है कि स्रोत भाषा और लक्ष्य भाषा के पाठ में अनुवाद करते हुए क्या-क्या प्रक्रियाएँ अपनानी पड़ती हैं। इस दोहरी अनुवाद प्रक्रिया से अंतरभाषिक संबंधों तथा शैलीगत रूपों का दिशापरक विवरण मिलता है। इस प्रकार पुनरनुवाद भाषा-विशेष की विशिष्टताओं के परीक्षण और जाँच के लिए उपयोगी भूमिका निभाता है। मूल्यांकन का एक कारगर साधन और मानदंड होने के कारण इससे मूल्यांकन संबंधी रणनीतियों का पता लगाया जाता है, जिसमें अर्थ समाविष्ट होता है। अतः पुनरनुवाद एक व्यावहारिक मानदंड है, जो अनुवाद मूल्यांकन के लिए उपयोगी और सार्थक सिद्ध हो सकता है।

पुनरनुवाद की प्रामाणिकता, सार्थकता और व्यावहारिकता की पुष्टि के लिए प्रस्तुत पुस्तक के लेखक के निर्देशन में एक चीनी छात्र च्याओ श्याओ शू ने पुनरनुवाद के आधार पर प्रेमचंद की कहानी 'सदगति' का अध्ययन किया। प्रेमचंद की मूल कहानी 'सदगति' के चीनी अनुवाद का हिन्दी में पुनः अनुवाद किया गया। मूल कहानी और पुनरनूदित कहानी के अध्ययन से चीनी और हिन्दी की भाषायी भिन्नता तथा चीन और भारत की अपनी-अपनी सामाजिक-सांस्कृतिक विशिष्टता के कारण पुनरनुवाद की अनेक समस्याएँ उत्पन्न हुईं। इस अध्ययन में इन समस्याओं का विवेचन दो दृष्टियों से किया गया—एक, भाषायी और दो, सामाजिक-सांस्कृतिक।

1. भाषायी दृष्टि

अनुवाद करते समय दो या दो से अधिक भाषाओं के बीच समतुल्यता स्थापित करने का जो प्रयास होता है, वह ध्वनि, रूप, वाक्य आदि स्तरों पर होता है। इस समतुल्यता को स्थापित करते समय कुछ-न-कुछ परिवर्तन करना पड़ता है। इसलिए यह अध्ययन ध्वनि, रूप, शब्द तथा वाक्य के स्तर पर किया गया है।

(क) ध्वनि के स्तर पर : साहित्यिक अनुवाद में सामान्यतः ध्वन्यात्मक अनुवाद अर्थात् ध्वनि के स्तर पर बहुत कम होता है। प्रस्तुत कहानी के चीनी अनुवाद में घासीराम, झुरिया जैसे व्यक्तिवाचक संज्ञापदों; तथा सेर, मन जैसे संख्यावाचक संज्ञापदों का ध्वन्यात्मक अनुवाद किया गया है। पुनरनुवाद में ध्वन्यात्मक अनुवाद से मूल पाठ की तुलना में काफी अंतर मिला है। निम्नलिखित विश्लेषण में मूल पाठ की ध्वनियाँ तथा पुनरनुवाद पाठ की ध्वनियाँ हैं; जिनमें कुछ हद तक चीनी-हिन्दी ध्वन्यात्मक अंतर का पता चलता है। उदाहरण के लिए;

मूल पाठ		पुन.पाठ
दुखी	⇒	तुची
झुरिया	⇒	छोलिया
झुरी	⇒	छोली
सेर	⇒	सीअर
पाव	⇒	पाकू
घासीराम	⇒	चाशलाम
फरलाँग	⇒	फूलून

इस प्रकार मूल पाठ तथा पुनरनूदित पाठ में जो अंतर मिलता है, उसके कई कारण हो सकते हैं; जैसे—

(अ) प्रत्येक भाषा की अपनी ध्वनि-संरचना होती है। चीनी भाषा में सघोष व्यंजन मूल रूप में नहीं होते हैं। जो सघोष व्यंजन माने गए हैं, वे केवल म्ह, न्ह और ङ्ह हैं जबकि हिन्दी के 16 सघोष व्यंजन हैं। हिन्दी के अघोष व्यंजन चीनी के अघोष व्यंजन जैसे ही हैं। हिन्दी में पुनरनुवाद करते समय सघोष और अघोष की समस्या पैदा होती है कि किस ध्वनि को दिया जाए। उदाहरण के लिए; दुखी-तुची में द-त और झूरी-छोली में झ-छ इसी कारण बने हैं।

(आ) चीनी भाषा में लुंठित तथा उत्क्षिप्त व्यंजन नहीं हैं। 'र' और 'ल' दोनों के लिए एक ही ध्वनि 'ल' है। इसी कारण 'झुरिया' के 'र' का रूपांतरण 'ल' हो गया।

(इ) हिन्दी में 'इ' और 'ई' तथा 'उ' और 'ऊ' अलग-अलग स्वर हैं, जब कि चीनी भाषा में ह्स्व और दीर्घ स्वरों में अंतर नहीं होता। अतः मूल पाठ के 'झूरिया' शब्द के लिए चीनी ध्वनि प्रक्रिया में कम से कम चार रूप हो सकते हैं—छुलिया, छूलिया, छुलीया तथा छूलिया।

(ई) हिन्दी आक्षरिक-स्वनिमिक भाषा है जब कि चीनी रूपिमिक भाषा है, जिसका ध्वन्यात्मक रूप केवल चिह्न मात्र है। अतः चीनी भाषा में जिस ध्वनि का अनुकूल रूप नहीं होता; उसका सहज ध्वन्यात्मक अनुवाद नहीं किया जा सकता, यद्यपि चीनी भाषा में ऐसी ध्वनि होती है; जैसे—'दुखी' में 'खी' चीनी ध्वनि में हो सकती है। लेकिन ऐसा उच्चरित किया जाने वाला रूप नहीं, इसलिए 'खी' को 'ची' में बदलना पड़ा और 'झूरिया' से 'छोलिया' का परिवर्तन भी इसी कारण हुआ।

(ख) रूप के स्तर पर : चीनी और हिन्दी दो भिन्न भाषा-परिवारों की भाषा होने के कारण इन में रूप अर्थात् रूपिम की संकल्पना भी भिन्न है। अधिकतर भाषाओं में मुक्त और आबद्ध दोनों रूपिम मिलते हैं। हिन्दी में 'पंडित' मुक्त रूपिम है, इसमें आबद्ध रूपिम 'आइन' लगने पर 'पंडिताइन' शब्द बन जाता है। अधिकतर विद्वानों के मतानुसार चीनी भाषा में आबद्ध रूपिम नहीं है। चीनी शब्द के अधिकतर रूप दो तत्त्वों से बनते हैं—एक अर्थसूचक तत्व जो शब्द का अर्थ बताते हैं और दूसरा अक्षर का उच्चारण बताते हैं, जैसे चीनी शब्द 'फ़ान' का एक भाग बायाँ है जो अर्थसूचक तत्त्व है। इससे पता चलता है कि यह शब्द 'खाने' से संबंधित है तथा उसका दूसरा भाग, जो दायाँ है वह ध्वनिसूचक तत्त्व है। यद्यपि आजकल चीनी भाषा में द्विअक्षर (द्विरूप) अथवा बहुअक्षर (बहूरूप) शब्द अधिकाधिक पढ़ने को मिलते हैं। सामान्य रूप में ये संयुक्त शब्द माने गए हैं।

हिन्दी की तुलना में चीनी रूप की एक विशेषता और भी है कि अधिकतर चीनी शब्द उभयपरक हैं तथा उनमें वचन और लिंग संबंधी व्याकरणिक रूप नहीं मिलते। उदाहरण के लिए; हिन्दी में 'किताबें' किताब का बहुवचन रूप है, जबकि चीनी में किताब (शू) का बहुवचन अर्थ बताने के लिए 'शू' के पहले 'हतुअ' (बहुत) जोड़ा जाता है। इसी प्रकार हिन्दी में 'ग्रंथ' तथा 'पुस्तक' दोनों में लिंग भेद है अर्थात् 'ग्रंथ' पुल्लिंग है और 'पुस्तक' स्त्रीलिंग है, जब कि चीनी में केवल एक शब्द 'शू' होता है, जो उभयपरक है।

इन भिन्नताओं के कारण रूप के स्तर पर दोनों भाषाओं में समतुल्यता मिल पाना काफ़ी कठिन है। अतः चीनी और हिन्दी के रूपों की समतुल्यता सदैव अर्थ के आधार पर होती है। मूल पाठ तथा पुनरनूदित पाठ की तुलना करने पर इस प्रकार के कुछ उदाहरण मिलते है; जैसे—

मूल पाठ		**पुन.पाठ**
पंडित	⇒	धर्म-पिता
पंडिताइन	⇒	धर्म-माता
ठाकुर	⇒	ज़मींदार
ठाकुराइन	⇒	ज़मींदार की बीवी
खाट	⇒	चारपाई
खटिया	⇒	छोटी चारपाई

(ग) **शब्द के स्तर पर :** चीनी-हिन्दी दोनों भाषाओं की परस्पर समतुल्यता प्रायः अर्थ के आधार पर होती है, न कि रूप के स्तर पर। अतः हिन्दी-चीनी-हिन्दी के पुनरनुवाद में अर्थ के अनुसार शब्द-चयन का महत्त्व और बढ़ जाता है। शब्द-चयन की समस्या तीन दृष्टियों से देखी जा सकती है :

(अ) बोलचाल रूप एवं मानक रूप : हिन्दी और चीनी में जहाँ बोलचाल का रूप मिलता है, वहाँ मानक रूप भी उपलब्ध है, किंतु इन दोनों भाषाओं की अपनी विशेषताएँ भी हैं। उदाहरण के लिए; हिन्दी में 'नेम-धरम' बोलचाल की भाषा में मिलता है, जबकि 'धर्म-नियम' मानक भाषा में है। अनुवाद करते समय यह आवश्यक नहीं है कि स्रोत भाषा के मानक और बोलचाल की भाषा के शब्दों के समतुल्य शब्द लक्ष्य भाषा में मिलें। अतः हिन्दी 'नेम-धरम' शब्द के लिए चीनी भाषा में जो समतुल्य शब्द होगा, उसका पुनरनुवाद 'धर्म-नियम' शब्द होना स्वाभाविक है। इसी प्रकार चीनी भाषा के भाषायी तथा सामाजिक पक्षों के प्रभाव के कारण मूल पाठ से पुनरनूदित पाठ में अंतर पड़ने के अन्य उदाहरण इस प्रकार हैं :

मूल पाठ		**पुन.पाठ**
धरम	⇒	धर्म
पवित्तर (पबित्तर)	⇒	पवित्र
ब्राहमन (बाम्हन)	⇒	ब्राह्मण

(आ) क्षेत्रीय रूप तथा मानक रूपः क्षेत्रीय बोली के शब्दों से भाषा की शब्द-संपदा में वृद्धि होती है। इसके अतिरिक्त बोली के प्रभाव से शब्दों के उच्चारण में भी अंतर आ जाता है। क्षेत्रीय बोली में जो भेद मिलता है, उसे पुनरनुवाद में उसी प्रकार पुनः स्थापित करना संभव नहीं है। इसी कारण उसका मानक रूप ही आता है। वास्तव में मूल पाठ और पुनरनूदित पाठ के बीच अंतर आ जाना स्वाभाविक है। उदाहरण के लिए;

मूल पाठ		**पुन.पाठ**
उपले	⇒	गोबर
सीधा	⇒	दान
नोन	⇒	नमक
खुटिये	⇒	हंसिया
बरोटे	⇒	बैठ

(इ) शैलीगत भेदः स्रोतभाषा के शैलीगत भेद के कारण लक्ष्य भाषा में अंतर आ जाना स्वाभाविक है। हिन्दी में संस्कृतनिष्ठ हिन्दी, अरबी-फारसी मिश्रित हिन्दी (उर्दू) और सामान्य बोलचाल की हिन्दी (हिन्दुस्तानी) आदि तीन भिन्न शैलियाँ मिलती हैं, जो अपनी सांस्कृतिक अस्मिता के कारण भिन्न हैं। इस प्रकार का शैली

भेद चीनी भाषा में नहीं मिलता। अतः पुनरनुवाद करते समय हिन्दी अनुवादक के सामने भी वही समस्या आ जाती है, जो चीनी अनुवादक के सामने भी थी। उदाहरण के लिए;

मूल पाठ		पुन.पाठ
मांझ	⇒	शाम
तामील करना	⇒	पालन करना
ताकत	⇒	शक्ति
जलपान	⇒	नाश्ता
तहकीकात	⇒	जाँच
अकल	⇒	बुद्धि
आफ़त	⇒	सर्वनाश
दम	⇒	शक्ति
मनहूस	⇒	अशुभ

इसके अतिरिक्त अन्य व्यक्तिगत, सामाजिक और प्रयोजनपरक स्थितियों के कारण विभिन्न शैलियाँ मिलती हैं, जो अनुवाद तथा पुनरनुवाद के संदर्भ में देखी जा सकती हैं। वे इस प्रकार हैं :

मूल पाठ		पुन.पाठ
आइना	⇒	शीशा
हृदय	⇒	मन
श्रद्धा	⇒	आदर
गलती	⇒	भूल
दया	⇒	सहानुभूति

यह भी ध्याननीय है कि मूल कृति में 'सराय' शब्द के स्थान पर जो शब्द पुनरनुवाद में आया है, वह 'होटल' के रूप में आया है।

(घ) वाक्य के स्तर पर : वाक्य में अर्थ एवं भाव सन्निहित होता है अर्थात् सतही स्तर पर वाक्य एक रूप होता है, जिसमें अर्थ एवं भाव गहन स्तर पर निहित हो सकता है। एक ही अर्थ एवं भाव विभिन्न भाषाओं में विभिन्न रूप ग्रहण कर सकते हैं, क्योंकि किन्हीं दो भाषाओं की संरचना कभी एक-सी नहीं होती। यदि अनुवाद-पुनरनुवाद के संदर्भ में देखा जाए, तो ऐसी समस्या खड़ी हो सकती है, क्योंकि संरचना चाहे वह वाक्य-रूप ही क्यों न हो, उसके परिवर्तन से अर्थ या भाव में भी कुछ-न-कुछ परिवर्तन अवश्य आ जाता है। निम्नलिखित उदाहरणों से देखा जा सकता है कि हिन्दी-चीनी के पुनरनुवाद में वाक्य के स्तर पर कौन-सा परिवर्तन हो सकता है।

(अ) **पदक्रमः** चीनी और हिन्दी की वाक्य-संरचना में अंतर है। चीनी की वाक्य संरचना है : कर्ता - क्रिया - कर्म। हिन्दी की वाक्य-संरचना में कर्ता - कर्म - क्रिया है, जो अपने-आप में अलग है। इन्हें निम्नलिखित उदाहरणों से समझा जा सकता है;

हिन्दी - पंडित घासीराम ईश्वर के परम भक्त थे।

चीनी - व्यौफू चाशलाम जः शंत चूंकूशः सीथूं।
(पंडित घासीराम हो ईश्वर का परम भक्त)

हिन्दी - दुखी फौरन हुक्म की तामील करने लगा।

चीनी - तुची लीशः चीश्यींकू मीक् सीकूं।
(दुखी फौरन तामील हुक्म)

प्रत्येक भाषा में बल आदि देने के लिए वाक्य संरचना के पदक्रम में परिवर्तन होता रहता है, जिससे सामान्य नियमों का अतिक्रमण होता है। मूल पाठ में जिस उद्देश्य के लिए संरचना में परिवर्तन किया गया है, अनुवाद करते समय उसी उद्देश्य को प्रकट करने के लिए उसी प्रकार की संरचना को लाना संभव नहीं है। पुनरनुवाद करते समय भी यही स्थिति पैदा होती है। अतः मूल पाठ और पुनरनुवाद पाठ में सदैव अंतर रहता है। उदाहरण के लिए;

मूल- फिर झौवे को उठाता कौन?

पुनरः- पर कौन टोकरा उसके सिर पर रखता?

मूल- ला तो डंडा, पत्ते तोड़ लूँ।

पुनरः- डंडा लाओ, मैं पत्ते तोड़ने जाऊँ।

मूल- उधर दुखी की लाश को खेत में गीदड़ और गिद्ध, कुत्ते और कौए नोच रहे थे। यही जीवन पर्यंत की भक्ति, सेवा और निष्ठा का पुरस्कार था।

पुनरः- अब भेड़िया, गिद्ध और कुत्ते तूची का मुर्दा खा रहे थे। यही तुची के सारे जीवन की भक्ति, सेवा और निष्ठा का फल था।

इस प्रकार मूल पाठ में दिए जाने के कारण बोलचाल में जिस संरचना का प्रयोग होता है, उसका रूप अनुवाद करते समय प्रायः लुप्त हो जाता है।

(आ) **वाक्य रूपांतरण :** सरल वाक्य, मिश्र वाक्य तथा संयुक्त वाक्य चीनी तथा हिन्दी दोनों भाषाओं में मिलते हैं। दोनों भाषाओं की अभिव्यक्ति-पद्धति के कारण वाक्य के ये तीनों प्रकार भी परस्पर बदलते रहते हैं। समीक्ष्य कहानी के पुनरनुवाद के अनुसार वाक्य के प्रकार का परिवर्तन निम्न ढंग से हो सकता है :

(1) सरल वाक्य ⇒ संयुक्त वाक्य

मूल- उसे खाली हाथ देखकर तो बाबा दूर ही से दुत्कारते।

पुनरः- पंडित जी ने उसको खाली हाथ आते देखा, तो जरूर दूर से उसको दुत्कार देंगे।

मूल- दुखी ने जरा चिंतित होकर कहा..................

पुनरः- दुची को परेशानी होने लगी, बोला.........

(2) सरल वाक्य ⇒ मिश्र वाक्य

मूल- अब पंडित जी ने उसे दिक करना उचित न समझा।

पुनरः- पंडित जी को अब शर्म भी लग रही थी कि अगर तुची को और कष्ट दे।

(3) दो सरल वाक्य ⇒ एक सरल वाक्य

मूल- तब तक मैं भोजन कर लूँ। फिर ज़रा आराम करके चलूँगा।

पुनरः- मैं खाने के बाद थोड़ा आराम करके जाऊँगा।

(4) मिश्रित वाक्य ⇒ सरल वाक्य

मूल- तू तो कभी ऐसी बात कह देती है कि देह जल जाती है।

पुनरः- तुम हमेशा ऐसी बेवकूफी की बातें कह कर गुस्सा चढ़ाती हो।

मूल- लड़के को ऐसा पीटा कि आज तक टूटा हाथ लिए फिरता है।

पुनरः- उनके मारने से उनके बच्चे की बाँह अभी तक ठीक नहीं हुई।

(5) मिश्र वाक्य ⇒ दो सरल वाक्य

मूल- कुछ खाने को मिला कि बस काम कराना जानते हैं।

पुनरः- खाने के लिए कुछ दिया होगा क्या? उसको केवल इतना मालूम है कि अपने लिए दूसरे को काम कराए।

(6) मिश्र वाक्य ⇒ संयुक्त वाक्य

मूल- ऐसा न हो (कि) कहीं चले जाएँ।

पुनरः- देर से जाएँगे तो वह बाहर चले जाएँ।

(7) संयुक्त वाक्य ⇒ सरल वाक्य

मूल- दोनों अपने-अपने काम से फुर्सत पा चुके, तो चमारिन ने कहा...........

पुनरः- काम खत्म हो जाने के बाद आराम करते हुए दुची की पत्नी कहने लगी.........

मूल- आज वह पूजन गृह से निकले, तो देखा दुखी चमार घास का एक गट्ठा लिए बैठा है।

पुनरः- आज देवता-गृह से निकलते ही उसने चमार दुची को घास का एक गट्ठा लिए बैठा देखा।

इस प्रकार पुनरनुवाद करते समय व्याख्यात्मक प्रभाव के कारण पुनरनूदित पाठ के वाक्य की तुलना में लंबे हैं। अतः व्याकरण की दृष्टि से मूल पाठ के वाक्यों से उनका परस्पर व्याकरणिक संबंध स्पष्ट दिखाई देता है। यह बताने की आवश्यकता नहीं कि वह चीनी भाषा की अभिव्यक्ति पद्धति से प्रभावित भी हो गया है।

(इ) कर्मवाच्य-कर्तृवाच्य : चीनी और हिन्दी दोनों भाषाओं में कर्म वाच्य भी मिलते हैं, किंतु अनुवाद करते समय मूल पाठ के वाक्यों के परस्पर संबंध अधिक स्पष्ट करने के लिए कर्मवाच्य उस भाषा की अपनी संरचनात्मक विशेषता के कारण कभी-कभी कर्तृवाच्य में बदल जाते हैं। ऐसी स्थिति में मूल पाठ के वाक्यों तथा पुनरनूदित वाक्यों के बीच अंतर भी पड़ता है। उदाहरण के लिए;

मूल- अकेले भरा हुआ झौवा उससे न उठ सकता था।

पुनरः- वह अपने आप भूसा भरा टोकरा सिर पर नहीं रख सकता।

मूल- तुम्हारी कोई चीज़ तो नहीं छुई।

पुनरः- उसने तुम्हारा कुछ नहीं छुआ।

मूल- कहीं से खटिया न मिल जाएगी।

पुनरः- क्या कहीं से एक छोटी चारपाई भी नहीं ले सकते।

इस प्रकार ध्वनि, रूप, शब्द और वाक्य स्तरों पर पुनरनुवाद करते हुए यह देखा गया है कि दोनों भाषाओं के भाषायी अभिलक्षण भिन्न प्रकार के मिलते हैं, अतः पुनरनुवाद करते समय अनुवादक मूल पाठ के अभिलक्षण के अनुसार पुनर्स्थापित करने का प्रयास करता है।

2. सामाजिक-सांस्कृतिक समस्या

अनुवाद और पुनरनुवाद करते समय न केवल भाषिक कठिनाइनों का सामना करना पड़ता है, वरन् दोनों भाषाओं के भिन्न सामाजिक और सांस्कृतिक परिवेश को भी देखना पड़ता है। पुनरनुवाद अनुवाद की अपेक्षा और अधिक जटिल तथा कठिन है, क्योंकि पुनरनुवाद के लिए जिस पाठ को लिया जाता है, वह एक दूसरी संस्कृति के अभिलक्षणों को कुछ-न-कुछ, चाहे न्यून मात्रा में क्यों न हो, समेट लेता है। यदि पुनरनुवाद में ऐसे समतुल्य शब्द लाने का कौशल नहीं हैं तो जो पुनरनुवाद किया गया है, वह मूल पाठ से, विशेषकर मूल पाठ की संस्कृति से मेल नहीं खाता।

इसका अध्ययन निम्नलिखित स्तरों पर देखा जा सकता है।

(क) सर्वनाम की समस्या : हिन्दी में मध्यम पुरुष सर्वनामों 'तू, तुम तथा आप' का प्रयोग सामाजिक स्तर, शैलीगत, जातिगत, आयु, पारिवारिक संबंधों आदि के आधार पर हो सकता है। इस प्रकार का भेद 'तू' और 'तुम' चीनी भाषा में नहीं मिलता, यद्यपि 'आप' के लिए एक विशेष शब्द हो सकता है। दूसरी ओर, हिन्दी भाषा में अन्य पुरुष सर्वनाम का बहुवचन रूप आदरसूचक एक वचन भी हो सकता है किंतु चीनी में इस प्रकार का रूप नहीं मिलता। अतः हिन्दी से चीनी में अनुवाद करते समय इस प्रकार का भेद लुप्त हो जाता है, जिससे पुनरनुवाद करते समय बाधा उत्पन्न होती है। उदाहरण के लिए;

मूल- लेकिन यह तो सोच, बैठेंगे किस चीज़ पर।
पुनरः- लेकिन तुम यह तो सोचो कि वह आकर कहाँ बैठेगा।
मूल- वह (पंडित जी) हमारी खटौली पर बैठेंगे नहीं।
पुनरः- पंडित जी हमारी छोटी चारपाई पर बैठेगा नहीं।

(ख) सांस्कृतिक शब्दावली की समस्या : हिन्दी और चीनी भाषा अपनी-अपनी संस्कृति में पली हैं। अतः उनकी सामाजिक एवं सांस्कृतिक शब्दावली अलग-अलग होगी। यह आवश्यक नहीं कि हिन्दी की सांस्कृतिक शब्दावली के समतुल्य शब्द चीनी भाषा में भी मिले, इसलिए चीनी में अनुवाद करते समय हिन्दी के कई ऐसे सांस्कृतिक शब्द हैं, जिसकी व्याख्या की गई है या उनके निकटतम समतुल्य शब्द लाने का प्रयास किया गया है। अतः पुनरनुवाद में अनुवादक के सामने भी वही समस्या आ जाती है, जो चीनी अनुवादक के सामने खड़ी हुई होगी। निकटतम समतुल्य शब्दों के कुछ उदाहरण नीचे दिए जा रहे हैं—

मूल पाठ		**पुन.पाठ**
ईशोपासना करना	⇒	प्रार्थना करना
ठाकुरजी की मूर्ति	⇒	ईश्वर की मूर्ति
जजमान	⇒	दानवीर
पूजन-गृह	⇒	देवता-गृह

व्याख्यानुवाद के उदाहरण से अर्थ निम्न प्रकार से हैं—

मूल पाठ		**पुन.पाठ**
पंडिताई बाना	⇒	ब्राह्मण वस्त्र
दुर्गापाठ	⇒	मन शांत करने वाला मंत्र
आरती करना	⇒	दीपक का चक्कर लगाना
साष्टांग दंडवत करना	⇒	शरीर के पाँचों अंग धरती पर लगाकर आदर देना।

(ग) **समाज-विशेष शब्दावली की समस्याः** पुनरनुवाद में धार्मिक क्रिया-कलापों के साथ-साथ 'शराब' शब्द का प्रयोग किया गया है, जो हिन्दी भाषा भाषियों में स्वीकार्य नहीं है। मूल पाठ में 'भंग छानना' का प्रयोग मिलता है, जिसमें शराब जैसी मादकता तो है लेकिन उस शराब को जिस प्रकार अपवित्र या त्याज्य माना गया है, भाँग को उस प्रकार नहीं माना गया है। यह भी ध्यान में रहे कि 'भाँग' धार्मिक पूजा पाठ के समय प्रयुक्त नहीं होती। मादक चीजों के लिए चीनी भाषा में एक सामान्य शब्द है—'च्यो' (शराब), जिसे संयोग से चीन में सांस्कृतिक या धार्मिक अनुष्ठानों में भी प्रायः पिया जाता है। इसीलिए चीनी अनुवाद में भाँग के लिए 'शराब' रखा गया है। पुनरनुवाद में भारतीय संदर्भ में जब यह 'च्यो' शब्द 'पूजा की शराब' के रूप में पुनः आया तो वह हास्यास्पद-सा हो गया। इस प्रकार सामाजिक अभिलक्षण की भिन्नता के कारण अन्य उदाहरण* इस पुनरनुवाद में मिलते हैं-

मूल पाठ		**पुन.पाठ**
चमार	⇒	चमड़े से संबंधित काम करने वाला
चमारिन	⇒	चमड़े से संबंधित काम करने वाले की पत्नी
चमरौने	⇒	चमड़े से संबंधित काम करने वालों की बस्ती
पासी	⇒	पक्षी पकड़ने वाला
लोनी	⇒	लकड़ी चीरने वाला
धोबी	⇒	कपड़ा धोने वाला

इस प्रकार यह स्पष्ट हो जाता है कि यद्यपि चीनी अनुवाद में निकटतम समतुल्य शब्द लाने का प्रयास किया गया है फिर भी मूल शब्दों का कुछ-कुछ अर्थ लुप्त हो गया है जिसका प्रभाव पुनरनूदित पाठ पर भी पड़ा है; जैसे, चमार के लिए 'चमड़े से संबंधित काम करने वाला' रखने पर चमार का जातिगत अर्थ नहीं है। इसका कारण यह है कि चीन में इस प्रकार की कोई जाति व्यवस्था नहीं है। तत्कालीन हिन्दी समाज में कई बार जाति के नाम पर गाली दी जाती थी, किंतु उसका चीनी अनुवाद सही नहीं हो पाया। उसकी केवल व्याख्या ही हुई है।

(घ) **मुहावरों की समस्या :** मुहावरों की समस्या भी पुनरनुवाद में एक बहुत कठिन समस्या खड़ी करती है। वास्तव में पुनरनुवाद करते समय तीन स्थितियों का सामना करना पड़ता है। पहली स्थिति यह है कि मूल पाठ के मुहावरे की समतुल्य अभिव्यक्ति न होने के कारण व्याख्यात्मक अनुवाद किया गया है। दूसरी स्थिति में मूल पाठ के मुहावरे का अनुवाद लक्ष्यभाषा के मिले-जुले मुहावरों से किया गया है और तीसरी स्थिति

* इन उदाहरणों में कुछ शब्द आज अप्रचलित और त्याज्य हैं, किंतु प्रेमचंद के युग में इन शब्दों का प्रायः प्रयोग होता था। इसी कारण प्रेमचंद ने तत्कालीन समाज की बुरी स्थिति को उजागर करने के लिए इन शब्दों का प्रयोग किया था।

में मूल पाठ में जो अभिव्यक्ति मुहावरे की नहीं, लेकिन अनूदित पाठ सुंदर बनाने के लिए लक्ष्य भाषा के मुहावरे प्रतिस्थापित किए गए हैं। इनके उदाहरण इस प्रकार हैं—

(1) **मूल पाठ**		**पुन.पाठ**
हाथ पैर जोड़ना	⇒	प्रार्थना करना
मूँछों पर ताव देना	⇒	घमंडपूर्ण
हाय-हाय करना	⇒	रोना

(2) **मूल पाठ**		**पुन.पाठ**
गला पकना	⇒	गला बैठना
पसीने में तर होना	⇒	पसीना-पसीना होना

(3) **मूल पाठ**		**पुन.पाठ**
लोहे से लोहा लेना	⇒	सख्त वाले से सख्त वाले का मुकाबला (चीनी मुहावरा)
श्रीमुख	⇒	वंसत की हवा भरे मुख (चीनी मुहावरा)

इस प्रकार पुनरनुवाद में कई बार मूल पाठ के मुहावरों की पुनर्स्थापना असंभव-सी हो जाती है। अतः यह कहा जा सकता है कि अनुवाद के मूल्यांकन के एक मानदंड के रूप में पुनरनुवाद महत्त्वपूर्ण भूमिका निभा सकता है, किंतु यह भी सच है कि यह एक मात्र मानदंड सिद्ध नहीं हो सकता जो अनुवाद की सफलता और असफलता का सही निर्णय दे सके।

आशु-अनुवाद : स्वरूप और क्षेत्र

आशु-अनुवाद का शाब्दिक अर्थ है शीघ्र अनुवाद। इसका अभिप्राय यह है कि एक भाषा के कथन को किसी दूसरी भाषा अथवा कई भाषाओं में मौखिक रूप से तत्काल प्रस्तुत करना आशु-अनुवाद है। अनुवाद का रूढ़ अर्थ किसी भी भाषा की लिखित, टंकित या मुद्रित सामग्री को दूसरी भाषा में लिखित रूप में प्रस्तुत करना है, जबकि आशु-अनुवाद की प्रक्रिया कागज-कलम की न होकर मौखिक होती है। इस समूची व्यवस्था में अनुवादक अथवा आशु अनुवादक की केंद्रीय भूमिका होती है जिसे आम बोलचाल की भाषा में दुभाषिया तथा अंग्रेज़ी में 'इन्टरप्रेटर' कहते हैं। वक्ता अपनी भाषा में अपनी बात कहता या भाषण देता जाता है, आशु-अनुवादक हर वाक्य का दूसरी भाषा में अनुवाद करता जाता है। इस प्रकार अनुवाद और आशु-अनुवाद में मूल अंतर यह है कि अनुवाद लिखकर किया जाता है और आशु अनुवाद वाणी के माध्यम से होता है।

मानव सभ्यता के विकास के प्रारंभ से ही आशु अनुवाद का प्रादुर्भाव हुआ। इसका वास्तविक उद्भव 19वीं शताब्दी के प्रारंभ में हुआ। 1919 में पेरिस में जब शांति सम्मेलन हुआ तो आशु-अनुवादकों का पहला समूह आया, किंतु आशु-अनुवाद की कला का विकास दूसरे विश्व युद्ध के दौरान हुआ। आशु-अनुवाद ने दो भाषा-भाषियों के बीच सेतु का काम किया। जब कोई व्यक्ति किसी अन्य देश में जाता था और उसकी भाषा को उस देश के नागरिक नहीं समझते थे और वह भी उस देश के लोगों की भाषा नहीं समझता था तो परस्पर बातचीत के लिए ऐसे व्यक्ति की आवश्यकता पड़ती थी, जो दोनों भाषाएँ अच्छी प्रकार से जानता हो और उसका भाषांतरण कर सके। इस प्रकार आशु-अनुवाद की परंपरा मौखिक अनुवाद के रूप में आई जिसके माध्यम से अलग-अलग भाषा-भाषी एक-दूसरे के निकट आते हैं और एक दूसरे की बात अच्छी प्रकार से समझ सकते हैं।

प्रश्न उठ सकता है कि यदि कोई व्यक्ति किसी संस्कृत श्लोक या किसी अंग्रेज़ी कविता का अर्थ हिन्दी में तत्काल प्रस्तुत करता है तो वह आशु अनुवाद की परिधि में आता है या नहीं। वास्तव में यह अनुवाद होते हुए भी आशु अनुवाद की परिभाषा के अंतर्गत नहीं आता, क्योंकि यहाँ वक्ता श्लोक अथवा अंग्रेज़ी कविता का अर्थ श्रोताओं तक विस्तारपूर्वक समझाने के लिए ऐसे अपनाता है; जैसे

अध्यापक अपने छात्रों का अध्यापन करते हुए किसी पाठ विशेष को समझाने के लिए उसकी व्याख्या करता है। व्याख्या अथवा निर्वचन की यह प्रक्रिया आशु अनुवाद की श्रेणी में नहीं आती। इसे भावार्थ, टीका या व्याख्या कहा जा सकता है।

आशु-अनुवाद को 'भाषांतरण' भी कहते हैं, जो अंग्रेज़ी 'इन्टरप्रिटेशन' (Interpretation) का रूपांतरण है। 'इन्टरप्रिटेशन' का अर्थ है तात्पर्यों का स्पष्टीकरण। इसके कई अन्य अर्थ भी हो सकते हैं—निर्वचन, अनुवचन, वार्तानुवाद, अर्थ-निर्णय, व्याख्या, मीमांसा, भावार्थ, भाष्य, टीका आदि। भारत सरकार की विधि शब्दावली में Interpretation के लिए अर्थ दिया गया है—Process of ascertaining the meaning of a given text अर्थात् किसी पाठ के अर्थ को जानने की प्रक्रिया। इस दृष्टि से 'इन्टरप्रिटेशन' निर्वचन और अनुवाद दोनों को अपने भीतर समेटे हुए है।

वस्तुतः आशु-अनुवाद एक ऐसी प्रक्रिया है जिसमें स्रोत भाषा में कही गई बात का अंतरण लक्ष्य भाषा में बोलकर किया जाता है। आशु अनुवाद की मुख्य रूप से दो प्रक्रियाएँ हैं :

1. किसी सम्मेलन, सभा या समारोह में दिए जा रहे व्याख्यान का एक या अधिक भाषाओं में उसी समय अनुवाद प्रस्तुत करना तत्काल आशु-अनुवाद (Simultaneous interpretation) अथवा तत्काल निर्वचन कहलाता है।
2. दो व्यक्तियों के परस्पर वार्तालाप को बारी-बारी से एक दूसरे की भाषा में उनके कथन का अनूदित रूप तुरंत बाद या साथ-साथ प्रस्तुत करना निरंतर अथवा क्रमिक निर्वचन (Consecutive interpretation) या आशुवार्तानुवाद कहलाता है।

आशु अनुवाद का तात्पर्य समझ लेने के बाद यह स्पष्ट हो जाता है कि आशु अनुवाद को मौखिक अनुवाद, वार्तानुवाद, तत्काल अनुवाद, निर्वचन आदि भी कह सकते हैं। कुछ विद्वानों ने इसे भाषांतरण, आशु भाषांतरण, आशु व्याख्या आदि की भी संज्ञा दी है। इस प्रकार का अनुवाद करने वाले को 'आशु-अनुवादक' अथवा 'दुभाषिया' कहा जाता है और अंग्रेज़ी में 'इंटरप्रेटर' (Interpreter) कहते हैं। 'इंटरप्रेटर' का कोशगत अर्थ है—दुभाषिया, भाषांतरकार, निर्वक्ता, निर्वचक, भाष्यकार, टीकाकार आदि। इस प्रकार एक भाषा के कथन को दूसरी भाषा में लिखित रूप में प्रस्तुत करने वाले सामान्यतः अनुवादक कहलाते हैं, किंतु मौखिक अनुवाद को मुख से शीघ्र या तुरंत प्रस्तुत करने वाले को आशु-अनुवादक अथवा दुभाषिया या भाषांतरकार कहा जाता है।

आशु-अनुवाद और सामान्य अनुवाद

अनुवाद सामान्यतः लिखित पाठों का होता है और आशु अनुवाद मौखिक होता है। आशु-अनुवाद के लिए पाठ का मौखिक होना आवश्यक है जबकि अनुवाद के लिए लिखित होना ज़रूरी है। वस्तुतः आशु-अनुवादक एक भाषा में किसी व्यक्ति के वक्तव्य या भाषण को सुनता है और तत्काल बाद में उसका अनुवाद अपने श्रोता की भाषा में करता है। यदि विश्व में अनुवाद कार्य के उद्‌भव और विकास पर कोई गंभीर अनुसंधान कार्य किया जाए तो यह निश्चित रूप से पता चलेगा कि मौखिक अनुवाद से ही इस प्रक्रिया की शुरुआत हुई होगी, क्योंकि अनुवाद तब भी होता था जब वर्णमाला का आविष्कार नहीं हुआ था। ज़ाहिर है कि तब यह मौखिक रूप में ही होता था। अतः यह कहा जा सकता है कि आशु-अनुवाद, अनुवाद का प्राचीनतम रूप है और बाद में लिखित या मुद्रित रूप में अनुवाद की जो प्रक्रिया प्रारंभ हुई, वह सामान्य अनुवाद कहलाई।

सवाल उठता है कि जब दो भिन्न भाषा-भाषी व्यक्तियों को आपस में वार्तालाप करना होता है, तब कौन-सा उपाय किया जाए। इसका कारगर उपाय अनुवाद ही है। दोनों भाषाएँ जानने वाला तीसरा आदमी उन दोनों लोगों की बातें बारी-बारी से अनूदित करके सुनाता है। ऐसे व्यक्तियों के बीच जो मौखिक अनुवाद होता है, वही आशु-अनुवाद है। सामान्य अनुवाद का क्षेत्र व्यापक है जिसमें पत्राचार, प्रलेखों, पुस्तकों आदि का अनुवाद होता है। अनुवाद और आशु-अनुवाद का साध्य लगभग समान ही है। इसीलिए आशु अनुवाद और सामान्य अनुवाद, दोनों में अनुवादक का कर्तव्य हो जाता है—मूल या स्रोत भाषा में कही या लिखी गई बातों को लक्ष्य भाषा में पूर्ण रूप से संप्रेषित करना।

जहाँ तक आशु अनुवाद की प्रक्रिया का प्रश्न है, वह सामान्य अनुवाद से भिन्न है। आशु-अनुवादक को सामान्य या लिखित रूप में अनुवाद करने वाले अनुवादकों की भाँति मूल कथा के कथन या पाठ का अर्थ समझने, शंका या संदेह की स्थिति में अपने साथियों से विचार-विमर्श करने अथवा स्रोत भाषा के विशेषज्ञों से उसके बारे में जानकारी प्राप्त करने, शब्दकोश देखने तथा अनूदित पाठ का पुनरीक्षण कराने की सुविधा उपलब्ध नहीं होती। उसके सामने बड़ी-बड़ी समस्याएँ आती हैं और वे ऐसी होती हैं, जिनके लिए वह न तो किसी से परामर्श कर सकता है न ही अनुवाद का पुनरीक्षण किसी से करा सकता है। संयुक्त राष्ट्र संघ के प्रथम आशु-अनुवाद ने अनुवाद और आशु-अनुवाद के कार्य को बुनियादी तौर पर ही अलग माना है जबकि जेनेवा विश्वविद्यालय के प्रो. बी. ग्लेमेट ने इन दोनों को एक दूसरे का पूरक स्वीकार किया है। सुप्रसिद्ध सम्मेलन आशु-अनुवादक ए.टी. पिल्लै ने अनुवाद और आशु-अनुवाद को अलग-अलग विधा मानते हुए कहा है कि श्रेष्ठ अनुवादक अच्छी तरह आशु-अनुवाद नहीं कर पाता और श्रेष्ठ आशु-अनुवादक से अच्छा अनुवाद होने की

अपेक्षा नहीं कर सकते। अतः निष्कर्ष निकलता है कि आशु-अनुवाद तथा सामान्य अनुवाद का लक्ष्य तो एक समान है किंतु इन दोनों की प्रक्रिया और प्रविधि में बहुत अंतर है।

आशु-अनुवाद और सामान्य अनुवाद दोनों के उद्देश्य अलग-अलग हैं, हालांकि दोनों में दो भाषाओं का होना और दोनों में संबद्ध भाषाओं का पूर्ण ज्ञान होना अनिवार्य है। दोनों की प्रक्रिया, कार्यक्षेत्र, शिल्प और साधन अलग-अलग हैं। इस दृष्टि से इन दोनों में काफ़ी अंतर मिलता है। इनमें अंतर निम्न प्रकार से दिखाया गया है :

अनुवाद

1. सामान्य अनुवाद में अनुवादक को किसी भी पाठ को पढ़कर समझने और उसके बाद अनुवाद करने की सुविधा प्राप्त है।
2. अनुवाद में किसी शब्द का अर्थ न समझ आने पर शब्दकोश की सहायता ली जा सकती है।
3. पाठ का आशय स्पष्ट न होने पर मूल सामग्री को पुनः पढ़ा जा सकता है।
4. अर्थ न समझ पाने अथवा आशय स्पष्ट न होने पर किसी अन्य व्यक्ति या विशेषज्ञ से विचार-विमर्श करने की छूट होती है।
5. अनुवाद में सोचने के लिए पर्याप्त समय मिल सकता है और उसे कुछ देर बाद या कल तक भी टाला जा सकता है।
6. अनुवाद का पुनरीक्षण कर अथवा उसे सुधार कर दोबारा-तिबारा लिखा जा सकता है।
7. अनुवाद में लिखित सामग्री में अल्प विराम, पूर्ण विराम चिह्न आदि से अर्थ-निर्धारण करने में सहायता मिलती है।
8. अनुवाद में अनुवादक की श्रवण-शक्ति अच्छी न भी हो तो विशेष अंतर नहीं पड़ता।
9. अनुवाद लिखित होने के कारण अनुवादक के उच्चारण का कोई काम नहीं होता और उसके बिना काम चल सकता है।
10. अनुवादक का सामान्य ज्ञान अल्प होने या कमज़ोर होने पर वह थिसारिस, विश्वकोश, ज्ञानकोश आदि की सहायता से काम चला सकता है।
11. अनुवाद के दौरान कभी अनुवादक अन्यमनस्क भी हो जाए तो कोई विशेष अंतर नहीं पड़ता।
12. अनुवाद एक स्थिर और स्थायी प्रक्रिया है।
13. अनुवाद लिखित रूप होने के कारण समय-सापेक्ष और सही होता है।

14. लिखित रूप होने के कारण अनुवाद सुव्यवस्थित और सुगठित होता है और उसकी एक भाषाशैली होती है।
15. अनुवाद प्रमुखतः लिखित या मुद्रित रूप से लिखित रूप में किया जाता है। मौखिक रूप से लिखित रूप में भी हो सकता है।

आशु अनुवाद

1. आशु-अनुवाद में वक्ता के कथन को सुनकर उसका अनुवाद मौखिक रूप से तुरंत करना पड़ता है।
2. आशु-अनुवाद की प्रक्रिया में शब्दकोश की सहायता लेने का अवसर ही नहीं मिलता।
3. आशु-अनुवाद में पुनः पाठ पढ़ने की सुविधा दुभाषिया को उपलब्ध नहीं होती
4. आशु-अनुवाद में किसी से विचार-विमर्श करने की छूट की संभावना ही नहीं होती।
5. आशु-अनुवाद में सोचने के लिए पर्याप्त समय नहीं मिलता और यह भी संभव नहीं कि उसे बाद में या कल के लिए टाला जा सके।
6. आशु-अनुवादक के मुँह से जो एक बार निकल गया, उसका पुनरीक्षण करना या उसमें सुधार करना प्रायः संभव नहीं होता।
7. आशु-अनुवाद के मौखिक होने के कारण विराम चिह्नों की सुविधा तो उपलब्ध नहीं होती, किंतु बलाघात, तान, अनुतान आदि से अर्थ निर्धारण करने में कुछ सहायता मिल जाती है।
8. इसमें आशु-अनुवादक की अच्छी श्रवण-शक्ति का होना अत्यंत आवश्यक है।
9. आशु-अनुवाद के मौखिक होने के कारण आशु-अनुवादक का उच्चारण अच्छा होना अनिवार्य है अन्यथा अशुद्ध उच्चारण से या तो अर्थ का अनर्थ होगा या वह हास्यास्पद होगा।
10. आशु-अनुवादक से सामान्य ज्ञान के अद्यतन तथा विस्तृत होने की नितांत अपेक्षा रहती है। चूँकि इसमें विश्वकोश देखने का अवसर ही नहीं मिलता, इसलिए उसका बहुत सूझबूझ वाला तथा प्रत्युत्पन्न मति का होना अपेक्षित है।
11. आशु अनुवाद में अन्यमनस्कता की गुंजाइश ही नहीं है। पूर्ण सक्रियता की अपेक्षा सदैव रहती है।
12. आशु-अनुवाद अस्थायी प्रक्रिया है और यह स्थिर नहीं रहता। स्थायी रखने का एक मात्र सहारा टेपरिकार्डर है।
13. आशु-अनुवाद के मौखिक रूप होने के कारण आशु-अनुवादक पर निर्भर रहना पड़ता है कि वह कितना सही है।

14. मौखिक रूप होने के कारण आशु-अनुवाद में भावों का अर्थ सामान्य रूप से कराया जाता है और उसकी व्यवस्थित शैली का होना आवश्यक नहीं है।
15. आशु-अनुवाद प्रमुखतः मौखिक रूप से मौखिक रूप में ही किया जाता है। लिखित रूप से मौखिक में भी हो सकता है।

इस प्रकार सामान्य अनुवाद की प्रक्रिया अपेक्षाकृत अधिक अनुशासित और व्यावहारिक है, जबकि आशु-अनुवाद की प्रक्रिया जटिल और चुनौतीपूर्ण है। सामान्य अनुवाद में अनुवाद के कोश आदि सभी उपकरण अनुवादक के पास उपलब्ध होते हैं। आशु-अनुवाद की प्रक्रिया में अनुवादक का सामान्य ज्ञान और उसकी अभिव्यक्ति-कला ही उसके उपकरण हैं।

भावानुवाद और आशु अनुवाद : भावानुवाद वस्तुतः सामान्य अनुवाद का ही एक रूप है। इसमें स्रोत भाषा की सामग्री का शाब्दिक अनुवाद न करके उसके भावों को प्रस्तुत किया जाता है। न्यायालय के निर्णय, सरकारी विज्ञप्ति, कार्यालय आदेश आदि औपचारिक प्रलेखों में पूर्ण भावानुवाद करना संभव नहीं होता, क्योंकि इनमें मात्र भाव का नहीं बल्कि शब्दों का भी अपना महत्त्व होता है, किंतु किसी वक्तव्य, विवरण और विशेष रूप से साहित्यिक कृतियों का भावानुवाद किया जाता है। भावानुवाद में स्रोत भाषा के कथन के भाव को अत्यधिक प्रभावकारी रूप से लक्ष्य भाषा में प्रस्तुत किया जाता है। ऐसा करते समय अनुवादक स्रोत भाषा के भावों को ध्यान में रखता है। लक्ष्य भाषा में उसके प्रभाव तथा संप्रेषणीयता को ध्यान में रखते हुए भावानुवाद में कभी-कभी इतनी छूट ली जाती है कि अनूदित सामग्री मूल पाठ की भाँति लगती है। गोर्की के 'मदर' उपन्यास का भावानुवाद हिन्दी में काफी प्रभावकारी बन पड़ा है और वह हिन्दी की मौलिक कृति सा लगता है। कहीं-कहीं स्थान और पात्रों के नाम तक बदल दिए जाते हैं, जो छायानुवाद की झलक देते हैं। इस प्रकार भावानुवाद स्रोत भाषा की आत्मा की रक्षा में सहज, सुबोध और संप्रेषणीय होता है।

सारानुवाद और आशु अनुवाद : सारानुवाद एक दोहरी प्रक्रिया है जिसमें सार और अनुवाद दोनों का संयोजन है। इसमें स्रोत भाषा में कही गई बातों को संक्षिप्त रूप में प्रस्तुत किया जाता है। यदि कोई बहुत बड़ी रिपोर्ट है तो पाठकों की सुविधा के लिए उसे संक्षिप्त रूप में प्रस्तुत कर दिया जाता है। इसी प्रकार कभी-कभी विदेशी भाषाओं के उपन्यासों और कहानियों अथवा वैज्ञानिक विषयों का सारानुवाद भारतीय भाषाओं में प्रकाशित होता है। जहाँ तक सारानुवाद से आशु अनुवाद का संबंध है, कभी-कभी आशु अनुवाद में भी सारानुवाद का सहारा लिया जाता है। जैसे, भारत के प्रधानमंत्री 15 अगस्त को लालकिले पर हिन्दी में भाषण देते हैं तो उनकी बात जनता तक पहुँचाने के लिए उनके भाव का सारांश अन्य भाषाओं में दुभाषिए द्वारा प्रस्तुत किया जाता है। यह भी आशु अनुवाद की एक प्रक्रिया है। चुनाव के दौरान आकाशवाणी और दूरदर्शन पर चुनाव परिणाम से संबंधित कार्यक्रमों में अंग्रेजी वक्ता की समीक्षा को संक्षेप में किसी अन्य व्यक्ति द्वारा हिन्दी में प्रस्तुत

करते हुए प्रायः देखा जाता है। लोकसभा और राज्यसभा की कार्रवाई का कई भाषाओं में आकाशवाणी या दूरदर्शन पर जो संक्षिप्त विवरण दिया जाता है, वह भी एक प्रकार का सारानुवाद है। इस प्रकार अंग्रेज़ी में कही गई बात का आशु-अनुवाद होता है और सारानुवाद भी, किंतु जहाँ तत्काल या अनवरत अनुवाद हो तो वहाँ सारानुवाद की कोई गुंजाइश नहीं होती।

वास्तव में आशु-अनुवाद में भावानुवाद और सारानुवाद के कुछ विशिष्ट गुण तो है किंतु यह दोनों से पूर्णतया भिन्न है। इन दोनों की प्रक्रिया आशु-अनुवाद से अलग है। सारानुवाद अथवा भावानुवाद मुख्य रूप से सामान्य अनुवाद के ही भेद हैं जिनमें किसी कथन का अनुवाद लिखित या मुद्रित रूप में प्रस्तुत किया जाता है, जबकि आशु अनुवाद एक वाचिक प्रक्रिया है जिसमें प्रायः भाव को महत्त्व दिया जाता है और आशु-अनुवादक का सबसे पहला कर्त्तव्य यह होता है कि वक्ता की भावना को सही, सटीक एवं संपूर्ण रूप से श्रोताओं तक तत्काल संप्रेषित करे। भावानुवाद में यह छूट होती है कि अनुवाद की शैली और सामग्री का शाब्दिक अनुवाद न किया जाए और कई संदर्भों में कुछ बातें छोड़ भी दी जाएँ। आशु-अनुवादक तो मूल वक्ता के लिए बोलता है, इसलिए वह अपनी इच्छानुसार कोई बात छोड़ भी सकता है। मूल वक्ता के मंतव्य को सौ-प्रतिशत श्रोताओं तक पहुँचाना ही आशु अनुवाद है। अतः भावानुवाद की भाँति आशु-अनुवादक को केवल कथ्य के भाव के अनुवाद की छूट नहीं मिलती। आशु अनुवाद में कथ्य एवं तथ्य दोनों का महत्त्व होता है। साहित्यिक कृतियों के अनुवाद में भावानुवाद और सारानुवाद में अंतर करना कठिन है, लेकिन इसे इस प्रकार समझा जा सकता है कि यदि स्रोत भाषा की सामग्री का शाब्दिक अनुवाद न कर अनुवाद में भाव-सामग्री का आधार लेकर उसे लक्ष्य भाषा में प्रस्तुत किया जाए तो वह भावानुवाद होता है और यदि स्रोत भाषा की सामग्री का संक्षिप्त रूप या सारांश लक्ष्य भाषा में प्रस्तुत किया जाता तो वह सारानुवाद होता है। इस प्रकार आशु अनुवाद की प्रक्रिया भावानुवाद तथा सारानुवाद दोनों से भिन्न है और आशु अनुवाद मूल वक्ता के कथन को पूरी तटस्थता, ईमानदारी तथा निष्ठा के साथ श्रोताओं तक पहुँचाता है। आशु अनुवाद की यही विशेषता है।

मौखिक भाषा और लिखित भाषा : आशु अनुवाद के संदर्भ में

आशु अनुवाद में प्रमुख और सर्वप्रथम समस्या **उच्चारण** की है जो अपने-आप में जटिल होती है। प्रत्येक व्यक्ति की अपनी उच्चारण-शैली तथा शब्दावली होती है और यदि अनुवादक मौखिक रूप से बोलने वाले की उच्चारणगत विशिष्टता से परिचित नहीं है, तो उसका शुद्ध अनुवाद नहीं हो पाता। उदाहरण के लिए, ब्रिटेन की अंग्रेजी का उच्चारण अमरीकी अंग्रेजी के उच्चारण से भिन्न होती है। ब्रिटेन में कक्षा के लिए 'क्लास' तथा अमरीका में 'क्लैस' का उच्चारण होता है। इसी प्रकार हिन्दी भाषी क्षेत्रों

में भी उच्चारण में काफ़ी भिन्नता मिलती है। स्पष्ट-अस्पष्ट-सपष्ट, स्कूल-इस्कूल-सकूल, पैसा-पइसा, औरत-अउरत जैसे अनेक शब्द और वाक्यांश मिल जाएँगे, जिनका सही और शुद्ध अनुवाद या लिप्यंतरण कर पाना कठिन हो जाता है। इस स्थिति में यदि आशु-अनुवाद को सुविधा प्राप्त हो तो जिस विशिष्ट व्यक्ति के भाषण का उसे अनुवाद करना है, उसके पूर्व व्याख्यानों का कैसेट चलाकर उसके उच्चारण से परिचित होना चाहिए। इसके अतिरिक्त आशु-अनुवाद को संबद्ध देश के राष्ट्रपति, प्रधानमंत्री आदि के नाम का सही उच्चारण भी जानना चाहिए, कहीं ऐसा न हो कि उस देश के राष्ट्रपति या प्रधानमंत्री के नाम का अशुद्ध उच्चारण हो जाए। लिखित रूप में ऐसी समस्या पैदा नहीं होती क्योंकि उसमें वर्तनी-उच्चारण आदि की जाँच प्रायः की जाती है।

मौखिक भाषा में **स्थानीय अथवा आंचलिक शब्दों** का भी बहुत प्रयोग हो सकता है जबकि लिखित भाषा में प्रायः भाषा के मानक रूप का ही व्यवहार होता है। स्थानीय शब्दों के प्रचलन के कारण मौखिक भाषा का अनुवाद और विशेष रूप से आशु-अनुवाद बहुत कठिन हो जाता है। भारत में 1652 मातृभाषाएँ प्रयुक्त होती हैं। हिन्दी की अपनी 18 मुख्य बोलियाँ है। इन मातृभाषाओं और इन बोलियों में प्रचलित शब्दों का प्रयोग जब मौखिक भाषा में होता है तो उसके आशु-अनुवाद के समय आशु अनुवादक को परामर्श करने की भी सुविधा उपलब्ध नहीं होती। इसके अतिरिक्त मुंबइया हिन्दी, कलकत्तिया हिन्दी, हैदराबादी हिन्दी, पंजाबी हिन्दी, बिहारी हिन्दी जैसी हिन्दी की कई क्षेत्रीय शैलियों का जो प्रयोग मिलता है, उसे समझने में कठिनाई होती है और अनुवाद के अशुद्ध होने की संभावना बनी रहती है। अतः ऐसी स्थिति में अनुवादक को जूझना पड़ता है।

एक बात अवश्य है कि लिखित भाषा के अनुवाद की तुलना में मौखिक भाषा के अनुवाद में कुछ विशेष सुविधाएँ भी उपलब्ध हैं। मौखिक भाषा में वक्ता **अपने विचारों को आंगिक मनोभावों और हाव-भाव के द्वारा** प्रकट करता है। विषय के अनुरूप एक लहज़ा होता है जो भाव प्रकट करने में सहायक होता है। कभी हाथ उठाकर, कभी मुस्कुराकर, कभी मुँह बनाकर, कभी आँखों की त्यौरियाँ चढ़ाकर वक्ता भाषायी अभिव्यक्ति की कमी को पूरा करता है और आशु अनुवादक के लिए उसे समझना कठिन नहीं होता और उसे वह बहुत आसानी से शब्दों में अनूदित कर देता है। वस्तुतः बोलने की क्रिया या भाषण का मूल सामाजिकता में है। सामाजिक प्राणी होने के नाते मनुष्य अपने सामाजिक संबंधों को बोलकर संवाद द्वारा ही कायम रखता है। मौखिक भाषा को भूमिका महत्त्वपूर्ण रहती है। मौखिक भाषा के लिए एक ही समुदाय में अभिव्यंजना के दो रूप प्रयुक्त होते हैं—एक, मानक रूप और दूसरा, लोकभाषा रूप। मानक रूप प्रायः लिखित या पांडित्यपूर्ण भाषा रूप को अभिव्यक्त करता है और लोकभाषा रूप प्रायः मौखिक या बोलचाल की भाषा के रूप में प्रयुक्त होता है। आशु-अनुवाद का संबंध मुख्य रूप से इसी मौखिक या लोकभाषा रूप से है जो एक निरंतर प्रवाहमान सरिता के समान प्रयुक्त होता है।

मौखिक भाषा के संदर्भ में अनुवाद का कार्य अपेक्षाकृत अधिक कठिन है, क्योंकि वक्ता के कथन में वही तारतम्य नहीं मिलता जो लिखित भाषा में मिलता है। कई नेता और विद्वान अपना वाक्य पूरा करने से पहले ही कुछ इस प्रकार का विषयांतर कर देते हैं जिसका अनुवाद करना अनुवादक के लिए कई बार कठिन हो जाता है। उदाहरण के लिए, यदि कोई वक्ता प्रौढ़ शिक्षा पर भाषण दे रहा है और कहता है कि "भारत में प्रौढ शिक्षा के लिए ज़रूरी है कि" और इसके बाद अपना वाक्य पूरा करने से पहले ही वह कहता है कि" "मैं रूस का उदाहरण देना चाहूँगा कि वहाँ क्रांति के बाद प्रौढ़ शिक्षा का कार्यक्रम कैसे बनाया गया" तो इसका अनुवाद करना अनुवादक के लिए कठिन हो जाता है, क्योंकि वह रूस के पूरे कार्यक्रम को बताने के बाद ही अपने कथन को अपने पूर्व कथन से जोड़ता है कि भारत में प्रौढ़ शिक्षा के लिए क्या जरूरी है। अतः मौखिक भाषा में विषयांतर बहुत अधिक होता है जबकि लिखित भाषा में लेखन का अनुशासन बना रहता है और इसी दृष्टि से मौखिक भाषा का अनुवाद अपेक्षाकृत ज्यादा कठिन है।

आशु-अनुवाद की आंतरिक प्रक्रिया

आशु-अनुवाद एक आंतरिक, भाषिक और वाचिक प्रक्रिया है जिसका संबंध श्रवण और वाक् के सामंजस्य से है।

सामान्य अनुवाद से आशु-अनुवाद में यह अंतर है कि सामान्य अनुवाद में स्रोत भाषा और लक्ष्य भाषा अथवा लेखक-अनुवादक-पाठक को एक सरल रेखा के रूप में **(लेखक⇒अनुवादक⇒पाठक)** वर्गीकृत किया जाता है। किंतु आशु अनुवाद के लिए यह वर्गीकरण वृत्ताकार होता है: आशु-अनुवाद में **(वक्ता⇒आशु-अनुवादक⇒श्रोता⇒वक्ता)**। पहले वक्ता के कथन का उत्तर जब दूसरा व्यक्ति देता है, तो वह वक्ता बन जाता है, तो मूल वक्ता श्रोता हो जाता है लेकिन आशु अनुवादक में श्रोता के कहे गए वाक्यों का अनुवाद पुनः मूल वक्ता तक भी पहुँचाना होता है। अतः यह परस्पर अनुवाद की प्रक्रिया है जिसमें दोनों भाषाएँ लक्ष्य भाषा भी होती हैं और दोनों भाषाएँ स्रोत भाषा भी होती हैं। आशु अनुवादक को निश्चित रूप से दोनों भाषाओं में प्रभावपूर्ण ढंग से कथन प्रस्तुत करने की योग्यता और अभ्यास होना चाहिए। **यहाँ दो भाषाओं का मात्र ज्ञान पर्याप्त नहीं, वरन् दो भाषाओं में अभिव्यक्ति भी अपेक्षित है।**

सामान्य अनुवाद की प्रक्रिया कई अर्थों में काफ़ी सरल और सुविधाजनक है, क्योंकि सामग्री को लक्ष्य भाषा में अनूदित किया जाता है। किंतु आशु-अनुवाद में पढ़कर अनुवाद करने की सुविधा उपलब्ध नहीं होती तथा अनुवाद की इस प्रक्रिया में स्रोत भाषा की सामग्री को लक्ष्य भाषा में लिखने की भी कोई व्यवस्था नहीं होती। आशु-अनुवाद की पूरी प्रक्रिया मूल वक्ता के कथन को बारीकी से सुनने और उसका

तत्काल सटीक अनुवाद बोलकर प्रस्तुत करने में है। अतः अनुवाद की इस चुनौतीपूर्ण प्रक्रिया में सुनने और बोलने के संबंध में बहुत ही सूक्ष्म सामंजस्य रखना आवश्यक है। यदि आशु अनुवादक महज़ एक श्रोता की भाँति सुनता है तो मूल वक्ता के कथन के कुछ महत्त्वपूर्ण मुद्दों को अनुवाद के क्रम में भूल भी सकता है। इसलिए यदि अंग्रेजी शब्दावली का इस्तेमाल करें तो आशु अनुवाद सुनता (hearing) ही नहीं बल्कि श्रवण (listening) भी करता है। दोनों में अंतर यह है कि हम कानों से सिर्फ सुन सकते हैं लेकिन जब किसी कथन को कान से सुनकर अपने दिमाग में उसे अंकित करते हैं तो श्रवण हैं। आशु अनुवादक को सबसे पहले तो आशु अनुवाद की प्रक्रिया में वक्ता के कथन को सुनकर उसे अपने मस्तिष्क में अंकित करना होता है तथा तत्काल बोलकर उसका अनुवाद करना पड़ता है। उदाहरण के लिए;

वक्ता	:	Ladies and gentlemen
आशु अनुवाद	:	देवियो और सज्जनो
वक्ता	:	I have great pleasure in welcoming you to the 25th Annual General Meeting of FICCI.
आशु अनुवाद	:	फ़िक्की की 25वीं वार्षिक महासभा में आपका स्वागत करते हुए मुझे अत्यंत हर्ष हो रहा है।

यहाँ वक्ता एक सभा को संबोधित कर रहा है। आशु अनुवादक उसका अनुवाद साथ-साथ करता जा रहा है। वक्ता ने कहा 'Ladies and gentlemen' आशु-अनुवादक ने तुरंत कहा 'देवियो और सज्जनो'। अब आशु-अनुवादक यहाँ 'भाइयो और बहनो' का संबोधन का प्रयोग नहीं कर सकता क्योंकि उसे सुनते ही ध्यान रखना है कि वक्ता औपचारिक भाषा का प्रयोग करना चाहता है क्योंकि यहाँ वक्ता फ़िक्की के अध्यक्ष हैं जो फ़िक्की से संबंधित व्यक्तियों को संबोधित कर रहा है। इसी तरह अगला वाक्य स्वागत वाक्य है। इसमें कोई जटिलता नहीं है। लेकिन आशु अनुवादक को अपने दिमाग में अंकित करना है कि यह पच्चीसवीं वार्षिक बैठक है। एफ.आई.सी.सी.आई. का पूरा नाम भी उसे ध्यान में रखना है। अतः इस प्रक्रिया में श्रवण और वाक् का संबंध ऐसा है जिसे एक-दूसरे से अलग नहीं किया जा सकता।

आशु अनुवाद की प्रक्रिया में श्रवण और वाक् में सामंजस्य अत्यधिक महत्त्वपूर्ण है। यह अनुवाद की मौखिक प्रक्रिया है जिसमें पाठ को पढ़कर अनुवाद करने, शंका और संदेह की स्थिति में विशेषज्ञों से सलाह लेने अथवा निर्वचन में गड़बड़ी होने से फिर से पढ़ने तथा किए गए अनुवाद का पुनरीक्षण करने की सुविधा नहीं है। अतः आशु अनुवाद की प्रक्रिया में श्रवण और वाक् के बीच समुचित धरातल पर संबंध बनाए रखना और इनमें पूर्णतया सामंजस्य स्थापित करना अनिवार्य है। इसलिए वक्ता के भावों को श्रोताओं के लिए दूसरी भाषा में उसी प्रभाव के साथ प्रस्तुत किया जाए कि वक्ता का मूल अभिप्रेत सही और सटीक रूप से अभिव्यक्त हो सके। आशु अनुवादक को मूल

वक्ता जैसी भूमिका तो निभानी पड़ती है लेकिन उसे उतनी आज़ादी नहीं रहती। अतः वह एक ऐसी स्थिति में रहता है जहाँ अपने विवेकाधिकार का प्रयोग तो नहीं कर सकता लेकिन इस अधिकार के बिना ही उसे मूल वक्ता के एवज़ी के रूप में बोलना पड़ता है जिसके लिए श्रवण और वाक् का संबंध और इन दोनों के बीच समुचित सामंजस्य आवश्यक है। संसद में हुए वाद-विवाद के एक अंश (9 मार्च, 2005) का आशु-अनुवाद नीचे दिया जा रहा है।

मूल पाठ

डॉ. राजेश मिश्र : महोदया, मैं एक-दो बातें कहकर अपनी बात समाप्त कर दूँगा। बहुत लोग गोवा का उदाहरण देते हैं। लोग लोकतंत्र का उदाहरण देते हैं। बहुत लोग गोवा और झारखंड का उदाहरण देते हैं लेकिन मैं आपके माध्यम से कहना चाहता हूँ कि गोवा से महामहिम राज्यपाल जी की केन्द्र सरकार के पास रिपोर्ट तक नहीं आई थी और केन्द्र सरकार ने विधान सभा भंग करके वहाँ राष्ट्रपति शासन लागू कर दिया। शायद इसके पहले कोई दूसरा ऐसा उदाहरण नहीं रहा होगा। लोग झारखंड की बात करते हैं। जिस दिन झारखंड में वहाँ शिबु सोरेन मुख्यमंत्री बनाए गए और उसी दिन से, मैं यह नहीं कह रहा हूँ कि जो पाँच निर्दलीय एम.एल.ए हैं, उनका अपहरण करके उनको जयपुर घुमाया जा रहा है लेकिन यह भी उतना ही सच है कि भले ही उनका अपहरण नहीं किया गया हो लेकिन उन्हें लालच और प्रलोभन देकर तथा जितने तमाम तरीके उनको अपने साथ रखने के हो सकते हैं, उन सारे अपने साथ रखने के तरीकों को रखकर उनको वहाँ घुमाया जा रहा है, ये लोग लोकतंत्र की बात करते हैं।

Madam Chairman: Please conclude now.

आशु-अनुवाद

Dr. Rajesh Mishra: Madam chairman, I will conclude after saying one or two more things. Many people give example of Goa. People give example of democracy. Many people give example of Goa and Jharkhand. But I want to say, through You, Madam that Union Government had not yet received the report from the Honourable Governor of Goa when it dissolved Goa Legislative Assembly and enforced President's rule there. Perhaps there never had been a precedent to it. People talk about Jharkhand. Five independent MLA's there, since the day of Mr. Shibu Soren's coronation as chief

Minister, I will not say that they are being given the tour of Jaipur after being kidnapped but the fact is that though they haven't been kidnapped but have been given all types of allurement and temptations to make them stay with and are being given the tour of Jaipur and then they talk about democracy....

सभापति महोदया : कृपया समाप्त कीजिए।

आशु अनुवाद के प्रकार

आशु अनुवाद के मुख्यतः दो प्रकार हैं–एक, तत्काल आशु-अनुवाद और दो, क्रमिक अथवा अनवरत आशु-अनुवाद।

(1) **तत्काल आशु अनुवाद** (Simultaneous Interpretation) : इस में वक्ता के साथ-साथ आशु-अनुवादक भी एक या एक से अधिक भाषाओं में श्रोताओं के समक्ष वक्ता के कथन को बोल-बोल कर प्रस्तुत करता है। यह सामान्यतः मंच पर प्रत्यक्षतः प्रस्तुत होता है और/अथवा माइक्रोफ़ोन, हैडफ़ोन 'ईअर-फ़ोन' आदि भाषांतरण उपकरणों की सहायता से सुना जाता है। इस में आशु-अनुवादक माध्यम और सहभागी की भूमिका निभाता है। इस आशु-अनुवाद के तीन उपभेद किए जा सकते हैं :

(क) संबोधक भाषण (एक-अनेक)

(ख) वार्तालाप और विचार विमर्श (एक-एक या अल्प-समूह)

(ग) भाषण-जन संबोधन (एक-समूह)

संबोधक भाषण के संदर्भ में संसद में वाद-विवाद में सांसद अथवा मंत्री भाग लेते हुए जब अपना संदेश प्रेषित करता है तो उस में उसके भाषण अथवा संदेश का आशु-अनुवाद विभिन्न भाषाओं में प्रस्तुत किया जाता है जिसे अनेक व्यक्ति सुनते हैं। **वार्तालाप और विचार-विमर्श** के संदर्भ में प्रश्नकाल में पूछे गए तारांकित प्रश्नों पर जब मंत्री सांसद को उत्तर देता है तो उस समय भी आशु-अनुवाद की आवश्यकता पड़ती है। इसमें प्रश्नकर्ता सांसद या तो स्वयं उत्तर सुनता है या अन्य कुछ सांसद भी सुनना चाहें तो सुन लेते हैं। **भाषण-जन संबोधन** के संदर्भ में जब कोई वक्ता या नेता श्रोताओं के समूह के समक्ष व्याख्यान देता है तो उसमें आशु-अनुवादक सहभागी की भूमिका निभाते हुए श्रोता-समूह तक उसकी बात पहुँचाता है। इसी प्रकार संयुक्त राष्ट्र संघ के अधिवेशनों में किसी भाषा में वक्ता के कथन को संयुक्त राष्ट्र की आधिकारिक भाषा अर्थात् अंग्रेजी, फ्रांसीसी, रूसी, चीनी, स्पेनी और अरबी में उनका साथ-साथ अनुवाद प्रस्तुत किया जाता है। तत्काल आशु-अनुवाद की प्रक्रिया अत्यंत दुष्कर होती है क्योंकि इससे दुभाषिया के मस्तिष्क में सुनना, अनुवाद करना और बोलना तीनों प्रक्रियाएँ चलती रहती हैं। इन तीनों में से किसी एक में अवरोध आ गया तो दुभाषिया के लिए कठिनाई पैदा हो जाती है।

(2) क्रमिक अथवा अनवरत अनुवाद (Consecutive Interpretation) : इस आशु अनुवाद में दो भिन्न भाषा-भाषी व्यक्तियों अथवा समितियों के बीच परस्पर संवाद, वार्तालाप, मंत्रणा अथवा चर्चा-परिचर्चा की प्रक्रिया साथ-साथ चलती रहती है। इस के तीन भेद हो सकते हैं :

(क) वार्तालाप (एक-एक)

(ख) मंत्रणा-चर्चा (अल्प-अल्प)

(ग) चर्चा-परिचर्चा-निर्णयन (अल्प-समूह)

(क) **वार्तालाप** के संदर्भ में राज्याध्यक्षों, शासनाध्यक्षों, प्रतिनिधि मंडलों, पर्यटकों आदि की परस्पर बातचीत में आशु अनुवाद की आवश्यकता होती है। दो भिन्न भाषा-भाषी देशों के राष्ट्रपति या नरेश या प्रधानमंत्री जब किसी विषय पर आपस में सीधे वार्तालाप करते हैं तो उनकी बात एक दूसरे तक पहुँचाने के लिए आशु अनुवाद की आवश्यकता पड़ती है। ऐसी स्थिति में अनुवादक इन दोनों के बीच सेतु का काम करता है।

(ख) मंत्रणा-चर्चा आदि में प्रतिनिधि मंडल जब आपस में किसी विषय पर चर्चा अथवा मंत्रणा करता है, उस समय मूल वक्ता के कथन को आशु-अनुवादक सुनता है और उसे श्रोता या श्रोताओं के लिए अनूदित करता है। इसी अनुवाद के आधार पर सदस्य अपना प्रश्न पूछते हैं या भाषण देते हैं। विशिष्ट विषयों पर गठित समितियों और उपसमितियों में भी इसकी आवश्यकता रहती है।

(ग) **चर्चा-परिचर्चा** के संदर्भ में संगोष्ठी और कार्यगोष्ठी में विभिन्न भाषाओं के विद्वतजन किसी विषय पर परस्पर विचार-विमर्श करते हैं तो आशु-अनुवाद के प्रयोग से किसी निष्कर्ष या निर्णय में पहुँचने में सहायता मिलती है। यूनेस्को, विश्वविद्यालयों, शैक्षिक संस्थाओं आदि में अथवा विभिन्न देशों के विद्वान अथवा विभिन्न भाषा-भाषी विद्वान अथवा विभिन्न देशों के विद्वान अथवा अपना मंतव्य प्रस्तुत करते हैं तो आशु अनुवादक ही उनकी सहायता करता है। इस प्रकार आशु-अनुवाद के इन दोनों प्रकारों में संवाद में लीन दो व्यक्तियों (वक्ता-श्रोता) अथवा समूहों के बीच (एक-अनेक अथवा अनेक-अनेक) के बीच माध्यम बना व्यक्ति ही आशु अनुवादक या दुभाषिया कहलाएगा।

ये दोनों प्रकार काफी कठिन और जटिल हैं तथा इनके अनुवाद की शैली भी अलग होती है। इसमे विभिन्न विषयों की जानकारी, प्रस्तुतीकरण, भाषा एवं शैली का बहुत महत्त्व है।

आशु-अनुवाद में मध्यस्थ भाषा

यहाँ यह उल्लेखनीय है कि कभी-कभी आशु अनुवाद मध्यस्थ भाषा के रूप में भी काम करता है। मध्यस्थ भाषा, स्रोत भाषा और लक्ष्य भाषा के बीच मध्यस्थता का काम करती

है। जब स्रोत भाषा और लक्ष्य भाषा के बीच समानांतर या सीधे अनुवाद की व्यवस्था नहीं होती और उन दोनों में अनुवाद करने वाला आशु-अनुवादक उपलब्ध नहीं होता तो तीसरी भाषा का प्रयोग होता है। लिखित भाषा में तो मध्यस्थ भाषा प्रायः प्रयोग में लाई जा सकती है। जैसे—संयुक्त राष्ट्र संघ में संघ की आधिकारिक भाषा में अनुवाद प्रस्तुत करने के बाद किसी भी देश का प्रतिनिधि इन भाषाओं के अतिरिक्त भी किसी एक भाषा में बोल सकता है। उसमें आधिकारिक भाषाएँ मध्यस्थ भाषा के रूप में काम करती हैं। उदाहरण के लिए, जब भारत के विदेश मंत्री के रूप में श्री अटल बिहारी वाजपेयी, श्याम नंदन मिश्र तथा पी.वी. नरसिंहा राव ने संयुक्त राष्ट्र संघ में हिन्दी में भाषण दिया था तो उनके भाषण के पाठ को अंग्रेज़ी में संयुक्त राष्ट्र सचिवालय को सौंप दिया गया था। इसी प्रकार कभी-कभी दो अलग-अलग भाषा-भाषी व्यक्ति आपस में मिलते हैं और उन भाषाओं के आशु-अनुवादक उपलब्ध नहीं होते तो आमतौर पर अंग्रेजी, फ्रांसीसी अथवा इस तरह की कोई भाषा मध्यस्थ भाषा की भूमिका निभाती है। उदाहरण के लिए, इंडोनेशिया का विदेश मंत्री इंडोनेशिया की भाषा में बोलता है और वियतनाम का विदेश मंत्री वियतनामी भाषा में, तो इन दोनों का संवाद या विधिवत आशु अनुवाद इन दोनों भाषाओं में अपेक्षित हैं किंतु अगर कोई आशु-अनुवादक भाषा इंडोनेशिया तथा वियतनामी, दोनों भाषाएँ न जानता हो तो अंग्रेजी या फ्रांसीसी भाषा को जो दोनों आशु अनुवादक जानते हों, मध्यस्थ भाषा बनाकर उसमें इनका अनुवाद प्रस्तुत किया जाता है।

यह सही है कि इस स्थिति में मध्यस्थ की भूमिका बहुत उपयोगी है किंतु सीधे तत्काल या अनवरत अनुवाद की तुलना में वह प्रामाणिक नहीं रह पाती। इस प्रकार का आशु-अनुवाद मुख्यतः लिखित पाठ को पढ़कर किया जाता है और कभी-कभी वक्ता लिखित पाठ में कुछ संशोधन भी कर देता है अथवा तत्कालीन स्थिति को देखकर उसमें कुछ परिवर्तन या परिवर्धन कर देता है। चूंकि मध्यस्थ भाषा में वह अंश पहले से लिखा नहीं रहता, अतः वक्ता के कथन की भाषाओं के दुभाषिए हर जगह उपलब्ध हों, ऐसा तो संभव नहीं है किंतु किसी मध्यस्थ भाषा की सहायता से वक्ता के विचार को श्रोताओं तक पहुँचाने की यह प्रक्रिया सुविधाजनक और व्यावहारिक अवश्य होती है।

आशु अनुवाद के क्षेत्र

1. राष्ट्रीय और अंतरराष्ट्रीय संदर्भ : आज संचार की क्रांति से विश्व एक परिवार बन गया है। संयुक्त राष्ट्र संघ, यूनेस्को, विश्व बैंक, अंतरराष्ट्रीय मुद्रा कोष, अंतरराष्ट्रीय श्रम संगठन आदि विश्व की ऐसी अनेक संस्थाएँ हैं जिनमें विश्व के विभिन्न देशों के राज्याध्यक्ष या शासनाध्यक्ष के अतिरिक्त उन देशों की सरकारों के प्रतिनिधिमंडलों के सदस्य भाग लेते हैं और विचार-विमर्श के विभिन्न मुद्‌दों को सभा अथवा सम्मेलनों में उपस्थित सभी व्यक्ति समझ सकें। पेरिस में आयोजित यूनेस्को की बैठक में फ्रांसीसी

भाषा में पूर्व मुद्रित या टंकित पाठ को देखकर उसका विभिन्न भाषाओं में रूपांतर प्रस्तुत करने की प्रक्रिया तत्काल आशु-अनुवाद से होती है। किंतु यदि दो देशों के प्रधानमंत्री दो विभिन्न भाषाओं में बातचीत करते हैं। उनके पीछे या साथ बैठकर कोई आशु-अनुवादक एक दूसरे के विचारों या कथनों को निरंतर दोनों तक संप्रेषित करता है तो वह निरंतर क्रमिक आशु-अनुवाद होता है।

दिल्ली में विज्ञान भवन में मंच के ऊपर या अगल-बगल में आशु-अनुवाद करने वाले दुभाषियों को बैठाया जाता है तथा हॉल में बैठे लोगों को 'ईअरफोन' उपलब्ध कराया जाता है ताकि दूसरी भाषा में दिए गए वक्तव्य को वे समझ सकें। इसी प्रकार यदि कोई प्रतिनिधि अपनी बात अपनी भाषा में कहना चाहता है तो उसके आशु अनुवाद की भी व्यवस्था होती है। विश्व के विकसित देशों में यह व्यवस्था पहले से ही मौजूद है।

अब वैज्ञानिक विकास के साथ-साथ सैटेलाइट संगोष्ठियाँ भी प्रारंभ हो गई हैं, जिनमें वक्ता के कथन का तत्काल अनुवाद श्रोताओं के लिए टेलीविजन पर प्रस्तुत किया जाता है। बीबीसी, स्टार न्यूज़, आजतक जैसे चैनल विभिन्न देशों की राजधानियों में बैठे प्रधानमंत्रियों या अन्य विशिष्ट व्यक्तियों के इंटरव्यू लेते हैं और जो प्रधानमंत्री या विशिष्ट व्यक्ति अंग्रेज़ी नहीं जानते तथा वे अपनी भाषा में बोलते हैं तो उनका तत्काल अनुवाद श्रोताओं के लिए प्रस्तुत किया जाता है। इसी प्रकार आज दूरस्थ शिक्षा में भी शैक्षणिक सैटेलाइट संगोष्ठी करने की व्यवस्था की जा रही है, जिसमें विभिन्न विषयों के भिन्न भाषा-भाषी लोग अपनी भाषाओं में बोलेंगे तथा उसके तत्काल आशु-अनुवाद की व्यवस्था की जाएगी ताकि श्रोताओं को कोई असुविधा न हो। बहुत हद तक राजनेताओं के वक्तव्यों को टेलीविजनों की स्क्रीन पर लिख देना या उनके इतर भाषा के कथन को श्रोताओं की भाषा में तत्काल प्रस्तुत करना भी आशु-अनुवाद की विशिष्टता है।

आज संसार के सभी राष्ट्र अंतरराष्ट्रीय सद्भाव के धरातल पर पारस्परिक संबंध विकसित कर रहे हैं। अतः आधुनिक विश्व के अंतरराष्ट्रीय संदर्भ में आशु अनुवाद की भूमिका महत्त्वपूर्ण हो गई है। विभिन्न देशों के द्विपक्षीय एवं बहुपक्षीय संबंधों, अंतरराष्ट्रीय सम्मेलनों, दो देशों के बीच संपन्न होने वाले करारों आदि के लिए बातचीत में आशु अनुवाद की सहायता ली जाती है। इसके अतिरिक्त संयुक्त राष्ट्र संघ, गुट निरपेक्ष आन्दोलन, यूनेस्को आदि की बैठकों में भी आशु-अनुवाद की सहायता से विभिन्न कार्यक्रम चलाए जाते हैं। इस प्रकार अंतरराष्ट्रीय संबंधों को बनाए रखने के लिए आशु-अनुवाद न सिर्फ आवश्यक है, बल्कि अनिवार्य भी हो गया है।

2. संयुक्त राष्ट्र संघ का संदर्भ : संयुक्त राष्ट्र संघ और इसकी सुरक्षा परिषद् के सदस्यों की भाषाओं को संयुक्त राष्ट्र की अधिकारिक भाषा बनाया गया। अंग्रेज़ी, स्पेनी, फ्रांसीसी, चीनी, रूसी, अरबी छह भाषाएँ संयुक्त राष्ट्र संघ की आधिकारिक भाषाएँ हैं, लेकिन संयुक्त राष्ट्र संघ के सदस्य देश का कोई भी प्रतिनिधि अपने देश

की भाषा में अपने विचार प्रकट कर सकता है। इस कारण आशु अनुवाद संयुक्त राष्ट्र संघ के लिए बहुत महत्त्वपूर्ण है। आशु अनुवाद को विश्वव्यापी मान्यता संयुक्त राष्ट्र संघ के मंच से ही मिली है और अनुवाद की गति तेज करने, संप्रेषण की समुचित व्यवस्था, ऑटोमोशन आदि की सुविधा के लिए भी काफी प्रयास किए गए हैं। संयुक्त राष्ट्र संघ के सभी कक्षों में हरेक सदस्य के सामने मेज़ पर लगे चैनल पर कोई भी सदस्य संयुक्त राष्ट्र संघ की किसी भी आधिकारिक भाषा में किसी भी सदस्य का व्याख्यान कान में 'ईअरफोन' लगाकर सुन सकता है। सभा कक्ष के ऊपर बने शीशे के छोटे कक्षों में दुभाषिए बैठे रहते हैं जो अनवरत अनुवाद की प्रक्रिया अपनाकर वक्ता के साथ-साथ ही संयुक्त राष्ट्र की आधिकारिक भाषाओं में उसका आशु अनुवाद प्रस्तुत करते रहते हैं तथा श्रोता इच्छित भाषा में उसका अनुवाद सुनता है। महासभा में माननीय अटल बिहारी वाजपेयी का विदेश मंत्री के रूप में जो सर्वप्रथम भाषण हिन्दी में दिया गया था, उस का अंग्रेज़ी अनुवाद पहले ही सचिवालय को उपलब्ध करा दिया गया था, जिसकी सहायता से संयुक्त राष्ट्र के आशु अनुवादकों ने उनके भाषण का अनुवाद संयुक्त राष्ट्र की अन्य आधिकारिक भाषाओं में प्रस्तुत किया था, हालांकि यहाँ अंग्रेजी ने स्रोत और लक्ष्य भाषा के बीच मध्यस्थ भाषा का काम किया था। संयुक्त राष्ट्र संघ में आशु अनुवाद की प्रक्रिया बहुत विस्तृत एवं जटिल है। लिखित भाषाओं के अनवरत अनुवाद में उतनी समस्या नहीं आती जितनी समस्या इनकी विभिन्न समितियों या उपसमितियों की बैठक में आती है, क्योंकि आशु अनुवादक को सारी बातें बड़ी गंभीरता से सुनकर तत्क्षण उसका अनुवाद प्रस्तुत करना होता है।

3. संसदीय क्षेत्र : भारतीय संसद में यह व्यवस्था है कि यदि कोई सदस्य अंग्रेजी अथवा हिन्दी में चल रहे भाषणों तथा प्रश्नों और उनके उत्तरों को अपनी भाषा के माध्यम से सुनना चाहता है, उसे आशु-अनुवाद उपलब्ध कराया जाता है। भारतीय संविधान के भाग 5 के अनुच्छेद 120 में संसद में यह उल्लेख है कि संसद में लोकसभा अध्यक्ष या राज्यसभा में सभापति किसी ऐसे सदस्य को जिसको हिन्दी या अंग्रेजी में अपनी अपनी बात की पूरी अभिव्यक्ति करने का पर्याप्त ज्ञान नहीं है, उनको अपनी बात मातृभाषा में सदन को संबोधित करने की छूट दे सकता है। इसका अभिप्राय है कि भारतीय संसद में कोई भी सदस्य चाहे तो हिन्दी तथा अंग्रेजी के स्थान पर अपनी मातृभाषा में भी सदन में अपने विचार व्यक्त कर सकता है। यदि कोई मंत्री अंग्रेजी में अपना भाषण देता है तो अंग्रेजी न जानने वाले सदस्यों के लिए उसका तत्काल हिन्दी अनुवाद प्रस्तुत किया जाएगा और इसी प्रकार यदि कोई सदस्य हिन्दी में अपने विचार व्यक्त करता है तो उसका अंग्रेजी अनुवाद तत्काल अन्य लोगों के लिए उपलब्ध कराया जाएगा।

भारतीय संसद के दोनों सदनों और संसदीय समितियों की बैठकों में आशु अनुवाद की अपेक्षाकृत अधिक उपयोगिता है तथा संसद की लगभग सभी कार्यवाहियों के लिए तत्काल अनुवाद की व्यवस्था की गई है। यदि कोई मंत्री पहले से तैयार वक्तव्य पढ़ता

है तो उस वक्तव्य की सहायता से सदन के सदस्यों की सुविधा के लिए तत्काल अनुवाद प्रस्तुत किया जाता है। जब कोई सांसद हिन्दी में प्रश्न या पूरक प्रश्न पूछते हैं तो हिन्दी न जानने वाले मंत्री उसका उत्तर अंग्रेजी में देते हैं क्योंकि उनके लिए सदन में आशु अनुवाद की व्यवस्था है। इस प्रकार यदि संसद का कोई सदस्य चाहे तो हिन्दी तथा अंग्रेजी के अतिरिक्त भारतीय संविधान की अष्टम अनुसूची में उल्लिखित बाईस भाषाओं में से किसी भी भाषा में बोल सकता है, लेकिन इसके लिए उसे पीठासीन अधिकारी को पूर्व सूचना देनी होगी ताकि उक्त भाषा से हिन्दी तथा अंग्रेजी में आशु-अनुवाद की व्यवस्था की जा सके। यह अनुवाद सदन की 'दुभाषिया दीर्घा' (इन्टरप्रेटर गैलरी) में बैठे आशु अनुवादक द्वारा तत्काल किया जाता है तथा सांसद अपनी मेज पर लगे चैनल को हिन्दी या अंग्रेजी पर लगाकर सुनते हैं। इसके अतिरिक्त मंत्री जब पहले से तैयार वक्तव्य सदन में हिन्दी या अंग्रेजी में पढ़ते हैं, तो उसका भी अनुवाद उसी दीर्घा में प्रस्तुत किया जाता है जिसे सांसद इच्छित भाषा यानि हिन्दी या अंग्रेजी में सुन सकते हैं।

संसदीय सलाहकार समितियों में भी आशु अनुवाद की व्यवस्था है। संसद में हिन्दी-अंग्रेजी दुभाषिए के रूप में विभिन्न स्तरों के अनेक अधिकारी काम करते हैं, जो सामान्यतः भाषायी ज्ञान और विशेषतः अभ्यास एवं अनुभव के कारण संसद की कार्यवाही का आशु-अनुवाद करते हैं।

4. राजनयिक वर्ग : विभिन्न देशों के राजनयिक अधिकारियों तथा कर्मचारियों को परस्पर संपर्क के लिए आशु अनुवादक की आवश्यकता होती है। दो राष्ट्रों के राष्ट्राध्यक्षों-शासनाध्यक्षों की भेंटवार्ता में भी कभी-कभी आशु अनुवादक की आवश्यकता पड़ती है, खास़ तौर से उस स्थिति में जब वे अंग्रेजी भाषा का इस्तेमाल न करते हों।

राजनयिक कार्यों में आशु-अनुवाद की प्रक्रिया अत्यंत जटिल और चुनौतीपूर्ण है। दो भिन्न भाषा-भाषी देशों के बीच परस्पर सद्‌भावपूर्ण संबंध बनाए रखने में सामान्यतः अनुवाद और विशेष रूप से आशु-अनुवाद की व्यवस्था अनिवार्य है। यही कारण है कि विश्व के प्रायः सभी देशों को विदेशी सेवा के सभी अधिकारियों से यह अपेक्षा रहती है कि उन्हें अपने देश की भाषा के अतिरिक्त विदेशी भाषाओं की भी जानकारी हो। वास्तव में विश्व के सभी देशों की सरकारों के पास आशु-अनुवाद की भी समुचित व्यवस्था है।

राजनयिक संदर्भों में आशु अनुवाद की प्रक्रिया अपेक्षाकृत अधिक तकनीकी और औपचारिक होती है। यदि जापान तथा भारत के राष्ट्राध्यक्ष आपस में बातें करते हैं, तो आशु-अनुवादक राजनयिक शिष्टाचार की पूरी अपेक्षा रहती है। एक राष्ट्राध्यक्ष के कथन को शब्दशः दूसरे राष्ट्राध्यक्ष तक संप्रेषित करना होता है। अतः आशु अनुवादक को ध्यान रखना पड़ता है कि मूल वक्ता की न तो कोई बात रह जाए, न ही कोई बात बढ़ा-चढ़ा कर संप्रेषित की जाए।

5. वाणिज्य और व्यापार : व्यापार के लिए व्यक्ति सुदूर देशों और शहरों में जाता है। यह परंपरा प्राचीनकाल से चली आ रही है। साधनों तथा परिस्थितियों के विकास के बावजूद भाषायी संपर्क के लिए प्रायः व्यापारियों को दुभाषिए की मदद लेनी पड़ती है। उदाहरण के लिए, अरब देशों से भारत में आए व्यापारियों को या भारत से अमरीका, इंग्लैंड, जर्मनी आदि देशों में जाने वाले व्यापारियों को आशु-अनुवाद की प्रायः आवश्यकता पड़ती है।

इस क्षेत्र में आशु अनुवाद दो प्रकार से होते हैं—एक तो, जब कोई व्यवसायी अपने व्यापार के सिलसिले में व्यक्तिगत रूप से किसी देश में यात्रा पर आता है तो उसके साथ 'गाइड' का काम करने वाला व्यक्ति आशु-अनुवादक का भी काम करता है तथा उस देश में उसके व्यावसायिक हितों को ध्यान में रखते हुए उसे अपेक्षित सूचना भी उपलब्ध करता है। दो, जब किसी देश से कोई व्यापारिक प्रतिनिधिमंडल आता है, उस प्रतिनिधिमंडल में आशु-अनुवादक या दुभाषिए की व्यवस्था होती है जिसमें उसकी बहुत ही औपचारिक रूप से विशिष्ट भूमिका होती है। समकालीन विश्व व्यापार व्यवस्था में आशु-अनुवादक की उपयोगिता और अधिक महत्त्वपूर्ण हो गई है।

6. यात्रा और पर्यटन : पर्यटन के क्षेत्र में भी आशु अनुवाद की स्थिति अत्यधिक महत्त्वपूर्ण है। प्राचीन काल से ही एक क्षेत्र के लोग दूसरे क्षेत्र में आते-जाते रहे हैं। अतः सुदूर यात्रा पर निकले व्यक्ति को विभिन्न भाषाभाषी लोगों की बात समझने के लिए दुभाषिए की आवश्यकता पड़ती है। चीनी पर्यटकों के भारत आगमन तथा भारतीय बौद्ध धर्म प्रचारकों के विदेश प्रवास के बारे में सर्वविदित है। कभी तीर्थाटन के लिए तो कभी भ्रमण के लिए, कभी ज्ञानार्जन और कभी व्यवसाय के लिए विश्व के विभिन्न देशों के लोग दूसरे देशों में जाते हैं। जो पर्यटक किसी देश विशेष की भाषा नहीं समझते, वे प्रायः आशु-अनुवादक की सहायता से ही अपना सारा काम संपन्न करते हैं। वस्तुतः इन दुभाषियों में व्यावसायिक उत्कृष्टता, सच्चरित्रता और भाषा ज्ञान की अपेक्षा है। इसीलिए विदेश में बड़े होटलों तथा पर्यटक संगठनों के पास विभिन्न भाषाओं के आशु अनुवादकों की सूची होती है और वे पर्यटकों की अपेक्षाओं के अनुरूप दुभाषिया या आशु-अनुवादक की व्यवस्था करते हैं। वे थोड़े समय में भी वक्ता के उच्चारण, उसकी रुचि तथा उसके स्वभाव की पूरी जानकारी प्राप्त कर तदनुकूल आचरण करने की विशेषज्ञता भी प्राप्त कर लेते हैं।

7. बहुभाषी समाज : भारत एक बहुभाषी देश है, इसलिए सामान्य जीवन में संपर्क स्थापित करने तथा निरंतर संवाद बनाए रखने के लिए आशु-अनुवाद की आवश्यकता रहती है। वास्तव में बहुभाषी समाज में आशु अनुवाद सामान्य जीवन का अभिन्न अंग बन गया है। विशेष रूप से भारत जैसे विविध संस्कृतियों, धर्मों, रीति-रिवाजों वाले बहुभाषी देशों में आशु-अनुवाद के अभाव में अनेक समस्याओं का सामना पड़ सकता है। सामान्य जीवन में जो आशु-अनुवादक की भूमिका निभाते हैं वे आम तौर पर वृत्तिक या पेशेवर अनुवादक नहीं होते। भारत के महानगरों में नौकरी या यात्रा पर आने वाले

असंख्य लोग फल एवं सब्जियाँ बेचने वालों, टैक्सी चालकों से इसी प्रकार के आशु-अनुवाद की सहायता से अपना काम चलाते हैं।

भारत में आशु अनुवाद

भारत में आशु अनुवाद का इतिहास बहुत पुराना है। निश्चय ही उस समय भी कोई आशु-अनुवादक या दुभाषिया इनके वार्तालाप को रूपांतरित करता होगा। बौद्ध धर्म के प्रचार के लिए जब सम्राट अशोक के पुत्र महेन्द्र और पुत्री संघमित्रा भारत के पड़ोसी देशों में गए तो उन्होंने भी निश्चय ही किसी दुभाषिए की सहायता से अपना कार्य प्रारंभ किया होगा, क्योंकि उन देशों के लोग पालि भाषा नहीं जानते थे। चीनी यात्री फाह्यान और ह्वेनसांग जब भारत की यात्रा पर आए तो वे भारतीय भाषाएँ नहीं जानते थे। इसके अतिरिक्त जब सिकंदर ने पुरू को पराजित किया था तब दोनों के बीच जो वार्तालाप हुआ था, कह नहीं सकते कि वह किस भाषा में था, लेकिन इतना स्पष्ट है कि दोनों एक दूसरे की भाषा नहीं समझते थे और संकेतों के माध्यम से यह राजनयिक संवाद संभव भी नहीं था। अतः निश्चय ही किसी दुभाषिए के माध्यम से उन्होंने बातचीत की होगी। इस प्रकार जीवन के हर क्षेत्र में, सांस्कृतिक एवं सामाजिक क्रियाकलापों में, तीर्थाटन, पर्यटन एवं व्यवसाय में, राजनैतिक एवं राजनयिक संदर्भों में और इनके अतिरिक्त विदेशी अतिथियों के भारत-प्रवास के दौरान आशु-अनुवाद की कारगर भूमिका रही है और आज भी आशु-अनुवाद की प्रासंगिकता कम नहीं हुई है। भारत की सांस्कृतिक तथा सामाजिक परंपरा प्राचीन काल से ही आशु अनुवाद के अनौपचारिक प्रचलन से समूचे देश का प्रत्येक क्षेत्र जुड़ा रहा। आदि शंकराचार्य ने जब दक्षिण से उत्तर में हिमाचल की तलहटी तक की यात्रा पूरी की, उस समय विभिन्न भाषाभाषी लोगों के साथ आशु-अनुवाद से अपना संदेश प्रसारित करते थे। इसी प्रकार भक्ति काल में जो संत आचार्य सगुण और निर्गुण भक्ति धारा का प्रचार करते थे, उन्हें भी आशु-अनुवाद की आवश्यकता पड़ी होगी। विदेशी शासकों ने प्रारंभ में आशु अनुवाद की सहायता से ही अपना राजकाज चलाया होगा।

भारत को सांस्कृतिक एकता की कड़ी में बाँधकर रखने में भारतीय तीर्थ स्थानों की भूमिका महत्त्वपूर्ण रही है। तीर्थ यात्रियों के धार्मिक कृत्यों के अतिरिक्त वहाँ ठहरने, शहर और बाजार में सामान खरीदने में स्थानीय पुजारी तथा पंडे आशु-अनुवादक की भूमिका निभाते रहे हैं। यद्यपि वे शिक्षित नहीं होते थे और न ही उन्हें अनुवाद के सिद्धांत तथा भाषा और व्याकरण के प्रारंभिक नियमों का ज्ञान और प्रशिक्षण होता था, लेकिन वे बहुत सरलता से सफलतापूर्वक अपने यजमानों के लिए आशु अनुवादक अर्थात् दुभाषिए के रूप में अपनी सेवा प्रदान करते थे। न केवल यही, कुछ पेशेवर व्यक्ति भी होटलों और धर्मशालाओं में ठहरने वाले तीर्थयात्रियों के लिए दुभाषिए का काम करते हैं। पर्यटन के क्षेत्र में भी आशु अनुवाद की प्रक्रिया तीर्थाटन जैसी ही है।

हाल के वर्षों में भारत सरकार की ओर से विदेशी पर्यटकों के लिए आशु अनुवाद की व्यवस्था अपेक्षाकृत अधिक व्यावहारिक हो गई है। इनके अतिरिक्त इस प्रकार के यात्री दल जब कभी भारत में 'कंडक्टेड टूर' में आते हैं तो वे अपने साथ अपने देश से ही हिन्दी, अंग्रेजी या अन्य भाषा जानने वाले अनुवादक भी लाते हैं।

भारत आज विश्व के उन देशों में है जो विदेशों के साथ व्यापार के लिए तेज़ी से आगे बढ़ रहा है। हमारे देश से आयात-निर्यात के कारोबार भी बड़ी मात्रा में होते हैं। भूमंडलीकरण और वित्तीय उदारीकरण के कारण संसार के प्रायः सभी देशों से व्यापार और व्यापारिक प्रतिनिधि मंडल लगातार भारत आ रहे हैं। आज के युग में व्यापार का एक विशेष महत्त्व है। इसलिए विभिन्न देशों से भारत के द्विपक्षीय व्यापारिक संबंध पुराने समय से बने हुए हैं।

लोगों ने भाषांतरण की प्रक्रिया से ही अपना कारोबार किया। सेठों और व्यापारियों के घर उनके मुनीम-कारिंदे आदि आज भी अन्य कार्यों के साथ-साथ आशु-अनुवाद का कार्य भी करते हैं। आधुनिक युग में पर्यटन के विस्तार के साथ पर्यटन गाइड तथा कार-टैक्सी ड्राइवर आदि भी यह भूमिका निभाते हैं।

यदि किसी सार्वजनिक सभा में या स्वागत समारोह में किसी विदेशी अतिथि के भाषण को अन्य भाषा-भाषी लोगों के लिए प्रस्तुत करना हो, तो आशु-अनुवाद की प्रक्रिया कुछ भिन्न होती है। मूल वक्ता तथा आशु-अनुवादक दोनों बारी-बारी से बोलते हैं। पहले मूल वक्ता अपने व्याख्यान का एक वाक्य या एक पैराग्राफ बोलता है तथा दुभाषिए की ओर तनिक मुड़कर हलका-सा संकेत देता है। उसके बाद आशु-अनुवादक या दुभाषिया उनके कथन का आशु अनुवाद प्रस्तुत करता है तथा अपना भाषण समाप्त करने का विनम्र संकेत मूल वक्ता को देता है। इस प्रकार बहुभाषी, बहुजातीय, बहुसांस्कृतिक, बहुस्तरीय भारत में आशु-अनुवाद प्राचीन काल से अपनी परंपरा बनाए हुए है।

आशु-अनुवाद का महत्त्व

विश्व के विभिन्न देशों के नेता आशु-अनुवाद की सहायता से विचार-विमर्श करते हैं तथा अपने-अपने देशों के पक्षों को एक दूसरे के समक्ष प्रस्तुत करते हैं। यद्यपि संधियाँ और समझौते लिखित रूप में होते हैं किंतु इन संधियों और समझौतों पर हस्ताक्षर करने से पूर्व विभिन्न समस्याओं पर गंभीरतापूर्वक विचार-विमर्श होते हैं और ये विचार-विमर्श आशु-अनुवाद के माध्यम से ही होते हैं। इसके अतिरिक्त विश्व के अनेक बहुभाषी देशों में अंतर्देशीय कार्यकलापों में आशु-अनुवाद की आवश्यकता होती है। भारत जैसे बहुभाषी देश में आशु अनुवाद की अत्यधिक उपयोगिता है।

संस्कृति के संदर्भ में आशु अनुवाद का महत्त्व स्वयंसिद्ध है। आशु अनुवाद की सहायता से आज भारतीय संगीत, नृत्य, साहित्य एवं अन्य ललित कलाएँ संसार के कोने-कोने में पहुँच चुकी हैं, क्योंकि उनकी व्याख्या आज आशु अनुवाद के माध्यम से

होती है। सांस्कृतिक आदान-प्रदान में ही शिक्षा और पर्यटन भी शामिल हैं तथा शिक्षा और पर्यटन के क्षेत्रों में भी आशु अनुवाद के कारण विश्व के दूसरे देशों से संपर्क और संबंध स्थापित करने में सुविधा और सहायता मिली है। व्यवसाय के क्षेत्र में आशु अनुवाद के कारण ही आज विभिन्न देशों के व्यवसायी और व्यापारी आसानी से एक-दूसरे देश के माल का आयात-निर्यात कर अपने-अपने देशों के व्यापार का संवर्द्धन कर रहे हैं।

आशु-अनुवाद की विशेषताएँ

(1) तात्कालिक संप्रेषणीयता : आशु-अनुवाद में संप्रेषणीयता की अपेक्षा अधिक रहती है। मूल वक्ता द्वारा कही जा रही बात को सही और सटीक रूप में श्रोता अथवा श्रोताओं के लिए प्रस्तुत करना आशु-अनुवादक का दायित्व है। श्रोताओं को दोबारा सुनने का अवसर नहीं होता। यही कारण है कि आशु-अनुवाद में संप्रेषणीयता अधिक होती है।

(2) शैलीगत सहजता : आशु-अनुवाद की शब्दावली सहज और स्वाभाविक होती है। अनुवादक जब किसी लिखित सामग्री का अनुवाद करता है तो उसे शब्दकोश, संदर्भ-ग्रंथ आदि की सहायता लेनी पड़ती है। कभी मौलिकता की रक्षा करने में और कभी भाषा को सरल बनाने में वह कभी-कभी कृत्रिम अनुवाद भी कर देता है जिससे भाषा की सहजता और स्वाभाविकता की रक्षा नहीं हो पाती, किंतु आशु-अनुवादक मुक्त भाव से सहज और स्वाभाविक शैली में अनुवाद करता है।

(3) सरलता : आशु-अनुवाद सरल एवं बोधगम्य होता है। सामान्य अनुवाद में बहुत सारे कोशों, तकनीकी, प्रशासनिक एवं विधिक शब्दावलियों के प्रयोग से उसकी भाषा कभी-कभी बोझिल हो जाती है और कभी-कभी अनुवाद इतना दुरूह हो जाता है कि पाठकों की समझ में ही नहीं आता, किंतु आशु-अनुवाद यदि सरल, सुबोध एवं सहज होता है तो श्रोता उसे आसानी से और तुरंत समझ लेता है।

(4) सांस्कृतिक सेतु : आशु अनुवाद दो भिन्न सभ्यताओं एवं संस्कृतियों के बीच सेतु का काम करता है। यह आशु-अनुवाद की महानतम उपलब्धि है क्योंकि आशु-अनुवाद के माध्यम से ही दो भिन्न सभ्यताएँ एवं संस्कृतियाँ निरंतर आपस में समीप आती रहती हैं। बौद्ध धर्म के प्रचार के लिए सम्राट अशोक के पुत्र-पुत्री विदेश गए या ईसाई पादरियों ने अपने धर्म का विश्व भर में जो प्रचार किया, उसमें आशु-अनुवाद की महत्त्वपूर्ण भूमिका रही है। इस प्रकार विश्व के एक देश की कला, साहित्य, संगीत, नृत्य आदि को दूसरे देशों में लोकप्रिय बनाने में आशु-अनुवाद की भूमिका महत्त्वपूर्ण रही है।

(5) वैश्वीकरण का अनिवार्य साधन : आशु-अनुवाद विश्व के विभिन्न देशों को एकता की कड़ी में जोड़ता है। अंतरराष्ट्रीय धरातल पर आशु-अनुवाद का उल्लेखनीय

योगदान है। आज संयुक्त राष्ट्र संघ में संसार के विभिन्न देशों के लोग अपनी-अपनी भाषा में बोलते हैं और उनका मंतव्य आशु-अनुवाद के माध्यम से ही संप्रेषित होता है। आज सचमुच संचार और आशु-अनुवाद की सुविधा से विश्व एक परिवार बन गया है तथा इसकी दूरी इतनी कम हो गई है कि आप जब चाहें तथा जहाँ चाहे जाकर अपना काम कर सकते हैं। आशु-अनुवाद के द्वारा ही आज राजनयिक, व्यापारिक कार्य भी सरलता और सफलतापूर्वक संपन्न हो रहे हैं। अतः विभिन्न सभ्यताओं और संस्कृतियों के बीच संवाद जारी रखने और संसार के विभिन्न भाषा-भाषी लोगों के बीच मधुर और सद्भावपूर्ण संबंध बनाए रखने में आशु-अनुवाद का विशेष योगदान है।

आशु अनुवाद से अपेक्षाएँ

आशु-अनुवाद दो व्यक्तियों या व्यक्ति समूहों के बीच के संवाद का माध्यम होता है, अतः आशु-अनुवाद की सर्वप्रथम अपेक्षा यह है कि संप्रेषणीयता की दृष्टि से उसकी भाषा-शैली पूर्णतया बोधगम्य हो। अनुवाद या तो शब्दानुवाद हो सकता है या भावानुवाद, लेकिन आशु-अनुवाद न तो ऐसा शब्दानुवाद हो सकता है जिसकी भाषा दुरूह एवं बोझिल हो और न ही ऐसा भावानुवाद कि वक्ता के कथन से हटकर कुछ बात कही जाए। उसके सुंदर और सटीक दोनों होने की अपेक्षा रहती है। इनके अतिरिक्त आशु-अनुवाद की भाषा सरल और शैली सुबोध होनी चाहिए तथा जिस श्रोता अथवा श्रोता वर्ग के लिए अनुवाद प्रस्तुत किया जा रहा है वहाँ प्रचलित शब्दावली का ही प्रयोग होना चाहिए। उदाहरण के लिए, यदि भारत का कोई विदेश मंत्री अमरीका जाता है और आशु-अनुवादक उसके लिए 'फारेन मिनिस्टर' अथवा 'एक्स्टरनल अफेयर्स मिनिस्टर' कहता है तो वहाँ के अधिकतर लोग उसके अनुवाद को अच्छी तरह नहीं समझ सकेंगे क्योंकि अमरीका में विदेश मंत्री को 'सेक्रेटरी ऑफ स्टेट्स' कहा जाता है। भारत के राष्ट्रपति जर्मनी में जाएँ तो राष्ट्रपति के लिए वहाँ 'प्रेज़िडेंट' शब्द के बजाय 'चांसलर' शब्द का प्रयोग उपयुक्त होगा। अंग्रेजी भाषा के 'कार्न' (Corn) शब्द का प्रयोग अमरीका में 'मक्का' के लिए, ब्रिटेन में 'गेहूँ' के लिए, आयरलैंड में 'जई' के लिए, भारत में 'अनाज' के लिए प्रयुक्त होता है। इन देशों के संदर्भ में शब्दार्थ का ध्यान रखना अपेक्षित रहता है। इसी प्रकार हिन्दी के भी ऐसे अनेक शब्द हैं, जो भारत के विभिन्न क्षेत्रों में विभिन्न अर्थों में प्रयुक्त होते हैं। आशु-अनुवादक से देश-विदेश में प्रचलित शब्दावली की जानकारी अपेक्षित होती है ताकि उनकी बात पूर्ण रूप से संप्रेषित हो सके। आशु-अनुवादक से यह भी अपेक्षा की जाती है कि वह वक्ता के बोलने की शैली, उच्चारणगत गुण-दोष, तान, अनुतान, बलाघात आदि की पूर्ण जानकारी रखे ताकि यदि कोई वक्ता अपनी क्षेत्रीय भाषा के प्रभाव में मानक भाषा से भिन्न उच्चारण करता है या स्वभावानुरूप बहुत धीमी या तेज गति से बोलता है तो उसे चाहिए कि वह अपनी विशेषज्ञता के आधार पर

आशु-अनुवाद में कोई बाधा न आने दे। आशु अनुवादक से यह भी अपेक्षा होती है कि वह महत्त्वपूर्ण मुद्दों को संकेताक्षरों में नोट भी करता जाए। इसलिए कुछ विचारकों का मत है कि यदि आशु-अनुवादक को आशुलिपि का भी ज्ञान हो तो उसे अनुवाद में ज्यादा सुविधा होगी, लेकिन कुछ क्षेत्रों में ऐसा करना कठिन होता है, खासकर आम सभाओं में जहाँ मूल वक्ता और अनुवादक दोनों आम जनता के सामने खड़े होकर भाषण देते हैं और तत्काल अनुवाद करते हैं।

संसार की विभिन्न संस्कृतियों, सामाजिक एवं राजनयिक परिवेश में समन्वय लाने में आशु-अनुवादक का महत्त्वपूर्ण योगदान रहता है। उसे दो देशों के राष्ट्रपतियों, प्रधानमंत्रियों, संयुक्त राष्ट्र संघ (UNO) के संगठनों के प्रतिनिधियों, सांसदों के बीच की बातचीत को संप्रेषित करने का गंभीर उत्तरदायित्व निभाना होता है, इसलिए उससे दोनों भाषाओं की मर्मज्ञता की अपेक्षा रहती है। साथ ही इन भाषाओं की गंभीर और प्रामाणिक जानकारी की आवश्यकता रहती है। उसकी अनुवाद कला ऐसी हो कि बिना किसी संदर्भ साहित्य या विचार-विमर्श के वह संपूर्ण अनुवाद प्रस्तुत कर सके। उससे विभिन्न देशों की सांस्कृतिक परंपराओं, सामाजिक रीति-रिवाजों की भी पूर्ण जानकारी की अपेक्षा रहती है। आशु-अनुवादक से मुख्य रूप से निम्नलिखित अपेक्षाएँ की जाती हैं :

1. आशु अनुवादक प्रायः ऐसे कथनों का अनुवाद करता है जो दूसरे क्षेत्र की भाषा, सांस्कृतिक-सामाजिक रीति-रिवाजों से संपृक्त नहीं होते तथा उनकी शब्दावली, मुहावरे और बोलने के तौर-तरीके भी अलग होते हैं। कभी-कभी उनके वाक्य-विन्यास ऐसे होते हैं, जिनका यदि शब्दानुवाद किया जाए तो वह पाठकों की समझ में नहीं आता। जैसे—'संसद को अखाड़ा नहीं बनाना चाहिए' का भावानुवाद 'Floor of the House should not be misused' अधिक उपयुक्त होगा। अतः आशु-अनुवादक को यह ध्यान रखना पड़ता है कि उनका जो श्रोता वर्ग है, वह किस प्रकार की भाषा, शब्दावली, अभिव्यंजना तथा मुहावरों को सरलता से समझ पाता है। श्रोता वर्ग की भाषा-शैली, शब्दावली, शुद्ध उच्चारण और वाक्य-विन्यास के बारे में जानकारी होने से अनुवाद सरल और बोधगम्य हो सकता है। इस प्रकार आशु अनुवादक को विषयानुरूप भाषा के लहज़े से परिचित होने के साथ-साथ भाषा में धारा-प्रवाह पकड़ भी होनी चाहिए। आशु-अनुवाद की शैलीगत नैसर्गिकता से भाषा सहज और बोधगम्य होती है।
2. अनुवादक के प्रस्तुतीकरण में विनम्रता की अपेक्षा तो रहती है, किंतु उसमें प्रभावशीलता का होना भी आवश्यक है।
3. आशु अनुवादक की स्मरण-शक्ति अच्छी होनी चाहिए और उसी के साथ-साथ उसमें सजगता की भी अपेक्षा रहती है। साथ ही, उसे सुनने और समझने तथा उसे तत्काल प्रस्तुत करने की कला में मर्मज्ञ होना चाहिए।

4. मूल वक्ता के कथन की भाषा और भावना दोनों की पूर्ण रूप से रक्षा की जाए। उसे विशेषज्ञ के साथ-साथ बहुज्ञ भी होना चाहिए ताकि वह आसानी से सही अनुवाद प्रस्तुत कर सके। आशु-अनुवाद के मुख्य वक्ता मुख्य वक्तव्य पर होना चाहिए और उसमें मूलभाषा का स्तर भी बना रहना चाहिए।
5. यदि किसी बात को श्रोता या श्रोता वर्ग समझ नहीं पाता तो आशु-अनुवादक को उसे इस प्रकार प्रस्तुत करना चाहिए कि अनुवाद के बाद विषय-वस्तु को समझने में कहीं कोई अस्पष्टता न हो। उदाहरण के लिए, आजकल बहुराष्ट्रीय कंपनियाँ देश के विभिन्न भागों में कारखाने या फैक्टरियाँ स्थापित कर रही हैं। इनके प्रतिनिधि अपने-अपने क्षेत्रों का दौरा करने जाते हैं। यदि कोई वक्ता किसी गाँव में किसी ऐसे वैज्ञानिक आविष्कार का उदाहरण देता है जिससे वहाँ के एक प्रतिशत लोग भी परिचित नहीं हैं तो जनसभा में आशु अनुवादक के लिए आविष्कार का नाम लेना ही पर्याप्त नहीं है बल्कि उसकी व्याख्या भी अपेक्षित है। इसी प्रकार, यदि विदेश के किसी समारोह में कोई हिन्दी वक्ता कहता है "मैथिलीशरण गुप्त खड़ी बोली हिन्दी के प्रमुख कवि हैं।" तो यहाँ 'खड़ी बोली' शब्द को आशु-अनुवादक 'वन हिन्दी डायलेक्ट' या 'ए डायलेक्ट ऑफ मॉडर्न हिन्दी' के रूप में बता सकता है। इस प्रकार तकनीकी शब्दावली का ज्ञान होने से श्रोता वर्ग के अनुरूप शब्द-प्रयोग अधिक कारगर सिद्ध होता है।
6. आशु-अनुवादक से देश या समाज के सामाजिक, सांस्कृतिक और राजनैतिक संदर्भों के ज्ञान की अपेक्षा रहती है किंतु इस बात का ध्यान रखना होगा कि किसी समाज की सभ्यता और संस्कृति के प्रतिकूल शब्दों को न बोले क्योंकि अलग-अलग देशों में संस्कृति और सभ्यता के अपने संदर्भ होते हैं और कुछ शब्द ऐसे हो सकते हैं जिनको दूसरे समाज में स्वीकार्य न हो। यदि किसी अनुवाद से किसी धार्मिक भावना पर चोट पहुँचती है तो उससे बचना अपेक्षित है। इसलिए उसे उस समाज के नयाचार और शिष्टाचार की पूरी जानकारी होनी चाहिए।
7. प्रत्येक भाषा का अपना अलग मुहावरा होता है। अतः यदि श्रोता वर्ग किसी भाषा-विशेष के मुहावरे को नहीं समझता तो उसे पूर्ण रूप से समझाना चाहिए तथा उसके लिए स्थानीय पर्याय प्रस्तुत करना चाहिए। इस प्रकार श्रोता वर्ग की सामाजिक और धार्मिक भावनाओं पर पहुँचाने वाले वाक्यांशों का अनुवाद अप्रत्यक्ष रूप से करना चाहिए।
8. वक्ता कभी-कभी WHO, UNESCO, NCERT, BJP, BSP जैसे संक्षिप्ताक्षरों (Abbreviation) का प्रयोग करता है, आशु अनुवाद में इसके पूर्ण अनुवाद की अपेक्षा रहती है। यूनेस्को, बसपा, भाजपा जैसी परिवर्णियों

(acronym) को बताते हुए यदि आवश्यकता पड़े तो उसका विस्तृत रूप बताना चाहिए। कोड शब्दों की जानकारी का विशेष महत्त्व रहता है।

9. कुछ व्यक्ति आदतन कुछ शब्दों का प्रयोग हर एक-दो वाक्यांशों के पहले या पीछे करते हैं। ये उनके तकिया कलाम होते हैं। उनका अनुवाद करने की आवश्यकता नहीं है। मान लीजिए किसी वक्ता को as you know या 'समझ गए न' बार-बार कहने की आदत है तो हर एक-दो वाक्य के बाद अनुवादक को "जैसा कि आप जानते हैं" या Have you understood कहने की जरूरत नहीं है।
10. इसके अतिरिक्त वक्ता यदि विषयांतर हो जाता है या त्रुटिपूर्ण उच्चारण करता है तो भी आशु-अनुवादक को इन त्रुटियों को सुधारकर सही ढंग से अनुवाद प्रस्तुत करना चाहिए। वक्ता कई बार माइक से जरा हटकर कुछ कहता है जिसे समझने में कठिनाई होती है। ऐसी स्थिति में उसे सतर्क और सजग रहना होगा।

इस प्रकार आशु-अनुवादक का उत्तरदायित्व सामान्य अनुवादक से कई मायनों में अधिक होता है। सामान्य अनुवादक के अनुवाद में उसकी विद्वता और विशेषज्ञता का महत्त्वपूर्ण स्थान होता है, किंतु आशु-अनुवाद में भाव के सटीक संप्रेषण और मूल वक्ता के कथन के प्रभाव की रक्षा होती है। सामान्य अनुवादक जिस अनुशासन में अनुवाद करता है उसका विशेषज्ञ हो सकता है, लेकिन आशु-अनुवादक के लिए विषय की सीमा नहीं होती है, अतः उसे बहुज्ञ होना पड़ता है। आशु-अनुवाद विश्व को संवाद की एकसूत्रता में जोड़कर विश्व के विभिन्न भाषा-भाषी लोगों तथा बहुभाषिक समाज तथा अंतरराष्ट्रीय संगठनों के कार्यकलापों में महत्त्वपूर्ण भूमिका निभा रहे हैं। अंतरराष्ट्रीय संस्थाओं तथा संगठनों में एक साथ कई भाषाओं में आशु-अनुवाद होते हैं।

आशु अनुवाद की सीमाएँ और संभावनाएँ

सीमाएँ : आशु अनुवाद के तात्कालिक और मौखिक होने के कारण सबसे पहली सीमा अनुवादक को सोचने-विचारने का ज्यादा समय नहीं मिलता। उसे मशीन की तरह तुरंत चालू हो जाना पड़ता है। ऐसी स्थिति में उसे कई बार तत्काल सूझे पर्याय से काम चलाना पड़ता है, बेहतर पर्याय के लिए वह रुक नहीं सकता। इसी तरह उसे वाक्य-विन्यास को भी सुधारने-सँवारने की संभावना नहीं होती। मौखिक स्थिति होने के कारण एक बार जो वाक्य शुरू किया, उसे न तो वह अधूरा छोड़ सकता है न ही बदल सकता है। शुरू करने के बाद उसे पूरा, सार्थक और सही वाक्य देना होता है। इस स्थिति में वाक्य के गठन और चुस्ती से समझौता करना पड़ सकता है। वक्ता का उच्चारण, लहज़ा आदि कई समस्याएँ पैदा करते ही हैं, ऐसी स्थिति में कभी-कभी कुछ हिस्सों को छोड़ भी देना पड़ता है।

आशु-अनुवादक के समक्ष बड़ी चुनौती तब होती है जब मूल वक्ता या कुछ श्रोता दोनों भाषाएँ जानते हों। कभी-कभार मूल वक्ता को लक्ष्य भाषा की सामान्य जानकारी होती है। स्रोत भाषा और लक्ष्य भाषा में कुछ समान शब्द होते हैं, किंतु उनका अर्थ भिन्न होता है अथवा लक्ष्य भाषा में अच्छा अर्थ नहीं रखता है। जैसे 'आइए, आइए' का तेलुगु पर्याय 'रंडी, रंडी' है। हिन्दी भाषी 'रंडी' शब्द सुनकर उसका हिन्दी अर्थ लगाकर चकित हो सकते हैं, क्योंकि हिन्दी में रंडी का अर्थ 'आइए' नहीं है वरन् वेश्या या कुलटा है। इसी प्रकार दक्षिण भारतीय भाषाओं में 'कल्याणम्' का अर्थ 'मंगलम्' या 'भलाई' नहीं बल्कि 'विवाह' या 'वैवाहिक संबंध' है। ऐसे अवसरों पर अनुवादक के लिए समस्या पैदा हो सकती है।

संभावनाएँ : आशु-अनुवादक वास्तव में स्वयं भी वक्ता की भूमिका निभाता है। भाषण अथवा वार्तालाप में उसे वक्ता की भाँति हाव-भाव, लहज़ा, शारीरिक मुद्राओं आदि से बहुत कुछ कहना होता है। इसलिए आशु-अनुवादक जानता है कि उसकी बात तत्काल सुनी जाती है। श्रोताओं के साथ उसका जीवंत और सीधा संपर्क है। यदि वह इसमें थोड़ी-सी भी ढील या लापरवाही बरतेगा तो अर्थ का अनर्थ हो सकता है। ऐसी संभावनाओं को ध्यान में रखते हुए उसकी कौशल प्रवीणता और सावधानी ही काम करती है। उसमें एक प्रकार का दायित्व बोध होता है जिसकी संभावना सामान्य अनुवाद में प्रायः नहीं होती।

आशु-अनुवाद की आवश्यकता

भाषा को संप्रेषण का माध्यम माना जाता है तथा भाषाविज्ञानियों का मत है कि इसका उपयोग संदेश भेजने या भावनाओं को अभिव्यक्त करने के लिए ही नहीं बल्कि मानवीय संपर्क स्थापित करने तथा उसे बनाए रखने के लिए भी आवश्यक है। आधुनिक युग में संचार क्रांति के कारण संसार बहुत छोटा हो गया है और भिन्न भाषाभाषी लोगों के बीच परस्पर संपर्क बनाए रखने, संवाद की प्रक्रिया जारी रखने, सांस्कृतिक विचार-विनिमय के लिए तथा एक दूसरे देश के वैज्ञानिक शोधों की जानकारी प्राप्त करने के लिए आशु-अनुवाद की उल्लेखनीय भूमिका हो गई है। इस प्रकार संसार के विभिन्न भागों में बसे हुए विभिन्न भाषाभाषी लोगों को निकट लाने, उनके बीच संवाद स्थापित करने और परस्पर सद्भावपूर्ण संबंध बनाए रखने के लिए आशु अनुवाद आवश्यक ही नहीं, अनिवार्य हो गया है।

आज ज्ञान-विज्ञान के प्रत्येक क्षेत्र में अनुसंधान तथा आविष्कार हुए हैं और हो रहे हैं। साथ ही व्यावसायिकता की माँग भी बढ़ रही है। इसी कारण आज दुभाषिए या भाषांतरकार के कार्य ने एक पूर्ण पेशे का रूप धारण कर लिया है। विश्व में ऐसी अनेक संस्थाएँ स्थापित हुई हैं जिनमें भाषा, अनुवाद, आशु-अनुवाद, शिक्षण और व्यावसायिक द्विभाषिकता के प्रशिक्षण की व्यवस्था है। फ्रांस में स्थित 'एज़ीत'

(Ecole Special pour Interpretation et Traduction—एकोल स्पेशियल पूर एंतेरप्रेताँस्यों ए त्रादुक्स्यों) में दुभाषिए का प्रशिक्षण दिया जाता है। यह संस्था संयुक्त राष्ट्र संघ के लिए दुभाषियों के विशेष प्रशिक्षण की व्यवस्था करती है और वहाँ प्रवेश प्राप्त करने के लिए संयुक्त राष्ट्र संघ में प्रयुक्त छह भाषाओं में से कम से कम तीन भाषाओं में विशेषज्ञता होना आवश्यक है। भारत में विभिन्न विश्वविद्यालयों और शैक्षिक संस्थाओं में भाषा और अनुवाद के पाठ्यक्रम तो बहुत हैं किंतु दुभाषिए के पाठ्यक्रम एकाध हैं।

इस प्रकार आधुनिक युग की यह आवश्यकता है कि प्रत्येक समाज अपनी प्रगति और विकास के लिए विश्व के अन्य भागों में हो रही प्रगति और विकास की जानकारी प्राप्त करें। लिखित अनुवाद के माध्यम से यह जानकारी बहुत देर से पहुँचती है जबकि आशु-अनुवाद के द्वारा विभिन्न समारोहों, सम्मेलनों, अंतरराष्ट्रीय मंचों से तत्काल उपलब्ध कराई जाती है। विश्व के अधिकतर देशों में वस्तुतः एक से अधिक भाषाएँ बोली जाती हैं। यदि आशु अनुवाद की व्यवस्था न हो तो एक ही देश के दो अलग-अलग क्षेत्रों के लोग आपस में अपरिचित जैसा व्यवहार करेंगे। इस प्रकार विभिन्न भाषाभाषी लोगों के बीच परस्पर सांस्कृतिक आदान-प्रदान, वैज्ञानिक एवं तकनीकी आविष्कार की जानकारी, तीर्थाटन, पर्यटन एवं व्यवसाय, संसदीय और राजनयिक तथा राजनैतिक कार्यकलापों के लिए आशु-अनुवादक आवश्यक सेतु बन गया है। यह तभी संभव है जब आशु-अनुवाद की आवश्यकता को गंभीरता से लिया जाए।

मशीनी अनुवाद : स्वरूप और संभावनाएँ

एक भाषा की पाठ्यसामग्री का दूसरी भाषा की पाठ्यसामग्री में प्रस्तुत करने की प्रक्रिया अनुवाद है। अनुवाद की इस प्रक्रिया में मशीन का उपयोग करना मशीनी अनुवाद है, जिससे स्रोत भाषा की पाठ्यसामग्री का अनुवाद लक्ष्य भाषा में स्वतः हो जाता है। इस में मूल पाठ की सामग्री (Data) को कंप्यूटर प्रणाली (System) में निवेश (input) के रूप में डाला जाता है। कंप्यूटर की आंतरिक प्रणाली में स्रोत भाषा और लक्ष्य भाषा दोनों के शब्दकोश, मुहावरे और व्याकरणिक नियम संचित होते हैं, जो स्रोत भाषा की सामग्री का स्वचालित अनुवाद लक्ष्य भाषा में अपने-आप करते हैं और कुछ क्षणों में अनूदित पाठ (data) निर्गम (output) के रूप में प्राप्त हो जाता है।

यहाँ यह ध्यान में रहे कि अनुवाद मूलतः एक बौद्धिक प्रक्रिया है। इसकी क्षमता मानव में है। इसलिए मशीन मानव का स्थान नहीं ले सकती, क्योंकि कंप्यूटर प्रणाली मानव की भाँति सहज बुद्धि से कथ्य को एक भाषा से दूसरी भाषा में रूपांतरित नहीं कर सकती। इस दृष्टि से मशीनी अनुवाद को मानव की आवश्यकता पड़ती है। इसीलिए मशीनी अनुवाद को तकनीकी अर्थ में मानव आश्रित मशीन अनुवाद (Human Assisted Machine Translatation) या कंप्यूटर आश्रित मानव अनुवाद (Machine Aided Human Translation) कहा जाता है। मानव आश्रित मशीन अनुवाद में मानव का हस्तक्षेप रहता है, जो अनुवाद प्रक्रिया के पहले या उसके दौरान या बाद में उसमे कार्य करता है। कंप्यूटर आश्रित मानव अनुवाद की प्रक्रिया को तीव्र करने या संशोधित करने के लिए कंप्यूटर उपकरण के रूप में प्रयुक्त होता है। इसी के साथ पूर्ण स्वचालित मशीनी अनुवाद भी है, जिसमें मानव की सहायता की आवश्यकता नहीं होती।

कंप्यूटर सिस्टम मानव की भाँति अपनी सहज बुद्धि से एक भाषा से दूसरी भाषा में रूपांतरण नहीं कर पाता। इसका कारण प्राकृतिक भाषा में निहित अनेकार्थकता और संदिग्धार्थकता है। मानव मस्तिष्क परस्पर संदर्भों के सहारे शब्दों का सही निर्वचन या व्याख्या कर लेता है, किंतु मशीन में ऐसी क्षमता नहीं है। उसमें तो वही अर्थ आएगा जो कंप्यूटर द्वारा समझे जा सकने वाली कलनविधि (Algorithm) या तर्कपूर्ण सूत्र में परिवर्तित कर उसके स्मृति कोश (Memory) में दिया जाता है। उदाहरण के लिए; 'कनक' (सोना या धतूरा), कर (हाथ, सूंड, टैक्स), मत (राय, संप्रदाय, निषेध) आदि अनेकार्थी शब्दों के प्रायः दो या तीन अर्थ मिल जाते हैं। इसके अतिरिक्त मशीन को न

तो सांसारिक ज्ञान होता है और न ही उसमें मानव जैसे संस्कारों और अनुभवों की अपेक्षा की जा सकती है। अतः मशीनी अनुवाद में इस प्रकार की समस्याएँ उत्पन्न होना स्वाभाविक है; जैसे-

(1) उल्लू उड़ रहा है।

(2) इस उल्लू ने बच्चे को डराया।

उपर्युक्त दोनों वाक्यों में वाक्य (1) में 'उल्लू' पक्षी का द्योतक है और वाक्य (2) में 'उल्लू' 'मूर्ख' का अर्थ दे रहा है। यहाँ मानव और मशीन दोनों के अनुवाद में अंतर आएगा।

मशीनी अनुवाद की प्रक्रिया

जैसा कि पहले बताया गया है कि युजीन ए. नाइडा ने अनुवाद प्रक्रिया के तीन सोपान बताए हैं- विश्लेषण, अंतरण और पुनर्रचना। इस प्रक्रिया का विवेचन मानव अनुवाद के संदर्भ में किया गया है, जिसमें विश्लेषण के अंतर्गत संरचना और प्रकार्य की दृष्टि से विवेचन किया जाता है। स्रोत भाषा से लक्ष्य भाषा में अनुवाद पर्यायों अथवा समतुल्यों का निर्धारण अंतरण के अंतर्गत आता है और पुनर्रचना अंतरण का मूर्त्त और परिमार्जित रूप है, जिसमें मूल पाठ की संरचना और भाषा शैली का पुनर्गठन लक्ष्य भाषा की प्रकृति और उसके सह-प्रयेाग के नियमों और शैली के आधार पर होता है। मानव अनुवाद की इस प्रक्रिया के आधार पर मशीनी अनुवाद की प्रक्रिया के भी तीन सोपान हैं, किंतु इनकी प्रणाली अलग है- पाठ का विश्लेषण, अंतरवर्ती प्रक्रिया (Intermittent Process) और प्रजनन (Generation)। इन सोपानों के आधार पर मशीनी अनुवाद प्रणाली में कई विधियों का विकास हुआ, जिनमें तीन पद्धतियाँ उल्लेखनीय हैं : (क) प्रत्यक्ष विधि (ख) परोक्ष विधि और (ग) अंतरभाषा विधि।

(क) प्रत्यक्ष विधि (Direct Method) : इस विधि का विकास सबसे पहले सन् 1964 में अमेरिका के जार्जटाउन विश्वविद्यालय में रूसी-अंग्रेजी अनुवाद के संदर्भ में हुआ। इस प्रणाली में मूलतः दो भाषाओं के शब्दकोश, शब्द-रचना के कुछ नियम और सतही वाक्य-साँचे संचित किए गए थे। इसमें न तो व्याकरणिक नियम थे और न ही उनकी पदव्याख्या (Parsing) होती थी। इस प्रणाली से अधिकतर अनुवाद या तो शाब्दिक होता था या कृत्रिम। इसमें कई बार अर्थ के अनर्थ होने की संभावना भी रहती थी। इसका महत्त्वपूर्ण घटक शब्दकोश है। इसमें लक्ष्य भाषा के पदक्रम का प्रतिस्थापन स्रोत भाषा के पदक्रम में किया जाता है। भिन्न पदक्रमों वाली भाषाओं के अनुवाद में यह विधि कारगर सिद्ध नहीं हुई। सन् 1976 में इस विधि का परिष्कृत रूप 'सिस्ट्रॉन' (SYSTRAN) के नाम से विकसित हुआ है। इसमें लगभग 20 शब्द-युग्मों के अनुवाद की सुविधा है और साठ से सत्तर प्रतिशत तक शुद्ध अनुवाद करने की क्षमता का दावा किया गया है। इसी परिष्कृत और संवर्द्धित संस्करण से इंटरनेट के कुछ वेबसाइट्स में अंग्रेज़ी, फ्रांसीसी, जर्मन और स्पेनिश भाषाओं के आन-लाइन अनुवाद किए जाते हैं। इसका अभिकल्प निम्न प्रकार से है।

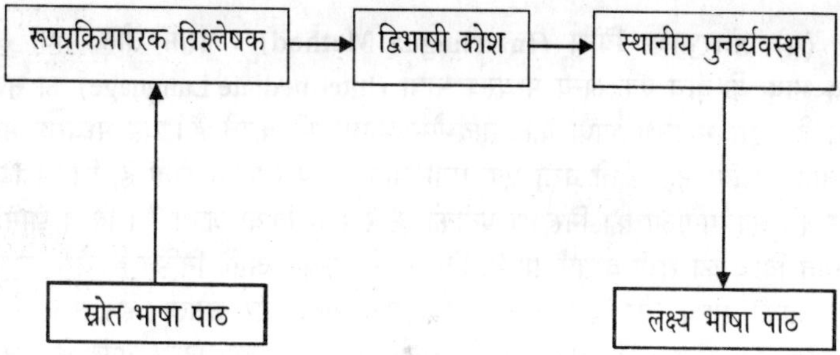

(ख) परोक्ष विधि (Indirect Method) : इसमें अनुवाद की प्रक्रिया तीन सोपानों से हो कर गुज़रती है- विश्लेषण, अंतरण और संश्लेषण। (1) विश्लेषण के सोपान में स्रोत भाषा के किसी वाक्य का व्याकरणिक विश्लेषण होता है और फिर उसकी एक सूक्ष्म अमूर्त संरचना बनती है। (2) अंतरण के सोपान में स्रोत भाषा की संरचना का अंतरण लक्ष्य भाषा की समरूपी संरचना में होता है। (3) संश्लेषण के सोपान में इस संरचना का पुनर्गठन लक्ष्य भाषा में हो जाता है। इस प्रणाली के अनुवाद को 'निर्गम' (output) कहते हैं। इस प्रणाली को 'अंतरण विधि' भी कहते हैं। इस विधि में व्याकरण संबंधी विश्लेषण अधिक होता है, जिसे मध्यवर्ती अभिव्यक्ति (Intermediate expression) कहते हैं। इसके बाद इसे लक्ष्यभाषा की मध्यवर्ती अभिव्यक्ति में रूपांतरित किया जाता है और बाद में उसका पुनर्गठन लक्ष्य भाषा में किया जाता है। यह सुविधा प्रत्यक्ष विधि में नहीं है। इस विधि के अंतर्गत जर्मनी की SUSY (सूसी - Saarbrücker über Setzungs System) और फ्रांस की GETA (गेता - Groupe d'Etudes pour la Traduction Automatique) मशीनी अनुवाद प्रणालियाँ विकसित हुई हैं, जिनमें अंग्रेजी, रूसी, जर्मन और फ्रांसीसी भाषाओं के परस्पर अनुवाद की व्यवस्था है। इसका अभिकल्प निम्न प्रकार से है।

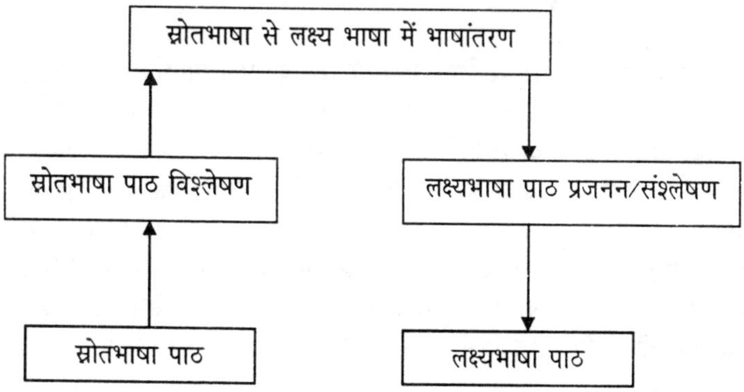

(ग) अंतरभाषा विधि (Interlingua Method) : इसमें स्रोत भाषा और लक्ष्य भाषा के बीच एक अन्य मध्यस्थ भाषा (Intermediate Language) का सृजन होता है। इस मध्यस्थ भाषा को 'सार्वभौम भाषा' भी कहते हैं। यह मध्यस्थ भाषा वास्तविक भाषा नहीं होती वरन् एक ऐसी भाषा-निरपेक्ष भाषा होती है, जिसमें विश्व ज्ञान की संकल्पनाओं का निरूपण प्रतीकों के रूप में किया जाता है। विश्व ज्ञान के अंतर्गत विश्व की सभी वस्तुएँ, प्राणी, विचार और संबंध आदि निहित हैं; जैसे- लड़का और लड़की, माता और पिता, काला और सफेद, सत्य और असत्य। इन संकल्पनाओं को अंग-अंगी संबंध (Whole and part relationship), वर्ग-सदस्य आदि के अंतर्गत में अनेक कोटियों में विभाजित किया जाता है। इनका अपना विन्यास और सोपाधिक्रम (hierarchy) होता है, जिन्हें व्याकरणिक अभिलक्षणों (Grammatical features) और अर्थपरक अभिलक्षणों (Semantic features) में प्रस्तुत किया जाता है। इसका लाभ यह है कि इसे किसी अन्य भाषा के लिए भी प्रयुक्त किया जा सकता है। उदाहरण के लिए;

आदमी ⟹	+ संज्ञा + जातिवाचक + एकवचन + पुल्लिंग	+ प्राणीवाचक + मानव + व्यस्क
कुर्सी ⟹	+ संज्ञा + जातिवाचक + एकवचन + स्त्रीलिंग	- प्राणीवाचक - मानव - ठोस + आसन

इस विधि के आधार पर विश्व ज्ञान निरूपण की एक सार्वभौम भाषा का विकास हो सकता हे, किंतु यह विधि जटिल होने के कारण अभी आंशिक रूप से सफल हो पाई है। यह विधि विशिष्ट कार्यक्षेत्र में कारगर भूमिका निभा सकती है। वास्तव में इसमें शब्दों और अर्थों का विश्लेषण कर 'कृत्रिम बुद्धि' (Artificial Intelligence) के भाषायी पक्ष को मज़बूत बनाने की आवश्यकता है। इसका प्रयोग इस विधि का प्रारंभिक विकास सत्तर के दशक में स्टेनफोर्ड में रोजर स्कांक (Roger Skonk) और योटिक विल्क्सि (Xotic Wilkis) द्वारा हुआ था। जापान में 'फुजित्सु सिस्टम' के विकास के साथ-साथ चीन और भारत में भी अंतर भाषा विधि के आधार पर मशीनी अनुवाद पर कार्य चल रहा है।

उपर्युक्त विधियों के आधार पर मशीनी अनुवाद का विकास होता रहा। इसमें 'कृत्रिम बुद्धि' की विशेष भूमिका होता है, जो स्रोत भाषा के पाठ का विश्लेषण करती हुई लक्ष्य भाषा में उसका अंतरण करती है। इन सब विधियों का यदि संयोजित रूप लिया जाए तो मशीनी अनुवाद का मूलभूत प्रारूप इस प्रकार होगा।

विश्लेषण {
स्रोतभाषा का मूल पाठ
⇩
रूपप्रक्रियापरक विश्लेषण
⇩
वाक्यविन्यासीय विश्लेषण
⇩
अर्थपरक और संदर्भपरक विश्लेषण
}

⇩

अंतरण {
स्रोतभाषा का आंतरिक प्रस्तुतीकरण
⇩
लक्ष्यभाषा के आंतरिक प्रस्तुतीकरण में अंतरण
}

⇩

प्रजनन {
संदर्भपरक और अर्थपरक प्रजनन
⇩
वाक्यविन्यासीय प्रजनन
⇩
रूपप्रक्रियापरक प्रजनन
⇩
लक्ष्य भाषा का पाठ
}

मशीनी अनुवाद की प्रणाली

मशीनी अनुवाद तीन प्रणालियों पर आधारित है- 1. नियम आधारित प्रणाली, 2. उदाहरण आधारित प्रणाली और 3. सांख्यिकी आधारित प्रणाली।

1. नियम आधारित प्रणाली में भाषाओं के वाक्यपरक व्याकरण को प्राथमिकता दी जाती है और इसमें प्रायः व्याकरणिक नियम कार्य करते हैं। इसी आधार पर रूपप्रक्रियापरक विश्लेषक (Morphological Analyser) स्रोत भाषा के लिए दिए गए व्याकरणिक नियमों की सहायता से वाक्य-विन्यासीय (Syntactic Meaning) अर्थ का बोधन करता हैं। मशीनी अनुवाद के लिए एक विशिष्ट शब्द कोश होता है, जिसे 'कोशगत संसाधन' (Lexical Resources) कहते हैं। यह कोशगत संसाधन रूपप्रक्रियापरक विश्लेषण

से अलग किए शब्दों के अर्थ बताता है। ये अर्थ परसर्ग समुचित व्याकरणिक रूपों से संबद्ध होते हैं और लक्ष्य भाषा में समतुल्य शब्दों का प्रजनन करते हैं। यह एकदिशात्मक प्रक्रिया है, जो एक ही वाक्य में पुनःसृजित करने में विपरीत दिशा में नहीं जाती। यह रूपप्रक्रियापरक विश्लेषक और प्रजनक (Generator) की प्रकृति के कारण है।

2. उदाहरण आधारित प्रणाली में कॉर्पोरा (विपुल शब्दसंग्रह) के आधार पर मशीन के लिए कृत्रिम बुद्धि (Artificial Intelligence) से समानांतर कॉर्पोरा तैयार किया जाता है और उसी के आधार पर नियम दिए जाते हैं। समानांतर कार्पोरा मशीनी अनुवाद की कृत्रिम बुद्धि के सृजन के लिए प्रयुक्त होता है। वास्तव में कृत्रिम बुद्धि वह अध्ययन है, जिसमें यह देखा जाता है कि कंप्यूटर वह काम कैसे कर सकता है, जिसे मानव उसी समय कर सकता है। यह कृत्रिम बुद्धि मशीन में दिए गए नियमों से परिचालित होती है। कॉर्पोरा मानव अनूदित कार्य है, जिससे कंप्यूटर में समानांतर कॉर्पोरा द्वारा दो भाषाओं के बीच विभिन्न वाक्यों को जोड़ा जाता है। सिस्टम में अनुवाद के लिए दिए गए वाक्य की पहचान कार्पोरा से उसी प्रकार के वाक्य से प्रायः कराई जाती है। समानांतर कार्पोरा कंप्यूटर में डाटा के फीड करने और व्यवस्थित करने की एक विशिष्ट पद्धति है।

3. सांख्यिकी आधारित प्रणाली में भाषा-युग्म के बीच सांख्यिकीय संरचनाएँ निर्मित कर विरचना (decomposition) और सुव्यवस्थित अंतरापृष्ठन (Interface) का प्रयोग होता है। इसमें कुछ गणितीय रचनाएँ काम करती हैं। इसमें स्पष्ट रूप से निर्मित भाषायी ज्ञान का प्रयोग नहीं होता। इसमें एच.एम.एम. जैसे मॉडलों और पद्धतियों का उपयोग किया जाता है। इन्टरनेट में जैसे-जैसे समानांतर कार्पोरा की उपलब्धता बढ़ती जा रही है, वैसे-वैसे वैज्ञानिक इस प्रणाली की ओर आकर्षित हो रहे हैं, क्योंकि इसमें भाषा नियमों और शब्दकोशों की प्रायः आवश्यकता नहीं पड़ती।

मशीनी अनुवाद प्रणाली के घटक

मशीनी अनुवाद के तीन घटक माने गए है, जिनमें (1) भाषा तथा (2) कंप्यूटर आंतरिक घटक हैं और (3) मानव बाह्य घटक है।

(क) भाषा : इसके अंतर्गत भाषायी-आधार-सामग्री (Corpus) और व्याकरण दो उपघटक हैं। 'भाषा-सामग्री' से अभिप्राय एकभाषी और द्विभाषी कोश के साथ-साथ वह मूल भाषायी आधार-सामग्री भी है, जिसमें संबद्ध कार्यक्षेत्र में प्रयुक्त भाषा-रूपों का प्रतिनिधित्व होता है। भाषायी आधार-सामग्री में स्रोत भाषा के संबद्ध कार्यक्षेत्र की शब्दावली, अभिव्यक्तियाँ, शैली-रूप, मुहावरे और लोकोक्तियाँ, प्रयुक्तियाँ तथा अन्य भाषायी विशेषताएँ निहित रहती हैं। इसमें संज्ञा, क्रिया, क्रियाविशेषण, परसर्ग, समुच्चबोधक आदि शब्द-रूपों का शब्द वर्ग (Part of Speech-POS) निर्धारित किया जाता है। इसके साथ ही इनके पदबंध, सहप्रयोग आदि का निर्धारण होता है। इसी के

साथ ही लक्ष्य भाषा में इन शब्द-रूपों के समतुल्य पर्याय का निर्धारण कर एक समानांतर आधार-सामग्री तैयार की जाती है, जिसके आधार पर सीमित द्विभाषी शब्दकोश, अंतरण व्याकरण और अंतरण शब्दावली (Transfer Lexicon) का विकास किया जाता है। इसी आधार-सामग्री के परिप्रेक्ष्य में दोनों भाषाओं के बीच व्यतिरेकी विश्लेषण भी हो सकता है।

व्याकरण भाषायी आधार-सामग्री का गतिशील रूप है, जिसमें समूची आधार-सामग्री को एक सूत्र में बाँधा जाता है। यह उल्लेखनीय है कि किसी भी भाषा की सीमित आधार-सामग्री पर आधारित व्याकरण उस भाषा के सामान्य व्याकरण से कुछ भिन्न और सीमित होने की संभावना हो सकती है। वास्तव में यह एक प्रकार का उपव्याकरण होता है, जिसे बिना परिवर्तन किए अन्य कार्यक्षेत्र की भाषा पर प्रयुक्त नहीं किया जा सकता।

(ख) कंप्यूटर : इसके दो खंड है - अनुवाद इंजिन और सहायक उपकरण। अनुवाद इंजिन मशीनी अनुवाद प्रणाली के समस्त घटकों का परिचालन और समन्वयन (Operating और Coordination) करता है तथा पूर्व निर्धारण पथ के अनुसार डाटा का संसाधन करता है। वस्तुतः सिस्टम को कई माड्यूलों में संयोजित किया जाता है और उनमें हर माड्यूल का एक निर्धारित प्रकार्य होता है। सिस्टम के चालू होने पर स्रोत भाषा की निवेशित (Input) सामग्री किस-किस माड्यूल से संसाधित होकर गुजरेगी और कौन-सी सामग्री किस विधि से किस माड्यूल से प्राप्त होगी और लक्ष्य भाषा में प्रजनित सामग्री किस प्रकार की होगी और इसी प्रकार यह निवेशित सामग्री अनुवाद अर्थात् 'निर्गम' (Output) के रूप में प्राप्त होगी। इसकी पूरी पथ-योजना पहले से ही निर्धारित की जाती है। इस प्रक्रिया में 'पदव्याख्यक' (Parser) और 'प्रजनक' (Generator) की प्रमुख भूमिका होती है। 'पदव्याख्यक' अनुवाद प्रणाली का वह अंग है, जो निवेशित वाक्य का विश्लेषण कर उसका पद-अन्वय (Parsing) करता है अर्थात् वह वाक्य के विभिन्न शब्दों, पदों को शब्द-वर्गों से विभाजित करता है और वाक्य के विभिन्न घटकों के बीच विद्यमान प्रकार्यात्मक संबंधों (कर्ता, कर्म, पूरक आदि) की पहचान करता है। यह कार्य उन व्याकरणिक नियमों और अभिलक्षणों के आधार पर करता है, जो उपयुक्त कलनविधि (Algorithm) के माध्यम से उसके स्मृति कोश में पहले से ही संचित होते हैं। कोशगत डाटा में व्याकरणिक अभिलक्षणों का समावेश भी 'पार्सर' से होता है। 'जेनरेटर' स्रोतभाषा के शब्दों, पदबधों और वाक्यों के लिए लक्ष्य भाषा में उपयुक्त समानार्थी शब्दों, पदबंधों और वाक्यों का विधान करता है। वह अपनी मुख्य सामग्री 'अंतरण कोश' से प्राप्त करता है, जो एक प्रकार की द्विभाषी शब्दावली होती है।

अनुवाद की मशीन के निर्माण में विकासकर्ता (Developer) अपनी कार्यप्रणाली को अधिक सक्षम और द्रुत बनाने अथवा सॉफ्टवयेर को प्रयोक्ता के लिए सुविधाजनक (user friendly) बनाने के लिए डाटा अद्यतन (updation) उपकरण, रूपप्रक्रियापरक विश्लेषक (Morphological Analyser), पदबंध चिह्नक (Phrase Marker), वर्तनी जाँचक (Spell Checker) आदि कुछ उपकरणों का प्रयोग करता है। इनसे शब्दकोशीय

आधार सामग्री का अद्यतन होता है और उसमें वाँछित शब्द जोड़े भी जा सकते हैं। भाषा की शब्दवर्ग रूपावली (Paradigm) बनाई जाती है। रूपप्रक्रियापरक विश्लेषक से शब्दों के मूल रूप और उनमें जुड़ने वाले उपसर्गों और प्रत्ययों की पहचान होती है; जैसे- अ+ सफल = असफल, सुख + ई = सुखी। पदबंध चिह्नक से वाक्य में आए एक से अधिक शब्दों वाले रूढ़ पदबंधों का पहचान कर उन्हें स्वयं चिह्नित कर देता है। इसी में 'टैगर' (Tagger) संज्ञा, विशेषण, क्रिया आदि शब्दवर्गों की (POS) और 'चंकिंग इंजिन' (Chunking Engine) पदबंधों की स्वतः पहचान कर चिह्नित कर देता है। वर्तनी जाँचक भाषा की वर्तनी और व्याकरण संबंधी त्रुटियों की जाँच कर सुधारता है। इसी प्रकार अन्य कई सहायक उपकरण अनुवाद की तीव्रता और शुद्धता के साथ अनुवाद की गुणवत्ता में वृद्धि करते हैं।

(ग) मानव : मानव विकासकर्ता, (Developer) सहायक और प्रयोक्ता तीन रूपों में इस प्रणाली में अपनी भूमिका निभाता है। विकासकर्ता के रूप में वह भाषिक सामग्री का विश्लेषण करता है, व्याकरण का निर्माण करता है, प्रणाली का डिज़ाइन तैयार करना और आवश्यक उपकरणों का विकास करता है। प्रयोक्ता के रूप में वह पाठ की प्रकृति के अनुसार मशीन में निवेश (Input) करता है, उसकी भाषा-शैली और व्याकरण में किसी प्रकार की विसंगति अथवा त्रुटि होने पर उसमें यथावश्यक संशोधन करता है। सिस्टम में विभिन्न प्रकार की जो अंतरक्रिया होती है, उनका प्रयोग करता है। 'निर्गम' (Output) प्राप्त होने के बाद सहायक के रूप में वह यथावश्यक शैलीगत संपादन भी करता है। वास्तव में मानव अनुवादक के बिना और उसके अनुमोदन के बिना मशीन द्वारा किए गए अनुवाद को अंतिम पाठ नहीं माना जाता।

इस संबंध में यह बताना आवश्यक है कि मशीनी अनुवाद से 100 प्रतिशत शुद्धता की अपेक्षा नहीं की जा सकती। मशीनी अनुवाद से 70 प्रतिशत से 90 प्रतिशत सही अनुवाद की अपेक्षा की जा सकती है। इसलिए मानव अनुवादक की आवश्यकता पड़ती है। इस संदर्भ में यह कहना असमीचीन न होगा कि मानव अनुवादक एक वरिष्ठ अनुवादक है और मशीनी अनुवाद कनिष्ठ अनुवादक के रूप में कार्य करता है, जिसमें मानव अनुवाद की सहायता की आवश्यकता पड़ती है।

मशीनी अनुवाद का ऐतिहासिक संदर्भ

संप्रेषण सिद्धांत के अंतर्गत कोडीकरण और विकोडीकरण की प्रक्रिया का लाभ उठाते हुए 1945 के अंत में गुप्त कोडों के विकोडीकरण की विधियों का प्रयोग कर के अमरीकी वैज्ञानिक वारेन वीवर और डयू बूथ ने मशीनी अनुवाद के लिए सर्वप्रथम प्रयास किया था। ये कोड अक्षर और शब्दों की सापेक्ष आवृत्तियों के आधार पर तैयार किए गए थे। उनका उद्देश्य पाठ में निहित अर्थ को समझना नहीं था, बल्कि अक्षर समूहों की रूपपरक प्रक्रिया का विश्लेषण करना था। उनकी समस्या थी कि दो भाषाओं के संपूर्ण कोशों को

कंप्यूटर में किस प्रकार रखा जा सकता है और शब्द के विविध अर्थों में से दो अपेक्षित अर्थ का चयन किस प्रकार किया जा सकता है। इसके अतिरिक्त यह भी उनका विचारणीय विषय था कि विभिन्न भाषाओं के वाक्यों में पदक्रम व्यवस्था का समाधान किस प्रकार किया जाए। इसी परिप्रेक्ष्य में रूसी भाषा से अंग्रेजी में तैयार किए गए सर्वप्रथम प्रोग्राम में प्रत्येक रूसी शब्द के लिए कोश में अंग्रेज़ी के सभी संभव अर्थ दिए गए थे, लेकिन उस प्रोग्राम से सही शब्द चयन संभव नहीं हो पाया।

15 वर्षों के प्रयास के बाद 1960 से 1970 तक मशीनी अनुवाद के क्षेत्रों में कोई उल्लेखनीय कार्य नहीं हुआ। इसके बाद बार हिल्लेल को अनुभव हुआ कि अनुवाद के लिए मशीन में विश्व ज्ञान का संग्रह किया जाना आवश्यक है, किंतु यह व्यवहारसंगत नहीं था। इन प्रयासों का विश्लेषण करने पर पता चलता है कि उस समय कंप्यूटर प्रोग्राम में व्याकरण के नियमों का समावेश किया जाए। तत्कालीन प्रोग्राम निम्न स्तरीय मशीनी भाषा में लिखे गए थे और इसीलिए पुनरावर्ती (Recursive) भाषाएँ विकसित नहीं हो पाई।

इन सभी प्रयासों से यह निष्कर्ष निकला कि अर्थ को समझे बिना और कंप्यूटर में उसे बिना निरूपित किए अनुवाद करना संभव नहीं है। इसलिए आवश्यक है कि ऐसी विधियों का विकास किया जाए, जो अर्थ निरूपण में तो सहायक हों ही, साथ में उसमें निहित संदिग्धार्थकता को भी दूर किया जा सके। इस दशक में मुख्यतः दो विधियों का विकास हुआ। पहली विधि सुविख्यात अमरीकी भाषावैज्ञानिक नोअम चॉम्स्की द्वारा प्रतिपादित 'रूपांतरण प्रजनक व्याकरण' (Transformational Generative Grammar) पर आधारित है। इसमें रूपांतरण नियमों को बार-बार प्रयोग कर के ऐसे पदबंध बनाए जाते हैं, जो दिए गए पदबंध से मेल खाते हैं। दूसरी विधि पदबंध अभिरचना (Phrase pattern) पर आधारित है, जिसमें मूल शब्द (Key word) अथवा शब्द अनुक्रम (word sequence) को दिए गए पदबंध से अर्थ निकालने के लिए प्रयोग में लाते हैं। इस विधि के आधार पर 'एलिज़ा' (Eliza) प्रोग्राम का निर्माण हुआ। इसमें 'एलिज़ा' मनोविश्लेषक की भूमिका निभाता है और रोगी को सामान्य मानव भाषा में बातचीत करने की सुविधा प्रदान करता है। इससे यह आभास होता है कि प्रोग्राम अर्थ समझ रहा है, जबकि वास्तव में ऐसा होता नहीं है। इसी प्रकार के कुछ प्रोग्राम भी बनाए गए; जैसे- 'स्टूडेंट' और 'पैरी' Parry। 'स्टूडेंट प्रोग्राम' में मानव भाषा में दी गई सरल बीजगणितीय समस्याओं को हल करने की व्यवस्था है और 'पैरी' प्रोग्राम में मनोरोग चिकित्सक की भूमिका मानव भाषा में संदर्भपरक सामान्य वार्तालाप की सुविधा है।

1970 के प्रारंभ होने वाले इस दशक को अर्थपरक संरचनात्मक मशीनी अनुवाद काल की संज्ञा दी जा सकती है। इस अवधि में यह सुनिश्चित हो गया था कि संपूर्ण भाषा के व्याकरण को मशीन द्वारा निरूपित करना संभव नहीं है। इस अवधि में अलग-अलग विधियों को समझने पर बल दिया गया, लेकिन उन्हें सातत्यपूर्ण पाठ से जोड़ने का प्रयास नहीं किया गया। इस अवधि में विनूगार्ड के 'श्रड्लू' (Shrdlo) और वुड्स के 'ल्यूनर' (Lunar) पहले दो प्रोग्राम सामने आए। 'श्रुड्लू' प्रोग्राम रोबोट की

भूमिका निभाता है, जिसमें मानव भाषा में वार्तालाप किया जा सकता है। 'ल्यूनर' प्रोग्राम से ग्रहों के आंकड़ों की संहिता से मानव भाषा में जानकारी प्राप्त कर सकते हैं। इसी दौरान फिल्मोर ने कारक व्याकरण (Case Grammar) का प्रतिपादन किया, जो अर्थ को समझने में काफी सिद्ध हुआ। इसी से मिलता-जुलता सिद्धांत एक विद्वान रोजर शैक का 'संकल्पनात्मक निर्भरता सिद्धांत' है। इससे किसी पदबंध में निहित संकल्पना के बीच अर्थपरक संबंधों को आरेख द्वारा दिखाया गया है, जिसे संकल्पना आरेख कहते हैं। इनके अतिरिक्त रिक ब्रिग्गस (नासा) ने संस्कृत के कारक व्याकरण को स्पष्ट कोड के संदर्भ में श्रेष्ठ बताया और आशा व्यक्त की कि संस्कृत भाषा कंप्यूटर संसाधन में उपयोगी मानव भाषा सिद्ध होगी।

मानव भाषा में कंप्यूटर में निरूपित करने के लिए कई विधियाँ हैं। इनमें मुख्य हैं पुनरावर्ती संक्रमण नेटवर्क (Recursive Transition Network - RTN) और संवर्धी संक्रमण नेटवर्क (Augmented Transition Network - ATN) विधि, जिनका प्रतिपादन बुड्स ने किया था। इन्हीं विधियों के आधार पर मशीनी अनुवाद पर विभिन्न देशों में काम हुआ है। अमेरिका में स्वचालित भाषा संसाधन प्रणाली (Automated Language Processing System - ALPS), वाइनर कम्युनिकेशन (Weidner Communication) (इलिनाय) और लोगोस कंप्यूटर सिस्टम (Logos Computer System) (Mass.) आदि मशीनी अनुवाद के साफ्टवेयर तैयार कर रहे हैं। जापान में फुजित्सु लि. ने एटलस I और एटलस II (Atlas 1 और Atlas II), एन.ई.सी. कार्पोरेशिन ने पिवट (PIVOT), ब्रेवाइस इंटरनेशनल इंक ने मीडियम पैक, शार्प कार्पोरेशन ने माइक्रो पैक, तोशीबा कार्पोरेशन ने 'टॉरस' (Tauras) आदि जापानी-अंग्रेज़ी और अंग्रेजी-जापानी मशीनी अनुवाद प्रणालियों का विकास किया है। नाइडा के अनुवाद प्रक्रिया के आधार पर पिवट विधि में स्रोत भाषा के पाठ का विश्लेषण कर के सार्वभौमिक मध्यवर्ती अभिव्यक्ति में रखा जाता है, जिसे 'पिवट' कहते हैं और इससे लक्ष्य भाषा में पाठ का पुनर्गठन सीधे ही होता है। यह सार्वभौमिक मध्यवर्ती अभिव्यक्ति भाषा आधारित नहीं है। इस प्रकार इस विधि में विश्लेषण और पुनर्गठन केवल दो चरण रह जाते हैं। ऐसी आशा है कि यह विधि दो से अधिक भाषाओं के बीच अनुवाद करने में अधिक कारगर सिद्ध होगी, किंतु इस समय सार्वभौमिक मध्यवर्ती अभिव्यक्ति को पाना अधिक कठिन लग रहा है। इसीलिए अभी तक ऐसी किसी अनुवाद प्रणाली का विकास नहीं हो पाया जो पूर्णतया 'पिवट' विधि पर आधारित हो। वास्तव में एटलस I और पिवट मशीनी अनुवाद प्रणाली अंतरण विधि पर आधारित हैं। इन प्रणालियों की अंतरण विधि 'पिवट' विधि के अधिक निकट होने के कारण उन्हें 'अर्धपिवट' विधि के अंतर्गत रखा जा सकता है। इसमें मध्यवर्ती अभिव्यक्तियों के लिए अर्थपरक और संकल्पनापरक संरचना पर ध्यान दिया जाता है। इस प्रकार यह विकास तीन चरणों में हुआ है। पहले चरण में प्रत्यक्ष अनुवाद विधि, दूसरे चरण में अंतरण विधि या परोक्ष विधि और तीसरे चरण में अंतरभाषा विधि का विकास हुआ है।

इस समय मशीनी अनुवाद की जिन प्रणालियों का प्रचलन है, उनमें अधिकतर अंतरण विधि पर आधारित प्रणाली है। कुछ प्रणालियों में प्रत्येक शब्द के लिए अर्थपरक चिह्नक (Semantic marker) की व्यवस्था हैं। मशीनी अनुवाद में अर्थ विज्ञान के प्रयोग का क्षेत्र अभी भी शोध का विषय है। यद्यपि जापान और अमेरिका में कुछ व्यावहारिक अनुवाद प्रणालियों का विकास हुआ हैं, किंतु कोश निर्माण, विश्लेषण नियम आदि तैयार करने में और मशीनी अनुवाद प्रणाली का विकास करने में कुछ और वर्ष लगने की संभावना है। अभी तक दो भाषाओं के बीच अनुवाद प्रणालियों का विकास हो रहा, लेकिन बहुभाषी अनुवाद प्रणाली के विकास की भी पूरी-पूरी संभावना है।

भारत में विकसित मशीनी अनुवाद

सन् 1980 में यूनिवर्सल डिजिटल कम्यूनिकेशन रिसर्च इंस्टीट्यूट के निदेशक अबासामा ने 'अंकीय कोश' की अवधारणा प्रस्तुत की थी। प्रत्येक शब्द/वाक्य का अंकीय कोश है, जिसमें उस शब्द/वाक्य का परिवर्तन हो जाएगा। इस अवधारणा से यह संख्या विश्व का एक समान शब्द बन जाती है। एक भाषा की अवधारणा को रूपांतरित करते हुए उसका अबासामा कोश में मध्यस्थ रूपांतरण किया जाता है। यह प्रक्रिया सभी भाषाओं के लिए समरूपी पैटर्न का रूपांतरण करने में सहायक है। अबासामा ने हिन्दी और कन्नड़ भाषाओं को लेकर इस प्रकार समझाया है:

हिन्दी	**अबासामा कोश**	**कन्नड़**
मैं जाता हूँ	‖7‖85‖840	नानु होगत्तेने
मैं	‖7‖	नानु

इस प्रकार एक प्रकृत भाषा से दूसरी प्रकृत भाषा में संपर्क कोश के माध्यम से अनुवाद प्रणाली के विकसित होने की संभावना है।

सन् 1980 के दशक के उत्तरार्द्ध में हिन्दी और भारतीय भाषाओं के परिप्रेक्ष्य में भारत में मशीनी अनुवादों के विकास का श्रीगणेश हो गया था, जिनमें निम्नलिखित का विवरण इस प्रकार है :

1. भारतीय प्रौद्योगिकी संस्थान, कानपुर (IIT) में भारतीय भाषाओं के परस्पर मशीनी अनुवाद के संदर्भ में 'अक्षर भारती' वर्ग ने काम प्रारंभ किया। इस वर्ग ने अंतरभाषा के आधार पर भारतीय भाषाओं में परस्पर मशीनी अनुवाद की संकल्पना प्रस्तुत की, ताकि भारतीय भाषाओं के 'पार्सर' (पद व्याख्या) और प्रजनक (Generator) का विकास कर विभिन्न भाषाओं के बीच अनुवाद किया जा सके। इसके अंतर्गत हिन्दी, कन्नड़ और तेलुगु के पार्सर और प्रजनक विकसित किए गए। पाणिनी के कारक व्याकरण के आधार पर 'पाणिनीय पार्सर' का विकास हुआ। इस प्रकार भारतीय भाषाओं में परस्पर

मशीनी अनुवाद के संदर्भ में सैद्धांतिक पृष्ठभूमि तैयार हुई। सन् 1995 में इस वर्ग ने हैदराबाद विश्वविद्यालय के सहयोग से तेलुगु-हिन्दी, कन्नड़-हिन्दी, पंजाबी-हिन्दी, बंगला-हिन्दी और मराठी-हिन्दी का विकास हुआ। ये अनुसारक लिनक्स (Linux) प्लेटफार्म पर तैयार किए गए।

2. 'आंग्ल भारती' का विकास प्रो. आर.एम.के.सिन्हा के निर्देशन में भारतीय प्रौद्योगिकी संस्थान (आई.आई.टी. कानपुर) और प्रगत संगणन विकास केन्द्र (सी-डैक), नोएडा के संयुक्त प्रयास से सन् 1994 में विकसित हुआ है। इसमें नियम आधारित प्रणाली और उदाहरण आधारित प्रणाली दोनों का संयुक्त रूप है। यह अंग्रेजी से हिन्दी में अनुवाद करता है। इसकी विषय सामग्री लोक स्वास्थ्य सेवा, कार्यालयी पत्राचार और तकनीकी संदर्शिका है। आंग्ल भारती के दो संस्करण हैं। दूसरे संस्करण में काफी संशोधन और परिवर्तन हुआ है। 'आंग्लभारती' का अभिकल्प निम्न प्रकार से है:

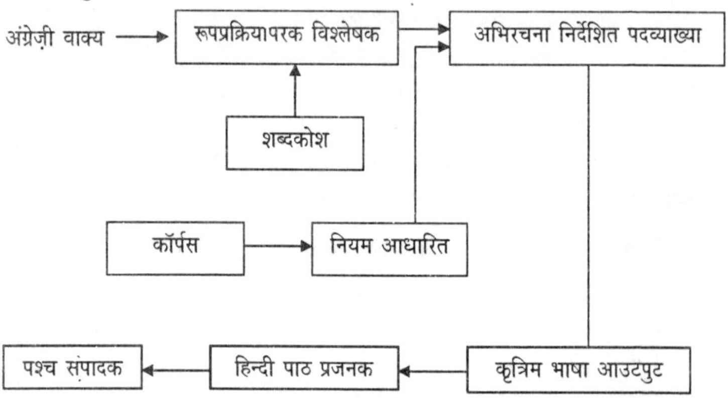

3. आई.आई.टी. कानुपर में प्रो. आर.एम.के.सिन्हा के निर्देशन में हिन्दी से अंग्रेजी और अन्य भाषाओं में अनुवाद करने का एक मशीनी अनुवाद 'अनुभारती' की पद्धति का विकास सन् 1995 में हुआ। यह उदाहरण आधारित प्रणाली पर निर्भर है। इस पर अभी कार्य चल रहा है। इस अनुभारती प्रणाली से हिन्दी की सजातीय भारतीय भाषाओं पर भी लागू हो सकती है।

4. सी-डैक, पुणे में टैग व्याकरण प्रणाली (Tree Adjoining Grammar) से राजभाषा विभाग, गृह मंत्रालय, भारत सरकार के लिए राजभाषा और कार्यालयी हिन्दी विषय को ले कर 'मंत्रा' (MAchiNe assisted TRAnslation) मशीनी अनुवाद का विकास किया है। इस तकनीक के आधार पर 'मंत्रा राज्यसभा' का भी विकास किया जा रहा है, जिसके अंतर्गत सीमित क्षेत्रों में 'सर्वर' के ज़रिए राज्यसभा की कार्यवाहियों का 'आन-लाइन' हिन्दी अनुवाद होगा।

5. सी-डैक (पूर्व एन.सी.एस.टी.) मुंबई में पत्रकारिता विषय-क्षेत्र पर आधारित 'मात्रा' (MAchine TRAnslation) मशीन अनुवाद का विकास हुआ हैं। यह प्रणाली मुख्यतः वाक्यों के अर्थपरक विश्लेषण पर आधारित है। इसमें अंतरक्रियात्मक संरचना शोधक (Interactive Structure Editor) उपलब्ध है, जिसके माध्यम से निवेशित अंग्रेजी वाक्यों का संरचनात्मक प्रतिरूपण (Structural Representation) प्राप्त होता है।
6. अंतरराष्ट्रीय सूचना प्रौद्योगिकी संस्थान (IIIT) हैदराबाद और हैदराबाद विश्वविद्यालय ने अनुसारक पद्धति से तेलुगु से हिन्दी में अनुवाद करने की मशीनी अनुवाद प्रणाली का विकास किया हैं, जिसमें पाणिनि व्याकरण के सिद्धांतों को आधार बनाया गया है। यह वेबसाइट पर भी उपलब्ध है।
7. इस समय आई.आई.आई.टी. हैदराबाद, कार्नेगी मेलन विश्वविद्यालय और भारतीय विज्ञान संस्थान, बैंगलूर के संयुक्त तत्वावधान में अंग्रेज़ी के साथ हिन्दी, मराठी और तेलुगु तीन भाषाओं का मशीनी अनुवाद 'शक्ति' और 'शिवा' का विकास उदाहरण आधारित प्रणाली से हो रहा है।
8. एक प्राइवेट संस्था सुपर इन्फोसाफ्ट प्रा.लि. नई दिल्ली ने अंग्रेजी के सरल वाक्यों के हिन्दी अनुवाद का विकास 'अनुवादक' के नाम से किया है। इसमें प्रशासन, बैंक, कृषि आदि विभिन्न क्षेत्रों की अंग्रेजी-हिन्दी शब्दावली और पदबंधीय कोश सन्निहित है। इसी कारण इसमें सरकारी कार्यालयों, उपक्रमों, प्रतिष्ठानों, बैंकों आदि के अंग्रेजी वाक्यविन्यास का हिन्दी में अनुवाद करने की क्षमता है।
9. हैदराबाद विश्वविद्यालय के कंप्यूटर और सूचनाविज्ञान विभाग ने अंग्रेजी-कन्नड़ मशीनी अनुवाद प्रणाली का विकास किया है, जिसमें सार्वभौमिक वाक्यांश व्याकरण (Universal Phrase Grammar) का प्रयोग हुआ है।
10. अन्ना विश्वविद्यालय के बी. चंद्रशेखर अनुसंधान केन्द्र, चेन्नै में तमिल-हिन्दी मशीन साधित अनुवाद प्रणाली का विकास हुआ है, जो अनुसारक पद्धति पर आधारित है।

इसी श्रृंखला में 'आंग्लभारती' प्रौद्योगिकी के अंतर्गत अंग्रेजी से अन्य भारतीय भाषाओं के सॉफ्टवेयरों पर प्रगत संगणन विकास केन्द्र (सी-डैक) के पुणे, नोएडा, कोलकाता, तिरुवनंतपुरम के अतिरिक्त भारतीय प्रौद्योगिकी संस्थान के मुंबई और गुवाहाटी परिसरों आदि में कार्य चल रहा है। इनमें हिन्दी-पंजाबी, पंजाबी-हिन्दी, मराठी-हिन्दी, तेलुगु-हिन्दी, कन्नड़-हिन्दी, बंगला-हिन्दी, अंग्रेजी-पंजाबी, अंग्रेजी-उर्दू, अंग्रेजी-बंगला, अंग्रेजी-मलयालम आदि भारतीय भाषाएँ प्रमुख है। एक अन्य साफ्टवेयर 'यूनिवर्सिल नेटवर्किंग लेंग्वेज' (UNL) के माध्यम से हिन्दी को संयुक्त राष्ट्रसंघ की भाषाओं से जोड़ने के लिए आई.आई.टी. मुंबई और अन्ना विश्वविद्यालय, चेन्नै दोनों में काम चल रहा है। इसमें हिन्दी से यू.एन.एल. में रूपांतरण के लिए संपरिवर्तक

(Enconvertor) और यू.एन.एल. से हिन्दी में रूपांतरण के लिए विपरिवर्तक (Deconvertor) तैयार किया जा रहा है।

इसी के साथ-साथ मौखिक मशीनी अनुवाद (Speech to speech machine translation) का विकास हो रहा है। जापान में डॉ. सातोशी नाकामुरा के नेतृत्व में बहुभाषी मौखिक मशीनी अनुवाद का विकास हो रहा है। इसमें जापानी के साथ-साथ अंग्रेजी, हिन्दी, चीनी, थाई, कोरियाई, इंडोनेशियाई और ताईवानी सात भाषाओं का सिस्टम रहेगा। इसकी विषय-सामग्री पर्यटन कार्यक्षेत्र से संबंधित है। इसमें तीन मुख्य तत्त्व हैं - वाक् अभिज्ञान (Speech recognition), मशीनी अनुवाद और वाक् संश्लेषण (Speech synthesis। वाक् अभिज्ञान में भाषा के उच्चरित रूप को लिखित पाठ में ढाला जाता है और वाक् संश्लेषण में लिखित पाठ को उच्चरित रूप में संयोजित किया जाता है। इन दोनों के बीच मशीनी अनुवाद की प्रक्रिया चलती रहती है। यह सिस्टम नियम आधारित प्रणाली में विकसित हो रहा है, किंतु इसमें विशाल कार्पोरा पर आधारित प्रौद्योगिकी और मशीन अभिगम (Machine learning) की प्रक्रिया भी निहित है। इसका आरेख निम्न प्रकार से रखा गया है।

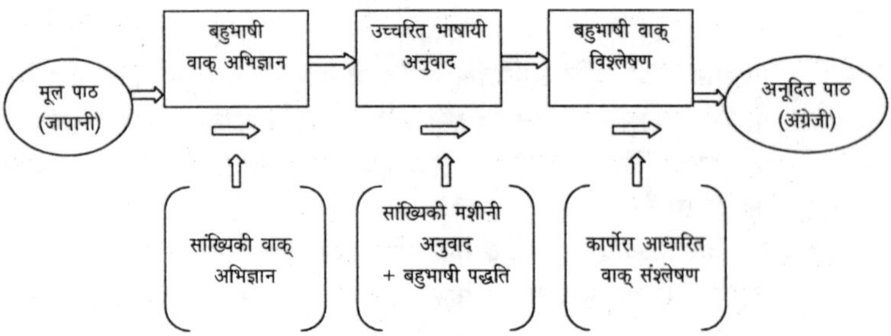

भारत में भी अंग्रेजी से भारतीय भाषाओं में मौखिक मशीनी अनुवाद के विकास के प्रयास सरकारी और स्वैच्छिक स्तर पर चल रहे हैं। इसमें भारतीय भाषाओं के लिए शब्दवर्ग टैगर, अर्थपरक दृष्टि से समृद्ध कोश और शब्दजाल (wordnet) जैसे समान कोशगत संसाधनों और उपकरणों का विकास हो रहा है।

इस प्रकार मशीन अनुवाद एक नई विधा है। भारत से पूर्व यूरोप और जापान में गत तीस-पैंतीस वर्षों से कार्य चल रहा है, लेकिन मंजिल अभी कुछ ही दूर है। वास्तव में मशीनी अनुवाद द्वारा तीव्र गति से अनुवाद प्राप्त किया जा सकता। इसमें मानव अनुवादक की आवश्यकता पड़ेगी, जिससे मानव अनुवादक की दक्षता में वृद्धि तो होगी ही, साथ ही किसी के रोजगार पर कोई अंतर नहीं पड़ेगा। भारत जैसे बहुभाषी देश में इसकी अत्यंत आवश्यकता है। इससे न केवल भारत एकसूत्र में बंधेगा, वरन् समूचा विश्व भी एकसूत्र में बंध सकता है।

व्यतिरेकी विश्लेषण और अनुवाद

व्यतिरेकी विश्लेषण और अनुवाद अलग-अलग विधा-विशेष तो हैं, किंतु इन दोनों भिन्न विधाओं के परस्पर संबंधों पर विचार किया जाए तो पता चलेगा कि दोनों एक-दूसरे को सुदृढ़ करते हैं। वास्तव में व्यतिरेकी विश्लेषण का प्रादुर्भाव द्वितीय विश्व युद्ध के दौरान अन्य भाषा शिक्षण के संदर्भ में हुआ था। अब इसकी परिधि अनुवाद के क्षेत्र तक फैल गई है। व्यतिरेकी विश्लेषण में पहली भाषा को आधार भाषा कहते हैं और दूसरी भाषा को लक्ष्य भाषा। अनुवाद में पहली भाषा को स्रोत भाषा कहा जाता है और दूसरी भाषा को लक्ष्य भाषा, किंतु व्यतिरेकी विश्लेषण और अनुवाद में आधार भाषा अथवा स्रोत भाषा में तथा लक्ष्य भाषा की भूमिका में अंतर है, क्योंकि दोनों की अलग-अलग गतिविधियाँ हैं और दोनों का लक्ष्य और पद्धतियाँ भी अलग हैं। तथापि, इनमें एक प्रकार का संबंध तो है, भले ही वह प्रत्यक्ष न हो। व्यतिरेकी विश्लेषण मुख्यतः सैद्धांतिक और अनुप्रायोगिक है, जबकि अनुवाद प्रधानतः अनुप्रयोगिक और व्यावहारिक है। इसी कारण ये दोनों परस्पर अन्योन्याश्रित भी माने जाते हैं। इसलिए स्रोत भाषा के पाठ के कथ्य को लक्ष्य भाषा के पाठ में अंतरण करने की प्रक्रिया में व्यतिरेकी विश्लेषण की सार्थक भूमिका रहती है।

आधुनिक भाषाविज्ञान में विश्लेषण की विधियों के विकास के साथ-साथ शिक्षण-क्षेत्र में भाषाविज्ञान के अनुप्रयोग के जो प्रयास किए गए हैं, उनमें व्यतिरेकी विश्लेषण का भी महत्त्वपूर्ण स्थान है। व्यतिरेकी विश्लेषण का विकास अन्य भाषाशिक्षण में होने वाली कठिनाइयों का पूर्वानुमान लगाने, उनके आधार पर शिक्षण-सामग्री तैयार करने तथा भाषाशिक्षण में अपेक्षित सुधार लाने के उद्देश्य से हुआ है। भाषाविज्ञानियों का मत है कि 'भाषा आदतों का समुच्चय है', इसलिए किसी नई भाषा को सीखने का अभिप्राय उसमें आचरण करने की सही आदतें भी सीखना है। इन आदतों के साथ-साथ अध्येता उस भाषा के सामाजिक और सांस्कृतिक संदर्भों से भी परिचित होता रहता है। इसी कारण अन्य भाषा शिक्षण में आनेवाली कठिनाइयों का मुख्य आधार अध्येता की मातृभाषा या प्रथम भाषा संरचना है, जो अन्य भाषा या लक्ष्यभाषा की संरचना से समान या असमान या अर्ध-समान हो सकती है। इन्हीं दो भाषाओं की संरचनाओं की समानताओं और असमानताओं का विवेचन व्यतिरेकी विश्लेषण करता है।

व्यतिरेकी विश्लेषण का ऐतिहासिक परिप्रेक्ष्य

द्वितीय विश्वयुद्ध के समय सैनिकों को जिन देशों में युद्ध करने जाना होता था, उन देशों की भाषाएँ सिखाने के उद्देश्य से भाषाविज्ञानियों को वहाँ की भाषाओं को कम-से-कम समय में सीखने अथवा सिखाने के लिए शिक्षण-सामग्री तैयार करने के लिए कहा गया। इसके अतिरिक्त इसी अवधि में अमरीका में भी कई जातियों के लोग और विभिन्न भाषाभाषी लोग यूरोप से आकर बसने लगे थे। उन सब लोगों को अंग्रेजी सीखने और सिखाने की भी माँग थी। इन दोनों माँगों की पूर्ति के लिए भाषाविज्ञानियों को विभिन्न भाषाओं के अध्ययन और विश्लेषण के साथ-साथ उनकी शिक्षण-सामग्री का भी निर्माण करना पड़ा। इसके परिणामस्वरूप, स्कूलों के पाठ्यक्रमों की शिक्षण-सामग्री का भी नए सिरे से निर्माण करने का विचार उठा। इन सबके परिप्रेक्ष्य में 'भाषाशिक्षण में भाषाविज्ञान के अनुप्रयोग' पर ज़ोरों से काम होने लगा। इस प्रकार अन्य भाषा शिक्षण की बढ़ती माँग ने ही व्यतिरेकी विश्लेषण को जन्म दिया है।

व्यतिरेकी विश्लेषण का इतिहास बहुत ही अल्प समय अर्थात् लगभग 65-70 वर्ष का है। यद्यपि व्यतिरेकी विश्लेषण का प्रारंभ सन् 1950 के आस-पास सुविख्यात भाषाविज्ञानी ई. हॉगेन और यू. वाइनरिख के 'द्विभाषिकता' के अध्ययन से माना जाता है, किंतु इसे व्यवस्थित विषय के रूप में विकसित करने का श्रेय दो अमरीकी भाषाविज्ञानियों—चार्ल्स सी. फ्रीज़ और राबर्ट लाडो को जाता है। फ्रीज़ की सन् 1945 में प्रकाशित पुस्तक 'टीचिंग एंड लर्निंग इंग्लिश ऐज़ ए फ़ॉरिन लेंग्वेज' और रार्बट लाडो की सन् 1957 में प्रकाशित पुस्तक 'लिंग्वस्टिक्स एक्रॉस कल्चर्स' व्यतिरेकी भाषाविज्ञान के आधार ग्रंथ हैं। वैसे तो फ्रीज़ और लाडो से पहले भी व्यतिरेकी विश्लेषण का उद्गम ढूँढ़ा जा सकता है, किंतु अन्य भाषा अधिगम और शिक्षण के संदर्भ में जो शोध हुआ, उसे 19वीं शताब्दी से भाषावैज्ञानिक शोधों के इतिहास से जोड़ा जा सकता है। अमरीकी विद्वान फ्राँज़ बोआज़ ने सन् 1889 में ही नई भाषा की ध्वनियों के अनुशिक्षण में शिक्षार्थियों के ध्वनि-उच्चारण के उतार-चढ़ाव की स्थितियाँ पहचान ली थीं। उन्होंने यह अनुमान लगाया था कि शिक्षार्थी नई भाषा की ध्वनियों को अपनी देशी भाषा या पहले से सीखी हुई भाषा की ध्वनियों के संदर्भ में ग्रहण करता है। जैसे ही यह सिद्ध हो जाता है कि भाषा एक व्यवस्था है, तब यह स्पष्ट हो जाता है कि अन्य भाषा अधिगम के संबंध को दो भाषाओं की अवस्थाओं के सान्निध्य में परखा जा सकता है। सन् 1898 में एक अन्य विद्वान हेनरी स्वीट ने भी 'द प्रेक्टिकल स्टडी आफ लेंग्वेजेस' नामक अपने ग्रंथ में इस बात की ओर संकेत किया था कि पहली भाषा के संदर्भ में ही दूसरी भाषी सीखी जाती है। फ्रीज़ और केनेथ पाइक ने बताया कि दो भाषाओं की व्यवस्थाओं के सान्निध्य से एक नई अधिव्यवस्था जन्म लेती है, जिसमें दोनों भाषाओं की सम्मिलित व्यवस्थाएँ देखी जा सकती हैं। वाइनरिख ने ऐसी स्थिति को 'अंतर व्यवस्थागत व्याघात' कहा है। राबर्ट

लाडो ने तो दोनों भाषाओं में विद्यमान व्यवस्थाओं के व्यतिरेक पर बल दिया। परिणामस्वरूप, व्यतिरेकी विश्लेषण बाद में अनुसंधान का एक महत्त्वपूर्ण विषय बन गया। सन् 1969 में व्यतिरेकी विश्लेषण पर कैंब्रिज में एक अंतरराष्ट्रीय सम्मेलन आयोजित हुआ, जिसमें व्यतिरेकी विश्लेषण संबंधी काफ़ी शोधपत्र प्रस्तुत किए गए। भारत में भी हिन्दी-अंग्रेज़ी, हिन्दी-रूसी, हिन्दी-तमिल, हिन्दी-कन्नड़, हिन्दी-तेलुगु, हिन्दी-मलयालम, हिन्दी-मराठी, हिन्दी-गुजराती, हिन्दी-बंगला, हिन्दी-पंजाबी, हिन्दी-मणिपुरी आदि भाषाओं की विभिन्न संरचनाओं का व्यतिरेकी अध्ययन हुआ है।

कुछ विद्वानों ने व्याकरणिक प्रक्रिया को व्यतिरेकी विश्लेषण-प्रक्रिया से जोड़ते हुए व्यतिरेकी भाषाविज्ञान की संकल्पना को और पुराना माना है। उनके विचार से व्यतिरेकी भाषाविज्ञान अपने आधुनिक रूप में बहुत पुराना नहीं है, किन्तु किसी-न-किसी रूप में इसकी नींव काफी प्राचीन लगती है। वस्तुतः 18वीं-19वीं शताब्दी के ऐतिहासिक एवं तुलनात्मक भाषाविज्ञान में प्रत्यक्ष या परोक्ष रूप से सहोदर (सजात) भाषाओं के तुलनात्मक अथवा ऐतिहासिक अध्ययन के लिए 'तुलनात्मक' शब्द का प्रयोग होता था, इसलिए भाषाविज्ञान की इस नई शाखा को 'व्यतिरेकी' कहा गया, क्योंकि इसमें समकालीन भाषाओं की न केवल समानताओं एवं असमानताओं को देखा जाता है वरन् इनमें उनकी तुलनीय विशेषताओं का भी अध्ययन होता है। इस प्रकार व्यतिरेकी भाषाविज्ञान एक ऐसा भाषापरक अध्ययन है जो तुलनात्मक अध्ययन करते हुए भी तुलनात्मक नहीं, वरन् व्यतिरेकी पर आधारित है जिसमें दोनों भाषाओं की भाषिक विशिष्टताओं का भी विवेचन होता है।

प्राग स्कूल (तत्कालीन चेकोस्लोवाकिया का एक संप्रदाय) के कुछ भाषाविज्ञानी व्यतिरेकी भाषाविज्ञान के उद्‌गम का संबंध प्राग स्कूल से जोड़ते हैं। उनके मतानुसार सन् 1930 के आसपास प्राग संप्रदाय के अधिष्ठाता विलें मैथेसियस का ध्यान सर्वप्रथम व्यतिरेकी विश्लेषण की ओर गया। उनके विचार में किसी भाषा को गहराई से जानने के लिए अन्य भाषा से उसकी तुलना तथा उनकी समानताओं और असमानताओं का पता लगाना उपयोगी होता है। इसलिए उन्होंने वर्णनात्मक भाषाविज्ञान के लिए तुलनात्मक भाषाविज्ञान और व्यतिरेकी भाषाविज्ञान की उपयोगिता स्पष्ट की।

व्यतिरेकी विश्लेषण का सैद्धांतिक संदर्भ

सुप्रसिद्ध भाषाविज्ञानी सी.ए. फर्ग्यूसन के संपादन में सन् 1957 में अंग्रेज़ी-फ्रेंच, अंग्रेज़ी-जर्मन, अंग्रेज़ी-स्पेनिश और अंग्रेज़ी-इटालियन आदि भाषाओं की ध्वनि-व्यवस्था और व्याकरणिक-संरचना के व्यतिरेकी अध्ययन की दो पुस्तिकाएँ प्रकाशित हुईं। इन पुस्तिकाओं की संपादकीय भूमिका में फर्ग्यूसन लिखते हैं, "बहुत से भाषाविज्ञानी और भाषाशिक्षक इस बात से सहमत हैं कि अन्य भाषा शिक्षण में मुख्य समस्या व्याघात की

है, जो लक्ष्य भाषा तथा अध्येता की मातृभाषा की संरचनात्मक असमानता के कारण उत्पन्न होती है।" इसी संदर्भ में वे आगे कहते हैं कि व्यतिरेकी विश्लेषण मातृभाषा के व्याघातों को दूर करने का मात्र साधन नहीं है, बल्कि इससे दोनों भाषाओं की जो तुलना सावधानी से की गई है, उसमें व्यतिरेकी विश्लेषण के आधार पर पाठ्य-सामग्री, पाठ्य-योजना आदि में सुधार किया जा सकता है। इन्हीं दिनों अन्य भाषा शिक्षण में संलग्न भाषाविज्ञानियों ने महसूस किया कि अन्य भाषा शिक्षार्थी कुछ ऐसी भाषा बोलता अथवा लिखता है, जो सीखी जानेवाली भाषा के अनुरूप नहीं होती। इसके दो कारण हो सकते हैं, एक तो यह कि उसने उस भाषा के नियम गलत पद्धति से सीखे हैं और दूसरा यह कि उसने उन नियमों पर अभी दक्षता प्राप्त नहीं की है। इस परिप्रेक्ष्य में तीन बातें सामने आती हैं :

(क) यदि सही दिशा में और वैज्ञानिक पद्धति से अन्य भाषाशिक्षण कराया जाए तो शिक्षार्थी उस भाषा के नियमों के अनुसार भाषा का प्रयोग कर सकता है।

(ख) अन्य भाषा शिक्षण में शिक्षार्थी की जो त्रुटियाँ होती हैं, उनसे यह संकेत मिलता है कि शिक्षार्थी को कुछ स्थलों पर कठिनाई का सामना करना पड़ता है। इनको कठिनाई स्थल या समस्यामूलक स्थल कह सकते हैं।

(ग) कठिनाई स्थल प्रायः वे होते हैं जो शिक्षार्थी की मातृभाषा (स्रोत भाषा) और सीखी जाने वाली भाषा (लक्ष्यभाषा) की संरचना में अंतर या भिन्नता के स्थल होते हैं।

इन बातों से व्यतिरेकी भाषाविज्ञान की स्थापनाओं को बल मिला। व्यतिरेकी भाषाविज्ञान की मूल स्थापनाएँ इस प्रकार हैं :

(1) अन्य भाषा शिक्षण में सरलता और कठिनता की व्याख्या शिक्षार्थी की स्रोत भाषा और लक्ष्य भाषा की व्यतिरेकी-तुलना में है।

(2) अन्य भाषाशिक्षण के लिए सबसे अधिक प्रभावी शिक्षण सामग्री वह होती है, जिसमें शिक्षार्थी की स्रोत भाषा और लक्ष्य भाषा का समानांतर वैज्ञानिक व्यतिरेकी विश्लेषण होता है तथा पाठ्यबिंदुओं का चयन और अनुस्तरण होता है।

(3) जो शिक्षक शिक्षार्थी की स्रोत और लक्ष्य भाषा की वैज्ञानिक विधि से तुलना करने की क्षमता रखता है, वह उन समस्याओं को शिक्षार्थी से बेहतर समझ सकता है और उनका समुचित समाधान भी निकाल सकता है।

इस प्रकार व्यतिरेकी भाषाविज्ञान दो भाषाओं की समकालिक संरचनाओं का जो वैषम्य प्रस्तुत करता है, वह दोनों भाषाओं में निहित समानताओं, असमानताओं या भिन्नताओं को स्पष्ट रूप से सामने लाता है। इनकी सहायता से भाषा सीखते समय

होने वाली त्रुटियों का अनुमान लगाया जाता है। व्यतिरेकी विश्लेषण की इस पद्धति से यह पता चलता है कि अमुक भाषायी पृष्ठभूमि रखने वाले व्यक्ति से किस प्रकार की त्रुटियों की संभावना है और उन त्रुटियों को दूर करने या कम करने के लिए क्या समाधान ढूँढ़े जा सकते हैं। इन समाधानों का परीक्षण कक्षाध्यापन के दौरान हो सकता है। इस संबंध में राबर्ट लाडो का मत है कि व्यतिरेकी विश्लेषण से जो समस्याएँ निकल कर आती हैं, वे पूर्वानुमानित अर्थात् घटित होने से पहले अनुमानित हैं। इसका प्रमाणीकरण शिक्षार्थियों के भाषायी प्रयोगों की जाँच के बाद होता है।

व्यतिरेकी विश्लेषण न केवल अनुवाद में विशिष्ट भूमिका निभाता है, वरन् अनुवाद के अनुप्रयोग से व्यतिरेकी विश्लेषण के सिद्धांतों में भी स्पष्टता आती है, क्योंकि इसमें दो भाषाओं के अनुवादनीय युग्मों के रूपपरक तत्त्वों अर्थात् भाषायी तत्त्वों की तुलना की जाती है। भाषायी तत्त्वों की इस तुलना के अंतर्गत संबद्ध तत्त्वों का चयन करने से पहले यह भी सुनिश्चित किया जाता है कि इन तत्त्वों में संदर्भपरक तुलनीयता किस स्थिति-विशेष में है। यद्यपि व्यतिरेकी विश्लेषण का मुख्य उद्देश्य रूपपरक तुलनीयता है और उसके आधार पर स्रोत भाषा तथा लक्ष्य भाषा में विद्यमान असमानताओं की व्याख्या करना है और इस व्याख्या में अध्येता के समक्ष आने वाली विभिन्न कठिनाइयों का पता लगाना है, किंतु इसमें यह भी ध्यान रखना आवश्यक है कि इसके साथ संदर्भपरक तुलनीयता को भी लेकर चलना होगा।

कार्ल जेम्स के मतानुसार दो भाषाओं में वाक्यों की अनुवाद-तुलनीयता तभी स्थापित हो सकती है, जब वे तीन अर्थों अर्थात बोधात्मक अर्थ (Ideational), अंतरवैयक्तिक अर्थ (Interpersonal) और संदर्भपरक अर्थ (Textual) को व्यक्त करते हों। एच.जी. विडोसन ने इसी परिप्रेक्ष्य में 'प्रेग्मेटिक्स' (व्यवहारपरकता) की अवधारणा प्रस्तुत करते हुए कहा कि "व्यतिरेकी विश्लेषण से स्रोत भाषा और लक्ष्यभाषा की ऐसी संरचनाओं को लेना चाहिए जो व्यवहारपरक अर्थ (प्रेग्मेटिक मीनिंग) की दृष्टि से तुलनीय हो, भले ही वे ऊपरी संरचना की दृष्टि से कितनी ही भिन्न क्यों न हों।"

अनुवाद प्रक्रिया मूलतः मानसिक प्रक्रिया है, जिससे अध्येता के मन में अन्य भाषा से संबद्ध संकल्पनात्मक कोड (विभिन्न भाषा रूपों का एक तटस्थ रूप) स्थापित हो जाता है। अध्येता के भीतर अपनी भाषा की जो संकल्पनात्मक शक्ति स्थापित होती है, वह अन्य भाषा सीखते समय उस संकल्पनात्मक शक्ति के आधार पर अन्य भाषा के प्रतीकों के पीछे पाई जाने वाली संकल्पना की तुलना करता है और दोनों में विभेदन करता रहता है। अतः भाषा शिक्षण को यदि विस्तृत रूप दिया जाए तो भाषा सीखने का अर्थ अनुवाद भी माना जा सकता है। इसके अंतर्गत अध्येता मातृभाषा और लक्ष्यभाषा के नियमों में विभेदन करता हुआ लक्ष्य भाषा के नियमों का व्याकरण अपने मन में बना लेता है; जैसे—एक अंग्रेजी भाषी अध्येता को हिन्दी सिखाते समय स्रोत भाषा और लक्ष्य भाषा के वाक्य दिए जाएँ,

1. Mohan beats Sohan.
   ⇒ मोहन सोहन को पीटता है।
2. Mohan gave a book to Sohan.
   ⇒ मोहन ने सोहन को किताब दी।
3. The case has been referred to the Ministry.
   ⇒ यह मामला मंत्रालय को भेजा जा चुका है।

उपर्युक्त तीनों वाक्यों में हम देखते हैं कि अंग्रेज़ी वाक्य (1) में 'कर्ता+क्रिया+कर्म' का नियम है जब कि उसके समतुल्य हिन्दी वाक्य में 'कर्ता+कर्म+क्रिया' का नियम मिलता है। वाक्य (2) में अंग्रेजी में मुख्य कर्म (book) वाक्य के भीतर है और गौण कर्म (Sohan) मुख्य कर्म के बाद वाक्य के अंत में आता है, जबकि इसके हिन्दी रूपांतरण में गौण कर्म (सोहन) वाक्य के भीतर है और मुख्य कर्म (किताब) गौण कर्म के बाद आता है। इसी प्रकार कर्मवाच्य के अंग्रेज़ी वाक्य (3) का हिन्दी रूपांतरण भी कर्मवाच्य के रूप में हुआ है, किंतु दोनों भाषाओं की भीतरी संरचना अलग-अलग है। इस तरह इन तीनों वाक्यों के अलग-अलग नियम हैं। इसी संदर्भ में अध्येता को अनुवाद के माध्यम से व्याकरणिक नियम सीखने में सहायता मिलती है। एक अन्य उदाहरण द्रष्टव्य है।

4. Mohan has a book.
   ⇒ मोहन <u>के पास</u> एक पुस्तक है।
5. Mohan has a dog.
   ⇒ मोहन <u>के पास</u> एक कुत्ता है।
6. Mohan has a servant.
   ⇒ मोहन <u>के पास/का</u> एक नौकर है।
7. Mohan has a friend.
   ⇒ मोहन <u>का</u> एक मित्र है।
8. Mohan has a daughter.
   ⇒ मोहन <u>के</u> (का/की) एक लड़की है।
9. Mohan has fever.
   ⇒ मोहन <u>को</u> बुखार है।
10. Mohan has courage.
    ⇒ मोहन <u>में</u> साहस है।
11. This building has twenty rooms.
    ⇒ इस भवन <u>में</u> बीस कमरे हैं।
12. The elephant has a small tail.
    ⇒ हाथी <u>की</u> छोटी पूँछ होती है।

अंग्रेजी के उपर्युक्त नौ वाक्यों (वाक्य 4 से 12 तक) में अंग्रेजी संबंधवाचक रूप has के लिए हिन्दी के वाक्य (4) (5) और (6) में 'के पास' और वाक्य (7) तथा (8) में 'का' तथा 'के', वाक्य (9) में 'को' और वाक्य (10) में 'में' का रूपांतरण हुआ है। इन दोनों भाषाओं का व्यतिरेकी अध्ययन करते हुए अनुवाद द्वारा यह सुनिश्चित करना होगा कि हिन्दी में 'के पास' का प्रयोग (-प्राणीवाचक), (+प्राणीवाचक, मानव) और (+प्राणीवाचक, +मानव निम्न वर्ग) के लिए होता है। यहाँ 'नौकर' के मानव होने पर 'के पास' के स्थान पर 'का' का भी प्रयोग हो सकता है। 'का' 'के' और 'की' का प्रयोग समान स्तर के व्यक्ति (+मानव) के लिए और 'के' (या का, की) का प्रयोग नाते-रिश्ते (+मानव) के लिए होता है। वाक्य (9) में 'को' परसर्ग का प्रयोग अमूर्त और अल्पकालिक स्थिति में तथा वाक्य (10) में 'में' का प्रयोग अमूर्त किंतु स्थायी भाव के लिए हुआ है। वाक्य (11) में बड़ी वस्तु में समाविष्ट छोटी वस्तु के लिए 'में' का प्रयोग होता है और वाक्य (12) में शारीरिक अंगों के लिए का/के/की का प्रयोग होता है किंतु 'होती है' का प्रयोग उसके जातिगत गुणधर्म (generic peculiarity) के कारण हुआ है।

अनुवादक स्रोत भाषा के पाठ का निष्पादन लक्ष्य भाषा में करता है, जिसके अंतर्गत एक पाठ से दूसरे पाठ की तुलना की जाती है। वास्तव में अनुवाद में समतुल्यता अपने-आप में तुलनीयता स्थापित करती है। व्यतिरेकी विश्लेषण में तुलनीयता का विशिष्ट स्थान है, किंतु तुलनीयता को प्रमाणित करने के लिए अनुवादनीयता एक कसौटी का काम करती है। अनुवाद को तुलनीयता का प्रतिमान माना जा सकता है। तुलनीयता मुख्यतः दो प्रकार की होती है—एक, रूपपरक तुलनीयता और दो, संदर्भपरक तुलनीयता।

रूपपरक तुलनीयता में भाषायी इकाइयों अर्थात ध्वनि, रूप, शब्द, वाक्य आदि के संदर्भ में दो भाषाओं में अनुवादनीयता स्थापित की जाती है। इस अनुवादनीयता के अंतर्गत दो भाषाओं की समानताओं और असमानताओं का निर्धारण किया जाता है। वास्तव में रूपपरक तुलनीयता एक प्रकार से भाषायी तत्त्वों का अंतरण है। समानता के धरातल पर अंग्रेज़ी और हिन्दी में सर्वनाम और विशेषण की संरचना प्रायः एक है; जैसे—अंग्रेज़ी की My Father और Beautiful Girl अभिव्यक्तियों की भाँति हिन्दी में भी 'मेरे पिता' और 'सुंदर लड़की' संरचना एक समान मिलती है, किंतु असमानता के धरातल पर कुछ संरचनाएँ दोनों भाषाओं 4में अपना-अपना रूप लिए होती हैं।

संदर्भपरक तुलनीयता में दो भाषाओं के संदर्भपरक अर्थ की ओर ध्यान दिया जाता है। इसमें सभी स्थितिपरक विशिष्टताओं की तुलना की जाती है। संदर्भपरक तुलनीयता में स्थिति विशेष, परिवेश, उद्देश्य, प्रतिभागिता, विषयवस्तु आदि का विशेष महत्त्व होता है, अर्थात् इसमें इस बात पर ध्यान दिया जाता है कि कौन, किससे, कहाँ, कब और क्या बात कर रहा है। इसके आधार पर भाषा परिवृत्तों का चयन किया जाता है। उदाहरण के लिए;

अंग्रेज़ी के दो वाक्य हैं :

(16) My Father has gone to Chennai.

(17) My Servant has gone to Chennai.

इन दोनों वाक्यों का हिन्दी रूपांतरण इस प्रकार होगा :

(18) मेरे पिताजी चेन्नै गए हैं।

(19) मेरा नौकर चैन्नै गया है।

अंग्रेज़ी और हिन्दी के इन दोनों वाक्यों की तुलना करने पर यह पता चलता है कि संरचनात्मक स्तर पर अंग्रेज़ी के दोनों वाक्य समान हैं, किंतु हिन्दी में कुछ भिन्नता मिलती हैं। सर्वनाम 'मेरे' और 'मेरा' तथा क्रिया पद 'गए हैं' और 'गया है' का अंतर संदर्भपरक तुलनीयता के परिप्रेक्ष्य में आया है, जहाँ वाक्य (18) आदरसूचक है और वाक्य (19) सामान्य या आदर-निरपेक्ष वाक्य है।

प्रत्येक भाषा की व्यवस्था के भीतर सामाजिक-सांस्कृतिक संदर्भ जुड़े होते हैं और यही असमानता की स्थिति पैदा करते हैं। अतः संदर्भपरक तुलनीयता इसमें काफी सहायता करती है। उदाहरण के लिए; अंग्रेज़ी पद Good Morning या Father William के हिन्दी रूपांतरण में कठिनाई होगी, क्योंकि अंग्रेजी की व्यवस्था में निहित संकल्पना को हिन्दी की व्यवस्था में संयोजित नहीं किया जा सकता। यदि Good Morning के लिए 'शुभ प्रभात' और Father William के लिए 'पिताश्री विलियम' सही समतुल्य नहीं है, क्योंकि ये सामान्य हिन्दी भाषी व्यक्ति के लिए संप्रेषणीय नहीं है। भारतीय संस्कृति में Good Morning, Good Night आदि की अवधारणा नहीं मिलती है, बल्कि यहाँ नमस्ते, नमस्कार, प्रणाम, चिरंजीव रहो' संकल्पना मिलती है। इसके अतिरिक्त किसी पादरी के लिए प्रयुक्त Father शब्द के लिए भी कोई समतुल्य नहीं है। अतः ऐसी संरचनाओं के लिए 'नमस्ते या नमस्कार' और 'फादर विलियम' समतुल्य संदर्भयुक्त होगा।

इस प्रकार समतुल्यता की प्रकृति मात्र रूपपरक नहीं होती, बल्कि संदर्भपरक भी होती है। यदि इसे मात्र रूपपरक तुलनीयता से देखा जाए तो अनुवाद में गड़बड़ी की संभावना रहती है। अतः इस दृष्टि से व्यतिरेकी विश्लेषण तभी उपयोगी सिद्ध होता है, जब उसमें रूपपरक तुलनीयता के साथ संदर्भपरक तुलनीयता का भी योगदान रहता है। उदाहरण के लिए;

13. मोहन ने बच्चे को उठाया।

14. मोहन ने शीला को अपने लिए चाय बनाने को कहा।

उपर्युक्त दोनों वाक्य एक दृष्टि से संदिग्धार्थी हैं। वाक्य (13) में क्रिया पद 'उठाया' का 'जगाना' और 'गोद में लेना' दो अर्थ हो सकते हैं। इसी प्रकार वाक्य (14) में निजवाचक सर्वनाम 'अपने' का आशय 'मोहन' और शीला' दोनों के लिए हो सकता है। अतः यहाँ प्रोक्ति के स्तर पर रूपपरक तुलनीयता के साथ-साथ संदर्भपरक तुलनीयता की भी आवश्यकता रहती है। इसी प्रकार 'मोहन तो गंगा नहा चुका' वाक्य

में केवल 'गंगा नदी' का आशय नहीं है वरन् 'किसी शुभ कार्य को पूरा करने' का भाव भी निहित है। यह अर्थपरक तुलनीयता और संदर्भपरक तुलनीयता के योग से ही संभव होगा।

रूपपरक तुलनीयता और संदर्भपरक तुलनीयता में अंतर स्पष्ट किया जाए तो हम देखते हैं कि रूपपरक तुलनीयता में ध्वनि, व्याकरण और शब्दावली के संदर्भ में दो भाषाओं में अनुवाद-समता स्थापित की जाती है अर्थात भाषिक तत्त्वों का परस्पर अंतरण होता है। इसे अंतरित तुलना, रूपपरक तुलनीयता या रूपपरक समता भी कहा जाता है, लेकिन यह अनुवाद प्रायः आंशिक अनुवाद होगा क्योंकि रूपपरक तुलनीयता से अनुवाद पूरी तरह संभव नहीं हो पाता। तथापि व्यतिरेकी विश्लेषण प्रक्रिया में रूपपरक तुल्यनीयता की प्रमुख भूमिका रहती है।

दूसरी ओर, संदर्भपरक तुलनीयता में एक भाषा के अर्थ को दूसरी भाषा में पूर्णतया प्रतिस्थापित नहीं किया जा सकता है अर्थात् स्रोत भाषा के संदेश को लक्ष्य भाषा के समान अर्थ देने वाले संदेश के रूप में परिवर्तित किया जाता है। समान अर्थ का तात्पर्य है दोनों भाषाओं के अंश समान स्थितियों में कार्य कर सकें, हालांकि एक भाषा का कोई अंश टूसरी भाषा के किसी अंश से अर्थ की दृष्टि से समान नहीं होता। अतः पूर्ण अनुवाद संभव नहीं है, भले उसे सामान्य अनुवाद कहा जाए। इस प्रकार के अनुवाद से प्राप्त तुल्यनीयता को प्रयोजनपरक तुल्यनीयता भी कहा जा सकता है। विशेष भाषायी स्थिति में यदि अर्थ की दृष्टि से स्रोत भाषा से लक्ष्य भाषा में या लक्ष्य भाषा से स्रोत भाषा में भाषायी अंशों का परस्पर विनिमय होता हो, तब यह प्रयोजनपरक तुल्यनीयता साधित है। इसके बावजूद अनुवाद प्रक्रिया में संदर्भपरक तुल्यनीयता भी प्रमुख भूमिका निभाती है।

एक भाषा के कथ्य को दूसरी भाषा में प्रतिस्थापित करना अनुवाद है। यह प्रतिस्थापन दिशामूलक होता है, जो स्रोत भाषा से लक्ष्य भाषा में होता है। इस प्रक्रिया में स्रोत भाषा के कथ्य को लक्ष्य भाषा के समान कथ्य परिवर्तित किया जाता है। भाषावैज्ञानिक दृष्टि से एक भाषा का कोई भी अंश अन्य भाषा के किसी अंश की दृष्टि से समान नहीं हो सकता। समान अर्थ से तात्पर्य है कि दोनों भाषाओं के अंश समान स्थितियों में कार्य कर सकें। दूसरे शब्दों में, भाषायी स्थिति-विशेष में अर्थ की दृष्टि से ये स्रोत भाषा से लक्ष्य भाषा में या लक्ष्य भाषा से स्रोत भाषा में परस्पर आदान-प्रदान है। इस प्रकार अनुवाद में जो तुल्यता स्थापित नहीं की जाती है, उसे संदर्भपरक तुल्यनीयता कहते भी हो सकते हैं। संदर्भपरक तुल्यनीयता एक प्रकार से पाठविषयक तुलनीयता भी हो सकती है।

दो भाषाओं में न तो रूपपरक तुल्यनीयता पूर्णतया स्थापित हो पाती है और न ही संदर्भपरक तुल्यनीयता, क्योंकि दो भाषाओं के भाषिक अर्थ या रूपपरक अर्थ व्याकरण और शब्दावली प्रक्रिया का स्थितिगत पदार्थ के साथ जो संबंध है वह संदर्भपरक अर्थ का द्योतन करता है। इसी प्रकार स्वन और लेखन प्रक्रिया का

भाषिक पदार्थ (ध्वनि तथा लेखिम) के साथ जो संबंध है, वह भाषिक अर्थ का द्योतन करता है।

भाषा एक रूप है, इसलिए भाषिक अर्थ रूपपरक अर्थ भी हैं। भाषायी रूपों का आपस में सह-संबंध सुनिश्चित होता है और यह अलग-अलग भाषाओं में अलग-अलग प्रकार से होता है। भाषिक रूप जो संबद्ध स्थितिगत तत्त्व के लिए प्रासंगिक होते हैं, वे उस तत्त्व के भाषिक अर्थ अर्थात् रूपपरक अर्थ को प्रतिपादित करते हैं। इसी प्रकार संबद्ध भाषिक रूप के लिए प्रासंगिक स्थितिगत तत्त्व उस रूप के संदर्भपरक अर्थ को प्रतिपादित करते हैं। दूसरे शब्दों में, स्थितिगत तत्त्वों में से किसी तत्त्व के परिवर्तन से पाठ अर्थात् भाषा रूप में परिवर्तन करना आवश्यक हो जाता है। इस प्रकार पाठ के किसी तत्त्व के परिवर्तन का तात्पर्य है स्थितिगत तत्त्व में परिवर्तन। अच्छा अनुवाद इन स्थितिगत वैशिष्ट्यों में से अधिकतर के साथ संबंध स्थापित करता है और उसमें रूपपरक स्तर पर तुल्यनीयता की प्रायः कमी रहती है; जैसे—

15. His Brother has gone to Delhi. ⇒ (क) उसका भाई दिल्ली गया है।
(ख) उनके भाई दिल्ली गए हैं।
(ग) इसका भाई दिल्ली गया है।
(घ) इनके भाई दिल्ली गए हैं।

उपर्युक्त अंग्रेजी वाक्य (15) के हिन्दी वाक्य (क, ख, ग, घ) अच्छे अनुवाद माने जाएँगे क्योंकि ये अनुवाद अंग्रेजी वाक्य से अधिकतर संबद्ध स्थितिगत संदर्भपरक अर्थ को प्रतिपादित करते हैं। रूपपरक स्तर पर एक अंश (His—उसका, उनके, इसका, इनके) को छोड़कर शेष में समतुल्यता स्थापित है। यहाँ रूपपरक स्तर पर भिन्नता है। स्रोत भाषा अर्थात् अंग्रेज़ी का His सर्वनाम अन्य पुरुष एकवचन है, लक्ष्य भाषा अर्थात् हिन्दी में भी अन्य पुरुष एकवचन तो है, किंतु इसके साथ वह दूरस्थ (वह), समीपस्थ (यह) और आदरार्थक सर्वनाम (वे, ये) भी है, यहाँ रूपपरक स्तर पर भिन्नता है।

पूर्ण संदर्भपरक तुल्यनीयता स्थापित होने पर भी दो भाषाओं की इकाइयों में रूपपरक स्तर पर जो अंतर होता है, उसे निम्नलिखित उदाहरण में देखा जा सकता है।

स्रोत भाषा		लक्ष्य भाषा
His brother	⇒	(i) उसका भाई
		(ii) उनका भाई
His Sister	⇒	(iii) उसकी बहन
		(iv) उनकी बहन
Her brother	⇒	(v) उसका भाई
		(vi) उनका भाई
Her sister	⇒	(vii) उसकी बहन
		(vii) उनकी बहन

अंग्रेजी में आद्य संकेतवाची (archaic demonstrative) सर्वनाम से बनने वाले सार्वनामिक विशेषणों के लिंग की अन्विति उसके बाह्य संकेतक के साथ होती है तो हिन्दी में उनकी अन्विति उसके साथ नहीं होती, अपितु परवर्ती संज्ञा (विशेष्य) के लिंग के अनुसार होती है। इस प्रकार जहाँ अधिकतर बहुसंख्यक वैशेषिक तत्त्व रूपपरक और संदर्भपरक तुल्यनीयता में समान होते हैं, वहाँ अनुवाद को अधिक उचित तथा उत्तम माना जाता है।

व्यतिरेकी विश्लेषण में दो भाषाओं के अनुवादनीय युग्मों के रूपपरक तत्त्वों अर्थात् भाषिक तत्त्वों की तुलना की जाती है। व्याकरणिक तत्त्वों के व्यतिरेकी विश्लेषण में प्रायः वाक्य स्तर के अनुवादनीय युग्मों को लेकर रूपपरक तत्त्वों की तुलना करते समय संबद्ध तत्त्वों के चयन से पहले यह तय करना आवश्यक हो जाता है कि उन दो तत्त्वों में से किसी स्थिति-विशेष में संदर्भपरक तुल्यनीयता है। यद्यपि व्यतिरेकी विश्लेषण का मुख्य उद्देश्य रूपपरक अथवा भाषिक तुल्यनीयता के आधार पर स्रोत भाषा और लक्ष्य भाषा में निहित असमानताओं की व्याख्या करना है तो शिक्षार्थी के लिए कठिनाइयों के स्थलों का पता लगाना होगा। इस प्रक्रिया में उसे संदर्भपरक तुल्यनीयता को भी साथ लेकर चलना होगा, क्योंकि रूपपरक तुल्यनीयता की प्रथम आवश्यकता है संदर्भपरक तुल्यनीयता। दूसरे शब्दों में, व्यतिरेकी विश्लेषण में संदर्भपरक तुल्यनीयता को अनदेखा नहीं किया जा सकता। इसके विपरीत, सामान्यतः अनुवाद का संबंध रूपपरक तुल्यनीयता की अपेक्षा संदर्भपरक तुल्यनीयता से अधिक होता है। इसी अनुवाद प्रक्रिया के अंतर्गत संदर्भपरक तुल्यनीयता को 'अनुवाद तुल्यनीयता' भी कहा जा सकता है।

वस्तुतः व्यतिरेकी विश्लेषण में अनुवाद के उपयोग से और व्यतिरेकी विश्लेषण से जो निष्पत्तियाँ प्रस्तुत होती हैं, उनसे अनुवाद-प्रक्रिया में लाभ उठाया जाता है। व्यतिरेकी विश्लेषण में अनुवाद का उपयोग उस सीमा तक होता है, जहाँ वह दोनों भाषाओं की सामग्री प्रस्तुत करता है। चूँकि अनुवाद की प्रक्रिया भाषा अधिगम प्रक्रिया से जुड़ी हुई है, इसलिए इसे बोधन तथा संप्रेषण की प्रक्रिया भी मान लिया गया है। इससे भाषा शिक्षण-सामग्री के निर्माण में व्यतिरेकी विश्लेषण को सहायता मिलती है। व्यतिरेकी विश्लेषण अनुवाद की उपयोगिता के बारे में सैद्धांतिक आधार प्रस्तुत करता है। रूसी विद्वान नि.को. गाबोव्स्की ने भी व्यतिरेकी विश्लेषण में अनुवाद की महत्ता को स्वीकार करते हुए स्विस विद्वान अ. माल्बलाँ का उद्धरण दिया है कि "व्यतिरेकी-शैलीपरक अध्ययन की प्रथम अवस्था में तुलनीय भाषाओं की सामग्री का अध्ययन किया जाता है और यह भी देखा जाता है कि एक भाषा से दूसरी भाषा में परिवर्तन की क्या-क्या विधियाँ हो सकती हैं अर्थात् तुलनीय भाषाओं में अभिव्यक्ति के समान रूपों का विवरण अनुवाद के द्वारा प्रस्तुत किया जाता है।" डब्ल्यु किर्कवुड ने अनुवाद को व्यतिरेकी विश्लेषण के लिए वाक्यपरक और अर्थपरक स्तर पर आधार कार्य करने के संबंध में कहा है कि "अनुवाद के माध्यम से व्यतिरेकी विश्लेषण—यहाँ अनुवाद अपने-आप में

साधन के रूप में है, न कि साध्य के रूप में और वह भी अल्प, किंतु गहन रूप में अध्येता का ध्यान दो भाषाओं के वाक्यपरक और अर्थपरक भेदों तथा असमानताओं की ओर दिलाता है, इन भेदों तथा असमानताओं को पकड़ता है और कुछ सीमा तक उनका समाधान भी करता है। इस प्रकार अनुवाद व्यतिरेकी तकनीक के रूप में स्रोत भाषा और लक्ष्य भाषा के बीच व्याप्त असमानताओं के प्रति भाषायी सजगता पैदा करता है, जिससे समतुल्यता के संबंधों को जानने के लिए स्रोत भाषा और उसके अनूदित पाठ का विश्लेषण करने की क्षमता पैदा होती है। इसी व्यतिरेकी विश्लेषण में अनुवाद काफी उपयोगी सिद्ध होता है, क्योंकि अनुवाद से ही जहाँ तुलनीय भाषाओं की विशिष्टताएँ स्पष्ट होती हैं, वहाँ प्रकार्य के आधार पर कथ्य के निकट पहुँचा जा सकता है।

अनुवाद में व्यतिरेकी विश्लेषण का अनुप्रयोग

व्यतिरेकी विश्लेषण और अनुवाद दोनों का संबंध भाषा से है। अतः भाषाओं के विश्लेषण में जो भाषावैज्ञानिक पद्धतियाँ अपनाई जाती हैं, वर्णन की जो कोटियाँ निर्धारित की जाती हैं और जो भाषा-सिद्धांत प्रतिपादित किए जाते हैं, वे व्यतिरेकी विश्लेषण तथा अनुवाद दोनों पर लागू हो सकते हैं। इस दृष्टि से व्यतिरेकी विश्लेषण तथा अनुवाद की प्रक्रिया में कम-से-कम दो भाषाओं का प्रयोग आवश्यक है। अतः ये दोनों एक दूसरे में सहायक सिद्ध होते हैं। व्यतिरेकी विश्लेषण में अनुवाद का उपयोग किया जाता है तो अनुवाद प्रक्रिया में व्यतिरेकी विश्लेषण के द्वारा प्रस्तुत निष्पत्तियों से लाभ उठाया जाता है। व्यतिरेकी विश्लेषण में अनुवाद का उपयोग इस सीमा तक तो अवश्य है, जहाँ वह दोनों भाषाओं की पाठ्यसामग्री प्रस्तुत करता है। व्यतिरेकी विश्लेषण की भाँति अनुवाद में भी कम-से-कम दो भाषाओं की तुलना निहित है। भाषा तुलना के सिद्धांतों तथा विधियों के साथ ही अनुवाद के सिद्धांतों का सीधा संबंध व्यतिरेकी विश्लेषण से स्थापित किया जा सकता है। चूँकि दो भिन्न भाषाओं के कार्यव्यापार की तुलना के सिद्धांत तथा विधियाँ व्यतिरेकी विश्लेषण के नाम से जानी जाती हैं और अनुवाद भी इस प्रकार की तुलना का एक प्रकार हो सकता है। अतः व्यतिरेकी विश्लेषण अनुवाद सिद्धांत को भी अपने भीतर समेट लेता है।

अनुवाद प्रक्रिया के दूसरे चरण अंतरण में व्यतिरेकी विश्लेषण की भूमिका उस समय प्रारंभ होती है, जब स्रोत भाषा और लक्ष्य भाषा की संरचनाओं की समानताओं और विषमताओं में परस्पर टकराहट होती है। इस टकराहट को व्यतिरेकी विश्लेषण महत्त्वपूर्ण और कारगर ढंग से सुलझाने का प्रयास करता है और स्रोत भाषा के वाँछित अर्थ को लक्ष्य भाषा में काफ़ी हद तक संप्रेषित कर देता है। इसलिए अनुवाद में व्यतिरेकी विश्लेषण की उपयोगिता को ध्यान में रखते हुए यहाँ

अंग्रेजी और हिन्दी की कतिपय संरचनाओं का अध्ययन प्रस्तुत किया जा रहा है, जिससे दोनों भाषाओं की अपनी संरचनाओं का ज्ञान तो होगा ही, साथ ही इन दोनों भाषाओं की संरचनाओं की जानकारी होगी और अनुवाद में उनके संयोजन में गति आएगी।

अंग्रेजी उपपद (आर्टिकल) और हिन्दी संरचना अंग्रेजी संज्ञा पदबंधों में a, am, the आर्टिकल कुछ नियमों से प्रयुक्त होते हैं। a, an आर्टिकल अनिश्चयवाची आर्टिकल है 'a' आर्टिकल का प्रयोग व्यंजन से प्रारंभ होने वाले संज्ञा पद से पूर्व होता है और 'an' का प्रयोग स्वर से प्रारंभ होने वाले संज्ञा पद से पूर्व होता है, 'The' आर्टिकल निश्चयवाची आर्टिकल के रूप में होता है। इन दोनों के उदाहरण के लिए; a dog, a cat, a boy; an owl, an ass, an hour और the house, the dog, the girl.

हिन्दी में आर्टिकल नहीं होते। हिन्दी में जिन संज्ञा पदों से पहले 'एक' का प्रयोग होता है तो वह अर्थ की दृष्टि से अनिश्चयवाची होते हैं या संख्यावाची जिन संज्ञापदों से पहले 'एक' का प्रयोग नहीं होता, वे निश्चयवाची होते हैं; जैसे–

20. वह एक कुत्ता है।
21. मेरे पास एक किताब है।
22. मेरे सिर में दर्द है।

इनका अंग्रेज़ी अनुवाद है :

23. It is a dog.
24. I have one book.
25. I have a headache.

हिन्दी वाक्य (20) में 'एक' अनिश्चयवाची है, वाक्य (21) में 'एक' संख्यावाची है और वाक्य (22) में 'दर्द' के घटनावाची होने के कारण 'एक' का प्रयोग नहीं हुआ है। अंग्रेजी के वाक्य (23) में a का प्रयोग हुआ है, वाक्य (24) में one का प्रयोग हुआ है और वाक्य (25) में 'a' का प्रयोग हुआ है जबकि हिन्दी में 'एक' का प्रयोग नहीं है।

अंग्रेजी में निश्चयवाची आर्टिकल the का प्रयोग मुख्यतः चार स्थितियों में होता है, जो इस प्रकार है :

(क) जहाँ संज्ञा पद अपनी जाति या वर्ग का अकेला सदस्य है; जैसे–The Pecific (ocean), The Ganga (river), The Suez (canal), The Sahara (desert), The West Indies (islands), The Himalayes (mountain range), The Iliad (an epic), The Vedas, The Ramayana (great books), Great Akbar, The Great Shakespear (great men), The Earth, The Sun, The Planets, The Human race

(ख) जहाँ उस संज्ञा पद का उल्लेख हो, उसके बाद आने वाले संबंधवाचक उपवाक्य के संदर्भ में होता है; जैसे–

Have you met the man, who was waiting for you.

(ग) जहाँ संज्ञा पद का उल्लेख a, an अनिश्चयवाची आर्टिकल के द्वारा सामान्यतः उससे पहले हो चुका हो; जैसे–

The Institute selected a boy & a girl for this post, but the girl did not join.

(घ) जब किसी विशिष्ट व्यक्ति या वस्तु या पूर्व संदर्भित मामले के बारे में बात कर रहे हों; जैसे–

Let us go to the park. (नगर में कोई विशेष पार्क)

The book you want is out of print. (पुस्तक के बारे में उल्लेख हो चुका हो)

हिन्दी में आर्टिकल न होने के कारण अंग्रेजी के अनिश्चयवाची और निश्चयवाची आर्टिकल (a, an, the) का अनुवाद हिन्दी में नहीं हो पाता, किंतु हिन्दी में कभी-कभी पदक्रम में परिवर्तन कर अर्थ को स्पष्ट किया जाता है। उदाहरण के लिए;

26. A snake is in the room. = कमरे में साँप है।
27. Where is the snake = साँप कहाँ है/कहाँ है साँप?
28. The snake is in the room = साँप कमरे में है।

उपर्युक्त वाक्य (26) में आर्टिकल के कारण 'साँप' वाक्य के बीच में आया है और (28) में The आर्टिकल के कारण 'साँप' पद वाक्य के प्रारंभ में आया है और वाक्य (27) में 'साँप' पद वाक्य के प्रारंभ या अंत में आया है। इसी प्रकार हिन्दी में वाक्य के प्रारंभ या अंत में 'साँप' पद का प्रयोग वाक्य (26) के 'साँप' की ओर निर्दिष्ट करता है।

2. अंग्रेज़ी हिन्दी की सार्वनामिक व्यवस्था : हर भाषा की अपनी सर्वनाम व्यवस्था है। कुछ भाषाओं के सर्वनामों में समानता तो मिलती है, किंतु अर्थ और प्रयोग की दृष्टि से असमानता मिलती है। अंग्रेज़ी और हिन्दी की दृष्टि से असमानता मिलती भी है। अंग्रेज़ी और हिन्दी के पुरुषवाचक सर्वनामों (Personal pronouns) में एक ओर अर्थगत समानता है, किंतु प्रयोग की दृष्टि से इनमें असमानता दिखाई देती है। उदाहरण के लिए;

	हिन्दी		**अंग्रेजी**	
	एकवचन	**बहुवचन**	**एकवचन**	**बहुवचन**
उत्तम पुरुष	मैं (1)	हम (1+1=2)	I (1)	We (1+1=2)
मध्यम पुरुष	तू (1)	तुम, आप (1+2=3)	You (1)	You (1+0=1)
अन्य पुरुष	वह, यह (2)	वे, ये (2+2=4)	He, She, It (3)	They (1+3=4)

उपर्युक्त सर्वनामों के आधार पर हम देखते हैं कि हिन्दी और अंग्रेज़ी में एकवचन और बहुवचन उत्तम पुरुष सर्वनाम दो-दो होते हैं। हिन्दी में मध्यम पुरुष सर्वनाम तीन है, जबकि अंग्रेज़ी में मात्र एक (you) है, जो एकवचन और बहुवचन दोनों में प्रयुक्त होता है। पुरुष सर्वनाम हिन्दी और अंग्रेज़ी दोनों में चार-चार है, किंतु हिन्दी में एकवचन के दो और बहुवचन के दो है, जबकि अंग्रेजी में एक वचन के तीन और बहुवचन का मात्र एक है। इस प्रकार हिन्दी में कुल नौ पुरुषवाचक सर्वनाम हैं और अंग्रेज़ी में मात्र सात। इन दोनों की समानता और असमानता का आकलन करने के लिए व्यतिरेकी विश्लेषण में अतिभेदकता और न्यूनभेदकता को देखा जाता है। हिन्दी में मध्यम पुरुष सर्वनाम 'तू, तुम और आप' तीन हैं, जिनमें 'तू' का प्रयोग अपने से छोटे, अत्यंत घनिष्ट या ईश्वर को संबोधित करने के लिए होता है। बहुवचन 'तुम' का प्रयोग एकवचन के रूप में अनौपचारिक या आत्मीय स्तर पर होता है और बहुवचन 'आप' का प्रयोग एकवचन आदरार्थक और औपचारिक स्तरों पर होता है, जबकि अंग्रेज़ी में मध्यम पुरुष सर्वनाम 'You' के लिए ऐसी व्यवस्था नहीं है। इसका प्रयोग 'तु', तुम और 'आप' तीनों स्थितियों में होता है। इसी प्रकार अन्य पुरुष सर्वनाम में 'वह' और 'यह' एकवचन लिंग-निरपेक्ष है और इनका प्रयोग दूरस्थ या निकटस्थ सर्वनाम के रूप में होता है, जबकि अंग्रेजी में He, She, It एकवचन लिंग-सापेक्ष हैं। हिन्दी में 'वे' और 'ये' बहुवचन अन्य पुरुष सर्वनाम होते हुए भी लिंग-निरपेक्ष तथा दूरस्थ एवं समीपस्थ है और साथ ही ये दोनों आदरार्थक एकवचन के रूप में भी प्रयुक्त होते हैं; जैसे–वे पिता जी हैं; ये मेरी माता जी है, किंतु अंग्रेजी के They बहुवचन में ऐसी व्यवस्था नहीं है। यहाँ आदरार्थक एकवचन का प्रयोग He या She के रूप में ही होगा, न कि They के रूप में; जैसे–He is my father. she is my mother.

हिन्दी में अन्य पुरुष सर्वनाम 'वह', 'यह' निश्चयवाचक या संकेतवाचक सर्वनाम (Demonstrative Pronoun) की भूमिका भी निभाते हैं। अंग्रेजी में ये निश्चयवाचक सर्वनाम That, This, it, those आदि का रूप धारण कर लेते हैं। निश्चयवाचक सर्वनाम के रूप में हिन्दी और अंग्रेजी दोनों में समानता मिलती है; जैसे–

29. This is my book
    ⇒ यह पुस्तक मेरी है।
30. It is a book
    ⇒ यह पुस्तक है।
31. That is my table
    ⇒ वह मेज़ मेरी है।
32. These are my book
    ⇒ ये पुस्तकें मेरी है / ये मेरी पुस्तकें हैं।
33. Those are my table
    ⇒ वे मेरी मेज़ें हैं।

हिन्दी में निजवाचक सर्वनाम (Reflexive pronoun) 'अपना' का प्रयोग उत्तम पुरुष, मध्यम पुरुष और अन्य पुरुष तीनों में समान रूप से होता है, किंतु अंग्रेजी में उनका रूप (my, our, your, his, her, their) कर्ता के लिंग, वचन और पुरुष के अनुसार बदलता है; जैसे–

34. I told my brother
    ⇒ मैंने अपने भाई को कहा।
35. We told our sisters
    ⇒ हमने अपनी बहनों को कहा।
36. You told your brother
    ⇒ तुम ने अपने भाई को कहा।
37. He told his house
    ⇒ उसने अपना (अथवा उसका) मकान बेच दिया।
38. She lifted her son
    ⇒ उसने अपने (अथवा उसके) बेटे को उठाया।

यहाँ भी ज्ञातव्य है कि संबंधवाचक सर्वनाम एक ही पुरुषवाची सर्वनाम के होंगे और इसमें कर्ता तथा कर्म दोनों में तादात्म्य होगा, किंतु He is my brother में अन्य पुरुष he और उत्तम पुरुष my दोनों अलग सर्वनाम हैं, इसलिए my सर्वनाम का अर्थ यहाँ 'अपना' नहीं, 'मेरा' होगा अर्थात् वह मेरा भाई है। यहाँ यह भी द्रष्टव्य है कि अंग्रेजी के अन्य पुरुष सर्वनाम his और her संबंधवाचक सर्वनाम और संकेतवाचक सर्वनाम दोनों होंगे; जैसे–वाक्य (37) और (38) में he और she पुरुषवाचक सर्वनामों के कारण his और her संदिग्धार्थी हैं और वे 'अपने' तथा 'उसका/उसके' दोनों सर्वनामों में प्रयुक्त होंगे।

इसी प्रकार हिन्दी में 'स्वयं' या 'अपने-आप' या 'आप' या 'खुद' में निजवाचक सर्वनाम से किसी एक का प्रयोग प्रत्येक पुरुषवाचक सर्वनाम के साथ एक समान होता है, किंतु अंग्रेजी में कर्ता के लिंग, वचन के अनुसार प्रत्येक पुरुषवाचक सर्वनाम का अलग-अलग निजवाचक सर्वनाम होता है अर्थात् उनमें रूप-परिवर्तन होता रहता है। उदाहरण के लिए,

39. I can't shave myself
    ⇒ मैं स्वयं (या खुद) शेव नहीं कर सकता।
40. You can't shave yourself
    ⇒ तुम खुद (या स्वयं) शेव नहीं कर सकते।
41. He can't talk himself
    ⇒ वह अपने-आप (या स्वयं) बात नहीं कर सकता।

42. she can't go <u>herself</u>

⇒ वह <u>स्वयं</u> जा नहीं सकती।

43. This refrigerator defrost <u>itself</u>

⇒ यह रेफ्रेजरेटर <u>अपने-आप</u> डिफ्रास्ट होता है।

44. They will talk <u>themselves</u>

⇒ वे <u>स्वयं</u> (अपने-आप) बात करेंगे।

25. we will talk <u>ourselves</u>

⇒ हम बात <u>आप</u> (या खुद) करेंगे।

इस प्रकार हिन्दी और अंग्रेजी भाषाओं की सार्वनामिक और निजवाचक संरचनाओं के व्यतिरेकी अध्ययन से यह स्पष्ट होता है कि हिन्दी की सर्वनाम व्यवस्था अंग्रेजी की सर्वनाम व्यवस्था से अधिक व्यापक और स्पष्ट है। हिन्दी की सर्वनाम व्यवस्था में रूपपरक तुलनीयता और सदंर्भपरक तुलनीयता दोनों मिल जाते हैं, जबकि अंग्रेजी में प्रायः रूपपरक तुलनीयता के दर्शन होते हैं।

3. अंग्रेज़ी-हिन्दी की संबंधवाचक व्यवस्था : संबंधवाचीकरण (Relativization) प्रक्रिया में किसी वाक्य के अंतर्गत दो सरल वाक्यों में संबंध स्थापित किया जाता है और ये मिश्र वाक्य बनाते हैं। इस संबंध के आधार पर दो या दो से अधिक स्वतंत्र सरल वाक्य संबंधवाचीकरण में एक दूसरे के प्रधान और आश्रित उपवाक्य बन जाते हैं। उदाहरण के लिए;

सरल वाक्य : (46क) मैंने दवाई खाई। (46ख) दवाई से बुखार उतर गया।

(47क) वह घड़ी को ढूँढ़ रहा है। (47ख) घड़ी बहुमूल्य थी।

संबंधवाचीकरण : ⇒ (48) मैंने जो दवाई खाई, उससे बुखार उतर गया।

⇒ (49क) वह जिस घड़ी को ढूँढ़ रहा है, वह बहुमूल्य थी।

(49ख) वह उस घड़ी को ढूँढ़ रहा है, जो बहुमूल्य थी।

उपर्युक्त सरल वाक्यों (46क) और (46ख) के संबंध स्थापित करने से वाक्य (48) की रचना हुई है, जिसमें 'उससे बुखार उतर गया' वाक्य प्रधान वाक्य है और 'मैंने जो दवाई खाई' वाक्य आश्रित है। वाक्य (46ख) में प्रयुक्त 'दवाई' के स्थान पर 'जो' का प्रयोग हुआ है। इसी प्रकार सरल वाक्य (47क) वाक्य और (47ख) के संबंधीकरण से (49क) वाक्य का जो निर्माण हुआ है, उसमें वाक्य (47ख) के 'घड़ी' के स्थान पर 'वह' का प्रयोग हुआ है और वाक्य (47क) 'की घड़ी' के साथ 'को' परसर्ग लगने से 'जो' का विकारी रूप 'जिसका' प्रयोग हुआ है। इस प्रकार वाक्य (49ख) में 'घड़ी' के पूर्व 'उस' निश्चयवाचक सर्वनाम लगने से वाक्य (47ख) की घड़ी के स्थान पर 'जो' संबंधवाचक सर्वनाम का प्रयोग हुआ है।

अंग्रेजी संबंधवाचक संरचना की भी अपनी विशिष्टता है। उदाहरण के लिए;

सरल वाक्य : (50a) The man fell from the tree yesterday.
(50b) The man died in the hospital.

संबंधवाचीकरण : (51) The man, <u>who</u> fell from the tree yesterday, died in the hospital.

सरल वाक्य : (52a) I lost the pen. (52b) I got the pen yesterday.

संबंधवाचीकरण : (53) I lost the pen which I got yesterday.

सरल वाक्य : (54a) Here is the book. (54b) You lent me the book.

संबंधवाचीकरण : (55) Here is the book that you lent me.

उपर्युक्त वाक्य संख्या (51), (53) और (55) में who, which और that क्रमशः वाक्य (50a) वाक्य (52b) और वाक्य (54b) में क्रमशः the man, the pen, the book के स्थान पर प्रयुक्त हुए हैं।

हिन्दी में 'जो' संबंधवाचक सर्वनाम से प्रारंभ होनेवाला वाक्य प्रायः विशेषण उपवाक्य होता है, जिसका प्रकार्य प्रधान उपवाक्य की संज्ञा के बारे में बताना है। संबंधवाचक सर्वनाम 'जो' लिंग-निरपेक्ष है; किंतु यह सर्वनाम (+प्राणिवाचक, +मानव, +मानवेतर) सभी में एक समान प्रयुक्त होता है; जैसे :

जो (± प्राणीवाचक
± मानव
± कर्ता
± कर्म)

यदि 'जो' सर्वनाम का प्रयोग तिर्यक रूप में अर्थात् कर्ता, कर्म, संबंध आदि कारकों के रूप में होता है तो उसमें ने, को, का, के, की, में, आदि परसर्ग लगते हैं और वे विकारी रूप हो जाते हैं। अतः 'जो' सर्वनाम के स्थान पर 'जिसने, जिसको, जिसका' आदि रूपों का प्रयोग एकवचन के रूप में और 'जिन्होंने, जिनको, जिनका' आदि रूपों का प्रयोग बहुवचन के रूप में होता है; जैसे—

वचन/कारक		**एकवचन**	**बहुवचन**
अविकारी		जो	जो
विकारी	कर्ता/कर्म/संबंध	जिसने जिसको जिसका, के, की	जिन्होंने जिनको जिनका, के, की

इस प्रकार अंग्रेजी और हिन्दी के संबंधवाचक सर्वनाम संरचनाओं में कुछ सार्वभौमिक रूप मिल जाते हैं और कुछ अपनी विशिष्टताएँ भी लिए होते हैं।

अंग्रेजी में who, which, whom, whose संबंधवाचक सर्वनाम हैं। ये सर्वनाम हिन्दी के संबंधवाचक सर्वनामों की भाँति लिंग-निरपेक्ष तो हैं किंतु इनमें who, whose और whom प्राणिवाचक संबंधवाचक सर्वनाम मानव के संदर्भ में हैं और which सर्वनाम प्राणिवाचक और अप्राणिवाचक दोनों में है, किंतु मानवेतर है। who सर्वनाम एकवचन और बहुवचन में कर्ता कारक (Nominative) के रूप में और कभी-कभी कर्मकारक (Accusative) के रूप में प्रयुक्त होता है, whose और which सर्वनाम एकवचन और बहुवचन दोनों में संबंध कारक (Genitive) के रूप में प्रयुक्त होता है और whom एकवचन और बहुवचन दोनों में कर्मकारक (Accusative) के रूप में प्रयुक्त होता है। इनके अभिलक्षण निम्नलिखित हैं।

Who	+ कर्ता + प्राणिवाचक + मानव
Whose	+ संबंधकारक + प्राणिवाचक + मानव
Whom (Who+m)	+ कर्म + प्राणिवाचक + मानव
Which	± कर्ता ± प्राणिवाचक - मानव

56. There is a man outside, <u>who</u> wants to see you.
57. The woman <u>whose</u> daughter you met, is Mrs. Brown.
58. Do you know the boy <u>whom</u>èwho we met.
59. There is a dog outside, <u>which</u> is lying straight.
60. This is the house <u>which</u> belongs to my brother.
61. The house <u>of which</u> roof was damaged, has now been repaired.

which सर्वनाम संबंधकारक (Genitive) नहीं है, किंतु कुछ संरचनाओं में of which के स्थान पर whose का प्रयोग हो सकता है; जैसे—The house whose roof was damaged has now been repaired.

निश्चयवाची एकवचन और बहुवचन दोनों में सर्वनाम कर्ता (nominative) और कर्म (accusative) के रूप में that का प्रयोग प्राणिवाचक, अप्राणीवाचक, मानव सभी

के लिए हो सकता है। इसका प्रयोग प्रायः व्यक्ति तथा वस्तु पर बल देने के लिए होता है। उदाहरण के लिए;

62. Here is the man <u>that</u> I told you of.
    ⇒ <u>जिस</u> आदमी के बारे में मैंने बताया था, वह यह है।
63. I have lost the pen <u>that</u> you gave me.
    ⇒ तुम ने मुझे <u>जो</u> पेन दिया था, वह खो गया है।
64. This is the best <u>that</u> we can do.
    ⇒ यही सर्वोतम है <u>जिसे</u> हम कर सकते हैं।

What प्रश्नवाचक सर्वनाम का प्रयोग भी संबंधवाची सर्वनाम के रूप में that की भाँति किसी वस्तु या बात पर बल देने के लिए होता है, किंतु यह केवल अप्राणिवाचक वस्तुओं के लिए होता है। यह कर्ता (nominative) और कर्म (accusative) कारक एकवचन में इस्तेमाल होता है। उदाहरण के लिए;

65. I mean <u>what</u> I say.
    ⇒ मैं जो कहता हूँ उसमें मतलब (अर्थ) ही होता है।
66. <u>What</u> I have written, I have written.
    ⇒ मैं ने जो लिखा है, वह लिख दिया है।

उपर्युक्त वाक्यों में प्रयुक्त what के स्थान पर that which का प्रयोग भी हो सकता है; जैसे–

67. I say that which I mean.

4. अंग्रेजी हिन्दी सहायक क्रिया (कप्यूला) : अंग्रेजी के 'to be' और हिन्दी में 'होना' सहायक क्रिया (कप्यूला) के मुख्यतः दो प्रकार्य हैं–(1) काल (Tense) और (2) अस्तित्व/उपस्थिति (existenceèPresence)। कालसूचक क्रिया के 'to be' रूप में वर्तमान काल में अंग्रेजी में is, am, are क्रिया रूप और हिन्दी में 'हूँ, है, हैं, हो' आदि क्रियारूप हैं और भूतकाल में अंग्रेजी में was, were क्रिया रूप तथा हिन्दी में 'था, थे, थी और थीं' आदि क्रियारूप हैं।

जब ये सहायक क्रियाएँ वाक्य में मुख्य क्रिया के साथ प्रयुक्त होती हैं तो यह कालसूचक होती हैं; जैसे–

68. Ram <u>is</u> waiting for his father.
    ⇒ राम अपने पिता की प्रतीक्षा कर रहा <u>है</u>।
69. The work <u>was</u> completed in a week.
    ⇒ यह कार्य एक सप्ताह में पूरा हुआ <u>था</u>।

जब ये सहायक क्रियाएँ वाक्य में मुख्य क्रिया के रूप में प्रयुक्त होती हैं अथवा बिना किसी मुख्य क्रिया के में प्रयुक्त होती हैं तो अस्तित्वसूचक और उपस्थितिसूचक की द्योतक होती हैं; जैसे–

70. ईश्वर है।

⇒ There is God (God exists)

71. There is no one in the room. *or*

No one is in the room.

⇒ कमरे में कोई नहीं है।

72. Mohan is in the room.

⇒ मोहन कमरे में है।

73. All of them were in Agra yesterday.

⇒ वे सभी कल आगरा में थे।

यहाँ यह उल्लेखनीय है कि अंग्रेजी की कुछ क्रियाओं का प्रयोग होने पर वाक्यों का प्रारंभ कर्ता के बजाय there से होता है। यहाँ there प्रायः सामान्य वैकल्पिक या मिथिक कर्ता के रूप में प्रयुक्त होता है; जैसे–

इस प्रकार उपर्युक्त वाक्यों में is, am, are, was या है, हूँ, हैं, था आदि सहायक क्रिया काल सूचक, अस्तित्वसूचक और उपस्थितिसूचक कप्यूला के रूप में प्रयुक्त हुए है, किंतु कुछ संदर्भों में ये क्रियाएँ अंग्रेजी और हिन्दी वाक्यों में एक समान प्रयुक्त नहीं होतीं। उदाहरण के लिए;

हिन्दी में 'होना' यत्नवाचक या कार्यसूचक क्रिया (action verb) के रूप में भी प्रयुक्त होती है, किंतु अंग्रेजी में to be कार्यसूचक क्रिया (action verb) के रूप में प्रयुक्त नहीं होती। इसके लिए to occur, to happen या to take place मुख्य क्रिया के रूप में प्रयुक्त होती हैं; जैसे–

74. हमारे शहर में कल एक घटना हुई थी।

⇒ An incident occurred in our city yesterday.

75. पिछले सप्ताह तुम्हारे विद्यालय में क्या हुआ था।

⇒ What happened in your school last week.

76. यहाँ परसों एक बम विस्फोट हुआ था।

⇒ A bomb explosion took place here day before yesterday.

इसके अतिरिक्त योजक क्रिया के रूप में is, are कोप्यूला वाक्यों में पूरक के रूप में प्रयुक्त विशेषण कर्ता के व्यक्ति पर या विशिष्ट गुण धर्म और जातिगत गुणधर्म (generic peculiarity) दोनों के लिए प्रयुक्त होता है; जैसे–

77. The water of this lake is Saline.

78. The water of the sea is saline.

हिन्दी में व्यक्तिपरक या विशिष्ट गुणधर्म को व्यक्त करने के लिए योजक क्रिया 'है' का प्रयोग होता है और जातिगत गुणधर्म व्यक्त करने के लिए 'होता है' का प्रयोग होता है, जैसे–

79. इस झील का पानी खारा है।

80. समुद्र का पानी खारा होता है।

5. अंग्रेजी-हिन्दी की कर्मवाच्य व्यवस्था : अंग्रेजी और हिन्दी की वाच्य व्यवस्था में काफ़ी भिन्नता है। अंग्रेजी में 'वाच्य' का निर्धारण क्रिया के साथ कर्ता या कर्म की अन्विति पर आधारित है। अंग्रेजी में 'कर्ता' की अन्विति 'क्रिया' के साथ होने पर कर्तृवाच्य बनता है और कर्म के साथ अन्विति होने पर कर्मवाच्य होता है।

हिन्दी में क्रिया यदि कर्ता अथवा अभिकर्ता (agent) की सूचना देती है तो कर्तृवाच्य संरचना होती है; जैसे—'राम सेब खाता है'। अन्यथा वह 'अकर्तृवाच्य' संरचना होती है। लेकिन यह ध्यान देने की बात है कि हिन्दी में क्रिया की अन्विति कर्म के साथ होने पर भी वह वाक्य कर्मवाच्य नहीं होता; जैसे—शीला ने सेब खाया। हिन्दी में 'कर्ता' के साथ अन्विति होने पर 'कर्तृरि प्रयोग' और कर्म के साथ होने पर 'कर्मणि प्रयोग' और किसी के साथ न होने की स्थिति में 'भावे प्रयोग' की संकल्पना रखी गई है। 'प्रयोग' की यह अलग संकल्पना है, जिसका संबंध वाच्य से प्रत्यक्ष रूप से नहीं है।

अंग्रेजी में 'वाच्य' व्याकरणिक है, जिसे एक सहायक क्रिया 'be' से व्यक्त किया जाता है। यह सहायक क्रिया कर्मवाच्य संरचना (Passive construction) बनाने में सहायक होती है। यह 'be' सहायक क्रिया मुख्य क्रिया से पहले लगती है और परिवर्तित 'कर्ता' के पुरुष और वचन के अनुसार बदलती है। मुख्य क्रिया भूतकालिक अथवा पूर्णकालिक रूप अर्थात् क्रिया के तृतीय रूप में written (write), burnt (burn), Spoken (speak) आदि के रूप में प्रयुक्त होती है। इसके अतिरिक्त इसमें कर्ता और कर्म के बीच स्थान-परिवर्तन होता है अर्थात् कर्म पहले आता है और कर्ता बाद में। परिवर्तित स्थान पर कर्ता से पहले पूर्वसर्ग (Preposition) by का प्रयोग होता है। उदाहरण के लिए;

81. कर्तृवाच्य : John plays the football.

⟹ कर्मवाच्य : The football is played by John.

हिन्दी में कर्मवाच्य की संरचना के लिए सहायक क्रिया 'जा' का प्रयोग होता है। इसमें कर्ता का स्थान प्रायः नहीं बदलता, बल्कि उसके बाद परसर्ग (Postposition) 'द्वारा या के द्वारा' के प्रयोग से काम चलाया जाता है। इसके अतिरिक्त अंग्रेजी की भाँति इसमें का भूतकालिक या पूर्णकालिक रूप में बदलना आवश्यक नहीं। कर्तृवाच्य के काल के अनुसार 'जा' के रूप में परिवर्तन होता है। क्रिया की अन्विति कर्म के साथ नहीं होती। उदाहरण के लिए;

82. कर्तृवाच्य : जयशंकर प्रसाद ने कामायनी की रचना की।

⟹ कर्मचाच्य : जयशंकर प्रसाद द्वारा कामायनी की रचना की गई।

83. कर्तृवाच्य : मोहन किताब लिखता है।

⟹ कर्मवाच्य : मोहन द्वारा किताब लिखी जाती है।

हिन्दी में अधिकतर अकर्मक और कुछ सकर्मक क्रिया वाले वाक्यों को भी व्याकरणक दृष्टि से अकर्तृवाच्य (Passive Voice) में परिवर्तित किया जा सकता है। ये वाक्य प्रायः अशक्यताबोधक अथवा असमर्थकताबोधक होते है, किंतु वे प्रायः कर्मवाची या अकर्तृवाची जैसे लगते हैं। उदाहरण के लिए;

84. मुझसे चला नहीं जाता।
85. मुझ से यह सामान नहीं उठाया जाता

उपर्युक्त हिन्दी वाक्यों (84) और (85) में कर्मवाच्य अथवा अकर्तृवाच्य की संरचनाएँ हैं, जिनमें 'चला' और 'उठाया' पूर्णकालिक क्रिया तथा 'जा' अकर्तृवाच्य सहायक क्रिया है। लेकिन इनका रूपांतरण अंग्रेज़ी में कर्मवाच्य के रूप में नहीं होगा। 'मैं' का रूप मुझ में बदल गया और 'मुझ' के बाद 'से' परसर्ग का प्रयोग हुआ जो अशक्तता या असमर्थता के बोधक हैं। अंग्रेज़ी की कर्मवाच्य संरचना में कर्म को प्रमुखता दी जाती है। इसलिए हिन्दी के इस कर्मवाच्य वाक्य का अंग्रेज़ी अनुवाद होगा

86. I am not able to walk.
87. I am not able to lift this luggage.

यह ध्यान में रहे कि हिन्दी में कर्मवाच्य का प्रयोग अंग्रेज़ी के कर्मवाच्य के समान भी होता है, जिसमें कर्ता का प्रायः लोप होता है; जैसे–

88. The action is being taken on this case.
89. ⟹ इस मामले पर कार्रवाई की जा रही है।

इस प्रकार के रूप कुछ विशिष्ट प्रयुक्तियों में मिल जाते हैं।

हिन्दी में प्रायः कर्तृवाच्य को स्वाभाविक संरचना माना जाता है, जबकि अंग्रेजी में कर्मवाच्य स्वाभाविक संरचना है। अंग्रेज़ी का एक वाक्य लें

90. The meeting was presided by the Minister.

इस कर्मवाच्य वाक्य का हिन्दी रूपांतरण कर्तृवाच्य में होता है–

91. मंत्री महोदय ने इस बैठक की अध्यक्षता की।

यहाँ अंग्रेजी की कर्मवाच्य संरचना (90) का हिन्दी रूपांतरण कर्तृवाच्य संरचना (91) के रूप में हुआ है, क्योंकि 'इस बैठक की अध्यक्षता मंत्री महोदय द्वारा की गई' संरचना हिन्दी में प्रायः स्वीकार्य नहीं होती। कर्तृवाच्य संरचना हिन्दी की अपनी प्रकृति है। वह अंग्रेजी की हर कर्मवाच्य संरचना को सदैव कर्मवाच्य के रूप में ग्रहण नहीं कर पाती। इस प्रकार की असमानताएँ हर भाषा में मिलती हैं और तुलनीयता के आधार पर इनका स्वरूप निर्धारित किया जा सकता है।

6. हिन्दी-अंग्रेजी प्रेरणार्थक संरचना : हिन्दी और अंग्रेजी की प्रेरणार्थक संरचना में काफ़ी भिन्नता मिलती है। हिन्दी में प्रेरणार्थक संरचना की एक व्यवस्था है,

जिसके अंतर्गत मूल कर्ता तो और होता है किंतु प्रेरक कर्ता ही मूल कर्ता का कार्य संपादित करता है। इसके अतिरिक्त उसमें मध्यस्थ कर्ता की भी भूमिका हो सकती है; जैसे–

92. बच्चा दूध पीता है।

93. मां बच्चे को दूध पिलाती है।

94. मां नौकरानी से बच्चे को दूध पिलवाती है।

उपर्युक्त (92) में 'बच्चा' 'पीने' का कार्य संपादित कर रहा है जो वाक्य का मूल कर्ता है। वाक्य (93) में 'माँ' प्रत्यक्ष रूप से कर्ता है, जिसकी प्रेरणा से मूलकर्ता 'बच्चा' कार्य संपादित कर रहा है, किंतु इसमें प्रेरक कर्ता 'माँ' का भी इस कार्य संपादन में सक्रिय सहयोग है। वाक्य (94) में 'माँ' अप्रत्यक्ष रूप से प्रेरक कर्ता है और 'नौकरानी' मध्यस्थ कर्ता। अप्रत्यक्ष प्रेरक कर्ता 'माँ' मध्यस्थ कर्ता 'नौकरानी' को प्रेरित करती है, न कि मूल कर्ता 'बच्चे' को। अतः मध्यस्थ कर्ता 'नौकरानी' प्रत्यक्ष प्रेरक कर्ता की भूमिका निभाती हुए मूल कर्ता 'बच्चे' को प्रेरणा देने का कार्य संपादित करती है। इस कार्य व्यापार में माँ इसलिए अप्रत्यक्ष प्रेरक कर्ता है, क्योंकि उसकी भूमिका सक्रिय नहीं है। इसलिए प्रत्यक्ष प्रेरक कर्ता या मध्यस्थ कर्ता 'नौकरानी' प्रथम प्रेरणार्थक या प्रत्यक्ष प्रेरणार्थक है और 'माँ' अप्रत्यक्ष प्रेरक कर्ता द्वितीय या परोक्ष प्रेरणार्थक है। प्रथम प्रेरणार्थक रूप अधिकतर सकर्मक रूप होते हैं।

हिन्दी में प्रेरणार्थक क्रियाओं में रूपात्मक परिवर्तन अनिवार्य रूप से होता है, जो मूल धातु में होता है। प्रथम प्रेरणार्थक में धातु के अंतर्गत '-आ' का आगम होता है; जैसे–पीना-पिलाना, खाना-खिलाना, सोना-सुलाना। इन्हीं प्रेरणार्थक रूप से द्वितीय प्रेरणार्थक रूपों का निर्माण होता है। इनमें मूल धातु के अंतर्गत प्रायः '-वा' का आगम होता है; जैसे–पीना-पिलाना-पिलवाना, खाना-खिलाना-खिलवाना, सोना-सुलाना-सुलवाना। इस प्रकार हिन्दी की प्रेरणार्थक संरचना का अपना विशेष स्थान है।

अंग्रेज़ी की प्रेरणार्थक संरचना में हिन्दी की भाँति कोई निश्चित व्यवस्था नहीं मिलती। हिन्दी में जिस प्रकार अकर्मक अथवा सकर्मक क्रियाओं का रूपात्मक परिवर्तन कर प्रेरणार्थक क्रिया का निर्माण होता है और प्रेरक कर्ता द्वारा उसका संपादन होता है, इसी प्रकार की व्यवस्था अंग्रेज़ी की संरचना में नहीं मिलती। अंग्रेजी में मुख्य क्रिया के साथ कुछ अन्य क्रिया-रूपों को जोड़कर प्रेरणार्थक संरचना का निर्माण होता है। ये क्रिया रूप मुख्यतः सहायक प्रेरणार्थक रूप अथवा वृत्तिवाचक रूप की भूमिका निभाते हैं। अंग्रेज़ी में मुख्यतः get, make, have, cause, help क्रियाएँ प्रेरणार्थक संरचना बनाने में सहयोग देते हैं। उदाहरण के लिए; to get cut कटाना या कटवाना; to make wear पहनाना या पहनवाना; to have repaired मरम्मत करवाना; to cause laugh हँसाना। इन क्रियाओं से बनने वाली प्रेरणार्थक संरचनाओं के कुछ उदाहरण नीचे दिए जा रहे हैं।

95. I shall get this five hundred rupee note changed from the bank

⇒ मैं इस पाँच सौ रुपए के नोट को बैंक से बदलवाऊँगा।

96. I made the barber cut my son's hairs.

⇒ मैंने नाई से अपने बेटे के बाल कटवाए।

97. Mohan had his car repaired today morning.

⇒ मोहन ने आज सुबह अपनी कार की मरम्मत करवाई।

98. The joker caused all of us to laugh.

⇒ जोकर ने हम सब को हँसाया।

99. I have to help my friend to write an essay.

⇒ मुझे अपने दोस्त को निबंध लिखवाना है।

(मुझे अपने दोस्त को निबंध लिखने में सहायता करनी है।)

इस प्रकार हिन्दी में मुख्य क्रिया बदलना, पहनना, (मरम्मत) करना, हँसना और लिखना आदि के प्रेरणार्थक रूप बदलवाना, पहनवाना, करवाना, हँसाना और लिखवाना होते हैं। अंग्रेजी में इन्हें to get, to have, to make, to cause, to help आदि क्रिया रूपों से प्रस्तुत किया गया है।

निष्कर्ष रूप से यह कहा जा सकता है कि अनुवाद प्रक्रिया में स्रोत भाषा के निकटस्थ घटकों का पहले विश्लेषण होता है, उसके बाद क्रमवार अनुवाद प्रक्रिया के दूसरे चरण से अंतरण 34 प्रारंभ होता है। इससे विभिन्न संरचनात्मक समानताओं और असमानताओं की तुलना करने में सुविधा होती है। यह सही है कि व्यतिरेकी विश्लेषण का पहला प्रकार्य भाषिक अर्थ पर बल देना है, किंतु यह अनुवाद का अंतिम उद्देश्य नहीं है। व्यतिरेकी विश्लेषण दो भाषाओं की तुलना के साथ-साथ संप्रेषणपरक अर्थ को भी अपने अध्ययन क्षेत्र में लेता है। इस अध्ययन में अनुवाद का प्रथम कार्य संदेश या मंतव्य प्रस्तुत करना है और यही संप्रेषणपरक अर्थ है। इसी संप्रेषणपरक अर्थ से स्रोत भाषा का कथ्य लक्ष्य भाषा में निकटतम रूप से संयोजित होता है। अतः व्यतिरेकी विश्लेषण से जहाँ दोनों भाषाओं की व्याकरणिक संरचनाओं को समझने में सहायता मिलती है, वहाँ अनुवाद और भाषा शिक्षण के क्षेत्रों में इसकी उपयोगिता स्वयं-सिद्ध है।

भाषा की इकाई : शब्द से प्रोक्ति तक
(अनुवाद के संदर्भ में)

अनुवाद एक भाषिक प्रक्रिया है, जिसमें इसका केन्द्र-बिन्दु भाषा है। इसमें स्रोत भाषा और लक्ष्य भाषा दोनों की भूमिका अनिवार्य रूप से रहती है। स्रोत भाषा के संदेश को लक्ष्य भाषा में रूपांतरित करते हुए उसमें निहित अर्थ, भाव या कथ्य की ओर ध्यान देना पड़ता है। दोनों भाषाओं की अलग-अलग प्रकृति और संरचना होती है। हर भाषा की ध्वनि, शब्द या पद, पदबंध, वाक्य और प्रोक्ति इकाइयाँ हैं, जो एक दूसरे से भिन्न होते हुए भी एक दूसरे से जुड़ी होती हैं और एक को समझे बिना दूसरे को समझना कठिन है। अनुवादक के लिए भाषा की इन इकाइयों का ज्ञान होना तथा उनकी भिन्नताओं को समझना आवश्यक है, क्योंकि अनुवाद और भाषाविज्ञान में एक समान तत्त्व है। भाषाविज्ञान भाषा की विभिन्न इकाइयों– ध्वनि, शब्द, पदबंध, वाक्य, प्रोक्ति का वैज्ञानिक विश्लेषण करता है और अनुवाद भी पाठ की भाषा की विभिन्न इकाइयों का परोक्ष रूप से विश्लेषण करता हुआ अपनी प्रक्रिया से गुजरता है।

भाषाविज्ञान और अनुवाद दोनों का उद्देश्य समान है। दोनों वक्ता या लेखक के द्वारा श्रोता या पाठक को संदेश संप्रेषित करते हैं। दोनों में अंतर यह है कि अनुवाद में यह संदेश दो भाषाओं में गुज़रते हुए संप्रेषित होता है, जबकि भाषाविज्ञान एक ही भाषा के संप्रेषण से संबंधित है। इसलिए अनुवाद प्रक्रिया को भाषा सिद्धांत के मानदंडों को अपने साथ लेकर चलना होता है। हम यह भी जानते हैं कि भाषा व्यवहार किसी संदर्भ में ही होता है। भाषा की संरचना की इकाइयों का चयन भी उसी संदर्भ के अनुरूप होता है।

आप जानते हैं कि भाषा की लघुतम इकाई ध्वनि है, जो अर्थभेदक भी होती है। अनुवाद के संदर्भ में ध्वनियों का रूपांतरण लेखन की दृष्टि से किया जाता है, जिसे लिप्यंतरण और लिप्यंकन के माध्यम से लिखा जाता है। जिन अंशों का अनुवाद नहीं करना होता अथवा नहीं किया जा सकता, उनको लक्ष्यभाषा की ध्वनियों की प्रकृति के अनुसार अथवा अंतरराष्ट्रीय मान्यता-प्राप्त ध्वनि-व्यवस्था के माध्यम से लिप्यंतरित या लिप्यंकित किया जाता है अथवा स्रोत भाषा की ध्वनियों को लक्ष्यभाषा की ध्वनियों के देशीकरण के माध्यम से प्रस्तुत किया जाता है।

जैसे—America शब्द का लिप्यंतरण 'अमरीका' या इसका देशीकरण 'अमरीका' होता है। John और Academy के लिए क्रमशः जान, जॉन, जोन और अकादेमी, अकादमी, अॅकैडॅमि आदि रूप हो सकते हैं।

हिन्दी और अंग्रेजी की संरचनाओं का विवेचन यहाँ शब्द, पदबंध, वाक्य और प्रोक्ति इकाइयों के आधार पर करना ही समाचीन होगा।

शब्द

भाषा की स्वतंत्र और अर्थवान इकाई शब्द है। यह इकाई एक से अधिक ध्वनियों या अक्षरों के योग से बनती है; जैसे—क+म+ल⟹ कमल। कमल में प्रस्तुत तीन ध्वनियों या अक्षरों को अलग-अलग करने से कोई अर्थ नहीं निकलता, लेकिन इनको मिलाकर लिखने या बोलने से शब्द निर्मित होता है, जिससे एक निश्चित अर्थ प्रकट होता है। यह ध्यान में रहे कि ध्वनियों या अक्षरों का प्रत्येक समूह शब्द नहीं होता। 'कमल' के स्थान पर यदि 'लकम' लिखा जाए तो वह समूह अर्थवान नहीं होता। इसलिए ध्वनियों या अक्षरों के व्यवस्थित समूह को शब्द कहते हैं, जिससे अर्थ का बोध होता है। कुछ ध्वनियों या अक्षरों में भी अर्थबोध है; जैसे—आ, न। ये दोनों ध्वनियाँ यहाँ शब्द की भी भूमिका निभा रही हैं। शब्दों का वर्गीकरण संज्ञा, सर्वनाम, विशेषण, क्रिया, अव्यय आदि शब्द-वर्गों में किया जाता है; जैसे—गंगा, नदी, सुंदरता; drum संज्ञा; हम, तुम, वह; you (सर्वनाम); अच्छा, दूसरा; long (विशेषण); आना, खाना, बेचना; to sleep (क्रिया); धीरे-धीरे, दूर-दूर; quickly (अव्यय)। इन शब्द-वर्गों का अध्ययन लिंग, वचन, पुरुष, काल, कारक आदि व्याकरणिक कोटियों के आधार पर होता है।

भाषाविज्ञान में भाषा की इकाई के रूप में शब्द भी एक रूपिम है, लेकिन शब्द और रूपिम में अंतर है। उदाहरण के लिए, शब्द की दृष्टि से 'लड़की' शब्द भी है और रूपिम भी, किंतु 'लड़कियाँ' एक शब्द है और इसमें दो रूपिम हैं—लड़की+याँ। लड़की स्वतंत्र शब्द के साथ-साथ अर्थवान है, किंतु '-याँ' का अपना कोई स्वतंत्र अर्थ नहीं है। 'लड़की' एकवचन संज्ञा के साथ 'याँ' जुड़ जाने से 'लड़कियाँ' शब्द लड़की के बहुवचन का अर्थ देता है। इसी प्रकार 'खाया' क्रिया के साथ 'या' रूप होने के कारण 'खाना' क्रिया के भूतकालिक अर्थ का द्योतन होता है। इसी प्रकार अंग्रेजी members (member+s) में member स्वतंत्र शब्द है और s' का अपना कोई स्वतंत्र अर्थ नहीं है, अतः 'members' में member' मुक्त रूपिम (या शब्द) का काम कर रहा है और 's' बहुवचन बद्ध रूपिम का कार्य कर रहा है। इस दृष्टि से रूपिम दो प्रकार के होते हैं-

1. मुक्त रूपिम = लड़की, खा, member
2. बद्ध रूपिम = -याँ, - या, -s

यह द्रष्टव्य है कि 'लड़कियाँ' शब्द में कुछ विकार आया है। 'लड़की' के साथ '-याँ' लगने से लड़की = लड़कियाँ हो गया है अर्थात् लड़की का रूप 'लड़कि' हो गया, किंतु अंग्रेजी के 'members' में 's' लगने से विकार नहीं आया। यहाँ बात अवश्य है कि हिन्दी और अंग्रेजी की कुछ क्रियाओं में काफ़ी विकार आ जाता है और उनमें ध्वनि-परिवर्तन हो जाता है अर्थात् उनके रूप में परिवर्तन हो जाता है; जैसे–

हिन्दी	अंग्रेजी	
आना - आया (आ + भूतकालिक = आया)	Take	-Took (take+past tense)
- आइए (आ + आज्ञार्थक = आइए)		-Taken (take+past participle)
लेना - लिया, (आ + भूतकालिक = लिया)	Go	-Went (go+past tense)
जाना - गया; (जा + भूतकालिक = गया)	Gone	-(go+past participle)

यहाँ यह स्पष्ट हो गया कि शब्द मुक्त रूपिम तो होता ही है, साथ में मुक्त और बद्ध रूपिमों का संश्लिष्ट रूप भी है। बद्ध रूपिम मुख्यतः उपसर्ग (Prefix) और प्रत्यय (Suffix) का काम करते हैं, जो शब्द-निर्माण में सहायक होते हैं। समास की भूमिका भी यही निभाते हैं। हिन्दी और अंग्रेज़ी के निम्नलिखित उदाहरण द्रष्टव्य हैं :

उपसर्ग	प्रत्यय
अ + संतोष = असंतोष; (निषेध)	राष्ट्र + ईय = राष्ट्रीय (संज्ञा से सर्वनाम)
दुः + चक्र = दुष्चक्र; (बुरा)	लड़का + पन = लड़कपन (जातिवाचक संज्ञा से भाववाचक संज्ञा)
निर् + अपराध = निरपराध (विपरीत)	मूर्ख + ता = मूर्खता (विशेषण से संज्ञा)
वि + भाग = विभाग; (विशिष्ट)	समाज + इक = सामाजिक (संज्ञा से विशेषण)

Prefix	**Suffix**
Overcharge (Over+charge),	Girlish (Girl+ish),
Withdraw (With+draw),	Wealthy (Wealth+y),
Abroad (A+broad),	Painter (Paint+er),
Misdeed (Mis+deed),	Artist (Art+ist)

अनुवाद के संदर्भ में उपसर्ग और प्रत्यय की अलग-अलग भूमिका है और अलग-अलग रूप हैं। निम्नलिखित रूप वाले इन शब्दों को देखिएः

उपसर्ग			प्रत्यय		
असंतोष	-	Dissatisfaction	Higher	-	उच्चतर
दुष्कर्म	-	Misdeed	Highest	-	उच्चतम
अशिक्षित	-	Uneducated	Industrial	-	औद्योगिक
निरक्षर	-	Illiterate	Nationalism	-	राष्ट्रीयता
विरक्त	-	Indifferent	Foolishness	-	मूर्खता

उपसर्ग और प्रत्यय के अतिरिक्त दो या दो से अधिक शब्दों के मेल से भी समस्त पद बनते हैं; जैसे–

नीलकमल (नील+कमल)	armchair (arm+chair)
चंद्रमुख (चंद्र+मुख)	taxpayer (tax+payer)
घुड़सवार (घोड़ा+सवार)	honeymoon (honey+moon)

अंग्रेजी में व्यक्त विचारों को हिन्दी में प्रायः सामासिक शब्दावली से व्यक्त किया जाता है; जैसे–

Commonwealth	-	राष्ट्रकुल
Head of Nations	-	राष्ट्राध्यक्ष
Cabinet	-	मंत्रिमंडल

रचना के आधार पर शब्द सामान्यतः तीन प्रकार के होते हैं :
(1) रूढ़, (2) यौगिक, (3) योगरूढ़

1. **रूढ़ शब्द** - वे शब्द जिनके सार्थक खंड नहीं हो सकते; जैसे–दिन=दि+नः; घर=घ+र; day=d+a+y; bus=b+u+s। इन शब्दों को खंडित करने पर कोई अर्थ नहीं निकलता।
2. **यौगिक शब्द** - यौगिक शब्द मूल शब्द और किसी अन्य शब्दांश के योग से बनते हैं; जैसे–अनुशासन (अनु+शासन); विशेषज्ञ (विशेष+ज्ञ), विद्यालय (विद्या+आलय); ashore (a+shore), allotment (allot+ment), railway (rail+way), postman (post+man).
3. **योग रूढ़** - योगरूढ़ शब्द में यौगिक शब्द से किसी रूढ़ अथवा विशेष अर्थ का बोध होता है; जैसे–जलज। इसका शाब्दिक अर्थ जल से उत्पन्न हुआ, लेकिन जल से कई वस्तुएँ पैदा होती है; जैसे–मछली, जोंक। लेकिन यौगिक

शब्द का अर्थ रूढ़ हो जाने से जलज 'कमल' अर्थात् पुष्प के अर्थ में प्रयुक्त होता है।

कई योगरूढ़ शब्द अपने भाषायी-समाज की संस्कृति को अपने भीतर समेटे होते हैं। इनमें सांस्कृतिक शब्द अपनी विशेष भूमिका निभाते हैं। उनका अनुवाद करना कठिन हो जाता है। इनकी पर्यायोक्ति (periphrares) अर्थात् व्याकरणात्मक अनुवाद करना पड़ता है।

कुल्हड़	=	cup, jug, wine glass	जनेऊ	=	sacred thread
चिलम	=	an earthern pipe	अक्षत	=	unbroken (rice)
जल चढ़ाना	=	to offer oblationèprayers	baptism	=	दीक्षा-स्नान, बपतिस्मा

इस प्रकार कई बार शब्द भिन्न-भिन्न अर्थों में प्रयुक्त होते हैं। एक ही अर्थ के लिए भिन्न-भिन्न शब्द भी होते हैं। यह प्रश्न उठना स्वाभाविक है कि एक ही अर्थ के लिए अलग-अलग शब्द के प्रयोग की क्या आवश्यकता है और एक ही शब्द अनेकार्थी क्यों होता है? वास्तव में समानार्थक शब्द होने के बावजूद शब्दों का प्रयोग समान रूप से नहीं होता है। दूसरे शब्दों में कहा जाए कि कई शब्द दूसरे के पर्याय होते हुए भी पर्याप्त नहीं होते; जैसे–ज़मीन और पृथ्वी तथा सूर्य और मार्तंड। पर्याय होते हुए भी एक संदर्भ में प्रयुक्त होते; जैसे–'मेरे पास पाँच एकड़ ज़मीन है' वाक्य सही है, किंतु 'मेरे पास पाँच एकड़ पृथ्वी है' अशुद्ध है। इसी प्रकार मार्तंड 'तपती दुपहरी का सूर्य' होता है। समानार्थी शब्द भी अपनी विशेषता रखते हैं; जैसे–

Attack	=	आक्रमण	Invasion	=	चढ़ाई
Aggression	=	छिपकर हुआ हमला	Charge	=	धावा

'पानी' शब्द भी अनेकार्थी है, जो भिन्न-भिन्न वाक्यों में प्रयुक्त होने पर क्रमशः जल, वर्षा, जलवायु, वर्ष, चमक आदि का अर्थ देता है; जैसे–

1. मैं पानी पीना चाहता हूँ। (जल)
2. आज पानी बहुत बरसा। (वर्षा)
3. शिमला का पानी अच्छा है। (जलवायु)
4. इस मोती में पानी नहीं है। (चमक)
5. यह पेड़ तीन पानी का है। (वर्ष)
6. मोहन की करतूतों से उसके पिताजी पानी-पानी हो गए। (शर्म से झुक जाना)

इस प्रकार समानार्थी शब्दों का अनुवाद कर पाना कठिन होता है। अगर अनुवाद हो भी जाता है तो लक्ष्य भाषा में स्रोत भाषा के शब्द की भाँति एक शब्द की अनेकार्थता नहीं मिलती।

हिन्दी और अंग्रेजी दोनों भाषाओं में समध्वन्यात्मक भिन्नार्थी शब्द भी मिलते हैं, जिनके प्रति अनुवाद में सावधान रहना पड़ता है; जैसे–

हिन्दी	**अंग्रेजी**
जलद - जलज	Berth - Birth
कुल - कूल	Mail - Male
नीर - नीड़	Addition - Edition
मातृ - मात्र	Accept - Except

सह प्रयोग : हर भाषा के अपने-अपने सहप्रयोग (Collocation) होते हैं। अंग्रेज़ी की एक क्रिया है, लेकिन हिन्दी में इस क्रिया से दौड़ना, बहना, फैलना कई अलग-अलग क्रिया रूप हैं जिनका अपना सहप्रयोग है; जैसे–

The boy is running.	लड़का दौड़ रहा है। (मानव)
The nose/tap is running.	नाक/नल बह रही/रहा है। (तरल)
The car is running.	कार चल रही है। (ठोस)
The rumour is running.	अफवाह फैल रही है। (अमूर्त)

इसी प्रकार सहप्रयोग के अन्य रूप स्रोत भाषा और लक्ष्यभाषा में अलग-अलग देखे जा सकते हैं।

मैंने कल मोहन को देखा था।	I saw Mohan yesterday.
मैंने यह शब्द ढूँढ़ने के लिए शब्दकोश देखा।	I consulted the dictionary to find out this word.
कमरे के बाहर खेलो।	Play outside the room.
हारमोनियम बजाओ।	Play the hormonium.
बत्ती जलाओ।	Switch on the light.
रेडियो बजाओ।	Switch on the radio.
मोहन पानी पी रहा है।	Mohan is drinking water.
मोहन चाय पी रहा है।	Mohan is taking tea.
मोहन सिगरेट पी रहा है।	Mohan is smoking (cigarette).
मोहन अपना काम कर रहा है।	Mohan is doing his work.
मोहन भोजन कर रहा है (खाना खा रहा है)।	Mohan is taking meal.
He answered all the questions.	उसने सभी प्रश्नों के उत्तर दिए।
He answered Mohan's call patiently.	उसने मोहन का टेलीफोन धैर्य से सुना।

पद : वाक्य में जब शब्दों का प्रयोग होता है तो वह पद कहलाता है। रूपिम और पद समानार्थक शब्द है। पद शब्द और व्याकरणिक प्रत्यय के योग से बनते हैं। भाषा

में शब्दों का प्रयोग नहीं होता, बल्कि वे पद का रूप धारण कर लेते हैं। मूल शब्द अर्थात् प्रातिपदिक और धातु में व्याकरणिक प्रत्ययों का योग होने से अनेक रूप बनते हैं, जो वाक्य में प्रयुक्त होने पर पद कहलाते हैं। पद-निर्माण की पद्धति के अंतर्गत पद इस प्रकार बनते हैं। उदाहरण के लिए;

मोहन सेब खा रहा है। (मोहन - कर्त्ता पद)	=	Mohan is eating an apple.
रमेश मोहन को पीटता है। (मोहन - कर्म पद)	=	Ramesh beats Mohan.
Water flows. (Water कर्त्ता पद)	=	पानी बहता है।
Mohan drinks water. (Water कर्म पद)	=	मोहन पानी पीता है।

परसर्ग : परसर्ग (कारक चिह्न) वाक्य प्रयोग में स्वतंत्र शब्द के रूप में काफ़ी सहायक होते हैं। हिन्दी में प्रत्येक परसर्ग का अपना एक मूल अर्थ होता है, किंतु अलग-अलग संदर्भों और प्रयोग में यह प्रायः एक से अधिक अर्थों में भी प्रयुक्त होता है। यही स्थिति अंग्रेज़ी की भी है, किंतु अंग्रेजी में पद के पहले पूर्वसर्ग (Preposition) तथा हिन्दी में पद के बाद परसर्ग (Postposition) सहायता करते हैं, किंतु यह आवश्यक नहीं कि अगर हिन्दी में परसर्ग प्रयुक्त होता है तो उसके लिए अंग्रेजी में भी पूर्वसर्ग प्रयुक्त हो; जैसे–

राम ने चार सेब खाए = Rama ate four apples.

हिन्दी में यहाँ राम के साथ ने परसर्ग का प्रयोग हुआ है किंतु, अंग्रेजी कर्ता Rama के साथ कोई पूर्वसर्ग प्रयुक्त नहीं हुआ।

इसी प्रकार पूर्वसर्ग और परसर्ग के अन्य रूप देखे जा सकते हैं। इसके अतिरिक्त यह भी संभव है हिन्दी के एक परसर्ग के स्थान पर अंग्रेज़ी में कई पूर्वसर्ग अलग-अलग संदर्भ में प्रयुक्त हो सकते हैं और अंग्रेज़ी के पूर्वसर्ग के लिए भी हिन्दी में वही स्थिति हो सकती है। उदाहरण के लिए;

(क) **'को' परसर्ग**	**= अंग्रेजी के Φ, to, at, in पूर्वसर्ग**
1. मोहन ने राधा को देखा।	= Mohan saw Radha.
2. मोहन ने राधा को किताब दी।	= Mohan gave a book to Radha.
3. मैं रात को आऊँगा।	= I will come at night.
4. मैं शाम को आऊँगा।	= I will go in the evening.
(ख) **हिन्दी 'से' परसर्ग**	**= अंग्रेजी के from, through, since, for, by, of, than पूर्वसर्ग**
1. वह घर से बाहर निकला।	= He came out from the house.
2. उसने खिड़की से पानी फेंका।	= He threw water through the window.
3. मोहन पेंसिल से लिख रहा है।	= Mohan is writing with the pencil.

4. मोहन कल <u>से</u> बीमार है। = Mohan is suffering from fever <u>since</u> yesterday.

5. मोहन चार घंटे <u>से</u> सो रहा है। = Mohan has been sleeping <u>for</u> the last four hours.

6. मोहन रात की गाड़ी <u>से</u> आया। = Mohan came <u>by</u> night train.

7. वह हैजे <u>से</u> मरा। = He died <u>of</u> cholera.

8. मोहन सोहन <u>से</u> बड़ा है। = Mohan is older <u>than</u> sohan.

(ग) हिन्दी 'का' परसर्ग = अंग्रेजी के of, 's, for, from पूर्वसर्ग

1. वह मोहन <u>का</u> बेटा है। = He is son <u>of</u> Mohan.
2. यह मोहन <u>का</u> मकान है। = It is Mohan'<u>s</u> house.
3. यह पीने <u>का</u> पानी है। = This water is <u>for</u> drinking.
4. ये लोग महाराष्ट्र <u>के</u> है। = These people are <u>from</u> Maharashtra.

(घ) हिन्दी 'पर' परसर्ग = अंग्रेजी के on, at, in पूर्वसर्ग

1. कुर्सी <u>पर</u> किताब है। = The book is <u>on</u> the table.
2. मोहन दो बजकर पंद्रह मिनट <u>पर</u> यहाँ आएगा। = Mohan will come here <u>at</u> quarter past two.
3. आज गाड़ी ठीक समय <u>पर</u> आई है। = Today the train has reached <u>in</u> time.

(ङ) हिन्दी 'में' परसर्ग = अंग्रेजी के at, in पूवसर्ग

1. मैं दिल्ली <u>में</u> रोहिणी <u>में</u> रहता हूँ।= I live <u>at</u> Rohini <u>in</u> Delhi.

पदबंध

वाक्य में कोई एक व्याकरणिक प्रकार्य करने वाले एकाधिक पदों के समूह को पदबंध कहते हैं। पदों का यह समूह अर्थात् बंधन या बंध परस्पर मिलकर वही व्याकरणिक प्रकार्य करता है, जो एक पद अकेले करता है; जैसे—

राम/वनवास गए। (राम - संज्ञा पद)
दशरथ के पुत्र राम / वनवास गए। (दशरथ के पुत्र राम - संज्ञा पदबंध)
अयोध्या के राजा दशरथ के पुत्र राम / वनवास गए। (अयोध्या के राजा दशरथ के पुत्र राम - संज्ञा पदबंध)

यदि ये पदबंध वाक्य में व्याकरणिक इकाई का कार्य करते हैं, लेकिन वाक्य के भाग के रूप में अलग कर देने पर अपना विशिष्ट अर्थ खो देते हैं और पूरा अर्थ नहीं देते। पदबंध को वाक्यांश (Phrase) भी कहते हैं।

पदबंध अपने स्थित पद के नाम पर होता है। दूसरे शब्दों में, व्याकरण की दृष्टि से संज्ञा, सर्वनाम, विशेषण, क्रिया, क्रियाविशेषण पदबंधों में से शीर्ष पद के रूप में जो भी पहले आता हो, उसे वही नाम दिया जाता है।

मेरा दोस्त मोहन भोजन कर रहा है। (संज्ञा पदबंध)
मोहन परिश्रमी, बलवान, सुशील और गंभीर व्यक्ति है। (विशेषण पदबंध)
मोहन के घर के सामने बैठा वह बहुत बड़ा जासूस है। (सर्वनाम पदबंध)
मोहन रोज शाम को चार बजे घर आता है। (क्रियाविशेषण पदबंध)
मोहन खाना खाता जा रहा है। (क्रिया पदबंध)

शीर्ष पद की पहचान के लिए यह देखना है कि वह पदबंध संज्ञा का कार्य कर रहा है या विशेषण या सर्वनाम या क्रिया या क्रिया विशेषण। इस प्रकार पदबंध पाँच प्रकार के होते हैं।

1. संज्ञा पदबंध,
2. सर्वनाम पदबंध,
3. विशेषण पदबंध,
4. क्रिया पदबंध,
5. क्रिया-विशेषण पदबंध।

शीर्ष पद के साथ-साथ आश्रित पद भी होते हैं। शीर्ष पद अन्य पदों का आधार या केन्द्र होता है। शेष पद उस पर आश्रित होते हैं। इस में यह देखा जाता है कि कौन-सा पद वाक्य के अर्थ की संगति बनाए रखता है; जैसे–

दशरथ पुत्र राम
वि.प.
सं.प.

आगरा में स्थितताजमहल अत्यंत सुंदर है।
वि.प. वि.प.
सं.प.

गुलाब की तरह मुस्कुराने वाले तुम आज गुस्सा क्यों कर रहे हो।
वि.प.
सर्व प.

घर के आंगन में लगी तुलसी सूख गई।
वि.प. क्रि.प.
सं.प.

(3) हिन्दी-अंग्रेजी पदबंधों में अंतर

हिन्दी-अंग्रेजी के संज्ञा, सर्वनाम, विशेषण, क्रिया-विशेषण पदबंधों में काफ़ी अंतर मिलता है। वास्तव में अंग्रेजी की संरचनाओं में संज्ञा से पहले और बाद दोनों स्थानों पर

विशेषणों का प्रयोग हो सकता है, किंतु हिन्दी में संज्ञा से पहले ही विशेषणों का प्रयोग होता है और संज्ञा के बाद बहुत ही कम। उदाहरण सहित देखिए;

संज्ञा पदबंध

1. The house opposite the post office.
   डाकखाने के सामने वाला मकान।
2. The train leaving at 9.0' clock.
   नौ बजे छूटने वाली रेल गाड़ी
3. The lady with long black hair.
   लंबे काले बालों वाली महिला।
4. The employees coming late will not be allowed to enter in the office.
   देर से आने वाले कर्मचारियों को कार्यालय में आने नहीं दिया जाएगा।

सर्वनाम पदबंध

1. शेर की तरह दहाड़ने वाले तुम काँप क्यों रहे हो।
   Possessed with lion like bravery, why are you shivering.
2. उसके घनिष्ठ मित्रों में रो कोई भी समय पर नहीं आया।
   None of his intimate friends reached in time.

विशेषण पदबंध

1. The boy, who had run away from the house came back today.
   घर से भागा हुआ लड़का आज घर लौट आया है।
2. मेरे अमरावती वाले मित्र ने मुझे एक सुंदर और सचित्र पुस्तक दी।
   My friend from Amravati gave me a beautiful and illustrated book.
3. मेरा मित्र मोहन बड़ा सज्जन और ईमानदार है।
   My friend Mohan is very noble and honest.

क्रिया पदबंध

1. We want to do the work.
   हम काम करना चाहते हैं।
2. मोहन पढ़ने के बाद सो गया है।
   Mohan has slept after studying.

क्रिया विशेषण पदबंध

1. वह पहले से बहुत धीमे बोला।
   He spoke more slowly than before.
2. वे धीरे-धीरे बोलते बतियाते जा रहे थे।
   They were going while conversing freely slowly.
3. लकड़ी की बड़ी अलमारी से मेरी कमीज निकाल लाओ।
   Pick up my shirt from the big wooden almirah.
4. मोहन कश्मीर से कन्याकुमारी तक घूमा है।
   Mohan has travelled from Kashmir to Kanyakumari.

इस प्रकार हिन्दी और अंग्रेजी की वाक्य-संरचनाएँ अपनी अलग-अलग सत्ता रखती हैं।

वाक्य

जब हम बोलते हैं या लिखते हैं तो हमें कुछ शब्दों का प्रयोग करना पड़ता है। शब्दों के इस व्यवस्थित समूह से अर्थ की प्राप्ति होती है। यही वाक्य है। भाषा की सार्थक और महत्तम इकाई वाक्य है। इसमें शब्दों का प्रयोग एक क्रम में होता है और वह परस्पर संबद्ध होता है। इससे भाव को पूर्ण रूप से व्यक्त किया जा सकता है। इस प्रकार वाक्य पदों या शब्दों का एक व्यवस्थित और क्रमसम्मत समूह है, जिसमें पूर्ण अर्थ देने की शक्ति होती है।

निम्नलिखित वाक्यों को पढ़िए

1.	मोहन दौड़ता है।	=	Mohan runs.
2.	रमेश दवा पीता है।	=	Ramesh takes medicine.

उपर्युक्त वाक्यों में दो अंग हैं। एक अंग कर्त्ता के रूप में सूचना देता है; जैसे—मोहन, रमेश। दूसरा अंग क्रिया के बारे में सूचना देता है। जैसे—दौड़ता है, दवा पीता है।

उपर्युक्त वाक्यों में पहला अंग उद्देश्य (subject) है और दूसरा अंग विधेय (Predicate) है। इस प्रकार उद्देश्य वाक्य का वह अंग है जिसके बारे में कुछ कहा जाता है। उद्देश्य के बारे में जो कुछ कहा जाता है, वह विधेय है। उद्देश्य और विधेय के परस्पर संबद्ध होने से वाक्य के स्वरूप को समझने में सहायता मिलती है; जैसे—

	उद्देश्य	विधेय
3.	मेरा भाई	जाता है।
4.	सुरेश	को बुखार है।

उद्देश्य और विधेय एक-एक पद के भी हो सकते हैं और एक से अधिक पदों के भी; जैसे–

5. मेरा भाई मोहन रोज़ कॉलेज जाता है।
6. रमेश के छोटे भाई सुरेश को कल से बुखार है।

उपर्युक्त वाक्यों के वाक्य (5) और (6) के उद्देश्य 'मेरा भाई मोहन' और 'रमेश के छोटे भाई सुरेश' वाक्य (3) और (4) के उद्देश्य 'मोहन' और 'सुरेश' के विस्तार है और विधेय 'रोज कॉलिज जाता है' तथा 'कल से बुखार है' वाक्य (3) और (4) के विधेय 'जाता है' तथा 'को बुखार है' विधेय के विस्तार हैं।

उद्देश्य पद के संज्ञा, सर्वनाम तथा संज्ञा का कार्य करने वाले जो पद उद्देश्य का विस्तार करते हैं, वे उद्देश्य के गुणवाचक शब्द, समानाधिकरण शब्द या संबंधकारक शब्द होते हैं; जैसे–

7. ईमानदार और बुद्धिमान व्यक्ति बहुत अच्छे कार्य कर सकते हैं।
   The honest & intelligent persons can do very good work. (विशेषण)
8. भारत के प्रधानमंत्री मनमोहन सिंह ने सम्मेलन का उद्घाटन किया।
   (क) Prime Minister of India, Man Mohan Singh inaugurated the conference.

   अथवा

   (ख) Man Mohan Singh, Prime Minister of India, inaugurated the conference. (समानाधिकरण)
9. मोहन का घोड़ा तेज़ दौड़ता है।
   Mohan's horse runs fast. (संबंधकारक)

विधेय पद में क्रिया को प्रभावित करने वाले जो शब्द पूर्व (हिन्दी में) अथवा बाद में (अंग्रेजी में) प्रयुक्त होते हैं, वे क्रिया का विस्तार करते हैं। ये विधेय के गुणवाचक शब्द होते हैं; जैसे–

10. मोहन प्रातः 5 बजे उठता है।
    Mohan rises at 5 0' clock in the morning.
11. शीला नियमित रूप से कॉलेज जाती है।
    Shiela goes to the college regularly.

इस प्रकार वाक्यों में विस्तार हो सकता है। बीज वाक्य के रूप में वाक्यों में कर्ता, कर्म, पूरक आदि भाषा की प्रकृति तथा संरचना को समझने में सहायक होते हैं। उदाहरण के लिए;

12. राम सोता है। = Rama sleeps.
13. राम सेब खाता है। = Rama eats an apple.
14. राम डाक्टर है। = Rama is a doctor.

उपर्युक्त वाक्यों में राम 'कर्ता' है; सोता है, खाता है, है क्रमशः अकर्मक और सकर्मक और सहायक क्रियाएँ हैं; सेब कर्म है तथा डाक्टर पूरक है। इस दृष्टि से हर भाषा का अपना वाक्य-विन्यास होता है। हिन्दी के वाक्य-विन्यास की प्रकृति 'कर्ता+कर्म+क्रिया' है (राम+सेब+खाता है), जबकि अंग्रेजी के वाक्य-विन्यास की प्रकृति 'कर्ता+क्रिया+कर्म' है (Rama+eats+an apple) है। यदि अकर्मक क्रिया है तो हिन्दी और अंग्रेजी में संज्ञा+क्रिया दोनों होंगे। हिन्दी में 'पूरक' क्रिया 'है' से पहले (राम डाक्टर है) आएगा, जबकि अंग्रेजी में पूरक क्रिया 'है' के बाद आता है। इन बीज वाक्यों में कर्ता, कर्म या पूरक का विस्तार कर सकते हैं। उदाहरण के लिए;

15. मेरा भाई राम सोता है।
    My brother Rama sleeps.
16. राम रोज़ चार मीठे सेब खाता है।
    Rama eats four sweet apples daily.
17. राम अनुभवी और श्रेष्ठ डॉक्टर है।
    Rama is an experienced and best doctor.

उपर्युक्त रेखांकित अंश विस्तारक रूप हैं।

बीजवाक्य में कर्ता, कर्म, क्रिया आदि अनिवार्य घटक होते हैं। इनके बिना वाक्य पूर्ण नहीं होता; किंतु इनके विस्तारक रूप ऐच्छिक घटक होते हैं। इनके बिना वाक्य अधूरा नहीं रहता।

इस प्रकार वाक्यों में कर्त्ता, कर्म, पूरक, क्रिया आदि पद या शब्द सामान्यतः जिस क्रम में आते हैं, वही वाक्य का पदक्रम (word order) होता है। पदक्रम से पदों का संबंध स्पष्ट रहता है। कुछ भाषाओं में पदक्रम में परिवर्तन करने से वाक्य में विशेष अंतर नहीं पड़ता। संस्कृत भाषा में विभक्तियों के कारण पदक्रम की प्रायः आवश्यकता नहीं रहती।

अंग्रेज़ी में प्रायः रूप-विकार नहीं होता, इसलिए कई बार पदक्रम में परिवर्तन होने पर अर्थ में भेद आ जाता है। उदाहरण के लिए;

Race horse	horse race
घुड़दौड़ का घोड़ा	घुड़दौड़
The three best boys	the best three boys
तीन सर्वोत्तम लड़के	उत्तम लड़कों में सर्वोत्तम तीन लड़के

इसलिए अनुवाद करते समय उपयुक्त पदक्रम पर ध्यान रखना पड़ता है, क्योंकि अंग्रेज़ी पदक्रम के अनुवाद हिन्दी में समान अर्थ द्योतित करने वाला पदक्रम हिन्दी की प्रकृति के अनुकूल लाना पड़ता है।

अन्विति : अन्विति का अर्थ है समुचित और परस्पर मेल। यह अन्विति वाक्य के विभिन्न पदों अथवा शब्दों में होती है जो उसमें प्रयुक्त होते हैं। वाक्य में लिंग, वचन,

काल, पुरुष आदि के अनुसार विभिन्न पदों का एक-दूसरे से संबंध जुड़ता है; जैसे—छोटा लड़का, छोटी लड़की, छोटे लड़के।

अंग्रेजी की तुलना में हिन्दी में अन्विति का क्षेत्र अधिक व्यापक है। हिन्दी में अन्विति कर्ता और क्रिया, कर्म और क्रिया, संज्ञा और सर्वनाम, विशेषण और विशेष्य में लिंग, वचन और पुरुष तीनों स्तर पर होती है, जबकि अंग्रेजी में अन्विति कर्ता और क्रिया तथा संज्ञा और सर्वनाम के बीच वचन और पुरुष दो स्तरों पर होती है। इसमें लिंग के साथ अन्विति नहीं होती। इसमें कर्ता और कर्म के साथ परसर्ग की समस्या नहीं है, जबकि हिन्दी में परसर्ग को ध्यान में रख कर अन्विति होती है। हिन्दी और अंग्रेजी की अन्विति में अंतर स्पष्ट किया जा सकता है। उदाहरण के लिए;

हिन्दी में अन्विति **अंग्रेज़ी में अन्विति**

(क) कर्त्ता और क्रिया के बीच (लिंग और वचन के अनुसार)

18. लड़का किताब पढ़ता है।
    ⇒ The boy reads a book.
19. लड़की सेब खाती है।
    ⇒ The girl eats an apple.
20. लड़के किताब पढ़ते हैं।
    ⇒ The boys read a book.
21. लड़कियाँ सेब खाती हैं।
    ⇒ The girls eat the apples.
22. मोहन शीला को डराता है।
    ⇒ Mohan freightens Shiela.
23. शीला कुत्ते को मारती है।
    ⇒ Shiela beats the dog.
24. लड़कियाँ मोहन को कुछ बता रही हैं।
    ⇒ The girls are telling something to Mohan.
25. लड़के बिल्लियों को तंग कर रहे हैं।
    ⇒ The boys are teasing the cats.

उपर्युक्त वाक्यों में हिन्दी में अन्विति लिंग और वचन दोनों के अनुसार मिलती हैं, किंतु अंग्रेजी में यह अन्विति मात्र वचन के अनुसार हुई है।

(ख) संज्ञा (विशेष्य) और विशेषण के बीच अन्विति

26. हिन्दी में लंबा आदमी, लंबी औरत, (दस) लंबे लड़के आदि के बीच लिंग और वचन के अनुसार अन्विति होती है, जबकि अंग्रेज़ी में अन्विति नहीं है; जैसे—long man, long women, (ten) long boys.

(ग) संज्ञा और सर्वनाम के बीच अन्विति

27. रमेश मेरा भाई है। वह इस स्कूल में पढ़ता है।

⇒ Ramesh is my brother. He studies in this school.

28. शीला मेरी बहन है और वह आज स्कूल नहीं गई है।

⇒ Shiela is my sister and she has not gone to the school today.

हिन्दी में यह अन्विति होती तो है, किंतु स्पष्ट नहीं है क्योंकि 'वह' सर्वनाम पुल्लिग और स्त्रीलिंग दोनों के लिए प्रयुक्त होता है। अंग्रेज़ी में यह अन्विति स्पष्ट मिलती है।

(घ) पुरुष के स्तर पर अन्विति

29. मैं कॉलिज जा रहा हूँ।

⇒ I am going to the college.

30. तुम कॉलिज जा रहे हो।

⇒ You are going to the college.

31. वह कॉलेज जा रहा है।

⇒ He is going to the college.

32. वे कॉलिज जा रहे हैं।

⇒ They are going to the college.

यहाँ हिन्दी और अंग्रेज़ी में अन्विति प्रायः एक समान है।

(ङ) कर्म और क्रिया के बीच अन्विति

हिन्दी में क्रिया की अन्विति कर्ता के अतिरिक्त कर्म के साथ भी होती है और कभी इन दोनों में से किसी के साथ नहीं होती। कर्ता के साथ परसर्ग लगने से क्रिया की अन्विति कर्म के साथ होगी; किंतु अंग्रेज़ी में ऐसी कोई व्यवस्था नहीं है। उदाहरण के लिए;

33. राम ने चाय पी।

⇒ Rama took tea.

34. शीला ने दूध पिया।

⇒ Shiela drank milk.

35. मोहन ने चिट्ठियाँ लिखीं।

⇒ Mohan wrote letters.

36. शीला ने सभी फल खाए।

⇒ Shiela ate all the fruits.

यहाँ हिन्दी में चाय, दूध, चिट्ठियाँ, फल कर्म हैं, क्रिया की अन्विति कर्म के लिंग और वचन के अनुसार हुई है।

(च) निरपेक्ष अन्विति

हिन्दी में यदि वाक्य में कर्ता और कर्म दोनों के बाद परसर्ग हो तो क्रिया की अन्विति न तो कर्ता के साथ होगी और न ही कर्म के साथ। इसमें क्रिया सदैव पुल्लिंग और एकवचन होगी। वास्तव में निरपेक्ष अन्विति कोई अन्विति नहीं है। इसी प्रकार अंग्रेजी में भी अन्विति की ऐसी कोई व्यवस्था नहीं है। उदाहरण के लिए;

37. मोहन ने शीला को डराया।
38. शीला ने लड़के को पीटा।
39. अध्यापक ने छात्रों को बुलाया।
40. शीला ने लड़कों को पीटा।

मोहन, शीला, अध्यापक, लड़कियों (कर्ता) के साथ 'ने' परसर्ग और शीला, लड़के, छात्रों, बिल्लियों (कर्म) के साथ 'को' परसर्ग लगने से अन्विति नहीं होती। अंग्रेजी में भी अन्विति की व्यवस्था नहीं है।

वाक्य के प्रकार

वाक्य के भेद दो आधारों पर किए जाते हैं। (1) रचना और (2) अर्थ।

(क) **रचना** के आधार पर वाक्य के तीन **प्रकार** हैं–(1) सरल वाक्य, (2) संयुक्त वाक्य और (3) मिश्र वाक्य।

(1) **सरल वाक्य** - सरल वाक्य उसे कहते हैं जिसमें कम से कम एक कर्ता और एक क्रिया होती है। इसमें दूसरा उपवाक्य (clause) नहीं जुड़ा होता है। इसका विस्तार कर्ता और क्रिया का हो सकता है। इसमें अकर्मक क्रिया, सकर्मक क्रिया और द्विकर्मक क्रिया होती है। वास्तव में मिश्र और संयुक्त वाक्य में प्रायः सरल वाक्य उपवाक्य का कार्य करते हैं।

41. बच्चा सोता है।
    ⇒ The child sleeps.
42. बच्चा दूध पीता है।
    ⇒ The child drinks the milk.
43. मोहन ने शीला को किताब दी।
    ⇒ Mohan gave a book to Shiela.
44. वहाँ बड़ी भीड़ थी।
    ⇒ There was a large crowd there.
45. मोहन कमरे में है।
    ⇒ Mohan is in the room.

46. राम अध्यापक है।

⇒ Rama is a teacher.

47. राम थका हुआ लगता है।

⇒ Ram Seems to be tired.

(2) **संयुक्त वाक्य** : संयुक्त वाक्य उसे कहते हैं जिसमें दो या दो से अधिक सरल या मिश्रित वाक्य या उपवाक्य स्वतंत्र रूप से सम्मुच्चयबोधक अथवा संयोजक, वियोजक, विरोधीवाचक शब्दरूपों (और, तथा, किंतु, परंतु, इसलिए, अथवा, बल्कि, या, and, but, or, either, or, where आदि) से वाक्य जुड़े होते हैं। इसमें जो दोनों उपवाक्य जुड़े होते हैं, वे दोनों प्रधान उपवाक्य होते हैं। उदाहरण के लिए;

48. Ramesh is studying in B.A. and Rama in M.A.

⇒ रमेश बी.ए. में पढ़ता है और राम एम.ए. में।

49. Reema was to come there but she did not come.

⇒ रीमा को वहाँ आना था, किंतु वह नहीं आई।

50. Either you sit and study or go to bed silently.

⇒ बैठकर पढ़ो या चुपचाप सो जाओ।

51. Today I am tired, therefore I will not go to the city.

⇒ आज मैं थका हूँ, इसलिए शहर नहीं जाऊँगा।

(3) **मिश्र वाक्य** : मिश्र वाक्य उसे कहते हैं, जिसमें एक से अधिक सरल वाक्य या उपवाक्य इस प्रकार जुड़े होते हैं कि उसमें एक उपवाक्य प्रधान होता है और दूसरा उपवाक्य आश्रित होता है। आश्रित उपवाक्य कि, जो, जहाँ, ताकि that, who, where, which, so that आदि समुच्चयबोधक शब्दों द्वारा मुख्य उपवाक्य से जुड़े होते हैं। ये समुच्चयबोधक शब्द प्रायः आश्रित उपवाक्यों से पहले जुड़ते हैं।

52. मैंने कहा कि मैं बाजार नहीं जाऊँगा।

प्रधान वाक्य आश्रित वाक्य

⇒ I said that I will not go to the market.

53. अगर वह मुझे बुलाता है तो मैं अवश्य जाऊँगा।

आश्रित वाक्य प्रधान वाक्य

⇒ If he calls me, I will definitely go there.

जो लड़का एम.एम. परीक्षा में प्रथम श्रेणी में उत्तीर्ण हुआ है वह वहाँ बैठा है।

आश्रित वाक्य प्रधान वाक्य

⇒ The boy, who passed the M.A. examination in first class, is sitting there.

'जब, जो, जहाँ, जिससे' लगे उपवाक्य आश्रित उपवाक्य होते हैं। हिन्दी में आश्रित उपवाक्य प्रायः प्रधान उपवाक्य के पहले या अंत में आता है, जबकि अंग्रेजी में आश्रित उपवाक्य प्रायः प्रधान वाक्य के बीच में आता है।

आश्रित उपवाक्य तीन प्रकार के होते हैं।

(क) संज्ञा उपवाक्य : ये उपवाक्य कई प्रकार के होते हैं, जो संज्ञा उपवाक्य, कर्म उपवाक्य अथवा पूरक उपवक्य का काम करते हैं। ये उपवाक्य संज्ञा के स्थान पर आते हैं; जैसे–

54. Mohan promised that he would come soon.
   ⇒ मोहन ने वचन दिया कि वह जल्दी आएगा।

इसमें 'वह जल्दी आएगा' संज्ञा उपवाक्य है, तो 'वचन देना' क्रिया का कर्म रूप है।

55. Where he lives is not known to me.
   ⇒ मुझे नहीं मालूम कि वह कहाँ रहता है।

'मुझे नहीं मालूम' क्रिया का कर्ता रूप है और 'वह' कहाँ रहता है, संज्ञा उपवाक्य है।

56. My belief is that she is innocent.
   ⇒ मुझे विश्वास है कि वह निर्दोष है।

यहाँ पर 'वह निर्दोष है' 'होना' क्रिया का पूरक रूप है।

57. उसने मुझसे पूछा कि क्या मैं थोड़ी देर के लिए उसे अपनी कार दे सकता हूँ।
   ⇒He asked me whether I could lend him my car for some time.

'पूछना' सकर्मक क्रिया का कर्म रूप है और रेखांकित उपवाक्य आश्रित संज्ञा उपवाक्य है।

(ख) विशेषण उपवाक्य : मुख्य वाक्य के संज्ञा पद अथवा सर्वनाम पद की विशेषता बतलाता है। उदाहरण के लिए, हिन्दी में विशेषण उपवाक्य प्रायः जो, जिसे, जहाँ, जैसे आदि से आरंभ होते है। अंग्रेज़ी में who, which, where, that आदि से प्रारंभ होते हैं।

58. यह वही किताब है जिसके बारे में मैंने आपको बताया था।
   ⇒
   This is the book that I told you.
   वि.उप.

59. जो आदमी कल आया था वह आपसे मिलना चाहता है।

⇒

The man who came yesterday wants to see you.

वि.उप.

60. वही मकान है जो मुझे दादाजी से (विरासत में) प्राप्त हुआ था।

⇒

This is the house which I inherited from my grandfather.

वि. उप.

(ग) क्रिया विशेषण उपवाक्य : जो उपवाक्य मुख्य उपवाक्य की क्रिया की विशेषता बताते हैं, वे क्रिया विशेषण उपवाक्य कहलाते हैं। ये उपवाक्य काल, स्थान, दिशा, रीति आदि का बोध कराते हैं।

61. जब तुम खाते हो तब बात मत करो। ⇒

Do not talk while you are eating.

क्रि.वि.उप.

62. जब बैठक खत्म होगी तो आपसे मिलूँगा। ⇒

I will meet you after the meeting is over.

क्रि.वि.उप.

63. यदि वर्षा होती है तो हम पिकनिक नहीं जाएँगे। ⇒

If it rains we shall not go for picnic.

क्रि.वि.उप.

64. तुम जहाँ हो वहीं खड़े हो जाओ। ⇒

Stay where you are.

क्रि.वि.उप.

इस प्रकार अंग्रेजी और हिन्दी के सरल वाक्यों और संयुक्त वाक्यों में अंतर कम मिलता है, जबकि मिश्र (मिश्रित) वाक्यों में अंतर स्पष्ट दिखाई देता है।

(ख) **अर्थ** के आधार पर वाक्य मुख्यतः आठ प्रकार के होते हैं।

(1) **विधानावाचक/सकारात्मक वाक्य :** इसमें किसी बात या कार्य के होने का बोध होता है।

62. She is happy today.

⇒ वह आज खुश है।

66. He has a car.

⇒ उसके पास कार है।

67. He came here yesterday.

⇒ वह कल यहाँ आया था।

68. I would go to Delhi tomorrow.

⇒ मैं कल दिल्ली जाऊँगा।

(2) **निषेधात्मक वाक्य :** इसमें विधानावाचक वाक्य का नकारात्मक रूप होता है।

69. he is not happy today.

⇒ वह आज खुश नहीं है।

70. He has no car.

⇒ उसके पास कार नहीं है।

41. He didn't come yesterday.

⇒ वह कल नहीं आया था।

72. I would not go to Delhi tomorrow.

⇒ मैं कल दिल्ली नहीं जाऊँगा।

73. I know neither Mohan nor Sohan.

⇒ मैं न तो मोहन को जानता हूँ न सोहन को।

हिन्दी में 'न-तो-न' वाले वाक्यों में, अंग्रेजी में प्रायः Neither-nor का प्रयोग होता है।

अंग्रेजी में कुछ वाक्य सकारात्मक लगते हैं, लेकिन होते नहीं हैं; जैसे–

74. He hardly works.

⇒ वह काम नहीं करता।

75. Do you ever listen to me?

⇒ तुम मेरी बात कभी नहीं सुनते हो।

76. How do I know?

⇒ मैं क्या जानूँ। (मैं कुछ नहीं जानता।)

77. तुमने आज तक काम किया भी है।

⇒ Have you ever worked till today?

(You have not worked till today.)

(3) **प्रश्नवाचक वाक्य :** अंग्रेजी वाक्य से पहले is, did, have, do आदि लगाकर प्रश्नवाचक वाक्य बनाया जाता है, जबकि हिन्दी में प्रायः 'क्या' वाक्य के प्रारंभ में लगता है।

78. Is Ram going?.

⇒ क्या राम जा रहा है?

79. Did Mohan finish his work?

⇒ क्या मोहन ने काम किया?

80. Have you read the book?

⇒ क्या तुमने पुस्तक पढ़ ली है?

81. Do you know him.

⇒ क्या तुम उसे जाते हों?

(4) **विधिवाचक या आदेशात्मक वाक्य :** इसमें किसी काम को करने के लिए आज्ञा, प्रार्थना या उद्देश्य का भाव रहता है। वाक्यों में हिन्दी में निषेधात्मक 'मत' वाक्य के बीच में और अंग्रेजी में Don't या Do not वाक्य के प्रारंभ में प्रयुक्त होता है। हिन्दी में क्रिया रूप वाक्य के अंत में और अंग्रेजी में प्रारंभ में तथा अनुरोध पर वाक्य से आरंभ होता है।

82. शोर मत करो।

⇒ Don't make a noise.

83. इसे मत छूना।

⇒ Don't touch it.

84. यहाँ से चले जाओ।

⇒ Go from here.

85. मुझे अपनी पुस्तक दीजिए।

⇒ Please give me your book.

(5) **विस्मयादिबोधक वाक्य :** इसमें विस्मय, हर्ष, शोक, घृणा का बोध होता है। इसमें श्रोता की उपस्थिति आवश्यक नहीं हैं, लेकिन ये शब्द दोनों भाषाओं में अलग-अलग होते हुए भी वाक्य के प्रारंभ में प्रयुक्त होते हैं; जैसे–

86. वाह! कितना अच्छा खाना है।

⇒ Aha! What a lovely food.

87. अहा! हमने मैच जीत लिया।

⇒ Hurrah! We won the match.

88. छिः! इसे फेंक दो।

⇒ Shit! Throw it away.

(6) **इच्छावाचक वाक्य :** शुभकामना, अभिशाप आदि का भाव प्रकट होता है। दोनों भाषाओं के रूप अपने-अपने हैं; जैसे–

89. हे भगवान मेरी रक्षा करना।

⇒ Oh God, save me.

90. आपकी यात्रा मंगलमय हो।

⇒ Wish you happy journey.

(7) **संदेहवाचक :** संदेश, शंका या संभावना का भाव प्रकट होता है; जैसे–

91. शायद वह कल यहाँ आए।
⇒ He may come tomorrow.
92. हो सकता है तुम्हें घर जाना पड़े।
⇒ It may be possible that you may have to go home.

(8) **शर्तसूचक या संकेतवाचक :** इसमें किसी बात का कार्य के होने या न होने का भाव किसी शब्द की पूर्ति के बाद होता है।

93. अगर तुमने परिश्रम किया होता तो परीक्षा में पास हो जाते।
⇒ If you have worked hard you would have passed the examination.
94. यदि वर्षा न होती तो अकाल पड़ जाता।
⇒ If it didn't rain, famine will have come.

इस प्रकार अंग्रेजी-हिन्दी की वाक्य-संरचनाओं के एक समान वर्ग होते हुए भी उनमें व्याकरणिक अंतर अवश्य मिलता है, जो हिन्दी और अंग्रेजी भाषाओं की अपनी-अपनी विशिष्टता को प्रकट करता है।

प्रोक्ति

जैसा कि पहले बताया गया है कि वाक्य भाषा की महत्तम इकाई है, लेकिन कई बार इससे अर्थ स्पष्ट अर्थ नहीं होता है, जैसे–मोहन ने दौड़ते हुए कुत्ते को मारा। यह संदिग्धार्थी वाक्य हैं। इसमें दो अर्थ निकलने की संभावना रहती है; जैसे–1. मोहन दौड़ रहा है, उसने कुत्ते को मारा। अथवा 2. कुत्ता दौड़ रहा है और मोहन ने उसे मारा। इसलिए आधुनिक भाषाविज्ञान में वाक्य से ऊपर की संरचना की संकल्पना रखी गई है। यह संकल्पना व्याकरणिक और अर्थपरक इकाई के रूप में विकसित हुई है। इसमें अंतरवाक्यीय संयोजन होता है, जो अर्थ को स्पष्ट करने में सहायक होता है। व्याकरणिक और आर्थिक दृष्टि से इसकी वाक्योपरि संरचना को प्रोक्ति कहते हैं। संप्रेषण विधि और रचना प्रक्रिया की दृष्टि से पाठ भी कहलाती है। वाक्यों में जो संयोजन होता है, वह उसके अर्थ एवं भाव को स्पष्ट करता है। प्रोक्ति मात्र वाक्यों को संसक्ति नहीं है वरन् आंतरिक संरचना के संदर्भ में इसमें संदेश उद्घाटित भी होता है। अनुवाद के संदर्भ में प्रोक्ति महत्त्वपूर्ण भूमिका निभाती है।

वास्तव में मात्र शब्दों अथवा वाक्यों से अनुवाद नहीं हो पाता, बल्कि समूची प्रोक्ति या पाठ का अनुवाद होता है। प्रोक्ति वाक्य भी हो सकती है, वाक्यों का संयोजित रूप भी अनच्छेद भी अध्याय भी और पूर्ण कृति भी। प्रोक्ति से अभिप्राय पाठ के सुनियोजित

रूप से है, जिसमें पूर्ण अर्थ और भाव स्पष्ट हो जाए। अनुवादक पाठ के समूचे खंड का विकोडीकरण करता है और लक्ष्यभाषा में उसका पुनर्लेखन करता है। वस्तुतः अनुवाद सफल वही माना जाता है, यदि वह लक्ष्य भाषा के व्याकरण और रूढ़ियों के अनुरूप हो और लक्ष्य भाषा में इसकी वही भूमिका हो, जो भूमिका वह स्रोत भाषा में निभाता है।

प्रोक्ति में सकारात्मक, निषेधात्मक, प्रश्नसूचक, विस्मयादिबोधक आदि कथनों की भी विशेष भूमिका रहती है; जैसे–

95. आज हम एक साथ घर चलेंगे।
96. मैं घर जाना नहीं चाहता।
97. क्या आप मेरे घर पधारने की कृपा करेंगे?
98. वह कितना दुबला हो गया है!

ये सभी वाक्य संप्रेषणात्मक भूमिका निभाते हैं, जिससे कई प्रकार के भाव स्पष्ट होते हैं और वे पाठ को प्रभावोत्पादक बनाते हैं। अनुवाद में भी इसी प्रकार की संप्रेषणीयता की अपेक्षा रहती है; जैसे–

99. We shall go to home together.
100. I don't want to go home.
101. Would you please be kind enough to visit my house?
102. He looks so thin!

पाठ में प्रोक्ति की विशेष भूमिका रहती है। इसमें विभिन्न शब्द, पदबंध, उपवाक्य और वाक्य इकाइयों को इस प्रकार जोड़ा जाता है कि वह समूचा अंश अपने-आप एक पूर्ण इकाई हो जाता है। इन इकाइयों के परस्पर संयोजन तथा अंतःसंबंध को भाषा-संसक्ति (Cohesion) कहते हैं। विभिन्न विचारों तथा संकल्पनाओं के अंतःसंबंधों और संयोजन को अर्थ-संसक्ति या अर्थ-संगति (Coherence) कहते हैं जैसे–

103. एक बजा था और मुझे भूख लगी थी। मैं एक रेस्टोरेंट में घुसा, एक कुर्सी पर बैठ गया और मीनू लाने का आदेश दिया।

उपर्युक्त अंश में भाषा-संसक्ति और अर्थ-संसक्ति दोनों का संयोजन है, जिससे वह अंश अर्थपूर्ण हो गया।

प्रोक्ति का अनुवाद एक प्रकार से अनुवाद भी होता है, पुनः सृजन भी होता है और पुनर्लेखन भी होता है। 'अज्ञेय' जी की कविता 'सोन मछली' के रमण सिन्हा के अंग्रेजी अनुवाद की झलक द्रष्टव्य है।

(क) हम निहारते रूप	=	We look at forms,
(ख) काँच के पीछे	=	Behind the glass
(ग) हाँप रही मछली।	=	Panting is the fish.

(घ) रूप-तृषा भी = Form-yearning too
(ङ) (और काँच के पीछे) = (And behind the glass)
(च) है जिजीविषा। = Is life-yearning

उपर्युक्त मूल पाठ में वाक्य (क) 'हम निहारते रूप' और वाक्य (घ) 'रूप-तृषा' का परस्पर संबंध तथा वाक्य (ग) 'हाँफ रही है मछली' और वाक्य (च) 'है जिजीविषा' का परस्पर संबंध है। इन वाक्यों में जहाँ भाषा-संसक्ति है, वहीं अर्थ-संसक्ति भी है। अंग्रेजी के अनूदित पाठ में भी उसी संसक्ति को जानने का प्रयास किया गया है, किंतु अर्थ-संसक्ति में कुछ कमी पाई गई है। रूप में जो सौंदर्य निहित है, वह form में नहीं है। 'जिजीविषा' और 'हाँफना' में जो अर्थ-संसक्ति है, वह Panting और life yearning में नहीं है। अगले अध्याय में प्रोक्ति और पाठ पर विस्तार से चर्चा की गई है।

इस प्रकार अनुवाद में शब्द, पदबंध, और वाक्य की विशिष्ट भूमिका तो रहती है, किंतु प्रोक्ति के अनुवाद में भाषापरक और अर्थपरक संसक्ति काफी सहायक होती है। इससे पाठ का संप्रेषणपरक प्रकार्य अर्थ को स्पष्ट करने में सहायक होता है।

पाठ की अवधारणा और अनुवाद

कई बार में पाठ में निहित शब्द अथवा वाक्य का अकेले अनुवाद नहीं हो पाता, वरन् समूचे पाठ या पाठांश का अनुवाद हो पाता है। अनुवाद स्रोतभाषा के किसी पाठ के समूचे खंड का विश्लेषण करता है, उसमें निहित अर्थ ग्रहण करता है और फिर लक्ष्य भाषा में प्रोक्ति (discourse) के रूप में उसकी पुनर्रचना करता है। वास्तव में शब्द और वाक्य पाठ के अनिवार्य अंग हैं और साथ ही इसमें आवश्यक सामाजिक-सांस्कृतिक तत्त्व भी निहित रहते हैं। ये तत्त्व न केवल प्रोक्ति के स्तर पर होते हैं वरन् पाठ में निहित शब्दों, पदबंधों, वाक्यों, मुहावरे आदि के स्तर पर भी होते हैं। पाठ में व्याकरणिक रूपों के संप्रेषण और भावपरक अर्थ भी होते हैं, इसलिए पाठ के विभिन्न पक्षों का विवेचन करने और अनुवाद में उसके सरोकार के अध्ययन की आवश्यकता होती है। इसके अतिरिक्त पाठ के मुख्य अभिलक्षणों -(भाषा) संसक्ति (cohesion) और अर्थ-संगति या अर्थ-संसक्ति (coherence) का विवेचन किया जाता है ताकि स्रोतभाषा के पाठ की बुनावट से अर्थ स्पष्ट हो सके और लक्ष्यभाषा के पाठ में सही और पर्याप्त अर्थ अभिव्यक्त हो सके।

प्रश्न उठता है कि पाठ है क्या? पाठ की अवधारणा स्पष्ट करने से पहले यह बताना आवश्यक है कि भाषाविज्ञान में वाक्य को भाषा की आधारभूत और महत्तम इकाई माना जाता रहा है और इसी के आधार पर भाषा का अध्ययन होता रहा है। किंतु आधुनिक भाषाविज्ञानियों ने इस अवधारणा को नकारते हुए कहा कि विचारों के आदान-प्रदान के लिए केवल वाक्य अपने-आप में पूर्ण नहीं होते। पूर्ण संप्रेषण के लिए वाक्य की सीमा को पार करना पड़ता है। वास्तव में भाषा का मुख्य व्यापार संप्रेषण है और संप्रेषण से अभिप्राय वक्ता का मंतव्य, उस मंतव्य की भाषिक अभिव्यक्ति और उस अभिव्यक्ति से श्रोता द्वारा वक्ता के मंतव्य को समझना है। किंतु कई बार वाक्य द्वारा संप्रेषण संभव नहीं हो पाता और इसलिए वाक्य को भाषा की महत्तम इकाई नहीं माना जा सकता। संप्रेषणीयता के लिए एक ऐसी इकाई की आवश्यकता है जो वाक्य के ऊपर के स्तर की हो। वक्ता का संदेश और श्रोता तक उस संदेश को संप्रेषित करनेवाला भाषिक व्यापार वाक्योपरि स्तर का होता है। वाक्योपरि स्तर की इस सरंचना (Super Sentential Structure) में वाक्यों का अनुक्रम होता है। इसमें अनेक वाक्य एक साथ मिलकर अभिव्यंजना की दृष्टि से एक इकाई का रूप धारण करते हैं। वाक्यों

के इस अंतःसंबंध से पाठ या प्रोक्ति का निर्माण होता है। अतः व्याकरणिक संरचना की दृष्टि से यदि वाक्य भाषा की महत्तम इकाई है तो संप्रेषणीयता की दृष्टि से पाठ या प्रोक्ति भाषा की महत्तम इकाई है।

इस अंतरवाक्यीय सरंचना में संप्रेषण तत्त्व की प्रधानता होती है। एक कृति घटना के विवरण-प्रधान कथन से भिन्न स्तर की रचना होती है। रिपोर्टर का कथन तथ्यपरक होता है। वह घटना को रोचक बनाकर उसे यथार्थ में बदलकर संप्रेषित करता है। यदि इस घटना का कथन या वर्णन अनुभव-प्रधान होकर संप्रेषित होता है तो वह कृति का रूप धारण कर लेता है। उदाहरण के लिए, देवकीनंदन खत्री का 'चंद्रकांता', 1947 के भारत विभाजन का वर्णन 'झूठासच' और भीष्म साहनी का 'तमस' अनुभव-प्रधान होने के कारण औपन्यासिक कृति के रूप में प्रस्तुत हुआ है।

कृति की परिभाषा उसके रूप मात्र के आधार पर नहीं होती बल्कि हर विधा के मूल में उस रूप के अतिरिक्त संप्रेषणीय वस्तु की गुणात्मक प्रकृति भी रहती है। साहित्यिक कृति में जो अनुभव-सिद्ध संप्रेषण होता है, वह व्यावसायिक लेखन से भिन्न रचना-प्रक्रिया की अपेक्षा करता है। इसमें कथ्य-संरचना, पाठ-निर्माण, दृष्टि चेतना की प्रकृति और साहित्यिक और सर्जनात्मक प्रक्रिया की अपेक्षा रहती है। इसलिए भाषिक प्रक्रिया के संदर्भ में एक ओर पाठ निर्माण का कारण होता है और दूसरी ओर प्रोक्ति का रूप बनता है। पाठ और प्रोक्ति दोनों मिलकर संप्रेषणीय कथ्य की आंतरिक विशिष्टता को संजोने में सक्षम होते हैं।

पाठ और प्रोक्ति : प्रश्न उठता है कि पाठ और प्रोक्ति में क्या अंतर है? कुछ विद्वान पाठ और प्रोक्ति को पर्यायवाची संकल्पना के रूप में मानते हैं और कुछ विद्वानों ने इसमें अंतर करने का प्रयास किया है। संबद्ध और तर्कसंगत वाक्यों के अनुक्रम को प्रोक्ति के अंतर्गत माना जाता है तथा सामाजिक अर्थों, कार्यव्यापारों और वाक्यों के बीच के संबंधों की संरचना पाठ है। वास्तव में व्याकरणिक और अर्थपरक दृष्टि से वाक्योपरि संरचना प्रोक्ति है और संप्रेषण विधि तथा रचना-प्रक्रिया की दृष्टि से यह पाठ है। संप्रेषणीय कथ्य के रूप में एक संदेश होता है जिसे अर्थ के रूप में पाठ और भाषा के संदर्भ में प्रोक्ति कहते हैं। इस संदेश को ग्रहण करने के लिए पाठ और प्रोक्ति की संरचना तथा बुनावट में टकराहट होती है, क्योंकि वास्तविक संदर्भ में भाषा अपने-आप में ताने-बाने की तरह बुनी होती है और इस बुनावट में जो संदेश निकलता है, वह व्याकरणिक या कोशगत अर्थ से भिन्न होता है। पाठ का संदेश अर्थात् विषय के प्रतिपाद्य की संरचना (theme structure) और उसके प्रस्तुतिकरण से है और प्रोक्ति का संबंध संदेश के प्रति रचनाकार अर्थात् विषयी की दृष्टि और चेतना के साथ होता है। वास्तव में पाठ विवरण को सर्जनात्मक बनाता है, जबकि प्रोक्ति रचनाकार की दृष्टि को वहन करते हुए जटिल अनुभवों को संप्रेषित करने में सहायक होती है।

स्रोत भाषा के समूचे खंड का अनुवाद में विकोडीकरण होता है और स्रोतभाषा पाठ में उसका पुनर्लेखन होता है। एक भाषा में जो सामाजिक-सांस्कृतिक संदर्भ निहित रहते हैं, उन्हें दूसरी भाषा के सामाजिक-सांस्कृतिक संदर्भ के अनुसार अनूदित करना पड़ता है। यह अनुवाद भी हो सकता है, पुनर्सृजन भी हो सकता है और पुनर्लेखन भी हो सकता है। इसमें नए आयाम जुड़ जाते हैं और यह पाठ लक्ष्य भाषा और उसकी संस्कृति का अनिवार्य अंग बन जाता है। वास्तव में पाठ में वाक्य-संरचना के साथ कथ्य-संरचना भी निहित रहती है जो संदेश को उद्घाटित करने में सहायक होती है। अतः इसमें प्रतिपाद्य विषय और संरचना दोनों का नियंत्रण रहता है। इसमें भाषा की विभिन्न इकाइयों—ध्वनि, रूप, पदबंध, उपवाक्य, वाक्य आदि में संबंध जोड़कर साकल्य (wholeness) की ओर साधा जाता है और अंश तथा अंशी में परस्पर संबंध और प्रतिपाद्य विषय को तर्कपूर्ण बनाया जाता है। पाठ में भाषिक संप्रेषण की जो संपूर्ण इकाइयाँ होती हैं, वे भाषायी संसक्ति और अर्थगत संरचनाओं से एक सूत्र में जुड़ी होती हैं। इस प्रकार यह स्पष्ट होता है कि पाठ भाषा की संक्रियात्मक इकाई है, जो वाक्य से लेकर अनुच्छेद, अध्याय और यहाँ तक कि संपूर्ण कृति के स्तर पर रहती है। साहित्य की दृष्टि से यह दोहे के रूप में भी हो सकती है और महाकाव्य अथवा उपन्यास के रूप में भी। पाठ मात्र वाक्यों की संसक्त श्रृंखला नहीं है बरन् एक संदेश भी है जिसकी आंतरिक संरचना अपने संदर्भ से जुड़कर किसी प्रयोजन को उद्घाटित करती है। रचना के प्रयोजन भिन्न-भिन्न हो सकते हैं, अतः वाक्यों का संयोजन भी भिन्न-भिन्न प्रकार से हो सकता है। उदाहरण के लिए;

(1) रमेश नदी में डूब रहा था। वह अपनी सहायता के लिए चिल्लाया। एक आदमी ने उसे चिल्लाते हुए सुना। उसने उसे नदी में डूबते हुए देखा। वह नदी में कूद पड़ा और उसे बचा लिया।

उपर्युक्त पाठांश में पाँच वाक्य हैं। इन वाक्यों को परस्पर जोड़कर रमेश के डूबने, चिल्लाने और उसे बचाने का वर्णन है। पाठांश की यह इकाई 'वह', उसे आदि सर्वनामों से तथा 'और' समुच्चबोधक अवयवों से वाक्यों की संसक्त श्रृंखला निर्मित हुई है और उसमें 'डूबते हुए रमेश को आदमी द्वारा बचाया जाना' का संदेश संप्रेषित होता है। संदेश की आतंरिक संरचना और भाषिक इकाइयों की अन्विति से ये वाक्य तर्कपूर्ण और संदर्भपूर्ण अनुक्रम से परस्पर जुड़े हुए हैं।

पाठ और प्रोक्ति में जो अंतःसंबंध है, उससे भाषिक इकाइयों के परस्पर संबंध से सर्जनात्मक रूपांतरण होता है। प्रतिपाद्य केवल पाठांशों का नहीं होता बल्कि समूचे पाठ अर्थात् कहानी, उपन्यास आदि का होता है। इसमें प्रस्तुत प्रसंग, घटना, चरित्र-चित्रण, वातावरण आदि की अप्रत्यक्ष रूप से संसक्ति होती है। जब रचना में प्रयोजन-सिद्धि के आधार पर प्रतिपाद्य घुल-मिल जाते हैं तब रचना की संरचना में उनकी प्रकृति या तो मुक्त रहती है या बंधी हुई हो सकती है। मुक्त प्रतिपाद्य पाठ या रचना के बीज तत्त्व

नहीं होते अपितु उसकी परिधि में रहते हैं, लेकिन इससे रचना आगे नहीं बढ़ती। बद्ध प्रतिपाद्य पाठ या रचना के बीज तत्त्व होते हैं, जिन्हें रचना से अलग नहीं किया जा सकता। वे घटना-रूप में सिद्ध होने के कारण काल और स्थान की दृष्टि से आगे बढ़ते रहते हैं। इस दृष्टि से घटनाओं को सार्थक बनाने के लिए संदर्भ भी लाए जाते हैं ताकि प्रतिपाद्य स्पष्ट हो सके।

संसक्ति और अर्थ-संगति : यह स्पष्ट है कि वाक्यों का यादृच्छिक समुच्चय मात्र प्रोक्ति नहीं होता किंतु पाठ की अभिव्यंजना शक्ति प्रायः वाक्योपरि संरचना से निर्मित होती है। चूँकि पाठ में प्रोक्ति अंतर्ग्रथित होती है और प्रोक्ति में वाक्यों के बीच व्यक्त अथवा अव्यक्त रीति से एक संबंध है, इसलिए पाठ जीवंत, स्वायत्त और स्वतंत्र इकाई के रूप में प्रतिष्ठित होता है और संदर्भ के धरातल पर वह विशिष्ट अर्थ देता है जो संरचना के बाहर नहीं मिल पाता।

प्रोक्ति के दो मुख्य गुण हैं—(1) संसक्ति (Cohesion) और (2) अर्थसंगति (Coherence)।

संसक्ति : इसमें पाठ के घटक आपस में बंधे होते हैं। इसमें एक तर्कपूर्ण और संदर्भपरक अनुक्रम होता है, जो एक प्रकार से भाषिक अनुबंधन है। कुछ संसक्त युक्तियाँ इस प्रकार हैं :

(1) योगात्मक : ऐसे संयोजक तत्त्व या निपात जो कथ्यों को जोड़ने का काम करते हैं; जैसे—और, तथा, भी, ही।

(2) कारणपरक : पूर्ववर्ती कार्यरूप कथ्य के कारण की संपुष्टि के लिए कई संयोजक तत्त्व अथवा युक्तियाँ प्रयुक्त होती हैं; जैसे—क्योंकि, कारण यह है।

(3) कालपरक : कथ्य के विकास और प्रदत्त काल की सूचना देने वाले संयोजक पहले, बाद में, उससे पहले आदि होते हैं।

(4) विरोधपरक : ऐसे संयोजक तत्त्व जो मूल कथ्य की दिशा बदल देते हैं; जैसे—किंतु, लेकिन, तथापि, मगर।

(5) परिणाममूलक : जिन संयोजक तत्त्वों से निष्कर्ष निकालने का अर्थ द्योतित होता है; जैसे—अतः, इसलिए, परिणामतः, निष्कर्षतः।

अर्थ-संगति : इसमें पाठ के अंतर्गत भावों और विचारों का तर्कपूर्ण कार्यकारण संबंध होता है। यह संकल्पनात्मक अनुबंधन ही अर्थ संगति हैं। इससे संदर्भपरक और प्रतीकात्मक अर्थ व्यक्त होते हैं। उदाहरण के लिए;

'प्रांगण-गृह से बाहर निकल कर मैंने एक बार चारों ओर देखा। आकाश की अरुणिमा धुल गई थी। वह गाढ़े नीले पट्ट के समान सिर पर फैला हुआ दिख रहा था। मध्याह्न की नीलिमा अब अधिक सांद्र हो गई थी। आस-पास' की वृक्षावलियों की हरीतिमा कालिमा में बदल चुकी थी। वनराजियों वन्य महिष के मलीमस शरीर की भाँति काली हो चली थी। उन पर होनेवाला पक्षि-विराव अब

शांत हो गया था। सामने की टूटी दीर्धिका अपने शांत वक्ष स्थल में आकाश की समस्त संपत्ति लिए हँस रही थी। सब कुछ शांत, निस्तब्ध और महिमापूर्ण था। मैंने एक क्षण के लिए सोचा कि पुजारी इस समय आ जाता, तो ज़रा हृदय खोल कर ठिठोली कर लेता।

(बाणभट्ट की आत्मकथा-षष्ठ उच्छवास)

उपर्युक्त पाठ में लेखक ने मध्याह्न समय और प्रांगण-गृह से बाहर का जो दृश्य प्रस्तुत किया है, वरन् मात्र 'समय' और 'स्थान' नहीं है वरन् 'समयबोध' स्थान बोध है। इसमें भूतकालिक संदर्भ में पाठ की संरचना और बुनावट से जिस वातावरण का निर्माण हुआ है, वह भौतिक समय के धरातल पर बीता हुआ है लेकिन वर्तमान काल से यह पूर्णतया असंयृक्त नहीं हो पाया। लेखक ने मध्याह्न की नीलिमा, के सांद्र होने, वृक्षावलियों की हरीतिया में कलिया होने, पक्षि-विराव के शांत होने आदि का तर्कपूर्ण कार्यकारण संबंध जोड़ा है। इसमें वातावरण और पाठक के बीच के बोध का जो निर्माण हुआ, वह रिपोर्ट मात्र नहीं है। ऐतिहासिक कथानक में विभिन्न दृश्यों के परस्पर अनुबंधन से जो वातावरण बना है, वह यथार्थ जीवन से कट कर भी अपनी प्रतीकात्मक अर्थ योजना लिए हुए है। यही है अर्थसंगत जिसमें संदर्भपरक अर्थवत्ता होती है और वह सार्थक बिंब निर्माण में सहायक होती है।

अनुवाद की दृष्टि से पाठ के अभिव्यंजक कथ्य का विवेचन करने के लिए संसक्ति और अर्थ-संगति की युक्तियाँ मोहन राकेश की कहानी 'सुहागिनें' के एक अंश के उदाहरण से देखी जा सकती हैं :

मूलपाठ (2) :

कमरे में दाखिल होते ही मनोरमा चौंक गई। काशी उसकी साड़ी का पल्ला सिर पर लिए ड्रैसिंग टेबल के पास खड़ी थी। उसके होंठ लिपस्टिक से रंगे थे और चेहरे पर सफेद पाउडर पुता था, जिससे उसका साँवला चेहरा डरावना लग रहा था। फिर भी वह मुग्ध भाव से शीशे में अपना रूप निहार रही थी। (सुहागिनें - मोहन राकेश)

अनूदित पाठ (2) :

Upon entering the room Monorama was startled. Kashi stood near the dressing table with an edge of Manorama's sari pulled up almost her head. Her lips were coloured with lipstick, and her face was smeared with a thick layer of powder that made her dark face grotesque. Kashi, nevertheless, was staring at herself in the mirror with fascination.

(Married women - Usha Saksena Nilsson, Hindi Stories 1975)

उपर्युक्त गद्यांश (2) में पहले दो वाक्यों में पहले वाक्य का 'मनोरमा' शब्द का संबंध दूसरे वाक्य के उसकी (साड़ी) सर्वनाम के बीच संसक्ति पैदा कर रहा है। तीसरे वाक्य में 'उसके' (होंठ) सर्वनाम दूसरे वाक्य के 'काशी' शब्द के बीच संसक्ति पैदा कर रहा है और उसी वाक्य में 'जिससे' परिणाममूलक संयोजक तत्त्व के बाद पुनः 'उसका' (साँवला चेहरा) और 'काशी' के बीच संसक्ति होती है। पाँचवें वाक्य में विरोधपरक संयोजक तत्त्व 'फिर भी' के बाद 'वह' और अपना (रूप) 'काशी' के बीच संसक्ति पैदा कर रहे हैं।

अनूदित अंग्रेजी गद्यांश में पहले वाक्य 'Manorama' का दूसरे वाक्य के 'Manorama's' और 'Kashi' का 'her' के बीच संसक्ति पैदा होती है, जबकि हिन्दी में ऐसा नहीं है। इसी प्रकार her (dark face) और herself भी kashi के बीच संसक्ति पैदा होती है। हिन्दी में चौथे वाक्य में 'फिर भी' के बाद 'वह' सर्वनाम मिलता है जबकि अंग्रेजी में 'वह' के स्थान पर Kashi से वाक्य प्रारंभ होता है और 'फिर भी' अंग्रेजी पर्याय nevertheless संयोजक के तत्त्व के बाद में आता है। इन संदर्भों से पाठ में संसक्ति बनी है। इन सब रूपों से जो अर्थसंगति हुई है। उससे एक बिंब बन जाता है। बर्नार्ड शॉ के नाटक 'Apple Cart' का एक उदाहरण देखिए।

मूलपाठ (3) :

(3) Pamphilius : What was your father?
Sempronius : (Startled) Eh?
Pamphilius : What was your father?
Sempronius : My father?
Pamphilius : Yes, what was he?
Sempronius : A Ritualist.
Pamphilius : I don't mean his religion. I mean his profession. And his politics.
Sepronius : He was a Ritualist by profession, a Ritualist in politics, a Ritualist in religion: a raging emotional Die Hard Ritualist right down to his boots.
Pamphilius : Do you mean that he was a person.

अनूदित पाठ (3) :

पैंफीलियस : तुम्हारे पिता जी क्या करते थे?
सेंप्रोनियस : (चौंक कर) क्या कहा?
पैंफीलियस : तुम्हारे पिता जी क्या करते थे?
सेंप्रोनियस : मेरे पिता जी?
पैंफीलियस : हाँ भाई! तुम्हारे पिता जी क्या करते थे?

सेंप्रोनियस	: वे कर्मकांडी थे।
पैंफीलियस	: अरे भाई! मेरा मतलब उनके धर्म से नहीं है। मेरा अभिप्राय है कि उनका व्यवसाय क्या था, उनकी राजनैतिक विचारधारा क्या थी।
सेंप्रोनियस	: वे पेशे से ही कर्मकांडी थे, वे राजनीति में भी कर्मकांडी थे और उनका धर्म भी कर्मकांडी था। वे सिर से पैर तक कर्मकांडी थे और कट्टर कर्मकांडी थे।
पैंफीलियस	: तुम्हारा मतलब है कि तुम्हारे पिताजी एक पुरोहित थे।

(कृ.कु. गोस्वामी, अप्रकाशित)

उपर्युक्त संवाद में पैंफीलियस सेंप्रोनियम से प्रश्न करता है कि उसके पिता जी क्या काम करते हैं। संवाद के इन वाक्यों में सहज और तर्कपूर्ण तारतम्य है। सेंप्रोनियस अपने पिता जी के बारे में बताना नहीं चाहता, इसलिए पैंफीलियस को तीन बार प्रश्न करना पड़ता है और सेंप्रोनियस पहले प्रश्नों के उत्तर टाल देता है और तीसरे प्रश्न का उत्तर उसे देना पड़ता है लेकिन यह भी स्पष्ट उत्तर नहीं होता। इसके अतिरिक्त अंग्रेजी के Eh का हिन्दी अनुवाद 'क्या कहा' है। पाँचवें वाक्य में पैंफीलियस के yes का अनुवाद 'हाँ भाई' हुआ। इन दोनों वाक्यों में 'हाँ भाई' संपर्क का काम अधिक कर रहा है। yes की बनिस्बत अंग्रेजी के सातवें वाक्य का अनुवाद करते हुए हिन्दी में 'अरे भाई' जुड़ा है जिसका मूल रूप अंग्रेजी में नहीं है। यहाँ हिन्दी अनुवाद में 'अरे भाई' वाक्य की सहजता और संवाद के वातावरण का निर्माण करता है। अंग्रेजी के आठवें वाक्य में सेंप्रोनियस अनेक वाक्यों का संयोजन एक ही वाक्य में करता है और ये सभी वाक्य अप्रत्यक्ष रूप में एक ही वाक्य में संसक्त हैं लेकिन हिन्दी अनुवाद में इनमें अप्रत्यक्ष संसक्ति नहीं हो पाई और वे अलग-अलग रूप में परस्पर संसक्त हैं। आपने देखा कि अंग्रेजी और हिन्दी वाक्य-योजना में क्रमशः अप्रत्यक्ष संसक्ति और प्रत्यक्ष संसक्ति होने पर इनमें अर्थसंगति बनी हुई है। हिन्दी में अलग-अलग वाक्य होते हुए भी सेंप्रोनियम के पिता का बिंब सामने आ जाता। अंग्रेजी पाठांश में जो विशेष लय विधान है, अनुवाद के हिन्दी की अपनी वाक्य योजना भी पाठांश को एक विशेष लय में बाँध देती है। यह पाठांश कर्तृवाच्य के साथ-साथ स्थितिबोधक भी है। यह सेंप्रोनियस के पिता के जिस बिंब का निर्माण करता है, वह उसके स्वभाव को व्यंजित करता है। इस प्रकार इस संवाद-पाठ में भाषिक संसक्ति के साथ-साथ अर्थसंगति भी विद्यमान है।

वास्तव में अर्थ संप्रेषण के लिए पाठ में मात्र शब्द, पदबंध, उपवाक्य और वाक्य अलग-अलग कार्य नहीं करते। इनके परस्पर संबंध को स्थितिपरक संदर्भों में ही समझा जाता है। इसलिए पाठ का अनुवाद करते हुए अनुवादक किसी एक शब्द को नहीं देखता बल्कि समतुल्य स्थितिपरक संदर्भ में पाठ की समूची योजना को देखता है ताकि उसमें भाषिक संसक्ति के साथ अर्थसंगति भी बनी रहे। उदाहरण के लिए, प्रेमचंद की कहानी 'पूस की रात' देखी जा सकती है।

मूल पाठ (4) :

'पूस की रात! आकाश पर तारे ठिठुरते हुए मालूम होते थे। हलकू अपने खेत के किनारे ऊँख के पत्तों की एक छतरी के नीचे बाँस के खटोले पर अपनी पुरानी गाढ़े की चादर ओढ़े काँप रहा था। खाट के नीचे उसका संगी कुत्ता जबरा पेट में मुँह डाले सर्दी से कूँ-कूँ कर रहा था। दो में से एक को भी नींद न आती थी।'

उपर्युक्त पद्यांश में 'पूस, रात, ठिठुरते तारे, गाढ़े की चादर ओढ़े, पेट में मुँह डाले, कूँ-कूँ करना, नींद न आना अभिव्यक्तियाँ 'पूस की रात' की कड़ाकेदार सर्दी का वर्णन कर रही हैं। इन शब्दों तथा पदबंधों को अकेले-अकेले देने से न तो 'ठिठुरती हुई सर्दी' बिंब का निर्माण हो पाता और न ही अर्थ स्पष्ट हो पाता। जब तक यह पूरा अनुच्छेद या पाठांश नहीं पढ़ा जाता तब तक ठिठुरती सर्दी का चित्र नहीं बन पाता।

अनूदित पाठ (4) :

A dark wintry night. Even the stars seemed to be forzen in the sky. Halkoo was shivering with cold, as he lay near his field under a thatch of sugarcane leaves on his little bamboo cot wrapped in his old, coarse cotton sheet. Under the cot his friend, the dog Jabra, was whining with the cold, his head pressed to his side. Neither of the two was able to sleep.

यहाँ अनुवादक ने भी हिन्दी पाठ के पदबंधों और उपवाक्यों को एक साथ देखकर अंग्रेजी अनुवाद किया है। Wintry night, stars seemed to be frozen, shivering with cold, wrapped in his old coarse cotton sheet आदि पदबंध और उपवाक्य हिन्दी पाठ की भाँति एक-दूसरे से जुड़े हुए हैं और सर्दी की रात का चित्र प्रस्तुत कर रहे हैं।

पाठ की संसक्ति की शक्ति भाषिक विधान से ही प्रतिफलित होती है। इसके तीन मुख्य आयाम हैं—शाब्दिक संसक्ति, संरचनात्मक संसक्ति और संकेतार्थक संसक्ति। इन संसक्तियों से पाठ में निहित संदर्भ नियंत्रित होते हैं और घटनाएँ सार्थक बनती हैं। वे पहले की घटना-स्थिति और बाद की घटना-स्थिति में तालमेल बैठाती हैं। इन आयामों का विवेचन निम्न उदाहरणों में से इस प्रकार है।

कामायनी के प्रथम सर्ग की प्रथम पंक्तियों का अंग्रेजी अनुवाद देखिए :

मूल पाठ (5) :

हिमगिरी के उतुंग शिखर पर, बैठ शिला की शीतल छाँह
एक पुरुष भीगे नयनों से देख रहा था प्रलय प्रवाह।

(कामायनी - जयशंकर प्रसाद)

अनूदित पाठ (5) :

upon the Himalaya's lofty peak,
In the cool shade of an over hanging cliff,
A person sat who with wet eyes surveyed
The flowing current of the flood of Dooms.

(Kamayani - B.L. Sahgal)

इस अनुवाद में उत्तुंग शिखर, शिला की शीतल छाँह, भीगे नयनों से, प्रलय प्रवाह पदबंधों में परस्पर सामंजस्य है और प्रलय के बिंब का निर्माण होता है। अंग्रेजी अनुवाद में इनके पूर्ण समतुल्य पर्याय तो नहीं मिल पाए। 'शिला' के अंग्रेजी पर्याय over hanging cliff और 'प्रलय प्रवाह' की विनाशकारी शक्ति पर सकेंतित करते हुए अंग्रेजी पर्याय 'the flowing current of the flood of Dooms' व्याख्यात्मक पदबंध हैं। 'भीगे नयनों' में 'नयन' संज्ञा है और 'भीगे' विशेषण है किंतु अंग्रेजी अनुवाद में यह 'who with wet eyes' आश्रित विशेषण उपवाक्य के रूप में प्रयुक्त हुआ है। यहाँ हिन्दी के सरल वाक्य को अंग्रेजी के मिश्र वाक्य के रूप में रूपांतरित किया गया है, जो संरचनात्मक उक्ति का एक उदाहरण है। इसी प्रकार 'देख रहा था' सातत्य भूतकालिक क्रिया पद के भाव को सशक्त बनाने के लिए पूर्ण भूतकालिक अंग्रेजी पर्याय Surveyed प्रयुक्त हुआ है, जो अंग्रेजी संरचना की अपनी विशिष्टता है।

बर्नाड शॉ के नाटक Apple Cart के संवाद का एक उदाहरण है, जिसमें सर्वनामों के आधार पर वाक्य-निर्देश मिलते हैं।

मूल पाठ (6) :

Magnus : I shall receive the cabinet here.
The Queen : Here! Why?
Magnus : Well, I think the open air and the evening light will have a quieting effect on them. They cannot make speeches at me so easily as in a room.

इस संवाद में सह-संदर्भित सर्वनाम तत्त्व के रूप में प्रयुक्त हैं। संवाद में मैग्नस ने पहले वाक्य में cabinet का जो उल्लेख किया है, उसके दूसरे वाक्य में them और they सर्वनाम cabinet संज्ञा से सह-संदर्भित हैं। इसी प्रकार सर्वनाम me सम्राट Megnus से संबद्ध है। हिन्दी में भी यही संरचना मिलती है; जैसे–

अनूदित पाठ (6) :

मैग्नस : मुझसे यहाँ मंत्रिमंडल की भेंट होगी।
रानी : यहाँ! क्यों?

मैग्नस : वास्तव में, मेरे ख्याल में खुली हवा और शाम की रोशनी से उन पर शांति का आलम रहेगा। वे इतनी आसानी से मुझ पर भाषणबाजी नहीं कर सकेंगे जैसा वे कमरे में करते हैं।

(कृ.कु. गोस्वामी, अप्रकाशित)

यहाँ उन 'पर' और 'वे' मंत्रिमंडल के मंत्रियों के सह-संदर्भित सर्वनाम हैं और 'मुझे' सर्वनाम मेगनस से संबद्ध है।

एक अन्य उदाहरण है :

मूल पाठ (7) :

किसी गांव में शंकर नाम का एक कुरमी किसान रहता था। सीधा-सादा गरीब आदमी था। अपने काम से काम, न किसी से लेने में, न किसी से देने में। छक्का-पंजा न जानता था।

(सवा सेर गेहूँ - प्रेमचंद)

अनूदित पाठ (7) :

In a certain village, there was a low-cast peasant named Shankar. he was a simple and poor fellow who was absorbed in his own toil and did not try to interfere in the affairs of other folk. He had no tricks up his sleeve at all.

(P.C. Gupta)

हिन्दी पाठ में सर्वनाम का प्रयोग कहीं भी नहीं हुआ है, लेकिन सर्वनाम न होने से भी पाठ के अर्थ में कोई अंतर नहीं आया तथा यह पाठ स्वाभाविक और सहज बन पाया है। अंग्रेजी अनुवाद में सर्वनामों का पूरा-पूरा प्रयोग हुआ है। यदि हिन्दी की भाँति इसमें सर्वनामों का प्रयोग नहीं होता तो संभवतः वाक्यों से संसक्ति बन नहीं पाती। अंग्रेजी पाठ में सर्वनामों का संदर्भानुसार प्रयोग अनिवार्य है, जबकि हिन्दी में सर्वनामों के बिना भी पाठ के अर्थ में संप्रेषण में कोई अंतर नहीं पड़ता। किंतु यहां अनुवाद में अर्थसंगति संदर्भपरक तो हुई है किंतु प्रतीकात्मक नहीं हो पाई।

अर्थ-संगति में वातावरण की सृष्टि वार्तालाप, विवरण आदि से होती है। इसमें बिंब-निर्माण, चरित्र-चित्रण अथवा कथानक अपनी प्रतीकात्मक अर्थ योजना के आधार पर परस्पर संसक्त होते हैं और पाठ को सार्थकता प्रदान करते हैं। वास्तव में यह अर्थ-संगति संदर्भपरक और प्रतीकात्मक होती है जो अनूदित कृति में सार्थक भूमिका बनाती है और अनूदित कृति को मूलपाठ का सहपाठ बनाती है। उदाहरण के लिए;

मूल पाठ (8) :

हीराबाई ने परख लिया, हिरामन सचमुच हीरा है।

चालीस साल का हट्टा-कट्टा, काला-कलूटा, देहाती नौजवान अपनी गाड़ी और अपने बैलों के सिवाय दुनिया की किसी और बात में विशेष दिलचस्पी नहीं लेता। घर में बड़ा भाई है, खेती करता है। बाल-बच्चे वाला आदमी है। हिरामन भाई से बढ़कर भाभी की इज्जत करता है। भाभी से डरता भी है। हिरामन की भी शादी हुई थी, बचपन में ही। गौने के पहले ही दुलहिन मर गई। हिरामन को अपनी दुलहिन का चेहरा याद नहीं। .... दूसरी शादी? दूसरी शादी न करने के अनेक कारण हैं। भाभी की ज़िद, कुमारी लड़की से ही हिरामन की शादी करवाएगी। कुमारी का मतलब हुआ पांच-सात साल की लड़की। कौन मानता है सरधा-कानून? कोई लड़की वाला दोब्याहू को अपनी लड़की गरज पड़ने पर ही दे सकता है। भाभी उसकी तीन सत्त करके बैठी है, सो बैठी है। भाभी के आगे भैया की भी नहीं चलती! .... अब हिरामन ने तय कर लिया है, शादी नहीं करेगा। कौन बलाय मोल लेने जाए! ब्याह करके फिर गाड़ीवानी क्या करेगा कोई! और सब कुछ छूट जाए, गाड़ीवानी नहीं छोड़ सकता हिरामन।

(तीसरी कसम मारे गए गुलफाम - फणीश्वरनाथ रेणु)

अनूदित पाठ (8) :

Hirabai has appraised him. Hiraman was a real diamond.

This forty year old, well-built, dark, rustic youngman took no interest in anything in the world beyond his cart and the bullocks. There was, in his family, an elder brother who was a farmer. He had a wife and children. Hiraman respected his sister-in-law more than his brother, but he also feared her. In his childhood, Hiraman had also been married but his bride died before she could come back the second time for her 'gauna', He did not even remember her face. .....A second marriage? There were many reasons for not marrying again. Among them was his sister-in-law's obstinate wish to marry Hiraman off only to a virgin. A virgin meant a girl five to seven years old. Who paid any attention to the marriage laws? The Sarda Law? But a man would give his daughter to a widower only if it were a case of dire necessity. Hirman's sister-in-law had made her vou three times, so she was waiting. His brother had no say where Hiraman's sister-in-law was concerned. Hirman had now decided that he would not marry. Why buy trouble? who would drive the cart after his marriage? Hiraman could not give up the driving of the cart, even if he had to give up everything else.

(The Third vow or 'Gulfam is slain'-Usha Saksena Nilsson, Hindi Stories)

उपर्युक्त हिन्दी पाठांश मुख्यतया सर्वनाम विहीन पाठांश है। एकाध सर्वनाम मिलता है। पाठ में अंतर वाक्यों का संयोजन सुव्यवस्थित और सुगठित है। ये वाक्य किसी-न-किसी व्याकरणिक इकाई पर आश्रित हैं। इसमें उद्देश्य और विधेय में जो संसक्ति मिलती है वह पाठ के निर्माण में सहायक है। 'चालीस साल........ नौजवान' उद्देश्य और '........ दिलचस्पी नहीं लेता' विधेय में पूरी संसक्ति है। इसी प्रकार अन्य वाक्यों में भी उद्देश्यों और विधेय की संसक्ति है। 'बड़ा भाई', दुलहिन, हिरामन को, कौन, कोई लड़की वाला, 'भाभी' आदि उद्देश्य अपने-अपने विधेय 'घर में है', गौने के पहले .... मर गई', अपनी दुलहिन का चेहरा याद नहीं', 'मानता है सरधा-कानून', 'दो ब्याहू को ... दे सकता है' 'तीन सत्त करके .... बैठी है' आदि क्रमशः परस्पर संसक्त हैं। ये सभी वाक्य मिश्र वाक्य और संयुक्त वाक्य हैं किंतु 'कि, तथा, और' समुच्चबोधक रूपों के बिना। वाक्यों के पदक्रम में भी रूपांतरण है। कई वाक्यों का रूपांतरण प्रश्नवाचक वाक्यों में हुआ जबकि सामान्य वाक्यों में व्यक्त किया जा सकता था। 'दूसरी शादी?' 'कौन मानता है सरधा कानून', ब्याह करके .... क्या करेगा कोई' आदि वाक्यों में भावों को उत्कृष्टता प्रदान करने के लिए प्रश्नवाचक वाक्यों की रचना की गई। '....... दूसरी शादी' में क्रिया नहीं है लेकिन प्रश्नसूचक विराम से कहानीकार ने अपनी बात सुंदर ढंग से स्पष्ट कर दी जो क्रिया पद लगाने से नहीं होती है। इस संचरनात्मक संसबित रो पूरा पाठ संदर्भयुक्त और बिंब-प्रधान हो गया है।

इस पाठ के अंग्रेजी अनुवाद में अनुवादिका उषा सक्सेना निलसन ने संरचनात्मक संसक्ति लाने का प्रयास किया है। अंग्रेजी पाठ में सर्वनाम लाने का प्रधास किया है। अंग्रेजी पाठ में सर्वनामों का प्रयोग अधिक मात्रा में हुआ है जबकि हिन्दी में सर्वनामों का प्रयोग नहीं हुआ। अंग्रेजी अनुवाद में इसकी अनिवार्यता है, क्योंकि अंग्रेजी में सर्वनामों के बिना वाक्यों में संसक्ति नहीं हो पाती। अंग्रेजी पाठ के उद्देश्यों और विधेयों में परस्पर संसक्ति है। अंग्रेजी संरचना के अनुसार अनुवादिका में उद्देश्यों और विधेयों में संसक्ति लाने का सफल प्रयास किया है। लेकिन पदक्रमों में रूपांतरण नहीं हो पाया क्योंकि अंग्रेजी संरचना की अलग प्रकृति है। हाँ–मूल पाठ के समान प्रश्नवाचक वाक्यों का अनुवाद किया है 'A second marriage?' 'Who would drive .... his marriage?' जैसे वाक्यों को हिन्दी के मूलपाठ की भाँति अनूदित किया है। किंतु मूलपाठ में 'कौन बलाय मोल लेने जाय!' वाक्य में प्रश्न के भाव के बजाय अपनी परेशानी से दूर रहने का भाव है जो पाठ के निहित अर्थ में सटीक है, जबकि अंग्रेजी अनुवाद में प्रश्न का भाव अधिक है–'who buy trouble'?

उपर्युक्त विवेचन से हम देखते हैं कि पाठ की संरचनात्मक संसक्ति से अर्थ-संगति भी हुई हैं। पाठ में संदर्भगत अर्थसंगति होने के कारण पाठ सार्थक बन पड़ा है। उसमें हिरामन का पूरा बिंब आ जाता है। हिरामन के चरित्र-चित्रण और कहानी के कथानक से ऐसी अर्थसंगति पैदा होती है, जो हीराबाई के मन में हिरामन की निश्छलता के बिंब का निर्माण कर देती है। अंग्रेज़ी के अनूदित पाठ में भी अनुवादिका ने अर्थ-संगति लाने का अच्छा प्रयास किया है। इससे जो बिंब निर्माण हुआ है, वह सार्थक तो बन पड़ा है लेकिन मूल पाठ के समान नहीं हो पाया, क्योंकि यह अर्थ संगति प्रतीकात्मक नहीं बन पाई है। पाठ की सार्थकता और बिंब निर्माण अकेले वाक्य से संभव नहीं है। वाक्यों के तर्कपूर्ण एवं क्रमपद्ध संयोजन से पाठ अपने-आप में सार्थक हो पाया है। इसी लिए मूल पाठ में हिरामन का पूरा चित्र सामने प्रस्तुत हो जाता है।

साहित्येतर अनुवाद

साहित्यिक विधाओं के विवेचन के पश्चात् साहित्येतर विषयों के पाठ पर भी विचार करने की आवश्यकता है। अनुवाद में न केवल कविता, कहानी, नाटक आदि के अनुवाद आते हैं वरन् मानविकी, विज्ञान, सामाजिक विज्ञान, प्रौद्योगिकी, इंजीनियरी, कार्यालयीन, वाणिज्यिक आदि साहित्येतर विषयों के भी अनुवाद होते हैं। साहित्यिक अनुवाद और साहित्येतर अनुवाद में मूलभूत अंतर यह है कि साहित्येतर तकनीकी अनुवाद में स्रोतभाषा और लक्ष्य भाषा दोनों की जानकारी के साथ-साथ संबद्ध विषय का भी पर्याप्त ज्ञान अपेक्षित है। कविता, नाटक जैसे साहित्यिक अनुवाद में विशिष्टता और सर्जनात्मकता लाने का प्रयास रहता है और उसमें मूल पाठ की आत्मा को पकड़ने का प्रयास रहता है, जो लक्ष्य भाषा की प्रकृति के अनुसार संयोजित हो सके। तकनीकी अनुवाद में मूलपाठ की संदिग्धार्कता और अनेकार्थकता को समाप्त कर उसे उत्कृष्ट बनाने का प्रयास रहता है। इसमें सटीकता, एकार्थकता और यथातथ्यता पर मुख्य रूप से ध्यान दिया जाता है। इसकी अपनी पारिभाषिक शब्दावली होती है जो इसे अलग शैली प्रदान करती हैं। इसकी भाषा-शैली विशेषज्ञों के लिए प्रयुक्त है जिसमें प्रत्येक शब्द को अपना-अपना पर्याय होता है, जबकि सामान्य व्यक्ति के लिए एक शब्द के अनेक अर्थ होते हैं और एक ही अर्थ के लिए अनेक शब्दों का प्रयोग होता है। उदाहरण के लिए;

कार्यालयीन शब्दावली

Sanction - स्वीकृति
Approval - अनुमोदन
Permisson - अनुमति

विधि शब्दावली

Right	-	अधिकार
Privilege	-	विशेषाधिकार
Prerogativr	-	परमाधिकार

मेडिकल शब्दावली

Epidemic	-	महामारी
Endemic	-	लघुमारी
Pandemic	-	विश्वमारी

प्राणिविज्ञान संबंधी शब्दावली

Poison	-	विष, जहर
Toxin	-	आविष
Venom	-	जीविष, गरल

पारिभाषिक शब्दावली में उस समय कठिनाई आ जाती है, जब स्रोतभाषा में निर्मित नए शब्द पर्याय लक्ष्यभाषा में उपलब्ध नहीं होता। ऐसे शब्दों के लिए या तो नए पर्यायों का निर्माण करना पड़ता है या उन्हें ज्यों-का-त्यों स्वीकार करना पड़ता है। कंप्यूटर में माउस, फ्लापी, सीडी आदि तथा विज्ञान में विटामिन, प्रोटीन, न्यूट्रॉन आदि के लिए हिन्दी में पर्याय उपलब्ध न होने के कारण उन्हें आगत शब्द के रूप में अपनाना पड़ा है।

साहित्येतर अनुवाद में भी संसक्ति और अर्थसंगति की समान भूमिका रहती है। साहित्येतर पाठ में संरचना की तर्कपूर्ण और संसक्त व्यवस्था होती है और पाठ में भावों का तर्कपूर्ण सातत्य रहता है जो उसे अर्थसंगति प्रदान करता है। इस संबंध में विज्ञान और प्रौद्योगिकी मंत्रालय की मासिक पत्रिका 'विज्ञान प्रसार' की ड्रीम 2047 के (मई 2003 अंक) संपादकीय के अंग्रेजी और हिन्दी पाठांश नीचे दिए जा रहे हैं :

मूल पाठ : (9)

Not long ago, the term software only meant Computer software, Now it includes all forms of audio visual programmes - say, audio (including radio), video, films, slide shows, printed matter, and of course computer software including CD-ROMs and multimedia. The term has almost become a part of daily life - more so, communicator. When we talk of media - any media - we invariably talk of software and the quality of software. Embark upon a mass awareness campaign, development of an activity module for schools, a radio or televison serial, and the greatest challenge before the organisers and producers is to produce quality programmes - or software, which is relevant, interesting, meaningful and acceptable by end users.

अनूदित पाठ (9) :

अभी कुछ समय पहले तक सॉफ्टवेयर शब्द का मतलब सिर्फ कंप्यूटर सॉफ्टवेयर होता था। अब इसमें श्रव्य-दृश्य कार्यक्रमों के सभी रूप आते हैं—जैसे श्रव्य (रेडियो सहित), वीडियो, फिल्म, स्लाइड शो, मुद्रित सामग्री और निस्संदेह सीडी-रोम और मल्टीमीडिया जैसे कंप्यूटर सॉफ्टवेयर भी। यह शब्द अब रोजमर्रा के जीवन का हिस्सा बन चुका है। जो मीडिया मे जुड़े हैं या विज्ञान संचारक हैं, उन व्यक्तियों के लिए तो और भी अधिक। जब हम मीडिया (किसी भी मीडिया) की बात करते हैं तो हम निरपवाद रूप से सॉफ्टवेयर और सॉफ्टवेयर की गुणवत्ता की बात करते हैं। जन जागरूकता अभियान प्रारंभ करने, विद्यालयों के क्रियाकलाप माड्यूल बनाने एवं रेडियो या टेलीविज़न धारावाहिक के निर्माण के लिए आयोजकों व निर्माताओं के समक्ष सबसे बड़ी चुनौती होती है, अर्थपूर्ण हो और विशेषतः उपभोक्ता द्वारा स्वीकार्य हो।

उपर्युक्त गद्यांश में कोशगत और संकल्पनात्मक आधार पर विवेचन किया जाए तो पता चलता है कि अंग्रेजी पाठ में ऐसे कई तकनीकी शब्द हैं जिनके हिन्दी समतुल्य पर्याय उपलब्ध नहीं हैं; जैसे—सॉफ्टवेयर, रेडियो, वीडियो, फिल्म, स्लाइड शो, मल्टीमीडिया, माड्यूल। अंग्रेजी के मूलपाठ में लगभग 115 शब्द हैं और हिन्दी के अनूदित पाठ में लगभग 130 शब्द हैं। दूसरा, अंग्रेजी पाठ में 5 लंबे-लंबे मिश्र-संयुक्त वाक्य हैं जबकि हिन्दी अनूदित पाठ में 6 लंबे-लंबे मिश्र-संयुक्त वाक्य हैं। इन वाक्यों में कई ऐसे वाक्यांश भी हैं जिनकी अर्थाभिव्यक्ति में थोड़ी-बहुत कठिनाई होती है। इसमें सॉफ्टवेयर के विभिन्न रूपों, गुणवत्ता और उनके प्रयोग का वर्णन है।

अंग्रेजी पाठ में and, say, including, or, of course, almost, when, for, before, only, if, more, so आदि योगात्मक, कालपरक, परिणाममूलक आदि संसक्ति युक्तियाँ हैं। इन युक्तियों से भावों और विचारों में सातत्य आया और नए विचार क्रमानुकूल उभरते आए हैं। इसी प्रकार हिन्दी पाठ में 'जैसे, निस्संदेह, भी, जो, या तो, और, जब, विशेषतः आदि संसक्ति युक्तियों से पाठ तर्कपूर्ण और सुगठित बन पड़ा है। इनकी सहायता से भावों में सातत्य आया है और अर्थ का प्रकटीकरण सही रूप में हुआ है। फिर भी, यह ध्याननीय है कि हिन्दी पाठ में कई युक्तियाँ अंग्रेजी युक्तियों से भिन्न हैं दोनों पाठों की संसक्ति में अंतर नहीं आ

पाया। इस प्रकार साहित्यिक और साहित्येतर दोनों पाठों में संसक्ति और अर्थसंगति दोनों का समान महत्त्व है।

पाठ का अनुवाद पुनर्रचना भी है

पाठ का अनुवाद पुनर्रचना के रूप में प्रस्तुत होता है। जॉन कीट्स की 'Ode to a Nightingale' कविता का यतींद्र कुमार द्वारा किया गया अनुवाद पुनसृर्जन के रूप में मिलता है।

मूल पाठ : (10)

...... where men sit and hear each other groan,
where palsy shakes a few, sad, last gray hairs,
where youth grows pale, and spectre thin and dies
where but to think is to be full or sorrow
And laden-eyed despairs,
Where beauty cannot keep her lustrous eyes
or new Love pine at them beyond tomorrow.

(Ode to a Nightingale - John Keats)

अनूदित पाठ (10) :

.... जहाँ कान में भरता,
मनुजों का दल बैठ व्यथाएँ अपनी और पराई,
कंपवात है जहाँ कंपाता, अंतिम और दर्दीले
जरा-जीर्ण भूरे बालों को, पीला पड़ता यौवन,
प्रेत सरीखा होता है, और भर जाता जहाँ कि चिंतन
होता है केवल विषाद-भावों से भरते जाना,
चरम निराशा से पलकों का भारी होते आना,
जहाँ न रूप नयन अपने रख सकता है चमकीले,
और न नवल प्रणय ही भावी कल के परे सिसकता।

(महाकवि कीट्स का काव्यलोक - यतीन्द्र कुमार)

इस अनुवाद में 'groan' का अनुवाद अपनी और पराई व्यथाओं से कान भरने लगता है। 'palsy' का हिन्दी अनुवाद 'कंपवात' मूलपाठ का केवल अर्थ बोध नहीं कराता वरन् 'कंपाता' के साहचर्य से करुण भाव में वृद्धि भी करता है। 'hairs' के साथ a few, sad, last gray विशेषणों के प्रयोग करुणा और उससे उत्तरोत्तर बढ़ती विवशता 'अंतिम और दर्दीले जराजीर्ण भूरे बालों' से व्यंजित हुई है। youth grows pale के तीन

शब्दों से जीवन में होने वाले अनिवार्य किंतु अप्रिय परिवर्तन हिन्दी में भी 'पीला पड़ता यौवन'! तीन शब्दों में ही दिखाया गया है। अंतिम दो पंक्तियों के अनुवाद के लिए Beauty और lustrous के लिए क्रमशः जो 'रूप' और 'चमकीले' जो शब्द प्रयुक्त हुए हैं, वे मूल शब्दों के सही समतुल्य शब्द हैं—'न रूप नयन .... न नवल प्रणय ही भावी कल। अनुवाद काफी सुंदर बन पड़ा है। हिन्दी अनुवाद में काव्यात्मकता और सर्जनात्मकता पूर्णतया परिलक्षित होती है। मूलपाठ का यह अनुवाद कम लगता है, पुनःसृजन अथवा पुनर्रचना अधिक।

प्रेमचंद की कहानी 'ईदगाह' के दो अंग्रेजी अनुवाद दिए गए हैं। इन दोनों अनुवादों से यह स्पष्ट होता है कि अनुवाद प्रक्रिया में अकेले शब्द अथवा वाक्य का रूपांतरण नहीं होता वरन् समूचे पाठ या पाठांश की प्रक्रिया एक साथ चलती है। एक विशेष संदर्भ में रूपांतरण और प्रतिस्थापन होता है और अंततः लक्ष्य भाषा की विशिष्ट प्रकृति और समाज-संस्कृति के परिप्रेक्ष्य में रखते हुए उस पाठ की पुनर्रचना करता है। उदाहरण के लिए;

मूल पाठ : (11)

अमीना ने छाती पीट ली। यह कैसा बेसमझ लड़का है कि दोपहर हुआ, कुछ खाया न पिया। लाया, क्या चिमटा। सारे मेले में तुझे और कोई चीज़ न मिली जो यह लोहे का चिमटा उठा लाया? हामिद ने अपराधी भाव से कहा—'तुम्हारी अंगुलियाँ तवे से जल जाती थी इसीलिए मैंने इसे लिया।' बुढ़िया का क्रोध तुरंत स्नेह में बदल गया और स्नेह भी वह नहीं जो प्रगल्भ होता है और अपनी सारी कसक शब्दों में बिखेर देता है। वह मूल स्नेह था, खूब ठोस रस और स्वाद से भरा हुआ। बच्चे में कितना त्याग, कितना सद्भाव और कितना विवेक है। दूसरों को खिलौना लेते और मिठाई खाते देखकर इसका मन कितना ललचाया होगा। इतना ज़ब्त इससे हुआ कैसे? यहाँ भी इसे अपनी बुढ़िया दादी की याद बनी रही। अमीना का मन गद्-गद् हो गया।

(ईदगाह : प्रेमचंद)

अनूदित पाठ (11) :

(a) Amina wrung her hands; what a foolish boy he was! It was noon, and he had nothing to eat or drink. What did he get? Tongs!
'Couldn't you get anyting else at the whole fair since you had to pick up these tongs?' Hamid said guiltily, 'Your fingers burn on the griddle, so I bought these.' The old woman's annoyance changed into love, and not a love which is wasted in words, but one that is silent, deep and filled with sweetness. How wise, kind and self-

sacrificing the child was! How tempted he must have been when the others were eating sweets and buying toy. How could he forefeit so much? Hamid had remembered his old grandmother even there. Amina was overwhelmed.

(Idgah : Usha Saksena Nilsson - Hindi Stories)

अनूदित पाठ (11) :

(b) Amina was distressed. How foolish the child was! It was almost midday; he had nothing to eat or drink all this while! And was he bought from the fair? Tongs! 'Could you find nothing else in the whole fair, that you had to go and buy these iron tongs?'

Hamid explained guiltily, 'Your fingers get burnt on the pan. That is why I bought them.' The anger of the old woman turned into affection. Not that loud affection which scatters its intensity in a flood of words. This was mute love, solid, filled to the core with sweetness. How wise, gentle and self-sacrificing the child was! How sorely he must have been tormented while the others bought sweet and toys! How could he suffer so much? He remembered his old Granny even at the fair. Amina was supremely happy.

(Idgah : P.C. Gupta - A Handful of Wheat and other stories)

उपर्युक्त दोनों अनूदित पाठों में पाठ के प्रारंभ से ही पाठ के विभिन्न घटकों पर ध्यान केंद्रित किया गया; जैसे—

मूल पाठ	अनूदित पाठ (क)	अनूदित पाठ (ख)
अमीना ने छाती पीट ली।	Amina wrung her hands.	Amina was distressed.
दोपहर हुआ।	It was noon	It was almost midday.
तुम्हारी ऊँगलियाँ तवे से जल जाती थीं।	Your fingers burn on the griddle.	Your fingers get burnt on the pan.
बुढ़िया का क्रोध तुरंत स्नेह में बदल गया।	The old woman's annoyance changed into love.	The anger of the old turned into affection.
वह मूक स्नेह था, खूब ठोस रस और स्वाद से भरा हुआ।	That is silent, deep and filled with sweetness.	This was mute love, solid filled to the core with sweetness.
इसका मन कितना ललचाया होगा।	How tempted he must have been.	How sorely he must have been tormented.
बुढ़िया दादी	Old grandmother	Old Granny
अमीना का मन गद्-गद् हो गया।	Amina was overwhelmed	Amina was supremely happy

इस प्रकार ऐसे अनेक उदाहरण दिए जा सकते हैं जिनमें अनुवादकों ने चित्रों की क्रमवार रचना की। इनसे तीव्र और तात्कालिक प्रभाव पड़ता गया। इन चित्रों के सृजन में समतुल्य शब्दों का संतुलित प्रयोग हुआ है हालांकि अंग्रेजी के दोनों अनुवादों में भूतकाल का प्रयोग हुआ है और हिन्दी में मुख्यतया वर्तमान का। तथापि, ये अनुवाद अलंकारपूर्ण नहीं वरन् सहज और स्वाभाविक अधिक हुए हैं।

यहाँ यह बात उल्लेखनीय है कि अनुवाद में मूलपाठ का न केवल विकोडीकरण होता है और न ही लक्ष्य भाषा में पूरे पाठ या पाठांश का पुनर्सृजन होता है वरन् उसमें स्रोतभाषा और लक्ष्यभाषा दोनों की भाषिक और सामाजिक-सांस्कृतिक पृष्ठभूमि की भी विशिष्ट भूमिका होती है। वास्तव में अंग्रेजी जैसी विजातीय भाषाओं का सामाजिक-सांस्कृतिक धरातल भिन्न होने के कारण अनुवादक को मूल पाठ के भावार्थ को अनूदित पाठ में पहुँचाने के लिए काफी प्रयास करना पड़ता है। जयशंकर प्रसाद के 'कामायनी' के मूल पाठांश और उसको अनुवाद से हम देख सकते हैं :

मूल पाठ (12) :

समरस थे जड़ या चेतन सुंदर साकार बना था,
चेतनता एक बिलसती आनंद अखंड घना था।

(कामायनी - जयशंकर प्रसाद)

अनूदित पाठ : (12)

All objects conscious or unconscious were
Pervaded by savour of one life,
And beauty was incarnate where,
And be one consciousness was sporting round,
And Bliss intense and undivided reigned.

(Kamayani - B. L. Sahgal)

उपर्युक्त हिन्दी पंक्तियों में कवि ने जड़ और चेतन दोनों के एक रूप में देखने से अलौकिक आनंद प्राप्त होने की बात कही है, लेकिन अनुवाद में यह भाव नहीं आ पाया। मूल पाठ में जो अनुभूति और प्रभाव की जो तीव्रता मिलती है, वह अनुवाद में नहीं आ पाई। मूल पाठ में 'समरस' के लिए अनुवाद में 'Pervaded by the savour of one life' से 'समरसता' का पूर्ण भाव नहीं मिल पाया। 'जड़' या 'चेतन' के लिए क्रमशः 'unconscious' और 'conscious' शब्द प्रयुक्त हुए हैं। भारतीय संस्कृति और दर्शन में जड़-चेतनमय जगत को समरस कह कर चेतना को विलास करते हुए और सभी को अखंड आनंद में मग्न देखते हैं। इसलिए अंग्रेज़ी पर्याय सटीक नहीं बन पाए। 'आनंद अखंड घना था' के लिए 'Bliss intense and undivided reigned' से आनंद का भाव पूर्णतया नहीं हो पाया, क्योंकि भारतीय दर्शन में परमात्मा के स्वरूप

को आनंद कहा गया है और ब्रह्मानंद की लीला ही सृष्टि मानी गई है। अतः अंग्रेजी अभिव्यक्ति हिन्दी की सामाजिक-सांस्कृतिक अभिव्यक्ति के अनुकूल नहीं आ पाई। लेकिन यह एक पुनःसृजन है जिसमें अनुवादक ने मूलभाव को उतारने का प्रयत्न किया है। इसी प्रकार प्रसाद जी ने कामायनी में 'चिति, महाचिति' शब्दों के प्रयोग में जड़ या चेतनमय जगत को चेतना शक्ति 'चिति का विराट वपु' कहा है जिसे अनुवादक ने Image of the supreme conciouness और mind supreme के अंग्रेजी पर्याय प्रयुक्त किए हैं।

वास्तव में स्रोतभाषा के सामाजिक-सांस्कृतिक शब्दों को लक्ष्यभाषा में लाना सरल काम नहीं है। प्रेमचंद की कहानियों से चूल्हा, हुक्का (सवा सेर गेहूँ), चैत, भाभी, अंत्येष्टि क्रिया (सुजान भगत) और लौंडिया (ठाकुर का कुआँ) शब्दों के लिए अंग्रेज़ी में प्रकाशचंद गुप्त ने क्रमशः homefire, hubble-bubble (A Handful of wheat), spring, sister-in-law, After completing the last rite and ceremonies (Sujan the Devout) और slave (The Thakur's well) के रूप में जो अनुवाद किया है, उन पर विचार करने की आवश्यकता है कि इन अंग्रेजी समतुल्यों से मूल पाठ के साथ न्याय हुआ है या नहीं अथवा लक्ष्य भाषा में ये भावानुकूल बन पड़े हैं या नहीं। 'चिलम' (सवा सेर गेहूँ), कुंभ (सुजान भगत) का अनुवाद प्रकाशचंद्र गुप्त नहीं कर पाए जबकि किसी अन्य अनुवादक ने 'चिलम' शब्द के लिए अंग्रेजी पर्याय 'an earthern pipe' प्रस्तुत किया है जो चिलम में निहित सामाजिक सूचना नहीं दे पाता। वास्तव में लक्ष्य भाषा का पाठक अपनी भाषा, समाज, संस्कृति और इतिहास के संदर्भ में अनूदित पाठ का पाठन करता है, इसलिए उसकी भाषा में स्रोत भाषा की संस्कृति को संयोजित करना पड़ता है।

मूल पाठ में जो मुहावरे और मुहावरेदार प्रयोग होते हैं, उनसे भी कई बार स्रोत भाषा की सामाजिक-सांस्कृतिक पृष्ठभूमि भी दिखाई देती है। ये मुहावरेदार प्रयोग शाब्दिक अर्थ से अलग अर्थ देते हैं, जो भाषा की संवेदना को प्रकट करते हैं। उदाहरण के लिए;

गुलगुले पकना	- feasting	(सवा सेर गेहूँ)
मेरे तो भाग्य भी फूट गए	- A mortal blow to me	
(पंडिताइन का) कहीं पता न लगना	- would have gone to the dogs	
कृष्णार्पण कर देना	- gave it away in charity	(सुजान भगत)
छाती पर साँप लोटना	- To grow quite restive	(ठाकुर का कुआँ)

मूलपाठ में ये मुहावरेदार प्रयोग संदर्भानुसार प्रयुक्त हुए हैं, लेकिन द्विसांस्कृतिक अनुवादक इनके समतुल्य लाने का जो प्रयास करता है, उसमें उसे सचेत और सजग रहना पड़ता है। उपर्युक्त मुहावरे के अनुवाद प्रायः भावार्थ लिए हुए हैं या उनके समकक्ष मुहावरे हैं। 'कहीं पता न लगना' का संदर्भानुसार अर्थ 'बर्बाद हो जाना' है जिसे

अनुवादक ने अंग्रेजी के 'gone to the dogs' मुहावरे के अंतर्गत सटीक प्रस्तुत किया है, लेकिन 'छाती पर साँप लोटना' के लिए अनुवादक ने 'grow quite restive' अभिव्यक्ति अंग्रेजी में भावार्थ के रूप में प्रस्तुत की है। इस प्रकार मूल पाठ में मुहावरे का जो संदर्भानुवार प्रयोग होता है, अनुवाद में उसी के अनुसार लक्ष्य भाषा के अपने मुहावरे प्रयुक्त करने का प्रयास रहता है। यदि मुहावरा उपलब्ध नहीं होता तो उनका भावार्थ दिया जाता है।

लक्ष्यभाषा की प्रकृति के अनुकूल अनुवादक अपनी तकनीक अपनाता है। कई बार वह उसमें आवश्यकतानुसार परिवर्तन करता है और कई बार मूल पाठ के भाव को लक्ष्य भाषा में कुछ ही शब्दों में संप्रेषित कर देता है। इसका एक उदाहरण एडविन आर्नल्ड के काव्य 'लाइट ऑफ एशिया' है के एक अंश में जल, थल आकाश में व्याप्त संघर्ष को 21 शब्दों में वर्णित किया गया है; जैसे—

..... *in the brake now fierce*

The war of weak and strong! in the air what plots!

No refuge e'en in water?

इसी पाठांश को रामचंद्र शुक्ल ने 'बुद्ध चरित' में केवल नौ शब्दों में अनूदित किया है—

'सबल निबल को समर चलत जल थल में ऐसो'

इस पाठांश में अनुवादक ने भावों को पूर्णतया समझा तथा कथ्य में ध्वनि-तत्त्व और शब्द-विशेष के साथ संपृक्त संस्कार, परंपरा आदि का समायोजन किया और इन्हीं के हिन्दी पर्याय निर्धारित करने का सफल प्रयास किया है। इस प्रकार प्रोक्ति के स्तर पर शुक्ल जी की यह अनूदित कृति 'बुद्ध चरित' के अनुवाद की अपेक्षा पुनःसृजन अथवा अनुसृजन है। यह केवल पाठ के अनुवाद से ही संभव है कि अनुवादक मूल पाठ के भाव या तो अधिक शब्दों में समायोजित करता है या कम शब्दों में।

इस प्रकार पाठ में अर्थ की प्राप्ति की पूरी संभावना रहती है। शब्द, पदबंध अथवा वाक्य स्तर पर अनुवाद के प्रायः असफल होने की संभावना रहती है, किंतु पाठ में यह संभावना बहुत क्षीण होती है। अंतर-वाक्य संरचना और उनकी संसक्ति तथा अर्थ-संगति से बोधगम्यता में वृद्धि होती है। कथ्य में स्पष्टता और सहजता आ जाती है। इसमें सामाजिक-सांस्कृतिक तत्त्व भी अर्थ को संदर्भानुकूल व्यक्त करने में सहायक होते हैं और मुहावरे तथा मुहावरेदार प्रयोग भी विशेष भूमिका निभाते हैं। लक्ष्यभाषा का अनूदित पाठ स्रोत भाषा के मूल पाठ का सहपाठ भी होता ही है, साथ ही एक अलग कृति के रूप में पुनःसृजन भी होता है।

अनुवाद के सिद्धांत

मानव सभ्यता के विकास में मानव संप्रेषण की संकल्पना का प्रादुर्भाव हुआ। इस संप्रेषण के मूल में अनुवाद की संकल्पना भी उभर कर आई। अनुवाद की संकल्पना को स्पष्ट करने के लिए प्राचीनकाल से ही चिंतन-मनन हुआ। विद्वानों ने अपने-अपने मत प्रकट किए। इन मतों से विभिन्न संप्रदायों (schools) का जन्म हुआ। किसी ने भाषा की संरचना पर बल दिया तो किसी ने उसके अर्थ का विश्लेषण किया। किसी ने भाषा के विभिन्न प्रकार्यों को आधार बना कर विवेचन किया तो किसी ने भाषा के संप्रेषणात्मक पक्ष पर बल दिया। उन्नीसवीं शताब्दी में आधुनिक भाषाविज्ञान के आविर्भाव से अनुवाद पर भी चिंतन होने लगा। इसमें भाषा की विभिन्न इकाइयों—ध्वनि, रूप, शब्द या पद, पदबंध, वाक्य के साथ-साथ प्रोक्ति और पाठ पर भी ध्यान दिया गया। प्रोक्ति और पाठ में भाषा के व्याकरणिक विवेचन के साथ-साथ अर्थ को अपने चिंतन का विषय बनाया गया है। इस प्रकार संरचनात्मक, अर्थपरक, प्रकार्यात्मक, संप्रेषणात्मक और भाषावैज्ञानिक सिद्धांत स्थापित हुए। इनसे अनुवाद का स्वरूप स्पष्ट होने लगा। ये सिद्धांत इस प्रकार हैं :

1. संरचनापरक सिद्धांत : अनुवाद के संरचनापरक सिद्धांत भाषा की संरचना के व्यवस्थित रूप से उद्‌घाटित होने का परिणाम है। यह स्वाभाविक है कि भाषा की संरचना के भिन्न-भिन्न प्रारूपों के अध्ययन से इनमें न्यूनाधिक भेद मिल जाते हैं। ब्रिटिश विद्वान कैटफर्ड ने भाषा के अनुस्तरित तथा वर्गीय विश्लेषण के आधार पर अनुवाद-सिद्धांत का प्रतिपादन किया। उनका यह सिद्धांत सुप्रसिद्ध भाषाविज्ञानी फ़र्थ के सिद्धांत पर आधारित है, जिसमें भाषा की इसी संरचना के आधार पर अनुवाद की समूची व्याख्या की गई है। कैटफर्ड मुक्त और शाब्दिक अनुवाद का भेद करते हुए बताते हैं कि भाषा की जो कड़ी अपने तदनुरूप ऊपरी या निचली अनुस्तरण की सतह पर भाषांतरित हो सकती है, वह मुक्त अनुवाद है। उनके मतानुसार प्रत्येक भाषा, विशेष रूप से अनुवाद-प्रक्रिया में संबद्ध भाषाओं का विश्लेषण कोटि परिवर्तन (rank shift) के आधार पर किया जा सकता है और उनमें एक जैसी कोटियों का सामंजस्य बिठाया जा सकता है। प्रश्न उठता है कि कैटफर्ड के इस सिद्धांत का अनुवादक के व्यावहारिक पक्ष पर कितना प्रभाव पड़ा है और अनुवाद प्रशिक्षण के दौरान अनुवादक को तैयार करते समय इससे कितनी सहायता ली जा सकती है?

वास्तव में कैटफर्ड के सिद्धांत को लेकर कई प्रयास हुए, किंतु उसका व्यावहारिक रूप सामने नहीं आ पाया। संरचना के आधार पर अनुवाद-सिद्धांत के अंतर्गत कुछ निर्धारक निर्देश हैं, जिनके आधार पर संबद्ध भाषाओं में संरचनात्मक समानता तथा विषमता का निर्धारण किया जाता है, भाषा की प्रकृति का पता लगाया जाता है और विभिन्न भाषाओं में वाक्य-विन्यास की विशेषताओं पर विचार किया जाता है। कंप्यूटर में पहली और दूसरी पीढ़ी के कंप्यूटर सामग्री आधारित (databased) थे। इन कंप्यूटरों में भाषा का संरचनात्मक विश्लेषण और उसके आधार पर अनुवाद-सिद्धांत के मशीनीकरण की ओर जाने की संभावनाएँ दिखाई दीं। इस से काफी लाभ भी उठाया गया। सातवें दशक के मध्य तक अनुवाद का मशीनीकरण जिस उत्साह और जोश से करने का प्रयास हुआ, वह अनुवाद के संरचनात्मक सिद्धांत का ही परिणाम है। इस प्रकार अनुवाद सिद्धांत के व्यवस्थित विकासक्रम के प्रथम चरण में अनुवाद के संरचनात्मक सिद्धांत को ही महत्त्व प्राप्त हुआ। इसका विकास प्रमुख रूप से बाइबिल तथा ग्रीक और लैटिन के श्रेष्ठ ग्रंथों के अनुवाद के संदर्भ में हुआ। इसमें रूपगत साम्य पर ही मुख्य रूप से बल दिया गया और शब्द-प्रति शब्द अनुवाद के सिद्धांत को अपनाया गया। बाइबिल का मूल शब्द इतना महत्त्वपूर्ण माना जाता था कि उसमें मामूली-सा परिवर्तन भी असह्य और अक्षम्य था।

2. अर्थपरक सिद्धांत : भाषा की संरचना के सूक्ष्म विश्लेषण करने के साथ-साथ भाषा के अर्थ पर भी अधिक ध्यान दिया जाने लगा। कदाचित् भाषा के अति सूक्ष्म विश्लेषण की यह स्वाभाविक परिणति थी। इस संदर्भ में एक ओर अर्थ की प्रकृति पर विचार करते हुए यह प्रश्न भी उठाया गया कि अर्थ का अर्थ क्या है? अर्थ के विवेचन में सुप्रसिद्ध विद्वान ऑग्डन और रिचर्ड्स ने परंपरागत विचारधारा का खंडन करते हुए कहा कि किसी भाषिक अभिव्यक्ति का अर्थ अनुभव के आधार पर नहीं बनता वरन् अर्थ का उद्‌घाटन प्रयोगपरक संदर्भ से ही होता है। इस संदर्भ में एक मूलभूत प्रश्न यह भी था कि क्या अर्थ को अभिव्यक्ति से या भाषिक प्रतीक से अलग कर देखा जा सकता है या नहीं? जो विद्वान यह मानते थे कि किसी-न-किसी स्तर पर अभिव्यक्ति का अर्थ स्वतंत्र रूप से लिया जा सकता है, वे अनुवाद के संदर्भ में यह भी तर्क देते थे कि अनुवाद-प्रक्रिया में किसी पाठ के अर्थ को दूसरी भाषिक अभिव्यक्ति देना ही अनुवाद है। इसी धारणा को कुछ विद्वानों ने शरीर और आत्मा का संबंध बताते हुए अनुवाद को एक आत्मा (अर्थ) का मूल काया में से निकाल कर 'परकाय प्रवेश' करना या पुनर्जन्म लेना ही बताया। इसके विपरीत कुछ विद्वानों का यह भी मत रहा है कि भाषिक प्रतीक और उसका अर्थ एक-दूसरे से अलग नहीं हो सकते। यह ध्यान में रहे कि प्रत्येक प्रतीक अपने संदर्भ से ही अर्थ ग्रहण करता है और इसीलिए एक भाषिक प्रतीक के एकाधिक अर्थ हो सकते हैं और होते भी है। इस प्रकार अनुवाद-प्रक्रिया में किसी मूल पाठ में प्रयुक्त किए जाने वाले भाषिक प्रतीकों के संदर्भपरक अर्थ का ध्यान रखते हुए किसी अन्य भाषा-व्यवस्था में वैसे ही भाषिक प्रतीक चुने जाने चाहिए

जो अपने भाषिक संदर्भ में वैसा ही अर्थ देने में समर्थ हों। अंग्रेजी विद्वान सेमुअल जॉनसन ने शब्द और अर्थ को भाषा के दो अलग-अलग आयाम या स्तर माना है। उनके मतानुसार मूल के भावों (अर्थ) की रक्षा करते हुए दूसरी भाषा में बदलना ही अनुवाद है (To translate is to change into another language retaining the sense)। इससे ध्वनित होता है कि अर्थ का अस्तित्व भाषा से अलग माना गया है। अतः अर्थ को भाषा से अलग किया जा सकता है और उसे दूसरी भाषा में भेजा जा सकता है, किंतु अनुवाद करते समय अर्थ को दूसरी भाषा में अक्षुण्ण बनाए रखना आवश्यक है।

अर्थपरक सिद्धांत का आधुनिक रूप समतुल्यता के सिद्धांत के रूप में आया। इसमें गत्यात्मक या प्रकार्यात्मक समतुल्यता को प्रमुखता दी गई। इस सिद्धांत को पूर्ववर्ती संरचनापरक सिद्धांत से अधिक उपयोगी माना गया, क्योंकि उस सिद्धांत में तो केवल भाषा का रूपगत साम्य (Formal correspondence) ही आधार होता था, जिसके कारण अनूदित कृति में कृत्रिम और अव्यवस्थित रूप दिखाई देते थे।

अनुवाद के अर्थपरक सिद्धांत के विकास के साथ-साथ भाषा के विभिन्न अर्थों का विश्लेषण भी अधिक गहन होता गया और अब भाषा के दार्शनिक अर्थ, वाच्यार्थ, भावार्थ, लाक्षणिक अर्थ, व्यंग्यार्थ आदि पर भी विचार होने लगा। इनके निर्धारण के सुनिश्चत नियम स्थापित करने का प्रयास किया गया। हर भाषा में अपने अभिधापरक प्रतीकों के अतिरिक्त लक्षणापरक और व्यंजनापरक प्रतीक भी होते हैं। इसका अभिधापरक अर्थ कुछ और होता है तथा लक्षणा-व्यंजना से कुछ और अर्थ निकलता है। अनुवाद के अर्थपरक सिद्धांत में इन्हीं लक्षणार्थ, व्यंग्यार्थ आदि प्रतीकों के अर्थ ग्रहण करके उनके विश्लेषण को महत्त्व दिया गया और समतुल्यता के आधार पर साम्य स्थापित करना ही अनुवाद की दृष्टि से अधिक उपयोगी माना गया।

3. प्रकार्यपरक सिद्धांत : भाषा-केंद्रित अध्ययन के विकास के साथ-साथ यह भी देखा गया कि भाषा के क्या प्रकार्य होते हैं? यदि भाषा सूचना का संवाहक है तो विचार-विनिमय का माध्यम भी। इससे भी अधिक भाषा अपने प्रयोक्ताओं में संबंध स्थापित करने अथवा संबंध विच्छेद करने में भी सक्षम साधन हो सकती है और भाषा स्वयं भाषा का निरूपण करने में भी आवश्यक मानी जाती है। भाषा के विभिन्न प्रकार्यों का प्रतिपादन ब्यूलर तथा रोमन याकोब्सन ने अपने-अपने ढंग से किया। इस विचारधारा ने भाषा को अलग ढंग से समझे जाने का मार्ग खोल दिया। इससे अनुवाद के क्षेत्र में अनुवाद प्रक्रिया की पहली कड़ी को नया रूप मिला। इसमें मूल पाठ का विश्लेषण करने से पहले ही अनुवादक को यह देखना होता है कि मूल पाठ की भाषा का मुख्य प्रकार्य क्या है? इसी प्रकार्य के अंतर्गत वह भाषा के प्रयोग के संदर्भ निर्धारित करता है और उसी के आधार पर अर्थ तक पहुँचने का प्रयास करता है।

इसी संदर्भ में अन्य प्रकार्यों के साथ-साथ पाठ का प्रकार्य भी सामने आया, जिसके आधार पर भाषा के प्रकार्य के साथ-साथ विवेच्य पाठ के प्रकार्य का भी निर्धारण किया जाता है। अनुवादशास्त्री जुलियाना हाउस ने अनुवाद की गुणवत्ता के निर्धारण के आधार पर पाठ-प्रकार्य के ढाँचे को ही मुख्य आधार माना है। उनके मतानुसार अनूदित पाठ के उत्तम होने का एक ही लक्षण है कि उसके प्रकार्य (प्रभाव) वैसे ही हों जैसे मूल पाठ के होते हैं। समान प्रकार्य होने से अनूदित भाषा का पाठ वैसा ही प्रभाव उत्पन्न कर सकेगा जो प्रभाव मूल पाठ उत्पन्न करता है। जुलियाना हाउस के शब्दों में ''अच्छे अनुवाद में संबद्ध पाठों के पार्श्विक मिलते-जुलते होने चाहिए।''

4. संप्रेषणपरक सिद्धांत : भाषा-अध्ययन में जैसे-जैसे भाषा की प्रकृति के नए आयाम खुलते गए, वैसे-वैसे भाषा-अध्ययन के क्षितिज भी उभरने लगे। अब भाषा का अध्ययन संकेतविज्ञान (Semiotics) की एक शाखा के रूप में होने लगा है, जिसमें भाषा कोड और सरणि (channel) की अवधारणा सामने आई। इसमें एक ओर विचारों, संकल्पनाओं, भावनाओं आदि को भाषिक प्रतीकों में कोडीकृत किया जाता है। यह कोडीकरण इस बात पर निर्भर करता है कि संप्रेषण के लिए कौन-सी सरणि उपलब्ध है। इस सरणि की योग्यता और क्षमता का अपना महत्त्व है, क्योंकि उनसे संदेश की प्रकृति पर प्रभाव पड़ता है? इसमें यह भी देखा जाता है कि किसी भाषिक संदेश में सूचना तत्त्व की मात्रा कितनी है? इन तत्त्वों के निर्धारण में अनुवाद-सिद्धांत यह पता लगाता है कि लक्ष्य भाषा के पाठक को सामान्य रूप से किन तत्त्वों का ज्ञान हो सकता है और कितने तत्त्व ऐसे हैं जो उसके सामान्य ज्ञान की परिधि से बाहर हैं? यह सामान्य ज्ञान अनूदित संदेश के ग्रहीता की अपनी भाषा की प्रकृति पर निर्भर करता है। इसी के आधार पर सरणि-व्यवधान की भी संकल्पना की जाती है। इससे यह पता चलता है कि अनूदित पाठ में जो अपरिहार्य क्षति हुई है, वह किस हद तक क्षम्य है। इसी आधार पर विषम सांस्कृतिक भाषाओं के प्रतीकों की व्याख्या की आवश्यकता पड़ती है। संप्रेषणपरक सिद्धांत के दूसरा रूप का विकास समाजभाषाविज्ञान में हुआ। इसमें यह देखा जाता है कि कौन, किससे, क्या, कब और कहाँ बात कर रहा है। इससे भाषा के विभिन्न रूप उद्भूत होते हैं। यह सिद्धांत अनुवाद-सिद्धांत पर काफी उपयोगी रहा, क्योंकि अमुक रचना का संप्रेषणपरक विवरण क्या है, इसी से अनूदित रचना की विशेषताओं का निर्धारण किया जाता है।

वास्तव में उपर्युक्त सिद्धांतों में से कोई भी सिद्धांत अपने आप में पूर्ण नहीं है। ये एक दूसरे के पूरक अवश्य हो सकते हैं। कुछ विद्वानों का यह भी मत है कि अनुवाद सिद्धांत अभी विकासशील स्थिति में है और संभवतः अनुवाद सिद्धांत इन सिद्धांतों के समन्वित रूप का ही परिणाम होगा। विभिन्न विद्वानों ने अनुवाद चिंतन करते हुए अपने जो मत व्यक्त किए, उन्हें सिद्धांतों के रूप में लिया जा सकता है। इन विद्वानों में टिटलर

का नाम आता है। टिटलर ने अपने सिद्धांत में यह बताया है कि मूल रचना के सभी विचारों का लक्ष्य भाषा में पूर्ण अंतरण अपेक्षित है। इसके लिए अनुवादक को मूल रचना की भाषा और प्रतिपाद्य विषय का अच्छा ज्ञान होना आवश्यक है। उनका मत है कि भाषाओं की भिन्न प्रकृति होने के कारण अनुवाद में आने वाली कठिनाई के समाधान के लिए अनुवादक से यह अपेक्षा की जाती है कि वह दोनों भाषाओं की प्रकृतियों का तुलनात्मक अध्ययन करे। टिटलर ने एक ओर वैज्ञानिक एवं तकनीकी विषयों के अनुवाद के लिए प्रतिपाद्य विषय की जानकारी को आवश्यक बताया तो दूसरी ओर सर्जनात्मक साहित्य के अनुवाद के लिए मूल रचना के समूचे सौंदर्य का लक्ष्यभाषा में अंतरण करने के लिए रचना-विशेष की सांस्कृतिक पृष्ठभूमि का अच्छा ज्ञान भी आवश्यक माना है। इसे समझे बिना मात्र कोशों और व्याकरण की सहायता से सही अर्थ का संप्रेषण नहीं हो पाता और न ही लक्ष्यभाषा में अपेक्षित अलौकिकता और सर्जनात्मकता पैदा की जा सकती है। टिटलर यह भी कहते हैं कि अनुवाद में मूल लेखक की शैली और लेखन-विधि को यथासंभव सुरक्षित रखा जाए। इसके लिए अनुवादक का मूल लेखक के साथ साधारणीकरण होता है। उसे लेखक की शैली से आत्मसात करना पड़ता है, अन्यथा मूल लेखक की संवेदना और शैली अनूदित पाठ में नहीं आ पाएगी।

टिटलर ने अनुवाद की मूलनिष्ठता पर विचार प्रस्तुत करते हुए कहा कि अनुवादक को विशेष स्थितियों में मूल रचना में घटाने-बढ़ाने की छूट तभी दी जा सकती है, जब वह इसका प्रयोग बहुत सावधानी से करे। अपनी ओर से जोड़े गए शब्द या वाक्य मूल के अनुरूप होने चाहिए। उनके मतानुसार मूल पाठ से अनुवाद में घटाने-बढ़ाने की छूट गद्य की अपेक्षा पद्य में अधिक रहती है। पद्य में कल्पना शक्ति, लक्षणा और व्यंजना का तथा प्रतीकों एवं बिंबों का अनूठा सौंदर्य होता है। शब्दानुवाद से भावाभिव्यक्ति सपाटबयानी बन कर रह जाती है और कविता का समूचा सौंदर्य नष्ट हो जाता है। श्रेष्ठ अनुवाद हमेशा अनुवादक की प्रतिभा और व्यक्तित्व पर निर्भर रहता है। इसीलिए टिटलर आगे कहते हैं कि साधारण अनुवादक का अनुवाद मूल रचना के सामने फीका लगता है, जबकि सर्जनात्मक और कुशल अनुवादक का अनुवाद कभी-कभी मूल से अधिक प्रभावशाली और सर्जनात्मक हो सकता है।

टिटलर ने अपने तीसरे सिद्धांत में यह भी बताया है कि अनुवाद में मौलिक रचना जैसी सहजता और स्वाभाविकता की अपेक्षा रहती है। अनुवादक मूल चित्र के रंगों का प्रयोग नहीं करता, किंतु उससे मूल जैसी उत्कृष्टता की आशा अवश्य की जाती है। उसे मूल रचना के बल और संस्पर्शों का अनुकरण करने की छूट नहीं दी जाती, फिर भी उससे मूल पाठ के अनुरूप की संभावना की जा सकती है। वस्तुतः यदि अनुवादक मूल लेखक की आत्मा ग्रहण कर लेता है, तो वह इस आत्मा को अपनी भाषा में मुखर कर पाने में समर्थ होगा।

इस प्रकार टिटलर के अनुवाद संबंधी सिद्धांत का अनुवाद-चिंतन में विशेष महत्त्व है। इसी संदर्भ में सुप्रसिद्ध भारतीय विद्वान रघुनाथ राव ने भी कुछ व्यावहारिक सिद्धांत प्रस्तुतत किए हैं, जो निम्न प्रकार से है :

1. अनुवाद शब्दों का नहीं, समूचे विचार का होता है।
2. अनुवाद में मूल पाठ की सामान्य शैली पर ध्यान दिया जाता है। पाठक मूल रचना से परिचित नहीं होता, उसका सरोकार केवल अनूदित कृति से होता है, इसलिए उसके लिए वही संपूर्ण रचना होती है, जिसे वह समझ सके और लाभ उठा सके।
3. यदि मूल पाठ में आलंकारिक अभिव्यक्तियों का प्रयोग हुआ हो और उन्हें अनुवाद में उसी शक्ति के साथ व्यक्त न किया जा सके तो उनके समरूप भावपरक अभिव्यक्तियाँ दी जा सकती हैं। मूल पाठ के दुर्बोध भावों को आवश्यकतानुसार व्याख्या अथवा पादटिप्पणी से समझाया जा सकता है।
4. अनुवादक को अनूदित कृति के माध्यम से लक्ष्य भाषा के पाठकों पर वही प्रभाव उत्पन्न करना पड़ता है, जो स्रोत भाषा के पाठक पर मूल कृति का प्रभाव पड़ता है।
5. सहोदर (अर्थात् समसांस्कृतिक) भाषाओं में अनुवाद करते समय मूल के सजातीय अथवा समस्रोतीय और समसांस्कृतिक अभिव्यक्तियों को अनुवाद में रखा जाना उचित है। इससे भाषायी सौहार्द में वृद्धि होगी।
6. कुछ भाषाओं की वाक्य-रचना संश्लिष्ट और जटिल होती है। अनुवाद करते समय लंबे और जटिल वाक्यों को छोटे-छोटे वाक्यों में देना अपेक्षित है, किंतु ध्यान में रहे कि विचार-क्रम में बदलाव न आने पाए। वास्तव में अनुवाद की विशिष्टता इस बात में है कि वह अनुवाद न लगे।

5. भाषावैज्ञानिक संप्रदाय : बीसवीं शताब्दी में अनुवाद के संबंध में भाषाविज्ञान में चिंतन हुआ। वास्तव में इस चिंतन में नोअम चॉम्स्की के रूपांतरण-प्रजनक व्याकरण का प्रभाव दिखाई देता है। चॉम्स्की ने सतही संरचना और गहन संरचना की जो संकल्पना प्रस्तुत की, उसी में अनुवाद की व्यावहारिक प्रविधि की संभावनाएँ दिखाई दीं। इसी के आधार पर नाइडा ने स्रोत भाषा के विकोडीकरण के लिए एक तकनीक प्रस्तुत की, जो लक्ष्य भाषा में इसकी समतुल्य अभिव्यक्ति के समुचित प्रजनन की प्रक्रिया को समझने में एक दृष्टि प्रदान करती है। नाइडा ने चॉम्स्की के प्रजनक व्याकरण के आधार पर सन् 1964 में अमरीकी पत्रिका 'लेंग्वेज' में Science of Translation आलेख के द्वारा यह सिद्ध करने का प्रयास किया कि स्रोत भाषा की संरचना से बीज अर्थ का प्रतिपादन करना, लक्ष्य भाषा में उसका अंतरण करना और लक्ष्य भाषा में प्रजनन करना अनुवाद के वैज्ञानिक स्वरूप का उद्‌घाटन करना है। इसी संदर्भ में इंग्लैंड में कैटफ़र्ड ने भी एम. ए. के. हैलिडे के व्यवस्थापरक व्याकरण (Systemic Grammar) के आधार पर 'समतुल्यता' की अवधारणा प्रस्तुत की। इसी

संदर्भ में जर्मनी में अनुवाद को विज्ञान (Ubersetzungs-Wissenschaft) की श्रेणी में रखा गया।

बेल्जियम, इज़रायल और नीदरलैंड में अनुवाद सिद्धांत की निर्देशात्मक प्रविधि की कमियों को स्पष्ट करते हुए अनुवाद के बदले लक्ष्य भाषा में पाठ के अभिग्रहण की प्रक्रिया और उसके संदर्भों पर केन्द्रित किया गया। एक विद्वान आन्द्रे लिफेवेरे ने अनुवाद को एक प्रकार का पुनर्लेखन मानते हुए उसे स्रोत भाषा का परावर्तन (reflection) न कहकर अपवर्तन (deflection) कहा। वस्तुतः परावर्तन में मूल पाठ का प्रतिबिंबन होता है जब कि अपवर्तन में प्रत्यक्षीकरण (perception) का परिवर्तन अंतर्निहित है। इसकी पुष्टि न केवल लिखित परंपरा में है, वरन् मौखिक परंपरा में भी हो जाती है। इसी दौरान तेल अवीव संप्रदाय के इत्तमान इवान जोहर और गिदमॉन टोरी ने अनूदित पाठ को एक संसाधित पाठ मानते हुए उसकी पूरी प्रविधि और प्रकृति को 'साहित्यिक बहुप्रणाली' (Literary polysystem) की श्रेणी में रखा। इसमें किसी विशेष समय में किसी विशेष संस्कृति के अंतर्गत किसी अनूदित पाठ के अभिग्रहण की पूरी प्रक्रिया को समझने में सहायता मिलती है। इत्तमान इवान जोहर ने रूसी रूपवाद की श्रेणीबद्ध साहित्यिक प्रणाली की अवधारणा तथा साहित्यिक परिवर्तन विकास की अवधारणा के आधार पर 'बहुप्रणाली सिद्धांत' का प्रतिपादन किया। इस बहुप्रणाली सिद्धांत में साहित्य, विज्ञान, प्रौद्योगिकी जैसी कई प्रणालियाँ आती हैं, जो एक-दूसरे से जुड़ी हुई हैं और एक-दूसरे को प्रभावित भी करती हैं। इवान जौहर ने अनुवाद को साहित्यिक प्रणाली की एक महत्त्वपूर्ण उपप्रणाली मानते हुए संपूर्ण श्रेणीबद्ध सांस्कृतिक प्रणाली का विवेचन किया। इस मत के आधार पर यह स्पष्ट किया गया कि अनुवाद सिद्धांत की किसी ऐसी प्रणाली की तलाश नहीं की जाती, जिसमें अनूदित पाठ का मूल्यांकन स्रोत भाषा के पाठ के संदर्भ में किया जाता है। इसमें उस प्रक्रिया की व्याख्या करने का प्रयास होता है, जिससे अनुवाद संभव होता है। इससे यह स्पष्ट होता है कि इस प्रविधि में परंपरागत भाषा केंद्रित अनुवाद सिद्धांत के मूल्यांकनपरक और निर्देशात्मक प्रतिमानों के लिए कोई स्थान नहीं है। इसी परंपरागत भाषा केंद्रित अनुवाद सिद्धांत पर देरिदा के विखंडनवाद (Deconstruction Theory) का भी प्रहार हुआ। देरिदा ने अर्थ के आधार को अस्थिर मानते हुए कहा कि बीज शब्द या गहन संरचना जैसी कोई चीज़ नहीं है, इसलिए एक भाषा से दूसरी भाषा में प्रतीकों का अंतरण नहीं होता वरन् मूल पाठ का परिवर्धन होता है। इस प्रकार भाषा और अर्थ के अंतः संबंधों को लेकर आज भी अनुवाद सिद्धांत पर गहन चिंतन हो रहा है।

इसी काल में अनुप्रयुक्त भाषाविज्ञान का प्रादुर्भाव हुआ और अनुवाद भी इसी अनुप्रयुक्त भाषाविज्ञान की एक शाखा के रूप में स्वीकृत हुआ। अनुवाद के भाषिक प्रक्रिया होने के कारण उस पर भाषावैज्ञानिक सिद्धांतों, नियमों और प्रक्रिया का अनुप्रयोग होता है। भाषाविज्ञान के अनुप्रयोग से शब्द, पदबंध, वाक्य, प्रोक्ति आदि

विभिन्न स्तरों से अनुवाद को विज्ञान की श्रेणी में रखा गया। भाषाविज्ञान के उत्तरोत्तर विकास में कंप्यूटरीकृत भाषाविज्ञान (Computational Linguistics) का आविर्भाव हुआ और इससे कंप्यूटर साधित अनुवाद की संकल्पना सामने आई। इस प्रकार मशीनी अनुवाद कंप्यूटर विज्ञान और भाषाविज्ञान दोनों का मिलाजुला क्षेत्र है। इसमें भाषा के मूलभूत व्याकरणिक नियम और कलनविधि (Algorithm) स्मृतिकोश में संचित कि जाती है और उनसे कंप्यूटर अपनी कृत्रिम बुद्धि (Artificial Intelligence) के आधार पर अनुवाद करता है।

इस प्रकार अनुवाद के सिद्धांतों से अनुवाद के व्यावहारिक स्वरूप का निर्धारण होता है। अनुवाद के संबंध में आज भी चिंतन-मनन हो रहा है और नए-नए सिद्धांत हमारे सामने आ रहे हैं। इन सिद्धांतों पर इस बात पर बल दिया जा रहा है कि अनूदित पाठ अपने-आप में अनुवाद न लगे, वरन् मूल पाठ का सहपाठ बने।

भाषा विश्लेषण और अर्थ निर्धारण
(अनुवाद के संदर्भ में)

अनुवाद के संदर्भ में भाषा विश्लेषण के दो प्रमुख संप्रदाय माने जाते हैं—(1) संरचनावादी संप्रदाय और (2) अर्थवादी संप्रदाय। संरचनावादी संप्रदाय मूल भाषा की कृति की बाहृय संरचना को आधार मानता है। इसके मतानुसार कई आभ्यंतर आधार-संरचनाओं का रूपांतरित परिणाम सतही संरचना ही है। अतः अनुवाद करने से पहले किसी भी अभिव्यक्ति का विखंडन मूल संरचनाओं में कर लेना जरूरी है। अर्थवादी संप्रदाय मूल भाषा की आभ्यंतर संरचना में अर्थ देखते हैं। इसके मतानुसार भाषा के भीतर संरचनात्मक घटकों के अंतः संबंधों से सत्व या कार्य की अवस्था से निकल कर आने वाली समुद्दिष्ट प्रतीति अर्थ है। गह अंतर केवल अनुवाद के क्षेत्र में नहीं है वरन् भाषा के बारे में जो दृष्टिकोण और मान्यताएँ हैं, उनमें अंतर है। पहले दृष्टिकोण के अनुसार भाषा का प्रत्येक स्तर अपने-आप में स्वायत्त और स्वतंत्र होता है, जबकि दूसरे दृष्टिकोण के अनुसार भाषा का प्रत्येक स्तर एक दूसरे के साथ न केवल गुथा हुआ होता है वरन् परस्पर संचालन में सहायता भी करता है; जैसे—

(1) राम पतंग उड़ा रहा है;
(2) राम चिड़िया उड़ा रहा है।

पहले दृष्टिकोण के अनुसार उपर्युक्त दोनों वाक्यों में 'उड़ाना' प्रेरणार्थक क्रिया लगती है, क्योंकि उनके रूपात्मक आधार समान हैं। इन दोनों वाक्यों में निहित आंतरिक अर्थगत संरचना के आधार पर यदि देखा जाए तो इनके प्रकार्य अलग-अलग दिखाई दे रहे हैं। दूसरे दृष्टिकोण के अनुसार 'राम पतंग उड़ा रहा है' में 'उड़ाना' सकर्मक क्रिया है, जबकि 'राम चिड़िया उड़ा रहा है' में 'उड़ाना' प्रेरणार्थक क्रिया है। अतः दूसरा दृष्टिकोण अधिक स्पष्ट, असंदिग्ध और तर्कसंगत दिखाई देता है।

भाषा की सतही संरचना और अनुवाद : इस अवधारणा के अनुसार किसी संदेश क़ी अभिव्यक्ति अपने-आप में पूर्ण होती है और उसको समझने तथा दूसरी भाषा में अंतरण करने के लिए संरचनात्मक विश्लेषण की आवश्यकता पड़ सकती है। इसमें वाक्य को संरचनागत दृष्टि से खंडों, उपखंडों आदि की श्रृंखला में बाँट दिया जाता है और अनुवादक का यह पहला प्रयास रहता है कि वह बड़ी से बड़ी

श्रृंखला के स्तर पर अनुवाद करने का प्रयास करे। जहाँ उसे अनुवाद प्रक्रिया में कठिनाई हो, वहाँ वह उपखंडों के स्तर पर उतर कर दूसरी भाषा में अंतरण कर सकता है।

अनुवादक का यह उद्देश्य रहता है कि वह दूसरी भाषा में निकटतम और स्वीकार्य अथवा मान्य समतुल्य ढूँढे। इसलिए इस मान्यता पर आधारित अनुवाद-प्रक्रिया में निकटतम पाठगत समतुल्य खोजने का प्रयास किया जाता है। इस संप्रदाय के यूरोपीय विद्वान जे.सी. केटफर्ड माने जाते हैं। वास्तव में यह संप्रदाय मशीनी अनुवाद की संकल्पना को अंततः व्यावहारिक रूप देना चाहता हैं और उसके लिए भाषा के सतही स्तर पर अंतरण की प्रक्रिया का प्रयोग करने से यह काम अधिक सरल हो जाता है। इसमें जो समतुल्य ढूँढ़ा जाता है, उसे निर्दिष्ट पाठ में दी गई भाषायी सूचना के आधार पर लगभग पूर्ण रूप से दूसरी भाषा में प्रकट किया जा सकता है।

इसमें संदेह नहीं कि यदि लक्ष्य केवल एक भाषा में निहित सूचनाओं को दूसरी भाषा में केवल काम चलाऊ रूप से स्थानापन्न कर देता है तो यह विधि काफी हद तक सफल हो सकती हैं, किंतु ज्यों ही भाषा की संरचना में निहित जटिलता और अर्थ की गहराई बढ़ती जाती है त्योंही यह विधि उतनी सीमा तक सार्थक सिद्ध नहीं हो पाती। इसके अंतर्गत अनुवाद साध्य बन जाता है और इस कार्य में लगे अनुवादक को अन्य सूचनाएँ नहीं मिल पातीं।

भाषा की आंतरिक संरचना और अनुवाद : इसमें अनुवाद साध्य तो होता ही है, लेकिन एक महत्त्वपूर्ण साधन भी है। इसके अंतर्गत भाषा की संरचना उसके अंग-उपांग के परस्पर संबंधों की व्यवस्था और उसमें निहित सूचना-तत्त्वों का निर्धारण भी उतना ही आवश्यक बन जाता है। अनुवादक की इस विधि में अनुवादक का पहला उद्देश्य यह रहता है कि यह निश्चित करे कि मूल पाठ में अभिव्यक्ति के साथ जुड़ा हुआ कथ्य किस प्रकार प्रकट हुआ। इस कार्य-पद्धति में काम करने वाला अनुवादक भाषा की संरचना के अंतरंग नियमों को जानने का प्रयास करेगा। वह यह भी जानना चाहेगा कि किस संरचना का अर्थ किस प्रकार निर्धारित होता है और निर्दिष्ट संरचना का अर्थ उस सैद्धांतिक परिप्रेक्ष्य में क्या है?

भाषाविज्ञान के क्षेत्र में हुए नए विकासशील परिवर्तनों के आधार पर आज अनुवादक वाक्य की सीमा पार कर निर्दिष्ट पाठ को प्रोक्ति के रूप में समझने का प्रयास कर रहा है और अर्थ की संपूर्णता को निर्धारण करने में लगा हुआ है। इसी कारण आज अनुवादक का उत्तरदायित्व और अधिक बढ़ गया है। इस दृष्टि से अमरीकी भाषाविद् और अनुवादशास्त्री यूजीन ए. नाइडा ने अनुवाद संबंधी सैद्धांतिक मान्यताओं को उपयोगी और व्यावहारिक प्रणाली बनाने के लिए अनुवाद प्रक्रिया की बात रखी। अनुवाद प्रक्रिया की बात करते हुए नाइडा सतही संरचना की पृष्ठभूमि में बीज संरचनाओं की संकल्पना को स्वीकार करते हैं। उनके मतानुसार विश्लेषण करते

हुए गहराई में तब जाना पड़ सकता है यदि अर्थ निर्धारण में कोई कठिनाई हो रही हो, अन्यथा सामान्य रूप से बीज संरचनाओं का अंतरण कुछ ऊपरी स्तर पर ही हो सकता है।

अर्थ निर्धारण

अर्थ-निर्धारण का क्षेत्र भी विवादास्पद है और आज यह समस्या अनिश्चित-सी बनी हुई है। इसके लिए नाइडा और टेबर ने अपनी पुस्तक में अर्थ निर्धारण के विभिन्न पक्षों—भाषिक, संकेतपरक और भावनात्मक पक्षों पर विस्तार से लिखा है। वैसे भी अर्थ निर्धारण के प्रश्न को लेकर इतना कुछ कहा गया है कि यह कह पाना कठिन है कि अमुक विधि से अर्थ निर्धारण के वस्तुनिष्ठ और असंदिग्ध आधार मिल सकते हैं।

वास्तव में अर्थ के माध्यम से संप्रेषण कोड के रूप में होता है। इसमें यह देखा जाता है कि कौन से रूप कोड का निर्माण करते हैं, ये कोड किस ढंग से काम करते हैं और भाषा के रूप में ये कोड अन्य कोडों से किस प्रकार जुड़े हुए हैं? यह उन प्रतीकों से बना है, जो एक पद्धति में व्यवस्थाबद्ध होते हैं। भाषा एक प्रकार का कोड है। वह उन शब्दों से बनती है, जो व्याकरण के नियमों के अंतर्गत व्यवस्थित होते हैं। हाव-भाव भी एक प्रकार का कोड है और संकेत आदि भी। मौन भाषा भी कोड है, जो समय और स्थान के अनुसार प्रयुक्त होती है, लेकिन यह भाषा से अलग कोड है।

भाषा के शब्द प्रतीक कहलाते हैं, लेकिन इन प्रतीकों को अर्थशास्त्री और तर्कशास्त्री एक अंश के रूप में मानते हैं। इनसे पहले चिह्न को समझने के बाद ही प्रतीक को समझा जा सकता है।

रीशेनबैक ने चिह्न का विवेचन करते हुए उसके तीन मूल भेद माने हैं :

(क) अभिसूचक चिह्न (Indexical sign)

(ख) प्रतिमापरक चिह्न (Iconic sign)

(ग) रूढ़िपरक चिह्न (Conventional sign)

(क) **अभिसूचक चिह्न :** यह चिह्न दो दृष्टियों से उपलब्ध हो सकता है : (1) मानवेतर दृष्टि में किसी प्रसंग या घटना के परिप्रेक्ष्य में सूचना प्राप्त होती है; जैसे—यदि सड़क भीगी होगी तो माना जाएगा कि बरसात है और जहाँ धुआँ होगा वहाँ आग की प्रतीति होगी। इसी प्रकार सड़क पर 'लाल बत्ती' या 'हरी बत्ती' के संकेत 'रुकने' या 'चलने' का अर्थ देते हैं।

(2) मानवीय दृष्टि से मनुष्य के हाव-भाव से सूचना मिलती है। उसी कारण या प्रभाव से उत्पन्न चिह्न अथवा कई प्रभावों के भावों से भी सूचना मिलती है; जैसे—मुख-मुद्रा से लाल चेहरा गुस्से का चिह्न है या शरमाने का भाव।

(ख) **प्रतिमापरक चिह्न** : कुछ ऐसे ध्वनि संकेत होते हैं, जिनके अनुसार उनकी संकेतित वस्तु को नाम दिया जाता है। कई बार अनुकरण ध्वनि के द्वारा भी बिंब बनता है; जैसे—भोंपू, फटफटिया, डुगडुगी। इनका संबंध वस्तु से है। भूषण की कविता और 'निराला' के काव्य में युद्ध का जो चित्रण हुआ है, वह उसका नैसर्गिक गुण है; जैसे—

(क) *इंद्र जिमि जंभ पर, बाड़व सुअंभ पर*
रावन सदंभ पर, रघुकुल राज है। **(शिवा बावनी)**

(ख) *प्रतिपल परिवर्तित व्यूह, भेद कौशल समूह,*
राक्षस-विरुद्ध-प्रत्यूह, क्रुद्ध कपि-विषम हूह। **(राम की शक्ति पूजा)**

इसमें अनुवाद करने में कठिनाई हो सकती है। वास्तव में इसमें भाषा का प्रतिमापरक गुण नहीं आ पाता। उदाहरण के लिए; अंग्रेजी में flip, flap, flitter, flimmer शब्दों के क्रम में अथवा glare, glitter, glow के क्रम में |i| ध्वनि उच्च अग्र स्तर है जो तेज़ और चमकदार की प्रतीति कराती है और |o| ध्वनि निम्न पश्च स्वर है, जो भद्दे या भारी भरकम का द्योतक है, किंतु लक्ष्य भाषा में इन ध्वनियों से उसी प्रकार के भाव की अपेक्षा नहीं की जा सकती। इसी प्रकार हिन्दी कविता में अनुप्रास अलंकार जैसे तत्त्वों का अनुवाद कर पाना दुष्कर कार्य है, किंतु उसका महत्त्व काफ़ी है; जैसे—

शत घूर्णावर्त्त, तरंग भंग उठते पहाड़;
जल-राशि-राशि जल पर चढ़ता खाता पछाड़। (राम की शक्ति पूजा)

(ग) **रूढ़िपरक चिह्न** : ये वास्तविक प्रतीक हैं, जो वस्तुओं के साथ-साथ रूपगत संपर्क के प्रभाव से मुक्त रहते हैं। इनमें ऐसे शब्द आते हैं, जिनका वास्तविक या संकेतित वस्तु से कम संबंध रहता है। कुछ तो भाषायी प्रतीक होते ही नहीं; जैसे—$ (dollar), £ (pound) आदि; गणित के चिह्न +,-,x,è। स्वर्ग, नरक अमृत आदि ऐसे असंख्य शब्द हैं, जिन्हें हमने कभी नहीं देखा है और हो सकता है न कभी सुना हो। इसके अतिरिक्त अधिकतर ऐसे भाषाचिह्न भी हैं, जो संकेतित वस्तु के साथ-साथ अनुभवों से ज्यादा जुड़ जाते हैं और अपनी संकेतित वस्तु से अलग से प्रतीत होते हैं। इन सबके अनुवाद की अपनी-अपनी सीमाएँ हैं।

ऐतिहासिक दृष्टि से अर्थ के संबंध में विचार किया जाए तो उसमें भी तीन प्रकार के दृष्टिकोण मिलते हैं—

(1) दार्शनिक दृष्टिकोण—जो अर्थ को संकेतार्थ (Signifier) के साथ जोड़ कर चलता है।
(2) मनोवैज्ञानिक दृष्टिकोण—जो अर्थ को उद्दीपन (Stimulus) और अनुक्रिया (Response) के व्यवहार के साथ जोड़ता है।
(3) भाषावैज्ञानिक दृष्टिकोण—जो अर्थ को प्रयोग (usage) के साथ जोड़ता है।

(1) **दार्शनिक दृष्टिकोण :** अर्थ की इस समस्या पर सुकरात से पहले ही विचार हुआ था, जब प्रतीक और यथार्थ के नैसर्गिक संबंध को माना गया। इसमें शब्द को न केवल यथार्थ या वास्तविकता का सही प्रतिबिंब (Faithful reflection) माना गया था वरन् यथार्थ को नियंत्रित करने का ढंग भी माना गया। इसमें यह माना गया कि शब्द उचित विचार के द्योतक होते हैं।

यह विश्वास किया जाता है प्लेटो के समय तक प्रतीक और यथार्थ का नैसर्गिक संबंध टूट गया, लेकिन उसके स्थान पर इस संबंध को मानवीय परंपराओं या रूढ़िओं से जोड़ दिया गया है। अरस्तु ने अर्थ को ज्ञान के वर्गीकरण का साधन माना, क्योंकि भाषा न केवल संबंधों को व्यक्त करती है बल्कि उन्हें प्रकट भी करती है। इसके बाद कार्तेज़ियन ने अर्थ को प्रतीक और संकेतित वस्तु (जिसे बाद में lable अर्थात् नामन कहा गया है) के बीच संतुलन की स्थिति खोजने की बात की। प्रतीक तर्कशास्त्रियों ने प्रतीक को एक सीमा माना और इसलिए प्रतीक द्वारा यथार्थ को परिभाषित करने का साधन माना, जिसमें नामन (लेबल) से बचा जा सकता है। अर्थ के निर्धारण के लिए एक नया आयाम जोड़ा गया। अस्तित्ववादियों ने यथार्थ और प्रतीक के बीच सह-संबंध जोड़ते हुए अर्थ की संकल्पना नाम के अस्तित्व के साथ जोड़ दी। इससे अर्थ का अध्ययन आसान हो सकता है, क्योंकि संकेतित वस्तु को जानने और व्यवस्थित करने की अपेक्षा मानसिक बिंब को वर्गीकृत करने और युक्तिपूर्ण बनाने में आसानी होगी। अर्थ जितना सूक्ष्म या अमूर्त होगा, मानसिक बिंब (Mental image) उतना ही कठिन।

(2) **मनोवैज्ञानिक दृष्टिकोण :** व्यवहारवादी संपद्राय ने उद्दीपन (stimulus) और अनुक्रिया (Response) की स्थिति में अर्थ निकालने का प्रयास किया। इन मनोवैज्ञानिकों के मतानुसार मानसिक बिंब के अर्थ का परीक्षण वास्तव में नहीं किया जा सकता, क्योंकि कोई भी व्यक्ति किसी के भी मस्तिष्क में घुस कर यह नहीं देखता कि उसके अंदर क्या हो रहा है? वह स्वयं क्या विचार कर रहा है और यदि वह इस बारे में बताता है तो यह व्यक्तिपरक (Subjective) व्यवहार होगा। जानवरों पर परीक्षण करने पर यह निष्कर्ष निकाला गया कि दिमाग लगाए बिना भी व्यवहार (Behaviour) हो सकता है और इसी प्रकार अर्थ का व्यवहार भी होता है जो उद्दीपन से अनुक्रिया द्वारा जाना जाता है; जैसे—भाव ⇒ शब्द, शब्द ⇒ भाव। 'भाव' उद्दीपन की अनुक्रिया 'शब्द' का व्यवहार हो सकती है और 'शब्द' उद्दीपन का अनुक्रिया 'भाव'। दूसरे शब्दों में यदि आप ने किसी को अपनी आँखों से क्रोध का भाव दिखाया तो उसकी अनुक्रिया में उसने कहा, 'क्षमा करें'। यदि आप ने किसी को शब्दों से कहा कि 'तुमने अमुक काम कर लिया' तो उसकी अनुक्रिया में उसने सिर हिला कर 'हाँ' का भाव दिखाया। अतः इन दोनों के परस्पर व्यवहारवादी से ही अर्थ का प्रकटीकरण होता है।

प्रश्न उठता है कि क्या अमुक भाव की अनुक्रिया शब्द वही है या अमुक शब्द की अनुक्रिया भाव वही है? अतः अर्थ को निर्धारित करना कठिन है। अतः व्यवहारवादी संप्रदाय में भी कमियाँ दिखाई देने लगी हैं हालांकि इस सिद्धांत को छोड़ा नहीं जा

सकता, क्योंकि उद्दीपन-अनुक्रिया की संकल्पना अर्थ की स्पष्टता के लिए सहायक हो सकती है। वास्तविक संप्रेषण में प्रतीक की व्यापकता की परिभाषा करना कठिन है, क्योंकि इन संबंधों का अध्ययन दो अन्य सिद्धांतों के आधार पर समझा जा सकता है–1. स्थितिपरक उद्दीपन और 2. भाषायी अनुक्रिया। यदि कोई बालक 'आम' फल देखकर 'आम-आम' पुकारता है तो यह (स्थितिपरक) उद्दीपन है और (भाषायी) अनुक्रिया है। यदि किसी ने बालक को कहा कि 'आम की पिटारी इधर ले आओ' और वह पिटारी ला देता है तो यह (भाषायी) उद्दीपन है और (स्थितिपरक) अनुक्रिया है। इस प्रकार उद्दीपन (स्थितिपरक) ⟹ अनुक्रिया (भाषायी) और उद्दीपन (भाषायी)⟹ अनुक्रिया (स्थितिपरक) का आदान-प्रदान भाषा का संप्रेषण है।

(3) **भाषावैज्ञानिक दृष्टिकोण :** इस आधार पर अर्थ को स्थापित करने से पहले जेनेवा संप्रदाय के सुविख्यात विद्वान फर्दिना द सस्यूर की इस अवधारणा को लिया जा सकता है कि भाषिक प्रतीक अभिव्यक्ति और कथ्य की समन्वित इकाई है तथा अभिव्यक्ति और कथ्य का यह संबंध संकल्पना शक्ति द्वारा निर्धारित होता है। इसका आधार मनोवैज्ञानिक है और यह मन में बिंब के रूप में रहता है। कुछ भाषाविज्ञानियों ने यह भी कहा कि अभिव्यक्ति और कथ्य का संबंध एक स्थिर मानसिक प्रतीति से जुड़ा रहता है। इस प्रकार किसी प्रतीक के द्वारा उसकी संकल्पना पर पहुँचा जा सकता है और यह संकल्पना अर्थ समझने में सहायक होती है। किंतु इस अवधारणा में भी एक कमी है। किसी प्रतीक द्वारा मन में जो बिंब बनता है अथवा संकल्पना होती है, वह वस्तुतः व्यक्ति-सापेक्ष होती है। इसलिए प्रत्येक व्यक्ति में एक ही प्रतीक के लिए अलग-अलग बिंब और संकल्पना बनाने की संभावना रहती है, जिसके परिणामस्वरूप भाषा का जो उद्देश्य 'संप्रेषण' है, वह समाप्त हो जाता है। कुछ भाषाविज्ञानियों ने भाषा को मानवीय व्यवहार से जोड़ा और अर्थ को व्यवहार अथवा प्रतिक्रिया की सहायता से परिभाषित करने का प्रयास किया। इस मत के अंतर्गत अर्थ को व्यवहार के आधार पर स्थापित करने का प्रयत्न किया गया।

आधुनिक काल में अर्थ के निर्धारण पर विस्तृत अध्ययन किया गया तथा प्रतीकवादी तर्कशास्त्रियों ने अर्थ को तीन आयामों में देखने का प्रयास किया :

(1) अर्थपरक आयाम (Semantic)

(2) संरचनापरक आयाम (Structural)

(3) व्यवहारपरक आयाम (Pragmatic)

अर्थपरक आयाम : भाषिक प्रतीक का संबंध किसी बाह्य यथार्थ या संकेतित वस्तु के साथ जोड़ा जाता है; जैसे–कुर्सी यथार्थ वस्तु है। यह तो निश्चित है कि कुर्सियाँ कई प्रकार की होती हैं। वे एक जैसी नहीं होती, फिर भी उन्हें कुर्सी कहा जाता है। यदि उनमें कभी भेद करना पड़े तो विशेषण द्वारा उन्हें अलग किया जा सकता है अर्थात् दो बाजू की कुर्सी, लकड़ी की कुर्सी, लोहे की कुर्सी, लाल कुर्सी, नीली कुर्सी। इसका अभिप्राय यह है कि प्रत्येक भाषाभाषी अपनी भाषा के प्रतीकों के माध्यम से बाह्य जगत

के यथार्थ के विभिन्न पदार्थों की कोटियाँ बना लेते हैं और एक उदाहरण से पूरी जाति की संकल्पना हो सकती है। संकेतित वस्तु अपने-आप में असीमित है, लेकिन प्रतीक उन्हीं समान वस्तुओं और घटनाओं को वर्गीकृत करके जोड़ते हैं—मकान और घर, कुर्सी और स्टूल। स्टूल और कुर्सी तथा मकान और घर में समानता मिलती है। इसलिए वे एक ही वर्ग में आते हैं। रंग शब्दावली के अंतर्गत अंग्रेजी में (white, black, red, green, yellow, blue, pink, gray) आदि आठ-नौ आधारभूत रंग हैं, कुछ अफ्रीकी भाषाओं में दो या तीन या चार (black, white, red or green) रंग मिलते हैं और हिन्दी में सफेद, काला, लाल, हरा, पीला, नीला आदि सात-आठ रंगों में वर्गीकरण किया गया है। इससे पता चलता है कि ये वास्तविक यथार्थ से किस प्रकार संबद्ध हैं।

संरचनात्मक आयाम : इसमें एक भाषिक प्रतीक का दूसरे भाषिक प्रतीक से क्या संबंध है, इस पर ध्यान दिया जाता है। इसमें अभिव्यक्ति के अर्थ न केवल प्रतीकों को जोड़ने पर ढूँढ़े जाते हैं, वरन् अन्य भाषिक प्रतीकों के साथ संयोजन-क्रम के अनुसार उनका निर्धारण और सोपानक्रम किया जाता है। उदाहरण के लिए; अंग्रेजी में black और bird अकेले शब्दों के अलग-अलग अर्थ हैं, किंतु इन दोनों शब्दों के योग black bird का अलग अर्थ निकलता है। इसी प्रकार हिन्दी में 'काली' और 'मिर्च' अकेले शब्द अलग-अलग अर्थ देते हैं, किंतु इन दोनों का योग 'काली मिर्च' अलग अर्थ का द्योतन करता है। अन्य उदाहरण भी देखे जा सकते हैं :

शब्द के धरातल पर

प्रतीक + प्रतीक $\Rightarrow$ प्रतीक

White + house $\Rightarrow$ White house

राष्ट्र + पति $\Rightarrow$ राष्ट्रपति

वाक्य के धरातल पर

मैंने मोटा लड़का देखा $\Rightarrow$ मैंने उस लड़के को देखा जो मोटा था।

अनेकार्थी वाक्य को भी कई प्रतीकों में संयोजित किया जा सकता है। अंग्रेजी और हिन्दी के वाक्य नीचे द्रष्टव्य हैं :

(i) Fat Major's wife
 (क) wife of Fat Major;
 (ख) Fat wife of Major.

(2) बाज़ार में बहुत से बूढ़े मर्द और औरतें थी।
 (क) बूढ़े मर्द और औरतें
 (ख) बूढ़े मर्द और बूढ़ी औरतें

प्रतीकवादी तर्कशास्त्रियों ने भाषिक प्रतीकों के सभी आधारभूत संबंधों का विवेचन करते हुए अनेकार्थी रूपों की समस्याओं पर विचार किया है।

व्यवहारपरक आयाम : इसमें भाषिक प्रतीक को दैनंदिन व्यवहार या सामाजिक-सांस्कृतिक संदर्भ के साथ बाँधा गया है। भाषिक प्रतीक के प्रयोग के साथ वक्ता या श्रोता का व्यवहार भी प्रभावित होता है और उसके अर्थ को समझने का एक आधार यह भी है; जैसे—तू, तुम, आप मध्यम पुरुष सर्वनाम एक ही यथार्थ का संकेत करते हैं और भाषा के अन्य अंगों के साथ उनका संबंध भी लगभग एक जैसा होता है, किंतु इनमें किसी एक के प्रयोग से वक्ता अथवा श्रोता के व्यवहार पर बहुत प्रभाव पड़ता है। इसी प्रकार किसी व्यक्ति के संबोधन के लिए प्रयुक्त शब्दों का भी प्रभाव पड़ता है। इसके अतिरिक्त हर प्रतीक का संबंध अपनी व्यवहारपरक अनुक्रिया (behavioural response) से होता है, जो संदेश के प्रभावकारी अर्थ को बताते हैं। भारतीयकरण, साम्यवाद आदि ऐसे अनेक शब्द हैं, जिनको किसी व्यवहार या संबंधों से जाना जा सकता है। किसी अंधे व्यक्ति को 'अंधा' न कहकर 'सूरदास' के नाम से पुकारना उसके व्यवहारपरक अर्थ को उजागर करता है। धार्मिक शब्दावली व्यवहारपरकता से ज़्यादा प्रभावित होती है। जन्म, विवाह, मृत्यु आदि संस्कार और कलश, अक्षत आदि शब्द धार्मिक और सांस्कृतिक संदर्भ में व्यवहारपरक अर्थ लिए होते हैं। इस प्रकार इसमें उन प्रयोजनों का अध्ययन किया जाता है, जिसमें वास्तविक बिंब की झलक दिखाई देती है।

अर्थ-निर्धारण के आयामों को जानने के साथ ही 'अर्थ की प्रतीति' को भी जानना ज़रूरी है। अर्थ की प्रतीति व्यक्ति-सापेक्ष या जाति-सापेक्ष होती है, जबकि अर्थ अपने-आप में व्यक्ति सापेक्ष नहीं है। अर्थ की प्रतीति के संदर्भ में प्रतीक सिद्ध अथवा असिद्ध हो सकता है। अर्थों का प्रयोग करने वाले को यदि प्रतीक का अर्थ मालूम है तो वह उसके लिए सिद्ध प्रतीक है और यदि नहीं तो असिद्ध प्रतीक। कभी-कभी सिद्ध प्रतीक का अर्थ पूरी तरह से मालूम नहीं होता तो वह अपूर्ण सिद्ध होगा।

शब्द का अर्थ निर्धारण करने का साधन है कि एक शब्द को दूसरे शब्द के द्वारा स्पष्ट किया जाए, जिसे सामान्यतः उस शब्द का पर्याय कहा जाता है। किंतु वास्तव में किसी भी शब्द का पूर्ण पर्याय लगभग असंभव है। जो कुछ भी पर्याय रूप में मिलता है, वह अधिक से अधिक निकटतम पर्याय ही हो सकता है। उदाहरण के लिए; भागना और दौड़ना। 'भागना' में विमुखता का भाव है, जबकि 'दौड़ना' में विमुखता नहीं है। 'वायु' में निर्मलता के साथ लचीलापन है, 'अनिल' में कोमल और शीतलता, 'पवन' में हवा के रुकने की ध्वनि है और 'समीर' में हवा का लहरा कर प्रवाहित होना है।

किसी एक भाषा में विभिन्न बोलियों, क्षेत्रों अथवा भाषाओं से आने वाले शब्द उस भाषा के शब्दों के साथ मिल जाते हैं और धीरे-धीरे अपने समान अर्थों वाले शब्दों के साथ जुड़ जाते हैं, किंतु इन नए शब्दों का अर्थ उस भाषा के संदर्भ में अन्य शब्दों से संबंध और व्यवहार के आधार पर निर्धारित होता है। अतः यह स्थिति असंभव होती है कि दो भाषाओं में दो शब्दों का अर्थ एक-सा हो। इसी प्रकार हिन्दी में 'ठाकुर' शब्द उत्तर प्रदेश में 'क्षत्रिय' का अर्थ देता है, बिहार में 'नाई' का अर्थ देता है और बंगाल

में 'रसोइया' का अर्थ देता है। अंग्रेज़ी भाषा का corn ब्रिटिश अंग्रेज़ी में 'गेहूँ' है तो अमरीकी अंग्रेज़ी में 'मक्का' है और स्काटलैंड की अंग्रेज़ी में 'बाजरा' है। जब हम एक भाषा से दूसरी भाषा में अनुवाद करते हैं तो यह पूर्ण अनुवाद हो पाता है, क्योंकि अनुवाद में एक भाषा के शब्दों को दूसरी भाषा के पर्यायों द्वारा प्रकट करते हैं।

अर्थ के संबंध में कुछ अन्य स्थितियाँ भी संभव हैं। कई बार ऐसा प्रतीत होता है कि एक शब्द के दो या दो से अधिक अर्थ हैं, किंतु इस स्थिति में यह जानना आवश्यक हो जाता है कि वास्तव में ये दो अलग-अलग अर्थ हैं या नहीं, क्योंकि एक शब्द का एक अर्थ के आधार पर किसी दूसरे संदर्भ में प्रयोग कर लिया गया हो। इसके अतिरिक्त यह भी देखना आवश्यक है कि एक ही शब्द के दो अर्थ अलग हैं अथवा वास्तव में शब्द ही दो हैं, जिनका रूप एक जैसा हो गया है। इसके अतिरिक्त यह भी संभव है कि कुछ शब्दों के उच्चरित रूप समान हों, लेकिन लिखित रूप और अर्थ भिन्न हों; जैसे—birth और berth अथवा लिखित रूप और उच्चरित रूप समान हो, जैसे—'आम' और 'आम' किंतु अर्थ भिन्न हो। अतः अर्थ के धरातल पर इन सभी स्थितियों का ध्यान रखना पड़ता है अन्यथा अर्थ का अनर्थ भी हो सकता है।

यह भी संभव है कि कई शब्दों के एक से अधिक अर्थ हों। यह कई स्थितियों में संभव है कि कोई शब्द जिस बाह्य यथार्थ का प्रतीक था, वह अब दो स्वतंत्र वर्गों में बंट गया या उसका प्रयोग उससे मिलते-मिलते यथार्थ के लिए हो सकता है; जैसे—'घोड़ा' शब्द 'चार पैरों वाला और दुमवाला अश्व पशु' या 'बंदूक का वह पेंच या खटका, जिससे गोली चलती है', का या 'शतरंज का मोहरा' के अर्थ में भी प्रयुक्त होता है। plant 'पौधे' और 'कारखाना' (संयंत्र) दोनों अर्थ लिए हुए हैं। यह भी संभव है कि शब्द का अर्थ अलग-अलग संदर्भों में भिन्न हो जाए। इसके अतिरिक्त किसी शब्द के अर्थ अथवा अभिलक्षण का किसी अन्य संदर्भ में प्रयोग लाक्षणिक प्रयोग कहलाता है। जैसे—गाय एक 'पशु' भी है और गुण के संदर्भ में 'सीधी-सादी' के अर्थ में भी प्रयुक्त होती है। इसी प्रकार शेर 'पशु' और 'बहादुर', सूअर 'पशु' और 'गंदा', बगला 'पक्षी' और 'ढोंगी' के अर्थों में प्रयुक्त होते हैं।

इस प्रकार भाषा एक प्रतीक के रूप में कार्य करती है और किसी यथार्थ वस्तु की ओर संकेत करती है। अतः (1) अर्थ का पहला आयाम यथार्थ है, (2) भाषा के सभी अंग एक दूसरे से विभिन्न प्रकार के संबंधों द्वारा बंधे हैं और इन संबंधों की प्रकृति अर्थ के आयाम का आधार है, (3) भाषा के प्रयोग से वक्ता और श्रोता के व्यवहार पर भी प्रभाव पड़ता है, जो उसमें निहित किसी अर्थ का द्योतक है। अतः अर्थ का तीसरा स्तर व्यवहार है।

अनुवाद के क्षेत्र में उस संप्रेषणीय तत्त्व को माना जाने लगा है, जो उस भाषा के विशिष्ट सामाजिक, सांस्कृतिक और व्यावहारिक परिवेश में ही सार्थक सिद्ध होते हैं। संप्रेषण की प्रकृति को समझने के लिए तीन पक्ष हैं—स्रोत (source), संदेश (message) और संग्राहक (receptor)—ये तीनों अलग-अलग काम नहीं करते वरन्

परस्पर संबद्ध हैं। इनमें किसी एक पर बल दिया जा सकता है। यदि स्रोत (Source) पर बल केंद्रित है तो उसे अभिव्यंजक (Expressive speech) कहते हैं। यह गीतिकाव्य में प्रायः मिलता है। यदि संदेश (message) पर केंद्रित है तो संकेतित वस्तु (Referential) को बताना होगा। यह प्रायः महाकाव्य में मिलता है। यदि संग्राहक (receptor) पर अधिक बल दिया जाता है तो वह अभिधायक या व्यंजक (conative) होगा, जो प्रायः नाटक से संबद्ध है। यदि स्रोत और संदेश दोनों के संबंधों पर बल है तो संदेश मूल्यांकनपरक होगा। यदि संदेश और संग्राहक पर बल होता है तो संदेश निर्देशात्मक या आदेशात्मक होगा। स्रोत और संग्राहक पर बल हो तो संदेश रहस्यात्मक (mystical) होगा।

आज अर्थ पर बड़ी गंभीरता से विचार किया जा रहा है, किंतु यह एक जटिल समस्या है। भारतेतर देशों में बर्टरंड रसेल, ए.जे. ऐयर, विटगेन्स्टीन, ब्रुंट, ब्यूह्लर आदि मनोविज्ञानियों, लेन्वस्की और सपीर जैसे मानवशास्त्रियों, ब्रील जैसे दार्शनिकों तथा येस्पर्सन, सस्यूर, फ़र्थ, उल्मान आदि भाषाविज्ञानियों ने इस समस्या पर गंभीरता से विचार किया है। इस क्षेत्र की व्यापकता और जटिलता को देखकर अमरीका में ब्लूमफ़ील्ड जैसे विद्वानों ने इसे भाषाविज्ञान के क्षेत्र से अलग कर दिया। ब्लूमफील्ड के मतानुसार भाषा के प्रत्येक रूप के लिए अर्थ की सटीक एवं सुस्पष्ट परिभाषा पाने के लिए भाषाभाषी व्यक्ति से विश्व की प्रत्येक वस्तु के ज्ञान की अपेक्षा की जा सकती है, लेकिन मानवज्ञान बहुत संकुचित होता है। अतः इस पर विचार करने से लाभ नहीं होगा। ब्लूमफील्ड के इस दृष्टिकोण को सही नहीं माना गया।

संप्रेषण तब तक बोधगम्य नहीं होता, जब तक इसे सामाजिक संदर्भ से बाहर रखा जाए। इसमें यह देखा जाता है कि कौन, किससे, कब, कहाँ और किस विषय पर बात कर रहा है। इन बातों की ओर अनुवादक को ध्यान देना होगा। इस प्रकार अर्थ के संबंध में युगों से विचार किया जाता रहा है। विचार, शब्द और वाक्यों का आपसी संबंध क्या है, इस पर भारत में भी विचार हुआ है।

भारत में संस्कृत वैयाकरणों ने भी अर्थ पक्ष पर विचार किया। पाणिनि, भर्तृहरि, कुमारिलभट्‌ट, आनंदवर्धन आदि का चिंतन काफी प्रशंसनीय है। भारत में सभी संप्रदायों ने शब्द और अर्थ के सीधे संबंधों की चर्चा की, जिसे सस्यूर ने संकेतित वस्तु और संकेतार्थ का नाम दिया। भारतीय विद्वानों ने अर्थ विश्लेषण या अर्थ बोध के बारे में जो विचार रखे, वे आठ माने गए हैं—(1) लोक व्यवहार, (2) आप्त वाक्य, (3) उपमान (सादृश्य) (4) वाक्यशेष (प्रकरण), (5) विवृत्ति (व्याख्या), (6) प्रसिद्ध पद सान्निध्य, (7) व्याकरण और (8) कोश।

1. लोक व्यवहार : भाषा और ज्ञान का आदि और विकास व्यवहारमूलक हैं। जब बालक प्रारंभ में भाषा सीखता है तो अपने बड़ों को जिस प्रकार की भाषा का प्रयोग करते हुए देखता है, वैसी ही स्वयं भी करता है अर्थात् जब बालक किसी वस्तु-विशेष के लिए किसी शब्द-विशेष का व्यवहार देखता है तो वह स्वयं भी उसी प्रकार करने

लगता है। जैसे-जैसे उसके क्षेत्र का विस्तार होता जाता है, वैसे-वैसे उसके चारों ओर पाए जाने वाले व्यवहार से वह अपनी भाषायी क्षमता का विकास करता जाता है। कुमारिल ने इस पद्धति की तीन अवस्थाएँ बताई हैं–(क) प्रत्यक्ष (Direct perception), (ख) अनुमान (Inference) और (ग) अर्थापत्ति (Postulation)। इन्हें अर्थ बोध के एक मात्र साधन के रूप में स्वीकार किया गया है, क्योंकि शब्द और अर्थ के संबंध की प्राप्ति लोक व्यवहार या समाज से है।

2. आप्त वाक्य : लोक व्यवहार से जहाँ अर्थ का संबंध बोधमूलक पदार्थ, क्रिया आदि से होता है, वहाँ कुछ ज्ञान ऐसा भी होता है, जिसे बिना प्रत्यक्ष बोध के माता, पिता, गुरु आदि महापुरुषों की औपचारिक शिक्षा से अथवा अतीत से चले आ रहे संस्कार से ग्रहण किया जाता है। उदाहरण के लिए; पाप, पुण्य, आत्मा, परमात्मा, अमृत, स्वर्ग, नरक आदि मनीषियों, दार्शनिकों या भक्तों के कथन पर संस्कारवश विश्वास कर उसे घटाया या बढ़ाया नहीं जा सकता।

3. उपमान : पूर्वज्ञात किसी वस्तु के द्वारा जब किसी नई वस्तु का ज्ञान कराया जाता है, तब कहा जाता है अमुक वस्तु उस जैसी है। 'गौ' का ज्ञान होने पर 'गवय' (नील गाय) के सदृश भी हो जाता है और यह कहा जाए कि 'गवय' 'गौ' के सदृश होता है। इस प्रकार उपमान अथवा सादृश्य के द्वारा भी भाषाज्ञान होता है और हमारी अर्थ-प्रतीति के क्षेत्र का विस्तार होता रहता है।

4. वाक्य शेष : वाक्य के शेष अथवा प्रकरण से किसी पद के अर्थ का बोध होता है। दूसरे शब्दों में, अनेकार्थी शब्दों के प्रयोगों को निश्चित अर्थ जिस भाषागत विन्यास के शेष अवयवों से मिलता है, वह 'वाक्यशेष' है। उदाहरण के लिए; 'मेरे लिए जल ला दो' और 'घर जल रहा है' वाक्यों में 'जल' अनेकार्थी शब्द है। पहले वाक्य में 'जल' पेय पदार्थ अर्थात् 'पानी' है और दूसरे वाक्य में 'जल' क्रिया है, जिससे घर में आग लगने का बोध होता है। इस प्रकार दोनों वाक्यों के अर्थ स्पष्ट हो रहे हैं और उनमें संदिग्धार्थकता नहीं है।

5. विवृति : अर्थ बोध के संदर्भ में 'विवृति' व्याख्यापरक हैं। इसमें भाष्यों और टीकाओं के अंतर्गत अर्थ की व्याख्या की जाती है। भाषा में पारदर्शी और अपारदर्शी शब्द होते हैं। पारदर्शी शब्द स्वयं-प्रकाश होते हैं और अपारदर्शी शब्दों के लिए व्याख्या की आवश्यकता पड़ती है। 'भवन' पारदर्शी शब्द है और 'मन' अपारदर्शी शब्द है। इस अपारदर्शी शब्द को समझाने के लिए इसकी व्याख्या करनी पड़ती है अर्थात् विवरण देना पड़ता है। रीति, प्रक्रिया, प्रणाली आदि ऐसे प्रयोग हैं, जिनसे विवृति होती है। ऐसे गहन स्तरीय अभिव्यक्तियों के लिए विवृति एक महत्त्वपूर्ण साधन है, जो शब्द की आर्थी संरचना और उसकी आंतरिक प्रक्रिया का उद्घाटन करती है। द्वैतवाद, अद्वैतवाद, विशिष्टाद्वैतवाद जैसे दार्शनिक शब्दों का अर्थ विवृत्ति से ही संभव है।

6. प्रसिद्ध पद सान्निध्य : विदितार्थ पदों के सान्निध्य से उससे संबंधित अन्य पदों के अर्थ की संकल्पना स्पष्ट हो जाती है। गेहूँ, चना, जौ, मक्का आदि का नाम लेने

पर हम 'जौ' या 'मक्का' का अर्थ भी समझ जाते हैं। इसी प्रकार उपवन में 'जूही', बेला, चमेली, गुलाब, नरगिस, गुलशब्बे आदि शब्दों में गुलशब्बे शब्द का अर्थ न जानते हुए भी एक 'पुष्प' के अर्थ का द्योतन हो जाता है। इस प्रकार सन्निधि के द्वारा शब्द के जातिमूलक अर्थ का ज्ञान कम से कम हो ही जाता है।

7. व्याकरण : भाषा की व्यवस्था का ज्ञान व्याकरण से होता है। इससे मानक और स्वीकृत शब्दों की अवस्था का पता चलता है। व्याकरण से ऐसे प्रयोग करने में व्यक्ति सक्षम होता है, जो सामाजिक स्तर पर बोधगम्य होते हैं। यह शीघ्र बोध और शुद्ध ज्ञान के लिए विशिष्ट भूमिका निभाते हैं। दाशरथि, पंकज, त्रिलोचन, षटपद आदि शब्दों के अर्थ व्याकरणिक संरचना से ही जाने जाते हैं।

8. कोश : कोश भी अर्थ बोध का एक साधन है, जिससे शब्दों के वाच्य और लाक्षणिक अर्थों का ज्ञान होता है, किंतु यह ध्यान में रखना अपेक्षित है कि कोश में पाए जाने वाले शब्द प्रयोग और संदर्भ के अनुसार अपना अर्थ देते हैं। उदाहरण के लिए;—'पानी' शब्द के लिए जल, चमक, इज्जत, वृष्टि, जलवायु आदि अर्थ कोश से मिल जाते हैं।

इस प्रकार भाषा और अर्थ के विश्लेषण और निर्धारण के संबंध में और उनके परस्पर संबंधों के बारे में भी काफी मनन और चिंतन हुआ है। भाषा के भाषिक, सामाजिक, संरचनापरक, व्यवहारपरक अर्थों के साथ-साथ शब्द-शक्तियों पर भारत और विदेश में अध्ययन हुआ है। अर्थ तो भाषा की आत्मा है और इस आत्मा का लक्ष्य भाषा में प्रतिस्थापन करते हुए अनुवाद प्रक्रिया में इस पर गंभीर विवेचन की आवश्यकता है। इसलिए अनुवाद तभी सफल होगा, अगर भाषा का सही विश्लेषण और अर्थ का सही निर्धारण होता है।

खंड दो

अनुप्रयोग

साहित्यिक अनुवाद की समस्याएँ

साहित्यिक अनुवाद के संबंध मे विद्वानों ने अपनी दृष्टि से विचार किया है। किसी ने उसे पुनर्रचना कहा है तो किसी ने पुनर्सृजन, किसी ने अनुसृजन कहा है तो किसी ने साहित्यिक पुनर्जीवन। वास्तव में मौलिक भावों, विचारों एवं चिंतन की अभिव्यक्ति यदि सृजन है तो अन्य भाषा में अनुवाद समानांतर सृजन अथवा पुनर्सृजन है। मूल कृति के सृजन में जो सुख और आनंद निहित रहता है, अनुवाद में भी वही आनंद और सुख प्राप्त होता है। मूल कृति में रचनाकार अपने भाव-जगत को साकार रूप प्रदान करता है तो अनुवादक उस भाव-जगत से तादात्म्य स्थापित कर लक्ष्य भाषा में उसी की पृष्ठभूमि में उसकी पुनर्सृष्टि करता है। अतः अन्य विधाओं के अनुवाद की अपेक्षा साहित्यिक अनुवाद असंभव नहीं तो कठिन और जटिल अवश्य होता है, क्योंकि यह मात्र अनुवाद न होकर एक समानांतर रचना ही होता है।

कुछ विद्वानों ने अनुवाद के संदर्भ में लेखक ओर अनुवादकों में भेद किया है जो अनुवाद के लिए घातक सिद्ध हुआ। रचनाकार तो अपनी सृजन-प्रक्रिया में अवलोकन, अनुभव, चिंतन मनन और सर्जनात्मक अभिव्यक्ति चार चरणों से गुज़रता है किंतु अनुवादक तो इन चारों चरणों की प्रक्रिया से दुबारा गुज़रता है और उसे अन्य भाषा की ज़मीन में उसी के अनुरूप अभिव्यक्ति भी प्रदान करता है। अतः अनुवाद में भी सृजनशीलता और संवेदनात्मकता की नितांत अपेक्षा रहती है, क्योंकि इस असंभव कार्य को अधिक से अधिक संभव बनाने के लिए अनुवादक को कवि कर्म के कठिन दायित्व का निर्वाह करते हुए दोहरा प्रयास करना पड़ता है। यह मूल का रूपांतरण भी होता है और पुनर्नवीकरण भी। इसमें कवि या मौलिक रचनाकार जैसी पैनी संवेदनशीलता की अपेक्षा रहती है। इस दृष्टि से अनुवादक का कार्य यदि रचनाकार के कार्य से अधिक नहीं तो कम कदापि नहीं होता।

काव्यानुवाद

सर्जनात्मक साहित्य का अनुवाद एक ऐसी कला है जिसे ब्रह्मा की सृष्टि के समान माना जा सकता है, किंतु इस कला को प्रकृति में गौण और प्रकार्य में अमौलिक माना गया। कवि को स्वयंभू का दर्जा दिया गया, क्योंकि उसके भाव स्वतः स्फूर्त

होते हैं जबकि अनुवादक को लेखक की भावानुभूतियों को वैकल्पिक भाषायी व्यवस्था में ढालने अथवा प्रतिरूपण करने वाला एक शिल्पी माना गया है। लेकिन यह नहीं समझा गया कि अनुवादकर्मी एक ऐसा कलाकार है जिसे आलोचक (पाठक), भाषाविद् और रचनाकार (लेखक) तीनों स्थितियों में एक साथ गुज़रना पड़ता है। वह आलोचक या पाठक के रूप में मूल कृति से बीज का पता लगाता है। भाषाविद् के रूप में उस बीज को अन्य भाषा की ज़मीन की जलवायु, वातावरण आदि को समझते हुए उस ज़मीन पर प्रतिरोपित करता है और रचनाकार के रूप में उसे संवारता है। तभी वह पौधा बनकर अनूदित कृति के रूप में प्रस्फुटित और पल्लवित होता है। यही अनुवाद दूसरी ज़मीन पर उद्‌भूत रचना है। इसी लिए अंग्रेजी के सुविख्यात कवि पर्सी शैली ने कहा कि अनुवादक के लिए मूल कविता मात्र बीज रूप होती है जिसका विकास वह अपनी सर्जना शक्ति से वृक्ष और फल के रूप में करता है। यूजीन ए. नाइडा जैसे अमरीकी अनुवादशास्त्रियों ने भी भाषाविज्ञान के परिप्रेक्ष्य में यह कहा हैं कि यह प्रक्रिया मूल कृति के विश्लेषण, अंतरण और पुनर्रचना (पुनर्गठन) तीनों सोपानों से गुज़रती है।

वास्तव में साहित्यिक अनुवाद सह-सर्जनात्मक प्रक्रिया है जिसमें अनुवाद स्रोत पाठ के मूल पाठ को लक्ष्य भाषा में सहपाठ के रूप में सृजन करने के लिए प्रतिबद्ध है ताकि यह अनूदित पाठ का प्रतिभास बन सके। आलोचक के रूप में साहित्यिक पाठ की व्याख्या करना कलाकार या साहित्यकार की भूमिका निभाना है। यह इस प्रकार का कार्य हो जिस प्रकार संगीतकार संगीत के संदर्भ में नई धुनों की व्याख्या करता है या नाटक के विभिन्न पात्रों के अभिनय में नाटक के भावों एवं विचारों की व्याख्या करता है। इसीलिए विख्यात अनुवादशास्त्री फ्रॉस्ट ने साहित्यिक कृति के अनुवाद को विश्लेषण नहीं कहा वरन् इस प्रकार की व्याख्या कहा है जिस प्रकार अभिनय या नृत्य में अभिनेता या नर्तक के हाव-भाव और भाव भंगिमाएँ स्पष्ट होती है।

अमरीकी विद्वान नाइडा और ब्रिटिश अनुवादशास्त्री कैटफॅर्ड ने अनुवाद को स्रोत भाषा से लक्ष्यभाषा के अर्थ को अंतरण या स्थानापत्ति कहा है किंतु रूसी विद्वान रोमन याकोब्सन ने सर्जनात्मक पाठ के अनुवाद को मूल पाठ का प्रतिरूप न मान सर्जनात्मक रूपांतरण कहा है। यह एक ऐसी स्वायत सर्जनात्मक विधा है जिसकी अपनी सत्ता है। यह एक ऐसी अंतर्निष्ठ रचना है जिसमें दो संरचनाएँ समाहित होकर अंतर्व्याप्त हो जाती हैं। स्रोत भाषा के मूल पाठ की सरंचना का निकटतम पाठ तो होता ही है, लेकिन वह पाठ लक्ष्य भाषा की बुनावट में भी ढलता है।

सर्जनात्मक साहित्य का पाठ ग्रहण करने के लिए अनुवादक किसी दृष्टि-विशेष के आधार पर अर्थ ग्रहण करता है। अनुवाद प्रक्रिया में पाठ का अर्थ ग्रहण करने की जो दृष्टि रहती है, उसको सुप्रसिद्ध रूसी विद्वान लोटमैन ने चार वर्गों में विभाजित किया है :

1. **भाषापरक दृष्टि :** इसमें ध्वनि स्तर, शब्द स्तर और वाक्य-विन्यास की दृष्टि से व्याख्या की जाती है। ध्वनि स्तर पर कृति की छंद योजना पर ध्यान दिया जाता है। शब्द स्तर पर शब्द-चमत्कार और शब्द-सौष्ठव पर बल दिया जाता है और वाक्य-विन्यास के स्तर पर अलंकार-व्यवस्था पर दृष्टि अधिक केंद्रित रहती है।
2. **विषयपरक दृष्टि :** इसके अंतर्गत काव्यकृति की विषयवस्तु पर ध्यान केंद्रित रहता है। स्रोत भाषा में रचित काव्यकृति की विषयवस्तु को लक्ष्य भाषा में संप्रेषित करने के लिए अनुवादक की दृष्टि रहती है।
3. **संरचनापरक दृष्टि :** इसमें काव्य की सरंचना पर ध्यान केंद्रित रहता है जिसमें कृति के पाठ की विभिन्न इकाइयों के परस्पर संबंध और उनके संयोजन का विवेचन होता है।
4. **साहित्येतर दृष्टि :** पाठ के अनुवादक की दृष्टि कविता के भीतर साहित्येतर संदेश पर केन्द्रित रही है जिसमें सामाजिक, सांस्कृतिक, मानवीय आदि विभिन्न दृष्टियों को अनूदित पाठ में संप्रेषित करने पर बल दिया जाता है। इसमें युग बोध की विशेष भूमिका रहती है।

इस प्रकार हम देखते हैं कि सर्जनात्मक साहित्य में विषयवस्तु (क्या) और शैली (कैसे) दोनों पर दृष्टि रहती है। इसमें संदेश और शैली दोनों का, विशेषकर शैली का अधिक महत्त्व होता है। इसमें संकल्पनात्मक अर्थ की अपेक्षा भावात्मक अर्थ का विशेष योगदान रहता है। इसमें भाषा और उसके सूक्ष्म अर्थों पर लेखक का अधिकार रहता है। वह विषय की प्रकृति और दृष्टिकोण के अनुसार भाषा संयोजन करता है जिसमें भाषा अलंकारपूर्ण हो जाती है किंतु कहीं-कहीं उसमें शब्दाडंबर भी दिखाई देता है। इसलिए अर्थग्रहण के पश्चात् कविता का अनुवाद करते हुए इसके विभिन्न प्रकार्यों पर ध्यान देने की आवश्यकता रहती है। कविता के अनुवाद में निम्नलिखित चार प्रकार्य आधार का काम करते हैं।

1. **नाद-सौंदर्य :** कविता की शक्ति और प्रभावशीलता उसकी भाषा के संगीत से जुड़ी होती है। इस संगीतात्मकता का एक रूप है नाद-सौंदर्य, जिसमें ध्वनि-संयोजन शब्दालंकार आदि की विशेष भूमिका रहती है। कविता के जिस नाद-सौंदर्य से रसानुभूति होती है, उसका अनुवाद प्रायः असंभव सा होता है। उदाहरण के लिए निम्नलिखित तीन अनुवाद देखिए :

मूलपाठ (1)

कंकन किंकनि नूपुर धुनि सुनि। कहत लखन सन राम हृदय गुनि।।
मानहुँ मदन दुंदुभी दीन्हीं। मनसा विस्व विजय कहँ दीन्ही।।

(रामचरित मानस)

अनूदित पाठ

(क) When he heard the sound of golden bangles on her hands and feet, Rama thought within himself, and then said to Lakshmana- Imagine love triumphant over the whole world to be now sounding the kettle drum of victory.

(एस.एफ. ग्राउज़)

(ख) At the sound of tinkling of anklet and bangle, said Rama to Lakshmana as thought 'gan to mingle, I hear sound that 'tis the love god who comes, With world conquering cymbals and beating of drums.

(ए.जी. एटकिन्स)

उपर्युक्त मूल पाठ में 'न' की आवृति से नाद-सौंदर्य आकर्षक बन पड़ा है। इस शब्द योजना से ऐसा लगता है मानो नूपुरों की ध्वनि से सारा वातावरण गुंजायमान हो गया हो। राम का हृदय मदन की दुंदुभी से उद्वेलित हो उठा जिससे रसास्वादन होता है, किंतु दोनों अनुवादों में कहीं भी नाद-सौंदर्य और संगीतात्मकता के दर्शन नहीं होते। ग्राउज़ का अनुवाद (क) रसहीन गद्यात्मक अनुवाद बन पड़ा है, क्योंकि उसमें आलंकारिक सौंदर्य बिलकुल उत्पन्न नहीं हो पाया। एटकिन्स के पद्यात्मक अनुवाद (ख) में कुछ अंश तक आलंकारिक सौंदर्य आ गया है और संगीतात्मकता की झलक मिल जाती है।

मूल पाठ (2)

कहत, नटत, रीझत, खिजत, मिलत, खिलत, लजियात।
भरें भौन में करत हैं, नैनन ही सब बात।

(बिहारी सतसई)

अनूदित पाठ (2)

They Speak, disagree, rejoice, get annoyed, are reconciled, feel pleased and then blush. While seated in the crowded hall, they speak to each other with their eyes.

यहाँ मूल पाठ में 'त' की आवृत्ति ने काव्यात्मक अभिव्यक्ति में संगीतात्मकता उत्पन्न कर दी है। इस अनुप्रास से शब्दों का बहुत सुंदर संयोजन हुआ है, किंतु अनूदित पाठ में (इस प्रकार की) संगीतात्मकता के दर्शन ही नहीं होते।

मूल पाठ (3)

The river glidth at his own sweet will?

(Wordsworth)

अनूदित पाठ (3)

सहज सरकती जाती सरिता अपनी ही इच्छा पर।

(यतींद्र कुमार)

अंग्रेजी कवि वर्ड्स्वर्थ ने मृदु कोमल वर्ण संयोजन से मंथर गति से प्रवाहित सरिता के जिस शब्द चित्र का निर्माण किया है, उसका निर्वाह अनुवादक ने काफ़ी हद तक पूरा करने का प्रयास किया है।

नाद-सौंदर्य में अलंकार, छंद आदि अनुवादक के लिए सबसे बड़ी चुनौती होते हैं। श्लेष, यमक, अनुप्रास, आदि अलंकारों से युक्त पाठ का अनुवाद ऐसी भाषा में तो संभव है जिसमें मूल पाठ वाले शब्द समान रूप से प्रयुक्त होते हैं, किंतु ऐसी भाषा में नहीं जिसमें उन शब्दों का प्रयोग न होता हो। इसी प्रकार समसांस्कृतिक भाषाओं के अनुवाद में छंद का निर्वाह सरलता से हो जाता है, किंतु विषम सांस्कृतिक भाषाओं में मूल रचना के छंद और अलंकारों का अनुसरण प्रायः नहीं हो पाता। यह अनुवाद की सीमा है।

जगन्नाथ दास रत्नाकर द्वारा रचित 'उद्धवशतक' के पद में प्रयुक्त अलंकार विषम सांस्कृतिक भाषा में मिल पाना कठिन है; जैसे—

नैकु कहीं बैननि, अनेक कही नैननि सौं,
रही सही सोऊ कहि, दीनी हिचकीनि सों।

यहाँ कवि ने 'न' की आवृत्ति से जो रचना की और उसमें जो अर्थवत्ता संप्रेषित हो पाई है, उसमें यह स्पष्ट हुआ है कि गोपियाँ अपनी संवेदना और भावानुभूति मुख से बोल कर संप्रेषित नहीं कर पाईं जो वरन् अपनी हिचकियों में ही कर देती हैं। अर्थवत्ता की यह संप्रेषणीयता अलौकिक है, जो अनुवाद में नहीं मिल पाएगी।

2. संरचनात्मक विशिष्टता : कविता की संरचना अन्य विधाओं की अपेक्षा विशिष्ट होती है। इसमें लयात्मकता होती है और छंद विधान की विशिष्ट भूमिका रहती है। शब्दालंकार और अर्थालंकार से परिपूर्ण रचना होती है। काव्य पंक्ति में भाव, विचारों तथा लय में एक आत्यंतिक संबंध होता है। इस लय को पहचाने और संप्रेषित किए बिना अनुवाद सपाट और रंगविहीन हो जाता है। वास्तव में लय से ही संवेदनशीलता का बोधन होता है। यह बात अलग है कि अनजाने में कोई अन्य लय आ जाए तो भाव कुछ ध्वनित होने लगता है किंतु कविता की संरचना अपनी विशिष्टता लिए होती है। जॉन मिल्टन की एक कविता samson Egnonistis में तुक साम्य न होने पर भी लयात्मक योजना पूर्ण रूप से मिलती है।

मूलपाठ (4)

Which shall I first bewail,
The Bondage or lost sight
Prison within Prison, Inseparably dark?

(John Milton)

अनूदित पाठ (4)

पहले किस पर अश्रु बहाए,
बंदी या अंधा होने पर,
बंदीगृह के भीतर बंदीगृह तेरा,
रखता है संपृक्त जिन्हें यह घना अँधेरा।

(हरिवंश राय बच्चन)

उपर्युक्त मूलपाठ जॉन मिल्टन की लययुक्त रचना है जिसमें एक लयात्मक आंतरिक संतुलन अत्यधिक मात्रा में बना हुआ है। बच्चन जी ने अपने काव्य–संकलन 'मरकत द्वीप का स्वर' में इसके अनुवाद में उसी लय विधान को बनाए रखने का प्रयास तो किया है किंतु वह मूलपाठ की तरह प्राणवान नहीं हो पाया।

'रामचरित मानस' के अनुवादक एटकिन्स ने तुलसी की छंद-योजना–दोहा, चौपाई, सोरठा का पालन करने का भरसक प्रयास किसा है। रसात्मकता और अर्थ-सौंदर्य की दृष्टि से लय और तुक दोनों को मिलाने की उत्तम चेष्टा की है। सीता के सौंदर्य-वर्णन में तुलसी का जो उदात्त भाव मिलता है, एटकिन्स अपने अनुवाद में भाव को उसी के लाने में काफी सक्षम दिखाई देते है; जैसे–

मूल पाठ (5)

सिय सोभा नहिं जाई बखानी। जगदंबिका रूप गुन खानी।।
उपमा सकल मोहि लघु लागी। प्राकृत नारि अंग अनुरागी।।

अनूदित पाठ (5)

No ever can hope Sita's charm to define
The mother of worlds; of all fair things the mine
To me every figure of Speech is unworthy
As used for all women the common and earthy.

इसी प्रकार एक अन्य उदाहरण अज्ञेय द्वारा रचित 'मैं ने देखा, एक बूँद' कविता के शीर्षक का है। इस शीर्षक की पदक्रम व्यवस्था अलग ही है। हिन्दी की सामान्य पदक्रम व्यवस्था में कर्ता-कर्म-क्रिया होती है जब कि इस शीर्षक में 'एक बूँद' क्रिया के बाद है और 'देखा' क्रिया पुल्लिंग और एकवचन के रूप में अलग सत्ता बनाए हुए हैं जबकि हिन्दी की व्याकरणिक व्यवस्था के अनुसार 'मैं ने एक बूँद देखी' होना चाहिए। वस्तुतः इसमें बूँद को अलग रख कर बूँद को स्वतंत्र अस्तित्व दिया गया जबकि अंग्रेजी अनुवाद में I Saw a drop में बूँद को स्वतंत्र अस्तित्व देने का संकेत नहीं मिलता जो अंग्रेजी की पदक्रम व्यवस्था के अनुकूल है।

3. शब्द संस्कार : स्रोत भाषा के सामाजिक-सांस्कृतिक और ऐतिहासिक संदर्भ के साथ-साथ समसामयिक स्थिति और स्थानीय परिवेश के कारण शब्द अपनी अर्थपरक प्रकृति में बहुस्तरीय होते हैं और लक्ष्य भाषा में वे शब्द उसी अर्थ तक सीमित न होकर नए संस्कार के साथ आते हैं। उदाहरण के लिए;

मूल पाठ (6)

Thou child of joy
shout round me,
let me hear thy shouts?

(वर्ड्स्वर्थ)

अनूदित पाठ (6)

ओ, प्रफुल्लता के बालक रे।
चारों ओर उठा किलकारी, मैं भी तो सुन लूँ अब तेरे
हर्ष उन्माद घनेरे।

(यतेंद्र कुमार)

मूल पाठ (7)

Knows o King!
This is that blossom on our human tree
which opens once in many myriad years-
But opened, fills the world with wisdom's scent
And loves dropped honey, from they royal root,
A Heavenly lotus springs.

(एडविन आर्नल्ड)

अनूदित पाठ (7)

भूपाल परम सुजान! जानौ कली है यह सोच,
कल्पांत में कहुँ एक बार विकाश जाकौ होय;
जग ज्ञान-सौरभ, प्रेम के मकरंद सों भरि जाय;
जब राजकुल में आज यह अरविंद फट्यो आय।

(रामचंद्र शुक्ल)

एडविन आर्नल्ड ने अपने 'लाइट आफ एशिया' काव्य में सिद्धार्थ के मानव रूप में अवतरित देवता का चित्रण किया है और आचार्य शुक्ल ने इस कृति के अनुवाद 'बुद्ध चरित' में भारतीय वातावरण को लाने का प्रयास किया है जिसमें सिद्धार्थ परमार्थ चिंतन में विरत दिखाई देते हैं।

इसी प्रकार एक अन्य उदाहरण अज्ञेय जी की एक कविता और उन्हीं के द्वारा किया गया अनुवाद है :

मूलपाठ (8)

मैंने देखा
एक बूँद सहसा
उछली सागर के झाग से
रंग गई क्षण भर
ढलते सूरज की आग से।

(अज्ञेय)

अनूदित पाठ (8)

I Saw
drop Suddenly
fly from the scud of the sea
flare for a second
Fire from the mellowing sun.

(Ajney)

उपर्युक्त अंग्रेजी अनुवाद में कवि ने स्वयं 'उछलना' शब्द का अंग्रेजी पर्याय 'fly', 'रंग' शब्द का अंग्रेजी पर्याय 'flare' और ढलते शब्द का अंग्रेजी पर्याय mellowing दिया है। वास्तव 'fly' में शब्द का अर्थ उड़ना है अर्थात् हवा में बहुत तेज़ी से ऊपर चले जाना है, जबकि 'उछलना' शब्द का अर्थ एक स्थान से तेज़ी से

नीचे से ऊपर उड़कर दूसरे स्थान पर नीचे गिरना है। 'flare' शब्द का अर्थ 'तड़ित सी चमक' है जबकि 'रंग' का अर्थ है एक वर्ण जो किसी पदार्थ का गुण है और प्रकाश के वर्तन और परावर्तन से आँखों पर प्रभाव डालता है। इससे बूँद के रंजित होने का भाव मिलता है किंतु 'flare' में मात्र चमकने का भाव मिलता है। mellowing शब्द का अर्थ है स्निग्ध या सौम्य किंतु उसमें न तो अधिक ताप होता है और न ही कम। उसमें परिपक्वता व्यंजित नहीं होती जबकि 'ढलते' शब्द मध्याह्न का सूचक है जो परिपक्वता, अस्ताचल अर्थात् वृद्धावस्था की ओर जाने का संकेत करता है। यहाँ कवि ने लक्ष्यभाषा अंग्रेज़ी का शब्द-संस्कार संयोजित करने का प्रयास किया है।

4. काव्यार्थ प्रतीकन : मूल कृति में कविता एक संभावना होती है। इस संभावना को मूर्त रूप प्रदान करने के लिए कवि दृष्टांतों का सहारा लेता है। इसलिए कविता में प्रयुक्त प्रतीक दोहरे अर्थ के साथ जुड़े होते हैं। दार्शनिक कविता में तो संभाव्य और प्रत्यक्षीभूत स्तरों का तनाव द्वंद्वात्मक स्थिति में अभिव्यक्त होता है। शब्दों का चयन भी उसे विशिष्टता प्रदान करता है। अनुवाद में न केवल स्रोत भाषा के शब्द संस्कार मूल काव्यार्थ प्रतीकन को खंडित करता है वरन् लक्ष्यभाषा का संस्कार उसके लिए बाधा भी पैदा कर सकता है। कविता की विषयवस्तु उसके कथ्य पक्ष की सामान्य अवधारणा है जिसे अनुवाद में व्यक्त करना कठिन नहीं होता, किंतु काव्यवस्तु कविता के कथ्य पक्ष का वह अंश है जो कविता को विशिष्टता, सर्जनात्मकता और अलौकिकता प्रदान करता है जिसे कविता से अलग नहीं किया जा सकता है। इससे कविता कालजयी बन जाती है। विषयवस्तु की दृष्टि से कविता एक होते हुए भी काव्यवस्तु की दृष्टि से भिन्न होती है। जैसे—बाल्मीकि कृत राम की कथा 'रामायण', तुलसी दास के 'रामचरित मानस' और मैथिलीशरण गुप्त के 'साकेत' में विषयवस्तु के रूप में एक है किंतु काव्यवस्तु के रूप में ये रचनाएँ अपनी अलग सत्ता बनाए हुए हैं। काव्यवस्तु के आधार कविता की बुनावट, उसकी नाद-योजना, उसका शब्द-संस्कार, रचना-सापेक्ष विभिन्न तत्त्व होते हैं जॉन कीट्स की 'ओड टू ए नाइटिंगेल' कविता का एक उदाहरण देखिए;

मूल पाठ (9)

My heart aches and a drowsy numbness pains,
my sense, as though of hemlock I had drunk
or emptied some dull opiate to the drains
one minute past, and I ethe wards had sunk.

(जॉन कीट्स)

कीट्स की यह कविता 'ओड टू ए नाइटिंगेल' आवेगयुक्त व्यंजना की विविधता की दृष्टि से एक महान् रचना है जिसमें जीवन और सांसारिक वेदनाओं और व्यथाओं से कवि व्याकुल दिखाई देता है, किंतु बुलबुल को एक ऐसे लोक की वासिनी बताया है जो इस संसार के दारुण दुःखों से मुक्त है। बुलबुल का संसार विपत्ति से अछूता वैभव है, वेदना से असंपृक्त विलास है और अंतहीन आनंद है। अनुवादक ने कवि की व्याकुलता को आत्मानुभूत कर उनका अनुसृजन किया है।

अनूदित पाठ (9)

हृदय हो रहा विकल त्रसित हो उठी चेतना मेरी
एक अलस जड़तावश, जैसे मैंने पान किया हो,
गरल भरे प्याले का, अथवा मैंने कोई गहरी
मादक बूटी के रस का तलछट तक चषक पिया हो,
एक निमिष ही पूर्व, निमग्न हुआ विस्मृति-सरिता में।

(यतेंद्र कुमार)

इस प्रकार काव्यार्थ प्रतीक का अनुवाद लक्ष्यभाषा में करते समय इस बात पर भी ध्यान रखना आवश्यक होता है कि क्या स्रोत भाषा में काव्यार्थ प्रतीक उपलब्ध है या नहीं, लक्ष्य भाषा में उसका अर्थांतरण उसी रूप में हुआ है या नहीं? काव्यार्थ प्रतीक के प्रमुख घटक हैं प्रतीकात्मक मिथक, अलंकार आदि जो काव्यवस्तु को विशेष रूप प्रदान करते हैं।

पौराणिक नामों के अनुवाद की समस्याएँ भी काव्यानुवाद में आती हैं। ये नाम विशेष प्रतीक के रूप में प्रयुक्त होते हैं। उदाहरण के लिए, भीष्म पितामह 'प्रतिज्ञा' के, राम 'मर्यादा के,' भीम 'शक्ति के,' हनुमान 'भक्ति के', रावण 'बुराई के', दुर्योधन 'दुष्टता' आदि के प्रतीक हैं। इनका अनुवाद लक्ष्य भाषा अंग्रेजी में करने पर इनकी प्रतीकात्मक अर्थच्छटाएँ उपलब्ध नहीं हो पाएँगी। यदि इसका व्याख्यानुवाद भी किया जाए तो उसमें संस्कृति पक्ष उजागर नहीं हो पाएगा; जैसे–'भीष्म प्रतिज्ञा' के लिए अंग्रेजी अभिव्यक्ति an oath as firm as Bhishmas भी दी जाए तो मूल पाठ की काव्यात्मकता की झलक अनूदित पाठ में नहीं आ पाएगी।

काव्यानुवाद में अलंकार सौंदर्य और शक्ति का संवर्धन करते हैं। इनसे अभिव्यक्ति की शक्ति साकार हो जाती है, किंतु इनका अनुवाद समस्या उत्पन्न करता है। मृगनयनी, मीनाक्षी, गजगामिनी, चंद्रमुखी, घटाओं-सी जुल्फें उपमा आदि अलंकारों के क्रमशः निकटार्थ समतुल्य अंग्रेजी पर्याय eyes like a deer, eye like a fish, gait like an elephant, mouth like a moon, locks like clouds आदि लक्ष्य भाषा अंग्रेजी में वह सौंदर्य और सहजता उत्पन्न नहीं करते जो स्रोत भाषा हिन्दी में करते

हैं। 'खंजन नयन' का अनुवाद उर्दू में 'नर्गिसी आँखें' तो हो गया किंतु अंग्रेजी में lily eye का अनुवाद प्रभावशाली नहीं बन पड़ा। 'तेरा अंक हिमानी-सा शीतल' के अनुवाद Thy lap is as cold as snow में स्रोत भाषा और लक्ष्य भाषा के उपमानों में छवि के आधार पर समानार्थकता तो है किंतु प्रभावशीलता और सौंदर्य नहीं है। इसी प्रकार यमक, श्लेष, मानवीकरण आदि अलंकारों के अनुवाद लक्ष्य भाषा में किए तो जा सकते हैं किंतु यह कहना कठिन है कि वे समान व्यंजनापरक और संप्रेषणीय हो पाएँगे।

काव्यानुवाद में कविता की मूल संवेदना की संप्रेषणीयता और व्यंग्यार्थ पर ध्यान देना आवश्यक है। संप्रेषणीयता के आधार पर एक विद्वान लेफेवर ने काव्यानुवाद को एक संश्लिष्ट प्रक्रिया मानते हुए कहा है कि अनुवादक कविता के प्रत्येक पक्ष पर बल नहीं दे पाता और वह प्रायः किसी एक पक्ष पर बल देकर अनुवाद करता है। इसकी प्रवृत्ति के आधार पर उन्होंने काव्यानुवाद के निम्नलिखित प्रकार बताए हैं।

1. स्वनिमिक अनुवाद (Phonemic Translation) : इसमें अनुवादक स्रोत भाषा की कविता की ध्वनि को लक्ष्य भाषा की रचना में संप्रेषित करता है। वह मूल कविता में निहित काव्यार्थ का मात्र अन्वयांतर करता चलता है, किंतु अनुवाद में ध्वनि-व्यवस्था की प्रधानता रहती है। वास्तव में स्रोतभाषा की ध्वनि या वर्ण-मैत्री आदि का अनुवाद इसलिए संभव नहीं हो पाता कि हर भाषा में इस प्रकार के शब्द होते ही नहीं जिनमें अर्थ और ध्वनि का एक-सा संबंध हो। जहाँ तक ध्वनि-समानता वाले अनुप्रास के विविध भेदों का प्रश्न है, इनके लिए लक्ष्यभाषा में स्रोतभाषा के शब्दों के ऐसे प्रतिशब्दों की खोज कर पाना असंभव नहीं तो अत्यंत कठिन अवश्य है जिनमें ध्वनि साम्य हो। हिन्दी के 'बिरति बिबेक बिनय बिज्ञाना' (तुलसीदास) अथवा अंग्रेज़ी के How high his Highness holds his haughty head (शेक्सपियर) की आनुप्रासिक सौंदर्ययुक्त ध्वनि-योजना का अन्य भाषा में अनुवाद कर पाना अत्यंत कठिन है। लेकिन संस्कृत-हिन्दी, प्राकृत-संस्कृत, बंगला-हिन्दी, हिन्दी-मराठी, पंजाबी-हिन्दी आदि सजातीय भाषाओं में ऐसी कठिनाई कम होती है; जैसे–

संस्कृत - *ललित लवंगलता परिशीलनकोमल मलय समीरे।*
मधुकर निकर करंबित कोकिल कूजित कुंज कुटीरे।
हिन्दी - *ललित लवंगलता परिचुंबित कोमल मलय समीर।*
मधुकर-निकर कलित कोकिल से कूजित कुटीर।

(विनय मोहन शर्मा)

इस प्रकार अंग्रेजी-हिन्दी, फ्रांसीसी-हिन्दी, हिन्दी-रूसी, तमिल-हिन्दी, चीनी-अंग्रेज़ी आदि विजातीय भाषाओं की ध्वनि व्यवस्था, नाद-सौंदर्य और शब्द-संपदा अलग-अलग होने के कारण स्वनिमिक अनुवाद अत्यंत कठिन होता है।

2. शाब्दिक अनुवाद (Literal Translation) : इसमें स्रोत भाषा की कविता का शब्दानुवाद होता है जिससे मूल कविता के भाव-सौंदर्य, अर्थव्यंजना और वाक्य-विन्यास के लक्ष्य भाषा में खंडित होने की संभावना बनी रहती है। कवि कविता में शब्दों का चयन विशिष्ट रूप में करता है। उन शब्दों में अपने कोशीय या सामान्य अर्थ के अतिरिक्त कुछ और अर्थ भी होते हैं जिससे कविता में जीवंतता आ जाती है। उदाहरण के लिए; हिन्दी कविता में 'बिजली' या 'विद्युत' शब्द 'तेज़ी' और 'तरलता' का अर्थ देता है किंतु अंग्रेजी में इसके स्थान पर lightening रखें तो 'चकाचौंध' का अर्थ देगा। यदि thunder या thunderbolt रखा जाए तो 'कड़क' का अर्थ प्राप्त होगा। अतः काव्यभाषा में शब्द 'बिजली' के पर्याय या समतुल्य नहीं हो सकते। इस शब्दों के अनुवाद से 'तेजी' और 'तरलता' के बजाय 'कड़क' और 'चकाचौंध' अर्थ मिलेंगे।

3. छांदिक अनुवाद (Metrical Translation) : इसमें स्रोतभाषा में रचित कविता में प्रयुक्त छंद-विधान का अनूदित रचना में रूपांतरण होता है जो कई बार लक्ष्य भाषा की छंद-योजना से अलग जा पड़ता है। वास्तव में प्रत्येक छंद की अपनी गति होती है, उसका प्रभाव होता है और एक सीमा तक कविता के भाव से उसका संबंध भी होता है। किंतु अनुवाद के लिए समस्या है कि हर भाषा का अलग छंद-विधान होता है। भारतीय भाषाओं का अलग छंद-विधान है, अरबी-फ़ारसी का दूसरे प्रकार का और अंग्रेजी का तीसरे प्रकार का। यदि अनुवादक लक्ष्य भाषा के किसी उपयुक्त छंद में अनुवाद करता है तो मूल छंद का पूरा प्रभाव समाप्त हो जाएगा और यदि स्रोतभाषा के छंद में अनुवाद करता है तो पहले उस छंद को लक्ष्य भाषा में उतार पाना संभव नहीं है और यदि उतार भी ले तो मूल पाठ का छंद स्रोत भाषाभाषियों पर परंपरागत रूप से जो प्रभाव डालता है, वह लक्ष्य भाषाभाषियों पर प्रभाव नहीं डाल पाएगा। फिट्ज़जेराल्ड ने उमर ख़ैय्याम की फ़ारसी में रचित रुबाइयों का अंग्रेजी अनुवाद रुबाई छंद में करने का प्रयास किया। हिन्दी में मैथिलीशरण गुप्त और रघुवंश लाल गुप्त ने भी रुबाई छंद में अनुवाद करने का प्रयास किया किंतु हरिवंश राय बच्चन तथा केशव प्रसाद पाठक रुबाई छंद का पूर्ण निर्वाह नहीं कर पाए।

4. कविता का गद्यानुवाद (Poetry into Prose) : इसमें स्रोत भाषा में रचित कविता का रूपांतरण लक्ष्य भाषा में गद्य में किया जाता है। इसमें अनुवादक की दृष्टि मुख्यतः कविता के अर्थ पक्ष पर रहती है, न कि लय विधान पर। किंतु एक बात ध्याननीय है कि गद्यानुवाद का स्तर छांदिक और शाब्दिक अनुवाद से ऊँचा होगा।

जैसे—महादेवी वर्मा ने अपने 'सप्तपर्णा' ग्रंथ में संस्कृत की कुछ कृतियों के अंशों का गद्यानुवाद किया है।

5. लयपरक अनुवाद (Rhymed Translation) : अनूदित रचना में छंद योजना के साथ-साथ तुकबंदी या लय को भी स्थान मिलता है ताकि अनुवाद की काव्यपरकता बनी रहे। वास्तव में लयात्मक अभिव्यक्ति काव्यात्मक संवेग का सहज प्रतिफलन है।

संवेदना का संप्रेषण करने में लय असाधारण रूप से सिद्ध होता है। इसमें भावनात्मक प्रभावोत्पादकता में वृद्धि होती है। उदाहरण के लिए;

अबला जीवन, हाय! तुम्हारी यही कहानी।
आंचल में है दूध और आँखों में पानी।।

(मैथिलीशरण गुप्त)

इसमें लय विधान और तुकबंदी के साथ-साथ जो काव्यार्थ प्रतीक दृष्टिगत होता है। उससे भावनात्मक प्रभाकोत्पादकता में तो वृद्धि हुई है किंतु यदि इसका अनुवाद किया जाए तो वह संभव नहीं हो पाएगा।

जॉन मिल्टन की कविता Samson Egonistis के हिन्दी अनुवाद में बच्चन जी ने (मरकत द्वीप का स्वर) लयात्मकता के भावानुरूप आरोह-अवरोह में लाने का अच्छा प्रयास किया है, किंतु कविता में लय और भाव विचारों में आत्यंतिक संबंध होता है। लय को पहचाने और संप्रेषित किए बिना अनुवाद सपाट, रंगहीन और नीरस हो जाएगा। यदि अनजाने में किसी अन्य लय को आरोपित किया तो कुछ और ही भाव ध्वनित होने लगेगा। इस संबंध में इसी अध्याय में संरचनात्मक विशिष्टता के संदर्भ में चर्चा की गई है।

6. मुक्त छंदपरक अनुवाद (Blank verse Translation) : इस अनुवाद में मूल कविता की संरचना, लय, यति आदि का ध्यान तो रखा जाता है, किंतु उसके छंद-विधान का पूर्ण अनुकरण नहीं होता। यह स्थिति तभी उत्पन्न होती है, जब छंद-विधान के आधार पर पद्यानुवाद करते हुए कठिनाई हो रही हो तो मुक्त छंद का आधार लेकर काव्यानुवाद किया जाता है। डब्ल्यू. बी. ईट्स की एक कविता का बच्चन जी ने मुक्त छंद में अनुवाद किया है।

मूल पाठ (10)

Dance there upon the shore,
What need have to care
for wind or water's roar?
And tremble out your hair
That the seal drops have wet

(The Collected Works of W.B. Yeats)

अनूदित पाठ (10)

नाचे जाओ सिंधु तीर पर
तुम को क्या परवाह

तरंगें और हवाएँ गरज रही हैं?
खारी बूँदों से भीगी अलकें लहराओ। नाचे न जाओ।

(मरकत द्वीप का स्वर)

7. पुनर्व्याख्यात्मक अनुवाद (Interpretative Translation) : इस अनुवाद में मूल कविता का कथ्य सुरक्षित रखा जाता है और अनुवादक मूल कविता के रूप में परिवर्तन कर अपने ढंग से उसका सृजन करता है, क्योंकि यह मूल कविता की बाह्य रूप-रचना से अलग एक सह-रचना बन जाती है जबकि कथ्य प्रायः एक समान होता है। आचार्य हजारी प्रसाद द्विवेदी ने कालिदास के 'मेघदूत' नाटक का पुनर्व्याख्यात्मक अनुवाद में 'मेघदूत' एक पुरानी कहानी शीर्षक से किया है जिसमें पद्यगत श्लोकों का अर्थ गद्य में दिया गया है। इसमें न केवल अर्थ दिए गए है, वरन् अन्य व्याख्यात्मक उल्लेख भी मिलते हैं।

इस प्रकार काव्यानुवाद एक प्रकार की असाध्य साधना है जिसमें अनुवादक मूल कृति की विषयवस्तु और अंतर्भूत संवेदनाओं को तो पकड़ लेता है, किंतु उसकी काव्यवस्तु अथवा कलात्मक अनुभूति तक नहीं पहुँच पाता। इसमें स्रोतभाषा और लक्ष्यभाषा पर अधिकार होना और विषयवस्तु का सम्यक् ज्ञान होना ही पर्याप्त नहीं है क्योंकि काव्यानुभूति के संप्रेषण अथवा व्यंजना के लिए अनूदित कृति में अनुवादक की कवित्व शक्ति और सर्जनात्मक प्रतिभा की भी आवश्यकता होती है। इसीलिए एक अंग्रेजी विद्वान राबर्ट फ्रास्ट ने कहा है कि अनुवाद की प्रक्रिया में जो तत्त्व खो जाता है, वही कविता अर्थात् काव्यवस्तु है—Poetry is what is lost in a translation. वास्तव में काव्यानुवाद 'परमानस प्रवेश' की एक ऐसी साधना है जिस प्रकार भारतीय योग दर्शन में 'परकाया प्रवेश की प्रक्रिया' है। इससे योगी अन्य व्यक्ति के शरीर में प्रवेश कर उसके आंतरिक अनुभवों, अनुभूतियों और भावों को प्राप्त करता है और फिर उसे अपने भीतर ले आता है। यही मूल रचना का पुनः सृजन है। इसीलिए कविता के अनुवाद को अनुवाद कहने की अपेक्षा 'अनुसृजन' अथवा 'पुनःसृजन' अथवा 'समानांतर रचना' की संज्ञा देना उपयुक्त होगा।

नाट्यानुवाद

साहित्य में कहानी-उपन्यास की अपेक्षा नाटक का अनुवाद अपने-आप में एक चुनौती है, क्योंकि यह एक जटिल, वैविध्यपूर्ण साहित्यिक विधा है। लिखित रूप में होते हुए भी इसे रंगमंच की प्रक्रिया से गुज़र कर दर्शकों के समक्ष पुनर्प्रस्तुत होना पड़ता है। इसमें कविता, कहानी, संगीत आदि का भी समावेश होता है। नाटककार के मंतव्य का तादात्म्य रंगमंच के अभिनेता और निर्देशक के साथ होने से ही नाटक को पूर्णता प्राप्त होती है। कई बार नाटककार के मूलभाव को अभिनेता और निर्देशक प्रदर्शित करने में चूक जाते हैं तो रसास्वादन में व्याघात पहुँचता है। वस्तुतः नाटककार को नाटक लिखते

समय रंगमंच की आवश्यकताओं को ध्यान में रखना पड़ता है जिससे नाटक की रचना-प्रक्रिया जटिल हो जाती है। इस दृष्टि से नाटक में कथानक के साथ-साथ संवाद-योजना और पात्रों की भाषा का भी महत्त्व रहता है।

नाटक का अनुवाद इसी चुनौती में एक नया आयाम जोड़ देता है। इसमें अभिनय द्वारा व्यंजित भाव को प्रकट करने की जो अपेक्षा रहती है, उसमें आघात आने पर सब कुछ गड़बड़ा जाता है। पात्रों के परस्पर संवाद या वार्तालाप और पात्रों के स्वगत कथन से नाटक की कथा का विकास होता है, पात्रों के चरित्रों के व्यक्तित्व का विकास होता है, विभिन्न भावों और अनुभूतियों की अभिव्यक्ति होती है, तान-अनुतान और लय से युक्त नाट्य भाषा कई भाषेतर अर्थों की अभिव्यंजना करती है। इसीलिए इन स्तरों पर गतिशील होने से नाटक का अनुवाद जटिल और कठिन होता है।

नाटक का अनुवाद करते हुए अनुवादक से स्रोतभाषा और लक्ष्य भाषा दोनों की संरचना और संस्कृति के ज्ञान के साथ-साथ रंगमंच और नाटक के विषय में पर्याप्त जानकारी की अपेक्षा रहती है। उसे मात्र शब्दानुवाद अथवा भावानुवाद नहीं करना होता वरन् उसे नाटक की अंतर्वस्तु, उसके कथानक और पात्रों को भी अन्य भाषा में प्रस्तुत करना होता है। नाट्यानुवाद की प्रक्रिया में नाटक की कथावस्तु को समझना, उपयुक्त शब्दों की खोज करना, संदर्भानुसार शब्दों का चयन करना और सामाजिक-सांस्कृतिक परिवेश का ध्यान रखना पड़ता है। इसके पश्चात् संवादों का अनुवाद करते हुए पात्रों के व्यक्तित्व पर विशेष दृष्टि रखनी पड़ती है। वास्तव में संवाद में प्रयुक्त शब्द न केवल अर्थ का ही उद्घाटन करते हैं वरन् उनसे कई बार पात्र की मनःस्थिति का परिचय भी मिलता है। पात्र के स्वभाव की यदि कोई विशेषता अर्थात् क्रोध, खीझ, चिढ़, लगाव आदि भाव होते हैं तो वे अनुतान और लय के द्वारा व्यक्त होते हैं। इसके साथ-साथ नाटक में विशिष्ट सामाजिक और वैयक्तिक आचार-विचार, संस्कार, कर्मकांड आदि मान्यताएँ होती हैं, पारिवारिक संबंध होते हैं और विभिन्न पदों, संबोधनों आदि का प्रयोग होता है, उनके अनुवाद में समतुल्यता के आधार पर उपयुक्त शब्दों और अभिव्यक्तियों का चयन करना पड़ता है। इससे नाटक का मूलभाव, वातावरण, पात्र का व्यक्तित्व आदि स्पष्ट हो जाते हैं।

ए.ए. मिलने के नाटक The boy comes home के अनुवाद में प्रस्तुत अभिव्यक्तियों को इस प्रकार देखा जा सकता है।

मूल पाठ (1)

Mary : Did you ring, Master phillip?
Philip : (absently) Yes; I want breakfast, please, Mary.
Mary : (coldly) : Breakfast has been cleared away an hour ago.

Philip : Exactly. That's why I rang. You can boil me a couple of eggs or something. And coffee, not tea.

अनूदित पाठ (1)

मेरी : साहब! क्या आपने घंटी बजाई थी?
फिलिप : (अन्यमनस्क भाव से) हाँ! मेरे लिए नाश्ता लगा दो।
मेरी : (उदासीन भाव से) नाश्ता तो एक घंटा पहले खत्म हो चुका है।
फिलिप : तभी, तभी तो मैं ने घंटी बजाई थी। अच्छा, दो-एक अंडे या कुछ और उबाल दो। और काफ़ी, चाय नहीं।

उपर्युक्त अनुवाद में Master Philip के स्थान पर 'साहब' का प्रयोग हुआ है। यहाँ मेरी फिलिप की नौकरानी है और फिलिप मालिक या स्वामी है। किंतु मेरी के मुख से 'फिलिप मालिक' या 'फिलिप स्वामी' कहलाना अच्छा नहीं लगता है। हिन्दी के सांस्कृतिक परिवेश में प्रायः 'साहब' शब्द का प्रयोग उचित माना जाता है। मेरी के दूसरे संवाद में Breakfast has been cleared away an hour ago. का शाब्दिक अनुवाद 'नाश्ता एक घंटे पहले साफ़ कर दिया गया है' होता है जो हिन्दी संरचना की दृष्टि से सही नहीं है। इसका सही अनुवाद होगा 'नाश्ता एक घंटा पहले खत्म हो चुका है' इस दृष्टि से अंग्रेजी और हिन्दी पात्रों के व्यक्तित्व के अनुसार संवादों पर ध्यान देने की आवश्यकता रहती है।

दूसरा उदाहरण है, संस्कृत के सुविख्यात नाटककार कालिदास के 'अभिज्ञान शाकुंतलम' के सातवें अंक में सर्वदमन अपनी माँ शकुंतला से पूछता है–**मातः को एषः**। शकुंतला उत्तर देती है–**वत्स! ते भागदेयानि पृच्छ**। अंग्रेजी के अनुवादों में Ask your destiny अथवा ask your luck किया गया है। यहाँ destiny या luck के लिए 'भाग्यं' ही उपयुक्त है किंतु कालिदास ने तो 'भागदेयानि' शब्द का प्रयोग किया है। प्रश्न यह उठता है कि यह 'भागदेयानि' दुष्यंत को माना गया है या विधाता को। वस्तुतः 'भागदेयानि' एक व्यापक शब्द है जिसके अंतर्गत destiny और luck दोनों समा जाते हैं और यहाँ तक कि उसमें खो जाते हैं क्योंकि destiny और luck में रसास्वादन भिन्न-भिन्न प्रकार का होगा।

नाटक में एक ओर संवादों में काव्यात्मक सघनता, तीव्रता और संक्षिप्तता रहती है, व्यंजना रहती है तो दूसरी ओर बोलचाल की भाषा की सहजता, रवानी और लय भी अपनी विशिष्टता रखते हैं। कई बार अभिनेता जाने-अनजाने संवादों के उच्चारण द्वारा ध्वनियों का ताना-बाना बुनता है, जो संवाद और उसके द्वारा नाटक को एक निश्चित उत्कर्ष की ओर ले जाता है। नाटक को अनुवाद की भाषा में स्वर और व्यंजन ध्वनियों के संयोजन में विविधता और उतार-चढ़ाव ज़रूरी है। इसके लिए अनुवाद का अभिनेय होना अपेक्षित है।

अंग्रेज़ी के महान नाटककार शेक्सपीयर के नाटक 'मैकबेथ' का अनुवाद हरिवंश राय बच्चन ने किया है। इसके एक अंश में डंकन की हत्या करने के बाद मैकबेथ जब अपने रक्तरंजित हाथों को देख कर कहता है–

मूल पाठ (2)

> Will all great Neptunes ocean wash this blood, clean from my hand, No: this my hand will rather the multitudiness sees incarnadine. Making the green one red.

अनूदित पाठ (2)

> *जो मेरे हाथों में खून लगा उसको तो,*
> *महावरण का सारा परिवार नहीं धो सकता। यही नहीं मेरे हाथ करेंगे,*
> *उच्छल फेनोच्छवसित जलधि को भी रक्तारुण*
> *जो कि हरा है लाल बनेगा।*

यहाँ multitudiness sees incarnadine के अनुवाद 'उच्छल फेनोच्छवसित जलधि को भी रक्तारुण' में फेनोच्छवसित जलधि से हरे रंग (Making the green one red) का क्या संबंध है, यह स्पष्ट नहीं हो पाया। इस दृष्टि से यह अनुवाद मूलभाव को दे पाने में असमर्थ है किंतु अभिनय की दृष्टि से देखा जाए तो मैकबेथ के कुकृत्य की विकरालता साकार हो उठेगी, जो अनुवाद में नहीं मिल पाएगी।

दूसरा उदाहरण है, 'मैकबेथ' नाटक के पाँचवें अंक के पाँचवें दृश्य में जब मैकबेथ लड़ाई की तैयारी कर रहा है तो स्त्रियों के रोने की आवाज़ सुनाई पड़ती है। मैकबेथ समझ जाता है किंतु वह अपने विश्वासपात्र सेवक सीटन को भेजता है और उसी दौरान अपने स्वगत कथन से आने वाले संवाद की भूमिका बना लेता है। सीटन आकर सूचना देता है–

मूल पाठ (3)

Seetan : The queen, my lord is dead.

Macbeth : Should have died hereafter, there would have been time for such a word.

अनूदित पाठ (3)

सीटन-नाथ : महारानी का जीवन दीप बुझ गया।

मैकबेथ : उन्हें किसी दिन मरना ही था, समय कभी आता ही ऐसी बात के लिए।

सीटन अंग्रेजी में is dead के स्थान पर no more अथवा Queen has passed away या अन्य कोई वाक्य कह सकता था किंतु dead शब्द में पूर्णविराम जैसा तीखा और स्पष्ट कटाव है। वह my lord का प्रयोग भी प्रारंभ में नहीं करता। इस प्रयोग में सीटन के 'मुँह लगे सेवक' के होने का संकेत मिलता है और इसीलिए हिन्दी अनुवाद में 'वह स्वर्ग सिधार गई' या 'देहांत हो गया' नहीं कहा गया। इसमें समतुल्य 'नाथ' प्रारंभ में आया है, जबकि हिन्दी में यह वाक्य के अंत में आता तो इसमें सीटन द्वारा दी गई सूचना में तीखापन आ जाता। इसके बाद मैकबेथ के कथन में उसकी नाटकीयता आती है। मैकबेथ के लिए मौत अब मात्र एक शब्द रह गई है क्योंकि वह उसकी विभीषिका झेल चुका है। प्रश्न उठता है कि क्या यह अनुवाद मूल के भाव को व्यंजित कर पाया है, क्योंकि अनुवाद में dead और word शब्दों को तीखी चोट नहीं मिल पाई।

इस प्रकार नाटक के संप्रेषण व्यापार में अर्थ की लय और ध्वनि के साथ-साथ शब्द की लय और ध्वनि की भी महत्त्वपूर्ण भूमिका रहती है। शब्दों का एक अर्थ होने पर भी उनसे जुड़ा हुआ भाव जगत कई बार अलग-अलग होता है। यदि अनुवाद में उस भाव-जगत को बनाए रखना है तो शब्दों और बिंबों का भाषांतर नहीं, वरन् लक्ष्य भाषा में उस भाव-जगत को ध्वनित करने वाले बिंबों और शब्दों का संयोजन करना होगा। शेक्सपीयर के अन्य नाटक Antony & Cleopatra के अंक-दो, दृश्य-दो में क्लियोपेट्रा नायिका के लिए कहा गया है :

*The other women cloy the appetites **they feed,***
*but **she makes hungry** where most she satisfies.*

इस पद का अभिधार्थ करने से इसमें भाव-सौंदर्य नष्ट हो जाएगा और अर्थ का अनर्थ होगा। यहाँ feed का अर्थ 'खिलाना' या 'भोजन देना' नहीं वरन् 'तृप्त' है और hungry का भूखा नहीं, 'अतृप्त' के लिए है। इस में भाव यह है कि अन्य स्त्रियों के सौंदर्य को देख कर तो तृप्ति हो जाती है, किंतु क्लियोपेट्रा के सौंदर्य को बार-बार देखने पर भी मन और अधिक अतृप्त हो जाता है।

भाषा के पात्रानुकूल होने का प्रश्न भी उठता है। शहरी और देहाती, शिक्षित और अशिक्षित, उच्च और निम्न श्रेणी के पात्रों के बीच भाषायी अंतर मिलता है। संस्कृत और अंग्रेजी के प्राचीन नाटकों में विदूषक या निम्न श्रेणी के पात्रों में यह प्रायः देखा गया है। कालिदास के नाटकों में विदूषकों या निम्न वर्ग के पात्रों के संवाद की भाषा प्रायः प्राकृत होती थी। शेक्सपीयर के नाटकों में भी यही स्थिति पाई गई है। शेक्सपीयर के 'टेम्पेस्ट' नाटक में 'केलिवन' नामक जंगल में रहने वाला एक विकृतांग गुलाम है जिसकी अंग्रेज़ी अन्य पात्रों की अपेक्षा निम्नस्तरीय है। हिन्दी समुदाय में एक समुदाय के पंडित, पुरोहित आदि पात्रों की भाषा संस्कृतनिष्ठ होती है तो एक दूसरे समुदाय के मौलवी, काज़ी आदि पात्रों की भाषा में अरबी-फारसी के शब्दों का बाहुल्य रहता है।

इन पात्रों की भाषा का अनुवाद अंग्रेजी में कर पाना कठिन है। प्रणाम, नमस्कार, दंडवत, राम-राम, अस्सलाम अलैकुम आदि सभी अभिवादन पात्रों के स्तर भेद पर आधारित हैं। अभिवादनसूचक और सम्मानसूचक शब्दों की समुचित अभिव्यंजना के लिए उपयुक्त शब्द अंग्रेजी जैसी भाषाओं में मिल पाना असंभव-सा है। कई बार नाटककार संवाद में पात्रों के स्तर के अनुरूप आंचलिक शब्द भी प्रयुक्त कर देते हैं। अतः इन आंचलिक भाषा-रूपों के अनुवाद में प्रायः कठिनाई होती है।

नाटककार अपने नाटकों में प्रायः उस युग की कथावस्तु के अनुकूल भाषा का प्रयोग करता है। इस युगानुकूल भाषा के अनुवाद में प्रायः कठिनाई होती है। हिन्दी के महान् नाटककार जयशंकर प्रसाद ने 'जनमेजय का नागयज्ञ', 'ध्रुवस्वामिनी', 'चंद्रगुप्त', 'स्कंदगुप्त' आदि पौराणिक और ऐतिहासिक नाटकों में हिन्दी की संस्कृतनिष्ठ शैली का प्रयोग किया है, जबकि मोहन राकेश के आधुनिक काल में रचित 'आधे अधूरे,' 'आषाढ़ का एक दिन' आदि नाटकों में सामान्य बोलचाल की हिन्दी का रूप मिलता है। इस प्रकार के भाषा-रूपों और शैलियों के अनुवाद न हो पाना उसकी सीमा है।

स्रोत भाषा के अनूदित पाठ की सफलता कई बार लक्ष्य भाषा के दर्शक की ग्राह्यता और स्वीकृति पर आधारित होती है। लक्ष्य भाषा का दर्शक अनूदित पाठ से मंच पर उन्हीं परंपरागत सामाजिक और सांस्कृतिक रूपों की प्रायः अपेक्षा करता है, जो वह अपनी भाषा के मूल पाठ से करता है। सुप्रसिद्ध अनुवादशास्त्री सूज़न मेक्गायर ने अपनी पुस्तक 'ट्रांसलेशन ऑफ़ स्टडीज़' में लिखा है कि फ्रांसीसी नाटककार रेशिन के नाटक 'एंड्रोमैश' का जो अंग्रेजी अनुवाद हुआ था, उसका ब्रिटेन में मंचन कराया गया तो वह असफल हो गया, क्योंकि वह ब्रिटेनवासियों के समाज और उनकी परंपरा को प्रदर्शित नहीं कर पाया था। कुछ वर्षों के बाद एबोज़ फिलिप का अनुवाद अत्यंत सफल हुआ, क्योंकि फिलिप ने नाटक में ब्रिटेनवासियों की मनोवृत्ति और आशाओं के अनुकूल कथावस्तु में संशोधन करते हुए कहीं कुछ वृद्धि की और कहीं लोप किए थे। इसीलिए अनुवाद में दो भिन्न सामाजिक-सांस्कृतिक संदर्भों का ध्यान रखना पड़ता है। ईसाई समाज में विवाह में नवदंपत्ति के लिए श्वेत वस्त्र पवित्रता के प्रतीक हैं जबकि हिन्दू समाज में श्वेत वस्त्र शोक के प्रतीक हैं। अतः अनुवाद में इस बात पर विशेष ध्यान रखने की आवश्यकता है। इसी भिन्न सामाजिक-सांस्कृतिक संदर्भ को ध्यान में रखते हुए भारतेन्दु ने शेक्सपीयर के The Merchant of Venice नाटक के हिन्दी अनुवाद 'दुर्लभ बंधु' में अंग्रेजी के सांस्कृतिक संदर्भों में यदा-कदा परिवर्तन करते हुए पात्रों और नगरों के नामों तक का हिन्दीकरण कर दिया। उदाहरण के लिए; Portia, Antonio, Bassanio, Shylock, Gratiaro, Naples के लिए क्रमशः हिन्दी में पुरश्री, अनंत, बसंत, शैलाक्ष, गिरीश, नेपाल आदि नाम रखे गए हैं।

नाटक गद्य और पद्य दोनों में लिखे जाते हैं। इसलिए दोनों रूपों के अनुवाद की अपनी-अपनी विशेषताएँ होती हैं। गीतिनाट्यों में उसके संवादों, अभिनेता के हाव-भाव के साथ-साथ उसकी काव्यात्मकता, लय विधान, संगीतात्मकता आदि विभिन्न

अभिलक्षणों के भी लक्ष्य भाषा में रूपांतरण करने की समस्या पैदा होती हैं। शेक्सपीयर के 'मैकबेथ' और 'ओथेलो' गीतिनाट्यों का पद्यानुवाद हरिवंश राय 'बच्चन' ने 'रोला' छंद में किया है। पद्य में अनुवाद करते हुए बच्चन जी ने अपने 'मैकबेथ' अनुवाद की प्रवेशिका में कहा है कि शेक्सपीयर महान नाटककार ही नहीं, महान कवि भी है और उनकी कविता नाटकों में बिखरी पड़ी है। जिस कवित्व का शीश महल उन्होंने पद्य की विशाल छाती पर खड़ा किया है, उसे गद्य के शीश महल पर धरते ही वह गिर कर चकनाचूर हो जाता है।

इसके अतिरिक्त, रेडियो नाटक और दूरदर्शन नाटक अपनी अलग विशिष्टता लिए होते हैं। रेडियो नाटकों में अनुवाद श्रवण पर केन्द्रित रहना होगा ताकि श्रोताओं का रसास्वादन कान से ही सुनकर हो सके। इसी प्रकार दूरदर्शन पर प्रसारित नाटकों का प्रदर्शन अनुवाद को केमरा के लेंस के माध्यम से करना होगा ताकि अभिनेता के हाव-भाव स्पष्ट रूप से दिखाई दे सकें। अतः रेडियो नाटक या दूरदर्शन नाटक के अनुवादक के लिए माध्यम का ज्ञान भी महत्त्वपूर्ण योगदान करता है।

इस प्रकार नाट्यानुवाद की समस्या जटिल और श्रम साध्य है, क्योंकि इसे कविता या उपन्यास या कहानी की भाँति न केवल पढ़ने के लिए लिखा जाता है बल्कि रंगमंच पर प्रस्तुतीकरण के लिए भी लिखा जाता है। इसलिए इसके अनुवाद में इसके पाठ और उसकी अभिनेयता दोनों पर एक साथ ध्यान केंद्रित करना पड़ता है। यह एक बहुआयामी विधा है जिसमें काव्य और संगीत जैसी ललित कलाएँ भी सम्मिलित होती हैं। कवि या कथाकार अपनी कल्पनाशक्ति और सर्जनात्मकता से अपनी रचना पाठकों के समक्ष प्रस्तुत कर देता है, किंतु नाटककार को श्रोता वर्ग के लिए लिखना पड़ता है जिसमें कथावस्तु, पात्र और संवाद तीनों का महत्त्व होता है। इसमें उसे रंगमंच के सिद्धांतों, पात्र-सृजन, संवाद-योजना के साथ-साथ उसमें हाव-भाव, अनुतान, दृश्य-वर्णन का भी ध्यान रखना पड़ता है। संवादों से पात्रों के बीच संबंधों और गतिशीलता का परिचय मिलता है। नाटक के संवाद भाषिक तत्त्वों के साथ-साथ भाषेतर स्थितियों पर भी निर्भर होते हैं। इसलिए नाट्यानुवाद मात्र अनुवाद न रहकर अनुसृजन होता है जिसमें मूल पाठ की अभिनेयता का पुनर्प्रस्तुतीकरण लक्ष्य भाषा में होता है। अतः इस अनुसृजन में सर्जनात्मक शक्ति और प्रतिभा की आवश्यकता होती है, जिससे वह एक प्रकार की मूल कृति बन जाता है जो मूल पाठ का वास्तविक सहपाठ होता है।

कथा साहित्य का अनुवाद

कथा साहित्य का अनुवाद कविता अथवा नाटक के अनुवाद से किसी भी तरह से सरल नहीं है। वास्तव में कथा साहित्य भी एक सर्जनात्मक विधा है जिसका अनुवाद भी एक सर्जनात्मक प्रक्रिया है। कथा साहित्य अर्थात् कहानी और उपन्यास में कविता और नाटक की भाँति सर्जनात्मक शक्ति की आवश्यकता रहती है। कथा साहित्य गद्य में तो

होता है, किंतु इसकी प्रकृति कार्यालयी, जन संचार, विज्ञान आदि प्रयोजनपरक गद्य से भिन्न होती है। कथा साहित्य एक संश्लिष्ट साहित्यिक विधा है जिसमें कविता, नाटक, रेखाचित्र आदि अन्य विधाओं के गुण अंतर्निहित रहते हैं। कविता की भाँति कहानी या उपन्यास में मिथक और प्रतीक होते हैं, आलंकारिक शैली होती है, गद्यात्मक लय होता है, जो पद्यात्मक लय से कम नहीं होता। नाटक के पात्रों के समान कहानी या उपन्यास के पात्र भी अपनी-अपनी पृष्ठभूमि में और अपनी भाषा के माध्यम से अपने भावों को व्यक्त करते हैं। वास्तव में कथाकार अचेतन गहराइयों से अपनी भावभूमि को चेतन की भाषा में ढालने का प्रयास करता है। इसमें लक्षणा, व्यंजना और अनेकार्थकता भी होती है, किंतु ध्यान में रखने की बात यह है कि कथा साहित्य में मात्र सपाट बयानी नहीं होती वरन कविता और नाटक की भाँति इसमें काव्यात्मकता और सर्जनात्मकता भी होती है।

कथा साहित्य के अनुवाद को भी उन सभी समस्याओं का सामना करना पड़ता है जो कविता एवं नाटक के अनुवाद में मिलती हैं। उपन्यास और कहानी में भी विभिन्न अंश एक-दूसरे के साथ संबद्ध होते हैं और एक को जाने बिना दूसरे का अर्थ स्पष्ट नहीं होता। किसी कहानी या उपन्यास का पहला अनुच्छेद उसके अंतिम अनुच्छेद से जुड़ा हो सकता है। इस दृष्टि से पूरी कहानी या प्रोक्ति एक इकाई के रूप में होती है। अतः पूरी रचना का अनुवाद सहपाठ की भाँति स्वतंत्र अनुवाद होता है।

कथा साहित्य के अनुवाद में अनुवादक को कृति की मूलनिष्ठता के प्रति जहाँ वफ़ादारी निभानी होती है, वहाँ उसे भाषा की सहजता, रवानी, स्पष्टता और बोधगम्यता का भी ध्यान रखना पड़ता है। इस दृष्टि से अनुवाद में कई बार यह मालूम नहीं पड़ता कि इसमें मूल कृति की कल्पनाशक्ति अथवा सर्जनात्मक शक्ति आ पाई है या नहीं। इसलिए यहाँ कुछ कहानियों के अनुवाद के संबंध में निम्नलिखित आधार बताए गए हैं।

(क) पाठ का एक इकाई के रूप में प्रस्तुतीकरण : कथा साहित्य में पूरी कृति को एक इकाई के रूप में ग्रहण करने से कृति का अर्थ स्पष्ट होता है, क्योंकि उपन्यास या कहानी के विभिन्न अंश परस्पर जुड़े हुए होते हैं और उनके तारतम्य को देखे बिना अर्थ स्पष्ट नहीं होता। किसी उपन्यास या कहानी का पहला अनुच्छेद कृति के अंतिम अनुच्छेद से जुड़ा होता है। पहला अनुच्छेद समूची कृति की कुंजी होता है और अंतिम अनुच्छेद उसकी भावभूमि को पूरी तरह खोल देता है। भीष्म साहनी द्वारा रचित 'चीफ़ की दावत' कहानी का पहला अनुच्छेद देखिए।

मूलपाठ (1) :

(क) आज मिस्टर शामनाथ के घर में चीफ़ की दावत थी।
(ख) शामनाथ और उसकी धर्मपत्नी को पसीना पोंछने की फ़ुर्सत न थी।

(ग) पत्नी ड्रेसिंग गाउन पहने, उलझे हुए बालों का जूड़ा बनाए मुँह पर फैली हुई सुर्खी और पाउडर को भूले और मिस्टर शामनाथ सिगरेट पर सिगरेट फूँकते हुए चीज़ों की फेहरिस्त हाथ में थामे, एक कमरे से दूसरे कमरे आ-जा रहे थे।

अनूदित पाठ (1) :

(a) Today, there was a dinner for the boss at the house of Mr. Shamnath.

(b) Shamnath and his wife did not have enough free time to mop their brows.

(c) They were going from one room to the next, the wife wearing her dressing gown, her entangled hair made into a bun, her forgotten rouge and powder spread across her face, and Mr. Shamnath smoking one cigarette after another, a list of things held in his hand.

इस अनुच्छेद में मूलपाठ और अनूदित पाठ दोनों में शामनाथ और उसकी पत्नी को अपने चीफ को दावत पर आमंत्रित करने पर तैयारियाँ करने में लिप्त पाया गया है। इससे तैयारियों के एक बिंब का निर्माण तो होता है किंतु इससे संदेश तब तक स्पष्ट नहीं होता, जब तक अगले अनुच्छेदों में हुई तैयारी में रखी गई वस्तुओं, शामनाथ और उसकी पत्नी का अपनी बूढ़ी विधवा माँ के लिए परेशानी कि उसे कहाँ रखा जाए, चीफ का आगमन, माँ के प्रति चीफ की सहृदयता, अपनी तरक्की के लिए शामनाथ का स्वार्थ और अंतिम अनुच्छेद में माँ की बेचारगी, लेकिन बेटे के उज्ज्वल भविष्य और तरक्की के लिए कामना करते हुए आँखें कमज़ोर होते हुए फुलकारी बनाने के लिए तैयार होना, ये सभी बातें एक दूसरे से अगर जुड़ी हुई नहीं मिलतीं और इनमें कहीं भी चूक हो जाती है तो अनुवाद में मूलभाव या संदेश बिखर जाता है। इस दृष्टि से पाठ को एक ही इकाई में अंश-अंशी के रूप में ग्रहण करते हुए अनुवाद की अपेक्षा की जाती है।

पाठ को समग्र इकाई के रूप में ग्रहण करने और अंश-अंशी के रूप में विभक्त करने से अनुवाद की सर्जनात्मकता की जानकारी कुछ हद तक मिल जाती है। वाक्य-प्रति-वाक्य अथवा अध्याय-प्रति-अध्याय के अनुवाद से सर्जनात्मकता का पता नहीं चल पाएगा। इसके लिए भावों और विचारों की समन्वित इकाई के रूप में पाठ का होना आवश्यक है। उदाहरण के लिए, प्रेमचंद की 'कफन' कहानी के प्रारंभिक वाक्य और उसका अनुवाद देखिए;

मूल पाठ (2) :

(क) झोंपड़ी के द्वार पर बाप और बेटा दोनों एक बुझे हुए अलाव के सामने चुपचाप बैठे हुए थे। और

(ख) रह-रह कर उसके मुँह से ऐसी दिल हिला देने वाली आवाज़ निकलती थी कि दोनों कलेजा थाम लेते थे।

(ग) जाड़ों की रात थी, प्रकृति सन्नाटे में डूबी हुई, सारा गाँव अंधकार में लय हो गया था। अंदर बेटे की जवान बीवी बुधिया प्रसव वेदना में पछाड़े खा रही थी।

अनूदित पाठ (2) :

(a) One wintry night, near the door of their hut, before a dim and dying fire, an old man and his son sat silently.

(b) The young daughter-in-law Budhia lay inside convulsed with the pains of child birth.

(c) At intervals, she cried out in such a heart-rending manner that their breething seemed to be suspended. The village was wrapped in darkness and all nature was still (Shroud: Gurudial Malik).

उपर्युक्त मूल पाठ और अनूदित पाठ में विचारों को एक समन्वित इकाई के रूप में बाँधा गया है जो संसक्तपूर्ण और तात्पर्ययुक्त वाक्योपरि संरचना या प्रोक्ति के रूप में बिंब निर्माण करने में सहायक हुए हैं। इस बिंब में बुझे हुए अलाव के पास चुपचाप बैठे बाप-बेटे और बुधिया की प्रसव-वेदना का जो प्रस्तुतीकरण है, वह मूलपाठ में वाक्य (3) के अंत में मिलता है किंतु अनूदित पाठ में वह वाक्य (3) के प्रारंभ में दिखाई देता है।

(ख) सर्जनात्मक प्रयोग : अनुवादक को कई बार मूल रचनाकार की भाँति किसी विषय पर चिंतन-मनन करते हुए कथ्य के विभाजन और उसके शिल्पगत प्रयोग पर ध्यान देना पड़ता है। कई बार अनुवादक को कुछ जोड़ना पड़ता है, कई बार कुछ छोड़ना पड़ता है और कई बार मूल पाठ की अभिव्यक्ति के लिए लक्ष्य भाषा की स्थानापन्न अभिव्यक्ति देनी पड़ती है, किंतु लेखक के संदेश अथवा मंतव्य को बनाए रखना पड़ता है। कई बार विभिन्न विकल्पों में से सटीक विकल्प ढूँढ़ना पड़ता है और कई बार सामाजिक, सांस्कृतिक और भौगोलिक संदर्भों के अनुसार शब्दों का चयन करना पड़ता है। कई बार उसकी व्याख्या करनी पड़ती है और कई बार लक्ष्य भाषा की प्रकृति के अनुसार समुचित उपमान, प्रतीक, रूपक आदि का सर्जनात्मक प्रयोग करना पड़ता है,

तभी वह अनूदित पाठ मूल पाठ का सहपाठ बन पाता है। गूगी वा थिओंगो (Ngugi wa Thiongo) के उपन्यास Matigari के मूल अंश Wake up zebra! one of them punched him. He woke up. का हिन्दी अनुवाद 'उठ भैंसे! एक ने उसपर घूँसा जड़ दिया। वह जाग उठा'। अफ्रीकी समाज के इस उपन्यास का हिन्दी अनुवाद करते हुए zebra शब्द के स्थान पर 'भैंसे' शब्द का प्रयोग भारतीय संदर्भ में किया गया है, क्योंकि भारत में ज़ेब्रा नहीं होता और यहाँ 'भैंसा' शब्द में 'जेब्रा' के भारीपन का लाक्षणिक अर्थ सटीक बैठता है। इसी प्रकार इसी उपन्यास में see how sweet she wears her flower patterned **lasso** around her shoulders and breast. यहाँ lasso का हिन्दी अनुवाद 'साड़ी' किया गया है जो अधिक उपयुक्त शब्द हो सकता है। इसी प्रकार एक अन्य उदाहरण His hair is dark as the hyacinth blossom वाक्य में जो hyacinth blossom अभिव्यक्ति है वह शीत जलवायु में पानी में उगने वाले एक पौधे के बारे में है, जिस पर विभिन्न रंग के फूल होते हैं और वह घंटी के आकार का होता है। इस उपमा का हिन्दी में सर्जनात्मक प्रयोग 'खिलते नील कमल' ही उचित माना जा सकता है। मूल पाठ की संवेदना को सर्जनात्मक प्रयोग देने में कई बार कठिनाई होती है। कफ़न का एक अन्य उदाहरण है;

मूल पाठ (3) :

घीसू ने इस आकाशवृत्ति से साठ साल की उम्र काट दी।

अनूदित पाठ (3) :

(3 क) Gheeso spent his sixty years in hand to mouth existence (David Robin)

(3 ख) Gheesoo had passed his Sixty years in this bohemian fashion (PC Gupta)

'आकाशवृत्ति' के दो अनुवाद हुए हैं—(क) hand to mouth existence और (ख) bohemian fashion. आकाशवृत्ति की पहली अंग्रेजी अभिव्यक्ति एक सामान्य व्याख्या है किंतु दूसरी अभिव्यक्ति में आवारा, कंजर आदि के भाव निहित हैं जो अभिप्रेत अर्थ की सफल तथा सशक्त अभिव्यक्ति न दे पाने के कारण अपने-आप में सर्जनात्मक नहीं हो पाई।

(ग) समतुल्य भाषिक अभिव्यक्ति : स्रोत भाषा और लक्ष्य भाषा के भाषिक प्रतीकों के प्रकार्य और प्रयोजन के समान होने पर ही समतुल्य उपलब्ध हो पाते हैं। इसमें भाषा और संस्कृति का सामंजस्य देखना होता है और यही कारण है कि इसमें संस्कृतिपरक अभिव्यक्ति अपना विशिष्ट स्थान रखती है। इसलिए भाषा और संस्कृति की परस्पर

टकराहट से कई बार अनुवाद में कठिनाई पैदा हो जाती है। एक भाषा की संस्कृति में 'चूड़ियों का टूटना' और 'सिंदूर का पुँछ जाना' वैधव्य के प्रतीक होते हैं तो दूसरी संस्कृति में इनका कोई महत्त्व नहीं होता। समतुल्यता से संबंधित अन्य उदाहरण 'कफ़न' कहानी के हैं : (क) 'मेरी औरत जब मरी थी' का अंग्रेजी अनुवाद (अ) When your mother (आ) my women (इ) my wife died मिलते हैं, उनमें 'मेरी औरत' की तीन अभिव्यक्तियों में my wife समतुल्य भारतीय संदर्भ में अधिक सटीक बैठता है। वास्तव में women शब्द में पत्नी का भाव नहीं आता और Your mother में माता-पुत्र का संबंध अधिक प्रधान हो पाया है न कि पति-पत्नी का। (ख) 'सिरहाने बैठे हैं' के अंग्रेजी समतुल्य (अ) to sit her side और (आ) to keep watch by her bed side में दूसरी अभिव्यक्ति की समतुल्यता अधिक उचित जान पड़ती है क्योंकि इसमें रोगी की देखभाल का अधिक संकेत मिलता है।

इसी प्रकार समतुल्य भाषिक अभिव्यक्ति के प्रति अनुवादक को सजग और सतर्क रहना पड़ता है। हिन्दी समाज में 'उल्लू' का लक्षणार्थ' 'मूर्ख' है, किंतु जापानी और यूरोपीय समाज में 'उल्लू' के समतुल्य क्रमशः Fukro और owl 'बुद्धिमता' के प्रतीक हैं। अतः इस उपमान के समतुल्य कोई अन्य उपमान खोजना पड़ेगा जिसमें 'मूर्खता' का अर्थ निहित हो।

प्रत्येक समाज की भाषा में आंचलिक शब्द, गाली-गलौज, ताने और चुभते व्यंग्य अलग-अलग होते हैं। कभी-कभी भाषा का लच्छेदार रूप भी मिलता है। फणीश्वर नाथ रेणु के उपन्यास 'मैला आँचल' में मिथिला अंचल (पूर्णिया जनपद) की भाषा मैथिली और राही मासूम रज़ा के उपन्यास 'आधा गाँव' में भोजपुरी भाषा के प्रयोग मिलते हैं। कृष्णा सोबती के उपन्यास 'मित्रो मरज़ानी' की भाषा में आंचलिक शब्दों के साथ-साथ गाली-गलौज, ताने और व्यंग्य का भी काफ़ी प्रयोग मिलता है। इनके अनुवाद में इन की समतुल्यता के लिए पर्यायवाची अभिव्यक्ति प्राप्त करना न तो सरल है और न ही इनके तीखापन, बेबाकीपन और उज्जड़पन को प्राप्त कर पाना संभव होगा।

इसी प्रकार कन्नड़ में अनंतमूर्ति के उपन्यास 'संस्कार' में संस्कार शब्द 58 बार प्रयुक्त हुआ है और इसका अंग्रेजी अनुवाद करते हुए अनुवादक रामानुजम को उनका प्रयोग Culture , discipline, rites आदि कई अर्थों में मिलता है। इसलिए उन्होंने अंग्रेज़ी में इस उपन्यास का शीर्षक Samskar ही रखा क्योंकि संस्कार की कोई समतुल्य अभिव्यक्ति नहीं मिल पाई। जैनेन्द्र के 'त्यागपत्र' उपन्यास का अनुवाद सच्चिदानंद हीरानंद वात्स्यायन 'अज्ञेय' ने 'The Resignation' के नाम से किया है। इस अनुवाद में भावानुवाद की सीमा पाटकर उन्हें उसकी टीका भी साथ-साथ देनी पड़ी क्योंकि अंग्रेजी में उनकी समतुल्य अभिव्यक्तियाँ नहीं मिल पाईं। इससे वह अनूदित उपन्यास एक स्वतंत्र पाठ बन गया है।

(घ) मुहावरे और लोकोक्तियों का पुनर्विन्यास : कई बार लेखक उपन्यास या कहानी में मुहावरे और लोकोक्तियों का प्रयोग करता है। कथा साहित्य में मुहावरे और

लोकोक्तियों से संप्रेषण में पैनापन आता है और संदेश की अभिव्यक्ति सहज तथा यथार्थ रूप में होती है, किंतु इसमें यह भी ध्यान रखना पड़ता है कि ये समतुल्य अपने प्रकार्य में कितनी विशिष्ट भूमिका निभाते हैं; जैसे–(1) Jack of all trades, (2) to escape by a hair's breath (3) Better late than never का पुनर्विन्यास हिन्दी मुहावरे और लोकोक्तियाँ क्रमशः 'हरफ़न मौला', 'बाल बाल बचना', 'देर आए दुरुस्त आए' करती हैं, किंतु कई बार भाषा की सामाजिक, सांस्कृतिक, पौराणिक, ऐतिहासिक पृष्ठभूमि के कारण मुहावरेदार प्रयोग अलग-अलग अर्थ लिए होते हैं। इनके समतुल्यों का निर्धारण करने में सतर्कता बरतनी पड़ती है। उदाहरण के लिए, अंग्रेजी भाषा में lamb (मेमना) सीधेपन का प्रतीक है जो हिन्दी में हमें 'गऊ' या 'गाय' के रूप में मिलता है। He is like a lamb का हिन्दी अनुवाद 'वह गऊ या गाय हैं' सटीक है किंतु lamb की हर अभिव्यक्ति में गऊ या गाय का समतुल्य अर्थ नहीं मिलता। जैसे–'ईसा मसीह' के लिए अंग्रेजी में The lamb या lamb of the god अभिव्यक्ति का प्रयोग होता है। इसी प्रकार lamb से संबंधित अन्य मुहावरे भी हैं : (1) Mutton dressed like a lamb–बूढ़ी घोड़ी लाल लगाम, (2) Wolf in a lamb's skin–रंगा सियार और (3) God tempers the wind to the shorn lamb–जाको राखे साइयाँ, मार सके न कोय; बाल न बाँका कर सके, जो जब बैरी होय।

कई बार स्रोत भाषा के पाठ के मुहावरे का पुनर्विन्यास लक्ष्य भाषा में व्याख्या के रूप में सामान्य भाषा में करना पड़ता है; जैसे–'गधे को बाप बनाना' तथा 'लक्ष्मण रेखा पार करना' मुहावरों के अंग्रेजी समतुल्य क्रमशः To flatter some one for the expediency of work और Exceeding one's limit to invite troubles एक प्रकार की व्याख्या ही है। भीष्म साहनी की कहानी 'चीफ़ की दावत' में दो उदाहरण (1) 'यह वाक्य सोमनाथ को तीर की तरह लगा' के अंग्रेजी अनुवाद Shamnath was cut to the quick by this और (2) 'जो जेवर बिका, तो कुछ बनकर ही आया हूँ। निरा लॅंडरातो नहीं लौट आया' का अंग्रेजी अनुवाद If the jewellery had to be sold, I have returned after making a good career, I have not come back a good for nothing fellow. हुआ है। मूल पाठ में जो भाव मिलता है, वह अंग्रेजी अनुवादों में नहीं आ पाया। ये मात्र व्याख्यात्मक समतुल्य ही हैं। कफन कहानी का एक अन्य उदाहरण है–'साठ साल क्या दुनिया में घास खोदता रहा हूँ।' वाक्य में 'घास खोदना' के अनुवादकों ने तीन विकल्प दिए हैं–(अ) to live in vain (आ) to waste time (इ) to munch hay और इन विकल्पों में to live in vain व्याख्यात्मक अर्थ की दृष्टि अधिक सार्थक बन पड़ा है। To munch hay तो शब्दानुवाद है जिसमें अपेक्षित अर्थ प्राप्त नहीं होता।

(ङ) अलंकारों का सटीक प्रयोग : अनुवाद में शैलीगत सतुल्यता बनाए रखने के लिए अनुवादक अनूदित पाठ को अलंकारपूर्ण या अतिरंजित बनाए रखने का प्रयास करता है। इससे स्रोतभाषा का संदेश या मंतव्य प्रभावकारी शैली में संप्रेषित होता है;

जैसे–Time is the greatest healer का अंग्रेजी अनुवाद 'वक्त के मरहम से यादों के घाव भर जाते है' अलंकारपूर्ण है। लेकिन कई बार अनुवादक सही अलंकार दे पाने में असमर्थ होता है। उदाहरण के लिए, 'कफ़न' कहानी की (1) 'बेटे की जवान बीवी' अभिव्यक्ति के अनुवाद The younger daughter-in-law (Gurudial Malik) में अलंकारिकता नहीं मिलती। (2) अगर दोनों साधु होते, उन्हें संतोष और धैर्य के लिए संयम और नियम की बिलकुल जरूरत नहीं होती इसके अनुवाद में These two are so satisfied, they have such reservoir of inborn patience and serenity that they make absolutely ideal sadhus. (Gurudial Malik) व्याख्या तो की गई हैं किंतु अलंकारपूर्ण भाषा नहीं है जिससे अपेक्षित संवेदना निहित हो। 'बेटे की जवान बीवी' और 'साधु' में जो संवेदना है, वह अंग्रेजी अनुवाद में नहीं आ पाई।

उपर्युक्त विवेचन से हम देखते हैं कि कथानुवाद में अनुवादक से पैनी संवेदनशीलता की अपेक्षा की जाती हैं। इसमें मूल पाठ के सामाजिक-सांस्कृतिक संदर्भों के अतिरिक्त कृतिकार की मानसिकता, उसके विचार और अनुवाद से तादात्म्य स्थापित कर मूलभाव का पुनः सृजन करना होता है। स्रोत भाषा के समाज, इतिहास, संस्कृति, भूगोल तथा चिंतन पद्धति से उसका परिचित होना अत्यंत आवश्यक है। विदेशी अथवा अपरिचित समाज और उसकी संस्कृति से पाठक का तादात्म्य स्थापित करना और उसके पौराणिक संदर्भों तथा मिथकों से परिचित कराना कई बार असंभव-सा हो जाता है। मूल रचना को अक्षुण्य बनाए रखने के लिए उसे मूल रचना से आत्मसात करना पड़ता है। भाषा अभिव्यक्ति चाहे कोई भी हो, मूल भाव में परिवर्तन की अपेक्षा नहीं रहती। कथा साहित्य के भाव पक्ष के साथ-साथ उसके शिल्प पक्ष में मूल पाठ के सौंदर्य और सर्जनात्मक शक्ति का भी ध्यान रखना पड़ता है। भाषा-शैली की सहजता, स्वाभाविकता, रवानी और गद्यात्मक लय भी कहानी और उपन्यास के अनुवाद को मूल पाठ का सहपाठ बनाने में सहायक होते हैं। इस प्रकार साहित्यिक अनुवाद की विभिन्न विधाओं के अनुवाद अपनी अलग-अलग विशिष्टता लिए होते हैं। पद्य और गद्य के अनुवाद की अपना संरचना है और उसी में सफलता प्राप्त करना अनुवादक की सफलता है।

यहाँ यह भी उल्लेखनीय है कि एक ही मूल रचना के अनुवाद विभिन्न युगों और विभिन्न अनुवादकों द्वारा भी होते हैं। इन विभिन्न अनुवादों में कई बार किसी रचना का एक अर्थ होने की भी संभावना नहीं होती क्योंकि प्रत्येक महान और कालजयी रचना का अनुवाद अलग-अलग युगों में अथवा अलग-अलग अनुवादक के अलग-अलग व्यक्तित्व के कारण अलग-अलग हो सकता है। इस दृष्टि से एक ही मूल साहित्यिक रचना (कविता, नाटक, कहानी, उपन्यास) के कई अनुवाद हो सकते हैं। होमर के तीन अनुवाद ड्राइडन, पोप और काउपर ने किए हैं जिनके अनुवाद में पर्याप्त अंतर दिखाई देता है। फिट्ज़जेराल्ड की रूबाइयों का अनुवाद हरिवंश राय बच्चन, मैथिलीशरण गुप्त,

सुमित्रानंदन पंत, केशव प्रसाद पाठक आदि ने विभिन्न शब्द-संस्कार और रचना-विन्यास के साथ किया है। यह भी संभव है कि मूल कविता और अनूदित कविता के बीच के दुराव का कारण मूल कवि और अनुवादक के बीच की दूरी भी हो सकता है। उदाहरण के लिए, फिट्ज़जेराल्ड ने उमर खैयूयाम की फ़ारसी में रचित रूबाइयों का अंग्रेजी में अनुवाद किया और हिन्दी अनुवादकों ने उस अंग्रेजी अनुवाद को मूल पाठ मान कर उसका हिन्दी अनुवाद किया। भाषायी संरचना की भिन्नता के कारण अपनी ही कविता का अनुवाद अन्य भाषा में करने पर कवि को स्वयं लक्ष्य भाषा के शब्द-संस्कार और रचना-विन्यास के साथ जूझना पड़ता है। इन सब आयामों पर विचार करने पर साहित्यिक अनुवाद को पाँच स्थितियों में वर्गीकृत किया जा सकता है :

पहली स्थिति : मूल रचना और अनूदित रचना के रचयिता दो भिन्न-भिन्न व्यक्ति होते हैं; जैसे—

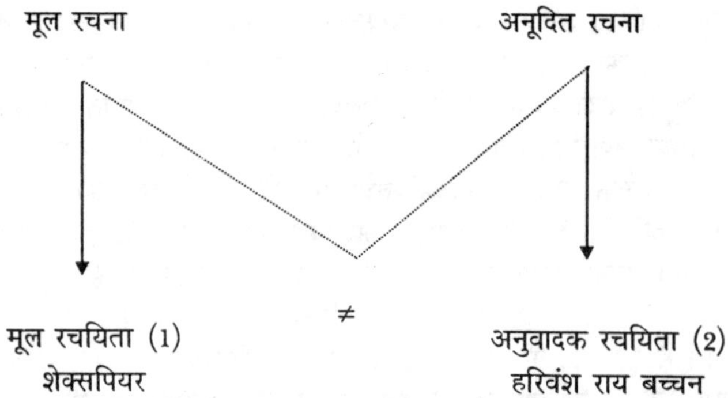

दूसरी स्थिति : मूल रचना और अनूदित रचना दोनों का रचयिता एक ही व्यक्ति हो सकता है; जैसे—

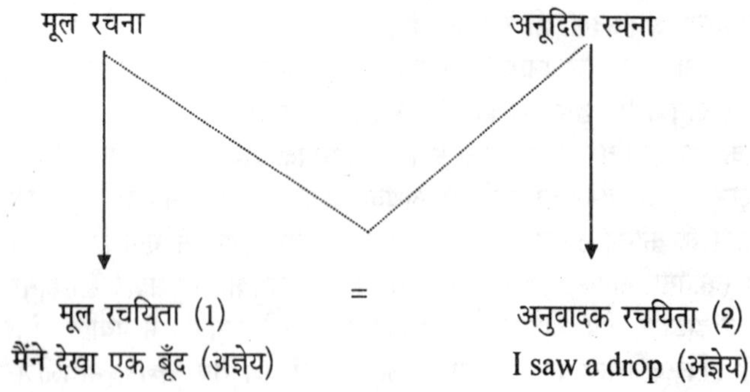

तीसरी स्थिति : एक ही भाषा में लिखित रचना का रचनाकार स्वयं अनुवादक भी हो सकता है या अन्य व्यक्ति भी। वह किसी अन्य विधा, शैली या बोली में अनुवाद करता है तो ऐसे अनुवाद को अंतःभाषिक अनुवाद अथवा अन्वयांतर भी कहते हैं; जैसे—

मूल रचना — अनूदित रचना

= या ≠

मूल रचयिता (1)	मूल रचयिता (2)
(क) 'जैसे तुम स्वीकार हो' (हिन्दी) अज्ञेय	'जयतु हे कटक चिरंतन' (हिन्दी) अज्ञेय
(ख) 'शरतरंज के खिलाड़ी'— प्रेमचंद (सामान्य हिन्दी शैली)	'शरतरंज की बाज़ी'— प्रेमचंद (अरबी-फ़ारसी मिश्रित हिन्दी शैली-उर्दू)
(ख) पद्यबद्ध नाटक (अंग्रेजी) शेक्सपीयर	गद्यबद्ध नाटक (अंग्रेजी) चार्ल्स लैंब

चौथी स्थिति : मूल रचना एक होती है किंतु उनके अनुवादक कई होते हैं। इसमें एक रचना की कई अनूदित रचनाएँ होती हैं; जैसे—

मूल रचना — अनूदित रचना

मूल रचयिता (1)	≠	कई अनुवादक रचयिता (2)
होमर		(क) ड्राइडन (ख) पोप (ग) काउपर
प्रेमचंद		(क) प्रकाशचंद्र गुप्त (ख) नंदिनी नोपानी और पी.लाल, (ग) गुरुदयाल मलिक

पाँचवीं स्थिति : एक लक्ष्य भाषा में अनूदित रचना को स्रोत भाषा की रचना अथवा मूल पाठ का रूप बना कर उसका अन्य लक्ष्य भाषा में अनुवाद कर दो लक्ष्य भाषाओं के अनुवाद का अलग-अलग होते है जैसे–

मूल रचना ⇨ अनूदित रचना (1) (लक्ष्यभाषा ⇨ स्रोत भाषा) ⇨ अनूदित रचना (2)

मूल रचयित ≠ अनुवादक (मूल) रचयिता (2) ≠ अनुवादक रचयिता (3)

उमर खैयूयाम ⇨ फिट्ज़जेराल्ड ⇨ हरिवंश राय बच्चन

इस प्रकार साहित्यिक अनुवाद बहुतस्तरीय और बहु आयामी होता है। कविता, नाटक, कहानी, उपन्यास आदि रचनाओं के अनुवादक के भीतर दो भाषाओं की टकराहट, अनुवाद विशेष का व्यक्तित्व, उसकी संवेदना और भाषायी समझ, मूल रचना का सौंदर्यपरक वैशिष्ट्य तथा उनका सर्जनात्मक रूपांतरण अपनी विशिष्ट अलग-अलग भूमिका निभाते हैं। इससे रचना अपनी विषयवस्तु से अलग होकर एक काव्यवस्तु बन जाती है। इसलिए साहित्यिक अनुवाद बड़ा ही दुष्कर और जटिल कार्य है जिसके लिए असाधारण प्रतिभा, क्षमता और अभ्यास तीनों की अपेक्षा रहती है। इस अनुवाद में मात्र अर्थ संप्रेषण करना नहीं है वरन् कृति के उस गूढ़ रहस्यमय अर्थ से काव्य तत्त्व की पुनः सृष्टि करनी होती है जो समूचे संयोजन से ही हो पाती है, इसके एक ओर भाषिक या शाब्दिक अर्थ होता है जो सतही नहीं होता और दूसरी ओर रचना का मूल सौंदर्य भी होता है जो अपने बिंब-विधान प्रतीक-विधान, लय-विधान आदि से अनुवाद को मूल रचना का रूप प्रदान करता है।

वैज्ञानिक साहित्य का अनुवाद

अंग्रेज़ी के सुविख्यात आलोचक आई.ए. रिचर्ड्स ने भाषा और साहित्य के संबंधों का विवेचन करते हुए भाषा के दो मुख्य प्रयोग माने हैं—एक, भाषा का वैज्ञानिक प्रयोग और दो, भाषा का भावात्मक प्रयोग। भाषा के वैज्ञानिक प्रयोग में किसी वस्तु की ओर संकेत किया जाता है अथवा किसी सिद्धांत, तथ्य आदि की सूचना दी जाती है या विवेचन किया जाता है। भावात्मक प्रयोग में मनोवेगों तथा मनोवृत्तियों को व्यक्त किया जाता है अथवा रागात्मक भावों से पाठक को उत्प्रेरित किया जाता है और उसे रसास्वादन कराया जाता है। इस प्रकार भाषा के ये दोनों प्रयोग भिन्न-भिन्न प्रयोजनों के लिए होते हैं और यही कारण है कि इन दोनों भाषा-रूपों की अपनी-अपनी विशिष्टताएँ होती है। प्रकार्यात्मक या प्रयोजनमूलक स्तर पर जो भाषा-भेद मिलते हैं, वास्तव में वे विभिन्न विषयों अथवा कार्यक्षेत्रों के संदर्भ में प्रयुक्त होने के कारण अपना विशिष्ट रूप लिए होते हैं। उन्हें प्रयुक्ति की संज्ञा दी गई है। वस्तुतः प्रयुक्ति एक शैली ही है। शैली और प्रयुक्ति में अंतर केवल सामाजिक स्थिति और कार्यक्षेत्र के भेद के कारण हुआ है। शैली के संदर्भ में विभिन्न सामाजिक भूमिकाओं का प्राधान्य रहता है जबकि प्रयुक्ति कार्यक्षेत्र प्रधान है। प्रयुक्ति विशेष की शैली के लिए औपचारिक प्रशिक्षण की आवश्यकता रहती है जबकि सामाजिक शैली अनौपचारिक, सहज और स्वाभाविक रूप से सीखती जाती है। इस तरह प्रयुक्ति में कार्यक्षेत्र या विषय की तकनीकी और पारिभाषिक शब्दावली का विशेष योगदान रहता है और विशिष्ट शाब्दिक अन्विति तथा भाषा संरचना का तालमेल आवश्यक है।

विज्ञान भी एक विस्तृत प्रयुक्ति है। इसके अंतर्गत जो उपप्रयुक्तियाँ कहलाती है, वे भौतिकी (Physics), रासायनिकी (Chemistry), वनस्पतिविज्ञान (Botany), प्राणिविज्ञान (Zoology), भूविज्ञान (Geology), अभियांत्रिकी (Engineering), प्रौद्योगिकी (Technology), आयुर्विज्ञान (Medical Science) आदि अनेक वैज्ञानिक विषय हैं। यहाँ वैज्ञानिक प्रयुक्ति से अभिप्राय पदार्थवाची विज्ञान से है। इसका संबंध भौतिक वस्तुओं और बहिरंग जगत से होता है। ये विषय स्वयं के अध्ययन क्षेत्र तक सीमित न रह कर विज्ञान की अन्य शाखाओं-प्रशाखाओं के क्षेत्र का अतिक्रमण करते रहते हैं, जिनसे एक अलग ज्ञान शाखा का जन्म होता है। जैव-रसायन (Biochemistry), खगोल भौतिकी (Astro-physics), जैव प्रौद्योगिकी (Biotechnology), भूवनस्पतिविज्ञान

(Geobotany), भूभौतिकी (Geophysics) आदि विज्ञान की ऐसी करीब 600 शाखाओं का विकास हुआ है और हो रहा है। एक अन्य संकल्पनावाची विज्ञान भी है, जिसका संबंध अंतरंग जगत से है और यह सूक्ष्म तथा अमूर्त भावों और रूपों का अध्ययन करता है। दर्शन, मनोविज्ञान, अर्थशास्त्र आदि विषय संकल्पनावाची विज्ञान के अंतर्गत आते हैं। इन्हें मानविकी भी कहते हैं, क्योंकि इनका संबंध मानव जीवन तथा मानव मन से होता है।

पदार्थवाची विज्ञान वास्तव में शुद्ध विज्ञान है। विज्ञान भी साहित्य की भाँति सत्य का अन्वेषण करता है। दोनों के सत्य में तो कोई अंतर नहीं है, किंतु दोनों की अभिव्यक्ति और कार्यप्रणाली में भेद है। विज्ञान की प्रणाली विवेचनात्मक और विश्लेषणात्मक होती है जबकि साहित्य में प्रस्तुतीकरण या अभिव्यक्ति पर बल दिया जाता है। विज्ञान की भाषा का अपना अलग अस्तित्व होता है। सामान्य भाषा से अपने अलग अर्थतंत्र (semantic system) के चयन के कारण यह भिन्न हो जाती है। उदाहरण के लिए, जल, नीर, पानी का एक अलग अर्थतंत्र है और पानी का H_20 (हाइड्रोजन और ऑक्सीजन का सम्मिश्रण) होना दूसरा अर्थतंत्र। इसमें संदेश और विषय-सामग्री पर बल दिया जाता है। वास्तव में भाषा का मूलाधार सामान्यीकृत संकल्पना है। विज्ञान की भाषा पीछे की ओर जाती है अर्थात् संकल्पना से प्रत्यक्ष की ओर; जैसे—धातु से लोहा और लोहा से उसके भौतिक अथवा रासायनिक गुण और उसके बाद उसके आणविक गठन पर दृष्टि जाती है। इस प्रकार विज्ञान की भाषा में संकल्पना और वस्तु का संबंध बहुत निकट होता है और उसकी संरचना काफी सरल और स्पष्ट होती है। इसमें तथ्यों, संकल्पनाओं, प्रक्रियाओं, सिद्धांतों, व्यावहारिक रूपों आदि को सहज और सरल रूप से संप्रेषित किया जाता है। यह भाषा तर्कपूर्ण, विश्लेषणात्मक, अलंकाररहित, शैली-निरपेक्ष तथा निर्वैयक्तिक होती है। विज्ञान की सार्वभौमिकता को व्यक्त करने के लिए भाषा में सामान्यतः वर्तमानकाल 'ता है—ती है—ते है, होता है' जैसी नियतकालिक क्रियाओं का प्रयोग होता है तथा संयुक्त वाक्यों का प्रयोग प्रायः कम होता है। उदाहरण के लिए;

'हार्मोन उस पदार्थ को कहते हैं, जो अंतः स्रावी ग्रंथि (वाहिनी ग्रंथि) द्वारा स्रवित होते हैं (हार्मोन विभिन्न शारीरिक क्रियात्मक कार्य पैदा करने के लिए रुधिर प्रवाह द्वारा शरीर के विविध अंगों तक लाए जाते हैं। ये अल्प मात्रा में आवश्यक होते हैं। हार्मोन अपने कार्य में विशिष्ट होते हैं। हार्मोन की कमी के कारण कई प्रकार के रोग हो सकते हैं।'

विज्ञान की भाषा तथ्यपरक संदर्भों की भाषा होती है। इसमें कार्य-कारण संबंध होता है। वह मूर्त भाषा होती है, जिसमें तथ्य और कथ्य अर्थात् सूचना की प्रधानता के कारण इसकी अभिव्यंजना शैली में जटिलता नहीं होती। इसी कारण इसमें 'कैसे' (अर्थात शैली) की अपेक्षा 'क्या' (अर्थात विषय) पर अधिक बल दिया जाता है। पारिभाषिक शब्दावली की स्पष्टता और सटीकता पर विशेष ध्यान दिया जाता है। अभिधा शक्ति वास्तव में इसकी शक्ति है और लक्षणा तथा व्यंजना इसकी सीमा।

विज्ञान की भाषा विषयपरक होने के कारण वर्णनात्मक होती है। यह देश-काल से बाधित नहीं होती और न ही यह व्यक्ति-सापेक्ष होती है। इसमें वैज्ञानिक नियम का विवेचन और विश्लेषण होता है, जिसमें सार्वभौमिकता का गुण निहित होता है। इसमें किसी वस्तु अथवा विषय के बारे में सूचना का विवरण संप्रेषित किया जाता है। उदाहरण के लिए;

'भूखनन में अपरिष्कृत तेल प्राप्त होता है। उसमें आरंभ में ज्वलनशील गैस निकलती है। इसे प्राकृतिक गैस कहते हैं, जो घरों में भोजन बनाने के काम आती है। प्राकृतिक गैस अधिक दाब में द्रव्य रूप में रहती है, किंतु सामान्य तापक्रम पर यह गैस में परिणत हो जाती है।'

अब प्रश्न उठता है कि वैज्ञानिक साहित्य के अनुवाद में क्या-क्या समस्याएँ पैदा होती है। कुछ विद्वानों का मत है कि वैज्ञानिक अनुवाद साहित्यिक अनुवाद की अपेक्षा सरल होता है, किंतु यह बात सही नहीं है। वास्तव में साहित्यिक अनुवाद में केवल दो भाषाओं का उत्तम ज्ञान ही अनिवार्य होता है, विषय के ज्ञान का अधिक महत्त्व नहीं है, किंतु वैज्ञानिक अनुवाद में स्रोत भाषा और लक्ष्य भाषा दोनों भाषाओं की अच्छी जानकारी के साथ-साथ विषय का भी समुचित ज्ञान होना आवश्यक है। इन तीनों बातों के अभाव में वैज्ञानिक अनुवाद की उत्कृष्टता पर प्रश्नचिह्न लग सकता है। मूल अर्थ को समझे बिना लक्ष्य भाषा में व्यक्त करने से अनुवाद बोझिल, कृत्रिम और अटपटा हो सकता है। शब्द के लिए प्रतिशब्द रख देने से अनुवाद न केवल कृत्रिम और बोझिल होगा, बल्कि उसमें अर्थ के अनर्थ होने की भी पूरी-पूरी संभावना रहेगी। एक उदाहरण इस प्रकार है :

मूल पाठ : The world Health Organisation has defined drug dependence as a state of psychic (mental) or physical (bodily) dependence or both, on a drug arising in a person following administraton of that on a periodic or a continous basis. Drug dependence can be substituted for addiction since it covers all the drugs which give rise to a desire or need for repeated administration.

अनूदित पाठ : विश्व स्वास्थ्य संगठन ने औषधि-निर्भरता के मानसिक अथवा शारीरिक अवस्था अथवा दोनों की निर्भरता के रूप में परिभाषित किया है। औषधि-निर्भरता व्यसन के लिए प्रतिस्थापित हो सकती है, क्योंकि यह उन सभी औषधियों का आवरण करती है, जो आवृत्तिजन्य आचरण (दोहराई गई व्यवस्था) की इच्छा अथवा आवश्यकता में व्याप्त है।

संशोधित पाठ : विश्व स्वास्थ्य संगठन ने औषध-निर्भरता की परिभाषा इस प्रकार दी है—समय-समय पर या लगातार औषध लेने के परिणामस्वरूप किसी व्यक्ति में उस औषध के लिए मानसिक या शारीरिक अथवा दोनों तरह की निर्भरता की स्थिति पैदा होना है।

औषध-निर्भरता धीरे-धीरे व्यसन का रूप ले लेती है, क्योंकि इसमें वे सभी औषध आ जाते हैं जिनको बार-बार लेने की इच्छा या आवश्यकता होती है।

उपर्युक्त उदाहरण से पता चलता है कि अंग्रेज़ी पाठ अनूदित पाठ से अधिक बोधगम्य है। हिन्दी अनुवाद की भाषा बोझिल और कृत्रिम लग रही है। वास्तव में वैज्ञानिक अनुवाद में विषयवस्तु का सर्वोपरि स्थान है। इसमें विषयगत् प्रामाणिकता, यथातथ्यता और सुपाठ्यता का महत्त्वपूर्ण स्थान है। हाँ, लोक वैज्ञानिक साहित्य में विषयगत और शैलीगत दोनों विशिष्टताओं का समन्वय हो सकता है। जैसे—Health is Wealth वाक्य का 'स्वास्थ्य ही धन है', 'जान है जहान है', 'सेहत से बढ़ कर कोई दौलत नहीं' आदि शैलीगत अभिव्यक्तियाँ अनुवाद में लावण्य और सौंदर्य पैदा कर सकती हैं।

वैज्ञानिक अनुवाद अर्थ-संप्रेषण और मूल पाठ के तभी निकट होता है, जब उसकी संरचना पर ध्यान दिया जाए। उसकी शब्दावली उपयुक्त और सटीक हो। उदाहरण के लिए;

मूल पाठ : When the steam pushes the piston, some kinetic energy of the water molecules will be transferred to the Piston and the crankshaft attached to it and consequently, they are set into motion. The steam expands and loses some of its heat energy. As a result, it condenses into water. The piston is than pushed back into the cylinder. Fresh hot steam is again introduced into the cylinder after letting out the condensed water. The fresh steam again pushes the piston out and the cycle is repeated. When the piston is pushed out by the 'expanding steam', it is called the expansion stroke. When the piston moves back pushing out condensed steam, it is called the 'exhaust stroke'.

अनूदित पाठ : जब वाष्प पिस्टन को आगे धकेलता है तब जलाणुओं की कुछ गतिज ऊर्जा पिस्टन और उसमें जुड़ी हुई क्रेंकधुरी का अंतरण हो जाता है। इससे वे गति पकड़ते हैं। वाष्प का विस्तारण होता है और अपनी कुछ ताप ऊर्जा खो देता है। इससे वह घनीभूत होकर जल बन जाता है। उसके बाद पिस्टन बेलन में धकेलता जाता है। घनीभूत जल के बाहर निकलने के बाद नए सिरे से गरम वाष्प को बेलन में छोड़ा जाता है। यह वाष्प फिर से पिस्टन को बाहर धकेलता है और इसी प्रकार इस चक्र की आवृत्ति होती है। जब विस्तीर्ण वाष्प द्वारा पिस्टन को बाहर धकेला जाता है तो इसे 'विस्तार चरण' कहते हैं और जब घनीभूत वाष्प को बाहर धकेलते हुए पिस्टन अपने स्थान पर जाता है, तब उसे 'निष्क्रिय चरण' कहते हैं।

इसी प्रकार प्राणिविज्ञान में In the preparation of plant material for human Consumption, we eliminate most of the cellulose in the **woodly portions** वाक्य के अनुवाद में woodly portions का अर्थ साग, सब्जी, फ़सल आदि के डंठल, छिलके आदि के कड़े भाग से है, न कि लकड़ी के भागों से। इसी प्रकार similary bees **wake up** very quickly in the light के अनुवाद में 'wake up' का अर्थ 'जाग जाती है' नहीं होगा, वरन् प्राणिविज्ञान के अनुसार 'सक्रिय हो जाती है' होगा।

वैज्ञानिक साहित्य में रासायनिक सूत्रों, गणितीय चिह्नों, प्रतीकों, संकेतों और विशिष्ट अभिव्यक्तियों का काफी प्रयोग होता है और उनका अपना महत्त्व भी है। वैज्ञानिक समीकरणों, सूत्रों आदि में अनेक प्रकार के प्रतीक प्रयुक्त होते हैं। उदाहरण के लिए, रासायनिक तत्त्वों के नाम भी वैज्ञानिक सूत्रों या संकेतों में दिए जाते हैं, जैसे; H_2O जल के लिए, H_2SO_4 सल्फ्यूरिक अम्ल के लिए, Nacl सोडियम क्लोराइड के लिए, Fe लोहे के लिए, Co_2 कार्बन डाइऑक्साइड के लिए प्रयुक्त होते हैं। अनुवाद में इन सूत्रों का प्रयोग करते हुए इनकी व्याख्या की जाए अथवा कोष्ठक में इनके विस्तृत नाम दिए जा सकते हैं अन्यथा संप्रेषण और बोधगम्यता में कठिनाई आने की संभावना रहेगी। यदि वैज्ञानिक सूत्र में यह लिखा जाए $zn + H_2SO = znSO_4 + H_2$ इसका आशय यह है कि सल्फ्यूरिक अम्ल जब ज़िंक पर क्रिया करता है तो जिंक सल्फेट ($Znso_4$) तथा हाइड्रोजन (H_2) बन जाते हैं।

गणित में अनुवाद करने के लिए भाषा कम होती है, गणितीय प्रतीक, सूत्र, व्यंजक आदि अधिक होते हैं। गणित की आत्मा लाघव अर्थात संक्षिप्तता, सटीकता और परिशुद्धता अर्थात् अर्थ स्पष्टता में होती है। इसलिए यही उचित है कि गणितीय शैली में अनुवाद किया जाए। उदाहरण के लिए; गणितज्ञ के लिए बीज गणित व संकेतों में निरूपित समीकरण शक्ति अभिव्यक्ति के रूप में प्रस्तुत समीकरण की अपेक्षा अधिक सहज और सुगम होता है; जैसे $(X + Y)^2 = X^2 + Y^2 + 2XY$. गणित के इस समीकरण का अर्थ यह है कि किन्हीं दो क्रमिक अंकों के योग का वर्गफल दो अंकों को वर्ग तथा उन का दुगुना योग होगा। गणित के अनुवाद में वाक्य विन्यास का ध्यान रखना आवश्यक है, जैसे; a equals bc का अनुवाद 'bc के बराबर है a' रखना अधिक स्पष्ट होगा न कि 'a, bc के बराबर है'। गणित की अपनी शब्दावली होती है और उसी से गणितीय अर्थ स्पष्ट होता है, जैसे–A rod is **resting** against a sphere placed on a rough table का अनुवाद 'रूक्ष मेज़ पर रखे गोले के प्रति एक छड़ **विराम-अवस्था** में है'। यहाँ rest का अर्थ विराम-अवस्था होगा।

वास्तव में α β γ δ ϕ π जैसे ग्रीक एवं अंग्रेज़ी अथवा अंग्रेजी में प्रयुक्त अन्य भाषापरक प्रतीकों और संकेतों की संख्या बहुत अधिक है। हिन्दी में इनका अनुवाद करना कठिन है। यदि इन का अनुवाद किया जाता है तो उसे समझा नहीं जा सकता और अनुवाद करते समय ये प्रतीक व्यवधान भी पैदा करते हैं। इनका अनुवाद न किए जाने पर लक्ष्य भाषा (हिन्दी) स्रोत भाषा (अंग्रेज़ी) के प्रभाव से आक्रांत हो जाएगी।

यदि लक्ष्य भाषा हिन्दी में इनका अनुवाद होता है तो हिन्दी में समतुल्य अथवा प्रतिप्रतीक अप्रचलित और नया होने के कारण अनुवाद बोझिल और असंप्रेषणीय हो जाता है। वैज्ञानिक साहित्य, विशेषकर गणित, भौतिकी, रसायन आदि में ऐसे अनेक संकेतों (Symbols) को ज्यों-का-त्यों अपनाना ही हितकर है; जैसे—आनुवंशिकी (Geneties) की शब्दावली में X - Chromosome और Y - Chromosome आदि मिलते हैं, जिन्हें अनूदित पाठ में X - क्रोमोसोम और Y - क्रोमोसोम लिखना ही उचित होगा।

इसी प्रकार कई रासायनिक पदार्थों के नाम को संक्षिप्ति या परिवर्णी दी जाती है; जैसे—डाइक्लोरी डाइफिनाइल ट्राइक्लोरईथेन नामक पदार्थ के लिए डी.डी.टी. संक्षिप्ति अधिक प्रचलित है। इसी प्रकार डी.एन.ए., ए.टी.पी., एच.टी.पी.एच. आदि सैकड़ों संक्षिप्तियाँ बन रही हैं। इन संक्षिप्तियों का लिप्यंतरण ज्यों-का-त्यों करना होगा। इन्हें यदि हिन्दी वर्णमाला के आधार पर अर्थात् डाइक्लोरी डाइफिनाइल ट्राइक्लोरइंथेन के स्थान पर डा.डा.ट्रा रखा गया तो बड़ी असुविधा होगी। इसके अतिरिक्त वैज्ञानिक विषय को सुबोध, सुग्राह्य और संप्रेषणीय बनाने के लिए आरेखन या रेखाचित्र (diagram) का भी महत्त्वपूर्ण योगदान होता है। आरेखन से संक्षिप्तीकरण और शब्द सामंजस्य का समन्वय होता है। आरेखन का अनुवाद तो होगा नहीं, किंतु उससे विषय की स्पष्टता अवश्य होगी। साथ ही, आरेखन में प्रयुक्त शब्दों के लक्ष्य भाषा में निर्धारित पर्यायों के चयन से उन शब्दों का प्रयोग लक्ष्य भाषा में भी होने लगेगा।

वैज्ञानिक साहित्य की भाषा के निश्चित स्वरूप के होने से अनुवाद कार्य में बाधा नहीं आती। हिन्दी में वैज्ञानिक लेखन अधिक न होने के कारण इसका स्वरूप निश्चित नहीं हो पाया। हिन्दी में जो भी वैज्ञानिक साहित्य लिखा गया है, उसका अनूदित स्वरूप अधिक उभरा है, मूल लेखन नहीं हुआ। इसमें प्रयुक्त शब्द, पदबंध, वाक्य-रचनाएँ आदि के साँचे निर्धारित नहीं हो पाए, जो प्रायः हिन्दी संरचना के अनुकूल हों। वैज्ञानिक धरातल पर हिन्दी का शास्त्रीय स्वरूप पिछड़ा होने के कारण अनुवाद की समस्या बनी हुई है।

पारिभाषिक शब्दावली वैज्ञानिक साहित्य की आधारशिला है। समूचा वैज्ञानिक चिंतन तथा लेखन उसी पर आधारित है। वैज्ञानिक तथा तकनीकी शब्दावली आयोग ने लाखों शब्दों का निर्माण किया है, किंतु अभी तक उनके कई शब्दों के अनेक अर्थ मिलते हैं। शब्दावली निर्माण का कार्य 400 वर्षों से चल रहा है किंतु अभी भी इन शब्दों का मानकीकरण नहीं हो पाया। एक संस्था हिन्दी के एक शब्द का प्रयोग करती है और दूसरी किसी अन्य शब्द का। कंप्यूटर के input और output के लिए 'निवेश' और 'विनिर्वेश', आगत और निर्गत, 'आगत और बहिर्गम' आदि प्रयुक्त होते देखे गए हैं। इस प्रकार एक ही पारिभाषिक शब्द के लिए प्रायः एक से अधिक हिन्दी पर्याय मिलते हैं, हालांकि उच्चतम न्यायालय ने सन् 2004 में दिए अपने विनिर्णय में वैज्ञानिक और तकनीकी शब्दावली आयोग द्वारा निर्धारित शब्दों का प्रयोग करने का आदेश दिया है। यह भी उल्लेखनीय है कि कुछ शब्दों का न तो प्रचलन हो पाया और न ही इसका प्रयास किया गया है। इसमें अपनी भाषा के प्रचलित शब्द-रूपों के सार्थक प्रयोग दिए जाएँ।

अन्य भारतीय भाषाओं के शब्द आत्मसात् किए जाएँ और आवश्यकतानुसार विदेशी भाषाओं के शब्दों का भारतीयकरण किया जाए तथा शब्द रचना द्वारा नए शब्दों का निर्माण भी किया जाए।

अनुवादक को कभी सटीक हिन्दी पारिभाषिक पर्याय ढूँढ़ने में कठिनाई होती है। अंग्रेजी का एक शब्द विभिन्न वैज्ञानिक विषयों के लिए अलग-अलग संकल्पना संजोए होता है। उदाहरण के लिए; Reaction शब्द भौतिकी में भौतिक बलों की क्रिया के विपरीत 'प्रतिक्रिया' के रूप में प्रयुक्त होता है। वनस्पति विज्ञान में सूर्यमुखी आदि पुष्पों के संदर्भ में प्राकृतिक किरणों की क्रिया से आकर्षित अथवा प्रभावित होने के कारण 'अभिक्रिया' हो जाता है और रासायनिकी में अम्ल की परस्पर क्रियाओं के कारण 'अनुक्रिया' शब्द के रूप में इस्तेमाल होता है। इसी प्रकार पशु विज्ञान की भी अपनी अलग भाषा है। इसलिए उसमें त्रुटि की संभावनाएँ अधिक रहती हैं। उदाहरण के लिए, Silver fish की संकल्पना स्पष्ट न होने के कारण अनुवादक 'मीन' के अर्थ में लिख देता है, जबकि वह एक प्रकार का कीट है। 'बांबे डक' का अनुवाद 'बत्तख' नहीं होगा, क्योंकि यह मछली की एक 'नस्ल' है। अतः अनुवाद में पारिभाषिक शब्दों का प्रयोग करते समय उनकी संकल्पना को स्पष्ट कर लेना उचित होगा।

चिकित्सा विज्ञान में नए रोगों, उनके अनुरूप नई-नई औषधियों और चिकित्सा पद्धतियों तथा उनके उपकरणों के कारण चिकित्सा संबंधी विषय के अनुवाद की आवश्यकता में निरंतर वृद्धि हो रही है। इसके साथ ही उपलब्ध साहित्य का विवेचन और संशोधन भी नियमित रूप से किया जाता रहे और उसे अद्यतन बनाया जाता रहे तो वैज्ञानिक साहित्य के अनुवाद में एकरूपता और मानकीकरण भी होता रहेगा। यदि उच्च स्तर के शोध साहित्य हिन्दी में भी प्रकाशित किया जाए और यदि उसकी व्यावहारिक उपयोगिता होगी तो वैज्ञानिकों को भी हिन्दी में कार्य करने की प्रेरणा प्राप्त होगी। इससे हिन्दी में तकनीकी शब्दावली का प्रयोग स्वतः ही बढ़ेगा, भाषा का संवर्धन होगा, क्योंकि भाषा प्रयोग से विकसित होती है न कि प्रयोगशाला से। इससे भारतीय जनमानस में वैज्ञानिक प्रतिभा का विकास होगा और वैज्ञानिक लेखन में मौलिकता आएगी और उसके विशिष्ट स्वरूप में वृद्धि होगी।

वैज्ञानिक साहित्य के अनुवादकों का अभाव भी एक गंभीर समस्या है। वैज्ञानिक अनुवादक से यह अपेक्षा रहती है कि वह भाषाविद् के साथ-साथ विषयविद् भी हो। वैज्ञानिक विषय के जानकार अंग्रेजी में अधिक हैं तो हिन्दी में नगण्य और हिन्दी भाषा के विद्वान हैं तो विषय में प्रायः शून्य। ऐसी स्थिति में 'सहयोगपरक अनुवाद' की पद्धति की अपेक्षा रहती है। यदि विषयविद् अनुवाद करता है तो भाषाविद् उसका परिष्कार और परिमार्जन कर सकता है और यदि भाषाविद् करता है तो विषयविद् द्वारा उसका पुनरीक्षण और संशोधन किया जा सकता है।

वैज्ञानिक अनुवाद में पाठक वर्ग का ध्यान रखना आवश्यक है। इसके विषय-विशेषज्ञ, सामान्य पाठक और बाल पाठक तीन प्रकार के पाठक हो सकते हैं।

विषय-विशेषज्ञ के लिए पारिभाषिक शब्दों के चयन में सतर्कता और सजगता बरतनी पड़ती है, जबकि सामान्य अथवा बाल पाठक के लिए सामन्य प्रयोग की शब्दावली देनी होगी। चिकित्सा विज्ञान में अंग्रेजी Renal colic शब्द डाक्टरों के लिए प्रयुक्त होता है और सामान्य व्यक्ति के लिए Kidney trouble शब्द है। इनका अनुवाद करते हुए 'वृक्क शूल' और 'गुर्दे का दर्द' के शब्द अलग-अलग वर्ग के लिए देने पड़ेंगे, हालांकि 'गुर्दा' शब्द 'वृक्क' का एक भाग है। इसी प्रकार Anaemia के लिए 'रक्तक्षीणता' और 'खून की कमी', Dyspepsia के लिए 'अजीर्ण' और 'बदहजमी', Diarrhoea के लिए 'अतिसार' और 'पतले दस्त आना' शब्द अलग-अलग वर्ग के लिए प्रयुक्त होंगे। Typhoid के लिए 'टाइफ़ाइड' और 'आंत ज्वर' विशिष्ट वर्ग के लिए तथा 'मियादी बुखार' और 'मोतीझरा' का प्रयोग सामान्य वर्ग के लिए होता है। रासायनिकी में बोरेक्स ($Na_2\ B_4\ O_7\ IO\ H_2O$), पोटेशियम परमैगनेट ($KMnO_4$), केल्शियम ऑक्साइड (Cao) वैज्ञानिक सूत्र विशेषज्ञ-वैज्ञानिक के लिए प्रयुक्त होते हैं और इनके पर्याय शब्द क्रमशः सुहागा, लाल दवा और चूना जनसामान्य के लिए प्रयुक्त होते हैं। इसी प्रकार प्राणिविज्ञान के तीन शब्द Poison, Venom और Toxin सामान्य पाठक के लिए समानार्थी या एकार्थी या पर्यायवाची हो सकते हैं और वे इन तीनों शब्दों के लिए एक ही शब्द 'ज़हर' या 'विष' का प्रयोग कर सकते हैं। प्राणिविज्ञानियों या विषय-विशेषज्ञों के लिए ये तीनों शब्द भिन्नार्थक हैं। प्राणिविज्ञान में Poison का प्रयोग सामान्य विष के लिए होता है जो, रासायनिक प्रतिक्रिया के कारण भी हो सकता है, किंतु, Venom साँप, बिच्छु, बर्र, मधुमक्खी आदि जीवधारियों द्वारा उत्पन्न विष है और इसमें दो-तीन प्रकार के Toxin भी होते है। अतः Venom के लिए 'जीविष' या 'गरल' शब्द रखा गया है और Toxin के लिए 'आविष' रखा गया है।

आज का युग मुख्यतः वैज्ञानिक और प्रौद्योगिकी युग है। विज्ञान के क्षेत्र में निरंतर शोध, अध्ययन और लेखन हो रहा है। इसी कारण अंग्रेज़ी और विश्व की अन्य विकसित भाषाओं में वैज्ञानिक और प्रौद्योगिकी साहित्य की रचना हो रही है। इस संदर्भ में हमें जागरूक होना है, किंतु हिन्दी में विज्ञान संबंधी साहित्य का अभाव है। इसके अतिरिक्त विषय-विशेषज्ञों का अपनी भाषा पर अधिकार नहीं है और भाषा विशेषज्ञों को तकनीकी विषयों की जानकारी नहीं है। हिन्दी में इस साहित्य को लाने के लिए अनुवाद संबंधी समस्याओं के समाधान के लिए गंभीरता से चिंतन और मनन करना होगा। दोनों भाषाओं की संरचना और विषय संबंधी पारिभाषिक शब्दावली के ज्ञान के साथ-साथ उसकी अर्थवत्ता स्पष्ट रहेगी तो वैज्ञानिक साहित्य का अनुवाद उत्कृष्ट रूप ले पाएगा।

वाणिज्यिक भाषा और अनुवाद

भूमंडलीकरण, उदारीकरण, औद्योगीकरण, बाजारवाद, लघु कुटीर उद्योगों के विकास आदि से वाणिज्य और व्यवसाय की प्रयोजनमूलक और जनव्यवहार की भाषा का संवर्धन हुआ है। इसके साथ-साथ वाणिज्यिक शिक्षा के विकास, व्यावसयिक प्रतिस्पर्धा, सूचना प्रौद्योगिकी, बैकिंग और डाकतार सेवाओं के विस्तार और संवर्धन आदि के प्रयोग-क्षेत्र में भाषा की सार्थकता में वृद्धि हुई है। इन प्रयोग-क्षेत्रों के विकास में अधिक आत्मनिर्भरता, न्यूनतम आवश्यकताओं की पूर्ति और रोज़गार की व्यवस्था के उद्देश्यों की भी विशिश्ट भूमिका रही है। इसी संदर्भ में वाणिज्यिक और व्यावसायिक भाषा एक विशिष्ट प्रयुक्ति के रूप में उभरकर आई है। इस वाणिज्यिक और व्यावसायिक व्यापार में व्यवसाय, उद्योग, परिवहन, बैंक, कंपनी, सहकारिता और व्यावसायिक विज्ञापन, बाजार समाचार आदि का उल्लेखनीय योगदान है। इसके अतिरिक्त सरकारी तंत्र के साथ भी वाणिज्य और व्यापार का घनिष्ट संबंध है। वास्तव में वाणिज्य और व्यापार के अंतर्गत बेचना और खरीदना के अतिरिक्त वे क्षेत्र भी आते हैं, जिनके द्वारा माल या वस्तु उत्पादन स्थल से अपने उपभोक्ता तक पहुँचती है। इसी कारण वाणिज्यिक क्षेत्र में कर्मचारियों की नियुक्तियाँ, स्थानांतरण, सेवा नियम तो होते ही हैं, साथ ही अन्य अंतःकार्यालीय संदर्भों में प्रशासन, संविदा, अनुबंध, ज्ञापन, सरकारी नियमावली आदि भी आते हैं। व्यापार तथा उसकी वितरण-व्यवस्था को सुचारू बनाने में बैंकिंग, परिवहन, बीमा, विज्ञापन, बाजार का लेखा-जोखा, उतार-चढ़ाव दिखाने में बाजार समाचार आदि की भाषा का महत्त्वपूर्ण योगदान रहता है। इससे उपभोक्ता को उसकी आवश्यकता की वस्तु मिल जाती है और माल बेचने में आसानी भी हो जाती है। इस परिप्रेक्ष्य में वाणिज्य और उसकी भाषा को निम्न प्रकार से समझा जा सकता है।

उपर्युक्त आरेख से यह स्पष्ट होता है कि वाणिज्य और व्यापार में विभिन्न प्रकार के कार्य समाविष्ट हैं। इसी कारण इसकी अपनी शब्दावली होती है तथा उद्योग, व्यापार, बैकिंग, परिवहन के अनुसार उसकी संरचना भी विशिष्ट अथवा अपने ढंग की होती है। व्यावसायिक शब्दावली में सामान्यतः भारतीय अर्थशास्त्र के ऋण, तुष्टि, उपयोगिता, अर्थ आदि शब्द तो होते ही हैं, साथ ही थोक, साख, लेनदार, रोकड़, दिवालिया, साझेदारी आदि शब्द भी मिल जाते हैं। वास्तव में

वाणिज्यिक भाषा में 'ऋण' से मात्र उधार का अर्थ नहीं मिलता और न ही 'पूँजी' से केवल 'धन' का ही अर्थ बोध होता है, बल्कि वहाँ इनका अर्थ क्षेत्र विशेषीकृत होकर व्यापक अर्थ लिए होता है। ये शब्द तकनीकी, अर्धतकनीकी, गैर-तकनीकी होते हैं।

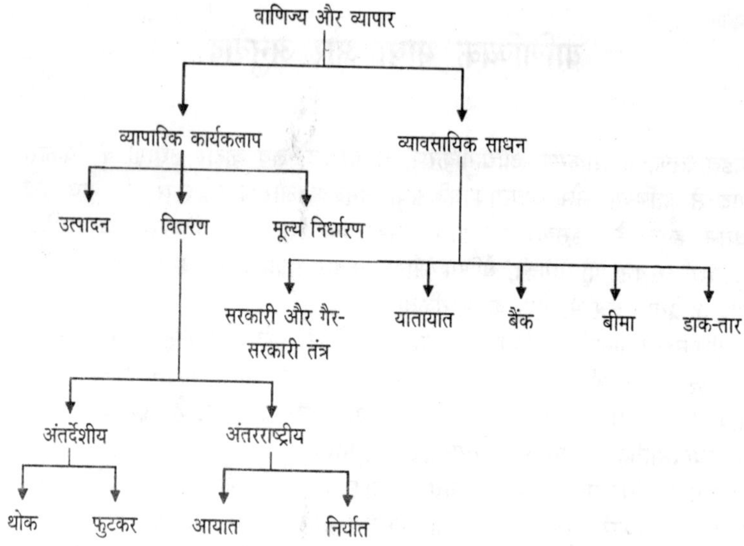

वाणिज्यिक भाषा की वाक्य-संरचना की जो विशिष्ट प्रयुक्ति होती है, उसमें लेना, देना, भेजना, मँगाना, अदा करना के बीच आधार के रूप में धन होता है। जहाँ से वस्तु जाती है, वहाँ 'को' और जहाँ से वस्तु आती है, वहाँ 'से' लगता है। इस तथ्य को एक कंपनी या संस्था से दूसरी कंपनी या संस्था को वस्तु के आदान-प्रदान में देखा जा सकता है। इसमें मूल्य सूची मँगाने, शिकायती पत्र, भुगतान आदि के पत्राचार उदाहरण के रूप हैं। इस संदर्भ में वाणिज्यिक और व्यावसायिक भाषा के बाजार समाचार, विज्ञापन आदि विभिन्न आयाम मिलते हैं, जिनको समझना व्यापार और वाणिज्य की भाषा को समझना है।

वाणिज्यिक अनुवाद

वाणिज्य के विकास और प्रसार में जहाँ आज उसकी भाषा की महत्ता बढ़ी है, वहाँ उसके अनुवाद की उपयोगिता में भी संवर्धन हुआ है। राष्ट्रीय और अंतरराष्ट्रीय संदर्भ में अनुवाद की भूमिका को नकारा नहीं जा सकता। वास्तव में वाणिज्यिक साहित्य के

अंतर्गत वाणिज्य, व्यापार, बीमा, बैंक, क्रय-विक्रय, लेखा, मानव संसाधन अथवा प्रशासन आदि कारोबार के अनेक क्षेत्र हैं। इसलिए विपणन (Marketing), शेयर, निवेश, लेनदार और देनदारों की बातचीत, दलालों से पत्रव्यवहार, कारखानों अथवा निर्माताओं के पत्रव्यवहार, अभिकर्ताओं के पत्रव्यवहार, प्रशासनिक पत्रव्यवहार आदि वाणिज्यिक साहित्य के अंग है। इसी में रख-रखाव के प्रपत्र, आय-व्यय, सावधि, लाभांश आदि का भी कार्य होता है। इन्हीं के अनुरूप इनकी शब्दावली और संरचना होती है। इसलिए इन अनुवाद में इनकी विषयवस्तु और प्रकृति अपनी विशिष्ट भूमिका निभाते हैं।

वाणिज्यिक साहित्य में व्यापार और कारोबार के साथ-साथ बैंकिंग और बीमा व्यवस्था की भी महत्त्वपूर्ण भूमिका होती है। इसका साहित्य मुख्य रूप से दो प्रकार का होता है—**एक, जनता के साथ लेन-देन :** इसमें जमा-पूँजी, निवेश आदि से संबंधित कारोबार होता है। **दो, आंतरिक साहित्य :** इसमें बैंक और बीमा के आंतरिक कामकाज होता है, जो लगभग प्रशासनिक प्रकृति का होता है। इन दोनों साहित्यों की अपनी-अपनी प्रकृति है और उसी के अनुसार इनकी शब्दावली होती है। इन दोनों साहित्यों की विशिष्ट अभिव्यक्तियों का अनुवाद करते हुए उनके संदर्भानुकूल अर्थ ग्रहण किए जाते हैं। उदाहरण के लिए, fixed charges, fixed deposit, fixed price, fixed assets, fixed exchange rate के लिए क्रमशः नियत प्रभार, सावधिक जमा (आवधिक निक्षेप), निश्चित मूल्य (एक दाम), अचल आस्तियाँ, नियत विनिमय-दर शब्द प्रयुक्त होते हैं। इसी प्रकार dead Account के लिए निष्क्रिय खाता, Dead stock के 'निष्क्रिय माल' (जड़ वस्तुएँ), Dead loss के लिए 'कुल हानि' (पूर्ण हानि), Dead weight के लिए 'कुल भार', Dead line के लिए 'अंतिम तारीख', Dead loan के लिए 'अशोध्य ऋण' आदि विभिन्न शब्दों का प्रयोग होता है। वाणिज्यिक साहित्य में Blanket शब्द अलग-अलग शब्दों के साथ समस्त पद के रूप 'अलग-अलग' अर्थ देता है; जैसे—Blanket rate—सामान्य दर, Blanket cover—व्यापक रक्षा राशि और Blanket loan—कुल ऋण। वाणिज्यिक क्षेत्र में प्राचीन काल से ही अनेक शब्दों का प्रयोग आज भी प्रचलन में है। इनमें मुख्य रूप से राजस्व, बाज़ार आदि के शब्दों और अभिव्यक्तियों का प्रचलन धड़ल्ले से हो रहा है; जैसे—Credit—जमा, debit—नामा, Offtake—उठाव, Turn over—कुल बिक्री या कुल व्यापार (कभी-कभी कुल क्रय-विक्रय या कुल खरीदो-फरोख्त शब्दों का भी प्रयोग होता है।), Bankrupt—दिवालिया, outlay—परिव्यय, Debenture—ऋणपत्र (या निवेश), Quotation—मूल्य कथन (या निर्ख) आदि शब्द मानक रूप में प्रयुक्त होते हैं।

इसके अतिरिक्त वाणिज्यिक साहित्य में अंग्रेजी, संकर और देशज शब्दों का भी प्रयोग होता है। उदाहरण के लिए; **अंग्रेजी**—इक्विटी, एजेंट, चैक, प्रीमियम, कमीशन, टैरिफ आदि; **संकर**—गारंटीकृत, शेयरधारक, इंडेंटकर्ता, लाइसेंसीकरण आदि; **देशज**—

आढ़तिया, कुर्की, दलाली, रूक्का, रेहन, कटौती, रोकड़ आदि। कुछ पदबंधीय अभिव्यक्तियाँ अपना अलग अर्थ लिए हुए हैं, जो वाणिज्य और व्यापार प्रयुक्ति को स्पष्ट करती है; जैसे–Balance in hand–हाथ रोकड़, Capital invested–लगी पूँजी, Selection of liver–बीमापत्रों का चयन, no effects–रुपया नहीं है, effects not cleared–वसूली नहीं हुई, Call rate–शीघ्राविधि ब्याजदर, off the self–स्टॉक वस्तु के रूप में उपलब्ध, retire a bill–बिल का भुगतान, knock down–बोली खत्म करना, Bottleneck–रुकावट, Low gestation period–अल्प परिपक्वता अवधि (या उत्पादन शीघ्र आरंभ होगा)।

वाणिज्यिक और व्यापार के अंतर्गत कुछ ऐसे शब्द हैं, जो सामान्य भाषा में अलग अर्थ देते हैं किंतु वाणिज्यिक व्यापार, शेयर और बाज़ार भाव के रूप में उनके लिए एक निश्चित अर्थ निर्धारित हैं। उदाहरण के लिए, Bull and Bear शब्दों के सामान्य अर्थ 'साँड़' और 'भालू' मिलते हैं, किंतु शेयर बाजार में वे अलग अवधारणा लिए हुए विशिष्ट अर्थ में अर्थात् 'तेजड़िया' और 'मंदडिया' के अर्थ में प्रयुक्त होते हैं। वाणिज्यिक साहित्य के अंतर्गत Bull का 'साँड़' से कोई लेना-देना नहीं है, वह तो वस्तुओं के दाम में वृद्धि का संकेत करता है। इसी प्रकार Bear शब्द का भी 'भालू' से कोई लेना-देना नहीं है, वह वस्तुओं के दाम में गिरावट की बात सोचता है। अतः अनुवादक को ऐसी शब्दावली का ज्ञान होने पर ही सही अनुवाद की अपेक्षा की जा सकती है। इसी प्रकार Bear raid में 'बाज़ार भाव गिराने' का काम होता है तो Bear account में 'मंदी या मंदड़िए के ज़ोर' का अर्थ मिलता है।

वाणिज्यिक साहित्य का अनुवाद करते हुए कुछ ऐसी अभिव्यक्तियाँ आ जाती हैं, जिनके अर्थ अलग-अलग संदर्भ में अलग-अलग होते हैं। जैसे–Account के लिए अर्थ संबंधी कारोबार में 'लेखा' और बैंक में 'खाता' शब्द का प्रयोग होता है। credit का सामान्य अर्थ 'साख या श्रेय' है, किंतु व्यापार में 'ऋण' और बैंक में 'जमा राशि' के अर्थ में प्रयुक्त होता है। इसी प्रकार clearance का व्यापार में 'माल छुड़ाना' या 'माल निकासी' अर्थ है, किंतु बैकिंग प्रणाली में 'समाशोधन' का अर्थ मिलता है। Security सामान्य अर्थ में जहाँ 'सुरक्षा' का अर्थ देता है, वहाँ लेखा संबंधी कार्यों में 'जमानत' और अर्थशास्त्र में 'ऋणपत्र' का अर्थ द्योतित करता है। Exploitation का अर्थ समाजशास्त्र में 'शोषण' है तो 'अर्थशास्त्र में दोहन' अथवा 'उपयोग' है; जैसे–Exploitation of mineral wealth का अनुवाद 'खनिज संपदा का दोहन' ही होगा। इसी प्रकार Economy शब्द में 'अर्थ-व्यवस्था' और 'मितव्ययिता या किफ़ायत' दोनों अलग-अलग अर्थ संदर्भानुसार हैं।

वाणिज्यिक साहित्य में संक्षिप्तियों और परिवर्णियों का प्रायः उपयोग होता है। इन के विस्तृत स्वरूप को स्रोत भाषा में समझने के बाद अनुवाद करते हुए यदि लक्ष्य भाषा में संभव हो सके तो संक्षिप्तियाँ और परिवर्णियाँ भी दी जाएँ तो विषय की गंभीरता और सबलता का परिचय मिलता है। उदाहरण के लिए;

IMF–International Monetry Fund-अंतरराष्ट्रीय मुद्रानिधि-**अ.मु.नि**
EEC–European Economic Community-यूरोपीय आर्थिक समुदाय-**यू.आ.स.**
OPEC–Organisation of Petroleum Exporting Countries-पेट्रोल निर्यातक देश संगठन-**पे.नि.दे.सं**
IDBI–Industrial Development Bank of India-भारतीय औद्योगिक विकास बैंक-**भा.औ.वि.बै.**
FICCI-Federation of Indian Chamber of Commerce and Industry-भारतीय वाणिज्य और उद्योग महासंघ - **भा.वा.उ.महासंघ.**

वाणिज्यिक साहित्य की भाषा प्रायः तकनीकी, अर्ध-तकनीकी और गैर-तकनीकी होती है। उसी के अनुसार उसका वाक्य-विन्यास भी होता है। इसमें कई मुहावरेदार या पदबंधीय अभिव्यक्तियाँ विषयानुकूल अर्थ प्रदान करती है। ये भाषा प्रायः सहज और अभिधापरक होती हैं। अतः इसका अनुवाद अधिकतर शाब्दिक होता है, किंतु भावानुवाद को नकारा नहीं जा सकता। इसमें एक शर्त है कि इसका अनुवाद संप्रेषणीय और बोधगम्य होना आवश्यक है। इसके लिए अनुवादक से विषय-ज्ञान की अपेक्षा रहती है। इसके कुछ उदाहरण दिए जा रहे हैं, जिनमें मुहावरेदार प्रयोगों का वाणिज्यिक अनुवाद करना होगा।

1. Take off stage of the economy
   ⇒ आर्थिक विकास की उत्थान अवस्था।
2. Health of the economy
   ⇒ अर्थ व्यवस्था की स्थिति।
3. The company is in the red since the last few years
   ⇒ कंपनी कुछ वर्षों से घाटे में है।
4. Fertilizer project is on the anvil
   ⇒ उर्वरक परियोजना प्रारंभ की जानेवाली है।

निम्नलिखित वाक्यों में against, support, bank आदि शब्द-रूप अलग-अलग वाक्य-विन्यास में अलग-अलग अर्थ लिए हुए हैं। उदाहरण के लिए;

5. The rupee value against Pound has been stable for sometime
   ⇒ रुपए और पाउंड की विनिमय दर कुछ समय से स्थिर बनी हुई है।
6. The LIC has earned Rs. 850 crores this year against Rs. 700 crores last year
   ⇒ जीवन बीमा निगम ने पिछले वर्ष में अर्जित 700 करोड़ रुपए की तुलना में इस वर्ष 850 करोड़ रुपए अर्जित किए।

7. Gold is hoarded <u>against</u> rainy days
⇒ सोना बुरे वक्त में <u>काम आने के लिए</u> जमा किया जाता है।
8. Charge the bill <u>against</u> my account
⇒ इस बिल की रकम मेरे खाते <u>से</u> डाल दें।
9. Interest income was his only <u>support</u>
⇒ ब्याज की आमदनी उसके गुज़ारे का एक मात्र <u>साधन</u> थी।
10. Prices showed upward trend on buyer's <u>support</u>
⇒ खरीदारों की <u>माँग</u> की कीमतों में वृद्धि का रुख दिखाई दिया।
11. Budgetary <u>support</u> will not extended for Metro Rail
⇒ मेट्रो रेल के लिए बजट से <u>राशि</u> उपलब्ध नहीं कराई जाएगी।
12. The Bank you can <u>bank</u> upon
⇒ आपके <u>भरोसे</u> का बैंक

उपर्युक्त वाक्यों और पदबंधों में Take off stage, health, in the red, on the anvil, against, support, bank आदि शब्द वाणिज्य और व्यापार में संदर्भानुकूल अर्थ ग्रहण किए हुए हैं।

बाज़ार समाचार के अनुवाद : इसमें दो राय नहीं कि बाज़ार संबंधी सूचनाएँ व्यवसाय और व्यापार की प्रगति में सहायता करती हैं। इससे बाजार का वास्तविक चित्र मिलता है, क्योंकि राष्ट्रीय और अंतरराष्ट्रीय व्यापार में क्रय-विक्रय, उत्पादन, वितरण, मूल्य वृद्धि, सौदे-भुगतान का पूरा विवरण मिलता है। व्यवसाय संबंधी नीतियों और योजनाओं के कार्यान्वयन में इसकी विशिष्ट भूमिका रहती है। इसीलिए बाजारों के समीक्षात्मक विवरण के लिए तीन प्रकार के बाज़ार माने जाते हैं– Commodity market, stock market और Money market। इनके लिए हिन्दी में वस्तु बाजार, स्कंध बाजार और मुद्रा बाजार पर्याय उपलब्ध हैं। इनमें प्रचलित तकनीकी शब्दों और अभिव्यक्तियों का प्रायः प्रयोग होता है और तथ्यों का निरूपण होता है। इनकी भाषा-शैली भी सामान्य भाषा से भिन्न होती है। बाजार भाव की अभिव्यक्तियाँ विशिष्ट प्रकार की होती है। अतः अनुवादक को इन बाजारों का ज्ञान होना आवश्यक है, तभी वह वाणिज्यिक अनुवाद को सही रूप में प्रस्तुत कर पाएगा। उदाहरण के लिए;

(क) Market Price - एक समय में वस्तु का चालू मूल्य - **बाजार मूल्य**।
(ख) Turn over - एक निश्चित अवधि में बाजार में हुआ समस्त व्यापार- **कुल व्यापार**।
(ग) Arrivals - एक निश्चित अवधि में बिक्री के लिए आने वाला कुल माल - **आमद**।

(घ) Hard price - जब मूल्य वृद्धि की ओर हों - **तेज मूल्य या कड़क मूल्य।**

(ङ) Soft price or
Depression price - जब मूल्य ह्रास की ओर हों - **मंदा मूल्य या मुलायम मूल्य।**

बाज़ार समाचार की शैली भी एक प्रकार से तकनीकी और विशेषीकृत प्रयोग है। इसके उदाहरण नीचे दिए जा रहे हैं।

मूल्यों का ऊँचा उठना	-	Prices spurts (or) Prices rallies
मूल्यों का गिरना	-	Prices recession (or) Prices dip

इसी प्रकार बाजार में खामोशी, बाजार टूटा, बाजार मूल्य का टिके रहना, मूल्यों का पलटा खाना, सोना में फिर उछाल चाँदी भी चमकी, चावल चीनी और सरसो तेल मजबूत, चना नरम, बिनौला तेल और छोटी इलायची लुढ़के, गुड़ में तेजी, मूँग भड़की, चना उछला, चावल नम आदि अभिव्यक्तियों से व्यवसाय संबंधी सूचना मिलती हैं। ये विशिष्ट प्रयोग हैं, जिनका अपना संदर्भपरक अर्थ है। हिन्दी की इन आकर्षक अभिव्यक्तियों में मूल्यों के गिरने या ऊँचा उठने अथवा स्थिर रहने का भाव निहित है। अतः इनके अनुवाद में सर्जनात्मकता की अपेक्षा अधिक रहती है, किंतु इनके अंग्रेजी अनुवाद में उतनी रोचकता और आकर्षण नहीं मिल पाता। फिर भी, इनके भावानुवाद की अपेक्षा रहती है।

वाणिज्यिक साहित्य में विज्ञापन का भी अपना महत्त्व है। उत्पादों का प्रचार-प्रसार बड़े ही सरल, सुबोध और रोचक ढंग से किया जाता है। वाणिज्य संबंधी विज्ञापनों के अनुवाद वस्तुतः अनुसृजन ही होता है।

वाणिज्य का महत्त्वपूर्ण अंग बैंक है। बैंक का संबंध जहाँ जनता के साथ लेन-देन के लिए होता है, वहाँ बैंक से आंतरिक कामकाज का भी विशेष महत्त्व होता है। आंतरिक कामकाज के अंतर्गत सूचना, निविदा, विज्ञापन, पत्र, टिप्पणी लेखन, ज्ञापन, परिपत्र, रिपोर्ट, नियम पुस्तकें, प्रपत्र आदि के अनुवाद होते हैं। इस साहित्य की प्रकृति के अनुसार शब्दानुवाद और भावानुवाद होता है। बैंक अनेक प्रकार की निविदाएँ आमंत्रित करता रहता है। इनका संबंध भवन-निर्माण, बिजली संस्थापन, फर्नीचर खरीद आदि से होता है। निविदा की भाषा प्रायः कानूनी अथवा तकनीकी होती है। इसी प्रकार वाणिज्य संबंधी नियम-पुस्तकों की भाषा भी तकनीकी और कानूनी होती है। अतः अनुवादक से इसके ज्ञान की अपेक्षा रहती है, ताकि उसका अनुवाद सही और सटीक हो सके। बैंक के कतिपय साहित्य ऐसे भी है जो प्रायः अर्धतकनीकी होते हैं। इनमें प्रशासनिक शब्दावली का प्रयोग होता है और शब्दानुवाद के साथ-साथ भावानुवाद की भी संभावना रहती है। उदाहरण के लिए;

मूल पाठ : We acknowledge receipts of your letter No .... dated .... and advise having noted today to stop payment of the cheque No. .... dated .... for Rs. .... drawn by you in favour of .... we further confirm that the said cheque has not been paid by us so far.

अनूदित पाठ : हमें आपका पत्र सं. .... दिनांक .... प्राप्त हुआ और आपने .... के पक्ष में .... रुपए दिनांक .... का जो चैक सं. .... आहरित किया था, उसके बारे में आज नोट कर लिया है जिसमें उसका भुगतान रोक देने की सूचना है। हम इस बात की भी पुष्टि करते हैं कि उक्त चैक का भुगतान हमने अभी तक नहीं किया है।

इस प्रकार वाणिज्यिक साहित्य के अलग-अलग रूप हैं। कोई साहित्य तकनीकी है तो कोई अर्ध-तकनीकी और कोई गैर-तकनीकी। अतः इस परिप्रेक्ष्य में तकनीकी और अर्ध-तकनीकी साहित्य में शाब्दिक अनुवाद की अपेक्षा अधिक रहती है और शब्दावली के प्रति सतर्क रहना पड़ता है। बाजार समाचार में भावानुवाद और अनुसृजन की अपेक्षा अधिक रहती है ताकि वह रोचक, आकर्षक, संप्रेषणीय और बोधगम्य हो सके।

जनसंचार और उसका अनुवाद

आधुनिक युग में जनसंचार का अत्यधिक महत्त्व है। प्राचीन काल में लोग छोटे-छोटे समुदायों के रूप में रहते थे। वे परस्पर संपर्क से एक-दूसरे से जुड़े होते थे। आज मानव समुदाय विश्व भर में बिखरा हुआ है, इसलिए उनको सूचना-प्रेषित करने के लिए संचार माध्यम का सहारा लेना पड़ता है। 'संचार' शब्द अंग्रेजी के 'कम्युनिकेशन' शब्द के पर्याय के रूप में प्रयुक्त होता है। इसका अर्थ है—सूचना देना, संदेश देना, संप्रेषित करना और अपनी बात दूसरों तक पहुँचाना। 'संचार' के पहले 'जन' शब्द लगाकार 'जनसंचार' शब्द निर्मित हुआ अर्थात् जनता तक संदेश या सूचना पहुँचाना। इसके अतिरिक्त यह भी ध्यान में रहे कि प्रिंट मीडिया का सबसे महत्त्वपूर्ण साधन छापाखाना अर्थात् प्रेस है। प्रारंभ में 'प्रेस' का प्रयोग उस संस्था या स्थान के लिए होता था, जहाँ समाचारपत्र, पुस्तकें, पर्चे आदि छपते थे, किंतु आज 'प्रेस' शब्द जनसंचार माध्यम के इस अर्थ से जुड़ गया है, जो समाचारों का संग्रह और वितरण करता है और व्यापक स्तर पर जन मानस तक सूचनाएँ संप्रेषित करता है। इसी प्रकार संप्रेषण की संपूर्ण प्रक्रिया जनसंचार हैं, जिसके द्वारा मानव अपने विचारों और मंतव्यों का आदान-प्रदान करता है।

जनसंचार का विकास मूलतः मनुष्य के विकास के साथ-साथ हुआ है। इसलिए इसकी परंपरा पीढ़ी-दर-पीढ़ी विकसित होती हुई आधुनिक माध्यम तक आ पहुँची है। जनसंचार माध्यम को मुख्य रूप से दो वर्गों में विभाजित किया गया है—(1) परंपरागत माध्यम और (2) आधुनिक माध्यम।

(1) परंपरागत माध्यम : भारत में परंपरागत माध्यमों के अनेक रूप हैं। लोकगीत, लोकनाट्य, लोककलाएँ, लोक रंगमंच, उत्सव तथा पर्व, मेले, गीत, संगीत, आदि परंपरागत माध्यम आज भी अपनी प्रासंगिकता और क्रियाशीलता बनाए हुए हैं।

(2) आधुनिक माध्यम : सूचना क्रांति के वर्तमान युग में संचार माध्यमों में अभूतपूर्व विकास हुआ है। इसमें मुद्रण माध्यम का विकास पहले हुआ और बाद में इलेक्ट्रॉनिक माध्यम बड़ी तेज़ी से आया। आधुनिक संचार माध्यमों को भी निम्नलिखित वर्गों में विभाजित किया जा सकता है।

(क) मुद्रण माध्यम : जन समाज तक समाचार पहुँचाने के लिए समाचारपत्रों का मुद्रण और प्रकाशन होता है। दैनिक समाचारपत्रों के साथ-साथ साप्ताहिक, पाक्षिक, मासिक, त्रैमासिक, अर्धवार्षिक और वार्षिक पत्र-पत्रिकाएँ भी प्रकाशित होती हैं। इसके

अतिरिक्त विज्ञापन, पोस्टर, पैंफलेट, हैंडबिल, बैनर आदि मुद्रण संचार माध्यम के उपयोगी साधन हैं।

(ख) प्रसारण माध्यम : यह वास्तव में इलेक्ट्रॉनिक मीडिया है। इसके अंतर्गत श्रव्य, दृश्य, और श्रव्य-दृश्य माध्यम आते हैं। रेडियो, टेलीफोन, सेल्यूलर आदि श्रव्य माध्यम हैं। कंप्यूटर, ई-मेल, फैक्स आदि दृश्य माध्यम हैं और फिल्म, टेलीविज़न आदि श्रव्य-दृश्य माध्यम हैं। जनसंचार के ये माध्यम मानव जीवन को सहज और सुलभ बनाने में महत्त्वपूर्ण भूमिका निभा रहे हैं। इनके अभूतपूर्व प्रसार से जीवन के विभिन्न आयामों-कला, संस्कृति और साहित्य को नया रूप और अर्थ मिला है।

सामाजिक, सांस्कृतिक, राजनैतिक, आर्थिक, व्यावसायिक, क्रीड़ा, चलचित्र, धारावाहिक आदि सभी पक्षों को प्रस्तुत किया जाता है। इन्हीं के अनुरूप भाषा के विविध रूप मिलते हैं। यह ध्यातव्य है कि इसकी भाषा का स्वरूप विशिष्ट तो होता ही है, किंतु यह विज्ञान और मेडिकल की भाषा की भाँति तकनीकी नहीं होती। यद्यपि यह साहित्यिक नहीं होती तो आमफहम भाषा भी नहीं होती। इसकी स्थिति दोनों प्रवृत्तियों की बीच की होती है। इसमें प्रयुक्त भाषा का प्रभाव-क्षेत्र व्यापक है, इसलिए लोक व्यवहार में जिस भाषा का प्रयोग होता है, उसका प्रयोग पहले संवाददाता ही करते हैं। इस प्रकार जनसंचार की भाषा में सर्वजन सुबोधता, प्रयोगधर्मिता ओर लचीलापन होता है, जो उसे विशिष्ट रूप प्रदान करता है।

जनसंचार समाज के सभी वर्गों के लिए प्रयुक्त होता है। मुद्रण और प्रसारण माध्यम सभी वर्गों द्वारा पढ़े, देखे और सुने जाते हैं। इन्हें एक सामान्य पढ़े-लिखे या अशिक्षित मजदूर से लेकर उच्च शिक्षित वर्ग पढ़ता, देखता और सुनता है। किसी घटना या स्थिति विशेष के अनुरूप अभिव्यंजना पद्धति को गढ़ने की समस्या का सामना सबसे पहले जनसंचार माध्यमों को करना पड़ता है। इसके लिए उन्हें कई बार प्रचलित पद्धति से हटना पड़ता है और व्याकरणिक नियमों का अतिक्रमण भी करना पड़ता है। यह सारी प्रक्रिया पाठकों और दर्शकों की बौद्धिक क्षमता के अनुकूल हो जाती है। जनसंचार की भाषा को सरल और सर्वग्राह्य बनाए रखने की अपेक्षा रहती है। इसमें प्रचलित शब्द या तो अपना विकास स्वयं कर लेते हैं या वे इस प्रकार प्रयुक्त होते हैं, जो जन सामान्य की समझ में आ जाए।

जनसंचार माध्यम की पाठ्यसामग्री का अनुवाद

जनसंचार के साहित्य का अनुवाद इस बात पर निर्भर करता है कि यह अनुवाद किस उद्देश्य के लिए और किस पाठक वर्ग के लिए किया जा रहा है। वास्तव में भाषा प्रयोग के विभिन्न आयामों के सम्मिलित आधार पर किसी भी विषय-क्षेत्र की विशिष्टता निश्चित की जा सकती है। इस दृष्टि से जनसंचार की भाषा भी अपनी विशिष्टता लिए हुए है, जो एक प्रयुक्ति के रूप में उद्‌भूत हुई है। समाचारपत्र की भाषा, रेडियो की

भाषा, दूरदर्शन की भाषा जनसंचारी प्रयुक्ति की उपप्रयुक्तियाँ हैं। इनमें विज्ञापन, बाजार भाव, खेलकूद संबंधी समाचार, संपादकीय, फिल्म समीक्षा, समाचार आदि भी अपने अलग-अलग भाषा-रूप लिए होते हैं। प्रयोजनमूलक स्तर पर यह विशिष्ट तकनीकी क्षेत्र से जुड़ी रहती है। यह भाषा तकनीकी, अर्धतकनीकी और अतकनीकी रूपों में से कोई एक तो हो सकती है, किंतु अन्य तकनीकी क्षेत्रों की भाँति लिखित और मौखिक होने के साथ-साथ औपचारिक भी होती है। यह संपादित शैली का एक रूप है जो लिखित रूप का एक मौखिक रूप भी है। कहीं-कहीं स्वतः प्रसूत मौखिक भाषा में संपादित रूप नहीं होता, किंतु वह सुविचारित ढंग से प्रतिपादित किया जाता है। इसमें तकनीकी शब्दों का प्रयोग भी स्थिति-विशेष के अनुसार होता है। अतः विभिन्न माध्यमों के रूप में और कथ्य का विवेचन करते हुए यह देखा गया कि हर माध्यम में विस्तार हुआ है और उसमें नया तेवर आया है। इस दृष्टि से अनुवाद को कई बार अनुवाद संबंधी समस्याओं का सामना करना पड़ता है।

समाचारपत्र का अनुवाद : समाचारपत्र मुद्रित और दृश्य माध्यम है। यह एक विशेष प्रकार की लिपिबद्ध भाषा होती है, हम उसी प्रकार अर्थ ग्रहण करते हैं, जिस प्रकार फोटो, चित्र, फिल्म आदि से ग्रहण करते हैं। समाचारपत्र की भाषा में शब्दों को क्रम रूप से प्रस्तुत किया जाता है और उन शब्दों के अर्थ का संचार भी उसी क्रम में होता है। इसलिए समाचारपत्रों के अनुवाद में अनुवादक की भाषिक क्षमता बहुत बड़ी भूमिका निभाती है। साथ ही, पाठक वर्ग की समझ, विभिन्न विषयों का ज्ञान और तीव्र गति से अनुवाद करने की क्षमता का होना नितांत आवश्यक है। शब्द चयन में अधिक प्रचलित शब्दों का चुनना, वाक्य संरचना में जटिल वाक्य-संरचना से बचना ही पत्रकार अथवा अनुवादक का एक बड़ा गुण है। इस व्यवसाय के अनुवादक या पत्रकार का निरंतर अपनी भाषा का संस्कार करते रहना होता है।

समाचारों का अनुवाद न केवल समाचारपत्रों में होता है, बल्कि संवाद समितियों में भी होता रहता है। भारत में यू.एन.आई. की यूनीवार्ता और पी.टी.आई. की 'भाषा' नामक संवाद समितियों में हिन्दी सेवा चलती है। इनमें हिन्दी में की गई रिपोर्टिंग के अतिरिक्त अंग्रेज़ी रिपोर्टों का अनुवाद भी काफी मात्रा में होता है। ये संवाद समितियाँ पहले अमरीकी एजेंसी 'रायटर', फ्रांसीसी एजेंसी 'एसोसिएटेड प्रेस', रूसी एजेंसी 'तास' के संवादों का अनुवाद हिन्दी में या तो स्वयं करती हैं और करवाती हैं और बाद में इनका समाचारपत्रों और प्रसारण संस्थाओं को भेजती हैं या ये समितियाँ अंग्रेज़ी में समाचारपत्र संगृहीत कर और उनका संपादन कर सीधे ही समाचारपत्र संस्थाओं को उनके अनुवाद और प्रकाशन की व्यवस्था के लिए भेजती है। उदाहरण के लिए;

मूल पाठः Lucknow, Mar. 14 (UNI) at least 21 youth were killed and two suffered serious injuries when a cover of a sewer caved in during an army recruitment drive in the cantonment area in the central command headquarters here this morning.

Terming it an 'accident', District Magistrate Jeevesh Nandan said, a large number of youth, who has poured in from different parts of the state, were standing on the cover of a sewer line when it crashed.

Bodies have been extradicted from the site by the help of divers. The injured have been admitted to the command hospital here, he said.

In protest against the incident, about 10,000 youths torched several vehicles, including government buses in and around Charbagh.

अनूदित पाठ : लखनऊ 14 मार्च, वार्ता, उत्तर प्रदेश की राजधानी लखनऊ के कैंट क्षेत्र में आज सेना में भर्ती के दौरान हुई एक दुर्घटना में 21 युवकों की मृत्यु हो गई।

जिलाधिकारी जीवेश नंदन ने यूनीवार्ता को बताया कि दुर्घटना तब घटी जब एक छोटी पुलिया युवकों के बोझ से धंस गई। इस घटना में दो युवक गंभीर रूप से घायल हो गए, जिन्हें सेना अस्पताल में भर्ती कराया गया है। श्री नंदन ने कहा कि सभी मृतकों के शव बरामद कर लिए गए हैं। इस बीच भर्ती के लिए आए युवकों ने लखनऊ में चारबाग के पास काफी तोड़फोड़ की और बसों में आग लगा दी।

समाचारों के अनुवाद में समय का सर्वाधिक महत्त्व रहता है, इसलिए तात्कालिक अनुवाद भी करना पड़ता है। इसका स्वरूप अनुवाद की अपेक्षा आशु-अनुवाद (Interpreting) के अधिक निकट होता है। इसके लिए अनुवादक से समाचार की प्रयुक्ति के ज्ञान की अपेक्षा रहती है, जिसमें अनुवाद के अर्थ को उतना महत्त्व नहीं दिया जाता है, जितना महत्त्व समाचार कैसे लिखा गया है, पर दिया जाता है।

समाचापत्रों के अनुवाद में समाचारों के शब्दशः अनुवाद से बचना अपेक्षित होता है। कोई समाचारपत्र अपनी नीति और पाठक को ध्यान में कुछ समाचार कई बार दो-तीन कालमों में देता है और कोई समाचारपत्र उन्हें बहुत संक्षेप में देता है। कई बार अंग्रेजी में आए समाचार का सारानुवाद अर्थात् संक्षिप्त रूप में अनुवाद किया जाता है। उदाहरण के लिए;

मूल पाठ : DHAKA, April 21 (AFP) Bangladesh's Chief Election Commissioner today started talks with political leaders on a timetable for general elections, expected before mid-June, Commission officials said.

The officials said Mohammed Abu Hena has invited political leaders for seperate meetings throughout Sunday, a normal working day in Bangladesh, but he has more or less set his mind about the date.

Elections will be held by mid-June, Hena was quoted as saying by the officials, who have been asked to speed up preparations for the polls.

Commission sources said the election schedule was likely to be annouced this week.

Hena, a former bureaucrat, succeeded justice A.K.M. Sadeque who resigned last month, soon after former Prime Minister Khaleda Zia stepped down.

The crucial elections to the 300-seat seventh Parliament are being organised by the caretaker Government of Muhammad Habib-ur-Rehman, who has pledged the election will be free and fair.

Hena was quoted by newspapers as saying the commission was working towards the end, and a election code of conduct was expected to be announced soon.

The six Parliament, elected in the controversial February 15 general elections boycotted by all major groups opposing Zia's Bangladesh Nationalist Party (BNP), amended the constitution, paving the way for elections to be organised by a neutral caretaker administration.

हिन्दी सारानुवाद : ढाका, 21 अप्रैल (एफपी)। बंगलादेश में मुख्य आयुक्त ने आगामी आम चुनाव के कार्यक्रम के बारे में आज विभिन्न राजनैतिक दलों के नेताओं के साथ बातचीत आरंभ की। ये आम चुनाव जून के मध्य से पहले संभावित हैं। आयोग के अधिकारियों के अनुसार मुख्य चुनाव आयुक्त मुहम्मद अबु हिना ने आज कई राजनैतिक दलों के नेताओं से अलग-अलग बातचीत की।

समाचार जगत में कई प्रकार के अनुवादों की आवश्यकता पड़ती है। संवाद समितियों के दूरमुद्रक (Teleprinter) से अंग्रेजी में आए समाचार जो प्रति प्राप्त होती है, उसका अनुवाद संपादन कक्ष में होता है। पत्रकार सम्मेलनों में अंग्रेजी में जारी की गई 'प्रेस विज्ञप्ति' जब हिन्दी संवाददाता को प्राप्त होती है तो उसका भी एक प्रकार का अनुवाद होता है। यह बात अलग है कि कई बार पत्रकार अनुवाद करते हुए प्रकाशन-योग्य समाचारों को निकाल देता है, जब वह अन्य अनपेक्षित सामग्री के अनुवाद की आवश्यकता महसूस नहीं करता। ऐसे अनुवादों का प्रायः भावानुवाद, अनुसृजन, पुनर्लेखन अथवा सारानुवाद भी होता है।

इलेक्ट्रॉनिक माध्यमों में अनुवाद : इलेक्ट्रॉनिक माध्यम जनसंचार का एक सशक्त माध्यम है, जो एक प्रकार का श्रव्य-दृश्य माध्यम है। इसमें रेडियो, दूरदर्शन, फ़िल्म आदि के अनुवाद आते हैं। यद्यपि मुद्रित माध्यम और श्रव्य-दृश्य के अनुवाद में काफ़ी समानता है, किंतु इसमें भाषा की ध्वन्यात्मकता और दृश्यात्मकता पर भी विशेष ध्यान देने की आवश्यकता पड़ती है। यहाँ पर रेडियो के अनुवाद और दूरदर्शन या फिल्म के अनुवाद का विवेचन अलग-अलग करना समीचीन होगा।

(क) रेडियो और अनुवाद : रेडियो श्रव्य माध्यम है, जिसमें भाषिक और अन्य ध्वनियों के द्वारा संदेश जन सामान्य तक पहुँचाया जाता है। इसके अनुवाद में यह अपेक्षा की जाती है कि इसमें भाषा के ध्वनि पक्ष पर अधिक बल दिया जाए ताकि वह जन सामान्य तक बोली जाने वाली भाषा में पहुँचे। रेडियो के मुख्य आयाम हैं—एक, समाचार और सूचना प्रसार तथा दो, मनोरंजन तथा वार्तालाप के द्वारा ज्ञान-विज्ञान और शिक्षा का प्रसार। इन दोनों के अनुवाद की अपेक्षाएँ अलग-अलग हैं। समाचार और सूचनाओं के अनुवाद में संरचना जटिल तो होती है, किंतु उसमें इस प्रकार के शब्द और अभिव्यक्तियाँ प्रस्तुत करने का प्रयास रहता है ताकि उसे अधिक से अधिक श्रोता समझ सकें। इसमें पांडित्य-प्रदर्शन के लिए भारी-भरकम शब्द न दे कर उन्हें सरल शब्दों में प्रसारित किया जाता है। इस प्रकार अनुवादक को समाचार और सूचना की भाषा के लिए आम बोलचाल की मानक भाषा और साक्षर संस्कृति के बीच की भाषा पर ध्यान देने की आवश्यकता होती है। रेडियो पर प्रसारित होने वाले समाचारों और सूचनाओं में एकरूपता, बोधगम्यता और मानकीकरण की अपेक्षा रहती है। उदाहरण के लिए;

मूल पाठ : In Jammu & Kashmir, two people were drowned in flash floods at Pulwama while flood alert has been sounded in the velley as water level in river Jhelum and its tributaries cross the danger mark this evening following heavy rains during the past 36 hours. According to official sources, bodies of the deceased were recovered by police this afternoon. A high level emergency meeting was called this evening in Srinagar to take stock of the situation arising out of the heavy rains in the entire Kashmir valley. The meeting was attended by Chief Engineers of different departments and senior police officials.

अनूदित पाठ : जम्मू-कश्मीर में पुलवामा में अचानक आई बाढ़ में दो व्यक्तियों की डूबने से मृत्यु हो गई। सरकारी सूत्रों के अनुसार पुलिस ने आज दोपहर उनके शव खोज लिए। पिछले 36 घंटों के दौरान मूसलाधार वर्षा से झेलम और उसकी सहायक नदियों में पानी खतरे के निशान को पार कर गया। घाटी में बाढ़ की चेतावनी दे दी गई है।

समूची कश्मीर घाटी में हो रही भयंकर वर्षा से उत्पन्न स्थिति से निपटने के लिए आज शाम श्रीनगर में एक उच्चस्तरीय आपात बैठक बुलाई गई। इसमें विभिन्न विभागों के मुख्य अभियंताओं और वरिष्ठ पुलिस अधिकारियों ने भाग लिया।

(ख) दूरदर्शन और अनुवाद : दूरदर्शन में समाचारों अथवा आलेखों का अनुवाद कमोवेश रेडियो के अनुवाद की भाँति होता है, इसमें रेडियो के अनुवाद की तरह उच्चरित शब्द की संप्रेषणीयता पर ध्यान तो दिया जाता है, साथ में अनुवादक को समाचार या आलेख के साथ दिखलाए जाने वाले दृश्यों का भी यथासंभवन ध्यान रखना पड़ता है, क्योंकि जो बात शब्दों में कही जाती है वही बात दृश्य में भी कही जा सकती है। ऐसा न करने पर कई-कई बार प्रसारित बात दृश्य के विपरीत भी प्रकट हो जाती है।

श्रव्य-दृश्य माध्यम में भाषा का प्रयोग मुख्यतः दो प्रकार से होता है। एक, दो या दो से अधिक लोगों के बीच हो रहे वार्तालाप से फिल्म अपने कथानक (narrative) को आगे बढ़ाती है और उसमें दृश्यों को तार्किक रूप में जोड़ने का कार्य करती है। दो, दूरदर्शन या फ़िल्म के लिए बनने वाले वृत्तचित्रों में या किसी समाचार को स्पष्ट करने के लिए दृश्यों का प्रयोग होता है अथवा दृश्यों के माध्यम से कही जा रही बात को समझाने के लिए भाषा का प्रयोग होता है, जिसे सामान्यतः 'कामेंटरी' अथवा 'नरेशन' कहते हैं।

दूरदर्शन में अनुवाद के दो अन्य महत्त्वपूर्ण क्षेत्र हैं—एक, ध्वन्यांतरण (Dubbing) और दो, उपशीर्ष लेख (Subtitling)। दूरदर्शन और फ़िल्म कार्यक्रमों को विदेशी भाषा में संप्रेषणीय बनाने के लिए 'डबिंग' और 'सबटाइटलिंग' दोनों की उपयोगिता श्रव्य-दृश्य माध्यमों में बढ़ गई है। इसका कारण है कि समूचे यूरोप में उपग्रह से प्रसारित होनेवाले कार्यक्रमों की व्यापक वृद्धि और दृश्य-श्रव्य उद्योग को पर्याप्त बाजार उपलब्ध हुआ है। इस प्रकार के अनुवाद को भाषीय रूपांतरण (Language Transfer) कहा गया है। भाषायी रूपांतरण अन्य प्रकार के अनुवादों से मुख्यतः चार दृष्टियों से भिन्न है, जो इस प्रकार है :

(क) दृश्य-श्रव्य भाषायी रूपांतरण मूल पाठ से छोटा होता है।

(ख) भाषायी रूपांतरण संपूर्ण कलाप्रस्तुति (opus) के मात्र एक तत्त्व पर प्रभाव डालता है। इसमें किसी दूरदर्शन या फिल्म के कार्यक्रम के संदेश में दृश्य, अभिनय, ध्वनि और भाषा का समन्वय कर संपूर्ण दृश्य-श्रव्य कलाप्रस्तुति (opus) बनाया जाता है।

(ग) भाषायी रूपांतरण में संदेश बदल जाता है। इसका अभिप्राय यह है कि दूरदर्शन या फिल्म कार्यक्रम एक विशिष्ट दर्शक वर्ग के लिए बनाया जाता है। भाषायी रूपांतरण के पश्चात् अन्य भाषा संस्कृति के दर्शक देखते हैं तो उनके पास इसका अलग अर्थ पहुँचता है।

(घ) दृश्य-श्रव्य भाषायी रूपांतरण में संपादकीय तत्त्व भी घुलमिल जाते हैं। इस रूपांतरण के मूल में जो सूचनाएँ दी गई होती हैं, उनमें या तो कुछ जुड़ जाती हैं या छूट जाती हैं।

इसलिए यह आवश्यक है कि दृश्य माध्यमों, श्रव्य माध्यमों और दृश्य-श्रव्य माध्यमों के लिए अनुवाद करते समय इन माध्यमों में निहित संदेश-रचना के सिद्धांत की अनुवादक में समझ हो और प्रत्येक रूपांतरण के गुणों और सीमाओं से भी वह परिचित हो। वास्तव में श्रव्य-दृश्य माध्यम के संदेश-निर्माण में भाषा तो मात्र एक तत्त्व है, किंतु सूचना प्रेषित करने के लिए इसमें अन्य तत्त्वों का भी योगदान रहता है। अतः अनुवाद करते समय दर्शक वर्ग को ध्यान में रखकर भाषा में परिवर्तन करने की अपेक्षा रहती है।

उपर्युक्त विवेचन से यह स्पष्ट होता है कि जनसंचार की भाषा के अनुवाद की अपनी विशिष्टताएँ होती हैं। दोनों भाषाओं की प्रकृति अलग-अलग होती है, इसलिए यह अपेक्षा की जाती है कि अनूदित पाठ पर स्रोतभाषा का प्रभाव न पड़े। अंग्रेजी वाक्य-रचना के मोह को छोड़कर हिन्दी की प्रकृति के अनुकूल छोटे-छोटे वाक्य बनाए जाने चाहिए, जिससे वह भाषा सहज, स्वाभाविक, स्पष्ट और बोधगम्य हो सके। वाक्य रचना के अतिरिक्त शब्द-निर्माण में भी सतर्कता बरतने की अपेक्षा रहती है। अधिकतर पत्र-पत्रिकाओं में स्रोतभाषा के शब्दों के पर्याय लक्ष्यभाषा में देते हुए ध्यान नहीं दिया जाता। कई बार शब्दानुवाद के कारण 'मक्षिका स्थाने मक्षिका' ही दिया जाता है। कई समाचारपत्रों में शब्दों का ऐसा पर्याय दिया गया है, जो लक्ष्यभाषा की प्रकृति के अनुरूप नहीं होता। उदाहरण के लिए; 'एक्सचेंज ऑफ फायर' के लिए 'गोलियों का आदान-प्रदान' अनुवाद मिला है जबकि 'दोनों ओर से गोलियां चलीं' अनुवाद उपयुक्त है। इसी प्रकार अशुद्ध अनुवाद के अन्य उदाहरण भी दिए जा सकते हैं।

Third degree method	तीसरे दर्जे के हथकंडे।
Railway sleeper	रेलवे स्टेशन पर सोने वाले।

अंग्रेज़ी के मुहावरों, शैली और लाक्षणिक पदबंधों का अनुवाद करते समय अंग्रेज़ी मूल की गंध नहीं आनी चाहिए। उदाहरण के लिए; If the Government is serious in this direction, the smugglers should be put behind the bars का अनुवाद 'यदि सरकार इस दिशा में गंभीर है तो उसे चाहिए कि सभी तस्करों को जेल के सीकचों के पीछे भेजे' है। इस अनुवाद में behind the bars का जो शाब्दिक अनुवाद 'सीकचों के पीछे' किया गया है, वह सटीक नहीं बैठता।

जनसंचार में विज्ञापन का विशेष महत्त्व है। इसमें सर्जनात्मक और रोचकता का पुट रहता है। इसलिए इसके अनुवाद में भी वही अपेक्षा की जाती है। इस संदर्भ में विज्ञापन का अनुवाद का अध्ययन अलग से दिया गया है।

समाचारपत्रों में भाषा सरल और सहज होनी चाहिए। जहाँ तक हो सके, ऐसे शब्द प्रयोग किए जाएँ जो पाठक के लिए बोधगम्य हो। क्रीड़ा संबंधी समाचारों में Opening batsman, Sixer, four (या boundary) के लिए 'सलामी बल्लेबाज', 'छक्का', 'चौका' आदि शब्द जन सामान्य के लिए सुगम और सहज है। कभी-कभी अंग्रेज़ी के हिन्दी पर्याय ऐसे दिए जाते हैं, जो पाठक की समझ के बाहर होते है; जैसे—Double के लिए 'युगल', Pending के लिए 'लंबित' आदि शब्द सामान्य या पाठक श्रोता की समझ में नहीं आते हैं। इसके अतिरिक्त हिन्दी में अपने शब्द होते हुए भी अन्य शब्दों का निर्माण किया जाता है, जो वास्तविकता से अलग होता है। 'फूड ग्रेन' के लिए हिन्दी 'अन्न' या 'अनाज' शब्द मिलता है, लेकिन 'खाद्यान्न' का प्रायः प्रयोग होता है। 'डेमोक्रेटिक डिसेंट्रलाइजेशन' के लिए 'पंचायती राज' शब्द है, लेकिन 'लोकतांत्रिक विकेंद्रीकरण' का प्रायः प्रयोग किया जाता है, जो सामान्य पाठक की बुद्धि में नहीं आता। इसी प्रकार Fishery के लिए 'मछलीपालन' न कि 'मत्यस्यपालन' और Poultry के लिए 'मुर्गीपालन' न कि 'कुक्कुटपालन' होते हैं। 'मत्स्यपालन' और 'कुक्कुटपालन' शब्द संबंधित विषय के विशेषज्ञों के लिए तो उपयुक्त हो सकते हैं, किंतु जन सामान्य की दृष्टि से सही नहीं है। अतः जनसंचार के उद्देश्य को सामने रखते हुए भाषा को सरल और सुबोध होने के साथ-साथ उसमें शब्द की मूल संकल्पना को समेटने की आवश्यकता होती है ताकि उसमें सर्जनात्मकता के दर्शन हो जाएँ। इस संबंध में एक उत्तम उदाहरण नीचे दिया जा रहा है।

मूल पाठ : Bombay, Aug. 6 (UNI). Third world countries are seeking guidance from the Indian film industry and offering shooting facilities to Indian film-makers.

The Maltese Industries Minister who met Commerce Minister V.P. Singh in Delhi recently, has invited representatives of the Indian film industry to shoot in the scenic setting of the Mediterranean island.

Zambia has sought India's assistance to develop its film industry on scientific lines, according to an official communique received by the Film Federation of India from the Zambia Institute of Mass Communication.

अनूदित पाठ : 6 अगस्त (यून्यू)। विकासशील देश भारतीय फिल्म उद्योग से बहुत कुछ सीखने की कोशिश कर रहे हैं। विकासशील देशों ने भारतीय फिल्म-निर्माताओं को अपनी फिल्में फिल्माने की सुविधा देने की पेशकश की है।

माल्टा के उद्योगमंत्री ने, जिन्होंने हाल ही में वाणिज्य मंत्री श्री विश्वनाथप्रताप सिंह से नई दिल्ली में मुलाकात की, भारतीय फिल्म निर्माताओं से कहा कि वे मध्य सागर के उस द्वीप के मनोरम प्राकृतिक स्थलों पर अपनी फिल्मों की शूटिंग करने के लिए आएँ।

जांबिया ने भी अपने फिल्म उद्योग को सुनियोजित ढंग से विकसित करने के लिए भारत से सहायता माँगी है। यहाँ फिल्म उद्योग के सूत्रों का कहना है कि भारत-पाकिस्तान सहयोग कार्यक्रम के अंतर्गत फिल्में बनाने की संभावनाओं का पता लगाने के लिए जल्दी ही प्रमुख भारतीय फिल्म निर्माताओं का एक प्रतिनिधिमंडल पाकिस्तान जाएगा।

उपर्युक्त समाचार के अनूदित पाठ में Third world countries के लिए 'विकासशील देश', Scenic setting के लिए 'मनोरम प्राकृतिक स्थलों', Scientific lines के लिए 'सुनियोजित ढंग से' अभिव्यक्तियों का हिन्दी में जो रूपांतरण हुआ है, वह शब्दानुवाद नहीं है। वास्तव में ये अंग्रेज़ी अभिव्यक्तियों में निहित संकल्पनाओं के पुनः सृजन हैं।

इस प्रकार जनसंचार का संबंध मुख्यता जनसामान्य से है। इसके साथ शिक्षित, अर्धशिक्षित और अशिक्षित, ग्रामीण और शहरी, निम्न वर्ग और उच्च वर्ग, बालक और वृद्ध, महिला और पुरुष सभी जुड़े हुए हैं। इसलिए यह अपेक्षा की जाती है कि जनसंचार का अनूदित पाठ शब्दानुवाद की अपेक्षा भावानुवाद और अनुसृजन अधिक हो। अनूदित पाठ संप्रेषणीय, बोधगम्य, सहज, रोचक और सर्वजन सुलभ हो, तभी जनसंचार का उद्देश्य पूर्ण होगा।

विज्ञापन और उसका अनुवाद

जनसंचार के क्षेत्र में विज्ञापन की महत्त्वपूर्ण भूमिका है। इसका संदर्भ तो व्यावसायिक है, किंतु माध्यम जनसंचार है क्योंकि वाणिज्यिक और व्यावसायिक दोनों क्षेत्रों के संवर्धन के लिए विज्ञापन जनमत तैयार करता है। इसीलिए आज के प्रचार माध्यम की भाँति यह भी एक सशक्त माध्यम है, जो व्यावसायिक और औद्योगिक क्षेत्रों में उनकी निरंतर उत्पादन संबंधी माँग-वृद्धि और नए उत्पादों की जानकारी उपभोक्ता तक पहुँचाने तथा विक्रय में वृद्धि करने का काम करता है। इसके अतिरिक्त यह प्रतिष्ठान के प्रति उपभोक्ताओं तथा जनता में रुचि और विश्वास पैदा करने में सहायक होता है।

विज्ञापन का मुख्य प्रयोजन उत्पादन की बिक्री कराना है। इसके माध्यम से अधिकतर लोगों तक वस्तु या सेवा का नाम और उसकी उपयोगिता तथा गुणावगुण के बारे में बताया जाता है, इसलिए उसकी भाषा भी विशिष्ट प्रकार की होती है। इसका प्रयोग विभिन्न प्रयोजनों के लिए होता है। हिन्दी जनसंचार के क्षेत्र में यह एक स्वतंत्र प्रयोजनमूलक भाषा के रूप में पनप रहा है। आज इसका क्षेत्र भी व्यापक होता जा रहा है। इसकी अपनी शब्दावली और अपनी वाक्य-संरचना है। विज्ञापन के क्षेत्र के अंतर्गत न केवल उत्पादक और उपभोक्ता आता है, बल्कि इस क्षेत्र से संबंधित जनसंचार के सभी माध्यम और यातायात के साधन भी आते हैं, जो विज्ञापन के प्रसार में सहायक होते है। इस दिशा में राष्ट्रीय स्तर पर 'युनी ऐड्स', 'सविता ऐड्स' जैसी स्वैच्छिक विज्ञापन ऐजेंसियाँ कार्य कर रही हैं, जबकि अंतरराष्ट्रीय स्तर पर प्रसिद्ध विज्ञापन समितियाँ अन्य देशों की विज्ञापन समितियों से सह-संबंध स्थापित कर विज्ञापनों का वितरण कर रही हैं।

विज्ञापन व्यावसायिक क्षेत्र का एक अभिन्न अंग होने से इसमें व्यावसायिक क्षेत्र की शब्दावली का प्रयोग अधिकाधिक हो रहा है। दैनिक पत्रों में 'बिकाऊ है', 'आवश्यकता है', 'अपार भीड़ आकर्षित कर रहा है', 'भव्य समारोह' आदि वाक्य विज्ञापन की भाषा के रूप में प्रयुक्त हो रहे हैं।

विज्ञापन में जितना महत्त्व विज्ञापन-सामग्री का होता है, उतना ही महत्त्व भाषा का भी होता है। हिन्दी भाषा के प्रयोग को विज्ञापन में देखा जा रहा है, जिसके लिए पत्र-पत्रिकाओं, आकाशवाणी तथा दूरदर्शन पर प्रयुक्त हिन्दी को आधार बनाया

गया है। ब्रिटिश विद्वान जेफ्रे लीच ने अंग्रेज़ी भाषा के विज्ञापन का अध्ययन एक विशेष शैली के रूप में स्वीकार करते हुए उसके लिए चार वाँछित गुणों की चर्चा की है। वे इस प्रकार हैं :

1. आकर्षक तत्त्व
2. श्रव्यता तथा सुपाठ्यता
3. स्मरणीयता
4. विक्रय की शक्ति

ये सभी गुण अंग्रेज़ी विज्ञापन के संदर्भ में स्थिर किए गए, किंतु इन्हें हिन्दी विज्ञापनों के संदर्भ में भी लागू किया जा सकता है।

1. आकर्षक तत्व : आकर्षण विज्ञापन की प्रमुख अनिवार्यता है। यह आकर्षण ही विज्ञापन को सही व्यक्ति तक पहुँचाता है। आकर्षण के लिए अनिवार्य है, विज्ञापन की विषयवस्तु संक्षिप्त, पूर्ण और सहज भाषा में हो। इन अनिवार्य गुणों को शीर्ष पंक्तियाँ, विस्तृत जानकारी, नारे आदि देते समय ध्यान में रखना आवश्यक होता है।

हिन्दी विज्ञापनों में आकर्षण का तत्त्व उत्पन्न करने के लिए अनेक प्रकार की वाक्य संरचनाओं का प्रयोग करते हैं, जिन से विज्ञापन की प्रभावशीलता में वृद्धि होती है—सहयोग के लिए धन्यवाद (जीवन बीमा निगम), परिवार के लिए माँ की पसंद (डालडा)। इसके लिए प्रायः विज्ञापनों में 'और', 'क्योंकि', 'सिर्फ', 'ज़रा सा', 'अब आप समझे', 'आज़माइए', जैसी अभिव्यक्तियों का और 'न ध्यान दें' जैसे निर्देशात्मक वाक्यों का प्रयोग किया जाता है। इस प्रकार की विज्ञापनी शब्दावली का प्रयोग करने से उत्पाद वस्तु की विशेषता को व्यक्त किया जाता है। इनके उदाहरण नीचे दिए जा रहे हैं।

(अ) और, क्योंकि, सिर्फ़ आदि का प्रारंभिक प्रयोग

क. **और : और** नेसकैफे अब नए प्रयोग में।

ख. **क्योंकि : क्योंकि** इसमें सफ़ेदी की ताकत अधिक है।

ग. **सिर्फ : सिर्फ** प्रॉमिस ही लौंग युक्त तेल है।
तकलीफ़ से आराम **सिर्फ एक** सेरिडॉन।

घ. **सिर्फ** सर्फ (सर्फ पाउडर)।

(आ) अन्य अभिव्यक्तियाँ

क. **'क्यों' प्रश्नवाचक का प्रयोग :** अब आप समझे मैंने यह टिकिया **क्यों** ली (रिन साबुन)

ख. **कहीं-कहीं सुझावात्मक अभिव्यक्तियाँ भी मिलती हैं :** हमेशा माँगिए, आज ही पधारिए, खुद आज़माइए, शक्ति पाइए, चुस्त रहिए, सेरिडॉन लीजिए।

ग. **कुछ विज्ञापनों में उत्पाद के बारे में सूचना होती है :** हार्लिक्स ज़्यादा शक्ति देता है, क्लिअरसिल मुहाँसे को खोलता है, उन्हें साफ़ करता है, दूर करता है।

घ. **आकर्षण लाने के लिए प्रश्नसूचक अभिव्यक्तियाँ दी जाती हैं :** सर दर्द से परेशान? इससे लाभ? अब आप क्या करेंगे?

ङ. **कुछ अभिव्यक्तियाँ विस्मयादिबोधक प्रधान होती है :** वाह ताज!

2. श्रव्यता तथा सुपाठ्यता : विज्ञापनों में कवितामयी भाषा अथवा गीतों के रूप में भाषा का प्रयोग होता है और संगीत का भी इसमें समावेश होता है। इससे विज्ञापन अत्यंत श्रव्य और रोचक हो जाते हैं। इस प्रकार के विज्ञापन आकाशवाणी तथा दूरदर्शन जैसे जन संचार के माध्यमों द्वारा प्रसारित किए जाते हैं। मुद्रण माध्यम द्वारा दिए जाने वाले विज्ञापनों में सुपाठ्यता लाने के लिए सुंदर, सुडौल, और विभिन्न आकृतियों के टाइप का प्रयोग भी किया जाता है। मुद्रण माध्यम द्वारा दिए जाने वाले विज्ञापन की भाषा सरल और सुबोध होती है। उदाहरण के लिए;

(क) वीको वज्रदंती
आयुर्वेदिक जड़ी बूटियों को
वीको ने अपनाया
जो दाँत की रक्षा करे (वीको)

(ख) सरदर्द हटाए - मुस्कान जगाए (एस्प्रे)

(ग) साफ़ ताज़ा साँस, मज़बूत स्वस्थ दाँत (कॉलगेट)

(घ) लक्स शुद्ध और सौम्य है (लक्स)

(ङ) सुपर रिन की चमकार ज़्यादा सफ़ेद (रिन)

3. स्मरणीयता : बच्चों से वृद्धों तक के सभी वर्गों के ग्राहकों के लिए उत्पाद वस्तु के ब्रांड को या उत्पाद वस्तु को सदा याद रखने की दृष्टि से भाषा का प्रयोग विज्ञापनों में नारे के रूप में किया जाता है। ये नारे छोटे-छोटे सरल वाक्यों में रोचक तथा वस्तु के नाम को याद रखने के लिए होते हैं। उदाहरण के लिए;

क. आई लव यू रसना (रसना)

ख. ताजा माँगो, माजा माँगो (माजा)

ग. खाओ गगन, रहो मगन (वनस्पति घी)

घ. तंदरुस्ती है जहाँ, लाइफ़ ब्वाय है वहाँ

4. विक्रयशक्ति : इस प्रकार विज्ञापन के क्षेत्र में संप्रेषणीयता और आकर्षण का होना आवश्यक है। इसके लिए विज्ञापन लेखक एक सृजनशील कलाकार की भाँति विज्ञापन के विषय को सर्जनात्मक ढंग से प्रस्तुत करता है। यह एक ऐसा कलात्मक

कौशल है, जिसके भीतर वस्तु या उत्पाद के विक्रय की प्रेरणा मिलती है। विक्रयशक्ति की यह क्षमता विज्ञापन की संप्रेषणीयता में निहित रहती है; जैसे—गोली एक एक्शन दो, खुशखबरी ...., अफ़सोस! यह आफर आज तक ही है, जवाब नहीं ...., क्या आप जानते हैं ....।

विज्ञापन की शैलियाँ

भाषा में विभिन्न प्रकार की विविधताएँ काल-विशेष, स्थान-विशेष, समाज-विशेष, विषय-विशेष, प्रयोजन-विशेष, व्यक्ति-विशेष, विधा-विशेष जैसे अनेक आयामों और संदर्भों में दिखाई देती हैं। विषय-विशेष और व्यक्तिपरक संबंधों के आधार पर भाषा की पाँच शैलियाँ मानी गई हैं—रूढ़िपरक, औपचारिक, अनौपचारिक, सामान्य तथा अंतरंग। सरकारी विज्ञापन प्रायः रूढ़िपरक, औपचारिक और सामान्य शैली में होते हैं। गैर-सरकारी विज्ञापन भी प्रायः रूढ़िगत, औपचारिक और सामान्य होते हैं, लेकिन स्वास्थ्य संबंधी जैसी कुछ सूचनाएँ अनौपचारिक भी हो जाती हैं। रोजगार आदि की सूचनाएँ मुख्यतः इन शैलियों के अंतर्गत प्रकाशित होती हैं। व्यावसायिक विज्ञापन प्रायः औपचारिक, सामान्य, अनौपचारिक और अंतरंग शैली में होते हैं, जिनमें अनौपचारिक और अंतरण शैली प्रमुख होती है।

विज्ञापन की भाषिक संरचना के अंतर्गत ध्वनियों या वर्तनी का विवरण आकर्षक ढंग से होता है; जैसे—शर्टस- ट्राउजर्स (ब्ल्यू चिप) के विज्ञापन के लेखन में अक्षरों को अलग-अलग देकर चमत्कार पैदा करना होता है। इसके साथ ही विज्ञापन के विविध विषय की आवश्यकता के अनुसार तत्सम (संस्कृतनिष्ठ), देशज, विदेशी (अंग्रेज़ी, अरबी-फ़ारसी) आदि शब्दावली का प्रयोग होता है। कहीं-कहीं मिश्रित शब्दावली भी पाई जाती है। उदाहरण के लिए;

क. मधु, द्राक्षा व अधिक केसर से समृद्ध (च्यवन प्राश)
ख. जांबाज कामकाजी मर्दों के लिए (पामोलिव शेव और ब्रश)
ग. लिव लाइफ किंग साइज़ (फ़ोर स्क्वेयर)

हिन्दी विज्ञापनों में भाषा को आकर्षक और रोचक बनाया जाता है। इसमें निश्चयवाचक, विरोधवाचक, आदेशात्मक और विवेचनात्मक वाक्य दिए जाते हैं, जो अर्थ बोध और संप्रेषण करने में पूर्णतया सहायक होते हैं; उदाहरण के लिए;

क. मैंगो फ्रूटी, फ्रेश एन जूसी (फ्रूटी)
ख. इस आग को बुझाने के यंत्र की बनावट में बस एक बात का ध्यान नहीं रखा गया—आग का (यूरोलेटर)
ग. अब लीजिए शक्तिशाली टर्बो आवाज़ (वीडियोकॉन)

घ. कहा बहुत कुछ
जा सकता है
बिना एक भी
शब्द कहे (केयो कार्पिन)

विज्ञापन जनसंचार का एक अंग होते हुए भी औपचारिक, व्यावसायिक और सामाजिक सेवा में अपना विदेशी महत्त्व बनाए हुए है। विज्ञापन की प्रकृति तकनीकी, अर्ध तकनीकी और अतकनीकी तीनों होती हैं और इसी के अनुसार इसकी भाषा लिखित और मौखिक दोनों रूपों में होती हैं। इसमें निहित संप्रेषणीयता, प्रभावोत्पादकता, रोचकता और प्रेरक-शक्ति व्यवसाय को समृद्ध और उन्नत बनाती है।

विज्ञापन का अनुवाद

विज्ञापन लेखन जितना कठिन काम है; विज्ञापनों का अनुवाद भी उतना ही जटिल है। मूल विज्ञापन का जो उद्देश्य होता है, उसे यथावत् रखना ही अनुवाद का लक्ष्य होता है। उसकी दृष्टि संदर्भ और विषय के अनुरूप बदलती रहती है। वास्तव में विज्ञापन का क्षेत्र काफ़ी व्यापक है। इसका संबंध अपने विज्ञापन क्षेत्रों से है, लेकिन इसमें संप्रेषणीयता और रोचकता पर विशेष ध्यान दिया जाता है। किसी भी उत्पाद-वस्तु, सेवा या सूचना की जानकारी कितनी भी महत्त्वपूर्ण है, किंतु यदि वह संप्रेषणीय न हो तो वह अपना प्रभाव नहीं छोड़ पाता। अनुवाद में भी उपभोक्ता तक संप्रेषित करने की क्षमता का होना अनिवार्य है। इसमें अनुवाद कम, अनुसृजन की अधिक अपेक्षा रहती है। इसमें प्रायः मूल पाठ के कथ्य पर अधिक ध्यान दिया जाता है, वाक्य-योजना और शब्द संयोजन पर कम। अतः अनुवादक विषय के अनुसार शब्दानुवाद, भावानुवाद या अनुसृजन करता है ताकि विज्ञापन में निहित संदेश का संप्रेषण पूर्णतया हो सके।

विज्ञापन मुख्यतः दो प्रकार के होते हैं—एक संस्थागत विज्ञापन और दो वाणिज्यिक विज्ञापन। इन दोनों के आधार पर अनुवाद की शैलियों और प्रकारों की अपेक्षा रहती है।

(1) **संस्थागत विज्ञापन :** संस्थागत विज्ञापन राष्ट्रीय हित संबंधी तथा चेतावनीपरक विज्ञापन होते हैं, जो सरकारी, अर्धसरकारी तथा स्वैच्छिक संस्थाओं द्वारा प्रेषित किए जाते हैं। इनके अतिरिक्त सामाजिक मामलों, चिकित्सा संबंधी सूचनाएँ, परिवार नियोजन, जन कल्याण संबंधी घोषणाओं, रोज़गार, नियुक्ति, निविदाओं आदि की जानकारी और सूचना भी विज्ञापन द्वारा दी जाती है। इस प्रकार के विज्ञापनों की शैली अधिकतर रूढ़िपरक, औपचारिक अथवा सामान्य होती है और इनका प्रायः शाब्दिक अनुवाद होता है। उदाहरण के लिए;

(क) क्रेडिट कार्ड के बारे में सूचना

State Bank of India

Credit Card offers both
Advantages and **Problems**
Thankfully you can select either

Educational Compaign: A Special initiative by SBI
Use credit cards to your advantage.
Credit cards are extremely convenient and safe while travelling. When used smartly,
they offer many benefits like interest-free purchases, cash back, protection to purchases and more. However, continuously paying late can put you in bad-debt.
situation So:

* Select credit cards with the lowest interest rates
* Never use them to cover shortfall in income
* pay your credit cards bills on time
* Always remember to read all terms and conditions

SBI is not responsible and disclaims any liability for actionsèdecisions based on the above.

भारतीय स्टेट बैंक
क्रेडिट कार्ड में

फायदे भी हैं और **नुकसान** भी
मुश्किल यह है कि आप कोई एक नहीं चुन सकते

एजुकेशनल कैम्पैन : एसबीआई की एक खास पहल
अपने फ़ायदे के लिए क्रेडिट कार्ड प्रयोग करें
यात्रा के दौरान क्रेडिट कार्ड बहुत सुविधाजनक और सुरक्षित माध्यम है। होशियारी से इस्तेमाल करने पर यह ब्याज-मुक्त खरीद, केश बैंक, खरीद की सुरक्षा आदि प्रदान करते हैं। हालांकि, लगातार विलंब भुगतान से आप कर्ज में डूब सकते हैं, इसलिए :

* सबसे कम ब्याज दर वाला क्रेडिट कार्ड चुनें
* इनका प्रयोग आय की कमी पूरी करने हेतु न करें
* अपने क्रेडिट कार्ड के बिल समय पर अदा करें
* सभी नियम व शर्तें हमेशा पढ़ लें

उपरोक्त के आधार पर किए गए किसी कार्य/निर्णय के लिए एसबीआई जिम्मेदार नहीं है और उनके प्रति किसी दायित्व को अस्वीकार करती है।

उपर्युक्त अनुवाद में तत्सम, तद्भव, देशज, अरबी-फ़ारसी, और अंग्रेजी की शब्दावली मिलती है। इसमें कई शब्दों का अनुवाद नहीं किया गया, जैसे—एजुकेशनल कैम्पैन। इसमें औपचारिक शैली का प्रयोग हुआ है।

(ख) संपत्ति-कर की सूचना

ATTENTION

PROPERTY OWNERS/OCCUPIERS

SIMPLER REVISED FORMAT OF DECLARATION FOR PROPERTIES WHERE THERE HAS BEEN NO CHANGE IN STATUS

The format for filing declaration for properties where there has been no change in status since last finalised assessment which was notified in earlier Public Notice published on **4th/5th March, 1998** has now been further simplified and is given below

DECLARATION

STATUS AS ON 31ST DECEMBER, 1997

Property No. and address : ____________

In response to the Public Notice of MCD, I/We ____________, S/o/D/o/W/o ____________ owner(s)/occupier(s) of the above property do solemnly declare that there has been no change in the status of this property since the last finalised assessment. The above information is true and correct to the best of my/our knowledge.

(Signature)

Name of owner(s)/occupier(s) : ____________

Date : ____________ Present Address : ____________

N.B. : **The property owner(s)/occupier(s) where there has been change in status of property must file their return by 18th March, 1998 as already notified to avoid penalties.**

MUNICIPAL CORPORATION OF DELHI

HELP US TO SERVE YOU BETTER

ISSUED BY THE PRESS AND INFORMATION OFFICE, MCD

सम्पत्तियों के स्वामी/अधिवासी (Owner/Occupier)

ध्यान दें

ऐसी सम्पत्तियों जिनके स्वरूप में कोई परिवर्तन नहीं हुआ है के लिए सरल व संशोधित घोषणा पत्र

ऐसी सम्पत्तियों जिनके स्वरूप में अन्तिम कर-निर्धारण के उपरान्त कोई परिवर्तन नहीं हुआ के घोषणा पत्र को पहले 4/5 मार्च, 1998 को प्रकाशित सार्वजनिक सूचना में दिए गये नमूने से भी और सरल बना दिया गया है जो इस प्रकार है :-

घोषणा-पत्र

31 दिसम्बर, 1997 को सम्पत्ति का स्वरूप

सम्पत्ति संख्या और पता : ____________

दिल्ली नगर निगम की सार्वजनिक सूचना के अनुपालन में मै/हम ____________ सुपुत्र/सुपुत्री/पत्नी ____________ स्वामी(यों)/अधिवासी(यों) के रूप में सतत् घोषणा करता हूँ/करते है कि इस सम्पत्ति में अन्तिम कर-निर्धारण के उपरान्त कोई परिवर्तन नही हुआ है। उपरोक्त सूचना मेरी/हमारी जानकारी के अनुसार पूर्णतः सत्य व सही है।

(हस्ताक्षर)

स्वामी(यों)/अधिवासी(यों) का नाम : ____________

तिथि : ____________ वर्तमान पता : ____________

कृपया नोट करें : ऐसी सम्पत्तियों के स्वामी(यों)/अधिवासी(यों) जिनकी सम्पत्तियों के स्वरूप में कोई परिवर्तन हुआ है को पूर्व अधिसूचित सूचना के अनुसार ही सम्पत्ति-कर रिटर्न 18 मार्च 1998 तक अवश्य दाखिल कर देना चाहिए ताकि उन्हें कोई जुर्माना न देना पड़े।

दिल्ली नगर निगम

बेहतर सेवा के लिये हमें सहयोग दें

इस विज्ञापन का जो शब्दानुवाद हुआ है, वह अंग्रेजी की संरचना के अधिक निकट है, किंतु हिन्दी की प्रकृति पर कम ध्यान दिया गया है।

(ग) रोजगार संबंधी सूचना

KRIBHCO

Krishak Bharati Co-operative Limited

REQUIRES FOR PLANT AT SURAT, GUJARAT

ASSISTANT SECURITY OFFICER

Qualification : Graduate in any Discipline
Experience : Captain Rank in Army or equivalent Rank in Air force, Navy/CISF/CRPF/BSF
Age Limit : Upper Age Limit - 40 years
Scale of Pay : Rs. 4,225-175-7,025/- (Pre-revised)

The posts carries other benefits like Industrial Dearness Allowance (IDA), House Rent Allowance, City Compensatory Allowance, Contributory Provident Fund & other allowances admissible as per rules of the Society.

Employees working in Govt. & Public Sector undertaking and National Level Cooperative Societies should send application ***"THROUGH PROPER CHANNEL"***.

Reservation & Concession will be given to SC/ST/OBC candidates as per Government directives. Candidates called for interview shall be paid to & fro II nd class Rail Fare on shortest route.

Interested Candidates should send applications neatly typed in double space on plain paper about qualification & experience and other details considered relevant with the job, within 15 days of the Publication of this advertisement to : **Chief Manager (Pers. & Admn.) KRISHAK BHARATI COOPERATIVE LTD.,** P.O. Kribhco Nagar, Dist. Surat - 394 515.

Please superscribe post applied for on TOP LEFT HAND SIDE of the envelope and application.

EN 49/41

कृभको

कृषक भारतीय को-ऑपरेटिव लिमिटेड

सूरत, गुजरात स्थित संयंत्र के लिए आवश्यकता है

सहायक सुरक्षा अधिकारी

योग्यता : किसी भी विषय में स्नातक.
अनुभव : सेना में कैप्टन रैंक या वायुसेना, नौसेना/सी.आई.एस.एफ./सी.आर.पी.एफ./बी.एस.एफ. में समकक्ष रैंक.
आयु-सीमा : उच्च आयु-सीमा - 40 वर्ष.
वेतनमान : रु. 4225-175-7025/- (संशोधन पूर्व)

पदों पर औद्योगिक महंगाई भत्ता (आई.डी.ए.), मकान किराया भत्ता, नगर प्रतिपूरक भत्ता, अंशदायी भविष्य निधि, और अन्य भत्ते सोसाइटी के नियमानुसार देय हैं.

सरकारी एवं सार्वजनिक क्षेत्र के उपक्रम तथा राष्ट्रीय स्तर की को-ऑपरेटिव सोसायटियों में कार्यरत कर्मचारी अपने आवेदनपत्र उचित माध्यम से भेजें.

अजा/अजजा/अपिव के उम्मीदवारों के लिए आरक्षण एवं छूट सरकारी दिशानिर्देशानुसार होगी. साक्षात्कार के लिए बुलाए गये उम्मीदवारों को लघुतम मार्ग का आने-जाने का द्वितीय श्रेणी का रेल-किराया दिया जाएगा.

इच्छुक उम्मीदवार सादे कागज पर अपनी योग्यता और अनुभव तथा कार्य से संबंधित समझे गए अन्य विवरण डबल स्पेस में साफ टाइप करा कर इस विज्ञापन के प्रकाशन के 15 दिनों के अंदर मुख्य प्रबंधक (कार्मिक एवं प्रशासन), कृषक भारती को-ऑपरेटिव लिमिटेड डाकघर कृभको नगर, जिला-सूरत-394515 को भेजें. लिफाफे एवं आवेदनपत्र के बाएं ऊपरी कोने पर आवेदित पद का नाम लिख दें.

रो.सं. 49/41

रोजगार संबंधी उपर्युक्त विज्ञापन के शाब्दिक अनुवाद में वैज्ञानिक और तकनीकी शब्दावली आयोग द्वारा निर्धारित शब्दावली प्रयुक्त हुई है और इसमें भाषायी संरचना पर अधिक ध्यान दिया गया है। इस प्रकार संस्थागत अनुवाद में संप्रेषणीय, बोधगम्यता और प्रवाहपूर्ण तो होते हैं, किंतु उनमें सर्जनात्मकता और साहित्यिकता का प्रायः अभाव रहता है। इसीलिए ऐसे अनुवाद में प्रभावोत्पादकता और रोचकता की अपेक्षा कम की जाती है।

वाणिज्यिक विज्ञापन : ये विज्ञापन प्रायः वाणिज्यिक संस्थाओं, गैर-सरकारी कंपनियों, निर्माताओं आदि द्वारा जारी किये जाते हैं, जिनमें इनके अपने उत्पादों, वस्तुओं, आदि का प्रचार-प्रसार होता है। इसलिए जन सामान्य को आकर्षित करने के लिए वाणिज्यिक विज्ञापनों में रुचि पोषण होता है। इनमें श्रव्यता और सुपाठ्यता होती है। इनमें प्रायः बोले हुए स्वरूप का अधिक ध्यान रखा जाता है। इनमें लय, छंद, अलंकार, तुकबंदी आदि का प्रयोग काफ़ी होता है। इसीलिए इस प्रकार के विज्ञापनों में भावानुवाद और अनुसृजन का विशेष महत्त्व रहता है। उदाहरण के लिए;

क. Discover a new fairness, emerge gently and naturally (फ़ेयर एंड लवली)
जगाइए एक नया निखार, कोमलता से, कुदरती तरीके से।

ख. Trust has so many reasons (गोदरेज)
भरोसे के पीछे हैं कारण अनेक।

कई बार शब्दानुवाद से बात नहीं बनती। कुछ श्लेषयुक्त अभिव्यक्तियाँ ऐसी होती हैं, जिनका अनुवाद या तो संभव नहीं होता या निरर्थक, अस्पष्ट और दुर्बोध हो जाता है। अतः मूल पाठ में श्लेष के रूप में जो अलंकार मिलता है, उनका आलंकारिक अनुवाद करने का मोह त्यागना पड़ता है, सीधे-सादे लेकिन संप्रेषणीय अनुवाद से भी काम चलाना पड़ता है। बैंक, बीमा, उपक्रम आदि के पंचलाइनों या नारों (catch word) का शब्दानुवाद करना पड़ सकता है, किंतु उसके सौंदर्य में बाधा नहीं आ पाती। उदाहरण के लिए :

(क) The bank you can bank upon (Punjab National Bank)
आपके भरोसे का बैंक

(ख) Dunlop is Dunlop (डनलप टायर)
डनलप तो लाजवाब है।

उपर्युक्त दोनों विज्ञापनों में बैंक और डनलप शब्दों में श्लेष है। अतः बैंक के दो अर्थ है–'बैंक' और 'भरोसा'। इसी प्रकार डनलप के भी दो अर्थ है–'डनलप टायर का नाम' और 'लाजवाब'। इनमें समध्वन्यनात्मक शब्द तो नहीं आए जो मूल पाठ अंग्रेजी

में हैं, लेकिन इनके अन्य अर्थों से काम चलाना पड़ा। तथापि, हिंदी अनुवाद अपने आप में सुंदर बन पड़ा है।

कई बार विज्ञापन के शीर्षक पंचलाइन या नारे के रूप में होते हैं और उनका सर्जनात्मक अनुवाद मूल पाठ से अधिक आकर्षक और रोचक होता है। ऐसा लगता है, वह अनुवाद अनुवाद नहीं, नई रचना है। वी.आई.पी. सूटकेस और एयरफ़ोर्स बंपर रैफ़ल के अनुवाद द्रष्टव्य हैं :

(क) The Happy Holiday line from VIP (VIP Suitcase)
वी.आई.पी. के तीन हमसफर,
खूबियों में एक से एक बढ़ कर।

(ख) Why settle for less,
it is a rich bargain
सौ चोट सुनार की,
एक चोट लोहार की।

विज्ञापन के अनुवाद में सरल और सुबोध भाषा की अपेक्षा रहती है। इसमें छोटे वाक्यांशों का प्रयोग सौंदर्य और ओजस्विता लाता है। इसमें सुपाठ्यता का गुण होना इसकी विशेषता है। इसके लिए अनुवाद को इस विज्ञापन के सामाजिक संदर्भ और उद्देश्य का ज्ञान होना अपेक्षित है। उपभोक्ता के वर्ग, समुदाय, लिंग, आयु आदि को ध्यान में रखकर अनुवाद करना आवश्यक है; जैसे–

(क) You can't beat Bajaj (बजाज स्कूटर)
बजाज का मुकाबला नहीं।

(ख) Neighbour's envy, owner's pride (ओनिडा टी.वी.)
पड़ोसियों की जले जान, आपकी बढ़े शान।

(ग) You have got a good thing going (हीरो होंडा स्कूटर)
आपका शानदार हमसफ़र

(घ) Virtually indestructible (पूमा प्लाई)
(i) वस्तुतः अविनाशी,
एक अन्य अनुवाद भी हो सकता है :
(ii) जीवन भर साथ निभाए

(ङ) Radiance, you see it I feel it (लक्मे साबुन)
दमक, हम पर लिखी, सब को दिखी

(च) Who's afraid of birth days (पांड्स क्रीम)
उम्र से क्या घबराना

(छ) Hourly chimes (एच.एम.टी. घड़ी)
हर घंटे सुहानी घंटी।

विज्ञापन के अनुवाद में आकर्षण लाने के लिए कभी तत्सम, कभी तद्भव, कभी देशज, कभी अंग्रेजी और कभी उर्दू की शब्दावली प्रयुक्त होती है, जो भाषा में सरसता, सहजता और सुबोधता लाती है। अंग्रेजी के कुछ शब्दों के उदारहण दिए जा रहे हैं।

refreshing	⇒ ताज़गीदायक	charming	⇒ आकर्षक
tasteful	⇒ ज़ायकेदार	graceful	⇒ सौम्य
durable	⇒ टिकाऊ	even-toned (skin)	⇒ रेशमी त्वचा

कई बार निजी और गैर-सरकारी कंपनियों के मूल विज्ञापन अंग्रेजी में लिखे जाते हैं और फिर उनका अनुवाद हिन्दी में होता है, जिनकी भाषा में सरलता और स्पष्टता होती है। उपभोक्ताओं को बाँधने के लिए इसमें सर्जनात्मक भाषा का प्रयोग होता है जिसमें लक्ष्य भाषा की एक विशिष्टता दिखाई देती है। यह ध्यातव्य है कि कई बार विज्ञापनों में सर्जनात्मक अनुवाद मौलिक से भी अधिक सक्षम और प्रभावकारी होता है। उदाहरण के लिए;

(क) **Ponds**
Look and feel young at any age ⇒ लगिए और दिखिए जवाँ किसी भी उम्र में।

(ख) **Nihar Coconut Oil**
A cool & stress soothing experience ⇒ उफ् उलझन! एक शीतल और शांत अहसास

(ग) **Lux**
Which one is yours? ⇒ इनमें कौन सा है आपका?

(घ) **Tu Tu main main**
Will the bridge the gap?or Won't they? ⇒ जमीं-आसमाँ! मिलेंगे? या नहीं?
To find out watch Tu Tu main Main ⇒ जानने के लिए देखिए तू तू मैं मैं

(ङ) **Vasmol Kesh Kala Tel**
Go on. Guess my age! ⇒ बोलो, क्या है मेरी उम्र?

उपभोक्ताओं या ग्राहकों को अपनी ओर खींचने तथा विक्रय शक्ति बढ़ाने के लिए उत्पादकों और विज्ञापनदाताओं में होड़ सी लगी है। इसलिए स्रोत भाषा में वे आकर्षक, रोचक, संक्षिप्त, मनमोहक, सर्जनाशक्ति से परिपूर्ण विज्ञापन प्रकाशित करते हैं और लक्ष्य भाषा में इसको बरकरार रखने की जिम्मेदारी अनुवादक पर

आती है। इस सौंदर्य को यथावत् अनुवाद में लाना ही अंनुवादक का कौशल है; जैसे–

(क) Thums-up: Taste
the thunder ⇒ थम्स अप, तूफ़ानी ठंडा।

(ख) Beautiful, beautiful fresca ⇒ सुंदर सुहाना फ्रेस्का
Beautiful fragrance of fresca ⇒ खुशबू का खज़ाना फ्रेस्का

(ग) I feel soft and silky and
woman all over ⇒ मैं नारी रेशम रेशम मेरा अंग अंग रेशम रेशम।

(घ) Rin strikes whitest in
just one wash! ⇒ सफ़ेदी की चमकार सिर्फ़ एक धुलाई में।

सभी विज्ञापन एक ही प्रकार के या समान उद्देश्य पूरा करने वाले नहीं होते। इनमें कुछ तथ्यात्मक, कुछ सर्जनात्मक और काव्यात्मक, कुछ संवेदनात्मक और कुछ मात्र आवृत्ति के कारण प्रभावकारी होते हैं। ऐसे विज्ञापनों के अनुवाद में अनुवादक को भाषा के विभिन्न स्तरों से गुज़रना पड़ता है, किंतु इसमें दो मत नहीं कि वाणिज्यिक विज्ञापनों का अनुवाद प्रायः अनुवाद नहीं होता वरन् अनुसृजन होता है, जो विज्ञापनों में जान डाल देता है। वे अनुवाद कभी-कभी मूल लेखन से भी अधिक, सुंदर, सर्जनात्मक और साहित्यिक होते हैं। यहीं पर अनुवाद कला है, कौशल है, जो मूल विज्ञापन जैसी मौलिकता, प्रवाह और लय प्रस्तुत कर अनूदित विज्ञापन को प्रभावोत्पादक, रोचक और संप्रेषणीय बनाता है।

कार्यालयीन अनुवाद : स्वरूप और संभावनाएँ

भाषा के विभिन्न संदर्भों में भाषा का एक रूप कार्यालयी भाषा है जो एक विशिष्ट प्रयुक्ति के रूप में उभरी है। कार्यालय की सबसे बड़ी इकाई प्रशासन है जिसके अंतर्गत सरकार को देश की आर्थिक, राजनैतिक, औद्योगिक, सुरक्षात्मक, शैक्षिक, सामाजिक-सांस्कृतिक, साहित्यिक आदि अनेक संदर्भों में प्रशासन का भार संभालना होता है। इसके अतिरिक्त सरकारी और गैर-सरकारी कंपनियों, बैंकों, उपक्रमों, निगमों, संस्थाओं आदि में भी प्रशासन और मानव संसाधन विभाग की विशेष भूमिका रहती है। इस प्रकार के कार्यों से संबंधित साहित्य को कार्यालयीन साहित्य कहा जाता है। कार्यालयीन साहित्य मुख्य रूप से दो प्रकार का होता है—एक, मसौदा-टिप्पणी के रूप में दिन-प्रतिदिन का पत्राचार है और दूसरा है संसद के उत्तर, नियतकालिक प्रशासनिक रिपोर्ट, राजपत्र में प्रकाशित होने वाली अधिसूचनाएँ एवं संकल्प, सार्वजनिक सूचनाएँ, जनसमान्य और समाचारपत्रों के लिए प्रकाशित की जाने वाले प्रेस विज्ञप्ति, प्रेस टिप्पणी, प्रेस प्रकाशनी आदि। इसके अतिरिक्त सरकारी या गैर-सरकारी कंपनियों की नीति संबंधी बातों के विवेचन के लिए पुस्तकें प्रकाशित की जाती हैं और पत्र-पत्रिकाएँ भी प्रकाशित होती रहती हैं। भारत संघ में हिन्दी को राजभाषा घोषित करने के बाद राष्ट्रपति के आदेशानुसार यह व्यवस्था की गई कि प्रशासनिक रिपोर्ट, सरकारी पत्रिकाएँ, संसद में प्रस्तुत की जाने वाली रिपोर्ट आदि, जहाँ तक संभव हो अंग्रेजी के साथ-साथ हिन्दी में भी प्रकाशित की जाएँ। इस प्रकार सरकारी साहित्य बृहत्तर एवं महत्त्वपूर्ण होता है।

कार्यालयी साहित्य की भाषा और शब्दावली सर्जनात्मक साहित्य की भाषा और शब्दावली से कई संदर्भों एवं अर्थों में भिन्न होती है। कार्यालयीन साहित्य की प्रकृति मुख्यतः तकनीकी, औपचारिक और लिखित होती है और इसी कारण इसमें बँधे-बँधाए वाक्यों तथा पारिभाषिक शब्दावली में कार्य किया जाता है। अतः इस साहित्य का अनुवाद करने के लिए सरकारी कार्य-कलापों की जानकारी होना भी आवश्यक है।

सरकारी कार्यालयों में तकनीकी और गैर-तकनीकी दोनों का अनुवाद होता हैं, लेकिन कुछ मंत्रालयों या विभागों में तकनीकी साहित्य का अनुवाद विशेष रूप से होता है। रक्षा, पैट्रोलियम, रसायन, कृषि, विधि, ऊर्जा, उद्योग आदि मंत्रालय एवं कार्यालयों

में अधिकतर तकनीकी साहित्य का अनुवाद होता है। यदि प्रशासनिक कार्यों को छोड़ दिया जाए तो अन्य प्रकार के जिस साहित्य का अनुवाद होता है उसकी अपनी-अपनी तकनीकी शब्दावली होती है। रक्षा मंत्रालय की तकनीकी शब्दावली अपनी होगी तो वाणिज्य मंत्रालय की अपनी शब्दावली। वित्त मंत्रालय की अपनी शब्दावली होगी तो रेल मंत्रालय की अपनी। अतः विभिन्न मंत्रालयों या विभागों से प्रकाशित होने वाला साहित्य एक प्रकार का तकनीकी साहित्य होगा तथा तकनीकी एवं गैर-तकनीकी साहित्य की कठिनाइयाँ उसकी प्रकृति और स्वरूप के अनुसार ही होगी। तकनीकी साहित्य का अनुवाद मुख्यतः शब्दानुवाद होता है और गैर-तकनीकी साहित्य का अनुवाद प्रधानतः भावानुवाद होता है।

कार्यालयी साहित्य में प्रशासनिक सामग्री अधिक होती है जिसके अंतर्गत विभाग या मंत्रालय के कर्मचारियों या अधिकारियों को जारी किए जाने वाले पत्र, एक विभाग से दूसरे विभाग को तथा एक सरकार से दूसरी सरकार को पत्रों का आदान-प्रदान किया जाता है। इसके अंतर्गत औपचारिक पत्र, अंतरिम उत्तर, अर्धसरकारी पत्र, पृष्ठांकन, ज्ञापन या कार्यालय ज्ञापन, अधिसूचना, संकल्प, आदेश, कार्यालय आदेश, अंतरविभागीय टिप्पणी, तार, निविदा, करार आदि आते हैं। इन पत्रों का स्वरूप और प्रकृति सामान्यतः व्यक्तिगत पत्रों से भिन्न होती है। सामान्य या व्यक्तिगत पत्रों में प्रयुक्त शब्दावली प्रायः व्यक्ति-सापेक्ष होती है जबकि सरकारी पत्रों में प्रयुक्त शब्दावली व्यक्ति-निरपेक्ष होती है। अतः अनुवाद करते समय इन बातों की ओर ध्यान देने की अपेक्षा रहती है। इसमें शब्दानुवाद और भावानुवाद दोनों होते हैं।

प्रशासनिक पत्राचार में पर्यायवाची शब्द नहीं होते। प्रत्येक शब्द में सूक्ष्म अर्थाभिव्यक्ति होती है जो विशेष प्रयोजन के लिए प्रयुक्त होती है। उदाहरण के लिए; Order, Direction और Instruction ये तीनों शब्द विशेष प्रयोजनों के लिए प्रयुक्त होते हैं। Order शब्द का प्रयोग किसी अधिकार या शक्ति के अंतर्गत किया जाता है जिसका पालन करना अनिवार्य है। Direction शब्द किसी कार्य को पूरा करने का दिशा-संकेत है और Instruction शब्द का प्रयोग किसी औपचारिक स्थिति में कार्य करने के लिए होता है अतः इनके हिन्दी पर्याय आदेश, निदेश और अनुदेश दिए गए हैं। इसी प्रकार sanction, approval और permission शब्द अलग-अलग प्रयोजन के रूप में प्रयुक्त होते हैं। हिन्दी में 'स्वीकृति' (या मंजूरी), अनुमोदन और अनुमति के अर्थ में प्रयुक्त होते हैं। कोई शासकीय कार्रवाई करने के लिए औपचारिक स्तर पर उच्चाधिकारी या सक्षम अधिकारी या उच्च स्तर के कार्यालय द्वारा दी जाने इजाज़त 'स्वीकृति' है, किसी योजना या कार्यालय के भीतर किसी कार्य को पूरा करने के लिए औपचारिक रूप से सक्षम अधिकारी से इजाज़त या सकारात्मक राय या सहमति लेना 'अनुमोदन' है और किसी औपचारिक अथवा अनौपचारिक कार्य के लिए कहना या सहमति देना अनुमति है। Dismissal, Removal, termination और discharge (from service) शब्दों के अर्थ नौकरी से हटाना ही है किंतु Dismissal की सज़ा सबसे अधिक है और इसमें निकाले गए कर्मचारी को सरकारी नौकरी में पुनः कभी नियुक्त नहीं किया जाता। इसलिए Dismissal के लिए 'बरखास्तगी', Removal के लिए 'निष्कासन', termination के लिए 'समाप्ति' और discharge के लिए 'सेवा-मुक्ति' पर्याय मिलते हैं। इसी प्रकार demotion और reversion में ऊँचे पद से निचले पद में जाना होता है, लेकिन reversion दंड नहीं होता। यदि दंड होता भी है तो इससे कर्मचारी की भावी सेवा में विशेष अंतर पड़ने की संभावना कम होती है, जबकि demotion में भावी सेवा पर काफी प्रभाव पड़ता है। इसलिए हिन्दी में demotion के लिए 'पदावनति' और reversion के लिए 'परावर्तन' शब्द रखा गया है। इससे शब्दों की ओर इतना ध्यान रखना पड़ता है कि वे एक ही अर्थ दें। प्रशासनिक संदर्भ में 'कार्रवाई' और 'कार्यवाही' में भी अंतर मिलता है। 'कार्रवाई' किसी मामले के संबंध में या विरुद्ध किए जाने वाले कार्य से संबंधित है जबकि 'कार्यवाही' किसी बैठक में हुई चर्चा का विवरण प्रस्तुत से संबंधित है। इनके लिए अंग्रेजी में क्रमशः action और proceedings शब्द निर्धारित हैं। अतः इन शब्दों के अर्थों में सूक्ष्म भेद होने के कारण उन सबके लिए एक-एक पर्याय का निर्धारण करके सदा उन्हीं पर्यायों का प्रयोग उचित माना जाता है।

हिन्दी का कोई शब्द अंग्रेजी पर्याय की सभी अर्थच्छायाओं का द्योतक नहीं होता। अतः यह जरूरी नहीं कि निर्धारित पर्याय दिया जाए। यदि प्रसंग-विशेष में वह शब्द ठीक नहीं बैठता तो उसका प्रयोग नहीं किया जाता। अपने प्रसंग-विशेष में एक शब्द के भिन्न पर्याय हो सकते हैं। उदाहरण के लिए; अंग्रेजी शब्द Section है। इसके अर्थ अलग-अलग प्रसंगों में भिन्न होते हैं। मंत्रालय के एक भाग के रूप में इसका अर्थ 'अनुभाग' होता है, किसी नियमावली के निर्धारित खंड के रूप में 'धारा' होता है और रेलवे वर्ग के रूप में 'सेक्शन' ही रहता है। Division शब्द का प्रयोग विभिन्न संदर्भों में 'प्रभाग' और 'विभाग' ही किया जाता है।

इसके अतिरिक्त विधि संबंधी कई ऐसे पदबंध भी होते हैं जिनमें एकार्थता, असंदिग्धता और एकरूपता को बनाए रखने की आवश्यकता रहती है। अतः उनके लिए निश्चित पदबंध अनूदित किए गए हैं। उदाहरण के लिए; As the case may be का 'यथास्थिति', whichever is earlier का 'जो भी पूर्ववर्ती हो', Not more than का 'से अनधिक', Not less than का 'से अन्यून' As early as possible का 'यथाशीघ्र' हिन्दी पदबंध अनुवाद के रूप में यथातथ्य दिए जाते हैं। ऐसे पदबंधों के शब्दानुवाद देना उचित होगा न कि भावानुवाद। यह बात अवश्य है कि यदि उनके सरल रूप पाठांश में खप सकें तो उन्हें दिया जा सकता है।

हर भाषा की अपनी पकड़ होती है। अतः अनुवाद करते समय केवल शब्द, पद और वाक्य तक ही सीमित न रखकर उसे पूरी अर्थाभिव्यक्ति के साथ देखा जाए। उदाहरण के लिए;

(1) Please acknowledge receipt.
(कृपया) पावती भेजें।

(2) An early reply (A line in reply) will be appreciated.
शीघ्र उत्तर दे कर अनुग्रहीत करें।

या

उत्तर की प्रतीक्षा रहेगी।

(3) This is to acknowledge the receipt of your letter No. .... dated ....
आपका पत्र सं. .... दिनांक .... मिला।

(4) I wonder if this is true.
मुझे इसकी सच्चाई में संदेह है।

सरकारी आदेशों या संकल्पों के अनुवाद में थोड़ी बहुत छूट ली जा सकती है; जैसे—The President is pleased to appoint Shri .... for the post of Dupty Secretary का अनुवाद 'राष्ट्रपति श्री .... को उपसचिव के पद पर (सहर्ष) नियुक्त करते हैं। इसमें pleased के हिन्दी पर्याय 'सहर्ष' शब्द छोड़ा भी जा सकता है, क्योंकि हिन्दी की प्रकृति के अनुसार इस संदर्भ में इस शब्द का प्रयोग निरर्थक है। इसी प्रकार I am to add या I am further to add आदि वाक्यांशों को अनुवाद में छोड़ा जा सकता है, क्योंकि हिन्दी की प्रकृति के अनुकूल सही नहीं बैठता। यदि इसका अनुवाद रखना आवश्यक हो तो 'यह भी अनुरोध है' लिखा जा सकता है। इसके अतिरिक्त मसौदा में अंग्रेजी के undersigned के स्थान पर हिन्दी में 'मुझे' लिखा जाएगा क्योंकि हिन्दी की प्रकृति में 'अधोहस्ताक्षरी' सही नहीं बैठता। उदाहरण के लिए; The undersigned is directed to say ...... का अनुवाद 'मुझे यह कहने का निदेश हुआ है ....' होगा। इसी प्रकार टिप्पणी लिखते समय अंग्रेजी के कुछ ऐसे शब्दों या वाक्यांशों को छोड़ना पड़ता है जो हिन्दी की प्रकृति में फालतू लगते हैं। उदाहरण के लिए;

(1) I am afraid, I cannot agree with you here.
यहाँ मैं आपसे सहमत नहीं हो सकता।

(2) I am inclined to agree with him.
मैं उनसे सहमत हूँ।

(3) Now it is high time to take a decision in this regard.
इस बारे में अब निर्णय हो ही जाना चाहिए।

अंग्रेजी की प्रकृति कर्मवाच्य प्रधान है और इसी का प्रभाव हिन्दी भाषा पर भी पड़ा है, विशेषकर कार्यालयी संदर्भ में। अतः अनुवाद करते समय हिन्दी की प्रकृति और कार्यालयी संदर्भ दोनों का ध्यान रखना पड़ता है। उदाहरण के लिए;

—

(1) The explanation submitted by Sri Madhav Rao has not been found satisfactory.
श्री माधव राव ने जो स्पष्टीकरण प्रस्तुत किया है, वह संतोषजनक नहीं पाया गया।

(2) The Bill was passed by the Parliament.
संसद ने विधेयक पारित किया।

अथवा

संसद में विधेयक पारित किया गया।

पत्राचार या मसौदा-टिप्पणी लेखन के अतिरिक्त प्रचार-प्रसार सामग्री का भी कार्यालयी साहित्य में महत्त्वपूर्ण स्थान है। इसमें मुख्य रूप से प्रेस टिप्पणी, प्रेस विज्ञप्ति, प्रेस प्रकाशनी आदि आते हैं। यह सामग्री समाचारपत्रों, आकाशवाणी, दूरदर्शन आदि में जन-सामान्य के लिए प्रकाशित या प्रसारित की जाती है। इसे जारी करने के पीछे कार्यालयी उद्देश्य तो होता ही है, साथ में अपने कार्यकलापों की जानकारी जन-सामान्य को भी देने का उद्देश्य होता है। अतः यह न तो अधिक तकनीकी होती है और न ही इसके अनुवाद में इसकी अपेक्षा की जाती है। ऐसे साहित्य का अनुवाद तकनीकी और शाब्दिक होने की अपेक्षा भावानुवाद अधिक अच्छा होता है। इसकी भाषा सरल, सुबोध और सुस्पष्ट होती है क्योंकि वाणिज्य, व्यवसाय, ज्ञान, सूचना, मनोरंजन आदि के लिए इसी भाषा की आवश्यकता होती है।

प्रचार-प्रसार सामग्री के साथ-साथ सरकार के विभिन्न मंत्रालयों, विभागों एवं कार्यालयों द्वारा समय-समय पर सरकारी रिपोर्ट और अभिलेख प्रस्तुत किए जाते हैं। इन रिपोर्टों और अभिलेखों में एक ओर कार्यालयों के कार्यकलापों का अभिलेखन एवं प्रचार करना है तो दूसरी ओर कार्यालयों के नियमों, विनियमों, आदेशों, अनुदेशों आदि का भी प्रचार करना है। इसकी प्रकृति तकनीकी और गैर-तकनीकी दोनों होती हैं लेकिन यह साहित्य सामान्य मसौदा और टिप्पणी-लेखन दोनों से भिन्न होता है। इसके कारण इसका शब्दानुवाद और भावानुवाद दोनों होता है। इसके अनुवाद में पारिभाषिक शब्दावली का ध्यान रखते हुए सहज और सरल भाषा की अपेक्षा की जाती है। इसमें शब्दशः अनुवाद करना सही नहीं है। पूरा पैराग्राफ पढ़कर उसके पूरे भाव को, जहाँ तक संभव हो सके, स्वतंत्र रूप से देना चाहिए। उदाहरण के लिए; During the year under report का सही अनुवाद 'इस वर्ष में' होना चाहिए न कि 'रिपोर्टाधीन वर्ष के दौरान'। इसी प्रकार terms and conditions पदबंध का अनुवाद हिन्दी में एक ही शब्द 'शर्तों' से ही चल जाएगा। आदेशों, अनुदेशों आदि की घोषणा करते हुए hereby, herein after, heretofor आदि का प्रयोग अंग्रेजी में काफी होता है। इसका अनुवाद हिन्दी में प्रायः 'एतद्द्वारा', ऐतस्मिन्न पश्चात्, 'अधुनापर्यंत' आदि दिया जाता है। ये सभी हिन्दी की प्रकृति के अनुकूल नहीं है। अतः इन्हें न दिया जाए तो अच्छा ही होगा।

अंग्रेजी वाक्य-संरचना हिन्दी की वाक्य-संरचना से भिन्न है। कई बार अंग्रेजी के वाक्य बहुत लंबे और जटिल होते हैं। अतः हिन्दी में अनुवाद करते समय हिन्दी की प्रकृति के अनुसार वाक्य छोटे और सरल होने चाहिए। ये छोटें वाक्य अर्थ को अधिक स्पष्ट करते हैं और इनसे पाठक को पढ़ने और समझने में असुविधा नहीं होती। कार्यालयीन साहित्य में इस बात की ओर अधिक सतर्क रहने की आवश्यकता है; जैसे–

The matter has been examined in this office in consultation with the Ministry of Home Affairs and it has been decided that employment of casual hands to do clerical work or stenographic work on daily wages is irregular and should not in any circumstances be resorted to and the practice of employing III staff on daily wages should be terminated forthwith.

अनुवाद : गृह मंत्रालय से परामर्श करके इस कार्यालय में इस मामले की जाँच की गई है। अब यह निर्णय लिया गया है कि अनियत कर्मचारियों की दैनिक मज़दूरी पर लिपिक या आशुलिपिक के कार्य के लिए लगाना अनियमित है। यह किसी भी परिस्थिति में नहीं किया जाना चाहिए। इसके अतिरिक्त तृतीय श्रेणी के कर्मचारियों को दैनिक मज़दूरी पर लगाने की परिपाटी तुरंत समाप्त कर देनी चाहिए।

उपर्युक्त अंग्रेजी के एक लंबे वाक्य का अनुवाद हिन्दी के चार वाक्यों में करने से यह अधिक संप्रेषणीय हो गया है। इस प्रकार अंग्रेजी वाक्य-विन्यास का अनुकरण न कर हिन्दी की अपनी प्रकृति के अनुसार वाक्य-रचना होनी चाहिए। लंबे और जटिल मूल वाक्यों का अनुवाद करते समय छोटे वाक्यों में तोड़ा जा सकता है। जहाँ तक संभव हो सके, कार्यालयी भाषा को शब्दाडंबर से भी बचाए रखना चाहिए।

कई बार अनुवाद करते हुए पारिभाषिक शब्दों के कई पर्यायवाची शब्द दिए जाते हैं जो बोधगम्यता में बाधा डालते हैं। उदाहरण के लिए; sanction के लिए पाठ के एक ही अंश या समूचे पाठ में कभी 'स्वीकृति' शब्द मिलता है, कभी 'संस्वीकृति' और कभी 'मंज़ूरी'। इसी प्रकार Panel के लिए 'नामिका, पेनल' तथा report के लिए 'रिपोर्ट, प्रतिवेदन, रपट' आदि शब्द दिए जाते हैं। कार्यालयी साहित्य में अपने शब्द ज्ञान का दिखावा करने का औचित्य नहीं है, क्योंकि एक ही अनुवाद में एक पारिभाषिक शब्द के विभिन्न पर्याय देने से भ्रम पैदा होने की संभावना रहती है। अतः शब्दों में एकरूपता बनाए रखने से अनुवाद अधिक सुबोध और स्पष्ट होगा, किंतु इस एकरूपता में मानक और सर्वस्वीकृत शब्द रखना उचित होगा।

कार्यालयीन साहित्य का प्रयोग जन-सामान्य के लिए होता है, इसलिए उसकी भाषा की प्रकृति और शैली को ध्यान में रखना उचित होता है। इसके सृजन के लिए अनवरत

और सुनिश्चित व्यवस्था की अपेक्षा रहती है जिससे वह अपना सुव्यवस्थित और स्पष्ट रूप उभार सके। कौटिल्य ने अपने 'अर्थशास्त्र' में शासन की भाषा में अर्थक्रम, संबंध, परिपूर्णता, माधुर्य, औदार्य और स्पष्टता छह गुणों को बताया है—परिपूर्णता, माधुर्यमौदार्य स्पष्ट स्वमिति लेख संवत्। शासनपत्र में सबसे पहले प्रधान अर्थ का निरूपण होना अर्थक्रम है। बिना किसी व्यवधान के विचारों का परस्पर लयात्मक रूप संबंध है। शब्द और अर्थ का संतुलन और अभिव्यक्ति की पूर्णता परिपूर्णता है। सुंदर और सरल शब्द-प्रयोग, माधुर्य, सभ्य, सुबोध शब्द-प्रयोग, औदार्य और बहुप्रयुक्त तथा सुप्रसिद्ध शब्द प्रयोग स्पष्टता है। किंतु दुर्भाग्य की बात है कि वैधानिक व्यवस्थाओं के कारण अंग्रेजी में विद्यमान संपूर्ण कार्यालयीन साहित्य का हिन्दी में अनुवाद अनिवार्य हो गया है। सरकार के विभिन्न मंत्रालयों, विभागों, कार्यालयों, उपक्रमों तथा कंपनियों में जो कुछ कार्य हिन्दी में हो रहा है, वह अधिकतर अनुवाद के माध्यम से हो रहा है। उसमें मौलिक लेखन तो नगण्य है। हिन्दी में कार्यालयीन साहित्य सृजन की परंपरा न तो पहले से विद्यमान थी और न ही प्रारंभ की गई। अनुवाद के एकमात्र अवलंब होने से भाषा में दुरुहता, बोझिलता और अनगढ़ता की झलक स्पष्ट दिखाई दे जाती है। इसी कारण कार्यालयी साहित्य का स्वरूप मुख्यतः अनुवाद-प्रधान हो गया है जिससे भारत सरकार के मंत्रालयों और विभागों के हिन्दी अनुभाग उस विभाग के संलग्नक मात्र रह गए हैं। उनका अपना निजी अस्तित्व प्रायः नहीं मिलता जिससे वे अपने आपको गौरवान्वित अनुभव कर सकें।

वास्तव में भाषा में अभिव्यक्ति और कथ्य का समन्वयन और एकीकरण शिव पार्वती की भाँति है। ये दोनों एक-दूसरे में इस प्रकार संबद्ध होते हैं, जिस प्रकार जल और वीचि 'कहियत भिन्न न भिन्न' की स्थिति में पाए जाते हैं। जब हम अंग्रेजी में सोचेंगे और अपनी भाषा में लिखेंगे तो यह निश्चित है कि संकर शैली पैदा होगी और भाषा की प्रकृति एक विद्रूप व्यंग्य के रूप में उभरेगी। अनुवाद सर्जनात्मक विद्या के साथ-साथ वैज्ञानिक प्रक्रिया भी है। उसमें एक भाषा की पाठ सामग्री में निहित कथ्य का समतुल्यता सिद्धांत के आधार पर दूसरी भाषा में रचनात्मक रूपांतरण होता है, लेकिन यह रूपांतरण 'यांत्रिक स्थानांतरण' हो गया क्योंकि अनुवाद की प्रक्रिया में अर्थ या कथ्य की समतुल्यता की अपेक्षा भाषिक इकाइयों का समतुल्य मान लिया है, जिससे अनूदित पाठ की बोधगम्यता और संप्रेषणीयता पर कुप्रभाव पड़ता है। इसलिए भाषा दर्शन और अनुवाद दर्शन को सही परिप्रेक्ष्य में समझने की आवश्यकता है। भाषा की अगाध शक्ति और उसकी जातीय संवेदना को समझने की आवश्यकता है। किंतु प्रयोजनपरक होने के कारण अपनी शैली में विविध और व्यवहार में बहुमुखी होती है। वैयाकरण इसे मानक रूप देने के लिए चाहे इसे एकरूपी बनाने का प्रयास कर रहे हों किंतु भाषा का सामाजिक आधार उसे वैविध्यपूर्ण और लचीला बनाए रहता है। अतः भाषायी एकरूपता और प्रकार्यात्मक विविधता में संतुलन बनाए रखने की आवश्यकता है। यह दुर्भाग्यपूर्ण स्थिति है कि हिन्दी के स्वाभाविक विकास में सरकार की 'भाषा

नीति' और 'अनुवाद की प्रणाली' बाधा उत्पन्न कर रही है। राजभाषा अधिनियम 1963 और 1967 के अनुसार सरकारी कामकाज में द्विभाषिकता की स्थिति आ गई। राजभाषा 1963 की धारा 3 में कहा गया है कि संघ के उन सभी सरकारी प्रयोजनों के लिए अंग्रेजी का प्रयोग किया जाएगा जिनके लिए 26 जनवरी, 1965 से तत्काल पूर्व अंग्रेजी का प्रयोग किया जा रहा था। इसमें यह भी उपबंध है कि संसद में कार्य-निष्पादन के लिए हिन्दी के अतिरिक्त अंग्रेजी का भी प्रयोग जारी रखा जाए। राजभाषा (संशोधन) अधिनियम 1967 से द्विभाषिकता की इस स्थिति के साथ-साथ अनुवाद की प्रणाली को भी बल मिला क्योंकि उसमें अंग्रेजी को 'वैकल्पिक भाषा' की मान्यता तक के लिए दी गई जब तक हिन्दीतर भाषी देना चाहेंगे। सांविधिक और प्रशासनिक आवश्यकताओं की पूर्ति के लिए अनुवाद को अत्यंत महत्त्व दिया गया। जिसके लिए राजभाषा (विधायी) आयोग, केन्द्रीय अनुवाद ब्यूरो और संबद्ध विभागों या कार्यालयों को अनुवाद कार्य सौंपा गया। यहाँ अनुवाद कृत्रिम सेतु के रूप में उभर कर आया। इससे कार्यालयीन साहित्य की एक नई शैली सामने आई जो सर्जनात्मक प्रक्रिया की अपेक्षा रखती है। भाषा की प्रकृति को पहचाने बिना अनुवाद मात्र शाब्दिक हो जाता है, जो भाषायी संस्कार पर कुठाराघात करता है। अतः यह आवश्यक है कि कार्यालयीन हिन्दी को स्वाभाविक दिशा देने के लिए अनुवाद को भी सही दिशा में समझना होगा।

विधि और न्यायालयी साहित्य का अनुवाद

विधि एक विशिष्ट प्रयुक्ति है, जिसकी अपनी विशिष्ट शब्दावली और संरचना होती है। विधि में शब्द या अभिव्यक्ति के सामान्य अर्थ तो होते हैं, किंतु इसके साथ-साथ वे न्यायालय द्वारा मान्य निर्वचन के सिद्धांत पर भी आधारित होते हैं, इसीलिए विधि के संदर्भ में वही अर्थ प्रतिपादित करना उचित माना जाता है। इसमें यह प्रयास रहता है कि उसकी भाषा सुव्यवस्थित, सुबद्ध और नियमानुकूल हो ताकि उससे केवल एक ही अर्थ निकाला जा सके। इस पर एकार्थकता का नियम लागू होता है और यही विधिवेत्ता का अभीष्ट है। वस्तुतः विधि और न्यायालय संबंधी शब्दों के अर्थ का परिसीमन होता है और वाक्य-रचना भी इस प्रकार की होती है कि उससे एक ही अर्थ का बोध हो। इसमें न तो अर्थ की अव्याप्ति होती है और न ही अतिव्याप्ति। यही कारण है कि सामान्य जीवन में किसी अभिव्यक्ति का कोई भी अर्थ कोई भी व्यक्ति निकाल सकता है, किंतु विधि संबंधी अभिव्यक्ति का अर्थ निकालने का अधिकार न्यायालय के पास रहता है। इसलिए अपने हितों के संरक्षण के लिए न्यायालय जाना पड़ता है और अपने पक्ष के लिए उसके निर्णय की अपेक्षा महसूस की जाती है। विधि की भाषायी संरचना अलग होने के कारण कई बार इसके वाक्य अटपटे से लगते हैं और दुर्बोध भी हो जाते हैं।

स्वतंत्रता से पूर्व भारत में विधि के क्षेत्र और न्यायालयों में अंग्रेजी और उर्दू का प्रायः प्रयोग होता था। हिन्दी का प्रयोग न होने के कारण विधि शब्दावली का अभाव था। स्वतंत्रता-प्राप्ति के बाद अंग्रेजी के साथ-साथ हिन्दी के प्रयोग की भी शुरुआत हुई। भारत के संविधान के अनुच्छेद 348 में और राजभाषा अधिनियम 1963 की धारा 5 में यह प्रावधान रखा गया कि किसी केंद्रीय अधिनियम का हिन्दी में अनुवाद कर उसे राष्ट्रपति के प्राधिकार से भारत के राजपत्र में प्रकाशित किया जाता है और वह उस अधिनियम का हिन्दी में प्राधिकृत पाठ हो जाता है। न्यायालय हिन्दी पाठ के आधार पर निर्णय दे सकता है। हिन्दी में प्राधिकृत पाठ के निर्वचन के लिए भी वही सिद्धांत लागू होंगे, जो अंग्रेज़ी पाठ के अर्थान्वयन में लागू किए जाते हैं। इसलिए हिन्दी में अनुवाद करते समय इन सभी नियमों और सिद्धांतों को ध्यान में रखना पड़ता है ताकि मूल अधिनियिम में व्यक्त प्रावधान को लक्ष्य भाषा में यथावत् अभिव्यक्त किया जा सके। यहीं से विधि के क्षेत्र में अनुवाद की परंपरा प्रारंभ हुई।

भारत के लिए संविधान सभा के गठन के पश्चात यह अनुभव किया गया कि हिन्दी में विधि की पारिभाषिक शब्दावली की कमी दूर की जाए। संविधान सभा ने 17 सितंबर, 1949 को एक प्रस्ताव पारित करके सभा के अध्यक्ष को यह प्राधिकार दिया था कि वे संविधान का हिन्दी अनुवाद प्रकाशित कराएँ। संविधान के हिन्दी अनुवाद तैयार करने के लिए एक विशेषज्ञ समिति का गठन किया गया था। इस समिति ने अंग्रेजी के बहुत से पारिभाषिक शब्दों के हिन्दी पर्याय दिए, वे एक प्रकार के सर्जनात्मक समतुल्य रूप थे। इसके कुछ उदाहरण इस प्रकार हैं : Law ⇒ विधि, Constitution ⇒ संविधान, House of the people ⇒ लोक सभा, House of the states ⇒ राज्य सभा, President (of India) ⇒ (भारत का) राष्ट्रपति, Governor ⇒ राज्यपाल।

राजभाषा आयोग ने सन् 1956 में अपनी रिपोर्ट में पारिभाषिक शब्दावली के संबंध में विचार प्रस्तुत करते हुए विधि की शब्दावली के संबंध में कहा 'शब्द संबंधी कठिनाइयों का अनुभव कानून और न्याय के शासन के क्षेत्र में विशेष रूप से अधिक होता है। इसके अतिरिक्त राष्ट्रीय कार्यकलापों का यह ऐसा क्षेत्र है कि विभिन्न स्थितियों और व्यवसायों के बहुसंख्यक लोगों का अपने जीवन के कार्यों में इसके साथ प्रायः वास्ता पड़ता रहता है। इस कारण कानून और न्याय-शासन के क्षेत्रों के लिए आवश्यक है कि जो भी पद्धति अपनाई जाए, उसका एक अनिवार्य गुण भाव की असंग्दिधता और पूर्ण विशुद्धता रहे। किंतु इससे डरकर हमें अपनी आरंभिक तैयारियों में शिथिल नहीं पड़ना चाहिए, बल्कि यह मानकर आगे बढ़ना चाहिए कि यदि बिना पूरी तरह तैयार किए हमने इस क्षेत्र में नींव में एकदम कोई परिवर्तन कर डाला तो उससे लाभ तो कुछ नहीं होगा, हानि बहुत हो जाएगी।

राजभाषा आयोग, 1956 की रिपोर्ट पर विचार करने के लिए संविधान के अनुच्छेद 344 के अधीन तत्कालीन गृहमंत्री श्री गोविंद वल्लभ पंत की अध्यक्षता में एक संसदीय समिति का गठन किया गया। इस समिति ने आयोग की रिपोर्ट पर विचार करके अपनी राय राष्ट्रपति को दी। राष्ट्रपति ने उस पर विचार करने के पश्चात् 27 अप्रैल, 1960 को एक आदेश निकाला। इस आदेश के पैरा 13 में कहा गया है कि विधि के क्षेत्र में हिन्दी में काम करने के लिए आरंभिक कदम मानक विधि शब्दकोश तैयार करना आवश्यक है। राज्य के विधान निर्माण से संबंधित सांविधिक ग्रंथ का अधिनियम करने, विधि शब्दावली तैयार करने की योजना बनाई जाएगी और संक्रमणकाल में सांविधिक ग्रंथ के साथ-साथ हिन्दी और अंग्रेजी में जो निर्णय-विधि अंशतः तैयारी होगी, उस अवधि में प्रारंभिक कदम उठाने के बारे में आयोग ने सिफारिश की थी, जिन्हें समिति ने स्वीकार कर लिया। साथ ही समिति ने यह भी सुझाव दिया है कि संविधियों के अनुवाद और विधि शब्दावली तथा कोशों से संबंधित समूचे कार्यक्रम की समुचित योजना बनाने और उसे कार्यान्वित करने के लिए भारत की विभिन्न भाषाओं का प्रतिनिधित्व करने वाले विशेषज्ञों का एक स्थायी आयोग या इस प्रकार का कोई उच्च

स्तरीय निकाय बनाया जाए। समिति ने यह राय भी ज़ाहिर की कि राज्य सरकारों को परामर्श दिया जाए कि वे भी केंद्रीय सरकार से राय लेकर इस संबंध में आवश्यक कारवाई करें।

समिति ने इस सुझाव को दृष्टि में रखकर यह भी कहा कि विधि मंत्रालय (यथासंभव सब भारतीय भाषाओं में प्रयोग के लिए) सर्वमान्य विधि शब्दावली की तैयारी और संविधियों के हिन्दी में अनुवाद संबंधी पूरे काम के लिए समुचित योजना बनाने और उसे पूरा करने के लिए विधि विशेषज्ञों वाले एक स्थायी आयोग (या अन्य समुचित अभिकरण) का निर्माण करे। इस आदेश के अनुपालन में सन् 1961 में राजभाषा (विधायी) आयोग की स्थापना हुई। इस आयोग को निम्नलिखित कार्य सौंपे गए :

(1) यथासंभव सभी राजभाषाओं में प्रयोग के लिए प्रामाणिक विधि शब्दावली तैयार करना और उसे प्रकाशित करना।
(2) सभी केंद्रीय अधिनियमों और राष्ट्रपति द्वारा प्रख्यापित अध्यादेशों और नियमों के हिन्दी में प्राधिकृत पाठ तैयार करना।
(3) किसी अधिनियम या राष्ट्रपति द्वारा प्रख्यापित किसी अध्यादेश या विनिमय के अधीन केंद्रीय सरकार द्वारा बनाए गए नियमों और आदेशों के प्राधिकृत हिन्दी पाठ तैयार करना।
(4) केंद्रीय अधिनियमों और राष्ट्रपति द्वारा प्रख्यापित अध्यादेशों और विनियमों का राज्यों की अपनी-अपनी राजभाषाओं में अनुवाद और किसी भी राज्य में पारित अधिनियमों और प्रख्यापित अध्यादेशों के उस सूरत में, जिसमें कि ऐसे अधिनियमों या अध्यादेशों के पाठ हिन्दी से भिन्न भाषा में हैं, हिन्दी में अनुवाद कराने का प्रबंध करना, और
(5) अन्य ऐसे कर्त्तव्यों का पालन करना जो समय-समय पर भारत सरकार द्वारा सौंपे जाएँ।

तत्पश्चात् इसमें अन्य प्रकार्य भी जोड़ दिए गए–

(1) विलेखों, संविदाओं, करारों, पट्टों, बंधपत्रों, बंधक-विलेखों आदि विधिक दस्तावेजों का हिन्दी में अनुवाद।
(2) राजभाषा अधिनियम, 1963 की धारा 3(3) के अधीन सभी कानूनी अधिसूचनाओं का हिन्दी में अनुवाद।
(3) संसद के समक्ष रखे जाने के लिए गैर-हिन्दी भाषी राज्यों की, जब ऐसे राज्य राष्ट्रपति शासन के अधीन हों, सरकारों द्वारा जारी किए गए कानूनी नियमों का हिन्दी में अनुवाद;
(4) विधि और न्याय मंत्रालय से संबंधित सभी संसद प्रश्नों/उत्तरों, आश्वासनों आदि का हिन्दी में अनुवाद।

(5) हिन्दी भाषी राज्यों से आए अधिकारियों को हिन्दी में विधायी प्रारूपण में प्रशिक्षण;

(6) हिन्दी में एकसमान विधि शब्दावली और मानक खंडों के नमूने तैयार करने के लिए प्रभावी समन्वय सुनिश्चित करने के लिए हिन्दी भाषी राज्यों की समन्वय समिति से संबंधित कार्य और उनका प्रशासन;

(7) विधि, न्याय और कंपनी कार्य मंत्रालयों की हिन्दी की सलाहकार समिति से संबंधित कार्य और विधि के क्षेत्र में राजभाषा के संवर्धन के लिए स्वयंसेवी संगठनों को अनुदान सहायता प्रदान करना;

(8) केंद्रीय अधिनियमों के (विधायी इतिहास सहित) द्विभाषी संस्करणों का प्रकाशन और उन्हें लोकप्रिय बनाना;

(9) हिन्दी और द्विभाषी रूप में भी भारत संहिता तैयार करना और उनका रखरखाव;

(10) प्रादेशिक भाषाओं में भारत के संविधान के पाठों का प्रकाशन और उनके लोकार्पण के लिए समारोह की व्यवस्था करना।

इन सभी प्रकार्यों का संपादन करते हुए हिन्दी में विधि साहित्य का काफी निर्माण और प्रकाशन हुआ है।

सरकार द्वारा लिए गए निर्णय के अनुसार आयोग को समाप्त करके यह कार्य विधि मंत्रालय के विधायी विभाग को सौंप दिया गया। राजभाषा (विधायी) आयोग ने और अक्तूबर, 1976 से उसके उत्तरवर्ती विधायी विभाग के राजभाषा खंड ने विधि शब्दावली तैयार करने में, हालांकि शिक्षा मंत्रालय के अधीन वैज्ञानिक तथा तकनीकी शब्दावली आयोग द्वारा अंगीकृत कतिपय सर्वमान्य सिद्धांतों का अनुसरण किया है, किंतु शब्दावली की प्रकृति भिन्न होने के कारण विधि शब्दावली के विशेष सिद्धांत हैं।

भारत के संविधान का अंग्रेजी और हिन्दी का द्विभाषी संस्करण सन् 1988 में पहली बार प्रकाशित हुआ था। इसी के साथ-साथ सभी केन्द्रीय अधिनियमों का अनुवाद हो गया है और वे छोटी-छोटी जिल्दों में भारत संहिता के रूप नें प्रकाशित हैं। राजभाषा अधिनियम की धारा 3(3) के अंतर्गत करारों, संविदाओं, पदों, बंधपत्रों, निविदाओं आदि के अंग्रेजी मानक प्रारूपों के प्राधिकृत पाठ हिन्दी में तैयार किए गए। इसकी शब्दावली में आवश्यकतानुसार हिन्दी के प्रचलित शब्द अपनाए गए हैं। कहीं-कहीं संस्कृत के शब्द लेकर उन्हें विशिष्ट अर्थ में रूढ़ कर दिया है; जैसे—witness और evidence के लिए स्मृतियों से क्रमशः 'साक्षी' और 'साक्ष्य', justic, code और force के लिए अर्थशास्त्र से क्रमशः 'न्याय', 'संहिता' और 'बल' आदि शब्द लिए गए हैं। अंग्रेजी के प्रचलित शब्द ग्रहण किए गए हैं; जैसे—मेजिस्ट्रेट, समन, डिक्री, अपील, अरबी-फारसी से भी अनेक शब्द अपनाए गए हैं; जैसे—अर्जी, वसीयत, मुद्दई, गबन, जमानत। उनके अतिरिक्त हिन्दी को अखिल भारतीय स्वरूप देने के लिए दक्षिण भारतीय शब्द ग्रहण किए गए। उदाहरण के लिए; पंद्यम (wager), आडमन (hypothecation), बंधक

(mortage), पण्यम (pawn) आदि अनेक शब्द विधि साहित्य में प्रयुक्त होते हैं। भारतीय न्यायालयों में जिन संहिताओं का प्रयोग होता है, उनमें भारतीय दंड संहिता (Indian Penal code), दंड प्रक्रिया संहिता (Criminal procedure code) और भारतीय साक्ष्य अधिनियम (Indian Evidence Act) प्रमुख हैं। हिन्दी में इनका जो अनुवाद हुआ, उनमें न्यायालय संबंधी जो तीन शब्द Present, Attend और Appear प्रयुक्त होते हैं, वे अलग-अलग संकल्पना लिए हुए हैं। न्यायालय में कोई भी व्यक्ति, चाहे दर्शक के रूप में हो, present हो सकता है। न्यायालय में यदि मुवक्किल या वकील अपनी उपस्थिति व्यक्तिगत रूप से या सूचना देकर कराता है तो न्यायालय में उसकी attendance लगेगी, किंतु न्यायालय में मुकदमे की सुनवाई में यदि किसी मुवक्किल का व्यक्तिगत रूप से प्रस्तुत होना आवश्यक हो जाता है तो वह appear कहलाता है। इन तीनों अलग-अलग अवधारणाओं के कारण इनके अलग-अलग पर्याय क्रमशः 'उपस्थित होना', 'प्रस्तुत होना' और 'उपसंजात होना' (प्रकट होना) है, हालांकि सामान्य भाषा में ये समानार्थी शब्द हैं।

इसी प्रकार विधि में ऐसी अभिव्यक्तियों का भी प्रयोग होता है, जो समानार्थी होते हैं; जैसे—Shall be null, void and of no effect में null, void और no effect तीनों समानार्थी हैं, किंतु विधि में इन तीनों का अनुवाद करना पड़ेगा। यहाँ केवल एक पर्याय से काम नहीं चलेगा, क्योंकि इसमें तीनों को एक साथ रखने से अभिव्यक्ति में कोई कमी न रह जाए। इसके अतिरिक्त अंग्रेजी का or समुच्चयबोधक अव्यय का अर्थ हिन्दी में 'या' होता है, किंतु विधि में कुछ स्थानों पर 'या' के स्थान पर 'और' रखना आवश्यक हो जाता है; जैसे—shall not be attached or sold का अनुवाद 'न तो कुर्क हो जाएगी और न बेची जाएगी'।

उच्चतम न्यायालय के सभी प्रकाशन-योग्य निर्णय तथा विधि संबंधी अन्य साहित्य का अनुवाद विधायी विभाग प्रकाशित करता है। इस अनुवाद में बोधगम्यता का विशेष ध्यान रखा जाता है। पारिभाषिक शब्दों का अनुमोदन भी कराया जाता है ताकि उसकी मानकता का सत्यापन हो सके। कई बार ऐसे समानार्थी शब्द भी प्रयुक्त हुए हैं, जिनका सूक्ष्म अंतर मिलता है। उदाहरण के लिए; निर्वचन (Interpretation) में एक अर्थ देने के लिए एक शब्द का पूरा भाव देने वाले समानार्थी शब्द मिलते हैं। भारतीय दंड संहिता (Indian Penal code) में Contract की परिभाषा देते हुए कहा गया है—An agreement enforceable by law a contract अर्थात् 'कानून द्वारा लागू किया गया करार संविदा है'। इसी संदर्भ में contract, Agreement, Stiputation और covenant के लिए क्रमशः 'संविदा', 'करार', 'अनुबंध', 'प्रसंविदा' पर्याय मिलते हैं। इसी प्रकार विधि के क्षेत्र में admission और confession शब्दों के लिए 'स्वीकृति' और 'संस्वीकृति', Legislation और constitution के लिए 'विधान' और 'संविधान' Evidence, Depositon और Testimony के लिए क्रमशः 'साक्ष्य', 'अभिसाक्ष्य' और 'परिसाक्ष्य' पर्याय प्रयुक्त होते हैं।

विधि के क्षेत्र में कई बार ऐसे शब्दों का प्रयोग होता है, जो सामान्य भाषा में भ्रम पैदा कर सकते हैं; जैसे—भारतीय दंड संहिता की धारा 14 में Servant of government अर्थात् 'सरकार का सेवक' और धारा 21 में Public Servant अर्थात् 'लोक सेवक' की परिभाषा दी गई है। 'लोक सेवक' की परिभाषा में वे अधिकारी या व्यक्ति आते हैं, जो सरकार द्वारा नियुक्त हो भी सकते हैं और नहीं भी, किंतु 'सरकार के सेवक' सरकार के प्राधिकार के अधीन ही नियुक्त होते हैं। इसी प्रकार संविधान के अनुच्छेद assurance का अर्थ 'बीमा' नहीं है, 'हस्तांतरण पत्र' है। Assurance से अभिप्राय है जब किसी भूमि या भवन का विक्रय बंधक आदि किसी दूसरे व्यक्ति से अंतरण किया जाता है तब वह दस्तावेज Assurance कहलाता है। अतः यह स्पष्ट है कि अनुवाद के लिए विधि के ज्ञान की आवश्यकता होती है।

अंग्रेजी की अभिव्यक्तियों में कई बार ऐसे शब्दों का प्रयोग होता है, जिनके अनुवाद से मूल भाव नहीं आ पाता। उनमें या तो अव्याप्ति दोष होता है या अतिव्याप्ति दोष। इसलिए इन शब्दों का लिप्यंतरण करना पड़ता है। अतः संदिग्धार्थकता से बचने के लिए अंग्रेजी और हिन्दी दोनों में इनका लिप्यंतरण होना ही उचित हैं। उदाहरण के लिए; Forward Contract (Regulation) Act 1952 की धारा (2) के खंड छह में Options in goods की परिभाषा इस प्रकार है :

Options in goods means an agreement, by whatever name called, for the purchase or sale of a right to buy or sell, or a right to buy and sell, goods in future, and included a teji, a mandi, a teji mandi a galli, a put, a call or a put and call in goods.

उपर्युक्त परिभाषा में put, call और put and call के साथ-साथ तेजी, मंदी और तेजी-मंदी शब्द भी हैं। ये सभी एक दूसरे के पर्याय हैं, किंतु हिन्दी पाठ में इनका लिप्यंतरण होगा।

विधि संबंधी प्राधिकृत पाठ तैयार करते हुए व्याकरणिक रूपों के लिए विशेष निर्देश मिलते हैं। हिन्दी में एकवचन और बहुवचन दो वचन हैं और बहुवचन का कार्य आदरार्थक एकवचन का भी है। विधि की प्रक्रिया में एक वचन का ही प्रयोग होता है, जिससे द्विअर्थी अभिव्यक्ति की गुंजाइश न रहे, जैसे—The Vice President of India will be the ex-officio Chairman of the Rajya Sabha का अनुवाद है—'भारत का उपराष्ट्रपति राज्य सभा का पदेन सभापति होगा'। इसी प्रकार पुल्लिंगवाचक शब्दों का प्रयोग हर व्यक्ति अर्थात् नर और नारी दोनों के लिए लागू होता है। Indian Penal code की धारा 8 में Gender की परिभाषा इस प्रकार दी गई है : Gender—The pronoun 'he' and its derivatives are used of any person whether male or female.

हिन्दी की प्रकृति कर्तृवाच्य की है और अंग्रेजी में कर्मवाच्य प्रायः स्वाभाविक माना जाता है। अतः हिन्दी में अनुवाद करते हुए हिन्दी की प्रकृति को ध्यान में रखना

आवश्यक है; जैसे–Prime Minister shall be appointed by the President and the other Ministers shall be appointed by the President on the advice of the Prime Minister का अनुवाद किया गया है 'प्रधानमंत्री की नियुक्ति राष्ट्रपति करेगा और अन्य मंत्रियों की नियुक्ति राष्ट्रपति प्रधानमंत्री की सलाह से करेगा'।

विधि की वाक्य-योजना की अपनी विशिष्टता है। कई बार इसमें ऐसा वाक्य-विन्यास होता है, जो जन सामान्य के लिए दुर्बोध होता है। साथ ही, इनके शब्दों में एक अलग अवधारणा होती है, जो विधि के क्षेत्र में ही प्रयुक्त होती है। उदाहरण के लिए; भारतीय दंड संहिता की धारा 300 और 302 में हत्या और मानव-वध की जो परिभाषा दी गई, उसका अनुवाद इस प्रकार मिलता है।

(क) धारा 302 : Whoever commits murder shall be punished with death or imprisonment for life and shall also be liable to fine.

अनूदित पाठ : जो कोई व्यक्ति हत्या का अपराध कारित करेगा, उसे मृत्यु या आजीवन कारावास और जुर्माने से दंडित किया जाएगा। इसके साथ यह भी बताया गया है कि Culpable homicide is not murder अर्थात् सदोष मानव वध हत्या नहीं है। 'मानव वध' के बारे में धारा 300 में कहा गया है;

(ख) मूल पाठ : Culpable homicide is not murder or the offender whilst deprived of the power of self control by grave and sudden provocation, causes the death of the person who gave the provocation or cause the death of any person by mistake or accident.

अनूदित पाठ : गंभीर एवं अचानक प्रकोपन आपराधिक मानव वध हत्या नहीं है। यदि अपराधी उस समय जबकि वह गंभीर एवं अचानक प्रकोपन से आत्म संयम खोकर उस व्यक्ति की मृत्यु कारित कर दे, जिसने उसे प्रकोपित किया हो या किसी अन्य व्यक्ति की मृत्यु भूल या दुर्घटनावश कारित करे।

उपर्युक्त दोनों अनुवाद में Commits murder अभिव्यक्ति के लिए 'हत्या का अपराध कारित करेगा', Grave and provocation के लिए 'गंभीर एवं अचानक प्रकोपन', Cause the death of the person के लिए उस व्यक्ति की मृत्यु कारित कर दे' हिन्दी अभिव्यक्तियाँ सामान्य प्रयोग की हिन्दी की प्रकृति से भिन्न हैं।

विधि के क्षेत्र में अर्थ का सर्वाधिक महत्त्व रहता है। इसमें निर्वचन और प्रारूपण के सिद्धांत का पालन करने पर ही अनुवादक पाठ के एक-एक शब्द का अर्थ निकाल पाएगा। इसके लिए उसे विधि मीमांसा शास्त्र से परिचित होना पड़ेगा, क्योंकि अनूदित पाठ भी प्राधिकृत पाठ हो सकता है। यदि उसमें निर्वचन की आवश्यकता पड़ती है तो

न्यायालय को उसके स्पष्टीकरण के लिए परिशीलन करने का अधिकार है। चूँकि नियमों, विनियमों, अधिनियमों आदि का अनुवाद विहित प्रक्रिया में करने पर मूलपाठ का सहपाठ हो जाता है और राष्ट्रपति के प्राधिकार से राजपत्र में अधिसूचना जारी करने पर अनूदित पाठ स्वयं पाठ का प्राधिकृत पाठ हो जाता है, उसे मूल पाठ की भाँति ही विधि का बल और प्रभाव प्राप्त हो जाता है। इसे 'पुनः अधिनियम' की संज्ञा दी गई है। इस संबंध में विधिवेता बेंजामिन जावेट ने कहा है कि विधि का अनुवाद शब्दानुवाद और भावानुवाद के बीच एक समझौता मात्र है। इसमें न तो शब्दों को छोड़ कर खाली भाव के सहारे टिका जा सकता है और न ही भाव को छोड़ कर मात्र शब्दों से काम चलाया जा सकता है। अतः विधि के अनुवाद में इन दोनों के बीच संतुलन बनाए रखने की आवश्यकता पड़ती है। विधि का हर शब्द अर्थ पूर्ण होता है और इसीलिए शब्द और अर्थ दोनों का अन्योन्याश्रित संबंध है।

पट्टे लाइसेंस, संविदा आदि विधि संबंधी दस्तावेजों के अनुवाद की अपनी विशिष्टता है। ये दस्तावेज इंग्लैंड में अंग्रेज़ी भाषा के प्रयोग के प्रारंभ से ही चले आ रहे हैं। इनके वाक्य लंबे होते हैं और वाक्य जटिल होते हैं। अतः इनके वाक्य-विन्यास का विश्लेषण कर पहले अर्थ ग्रहण करना पड़ता है और अंतरण करते हुए हिन्दी की प्रवृत्ति के अनुसार ढालना पड़ता है। उदाहरण के लिए;

(क) मूल पाठ : This indenture made this 20th day of December 2003 between the President of India (hereinafter called the lessor) or the one part, and A.B.C. (hereinafter called the lessee) of the other part.

अनूदित पाठ : यह करार एक पक्षकार के रूप में राष्ट्रपति (जिन्हें इसमें आगे पट्टाकर्ता कहा गया है) तथा दूसरे पक्षकार के रूप में क.ख.ग. (जिसे इसमें आगे पट्टेदार कहा गया है) के बीच आज तारीख 20 दिसंबर, 2003 को किया गया है।

(ख) मूल पाठ : This agreement made at DelhièNew Delhi this............ day of .... two thousand three between shrièsmt .... hereinafter called the licensee which express shall include hisèher theirs, executors and assigness of the one part and the President of India hereinafter called the licence of the other part.

अनूदित पाठ : यह करार, एक पक्षकार के रूप में श्री/श्रीमती .... जिसे इसमें आगे अनुज्ञापक कहा गया है और इसके अंतर्गत उसके वारिस, निष्पादक और समनुदेशिती भी हैं और दूसरे पक्षकार के रूप में भारत के राष्ट्रपति, जिन्हें इसमें आगे अनुज्ञप्तिधारी कहा गया है के बीच आज तारीख .... को किया गया।

(ग) मूल पाठ : AND WHEREAS is forms of the said agreement, the borrower is required to pay the price of the land in seven annual instalments commencing from .... of which the Borrower has paid .... instalments.

अनूदित पाठ : उक्त करार के अनुसार उधार लेने वाले से यह अपेक्षा की जाती है कि वह भूमि की कीमत से यह अपेक्षा की जाती है कि वह भूमि की कीमत का संदाय .... से प्रारंभ होने वाली सात वार्षिक किश्तों में करे। उधार लेने वाले उनमें से .... किश्तें दे दी हैं।

इस प्रकार विधि और न्यायालयीय साहित्य में अनुवाद की समस्या बड़ी जटिल है। इसकी पारिभाषिक शब्दावली तो मानक होनी ही चाहिए, साथ में वाक्य-रचना भी ऐसी हो, जिसमें विधि और न्यायालय की संकल्पना निहित हो। इसके साथ भी लक्ष्य भाषा की प्रकृति को भी ध्यान में रखना पड़ता है ताकि वह लक्ष्य भाषा के सामान्य पाठक के लिए संप्रेषणीय और बोधगम्य हो। विधि साहित्य के अनुवाद में सहजता, यथातथ्यता, शब्दों और अभिव्यक्तियों की प्रामाणिकता, अभिव्यक्ति की एकरूपता, एकार्थकता और असंदिग्धकता होना अनिवार्य है, तभी वह अनुवाद विधिक क्षेत्र में अपनी सार्थकता और उपयोगिता बना पाएगा।

संसदीय साहित्य का अनुवाद

भारतीय संविधान में संसदीय प्रणाली का प्रमुख स्थान है। इसके अंतर्गत राष्ट्रपति और दो सदन अर्थात् लोकसभा और राज्यसभा आते हैं। इन्हीं के सामूहिक रूप को संसद कहा जाता है। संविधान के अनुसार संघ स्तर पर विधायन अर्थात् कानून बनाने की शक्ति संसद को प्राप्त है। यद्यपि संसद का सत्र न होने पर विशेष परिस्थितियों में राष्ट्रपति को अध्यादेश जारी करने का भी अधिकार प्राप्त है। इसी प्रकार राज्य स्तर पर राज्य विधानमंडल द्वारा अधिनियम पारित किए जाते हैं। यह समूचा संसदीय कार्य अंग्रेजी में होता है तथा सभी केन्द्रीय कानून मूल रूप से अंग्रेजी में प्रस्तुत किए जाते हैं और बनाए जाते हैं। इस संबंध में संविधान के अनुच्छेद 348 (1) के उपखंड (ख) में यह व्यवस्था की गई है कि जब तक संसद किसी कानून द्वारा कोई अन्य उपबंध नहीं करता तब तक इन सबके प्राधिकृत मूल पाठ अंग्रेजी में होंगे। इसके वावजूद अनुच्छेद 343 (1) में हिन्दी को संघ की राजभाषा घोषित करने के बाद अनुच्छेद 345 में राज्य विधानमंडलों को यह अधिकार दिया गया कि वे उस राज्य में प्रयोग होनेवाली भाषाओं में से किसी एक या अधिक भाषाओं को या हिन्दी को अपने-अपने राज्यों की राजभाषा के रूप में अपनाएँ। वास्तव में मूल रूप से संसदीय कार्य हिन्दी में करना असंभव-सा था, अतः अनुवाद की आवश्यकता महसूस की गई। बाद में यह भी अनुभव किया गया कि हिन्दी को भी प्राधिकृत पाठ माना जाए। अतः राजभाषा अधिनियम 1963 की धारा (2) में यह व्यवस्था की गई कि विधेयक आदि के अंग्रेजी पाठ के साथ उसका प्राधिकृत हिन्दी अनुवाद भी दिया जाएगा। इस प्रकार संसद में अंग्रेजी के साथ-साथ हिन्दी अनुवाद का महत्त्व भी बढ़ गया। संसदीय कार्य बहु आयामी कार्य है। संसद के दौरान दोनों सदनों में होने वाली कार्यवाही के बारे में संसद-सदस्यों के लिए विस्तृत दैनिक कार्यसूची तैयार की जाती है। प्रश्नकाल में संसद-सदस्यों द्वारा पूछे जाने वाले प्रश्नों की प्रश्नसूचियाँ प्रस्तुत की जाती हैं। ये प्रश्न तीन प्रकार के होते हैं—तारांकित, अतारांकित और अल्पसूचना। तारांकित अल्पसूचना प्रश्नों के उत्तर सदन में मंत्री महोदय मौखिक रूप से देते हैं और अतारांकित प्रश्नों के लिखित उत्तर सदन के सभा पटल पर रखे जाते है। दोनों सदनों में हुए वाद-विवादों के सारांश भी तैयार किए जाते हैं और समाचारिका (बुलेटिन) भाग एक और दो तैयार की जाती है। समाचारिका भाग एक में सदन में हुई दैनिक कार्यवाही का सार होता

है। समाचारिका भाग दो में संसदीय तथा अन्य मामलों की सामान्य सूचना संसद सदस्यों को दी जाती है। इसके अतिरिक्त प्रस्तावित संकल्पों की सूचना, उन पर प्रस्तावित संशोधन की सूची, राष्ट्रपति के अभिभाषण पर धन्यवाद प्रस्ताव तथा उस पर प्रस्तावित संशोधन की सूची, अन्य प्रस्तावों पर संशोधन सूची, प्रवर एवं संयुक्त समितियों की रिपोर्ट आदि होती है।

ये सभी कार्य अधिकतर अंग्रेजी में होते हैं, लेकिन कभी-कभी संसद-सदस्य हिन्दी में भी अपने प्रश्न या प्रस्ताव भेजते हैं। अतः इसका अनुवाद कराने के लिए संसद के दोनो सदनों—लोकसभा और राज्यसभा में अनुवाद कार्य होता है। इस सेवा में अनुवादक से मुख्य संपादक तक अनुवाद कार्य में संलग्न है। संसदीय साहित्य वैधानिक होने के कारण मुख्यतः तकनीकी प्रकृति का है, लेकिन वाद-विवाद, समाचारिका आदि कुछ साहित्य गैर-तकनीकी प्रकृति के भी हैं।

संसद का उद्देश्य विधि-निर्माण करना है। कानून को प्रस्तुत करने का प्रयास इस प्रकार किया जाता है कि उसका निर्वचन (Interpretation) एक ही हो। इसके लिए सटीक और उपयुक्त पारिभाषिक शब्दावली की आवश्यकता पड़ती है। अतः शब्द-चयन करते हुए यह प्रयास रहता है कि उसका निश्चित, स्पष्ट एवं अपेक्षित अर्थ निकाला जा सके। पूरे विधेयक में एक शब्द का एक ही अर्थ लिया जा सके और शब्द की भिन्नता से अर्थ की भिन्नता होना आवश्यक है। वस्तुतः वैधानिक शब्द अनेकार्थी नहीं होता। इसमें साहित्यिक शब्द की भाँति कई अर्थ नहीं निकाले जा सकते। इसका प्रकार्य साहित्य से भिन्न है। यह प्रायः आदेशात्मक होता है और इसमें नियम-विनियम का विधान होता है। इसलिए यह प्रयास किया जाता है कि कोई व्यक्ति अपने अनुकूल अर्थ न लगा सके। इसमें अर्थ का सीमांकन होता है। इसमें लक्षणा और व्यंजना का कोई स्थान नहीं है। इसमें 'संदेह' और 'भ्रांतिमान' को दोष माना जाता है, न कि अलंकार। इस प्रकार वैधानिक कार्य जैसे विशिष्ट प्रयोजन की यह विशिष्ट भाषा है। इसका अपना व्याकरण होता है और इसका प्रत्येक शब्द प्रायः परिभाषायुक्त होता है। अनुवाद करते हुए इस सिद्धांत की ओर ध्यान देने की आवश्यकता रहती है।

एक भाषा की पाठ्यसामग्री का प्रतिस्थापन दूसरी भाषा की पाठ्यसामग्री में समतुल्यता के आधार पर करना अनुवाद है। इसका अभिप्राय यह है कि अनुवाद की भाषा में प्रयुक्त शब्दों का अर्थ बिल्कुल वही है जो मूल भाषा में प्रयुक्त शब्दों का है। इसी प्रकार तकनीकी या वैधानिक शब्दावली का महत्त्व इसी में है कि उसका जो अर्थ मूलरूप में निकलता है, उसी के अनुरूप अनुवाद की भाषा में शब्दावली का प्रयोग किया जाए। इसमें शब्दानुवाद अधिक होगा, भावानुवाद कम। बहुत से शब्द अनेकार्थी होते हैं और स्थिति और संदर्भ के अनुसार उनके अर्थ भिन्न-भिन्न हो जाते हैं। अतः ऐसी स्थिति में अनुवाद करते हुए यह सुनिश्चित करना होता है अनुवाद में वही बातें आ जाएँ जो मूल के संदर्भ में स्थिति के अनुरूप हों। अंग्रेज़ी

के शब्द 'स्पीकर' (Speaker) का अर्थ है 'वक्ता', लेकिन संसदीय नियमों में 'स्पीकर' विधानमंडल का मुखिया या प्रतिनिधि होता है। इस संदर्भ में लोकसभा के 'स्पीकर' को हिन्दी में 'अध्यक्ष' कहा जाता है। इस प्रकार अनुवाद की भाषा में शब्द-चयन करते हुए अर्थ की निश्चिंतता पर ध्यान देना अनिवार्य है। इसके कुछ उदाहरण नीचे दिए जा रहे हैं :

संसद के सत्र की समाप्ति पर अंग्रेजी के 'प्रोरोगेशन' (Prorogation) शब्द के लिए हिन्दी में 'सत्रावसान' शब्द रखा गया है। 'सत्रावसान' की परिभाषा के अनुसार सत्रावसान तभी होता है, जब लोकसभा या राज्य सभा का सत्र समाप्त होता है और उसे अगली तिथि तक स्थगित रखा जाता है, किंतु जब तक राष्ट्रपति का आदेश जारी नहीं होता तब तक उसकी समाप्ति नहीं मानी जाएगी। राष्ट्रपति के आदेश होने के बाद ही सत्रावसान होगा। इसीलिए, सत्रावसान की घोषणा करते हुए यह लिखा जाता है कि 'लोकसभा/राज्यसभा का जो सत्र .... (तारीख) को आरंभ हुआ था .... (तारीख) को अनिश्चित काल के लिए स्थगित हो गया था, राष्ट्रपति द्वारा .... (तारीख) को उसका सत्रावसान कर दिया गया है। इस प्रकार सत्रावसान में उस सत्र के पूरे होने का भाव निहित है, जिसकी अवधि या सीमा आदि पहले से निर्धारित या निश्चित की गई हो। यदि 'सत्रावसान' के स्थान पर 'सत्र समाप्त हो गया' या 'स्थगित कर दिया गया' लिखा जाए तो कई कानूनी समस्याएँ खड़ी हो जाएँगी। स्थगित करने की शक्ति लोकसभा के अध्यक्ष या राज्यसभा के सभापति को प्राप्त है, किंतु सत्रावसान करने की शक्ति दोनों सदनों के सर्वोच्च पदाधिकारी राष्ट्रपति को प्राप्त है। दिन में मध्याह्न भोजन के लिए सभा स्थगित होती रहती है या किसी अन्य कारण से पूरे दिन के लिए या कई दिनों के लिए स्थगित हो सकती है और शाम को कार्य पूरे होने पर अगले दिन के लिए सभा स्थगित या समाप्त हो जाती है। अतः 'सत्रावसान' शब्द अपने भीतर परिभाषा से युक्त अर्थ लिए हुए है।

अंग्रजी में विधेयक के 'इंट्रोडक्शन' (Introduction) शब्द के लिए हिन्दी में 'पुरःस्थापन' शब्द का प्रयोग किया गया है। कोई भी यह प्रश्न कर सकता है कि 'प्रस्तुत करता' या 'पेश करना' में दोष क्या था? किंतु यहाँ 'पुरःस्थापन' या 'पुरःस्थापित करना' शब्द के प्रयोग से यह अभिप्राय है कि संसद में 'प्रस्ताव' (Motion) को प्रस्तुत (move) करते समय यह निश्चित नहीं है कि विचार करने के बाद यह पारित होगा या नहीं। 'पुरःस्थापित' करने से अभिप्राय यह है कि सरकार ने विधेयक को पारित करने के लिए ही प्रस्तुत किया है। हाँ, इसे पारित करने से पहले विचार-विमर्श के लिए प्रस्तुत किया जा सकता है।

मध्याह्न भोजन आदि के लिए जब सभा मिलती है तब अंग्रेजी में 'रि-असेम्बल' (re-assemble) शब्द का प्रयोग किया जाता है। इसके लिए हिन्दी में 'समवेत' शब्द का प्रयोग होता है। यदि इसके लिए 'एकत्र होना' या 'इकट्ठा होना' का प्रयोग किया

जाए तो वह एक सुनिश्चित अर्थ नहीं दे पाएगा। 'समवेत' से आशय यह है कि संसद रूपी संस्था के घटक के रूप में संसद-सदस्य किसी विषय पर चर्चा करने के लिए एक साथ मिले या एकत्रित हुए। 'एकत्रित होना' या 'इकट्ठा होना' अलग अर्थ देते हैं, क्योंकि उनमें किसी संस्था के अंग के रूप में मिलने का भाव नहीं मिलता। अतः लंच के बाद सभा के मिलने पर यह कहा जाता है, 'मध्याह्न भोजन के पश्चात् दो बजकर दो मिनट पर सभा पुनः समवेत हुई'।

ससंद के दोनो सदनों में एक-एक टेबल (Table) रखी होती है जिस पर सरकारी कागजपत्र सांसदों के अवलोकन के लिए रखे जाते हैं। इसे हिन्दी में 'सभापटल' कहा जाता है। जो अंग्रेजी के 'टेबल ऑफ़ दि हाउस' (Table of the house) का पर्यायवाची है। The following papers were laid on the table का अनुवाद 'निम्नलिखित पत्र सभापटल पर रखे गए' किया जाता है। इसी प्रकार अंग्रेजी के 'चेयर (Chair) के लिए 'सभापीठ' शब्द का प्रयोग किया जाता है। जब लोकसभा के अध्यक्ष या उपाध्यक्ष या कोई अन्य सदस्य और राज्यसभा के सभापति या उपसभापति अथवा कोई अन्य सदस्य सदन में अध्यक्षता कर रहे होते हैं और उस दौरान कोई निर्णय लिया जाता है तथा उसमें किसी पदाधिकारी का उल्लेख न कर केवल 'चेयर' को संबोधित किया जाता है, उस समय यह उल्लेख किया जाता है, कि 'सभापीठ' के आदेशानुसार निकाल गया' (expunged as ordered by the chair)। जब कोई पदाधिकारी स्वयं अध्यक्षता की कुर्सी पर अध्यक्षता करने के लिए बैठे होते हैं तो कहा जाता है कि 'अध्यक्ष/उपाध्यक्ष' महोदय पीठासीन थे' (The Speakerè Deputy Speaker was in the chair)। इसी प्रकार ऐसे अनेक शब्द हैं, जो संसदीय प्रणाली के अनुसार अपना-अपना अर्थ लिए होते हैं।

संसदीय साहित्य गें कुछ ऐसे शब्द भी मिलते हैं जो पर्यायवाची लगते हैं। सामान्य भाषा में ये शब्द चाहे एक ही अर्थ देते हों, लेकिन संसदीय भाषा में ये शब्द अलग-अलग स्थितियों में प्रयुक्त होते हैं। उदाहरण के लिए; अंग्रेजी के दो शब्द हैं- डिप्टी चेयरमैन (Deputy chairman) और वाइस चेयरमैन (Vice chairman)। 'डिप्टी चेयरमैन' एक पदाधिकारी होता है जिसका राज्यसभा में निर्वाचन होता है। वह चेयरमैन (सभापति) की अनुपस्थिति में सदन की अध्यक्षता करता है। इसे हिन्दी में 'उपसभापति' कहा जाता है। 'वाइस चेयरमैन' कोई विशिष्ट एवं निश्चित पदाधिकारी नहीं होता। दोनों सदनों में किन्हीं चार-पाँच संसद-सदस्यों का अलग-अलग पेनल बनाया जाता है। इस पेनल में कोई भी उपस्थित सदस्य लोकसभा में अध्यक्ष या उपाध्यक्ष की तथा राज्यसभा में सभापति या उपसभापति की अनुपस्थिति में अपने सदन की अध्यक्षता करता है। यही 'वाइस चेयरमैन' कहलाता है, जिसे हिन्दी में 'उपसभाध्यक्ष' कहा जाता है।

इसी प्रकार वैधानिक प्रक्रिया में विभिन्न शब्दों में अर्थ का सीमांकन कर उसे निर्दिष्ट स्तर पर ले जाया जाता है। अंग्रेज़ी के तीन शब्द हैं- एडमिटिड (admitted),

एडाप्टिड (adopted) और पास्ड (passed)। इन तीनों के लिए हिन्दी में क्रमशः 'गृहीत', 'स्वीकृत' और 'पारित' शब्द हैं। जब कभी कोई सांसद अविश्वास प्रस्ताव, स्थगन प्रस्ताव आदि प्रस्तुत करना चाहता है और उसकी स्वीकृति यदि लोकसभा के अध्यक्ष या राज्यसभा के सभापति अपने-अपने सदन के लिए देते हैं तो उस प्रस्ताव या संकल्प को 'गृहीत' हुआ मान लिया जाता है। 'स्वीकृत' शब्द से यहाँ अभिप्राय यह है कि किसी विधेयक के पारित होने से पहले उसके पुरःस्थापन तथा उस पर विचार करने के लिए सदन से 'स्वीकृति' मांगी जाती है। तब यह कहा जाता है कि विधेयक पुरःस्थापन तथा विचार के लिए स्वीकृत हुआ। जब विधेयक पर पूरी चर्चा होती है और उस पर मतदान होता है और वह अधिक मतों से स्वीकृत हो जाता है तो उसे 'पारित होना' कहा जाता है। इस प्रकार अर्थ की सुनिश्चितता और प्रयोग-भेद की स्पष्टता की आवश्यकता के फलस्वरूप अर्थ-भेद को संदर्भों में बाँधकर पारिभाषिक शब्द बना लिया जाता है।

प्रत्येक भाषा की अपनी संरचना होती है, अपना भाव-जगत होता है। उन्हें एक-दूसरे की शाब्दिक संरचनाओं में बाँधना होता है। अतः एक भाषा से दूसरी भाषा में अंतरण करते समय वाक्य-संरचना की ओर ध्यान देने की आवश्यकता होगी। संसदीय साहित्य में अंग्रेजी के कुछ ऐसे वाक्य हैं, जिनका अनुवाद शब्द-प्रति-शब्द नहीं किया जा सकता, वरन् हिन्दी की प्रकृति के अनुसार रूपांतरण करना होता है। कुछ उदाहरण द्रष्टव्य हैं :

(1) I do not press my amendement.
मैं अपने संशोधन पर आग्रह नहीं करता।

(2) The House divided.
सभा में मत-विभाजन हुआ।

(3) The question may now be put.
अब प्रस्ताव पर मत लिया जाए।

(4) I join issue.
मेरा मतभेद है।

(5) The House is seized of the matter.
सभा इस विषय पर ध्यान दे रही है।

(6) Is it the pleasure of the House to grant him leave?

क्या सभा उन्हें अनुपस्थित रहने की अनुमति देना चाहती है?

कई बार अनूदित पाठ्यसामग्री क्लिष्ट एवं अस्वाभाविक लगती है। प्रत्येक भाषा की अपनी संरचनात्मक विशिष्टता होने के कारण उसकी अपनी अभिव्यक्ति शैली होती है। अतः अनुवाद करते समय अपनी भाषा की प्रकृति के अनुसार अभिव्यक्ति-शैली की अपेक्षा की जाती है। वस्तुतः हिन्दी में वैधानिक कार्य नगण्य-सा हुआ है, अतः उस पर अंग्रेजी की अभिव्यक्ति-शैली का प्रभाव आ जाता

है। इसी कारण अनुवाद करते हुए हिन्दी की अपनी प्रकृति के अनुसार वाक्य-रचना की अपेक्षा की जाती है और उसी की अभिव्यक्ति-शैली पर ध्यान देने की आवश्यकता होती है। संसदीय साहित्य में भी कहीं-कहीं अस्वाभाविकता एवं क्लिष्टता दिखाई देती है।

कुछ उदाहरण दिए जा रहे हैं :

(1) मूलपाठ : That this House do agree with the Ninth Report of the Committee on Private Member's Bills and Resolutions presented to the House on the 20th Novermber, 1980.

अनूदित पाठ : 'कि यह सभा गैर-सरकारी सदस्यों के विधेयकों तथा संकल्पों संबंधी समिति के नौवें प्रतिवेदन से, जो 20 नवंबर, 1980 को सभा में प्रस्तुत किया गया था, सहमत है।

यह अनुवाद हिन्दी की प्रकृति के अनुसार दिखाई नहीं देता। इसका अनुवाद यदि निम्नरूप से दिया जाता तो अच्छा था :

'कि यह सभा गैर-सरकारी सदस्यों के विधेयकों तथा संकल्पों संबंधी समिति के उस नौवें प्रतिवेदन से सहमत है जो 20 नवंबर, 1980 को सभा में प्रस्तुत किया गया था।'

(2) मूलपाठ : Shri .... to move that the Bill to provide for the acquisition of the undertakings of Hindi Cycles Limited and Sen-Raleigh Limited, with a view to Securing thc proper management of such undertakings so as to subserve the interests of the general public by ensuring the continued manufacture, production and distribution of bicycles and their component parts and accessories which are essential to the needs of the economy of the country and for matters connected wherewith or incidental thereto; as passed by the Lok Sabha, be taken into consideraton.

अनूदित पाठ :'श्री .... प्रस्ताव करेंगे कि साइकिलों और उसके संघटक भागों तथा उप साधनों का, जो देश की अर्थ-व्यवस्था की आवश्यकताओं के लिए महत्वपूर्ण हैं, विनिर्माण, उत्पादन और वितरण जारी रखना सुनिश्चित कर के जनसाधारण के हित साधन के लिए हिन्द साइकिल्स लिमिटेड और सेन-रेले लिमिटेड के उपक्रमों का उचित प्रबंध सुनिश्चित करने की दृष्टि से उनके उपक्रमों के अर्जन का तथा उससे संबंधित या उनके आनुषंगिक विषयों का उपबंध करने वाले विधेयक पर, जिस रूप में वह लोकसभा द्वारा पारित किया गया है, विचार किया जाए।'

उपर्युक्त अनुवाद हिन्दी की प्रकृति के अनुसार नहीं है। अंग्रेज़ी की प्रकृति के अनुसार उसमें लंबे और जटिल वाक्य होते हैं, जबकि हिन्दी में ऐसा नहीं है। हिन्दी में छोटे और सरल वाक्य देने का प्रयास रहता है। इसके अतिरिक्त कुछ शब्दों का

अनुवाद ऐसे संदर्भ के अनुसार सटीक नहीं बैठता। जैसे—अर्जन, संघटक भाग और उपसाधन। उनके स्थान पर यदि 'अधिग्रहण', 'पुर्जे' और 'अतिरिक्त सामग्री' रखा जाए तो अच्छा होगा। अतः अच्छा अनुवाद इस प्रकार होगा :

'श्री .... प्रस्ताव करेंगे कि साइकिलों और उनके पुर्जों तथा उनकी अतिरिक्त सामग्री का देश की अर्थव्यवस्था की आवश्यकताओं के लिए महत्त्व है। अतः इनके निर्माण, उत्पादन और वितरण को जारी बनाए रख कर जनसाधारण के हित साधन के लिए हिन्द साइकिल्स लिमिटेड और सेन-रेले लिमिटेड के उपक्रमों का समुचित प्रबंध सुनिश्चित करने की दृष्टि से उनके उपक्रमों के अधिग्रहण का तथा उससे संबंधित या उनके आनुषंगिक विषयों का उपबंध करनेवाले विधेयक के उस रूप पर विचार किया जाए जिस रूप में वह लोकसभा द्वारा पारित किया गया है।

इसी अंश में मिलता-जुलता एक और अंश दिया जा रहा है जो हिन्दी की प्रकृति के अनुसार नहीं है। इस पर अंग्रेज़ी की अभिव्यक्ति शैली का पूरा प्रभाव है और इसीलिए वह जटिल दिखाई देता है।

(३) मूलपाठ : Shri .... to move that the Bill to provide for the prevention, control and abatement of air pollution for the establishment, with a view to carrying out aforesaid purposes, of Boards for conferring on and assigning to such Boards, power and functions relating thereto and for matters connected therewith as passed by the Lok Sabha, be taken into consideration.

अनूदित पाठ :'श्री .... प्रस्ताव करेंगे कि वायु प्रदूषण के निवारण तथा नियंत्रण और उपशमन के लिए और पूर्वोक्त प्रयोजन को कार्यान्वित करने की दृष्टि से बोर्डों की स्थापना के लिए, ऐसे बोर्डों को, उनसे संबंधित शक्तियाँ और कृत्य प्रदत्त और समनुदेशित करने के लिए उनसे संबधित विषयों का उपबंध करने वाले विधेयक पर, जिस रूप में वह लोकसभा द्वारा पारित किया गया है, विचार किया जाए।'

इस प्रकार के अनेक उदाहरण दिए जा सकते हैं, जिनका अनुवाद हिन्दी की प्रकृति के अनुसार नहीं किया गया। यह बात अवश्य है कि विभिन्न विषयों अथवा कार्यक्षेत्रों में प्रयुक्त भाषा एक विशिष्ट प्रकार की होती है, किंतु इसका यह अभिप्राय नहीं कि वह अपनी भाषा की मूल संरचना से अलग हो जाए। इसकी भाषागत संरचना और शाब्दिक अन्विति विशिष्ट होते हुए भी वह एक शैली के रूप में अपना अस्तित्व बनाए रखती है। अतः अनुवाद करते समय अनुवाद की भाषा की मूल प्रकृति से अपरिचित नहीं होना चाहिए।

संसदीय साहित्य के अनुवाद की समस्याएँ : संसद वैधानिक कार्य से संबंधित होने के कारण कार्यपालिका और न्यायपालिका से भी जुड़ी हुई है। इसमें ज्ञान-विज्ञान की अनेक शाखाओं पर चर्चा होती है। इसमें विधि, वाणिज्य, वित्त एवं लेखा, विज्ञान,

सामाजिक विज्ञान, सामाजिक प्रथाओं, कंपनी कार्य, मानव संसाधन, शैक्षिक समस्याओं आदि अनेक विषयों पर विचार किया जाता है। अतः अनुवादकों से इन विषयों के अच्छे ज्ञान की अपेक्षा की जाती है। इसके अतिरिक्त भी देखा गया है कि संसदीय साहित्य के अनुवाद के लिए अनुवादकों को बहुत कम समय दिया जाता है, जिससे वे सही रूप से सोच-समझ नहीं सकते। इसी कारण कभी-कभी अनुवाद में गंभीर त्रुटियाँ रह जाती हैं।

संसद में विधान बनाते समय उपयुक्त शब्दों का ध्यान रखना आवश्यक होता है। अतः अनुवादक को भी इतनी छूट नहीं है कि वह किसी मूल शब्द के स्थान पर अपनी भाषा के उपलब्ध समतुल्य शब्दों में से किसी भी उपयुक्त शब्द का चयन करके प्रयोग कर लें। इसके प्रयुक्त शब्दों में अतिव्याप्ति और अव्याप्ति दोषों के आ जाने से कानूनी समस्याएँ खड़ी हो जाती हैं। अतः पाठ की शब्दावली के लिए मानक शब्दावली की अपेक्षा रहती है, किंतु इस बात की ओर ध्यान देने की आवश्यकता है कि जिन शब्दों के लिए अनुवाद की भाषा में उपयुक्त शब्द मिल जाते है, उनके लिए अन्य शब्द न गढ़े जाएँ। ऐसे शब्द भाषा में जटिलता पैदा करते हैं; जैसे- 'वर्किंग' (Working) और 'फंक्शन' (Function) के लिए हमारे पास 'कार्यप्रणाली' और 'प्रकार्य' शब्द पहले से ही है, लेकिन संसद में 'कार्यकरण' और 'कृत्य' का प्रयोग होता है। इसके अतिरिक्त एक प्रश्न यह भी उठता है कि हिन्दी में अंग्रेजी के कुछ ऐसे शब्द घुल-मिल गए हैं, जिनका या तो अनुवाद किया जाए या उन्हें ज्यों-का-त्यों लिप्यंतरित किया जाए। इस संबंध में मतैक्य नहीं मिलता। उदाहरण के लिए, रिपोर्ट (Report), प्रीमियम (Premium), कंपनी (Company), कोरम (Quorum), लाबी (Lobby), मनीआर्डर (Money order) जैसे शब्द हैं। कुछ लोग इन शब्दों के समतुल्य शब्द क्रमशः प्रतिवेदन, अधिमूल्य, समवाय, गणपूर्ति, सभाकक्ष, धनादेश आदि के प्रयोग के पक्ष में हैं और कुछ लोग इनके लिप्यंतरण के पक्ष में हैं, किंतु ये शब्द इतने लोकप्रिय हो गए हैं कि इनके लिए अन्य शब्द गढ़ने की आवश्यकता नहीं है।

संसदीय साहित्य अधिकतर तकनीकी साहित्य है। अतः एक ही मूल शब्द के लिए भिन्न-भिन्न हिन्दी समतुल्यों का प्रयोग करना दोषपूर्ण है। शब्दों में एकरूपता होनी चाहिए। उदाहरण के लिए; स्टैट्यूटरि (Statutory) शब्द के लिए कुछ अनुवादों में 'सांविधिक', 'परिनियम' और 'अधिनियमित' शब्दों का प्रयोग मिलता है। यह वैधानिक भाषा की सुनिश्चितता एवं एकरूपता की दृष्टि से दोषपूर्ण है। जहाँ तक संभव हो, किसी एक शब्द को मानक शब्द मान लेना चाहिए और उसी का प्रयोग करना चाहिए। इन विभिन्न शब्दों का प्रयोग करने से अर्थ-भेद होने की संभावना रहती है।

भाषा की संरचनात्मक प्रकृति के अनुसार अनुवाद करना उचित है। अंग्रेजी की प्रकृति में वाक्य लंबे होते हैं। यदि हिन्दी में इनका अनुवाद उसी प्रकार किया जाए तो वे दुरूह एवं जटिल हो जाएँगे। अतः हिन्दी में अनुवाद करते समय मूलपाठ के एक

वाक्य को कई वाक्यों में तोड़ना उचित होगा, क्योंकि हिन्दी की प्रकृति लंबे वाक्यों के लिए अनुमति नहीं देती। लेकिन यह भी ध्यान रखा जाए कि वाक्यों को छोटा करने या सरल करने के प्रभाव में आकर उसका मूल भाव कहीं खो न जाए। जहाँ तक हो सके, सरल एवं स्पष्ट वाक्यों की रचना की जाए।

इस प्रकार संसदीय साहित्य का अनुवाद करते हुए संसदीय भाषा की प्रकृति और उसकी शब्दावली पर ध्यान देना आवश्यक है। संसदीय साहित्य का संबंध जनसाधारण से भी है। यदि इसका अनुवाद भाषा की प्रकृति के अनुसार न किया गया तो अनूदित पाठ की भाषा सुगठित, सुष्ठु एवं परिमार्जित नहीं हो पाएगी। सरल और सुव्यवस्थित वाक्य-विन्यास से न केवल अनुवाद की भाषा का भला होगा, वरन् जनसाधारण के लिए संसदीय साहित्य की महत्ता में भी वृद्धि होगी।

खंड तीन

विविध अवधारणाएँ

अनुसृजन और अनुवाद

सुप्रसिद्ध विद्वान राबर्ट फ्रॉस्ट ने एक बार कहा था कि अनुवाद में जो खो जाता है, वही कविता है, किंतु क्या सृजन अथवा संप्रेषण-व्यापार में कविता नहीं खो जाती जो अपने-आप में एक अनुवाद है। संप्रेषण की चौखट पर कविता सदैव जन्म लेने के लिए उत्सुक रहती है और कवि को शब्दों के साथ जो असह्य संघर्ष करना पड़ता है, उससे वह अपनी आंतरिक संवेदनाओं और मधुर स्वरों को मूर्त रूप देने के लिए छटपटाता है। इसीलिए कहा जाता है कि कविता का मौन श्रवण होता है। वस्तुतः सृजन एक ऐसा सत्य है जो बाहर से असत्य लगता है किंतु मन के भीतर यह इतनी गहराई से छिपा रहता है कि उसे वाणी पर लाना सरल कार्य नहीं है। यह एक ऐसी आंतरिक वस्तु है, जो अपनी अलौकिकता के कारण समूचे जगत से जुड़ जाती हैं। सृजन का मूलभूत असत्याभास अनुवाद में घनीभूत हो जाता है, क्योंकि इसमें किसी अन्य माध्यम की सर्जनात्मकता और अभिव्यक्ति से मूर्त रूप देने का प्रयास रहता है। मूल पाठ के पुनःसृजन में ही अनुवाद की मौलिकता अंतर्निहित रहती हैं। यह जटिल प्रक्रिया न केवल अंतर भाषिक स्तर पर होती है, वरन् अंतर सांस्कृतिक संदर्भ में भी काम करती है। वस्तुतः व्यापक रूप में जिन मूल्यों की सामाजिक व्यवस्था है, वे उसके भाषिक प्रतीक के अंग हैं। इसलिए अनुवाद में सर्जनात्मकता और अलौकिकता का होना स्वाभाविक है और इसी कारण अनुवाद सृजन (Creation) अथवा पुनर्सृजन (Recreation) का रूप ले लेता है। यही पुनर्सृजन वास्तव में अनुसृजन (Transcreation) है।

प्रश्न उठता है कि अनुसृजन कैसे और कब होता है? अगर अनुवादक मूल पाठ की रूपपरक समतुल्यता की खोज करता हुआ साहित्यिक व्याख्या की प्रक्रिया से गुजरता रहता है तो इसका अभिप्राय है कि वह पाठ के भीतर घुस गया है और उसने पाठ के मूल मर्म को पकड़ लिया है। मूल भाव को पकड़ने के बाद वह लक्ष्य भाषा की संरचना में उसे संजोने का प्रयास करता है। इसमें स्रोतभाषा के आंतरिक अर्थ लक्ष्य भाषा के आंतरिक अर्थ के निकट लाने का प्रयास करता है। अंतरण की इस प्रक्रिया में अनुवादक मूल भाव का संश्लेषण करता है और लक्ष्य भाषा में उसे नया रूप देता है। इससे अंतरण प्रक्रिया सरल हो जाती है। इसे निम्नलिखित आरेख से समझा जा सकता है।

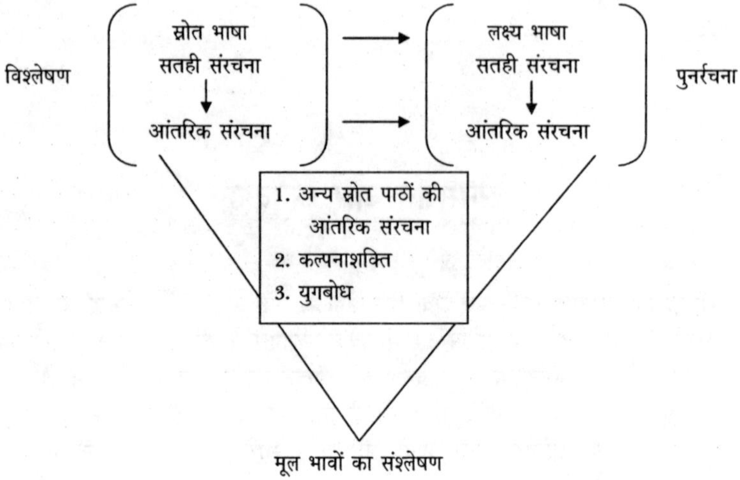

वास्तव में किसी एक कृति के भाव में नवनवोन्मेषशालिनी कल्पना-शक्ति, लय-विधान, छंद-विधान, अलंकार विधान आदि के समन्वय से पाठ की जो पुनः सृष्टि होती है, वही अनुसृजन है। इसमें एक मूल भाव के व्यक्त करने के लिए एक विषयवस्तु में अन्य प्रसंगों और घटनाओं को संयोजित कर अपनी शैली में नया रूप दिया जाता है; जैसे—बाल्मीकि 'रामायण' में 'रामकथा' एक विषयवस्तु है, जिसमें 'दशरथपुत्र राम' का चरित्रचित्रण मिलता है। उसी रामकथा के आधार पर उत्तर रामचरित, अध्यात्म रामायण, आनंद रामायण, रामचरित मानस, कृतिवास रामायण, कंब रामायण, साकेत आदि अनेक काव्य प्रणीत हुए, जिनकी विषयवस्तु और समूची कथा तो एक है, किंतु कवि की सृजनशीलता और कल्पनाशक्ति से उसकी काव्य वस्तु अलग-अलग हो गई। सृजनकारों ने देश, काल और अपने परिवेश के कारण अलग-अलग कृतियों की रचना कर दी। वैसे तो यह भी कहा जाता है कि भारत में (समूचे विश्व में भी कह सकते हैं) रामायण, महाभारत, पंचतंत्र और वड्डकहा चार मौलिक ग्रंथ हैं। उनके बाद जो भी ग्रंथ रचे गए हैं, वे मुख्यतः इन्हीं चार ग्रंथों पर आधारित हैं और इस दृष्टि से उन्हें पुनः सृजन अथवा अनुसृजन कह सकते हैं।

अनुवाद में केवल एक मूल कृति होती है, जिसके शब्दों, पदबंधों और वाक्यों का अनुवाद होता है। इसमें स्रोत भाषा की कृति का अर्थ लक्ष्य भाषा में यथावत् प्रस्तुत किया जाता है। इसमें मूल कृति के भावों को प्रतिबिंब किया जाता है। अनुसृजन में कोई एक मूल कृति नहीं होती। यदि कोई मूल कृति होती है तो उसकी केवल विषयवस्तु को आधार बनाया जाता है और अन्य कृतियों से भाव या अंश या प्रसंग लेकर उसे अपनी शैली में संप्रेषित किया जाता है। अनुसर्जक अपनी नवनोन्मेषशालिनी कल्पना शक्ति से अपनी भावयित्री प्रतिभा से उसे नया रूप प्रदान करता है, जो मूल पाठ से

नितांत भिन्न हो जाता है। इसमें देश, काल, युगीन सामाजिक और सांस्कृतिक परिस्थितियाँ, कवि का दृष्टिकोण आदि कई तत्त्व अनुस्यूत होते हैं, जो उसे एक नई रचना का स्वरूप प्रदान करते हैं। यह भावानुवाद नहीं है, जिसमें मूल कृति के मात्र भावों को ही लिया जाए। भावानुवाद में विस्तार की अपेक्षा की जा सकती है, किंतु अनुसृजन में विस्तार ही नहीं, किसी मूल अंश या भाव-पल्लवन के साथ अर्थ-व्यंजना का भी स्थान रहता है। इसमें आवश्यकतानुसार कुछ अंशों की संक्षिप्ति या विस्तारण की अपेक्षा भी की जा सकती है। भावानुवाद में अनुवादक को नई उपमा, नए भाव, नए विचार लाने की अनुमति नहीं है, जबकि अनुसृजन में नए भाव, नए विचार, और नई उपमा की पूरी-पूरी गुंजाइश है। यह छायानुवाद भी नहीं है, जिसमें मूलकृति के पात्रों के नामों को लक्ष्य भाषा की ध्वनि-व्यवस्था में बदला जाए और न ही सांस्कृतिक दृष्टि से भिन्न रूपों में यत्किंचित परिवर्तन किया जाए। अनुसृजन में सामाजिक और सांस्कृतिक परिवेश एक भी हो सकता है और भिन्न भी। इसमें युगीन सामाजिक और सांस्कृतिक परिस्थितियों का प्रभाव पड़ सकता है। इसमें काफ़ी परिवर्तन करने की छूट भी है। इसीलिए इसमें नई विचारधारा और संकल्पना की गुंजाइश रहती है, जबकि अनुवाद में इसकी अपेक्षा ही नहीं की जा सकती। इस प्रकार अनुसृजन अनुवाद से भिन्न विधा है, जिसमें अनुवाद की प्रक्रिया लागू नहीं होती, वरन् सर्जक की रचनाधर्मिता कार्य करती है। इसे सर्जक लेखक मूल कृति के रूप में प्रस्तुत करता है।

तुलसीदास ने रामचरित मानस की रचना की। उन्होंने 'बाल्मीकि रामायण' को अपना आधार ग्रंथ बनाया और अन्य कई ग्रंथों के किसी-न-किसी अंश का अनुवाद अपनी भाषा में कर उसे इस प्रकार सुव्यवस्थित और संयोजित कर दिया कि उनका 'मानस' एक कालजयी मौलिक ग्रंथ बन गया, जिसका सरोकार और प्रासंगिकता आज भी बनी हुई है। तुलसी ने इस महाकाव्य में अनेक ग्रंथों से प्रसंगों, प्रकरणों और घटनाओं का कहीं तो शब्दानुवाद किया है तो कहीं भावानुवाद, कहीं अपनी भावयित्री प्रतिभा से अनुवाद को नया रूप दिया है, कहीं पुराने अर्थ में नए अर्थ भी भर दिए हैं, जिससे वह नवीन रचना लगने लगते हैं। इसके उदाहरण नीचे दिए जा रहे है :

आनन्द रामायण

धृत्वा धैर्य गृहः प्राह विषादं त्यज साम्प्रतम्।
त्वं सुमंत्र सदा विद्वान धैर्य धर परार्थवित्।।

(अयोध्या कांड)

रामचरितमानस

धीरज धरि तब कहहि निषादू। अब सुमंत्र परिहरहु विषादू।
तुम्ह पंडित परमारथ ग्याता। धरहु धीर लखि बिमुख विधाता।।

(अयोध्या कांड 142,1-2)

यहाँ मूल का अंतरण यथावत् हुआ है। इसमें वर्णसाम्य भी मिलता है। कोई भी अंश नहीं छोड़ा गया। 'धृत्वा' के लिए 'धरि', 'धैर्य' के लिए तद्भव शब्द 'धीरज', 'त्यज' के लिए 'परिहरहु', 'विषाद' के लिए 'विषादू' 'परार्थवित्' के लिए 'परमारथ ज्ञाता' शब्द आए हैं। इन दोनों उक्तियों में पूर्ण साम्य होते हुए भी दैव-वैपरीत्य कारणोल्लेख की विशेषता है। यद्यपि यह शब्दानुवाद का एक रूप है, किंतु तुलसी ने चौपाई छंद में देकर इसे नया रूप दे दिया है।

बाल्मीकि रामायण

देशे-देशे कलत्राणि देशे-देशे च वान्धवाः।
तुं तु देशं न पश्यामि यत्र भ्राता सहोदरः।।

(6.102.2)

मानस

सुतवित नारि भवन परिवारा। होहिं जाहिं जग बारहिं बारा।
अस विचार जियं जागहुत ताता। मिलहिं न जगत सहोदर भ्राता।

इसमें बाल्मीकि की उक्ति का प्रतिबिंब मिलता है। यह भावानुवाद है। मूल पाठ और अनूदित पाठ के कथ्य में अंतर न होने के बावजूद दोनों पाठों की कथन-शैली में अंतर अवश्य दिखाई देता है।

अध्यात्म रामायण

तस्मिनकाले नाविकेन निषिद्धो रघुनन्दनः।।
क्षालयामि तप पादपंकजं नायदारूदृषदोः किमन्तरम्।
मानुषीकरण चूर्णमस्ति ते पादयोरिति कथा प्रयीयसी।।
पादाम्बुजं ते विमलं हि कृत्वा पश्चात्परं तीरमहं नयामि।
नौचेत्तरी सधुवती मलेन स्याच्चेद्विभो विद्धि कुटुम्बहानिः।।

(1.6. 2-4)

इसी बात को तुलसीदास ने 'मानस' में इस प्रकार व्यक्त किया है—

मांगी नाव न केवटु आना। कहइ तुम्हार मरमु मैं जाना।।
चरन कमल रज कहु सबु कहई। मानुष करनि मूरि कुछ अहई।।
छुअत सलि भई नारि सुहाई। पाहन तें न काठ कठिनाई।।
तरनिउ मुनि घरिनी होइ जाई। बाट परइ मोरि नाव उड़ाई।।

येहि प्रतिपालउं सब परिवारू। नहिं जाउँ कछु और कबारू।।
जौं प्रभु पार अवसि गा चहहू। मोहि पर पदुम पखारन कहहु।।

(अयोध्या कांड 99.3-8)

यहाँ तुलसी ने जो अनुसृजन किया है, उसमें उनकी कल्पना-शक्ति और भावयित्री प्रतिभा के दर्शन होते हैं। 'मानुषीकरण चूर्णमस्ति .... प्रयीयसी' के अनुवाद में अपनी भावयित्री प्रतिभा से विस्तार कर 'चरण कमल रज .... काठ कठिनाई' से इसे और सुंदर बना दिया है।

श्रीमद्भागवतपुराण

भारः पर पट्टकिरीटजुष्ट
मप्युत्तमांगं न नमेन्यमुकुन्दम्।

(2. 3. 21)

इस श्लोक का भाव यह है कि 'जो सिर कभी भगवान् श्रीकृष्ण के चरणों में झुकता नहीं, वह रेशमी वस्त्र से सुसज्जित और मुकुट से युक्त होने पर भी बोझ मात्र लग रहा है।' तुलसी ने मानस में इसको इस प्रकार व्यक्त किया है।

मानस

ते सिर कटु तंबूरि सम तूला।
जे न नमत हरि गुर पद मूला।।

तुलसी ने यहाँ शब्दानुवाद और भावानुवाद दोनों किया है। इसमें भाव साम्य होते हुए भी उपमा अलग हो गई है।

गीता

यदा-यदा हि धर्मस्य ग्लानिर्भवति भारत।
अभ्युत्थानम धर्मस्य त्दात्मानं सृज्जाम्यहम्।।
परित्राणाय साधूनां विनाशाय च दुष्कृताम्।
धर्मसंस्थापनाथ्र्याय संभवामि युगे युगे।।

(4.7)

इसका भाव यह है कि 'हे भारत! जब-जब धर्म की हानि और अधर्म की वृद्धि होती है तब-तब मैं अपने रूप को रचता हूँ अर्थात् प्रकट करता हूँ, क्योंकि साधु पुरुषों

का उद्धार करने के लिए और दूषित कर्म करने वालों का नाश करने के लिए तथा धर्म स्थापन करने के लिए मैं युग-युग में प्रकट होता रहता हूँ।

मानस

जब-जब होइ धर्म की हानि। बाढ़हिं असुर अधम अभिमानी।
तब-तब हरि धरि विविध सरीरा। हरहिं व्याधि सज्जन की पीरा।।

(1.120.6-8)

तुलसीदास ने अपने युग की परिस्थितियों देख कर गीता के इस उपदेश के भाव को आधार बनाकर काव्य रचना की। तुलसी ने अपनी सारग्रहिका शक्ति से 'गीता' के श्लोक का सारानुवाद कर दिया है। लोक भाषा में इस भाव के सौंदर्य में वृद्धि कर दी।

इस प्रकार तुलसी द्वारा किए गए उपर्युक्त अनुवादों से पता चलता है कि तुलसी ने रामचरित मानस का जो प्रणयन किया, उसमें वाल्मीकि रामायण तो प्रमुख है, किंतु उनके साथ अध्यात्म रामायण, आनंद रामायण, चंपू रामायण, रामायण, उत्तररामचरित, अग्निवेश रामायण, श्रीमद्भागवत पुराण, गीता, हनुमन्नाटक, विष्णुपुराण, शिवपुराण, वसिष्ठ संहिता आदि अनेक ग्रंथों से भी कई अंश लिए गए हैं और उन्हें सर्जनात्मक रूप प्रदान किया गया है। इसीलिए तुलसी रामचरित मानस की रचना के लिए पूर्ववर्ती कवियों के प्रति स्वयं को निम्नलिखित श्लोकों से ऋणी बताया है–

नाना पुराण निगमागम सम्मतं यद
रामायणे निगदितं क्वाचिदन्यतोऽपि
स्वान्तःसुखाय तुलसी रघुनाथ गाथा
भाषानिबन्धमतिमञ्जुलमानोति।

(बालकांड 7वाँ श्लोक)

इसी प्रकार सूर्यकांत त्रिपाठी 'निराला' ने बंगला में रचित 'कृतिवास रामायण' में शक्तिपूजा के प्रसंग को आधार बना कर अपनी लंबी कविता 'राम की शक्ति पूजा' का जो प्रणयन किया, वह भी एक प्रकार का पुनर्सृजन है। इसमें कवि ने अपनी कल्पना-शक्ति और भवयित्री प्रतिभा के योग से कृतिवास रामायण के भावों और उक्तियों को अलौकिक और सर्जनात्मक रूप दे दिया और वह कविता हिन्दी साहित्य की एक कालजयी कृति बन गई है।

इस प्रकार साहित्यिक संदर्भ में अनेक कृतियाँ ऐसी हैं, जिनकी विषयवस्तु तो एक है, किंतु काव्यवस्तु भिन्न है। इसी काव्यवस्तु के कारण विषयवस्तु का स्वरूप मूल कृति

से भिन्न रूप लेकर प्रस्तुत होता है। यह अपने-आप में मूल कृति होती है, न कि मूलकृति का सहपाठ।

तकनीकी साहित्य का अनुसृजन

आधुनिक युग में देश-विदेश में ज्ञान-विज्ञान के क्षेत्र में तकनीकी साहित्य उत्तरोत्तर बढ़ रहा है। कई आविष्कार और खोज हो रही हैं। विभिन्न क्षेत्रों में एक भाषा से दूसरी भाषा में उसका जो अनुवाद हो रहा है, वह कई बार लक्ष्य भाषा वाले देश के लिए उतना उपयोगी नहीं हो पाता, क्योंकि वह उस देश के भौगोलिक, सामाजिक और परंपरागत परिवेश तथा वातावरण के अनुकूल नहीं होता। इस संदर्भ में सुविख्यात कंप्यूटर विज्ञानी डॉ. ओम विकास से प्रस्तुत पुस्तक के लेखक से विचार-विमर्श हुआ तो उन्होंने तकनीकी साहित्य के अनुसृजन की भी आवश्यकता महसूस की। साहित्यिक अनुसृजन के सिद्धांत के आधार पर उन्होंने तकनीकी अनुसृजन पर बल देना प्रारंभ किया। वस्तुतः भारत में तकनीकी साहित्य अंग्रेज़ी और अन्य यूरोपीय भाषाओं में उपलब्ध है, किंतु हिन्दी और अन्य भारतीय भाषाओं में नगण्य मात्रा में मिलता है।

हिन्दी में वैज्ञानिक लेखन और अनुवाद में विषयवस्तु के अनुरूप वैज्ञानिक भाषा का सहज तथा बोधगम्य स्वरूप विकसित नहीं हो पाया। वैज्ञानिक साहित्य के विषय और प्रस्तुतीकरण को भाषा के प्रयोजनमूलक और व्यावहारिक परिप्रेक्ष्य में रखने की आवश्यकता है ताकि उसके माध्यम से विज्ञान और प्रौद्योगिकी के विकास और प्रसार तथा भाषिक प्रगति से सरोकार हो सकता है। इसके अभाव में अनूदित वैज्ञानिक और तकनीकी साहित्य की भाषा-शैली कई बार अस्वाभाविक और अस्पष्ट सी लगती है। अतः विज्ञान की नवीनतम और जटिल संकल्पनाओं को लक्ष्य भाषा में यथासंभव सरल और सहज ढंग से व्यक्त करने की तथा विज्ञान और तकनीकी क्षेत्र से संबंधित विभिन्न शाखाओं अर्थात् संचार और सूचना प्रौद्योगिकी (Communication and Information Technology), जीव प्रौद्योगिकी (Bio-technology), आयुर्विज्ञान (Medical Sciences), भौतिक विज्ञान (Physical Sciences), अनुप्रयुक्त विज्ञान एवं इंजीनियरी (Applied Science and Engineering) आदि के तथ्यों, विचारों संकल्पनाओं और विषयवस्तु को लक्ष्य भाषा की प्रकृति के अनुरूप सहज संप्रेषणीय और रोचक रूप से प्रस्तुत किया जा सकता है। इससे आधुनिक विज्ञान लोकभाषा में उपलब्ध होगा और जन सामान्य की प्रवृत्ति वैज्ञानिक एवं आविष्कारोन्मुखी बनेगी। इसके साथ-साथ स्वदेशी तकनीकी, भारतीय भाषाएँ तकनीकी और वैज्ञानिक लेखन में सक्षम बनेंगी, जिससे इंटरनेट पर भारतीय भाषाओं में रचनात्मक कथ्य-सामग्री तैयार करने में और उनके विश्लेषण की तकनीक का विकास होगा।

अर्थव्यवस्था के भूमंडलीकरण और उदारीकरण के परिणामस्वरूप आज विज्ञान और प्रौद्योगिकी सामाजिक आवश्यकता बन गया है। अतः विज्ञान और प्रौद्योगिकी के

विकास के लिए सामाजिक और आर्थिक चुनौतियों का सामना करने के लिए भारतीय जनमानस में वैज्ञानिक चेतना का विकास करना अनिवार्य हो गया है। वस्तुस्थिति यह है कि हिन्दी और अन्य भारतीय भाषाओं में विज्ञान और प्रौद्योगिकी के क्षेत्र में साहित्य और संदर्भ-सामग्री में बहुत कम काम हुआ है जबकि अंग्रेजी में यह साहित्य विपुल मात्रा में उपलब्ध है। अतः तेज़ी से बदलते हुए विश्व में और वैज्ञानिक तथा प्रौद्योगिकी ज्ञान के सतत विकास और प्रसार हेतु हिन्दी और भारतीय भाषाओं में तकनीकी अभिव्यक्ति, लेखन आदि के लिए प्रयास करने की नितांत आवश्यकता है।

इस प्रकार अनुसृजन का साहित्यिक और तकनीकी क्षेत्र में विशेष महत्त्व है। यह एक प्रकार की कलात्मक कृति है, जिससे अनुवाद विज्ञान के अंतर्गत रखना उचित नहीं होगा। यह अनुवाद से काफी व्यापक और सर्जनात्मक है, कुछ हद तक अनुवाद, विशेषकर साहित्यिक अनुवाद अनुसृजन की परिधि में आ सकता है। अनुसृजन की व्यापकता, सर्जनात्मकता कल्पनाशीलता, मौलिकता और प्रभावशीलता की दृष्टि से यह कहना उपयुक्त होगा कि अनुर्सृजन पुनर्सृजन है, न कि अनुवाद।

तुलनात्मक साहित्य और अनुवाद

तुलनात्मक साहित्य एक से अधिक भाषाओं में रचित साहित्य का अध्ययन है, जिसमें 'तुलना' की विशिष्ट भूमिका रहती है। इस दृष्टि से तुलनात्मक साहित्य एक स्वतंत्र विद्यानुशासन बन नहीं सकता, क्योंकि हर साहित्यिक अध्ययन में तुलना एक आवश्यक अंग के रूप में कार्य करती है। तुलनात्मकता एक विशिष्ट तकनीक या विधि है, जिसमें साहित्यिक रचनाओं या प्रक्रियाओं के समान और असमान तत्त्वों की तुलना अन्य रचनाओं के साथ वैज्ञानिक दृष्टि से की जाती है। साहित्यिक रचनाओं के प्रादुर्भाव, उन के विकास और उनकी संस्थापना के वस्तुनिष्ठ और तटस्थ रूपों का पता चलता है और उनको सैद्धांतिक आधार देने का प्रयास होता है।

तुलनात्मक साहित्य से भौगोलिक और जातीय स्तर पर जो विवेचन होता है, उसमें सजातीय भाषाओं और विजातीय भाषाओं की प्रवृत्तियों की जानकारी मिलती है। उदाहरण के लिए, मीराबाई और महादेवी वर्मा के साहित्य के अध्ययन से एक भाषा की दो भिन्न रचनाओं का तुलनात्मक अध्ययन तो हो जाता है, किंतु हिन्दी भाषा की मीराबाई और तमिल भाषा की आंडाल, हिन्दी के निराला के काव्य और बंगला के नज़रूल इस्लाम के काव्य की तुलना की जाए तो यह राष्ट्र की परिधि में बहुभाषिक साहित्य का वास्तविक तुलनात्मक अध्ययन होता है। अंतरराष्ट्रीय स्तर पर जर्मनी, रूस, फ्रांस, अंग्रेज़ी आदि विभिन्न साहित्यों का तुलनात्मक अध्ययन विश्व मानव के सार्वभौमिक रूपों का परिचय कराता है। इंग्लैंड, अमरीका और भारत में रहने वाले लेखक जब अंग्रेज़ी में कोई कविता या कहानी या उपन्यास लिखते हैं तो उसमें विभिन्न राष्ट्रों के राजनैतिक और सामाजिक परिवेश में अंतर के आधार पर तुलनात्मक अध्ययन अपनी विशिष्ट भूमिका निभाता है। इससे विश्व के विभिन्न भागों में बसे लोग कुछ ही क्षण में एक-दूसरे से संबंध स्थापित कर लेते हैं। इस प्रकार तुलनात्मक साहित्य राष्ट्रीय और अंतरराष्ट्रीय स्तर पर इतिहास, समाज, संस्कृति, कला, धर्म, विज्ञान और ज्ञान के विभिन्न क्षेत्रों के परस्पर संबंधों का अध्ययन है, जिसमें विश्व मानव की तस्वीर उभर कर आती है। वास्तव में साहित्य एक ऐसा सशक्त माध्यम है, जिसके द्वारा विश्व में मानवीय मनों का जो संगम होता है, उससे विभिन्न विचारों, संस्कारों, संवेदनाओं और सौंदर्य बोध की समझ का आदान-प्रदान होता है। अगर किसी कृति का अध्ययन उसके साहित्यिक संदर्भ से

कट कर किया जाए तो वह आकलन आधा-अधूरा बन कर रह जाएगा। अतः तुलनात्मक धरातल पर साहित्य का अध्ययन आधुनिक युग का एक महत्त्वपूर्ण अंतर्विधात्मक विषय बन गया है।

इन साहित्यिक धाराओं, संस्कारों, सरोकारों और संवेदनाओं का आदान-प्रदान अनेक प्रणालियों अथवा माध्यमों से हो सकता है, किंतु इन सबमें सशक्त और उपयोगी माध्यम है अनुवाद। विभिन्न साहित्यों के बीच संबंधों की स्थापना और विकास में अनुवाद की भूमिका पर गंभीर अध्ययन अभी तक नहीं हो पाया है, लेकिन कुछ हद तक यह सिद्ध अवश्य हो गया है कि अनुवाद ही एक ऐसी सशक्त प्रणाली के रूप में उभर कर आया है, जो विभिन्न साहित्यों को जोड़ने वाले सेतु का कार्य कर सकता है।

साहित्य के तुलनात्मक अध्ययन के संदर्भ में अनुवाद की भूमिका पर कई कार्य हुए हैं, जिनमें साहित्य के इतिहास में अनुवाद की प्रकार्यात्मक क्षमता अथवा साहित्यों के बीच हो रहे संवाद में अनुवाद के योगदान पर विचार किया गया है। साहित्य के तुलनात्मक अध्ययन के विशेषज्ञों ने अंतरसाहित्यिक आदान-प्रदान के विभिन्न रूपों को साहित्यिक संग्रहण (Literary reception) कहा है।

अंतरसाहित्यिक आदान-प्रदान दो प्रकार के संदर्भ-माध्यमों अथवा संपर्कों से होता है : एक, **जननिक** संपर्क और दूसरा, **प्रतिरूपात्मक** संपर्क।

जननिक संपर्क : विभिन्न साहित्यों, साहित्यिक पक्षों या तत्त्वों के बीच जो सीधा संपर्क भौतिक अथवा अन्य दृष्टियों से होता है उसे **जननिक** संपर्क कहते हैं। वस्तुतः दो साहित्यों के बीच या दो साहित्यिक प्रतिक्रियाओं के बीच अनुवाद या साहित्यकारों, कवियों, साहित्यशास्त्रियों, साहित्यिक गोष्ठियों आदि के माध्यम से जननिक संपर्क स्थापित हो सकते हैं। विलियम शेक्सपियर के गीतिनाट्यों को हरिवंशराय बच्चन के अनुवाद में पढ़ना जननिक संपर्क का एक उदाहरण है। जननिक समानताएँ या तो सीधे भौतिक संपर्क से पैदा हो सकती हैं या साहित्यों के बीच किसी मध्यस्थ के द्वारा जन्म लेती हैं। जननिक संपर्क भी दो प्रकार के होते हैं – (क) **सतही संपर्क** - स्लोवाकिया के तुलनात्मक साहित्यशास्त्री द. ज्यूरिशिन के मतानुसार सतही संपर्क से अंतरसाहित्यिक संदर्भ पर कोई विशेष प्रभाव नहीं पड़ता। प्राप्त करने वाले अथवा ग्रहीता साहित्य की परिधि में उसका मौन अस्तित्व रहता है या वे विषम या विरोधात्मक तत्त्व बनकर रह जाते हैं। ऐसे संपर्कों से साहित्य के क्षेत्र में कोई नई धारा या नई संवेदना या नए प्रभाव का जन्म नहीं होता। इसीलिए इसे **बांझ संपर्क** भी कह सकते हैं। ये संपर्क तुलनात्मक साहित्य में मात्र तथ्य का काम करते हैं, न कि किसी गहन अध्ययन का विषय बनते हैं। (ख) **आंतरिक संपर्क** - दो या अधिक साहित्यों या साहित्यिक तत्त्वों के बीच होने वाले सम्मिलन का परिणाम आंतरिक संपर्क है। ये संपर्क गहन प्रभाव के जनक का काम करते हैं। गुणा और मात्रा के आधार पर इस संपर्क से तुलनात्मक प्रणालियों, शैलियों

या भाषायी पहलुओं का जन्म होता है। आंतरिक संपर्क उन साहित्यिक रूपों को भी जन्म देते हैं, जिनके माध्यम से अंतर्साहित्यिक यथार्थ अंकुरित होते हैं और पल्लवित होते हैं। इसमें अनुवाद सर्वाधिक सक्रिय, महत्त्वपूर्ण और जीवंत मध्यस्थ बनकर उभरता है।

प्रतिरूपात्मक संपर्क : विश्व के विभिन्न भागों में रचित साहित्यों में एक ही प्रकार के तत्त्व या प्रक्रियाएँ पाई जाती हैं। दूसरे शब्दों में, दो या उससे अधिक साहित्यों में एक ही प्रकार के पात्र या अन्य साहित्यिक तत्त्व मिलते हैं, जो इन साहित्यों के बीच सीधे या जननिक संपर्क के परिणाम नहीं होते। वास्तव में विभिन्न साहित्यों में पाई जानी वाली समानताएँ इसलिए पैदा होती हैं, क्योंकि उनको जन्म देने वाली परिस्थितियाँ एक ही प्रकार की होती हैं अर्थात् समान सामाजिक या ऐतिहासिक परिस्थितियों से अलग-अलग साहित्य में समान प्रकार के साहित्यिक तत्त्व या पहलू पैदा होते हैं। ये समानताएँ साहित्यों में तनावों, संवेदनाओं, सरोकारों, पात्रों या अन्य अनेक पहलुओं में झलकती हैं। उदाहरण के लिए; रूस में तालस्तोय के उपन्यास 'आन्ना करेनिना' की आन्ना करेनिना जैसी पात्र फ्रांस के 'फ्लॉबेर्त' उपन्यास में 'मदाम बोवारी' के रूप में जन्म लेती है। वास्तव में आन्ना करेनिना और मदाम बोवारी जैसे पात्र या प्रक्रियाएँ स्वजनित होते हैं, न कि अनुवाद या अन्य जननिक संपर्कों के द्वारा। इसका अर्थ यह है कि रूस या फ्रांस में अपने-अपने ढंग से पैदा होने वाली एक जैसी सामाजिक अथवा ऐतिहासिक परिस्थितियों ने एक जैसे पात्रों को जन्म दिया, अर्थात परिस्थितियों के कारण एक ही प्रकार के पात्रों या तत्त्वों का जन्म होता है, जो समान श्रेणी या वर्ग के प्रतिरूपण की भूमिका निभाते हैं। इसलिए वे **प्रतिरूपात्मक संपर्क** कहलाते हैं।

अंतरसाहित्यिक संपर्कों का माध्यम : अनुवाद

वास्तव में अनुवाद न केवल एक साहित्य से दूसरे साहित्यों पर पैदा होने वाले प्रभाव का सशक्त माध्यम है, वरन् विकसित साहित्यों के विकासशील या पिछड़े साहित्यों पर पड़ने वाले प्रभाव का जन्मदाता भी है। कुछ विद्वानों का यह भी कथन है कि अनुवाद अधिक सशक्त या ज्यादा विकसित साहित्यों को या साहित्यिक पहलुओं को या साहित्यिक संस्कृतियों को पिछड़े हुए साहित्यों या साहित्यिक संस्कृतियों पर थोपे जाने का मात्र माध्यम बनकर रह जाता है। किंतु यह सही नहीं है, प्रेमचंद, रवींद्रनाथ टैगोर आदि अनेक भारतीय साहित्यकारों की रचनाएँ सोवियत संघ में भारत से भी अधिक संख्या में प्रसारित हुई थीं, किंतु इसका यह अर्थ नहीं कि 19वीं शताब्दी में विकास के चरम शिखर पर पहुँचा हुआ रूसी साहित्य तत्कालीन भारतीय साहित्य से पिछड़ा हुआ था। अतः अनुवाद को प्रभावों या एक साहित्य से दूसरे साहित्य में उधार लिए जाने की साहित्यिक प्रक्रिया का मात्र माध्यम मान लेना उचित नहीं है।

अनुवाद की प्रक्रिया में दो या अधिक साहित्यों की साहित्यिक संस्कृतियों का सम्मिलन होता है अर्थात् अनुवाद के द्वारा दो या अधिक साहित्यिक संस्कृतियाँ मिलकर एक होती हैं। इसका परिणाम प्रायः यह होता है कि अनुवाद द्वारा दो या अधिक साहित्यिक संस्कृतियाँ मिलकर एक होती हैं। इसका परिणाम प्रायः यह होता है कि अनुवाद के माध्यम से उच्च स्तरीय साहित्य अपने से पिछड़े साहित्य से मिलने की प्रक्रिया में अपने स्तर से कुछ निम्न स्तर का होता है और इसी कारण अनूदित कृति पिछड़े हुए ग्रहीता साहित्य को थोड़ा ऊपर उठा लेती है। वस्तुतः अनुवाद इन दोनों साहित्यों में एक सांझा स्तर पैदा करता है, किंतु यह बात अवश्य है कि इस साहित्यिक सम्मिलन से अभिप्राय साहित्यिक प्रवाह की दिशा को सदैव ऊपर से नीचे करना नहीं है। उच्च स्तरीय साहित्य की ओर से निकल कर साहित्यिक प्रवाह का अपने निचले स्तर की साहित्यिक संस्कृति की ओर जाना उसी प्रकार की प्रक्रिया हो सकती है, जिस प्रकार किसी नदी का समुद्र में जाकर मिलना। इस प्रकार अनुवाद ऐसे साहित्यिक संगमों को जन्म देता है जो अन्य किसी माध्यम से संभव नहीं हो सकता।

चेक विद्वान अंतोन पोपोविच के मतानुसार ''साहित्यिक रचना संवाद-व्यवहार होती है।'' वे आगे कहते हैं कि साहित्य दो प्रकार की भूमिका निभाता है : एक, सर्जनात्मक भूमिका और दूसरा, संवादात्मक भूमिका। किंतु यह ध्यान में रहे कि ''संवाद के रूप में साहित्य केवल अपनी सीमाओं के भीतर ही सक्रिय नहीं होता, बल्कि उन्हें लाँघकर किसी दूसरे साहित्य की सीमाओं में भी सक्रिय होता है। पोपोविच अनुवाद की इस प्रक्रिया को ''साहित्यिक संपर्कों का कर्ता और कर्म दोनों मानते हैं।'' पोपोविच का यह भी मत है कि ''अनुवाद एक द्वि-साहित्यिक मॉडल है, अर्थात् यह ऐसी प्रक्रिया है जिसमें संचार का आवागमन होता है। यह न तो मात्र आगमन है और न ही निर्गमन, बल्कि मूल और ग्रहीता साहित्यों के बीच चल रहे संवाद और संचार का वाहन बन जाता है।'' यहाँ यह ध्यान दिलाना आवश्यक है कि अनुवाद की इस भूमिका में संचार की क्रिया पूर्ण रूप से रचनात्मक होती है। अनुवाद की प्रक्रिया एक भाषा का दूसरी भाषा में मात्र रूपांतरण नहीं है, वरन इसके अंतर्गत एक साहित्य की दूसरे साहित्य में पुनर्रचना होती है। इस प्रकार अनुवाद से दो प्रकार की संस्कृतियों का सम्मिश्रण होता है; जैसे—19वीं शताब्दी के एक रूसी कवि वसीलि झुकोव्स्कि ने 'नल-दमयंती' का अनुवाद रूसी भाषा में करते हुए विधवा को भारतीय श्वेत परिधान में नहीं दिखाया, क्योंकि रूस में विवाह जैसे शुभावसरों पर श्वेत परिधान का प्रयोग होता है। इसीलिए झुकोव्स्कि को श्वेत परिधान के स्थान पर काला परिधान रखना पड़ा। अनुवाद की इस प्रक्रिया के अंतर्गत दो संस्कृतियों का सम्मिलन होता है, जिस से नई संवेदनाएँ पैदा होती हैं। एक साहित्य में नारी के सौंदर्य की उपमा चंद्रमा से की जाती है, किंतु रूसी में उसका चेहरा गोलमटोल, लाल और मूर्ख चाँद के समान माना जाता है। अतः यहाँ

प्रश्न दो भाषाओं के शब्दों के समान या समानांतर अर्थों को लेकर इतना महत्त्वपूर्ण नहीं है, जितना दो साहित्यों की सांस्कृतिक संवेदनाओं के संबंध में है। पोपोविच के अनुसार अनुवाद का चरित्र मात्र द्वि-साहित्यिक नहीं है वरण बहुसाहित्यिक है, अर्थात् अनुवाद अंतर्साहित्यिक प्रक्रिया में साहित्य के दो संदर्भों को एक नया रूप प्रदान करता है।

अनुवाद साहित्यिक संदर्भों का वैश्वीकरण भी करता है और विभिन्न साहित्यिक संस्कृतियों के मूल रूप को सामने भी लाता है, किंतु विशेष बात यह है कि नई साहित्यिक संस्कृति में अनूदित कृति एक नए अवतार के रूप में जन्म लेती है। यह भी देखा गया है कि कई बार अनुवादक के मूल कृति से मतभेद और अंतर्विरोध होने के बावजूद अनूदित कृति की रचना होती है। ऐसी कृति से अनुवादक साहित्यिक या वैचारिक संवाद करते हुए अनुवाद करता है। वह मूल कृति का विरोध या उसके प्रति असहमति जताते हुए अनुवाद करता है। इसी प्रक्रिया के कारण कई बार अनूदित रचनाएँ अनुवादक के आग्रहों या दुराग्रहों के परिणामस्वरूप पैदा होती हैं। अनुवादक अपने अनुवाद में मूल कृति या उसके कुछ अंशों को बढ़ा-चढ़ाकर प्रस्तुत करता है या उनमें काट-छाँट भी कर देता है। कई बार तो अनुवादक अपने अनुवाद में अपनी संवेदनाओं या दुराग्रहों के अनुरूप ढालने का प्रयास करता और मूल कृति का रूप ही बदल देता है। इस प्रकार के अनुवाद अंतरसाहित्यिक मेल-मिलाप में विशेष भूमिका नहीं निभा पाते। पश्चिमी अनुवादकों ने मिखाइल शोलोखोव की रचनाओं के अनेक अंशों में काट-छाँट कर अनूदित रचना के रूप में इसलिए प्रस्तुत किया, क्योंकि इन रचनाओं में से वे इन पक्षों को हटाना चाहते थे, जो उनके वैचारिक धरातल के अनुकूल नहीं थे। अंतरसाहित्यिक सम्मिलन में ऐसे अनुवाद सार्थक प्रक्रिया के अंतर्गत नहीं रखे जा सकते। इस प्रकार के अनुवाद से अनूदित साहित्य के वैश्वीकरण की संभावनाएँ बाधित हो जाती हैं। इस प्रकार के जो साहित्यिक नव अवतार होते हैं, उससे असाहित्यिक तथा अस्वस्थ प्रक्रियाओं का जन्म होता है।

अनुवाद में मूल पाठ को कई बार छोटा या बड़ा किया जाता रहा है। देखने में यह भी आया है कि मूल कृति के अनुवाद इस तरह के संक्षिप्तीकरण या वृद्धि से उसके महत्त्व में कोई विशेष अंतर नहीं आया। इस संबंध में शेक्सपियर के नाटक 'ओथेलो' के रूसी अनुवाद का उदाहरण दिया जा सकता है। रूसी अनुवाद में शेक्सपियर के मूल पाठ की तुलना में साठ प्रतिशत तक की वृद्धि देखी गई है। अनुवादक ने कुछ हद तक तथाकथित स्वंतत्र रूप से भी अनुवाद किया है, किंतु फिर भी ऐसे अनूदित पाठों को मूल पाठ का सही अनुवाद माना जाता है। संभवतः ऐसे अनूदित पाठ मूल रचना से काफी दूर जा पड़ते हैं। अब प्रश्न उठता है कि यह कैसे संभव हो सकता है? अनुवाद का उच्च स्तर और उसका सौंदर्य मौलिक पाठ की अवमानना या अतिक्रमण का एहसास ही संभवतः नहीं होने देता। प्रायः यह कहा जाता है कि जो 'सुंदर होता वह वफ़ादार नहीं होता और जो वफ़ादार होता है

वह सुंदर नहीं होता', किंतु अनुवाद के संबंध में सौंदर्य और मूल पाठ की वफादारी की समस्या में अधिक से अधिक संतुलन की अपेक्षा रहती है। अनूदित पाठ यदि मूल पाठ का परिवर्तित रूप होते हुए भी अच्छा अनुवाद हो सकता है, जब वह मूल पाठ के अर्थ, भावों और शैली का अतिक्रमण न करे।

अनूदित पाठ प्रायः जननिक संपर्क का परिणाम होता है, किंतु कभी-कभी वह प्रतिरूपात्मक संपर्क के कारण भी पैदा होता है। अनूदित पाठ में कई बार दोनों तरह के संपर्कों का मिश्रण भी दिखाई पड़ता है। अनुवाद की प्रक्रिया में व्यक्तिगत और वस्तुगत दोनों प्रकार के तत्त्व अपनी-अपनी भूमिका निभाते हैं। अनुवाद के लिए किए जाने वाले पाठ के चयन का प्रश्न यदि लिया जाए तो प्रायः यह देखने को मिलता है कि यह चयन पूर्णतया अनुवादक पर निर्भर नहीं होता, बल्कि इसके विपरीत अनुवाद किए जाने वाले पाठ का चयन सांस्कृतिक अथवा राजनैतिक या किसी अन्य कारण भी हो सकता है। ये सभी कारण व्यक्तिगत न होकर वस्तुगत अर्थात् प्रतिरूपात्मक होते हैं।

अनुवादक प्रायः मूल पाठ और लक्ष्य अनूदित पाठ में पाई जाने वाली प्रतिनिधिपरक समानताओं के आधार पर भी रचनाओं का चयन करता है। ग्रहीता समाज में मूल पाठ के प्रति पाई जाने वाली वैचारिक या सौंदर्यबोध पर आधारित सहानुभूति या आकर्षण भी अनुवादक के लिए मूल पाठ का चयन करने में विशिष्ट भूमिका निभाते हैं। सुप्रसिद्ध रूसी विद्वान विस्योलोव्स्कि ने इस प्रक्रिया को 'मानसिक समानांतरता' की संज्ञा दी है। यदि ग्रहीता साहित्य मूल पाठ को ग्रहण करने के लिए तत्पर हो, तो दोनों पाठों के बीच समानांतरता का प्रवाह होने की संभावना बढ़ जाती है।

यह भी देखा गया है कि कुछ साहित्य किन्हीं ऐतिहासिक कारणों से आगे बढ़ने में पिछड़ जाते हैं; जैसे—भारत के स्वतंत्रता पूर्व काल में भारतीय साहित्य काफी लंबे समय तक पिछड़ा रहा। स्वतंत्रता के बाद भारतीय साहित्यों में अन्य साहित्यों से तेजी से अनुवाद की प्रक्रिया चली। इसी प्रकार मध्य एशियाई देशों के साहित्यों में बड़े पैमाने पर रूसी साहित्यिक रचनाओं का अनुवाद हुआ। इस प्रकार की अनुवाद प्रक्रिया में अनुवादक साहित्य के ऐतिहासिक पिछड़ेपन को पूरा करने में सहायक होता है। जैसा कि ऊपर कहा गया है कि सांस्कृतिक दार्शनिक या सामाजिक सिद्धांतों पर आधारित प्रतिरूपात्मक कारण प्रायः अनुवादक के व्यक्तिगत दुराग्रह से सक्रिय हो सकते हैं, जिनके कारण अनुवाद प्रक्रिया जटिल बन सकती है। इन्हीं जटिल समीकरणों की वजह से विरोधपरक या विषम अनुवाद होते हैं। इस समय रूसी भाषा से भारतीय भाषाओं में जो अनुवाद किए जा रहे हैं, वे व्यक्तिगत और प्रतिरूपात्मक कारणों से अंतरसाहित्यिक संबंधों में काफी बड़ी भूमिका निभाते हैं। इस अंतरसाहित्यिक संबंधों में अनुवाद की मध्यस्थता से जो नई रचना पैदा होती है, उसकी पृष्ठभूमि में होने वाली प्रक्रियाओं को अनुवाद के विभिन्न रूपों में दिखाया जा सकता हैं; जैसे—

(क) लेखक का अनुवाद (ख) विरोधपरक अनुवाद, (ग) 'गुप्त' या 'अविदित' अनुवाद। इसके अतिरिक्त सामान्य अनुवाद की प्रक्रिया संपूर्ण अनुवाद में वृहत रूप में उभर कर आती है।

वास्तव में लेखक का अनुवाद स्वयं लेखक द्वारा दूसरी भाषा में रचित एक समानांतर कृति के समान होता है। हिन्दी में अज्ञेय ने पहले हिन्दी में लिखा और बाद में स्वयं उसका अंग्रेजी में अनुवाद दिया; जैसे—'मैंने देखा, एक बूँद' का अंग्रेज़ी अनुवाद I saw a drop। इसी प्रकार तेलुगु के कवि सी. नारायण रेड्डी ने पहले तेलुगु भाषा में रचनाएँ लिखीं और बाद में इन रचनाओं का हिन्दी में अनुवाद किया। यह ध्यान में रहे कि लेखक का अनुवाद हमेशा उत्तम अनुवाद नहीं होता। मूल रचना के लेखक के पास अनुवाद करते समय स्वतंत्रता होती है कि वह मूल पाठ में कुछ फेर-बदल कर सके। इसी कारण वह अनुवाद की प्रक्रिया में अनूदित रचना में प्रायः काफी बदलाव कर लेता है। लेखकों द्वारा अनूदित कृतियाँ प्रायः नवसृजित पाठ के समान होती है। इसलिए लेखक द्वारा अनूदित रचनाएँ मूल रचना से काफी अलग हो जाती हैं, जो एक प्रकार के विरोधपरक अनुवाद हैं। गुप्त अनुवाद से अभिप्राय है जब लेखक किसी अन्य लेखक के प्रभाव में आकर अपनी शैली या अपनी रचनात्मक तत्त्वों में पहले पड़े हुए लेखक के तत्त्वों को जोड़ लेता है। वह इन तत्त्वों को स्वाभाविक रूप से अपनी कृति में मिला लेता है तो ये तत्त्व साहित्यों के बीच के संबंधों में सार्थक पाठ हो सकते हैं।

अंतरसाहित्यिक संबंधों में अनुवाद और अनुकूलित पाठ को लेकर जटिलताएँ पैदा होती हैं। मूल रचना की दूसरी भाषा में किए जाने वाले अनुकूलित पाठ प्रायः देखने में आते हैं, किंतु अनुकूलन-प्रक्रिया को अनुवाद की संज्ञा नहीं दी जा सकती। अनुकूलित रचना अनूदित रचना के काफी निकट हो सकती है। तथापि, वह वही भूमिका नहीं निभा सकती जो एक सही अनूदित कृति निभाती है। साहित्यिक जगत में ऐसे अनेक उदाहरण मिलते हैं जिनमें लेखक को कुछ अन्य रचनाओं के प्रभाव में अपनी रचनाएँ लिखते हुए देखा गया है। ऐसा नहीं कि वे पहले से विद्यमान रचनाओं की शैली की नकल करते हैं, बल्कि वे अन्य लेखकों की रचनाओं की कथावस्तु के आधार पर अपनी रचना का निर्माण करते हैं।

अनुवाद के विभिन्न प्रकारों पर विचार करते हुए एक अन्य प्रकार के अनुवाद का उल्लेख करना असमीचीन न होगा। पहले से किसी अन्य भाषा में अनूदित पाठ का अनुवादक अपनी भाषा में अनुवाद करता है। ऐसा देखा गया है कि कुछ यूरोपीय भाषाओं की रचनाओं का हिन्दी अनुवाद अंग्रेजी के माध्यम से हुआ है। अनुवाद की प्रक्रिया में मूल पाठ की कुछ विशेषताएँ लुप्त हो जाती है। इसके अतिरिक्त यदि किसी अनूदित पाठ का स्रोत भाषा में पुनः अनुवाद अर्थात् पुनरनुवाद भी किया जाए है तो भी मूल पाठ की विशेषताएँ काफी मात्रा में लुप्त हो जाती हैं। ऐसे अनुवाद से अंतरसाहित्यिक संबंधों में प्रायः वैषम्य पैदा होता है।

अंतरसाहित्यिक संबंध कई रूपों में निर्मित होते हैं अर्थात् एक साहित्य दूसरे साहित्य से कई रूपों में साहित्यिक तत्त्व ग्रहण करता है। इन में से ऋण, प्रभाव, नकल, शैलीकरण, आलंकारिक परिवर्तन आदि कुछ ग्राहक तत्त्व हैं, जो अनुवाद माध्यम से आते हैं। कुछ विद्वान स्मृति, साहित्यिक प्रेरणा, समानता, वंशीय विस्तार, पेरोडी, उपहास, अनुकूलन, साहित्यिक चोरी आदि को भी अंतरसाहित्यिक रूपों के अंतर्गत रखते हैं। इन सबमें अनुवाद सबसे अधिक महत्त्वपूर्ण रचनात्मक अंतरसाहित्यिक रूप माना जाता है। संग्रहण के रूप में अनुवाद की भूमिका दो प्रकार की होती है : (क) आवश्यक और (ख) गौण। ग्रहीता साहित्य में यदि संग्रहण होता है और यदि वह नई संस्कृति में सक्रिय भूमिका अदा करता है तो वह **आवश्यक संग्रहण** है और यदि अनूदित पाठ से ग्रहीता साहित्य पर कोई विशेष प्रभाव नहीं पड़ता तो वह **गौण संग्रहण** है। जब संग्रहण ग्रहीता साहित्य में पूर्णतया संग्रहण या काफी सीमा तक घुलमिल जाता है तो वह **अभिन्न संग्रहण** कहलाता है और यह संग्रहण नए साहित्यों की संरचना, संस्कृति आदि में सार्थक और सक्रिय भूमिका निभाता है। जब ग्रहीता साहित्य में संग्रहण अलग-थलग दिखाई देता है और ग्रहीता साहित्य की संस्कृति अपनी अलग सत्ता बनाए होती है तो वह **भिन्न संग्रहण** कहलाता है।

अंतरसाहित्यिक संपर्कों या समानताओं के संदर्भ में अभिन्न और भिन्न अनूदित पाठों में अंतर करना सरल नहीं है। वास्तव में व्यक्तिनिष्ठ और वस्तुनिष्ठ कारणों के आधार पर प्रायः वे एक दूसरे का स्थान लेते रहते हैं अर्थात् एक दूसरे में बदलते रहते हैं। भिन्न संग्रहण उन कालों में सक्रिय होता है, जब साहित्यिक धाराएँ बदल रही हों या पुराने सिद्धांतों का स्थान नए मूल्य ले रहे हों। ऐसी स्थितियों में भिन्न संग्रहण पुरानी धाराओं या मूल्यों पर हावी हो जाते हैं और उनके स्थान पर अपने आपको स्थापित करने का प्रयास करती हैं। इस में भिन्न संग्रहण नई साहित्यिक धाराओं या प्रक्रियाओं को चुनौती देते दिखाई पड़ते हैं। इस प्रकार भिन्न अनूदित पाठ सक्रिय और निष्क्रिय संग्रहण का कार्य भी करते हैं। सक्रिय संग्रहण पुरानी धाराओं और सिद्धांतों को पूर्णतया नकारते हैं और अंतरसाहित्यिक संदर्भ में वे पेरोडी या उपहास के रूप में उभर कर आते हैं। मूल पाठ के संदर्भ में अभिसारी और अपसारी संग्रहण अंतरसाहित्यिक संबंधों में प्रायः ऐसे अनूदित पाठ मिलते हैं, जो मूल पाठ के काफी निकट होते हैं, किंतु वे ग्रहीता साहित्य में न तो सक्रिय होते हैं और न ही सर्जनात्मक होते हैं। ऐसे संग्रहण को मूल पाठ के संदर्भ में **अभिसारी संग्रहण** कहा जाता है। वस्तुतः ऐसे संग्रहण ग्रहीता साहित्य में अपनी निष्क्रियता के कारण जड़ बन जाते हैं और ग्रहीता साहित्य की अंतरसाहित्यिकता में उनकी भूमिका नगण्य होती है। ऐसा भी होता है कि अनूदित पाठ के कुछ अंश मूल पाठ से अलग-थलग तो होते हैं, किंतु वे ग्रहीता साहित्य के अभिन्न अंग बन जाते हैं। अनूदित पाठ के ये संग्रहण **अपसारी संग्रहण** कहलाते हैं। मूल पाठ के प्रति ये वफादार तो नहीं होते, किंतु

ग्रहीता साहित्य में अत्यधिक सक्रिय भूमिका निभाते हैं। नई साहित्यिक संस्कृति में अपसारी संग्रहण सक्रिय भूमिका निभाता है और अपने में आए परिवर्तन के कारण नए साहित्य को समृद्ध करता हैं या उसमें नए साहित्यिक तत्त्व, धाराएँ या कथानक आदि पैदा करने में सहायक होता है। वास्तव में अपसारी संग्रहण ग्रहीता साहित्य में पूर्णतया परिवर्तन ले आता है और उनमें अनेक प्रकार की नई प्रक्रियाओं को जन्म देता है। नए साहित्य की संस्कृति में अपसारी अनूदित पाठ साहित्यिक चोरी, शैलीगत नकल, अनुकूलन आदि संग्रहणों की तुलना में काफी महत्त्वपूर्ण हो जाता हैं। मूल पाठ का सांस्कृतिक स्तर कुछ सीमा तक नीचे उतरकर आ जाता है और इस प्रकार अनूदित पाठ मूल पाठ से अलग जा पड़ता है। तुलनात्मक साहित्यशास्त्री मूल पाठ के संदर्भ में इसे अपसारी संग्रहण कहते हैं और ग्रहीता साहित्य के संदर्भ में इसे अभिन्न संग्रहण कहते हैं।

जब कोई कृति या उसका लेखक अपने ही साहित्य की सीमाओं में बंधे रहने के कारण वैसी ख्याति प्राप्त नहीं कर पाता, जैसी कि वह किसी अन्य साहित्य में अनूदित होने के कारण पा लेता है। विशेषकर, तब जब ग्रहीता साहित्य पहले से ही पर्याप्त रूप से उच्च स्तर पर हो, किंतु इस तरह का साहित्यिक सम्मिलन नहीं हो पाता। वस्तुतः इसकी कोई एक दिशात्मक प्रक्रिया नहीं है। मूल रचना या लेखक का स्तर तभी ऊपर उठता है, जब उस रचना या लेखक में प्राप्त रचनात्मक संभावनाएँ विद्यमान हों। संभवतः ग्रहीता साहित्य में इन संभावनाओं को अनुकूल सांस्कृतिक वातावरण मिल जाता है और वे अपनी शक्ति और संभावनाओं से नए साहित्य में उत्कर्ष पा लेती हैं, किंतु इस प्रकार की साहित्यिक उत्कर्ष प्राप्त करने वाले साहित्यों के लिए लाभदायक होता है। इस प्रक्रिया में प्राप्य पाठ को तो उत्कर्ष मिलता ही है, किंतु उसकी शक्ति और संभावनाओं के कारण ग्रहीता साहित्य भी लाभान्वित हो सकता है। उसके लिए संग्रहण ताजी हवा का एक झोंका बन कर आ सकता है और उसे नए आयाम, नए बिंब या नए अंलकार प्रदान कर सकता है।

अंतरसाहित्यिक संबंधों में जब अनूदित पाठ कोई विशेष योगदान नहीं करता, तब अत्यधिक निष्क्रिय स्थिति आ जाती है। वह पाठ न तो मूलपाठ से दूर जाता है और न ही पाने वाले सांस्कृतिक वातावरण में कोई हलचल पैदा करता है। इसका अभिप्राय यह हुआ कि ऐसी प्राप्य कृति या संग्रहण लाभदायक भी हो सकता है और हानिकारक भी। लाभदायक इस अर्थ में कि वह मूल या ग्रहीता साहित्य में किसी प्रकार का बदलाव या साहित्यिक सांस्कृतिक प्रक्रिया को नहीं छेड़ता और यथास्थिति को बनाए रखता है।

नवीन संवेदन तथा नवचेतना का स्रोत अनूदित पाठ : आधुनिक युग में विश्व सिकुड़ गया है, क्योंकि सूचना क्रांति और इंटरनेट के युग में विश्व के विभिन्न भागों के लोगों के बीच कुछ ही क्षणों में संपर्क स्थापित हो सकता है। इसके साथ-साथ उनके इस संवाद में उनके सांस्कृतिक धरोहर का भी आदान-प्रदान होता है। संवाद के इस प्रवाह में अनुवाद महत्त्वपूर्ण भूमिका निभाता है, विशेषकर जब भिन्न-भिन्न

भाषाओं के वाहकों के बीच संपर्क हो। तुलनात्मक साहित्यशास्त्रियों ने अंतरसाहित्यिक संबंधों में मध्यस्थों के अनेक रूपों को परिभाषित करने का प्रयास किया है। इन सब रूपों के बनने-बिगड़ने में अनुवाद की विशिष्ट भूमिका रहती है। सिद्धांतशास्त्री अनुवाद को सामान्यतः साहित्यिक ऋणों या नकल का माध्यम मानते रहे हैं, किंतु उन्होंने अंतरसाहित्यिक संगम में अनुवाद की संभावित भूमिका की ओर विशेष ध्यान नहीं दिया। सच तो यह है कि अनुवाद ही ऐसा माध्यम है, जो लोगों के सांस्कृतिक सदर्भों को नए वातावरण में पहुँचाता रहता है। वास्तव में मूल रचना एक बार प्रकाशित होने पर अंतिम रूप ले लेती है। उसमें न तो कोई परिवर्तन किया जा सकता है और न ही कोई सुधार या संशोधन, किंतु अनुवाद से मूल रचना के अनेक संस्करणों की रचना हो सकती हैं, जो अनेक कालों और देशों में अपना-अपना रूप लिए होते हैं। अनुवादक की यह विशेषता है कि वह मूल रचना को नया जन्म दे सकता है। नई साहित्यिक संस्कृति में जाकर अनुवाद से नई-नई प्रेरणाएँ, नए-नए कलात्मक विचार, नई-नई शैलियाँ और शिल्प जन्म लेते हैं और इनसे संस्कृति का वैश्वीकरण हो सकता है।

यह ध्यान दिलाना आवश्यक है कि उपर्युक्त कार्य अनुवादक अनेक विधियों से करता है। मूल कृति के नवजन्म या उसके वैश्वीकरण के अनेक उदाहरण मिलते हैं। कई बार ऐसा भी देखा गया है कि लेखक को यह अनुभव भी नहीं होता कि किसी दूसरे की कृति को अपनी रचनाओं में नया जन्म दे रहा है। यह सर्वविदित है कि रूसी लेखक कृलोफ के किस्से फ्रांसीसी लेखक ला फोनतेन के किस्सों का पुनर्निर्मित रूप है, किंतु मूल किस्सों का कृलोफ के किस्सों में रूपांतरण इतने सूक्ष्म रूप में हुआ है कि आज रूसी साहित्य के मर्मज्ञ विद्वान भी उन्हें पहचान नहीं पाते। वस्तुतः फ्रांसीसी साहित्य के सांस्कृतिक धाराओं का रूसी साहित्यिक वातावरण में इस प्रकार नव-जन्म हुआ कि आज यह कहना कठिन है कि कृलोफ के किस्से फ्रांसीसी हैं या रूसी, किंतु इसका यह अर्थ न समझा जाए कि कृलोफ नकलची साहित्यकार था। वास्तव में उसमें पर्याप्त सर्जनात्मक शक्ति थी, जिससे रूसी साहित्य में काव्यात्मक प्रतिबिंबों और आलंकारिक आन्दोलनों का दौर शुरू हुआ। इस संदर्भ में महान रूसी कवि अलेक्सांद पुश्किन ने भी कहा है कि इन किस्सों में "रूसी आत्मा बसी हुई है। इसमें हमें रूस की सुगंध आती है।" तुलनात्मक साहित्य के विद्वान ज्युरीश्न ने भी कहा है "कृलोफ के किस्सों में अपनी काव्यात्मकता है। उनका अपना काव्यशास्त्र है और उस का महत्त्व महान है।" ध्यान देने की बात यह है कि कृलोफ के किस्से रूसी साहित्य तक ही सीमित नहीं रहे। अनुवाद के माध्यम से उन्होंने अन्य स्लाव और यूरोपीयन साहित्यों की भी रचना की। इससे सांस्कृतिक संगम और वैश्वीकरण की प्रक्रिया को विशेष बल मिला। इस प्रकार अनुवाद की बदौलत मूल विचार और संस्कार विश्व के नए-नए वातावरणों में पहुँचते ही रहते हैं। इसी संदर्भ में रूसी कवि वसीली जुकोव्स्कि ने रूसी लेखक गोगल को अपने एक पत्र में लिखा था "मेरी

रचनाओं में या तो सब कुछ दूसरों से लिया गया है या वे दूसरों की रचनाओं के साए में लिखा गया है। फिर भी, यह सब मेरा अपना है, और किसी का नहीं।'' जुकोव्स्कि के इस कथन में काफी दम है, क्योंकि उसकी रचना में प्रारंभिक प्रेरणा चाहे बाहर से आई हो, किंतु उनका रूसी साहित्य में रचा जाना जुकोव्स्कि की प्रतिभा के बिना संभव नहीं था। जुकोव्स्कि ने जर्मन कवि ब्यूर्गर, शीलर, गेटे और अंग्रेजी कवि गोल्डस्मिथ, वाल्टर स्कॉट, कैंबेल आदि अनेक विदेशी साहित्यकारों का रूसी भाषा में अनुवाद किया। जुकोव्स्कि ने भारतीय कथा 'नल-दमयंती' का भी रूसी में अनुवाद किया। इससे स्पष्ट होता है कि अनुवाद किस प्रकार नई रचनात्मक धाराओं को जन्म देता है, जिसके कारण साहित्यिक प्रेरणाओं और संवेदनाओं का संगम अथवा सम्मिलन होता है।

जुकोव्स्कि ने भारतीय कथा 'नल-दमयंती' के रूसी अनुवाद को कविता का रूप दिया है। इस कविता में भारतीय संस्कार, बिंब, अलंकार, उपमाएँ और प्राकृतिक चित्र हैं। इन चित्रों में घाटी के सौंदर्य, भारतीय उषाकाल का सौंदर्य, भारतीय दुलहिन का रूप, चमकते हुए सितारों का जो चित्रण किया गया है, उससे कवि अभिभूत हो जाता है और वह सुंदर कविता की रचना कर देता है। इस प्रकार अनुवाद से कवियों और रचनाकारों में सर्जनात्मक उर्मियाँ पैदा होती हैं, जिससे सांस्कृतिक संगम का निर्माण होता है। सन् 1786 में वालकोट ने कालिदास के 'अभिज्ञान शाकुंतलम' का अनुवाद किया। जब यह अनुवाद परंपरा रूस तक पहुँची तो उसके आधार पर रूसी कवियों ने अनेक कविताओं और कहानियों की रचना की। सन् 1847 में एक रूसी कवि अफनासि फेयत ने 'शकोंतला' नामक कविता की रचना की। इसी प्रेरणा से अपालोन माएकव ने 'गंगा के किनारों पर नहाती युवतियाँ' (1862), सिम्योन नात्सन ने 'बुद्ध की तीन रातें' (1885), 'बुद्ध के तीन अनुभव' (1885), कंसत्नची बालमोन की कविता 'माया'(1899), 'भारतीय भावना' (1899), 'तीन बुद्धिमान भारतीय' वलिरि ब्रुसोव की कविताएँ इवान बूनिन की कविताएँ, 'अग्नि' (1903-1906), 'हिन्दमहासागर' (1916) आदि रचनाएँ प्रणीत हुईं। इसी संदर्भ में यह कहना असमीचीन न होगा कि भारतीय वैदिक साहित्य के अनुवाद से पश्चिम के दर्शन, संस्कृति और सौंदर्य बोध में अत्यधिक परिवर्तन हुआ है। यह सर्वविदित है कि भारत की 'पंचतंत्र' की कहानियों का अनुवाद यूरोप के कथा साहित्य के विकास का प्रबल प्रेरणास्रोत रहा है।

मूल पाठ और अनूदित पाठ के बीच के संबंध को तुलनात्मक साहित्यशास्त्रियों ने 'द्विसाहित्यिकता' की संज्ञा दी है, जिसमें साहित्यों की शैलीपरक और सांस्कृतिक व्याख्या होती है। अनुवाद प्रक्रिया में अनूदित रचना का स्वरूप अनेक प्रकार के परिवर्तनों के फलस्वरूप उभरकर आता है। यह परिवर्तन या तो 'मूल रचना के भाषिक सम्मोहन जादू' का परिणाम होता है, या वह दो साहित्यों के बीच देश-काल के अंतरालों और सांस्कृतिक स्वरूपों का कारण बनता है। अंतरसाहित्यिक अनुवाद

प्रक्रिया में शैलीपरक परिवर्तन भी होते हैं। इसी संदर्भ में पोपोविच का कथन है कि अनुवाद के प्रत्येक तथ्य को, चाहे वह भाषापरक हो या विषयपरक शैलीपरक प्रक्रिया के अंतर्गत देखा जाना चाहिए, क्योंकि अनुवादक का केंद्रबिंदु मूल रचना के लिए पर्याप्त शैलीपरक पर्यायवाची शब्द या अभिव्यक्तियों की खोज करना होता है। पोपोविच ने अनुवाद की प्रक्रिया में होने वाले शैलीपरक परिवर्तनों को ऐसे शैलीपरक समरूपता और शैलीपरक संवर्धन दो श्रेणियों में रखा है।

(क) शैलीपरक समरूपता : अनुवादक मूल पाठ की विषयवस्तु और संरचनात्मक तत्त्वों के पयार्यवाची शब्द और अभिव्यक्तियाँ खोजता है। मूल पाठ की अधिकतर विशिष्टताएँ अनूदित रचना में विकृत नहीं होती। पोपोविच ने अंग्रेज़ी कवि बायरन की कविताओं का रूस के महान प्रतीकवादी कवि अलेक्सांदर ब्लॉक द्वारा किए गए अनुवादों का उदाहरण देते हुए यह दिखाने का प्रयास किया है कि मूल और अनूदित रचनाओं में शैलीपरक संरचना किस प्रकार की और किस स्तर की होनी चाहिए। यह स्पष्ट है कि अनुवादक अपने अनुवाद में महान कवि की मूल कविता की न केवल शैलीपरक संरचना बनाए रखने में सफल होता है, बल्कि तुकांत अनुवाद करके किसी गौण कवि की कविता को भी शक्तिशाली कविता में परिवर्तित कर देता है। इसमें थिरकती-धड़कती प्रकृति की पृष्ठभूमि में अनेक प्रकार के बिंब जीवंत हो उठते हैं। ऐसे ही सफल प्रयासों यानी सुंदर अनुवादों के बदौलत अंग्रेज़ी और भारतीय सांस्कृतिक संवेदनाओं का एक उदाहरण द्रष्टव्य है :

मूल पाठ

In Xanadu did kubla khan
A stately pleasure-dome decree:
Where Alph, the sacred river, ran
Through canverns measureless to man
Down to a sunless sea.
So twice five miles of fertile ground
With walls and towers were girdled round:
And there gardens bright with sinuous rills,
Where blossomed many an incense-bearing tree;
And here were forests ancient as the hills,
Enfolding sunny spots of greenery.
But oh! that deep romantic chasm which slanted
Down the green hill athwart a cedarn cover!
A savage place! as holy and enchanted

As e'er beneath a waning moon was haunted
By woman wailing for her demon-lover!
And from this chasm with ceaseless turmoil seething,
As if this earth in fast thick pants were breathing,
A mighty fountain momentarily was forced:
Amid whose swift half-intermitted burst
Huge fragments vaulted like rebounding hail,
Or chaffy gain beneath the thresher's flail:
And mid these dancing rocks at once and ever
It flung up momently the sacred river.
Five miles meandering with a mazy motion
Through wood and date the sacred river ran,
Then reached the caverns measureless to man,
And sank in tumult to a lifeless ocean:
And mid this tumult Kubla heard from far
Ancestral voices prophesying war!
The shadow of the dome of pleasure
Floated midway on the waves,
Where was heard the mingled measure
Form the fountain and the caves.

(S T Coleridge)

अनूदित पाठ

गहन गुफ़ाओं में से होकर सागर की गहराई तक
जहाँ पवित्र एल्फ़ है बहता
ज़ेनेडू में कुबला खाँ ने ऐश महल बनवाया एक
दीवारों-मीनारों से गई
घेरी उर्वर भूमि विशाल
कल-कल झरने बहते थे जहाँ बाग़ों की थी छटा कमाल
जहाँ सुगंधित पेड़ हजारों, जहाँ थे जंगल बड़े कदीम
हरी घास पर कहीं कहीं धूप भी करती अठखेली
ऐसी जगह थी अलबेली
वाह-वाह लेकिन खाई वो गहरी
भेद भरी, रोमानी अद्भुत

पर्वत से ढलती थी वो जो पेड़ों के झुरमुट के पार!
अति पावन जादुई स्थल वो वन प्रांतर का
ढलते चाँद तले इक महिला
विरह वियोग में इक दानव के
जहाँ रुदन करती फिरती थी
हाँफ रही हो धरती जैसे
ऐसे ही इस खाई में से
लगातार जो खौल रही थी
शोर मचाता और मचलता
फूटा एक अचानक झरना
जिसके उछलते पानी में से रह-रह उठते गिरते थे
गिरते-उछलते ओलों जैसे,
भुस की तरह उछलते या थे
बड़े-बड़े चट्टानी टुकड़े,
और उछलता साथ ही उनके
फूट के निकला पावन दरिया
पाँच मील तक बल खाता जो
जंगल-घाटी में इठलाता
गहन गुफ़ाओं में से होकर
गहरे सागर में गिर जाता
ऐश की परछाईं थी
नदी की लहरों पर लहराती,
झरने और गुफ़ा से उसमें
मिला-जुला संगीत था सुनता
जगमग धूप थी और गुफाएँ बर्फीली भी
एक साथ थी जिसमें, ऐसा
ऐश महल था एक अजूबा

(कुलदीप सलिल)

मूल पाठ में अंग्रेजी के महाकवि एस.टी. कॉलरिज की स्वप्निल कविता 'कुबला खाँ' में कुबला खाँ का जो चित्रण किया गया है, उसमें अनुवादक ने हिन्दी अनुवाद में काव्यात्मक समतुल्यता बनाए रखने के लिए कुछ तत्त्वों को जोड़ा है और कुछ को छोड़ा है। इससे अनुवाद की अपनी शैली विकसित हुई है और कविता की साहित्यिकता और सर्जनात्मकता में वृद्धि हुई है। यही शैलीपरक समरूपता है।

(ख) शैलीपरक संवर्धन : अनुवाद प्रक्रिया में सामान्यतः यह देखा गया है कि मूल पाठ की तुलना में अनूदित रचना में जानबूझ कर संवर्धन करते हैं या बढ़ा-चढ़ाकर रचना के तत्त्वों का अनुवाद में प्रस्तुत करते हैं। ऐसा अनुवादकों के सौंदर्यबोध के रुझानों या अन्य कारणों से हो जाता है। मूल रचना साहित्य के यथार्थवादी धारा से संबंध रखती किंतु अनुवाद में वह छायावादी शैली के निकट पहुँच जाती है। इस तरह के बदलाव या भटकाव के कारण अनूदित कृति ग्रहीता साहित्य का संवर्धन कर भी सकती है और नहीं भी। किंतु मूल पाठ के लिए ऐसी कृति घातक सिद्ध होती हैं। कई बार अनुभवी अनुवादक भी अपने शैलीपरक रुझानों के दबाव में आकर मूल कृति की साहित्यिक शैली में संवर्धन करते हैं या उसे अपनी विशेष शैली के अंतर्गत रेखांकित करते हैं। फारसी कवि उमर ख्य्याम की रुबाइयों के सुविख्यात अंग्रेजी अनुवादक फिट्ज़जेराल्ड ने इ.बी. क्रोबल को पत्र में लिखा कि कितने आश्चर्य की बात है कि मैंने फ़ारसी कवियों का अनुवाद करते हुए कितनी छूट ली है। ये इतने बड़े कवि नहीं हैं कि वे इसका विरोध करें, क्योंकि इनकी इच्छा रहती है कि इससे उनकी कला संवरती है। इन शब्दों से स्पष्ट हो जाता है कि फिट्ज़जेराल्ड ने फ़ारसी कवि उमर ख्य्याम की रुबाइयों का साहित्यिक संवर्धन किया है। यही बात पश्चिम में रवींद्रनाथ टैगोर की 'गीताजंलि' के बारे में कहा गया है कि रवीन्द्रनाथ ने 'गीतांजलि' का जो अनुवाद अंग्रेज़ी में किया था, उसमें उन्होंने अंग्रेजी की शैली, बिंबविधान, उसकी अलंकार-योजना, उसका भाषा व्यवहार मूल पाठ की अपेक्षा इडवाडियन काव्यशास्त्र के अनुरूप लेने का सचेतन प्रयास किया था और इसी लिए अनूदित पाठ पर उन्हें नोबेल पुरस्कार प्राप्त हुआ था।

शैलीपरक समरूपता और शैलीपरक संवर्धन के अतिरिक्त अनुवाद में **शैलीपरक स्थानापन्न** की भी विशेष भूमिका होती है, जो तथ्यपरक और सूचनापरक साहित्य में अपना विशिष्ट स्थान रखती है। यह स्थानापन्न एक प्रकार का शाब्दिक अनुवाद है। कभी-कभी अनुवादक, विशेषकर तब जब वह साहित्यिक शैलियों या अनुवाद कला में पर्याप्त रूप से दक्ष न हो पाया हो, मूल पाठ के आलंकारिक अन्य तत्त्वों को पर्याप्त ढंग से अनूदित करता है। वह प्रायः शब्दों या अभिव्यक्तियों का यांत्रिक स्थानापन्न करता है और ऐसे शब्दों या अभिव्यक्तियों का शब्दकोशीय अर्थ संस्थानापन्न कर देता है जिनका उसे पर्याप्त रूप से सही पर्याय नहीं मिलता। प्रशासन और जनसंचार के क्षेत्र में कई ऐसे अनुवाद होते हैं, जो बहुत ही अशुद्ध होते हैं। वास्तव में उनमें भाव पर ध्यान न देकर मात्र शब्दों पर ध्यान दिया जाता है; जैसे—The letter is under issue के लिए 'पत्र निर्गमाधीन है' और Exchange of Fire के लिए 'गोलियों का आदान-प्रदान'। इस प्रकार के यांत्रिक अनुवाद यानी मूल पाठ के शब्दों के शब्दकोशीय अर्थों द्वारा स्थानापन्न करने के अनेक उदाहरण दिए जा सकते हैं। कहने की आवश्यकता नहीं कि अनुवाद की प्रक्रिया में सांस्कृतिक और ऐतिहासिक अज्ञान के कारण ही इस शैलीपरक स्थानापन्न का जन्म होता है, किंतु शैलीपरक स्थानापन्न

एक व्यक्ति-निरपेक्ष प्रक्रिया है, जो सूचनापरक साहित्य को मूलपाठ के अनुसार निष्पन्न होता है किंतु यह भी सही कि साहित्य, संस्कृति, इतिहास का अपर्याप्त ज्ञान इसके स्वरूप को बिगाड़ भी देता है।

यह भी देखा गया है कि अनुवादकों की शैलीगत विशिष्टताओं के कारण मूल पाठ में साहित्यिक संस्कृति को प्रायः काफी हद तक धूमिल होना पड़ता है। यह व्यक्तिपरक शैलीकरण है, जिससे अनुवादक मूल पाठ में अपने व्यक्तित्व को आप छोड़ देता है। हरिवंश राय बच्चन द्वारा शेक्सपियर के 'मेकबेथ' के हिन्दी अनुवाद का एक उदाहरण देखा जा सकता है :

मूल पाठ :

Will all great Naptune's ocean wash this blood
Clean from my hand? No, this my hand will rather
The multitudinous seas incarnadine,
Making the green - one red.

अनूदित पाठ :

जो मेरे हाथों में खूब लगा उसको तो
महावरुण का सारा पारावार नहीं धो
सकता। यही नहीं ये मेरे हाथ करेंगे
उच्छल फेनोवसित जलधि को भी रक्तारुण
जो कि हरा है, लाल बनेगा।

उपर्युक्त अनुवाद में Naptune, ocean, multitudinous seas का क्रमशः "महावरुण, पारावार और उच्छल फेनोवसित जलधि" आदि शब्दों को जो अनुवाद हरिवंश राय बच्चन ने किया है, उसमें प्राकृतिक प्रक्रियाओं को छायावादी रूप देने की दृष्टि मिलती है। इसके अतिरिक्त बच्चन की हालावादी कथन शैली से ऐसे शब्दों का चयन किया गया है, जिनमें छायावादी उपमाएँ हैं। इस प्रकार हरिवंश राय बच्चन ने शेक्सीपियर की शैली को अपनी व्यक्तिगत शैली में ढालने का प्रयास किया है। वास्तव में अनुवाद में अस्वाभाविक चयन या असाहित्यिक कारणों से थोपे गए चयन अक्सर ग्रहीता साहित्य में असामयिक या बाँझ तत्त्व बनकर रह जाते हैं। ग्रहीता साहित्य में वे घुलते-मिलते नहीं, बल्कि वितृष्णा पैदा करते हैं। इसी कारण ग्रहीता साहित्य में इनकी भूमिका नकारात्मक हो जाती है। वे भिन्न-भिन्न साहित्यों को एक दूसरे के निकट लाने के बजाय एक-दूसरे से अलग करते हैं और उनके बीच दूरी बढ़ाते हैं।

अनुवादक को प्रायः मूल पाठ और लक्ष्य भाषा के साहित्य की संस्कृतियों के बीच लंबे-लंबे ऐतिहासिक अंतरालों से जूझना पड़ता है। ये अंतराल साहित्यिक आन्दोलनों, धाराओं, संवेदनाओं, तनावों आदि के रूप में भी हो सकते हैं, किंतु अनुवादक के लिए ऐतिहासिक अंतराल इन सबके लिए चुनौती पैदा करते हैं। कई बार अनुवादक को ऐसा पाठ अनूदित करना पड़ता है, जो वर्तमान संस्कृति से काफी दूर हटा होता है। ऐसी स्थिति में इन खाइयों को पाटने के लिए अनुवादक को कुछ ऐसी तकनीकों या विधियों का सहारा लेना पड़ता है, जिन्हें साहित्यिक संस्कृतियों का 'ऐतिहासिकीकरण' और 'आधुनिकीकरण' कहा जा सकता है। भारतीय संदर्भ में जो पौराणिक और ऐतिहासिक अर्थ लिए होते हैं, उनका भी आधुनिकीकरण होता है। अतः अनुवाद-समीक्षक को अनुवाद में अशुद्धियाँ और त्रुटियाँ ढूँढ़ते हुए अपनी सीमा नहीं लाँघनी चाहिए। यहाँ मात्र त्रुटियों की बात नहीं है, वास्तव में अगर अनुवादक मूल पाठ की ऐतिहासिक और सांस्कृतिक विशेषताओं को नजरअंदाज करता है तो वह अनूदित पाठ मूल पाठ से कई मायनों में दूर हो जाता है।

यह भी ध्यान में रहे कि अनुवाद प्रक्रिया में अनुवाद के लिए अनुवादक का पहला कदम मूल पाठ का चयन होता है। पोपोविच का कहना है कि "अनुवाद के लिए मूल पाठ का चयन उतना ही महत्त्वपूर्ण है जितना कि किसी मूल रचना के लेखक द्वारा विषय चुनना।" अनुवाद के लिए मूल पाठ का चयन व्यक्तिनिष्ठ और वस्तुगत कारणों से होता है। इनमें सामाजिक, सांस्कृतिक, राजनैतिक, साहित्यिक, आर्थिक आदि बाहरी कारण भी हो सकते हैं। इसके अतिरिक्त लक्ष्य भाषा अनूदित मूल पाठ के प्रति साहित्यिक विधाओं, शैलियों और सौंदर्यबोधपरक मान्यताओं और मूल्यों पर आधारित दृष्टियाँ भी इस चयन में विशिष्ट भूमिका निभाती हैं।

अनुवाद प्रक्रिया में कई बार दो प्रकार के शैलीगत अतिवाद दिखाई देते हैं : एक, अनुवादक अपने अनुवाद को पाठकों के रुझान के निकट लाने के प्रयास में मूल पाठ का शैलीगत स्वरूप बिगाड़ देता है और दो, मूल पाठ के प्रति आवश्यकता से अधिक वफादार रहने की दृष्टि से लक्ष्य भाषा के पाठकों और साहित्यिक संस्कृति को नजरअंदाज कर देता है। दोनों स्थितियों में अनुवाद लक्ष्य भाषा के साहित्य की संस्कृति में सार्थक भूमिका निभा नहीं पाता। इस प्रकार के अनुवादों से मात्र सतही साहित्यिक संबंध पैदा होते हैं और वे अंतरसाहित्यिक संदर्भ में पूर्णतया बाँझ प्रक्रिया की भाँति कार्य करते हैं। अंतरसाहित्यिक संगम में इनकी कोई भूमिका नहीं होती। यदि अनुवाद ग्रहीता साहित्य के सांस्कृतिक वातावरण में विरोधी तत्त्व ले आता है और यदि वे उस वातावरण में घुल-मिल नहीं जाते तो वे पराए या विदेशी तत्त्व के रूप में बने रहते हैं। अच्छा अनुवादक दोनों प्रकार के अतिवादों से बचता है और अंतरसाहित्यिक समरसता बनाए रखने का प्रयास करता है। इसीलिए अनुवादक के सामने गंभीर चुनौतियाँ हैं और उसका उत्तरदायित्व बढ़ जाता है।

इस प्रकार उपर्युक्त विवेचन से यह स्पष्ट हो जाता है कि तुलनात्मक साहित्य में मानव जातियों और समाजों, मानव मूल्यों, मानव साहित्यों तथा संस्कृतियों के संगम में अनुवाद की भूमिका सार्थक होती है और सार्वभौमिक तत्त्वों को उजागर करने में समर्थ होती है। तुलनात्मक साहित्य भी अनुवाद की विशिष्टता, प्रभावोत्पादकता, उसकी महत्ता और उपयोगिता को स्पष्ट करने में कारगर भूमिका निभाता है। इसीलिए अमरीका और कई यूरोपीय देशों के विद्वान यह महसूस करने लगे हैं कि अनुवाद का अध्ययन तुलनात्मक साहित्य के अंतर्गत एक शाखा के रूप में न रखा जाए, वरन् तुलनात्मक साहित्य का अध्ययन अनुवाद अध्ययन के अंतर्गत रखा जाए। इससे अनुवाद चिंतन में अधिक गहनता और व्यापकता आएगी और तुलनात्मक साहित्य तथा अनुवाद का विकास एक-दूसरे के लिए सहायक सिद्ध होगा।

भाषा शिक्षण और अनुवाद

भाषा शिक्षण एक अनुप्रयोगात्मक विधा है। अनुप्रयोग होने के कारण इसमें उद्देश्य निहित रहता है। वास्तव में भाषा किसी-न-किसी विशेष उद्देश्य या प्रयोजन के लिए सीखी-सिखाई जाती है। जब तक भाषा शिक्षण के उद्देश्य और प्रयोजन निर्धारित नहीं होते, उसकी सार्थकता और संप्राप्ति को आँका नहीं जा सकता। भाषा शिक्षण की अपनी सिद्धि निर्धारित प्रयोजन की सिद्धि है, जो शिक्षार्थी-सापेक्ष होती है। हिन्दी भाषा शिक्षण के संबंध में देखा जाए तो उसके एक ओर एक ऐसा भाषाभाषी समुदाय है, जिसे न तो हिन्दी भाषा का ज्ञान है और न ही व्यक्तिपरक और सामाजिक आवश्यकताओं की पूर्ति के लिए जानना आवश्यक समझता है और दूसरी ओर एक समुदाय है, जो न केवल हिन्दी का सामान्य ज्ञान रखता है बल्कि उसके मानक रूप से भी परिचित है। इस दृष्टि से भाषा शिक्षण का संबंध मातृभाषा और अन्य भाषा शिक्षण दोनों से है। इन दोनों के संदर्भ में भाषा शिक्षण की प्रकृति और प्रणाली शिक्षार्थी की आवश्यकता, प्रयोजन और अभिप्रेरणा के कारण अलग-अलग हो जाती है।

अन्य भाषा शिक्षण के अंतर्गत द्वितीय भाषा के रूप में और विदेशी भाषा के रूप में शिक्षण होता है। अन्य भाषा शिक्षण में बोधन (श्रवण), पाठन, लेखन और भाषण चार कौशलों के शिक्षण की प्रक्रिया चलती है। मातृभाषा शिक्षण (अथवा प्रथम भाषा शिक्षण) में पाठन और लेखन दो कौशलों का शिक्षण होता है, जिसमें मातृभाषाभाषी को साक्षर बनाया जाता है। इस आधार पर मातृभाषा शिक्षण, द्वितीय भाषण शिक्षण और विदेशी भाषा शिक्षण की प्रणाली और प्रविधि में भिन्नता मिलती है। इन तीनों के परिप्रेक्ष्य में इन कौशलों के अध्ययन के लिए अलग-अलग विधियों और प्रविधियों का विकास हुआ है।

आज के बहुभाषी संदर्भ में अन्य भाषा सीखना न केवल व्यक्ति की सांस्कृतिक संपन्नता का प्रतीक है, वरन् यह आज की व्यावहारिक आवश्यकता भी बन गया है। अन्य भाषा को कोई व्यक्ति संपर्क भाषा के रूप में सीखना चाहता तो कोई शैक्षिक भाषा के रूप, कोई व्यक्ति अंतरराष्ट्रीय भाषा के रूप में सीखना चाहता है तो कोई तकनीकी विषय की जानकारी के लिए। इसके अतिरिक्त अन्य भाषा के ज्ञान से उस भाषा में प्रणीत साहित्य का रसास्वादन करने के साथ-साथ व्यक्ति यह भी चाहता है कि वह अन्य भाषा-भाषी के जीवन, परंपरा और संस्कृति को व्यापक स्तर पर समझ

सके। इस दृष्टि से भाषा शिक्षण की परंपरा सामने आई।

भाषा शिक्षण को व्यापक आधार पर उसकी प्रणाली को भी वैज्ञानिक आधार मिला। चूँकि भाषा शिक्षण का संबंध भाषा और भाषा अधिगम (Language Learning) दोनों से है। अतः यह स्वाभाविक है कि जहाँ भाषा अध्ययन संबंधी सिद्धांतों, नियमों या प्रणालियों का अनुप्रयोग भाषा शिक्षण पर होगा, वहाँ शैक्षिक सिद्धांत और प्रक्रिया का प्रभाव भी भाषा शिक्षण पर पड़ेगा। इन दोनों के सम्मिलन से भाषा शिक्षण के अपने सिद्धांत निर्धारित होंगे और अपनी प्रविधि और प्रणाली का विकास होगा। इस दृष्टि से भाषा शिक्षण के विभिन्न आयामों पर गहन चिंतन हुआ। इसमें भाषाविज्ञान, शिक्षाशास्त्र, मनोविज्ञान, व्यातिरेकी विश्लेषण, त्रुटि विश्लेषण आदि का भी विशेष योगदान रहा। इसी संदर्भ में कई शिक्षण विधियों का विकास हुआ है। सुविख्यात भाषाशिक्षण शास्त्री मैंके ने पंद्रह विधियों का उल्लेख किया है :

(1) प्रत्यक्ष विधि (Direct Method)
(2) स्वाभाविक विधि (Natural Method)
(3) मनोवैज्ञानिक विधि (Phychological Method)
(4) ध्वनिवैज्ञानिक विधि (Phonetic Method)
(5) वाचन विधि (Reading Method)
(6) व्याकरण विधि (Grammar Method)
(7) संकलन विधि (Electic Method)
(8) इकाई विधि (Unit Method)
(9) भाषा नियंत्रण विधि (Language Control Method)
(10) अनुकरणात्मक विधि (Mimicry-memorization Method)
(11) अभ्यास सिद्धांत विधि (Practice Theory Method)
(12) सजातीय विधि (Cognate Method)
(13) द्विभाषीय विधि (Dual Language Method)
(14) व्याकरण-अनुवाद विधि (Grammar-Translation Method) और
(15) अनुवाद विधि (Translation Method)।

इनमें प्रत्यक्ष विधि, व्याकरण विधि, व्याकरण-अनुवाद विधि और अनुवाद विधि प्रमुख मानी जाती हैं।

प्रत्यक्ष विधि सर्वाधिक श्रेष्ठ विधि मानी गई है। इसमें मातृभाषा को मध्यस्थ बनाए बिना शिक्षार्थी को अन्य भाषा सिखाई जाती है। इसमें मातृभाषा की सहायता नहीं ली जाती और शिक्षार्थी सीखी जाने वाली भाषा के सीधे संपर्क में आकर मौखिक अभ्यास के द्वारा भाषा सीखता है। शिक्षार्थी को ड्रिल के द्वारा लक्ष्य भाषा की संरचनाओं का अभ्यास कराया जाता है। वास्तव में वाक्यों को बार-बार सुनना, उनका अभ्यास करना और उन्हें आदत के रूप में ढाल लेना प्रत्यक्ष विधि है। इसमें न तो व्याकरण के नियमों

को याद करना पड़ता है और न ही अनुवाद की प्रक्रिया से गुज़रना पड़ता है। इसमें शिक्षार्थी को उस भाषा के माहौल से गुज़रना पड़ता है, जिसे वह सीख रहा है। वास्तव में व्यवहारवादी सिद्धांत के अनुसार इस विधि से भाषा को आदत के रूप में सीखा जाता है और विभिन्न व्यवहार-क्षेत्रों में भाषायी कौशल प्राप्त किया जाता है। इसमें भाषण कौशल के साथ-साथ पाठन और लेखन कौशल भी आसानी से सीखे जा सकते हैं।

व्याकरण विधि में शिक्षार्थी को पहले अन्य भाषा के व्याकरणिक नियम सिखाए और याद कराए जाते हैं। इसके बाद व्याकरणिक नियमों के आधार पर उसे शब्द-संयोजन और वाक्य-रचना को अभ्यास के रूप में ढाला जाता है। इस विधि की कमी यह है कि इससे शिक्षार्थी भाषा को स्वाभाविक रूप से नहीं सीख पाता और न ही वह भाषा का सही प्रयोग करने में दक्षता प्राप्त कर पाता है। वस्तुतः इससे शिक्षार्थी व्याकरण तो सीख जाता है, लेकिन भाषा नहीं सीख पाता।

व्याकरण-अनुवाद विधि बीसवीं शताब्दी के उदयकाल तक मान्य विधि थी। इसमें एक ओर, व्याकरणिक नियमों के आधार पर लक्ष्य भाषा अर्थात् अन्य भाषा का भाषायी विवरण प्रस्तुत किया जाता था और दूसरी ओर, मातृभाषा के साथ लक्ष्य भाषा में होने वाली अनुवाद प्रक्रिया भी होती थी। इसमें शिक्षार्थी को संज्ञा, सर्वनाम, विशेषण आदि शब्दरूप तथा कारक, काल, पुरुष, लिंग आदि व्याकरणिक कोटियों के नियम याद कराए जाते हैं और शब्दकोश की सहायता से भाषा का व्यावहारिक ज्ञान प्राप्त करने और संकल्पना-विभेदन करने के लिए द्विभाषी अनुवाद कराया जाता है। इस विधि की भी अनेक सीमाएँ हैं। इसमें सैद्धांतिक स्तर तक भाषा संबंधी ज्ञान रह जाता है और भाषा दक्षता पाठन और लेखन कौशल तक सीमित रह जाती है। इससे भाषा के जीवंत पक्षों की उपेक्षा हो जाती है। इसके लिए यह विधि भाषा के व्यवहार, प्रयोग और उसकी सर्जनात्मकता के साथ नहीं जोड़ पाती। इस विधि की अव्यावहारिकता के कारण ही भाषा शिक्षण में प्रत्यक्ष विधि का प्रादुर्भाव हुआ।

अनुवाद की प्रक्रिया भाषा अधिगम प्रक्रिया से जुड़ी हुई और अनुवाद की प्रक्रिया को बोधन तथा संप्रेषण की प्रक्रिया माना जाता है। इसलिए भाषा शिक्षण में अनुवाद विधि कारगर भूमिका निभाती है। भाषा शिक्षण को यदि विस्तृत रूप दिया जाए तो भाषा सीखने का अर्थ अनुवाद सीखना माना जा सकता है। वस्तुतः अनुवाद विधि मातृभाषा सापेक्ष है। इसमें पाठों का चयन व्याकरणिक जटिलता अर्थात् सुगम से जटिल वाक्यों के अनुक्रम में किया जाता है। इसमें पहले अन्य भाषा का मातृभाषा में और बाद में मातृभाषा से अन्य भाषा में अनुवाद की प्रक्रिया चलती है। इसमें व्याकरणिक नियम, असंबद्ध शब्द, शब्द-भेद की जानकारी और वाक्य अनुप्रयोग अनुवाद के माध्यम से कराया जाता है। इस विधि की भी अपनी सीमाएँ हैं। इस में दैनंदिन व्यवहार की भाषा के अनौपचारिक और आत्मीय रूपों का ज्ञान नहीं हो पाता। साथ ही, भाषा का प्रयोग करते हुए शिक्षार्थी का मस्तिष्क अनुवाद की प्रक्रिया में निरंतर संलग्न रहता है। इससे शिक्षार्थी को अन्य भाषा सीखने में व्याघात होता है।

अनुवाद प्रक्रिया मूलतः मानसिक प्रक्रिया है, जिसमें शिक्षार्थी के मन में अन्य भाषा से संबद्ध संकल्पनात्मक कोड स्थापित होता है। अन्य भाषा सीखते समय वह अपनी भाषा द्वारा स्थापित संकल्पना-शक्ति के आधार पर अन्य भाषा के प्रतीकों के पीछे पाई जाने वाली संकल्पना की तुलना करता है। दोनों भाषाओं की समानताओं और असमानताओं की तुलना करते हुए उनमें विभेदन भी करता रहता है। हिन्दी और अंग्रेजी सर्वनामों, हिन्दी और अंग्रेज़ी परसर्ग व्यवस्था, हिन्दी और अंग्रेजी लिंग-विधान आदि विभेदन इसके उदाहरण हैं। हिन्दी के मध्यम पुरुष सर्वनामों 'तू, तुम और आप' तथा अंग्रेज़ी के मध्यम पुरुष सर्वनाम You, हिन्दी के 'ने, को, से, में, पर' आदि परसर्ग तथा अंग्रेज़ी के to, from, in, on आदि पूर्वसर्ग व्यतिरेक दोनों भाषाओं के विभेदन में सहायक होते हैं। इस विभेदन में रूपपरक अर्थात् ध्वनि, रूप, शब्द, पदबंध, वाक्य आदि के व्याकरणिक नियमों का विभेदन और संदर्भपरक अर्थात् सामाजिक-सांस्कृतिक विभेदन दोनों का समावेश होता है। इस प्रकार शिक्षार्थी अन्य भाषा सीखते समय मातृभाषा और अन्य भाषा के नियमों में विभेदन करना सीखता है। इसके साथ ही लक्ष्यभाषा के व्याकरणिक नियमों और उसके सामाजिक सांस्कृतिक नियमों को अपने मन में आत्मसात् कर लेता है।

अब प्रश्न उठता है कि भाषा शिक्षण में अनुवाद की कितनी उपयोगिता है और किस मात्रा तक शिक्षार्थी को अनुवाद कराया जाए। इसमें संदेह नहीं कि भाषा शिक्षण में अनुवाद का अपना विशिष्ट स्थान है। बोधात्मक स्तर पर अनुवाद वाचन और लेखन कौशलों की दक्षता पैदा करने में सहायक होता है। इससे भाषा को ग्रहण करने में आसानी होती है।

यह स्पष्ट करना असमीचीन न होगा कि भाषा शिक्षण में अनुवाद का उपयोग उस हद तक आवश्यक है जहाँ वह दोनों भाषाओं की सामग्री (Data) प्रस्तुत करती है, इसलिए अनुवाद को भाषा शिक्षण की मुख्य विधि के रूप में प्रयुक्त न किया जाए। यदि इसे अन्य विधियों के साथ, विशेषकर प्रत्यक्ष विधि में, सहयोगी विधि के रूप में प्रयुक्त किया जाए तो यह कारगर भूमिका निभा सकती है। भाषा शिक्षण के प्रारंभिक चरण में इसका प्रयोग उचित नहीं होगा। भाषा के उत्तरवर्ती चरण में अनुवाद भाषायी संकल्पनाओं के विभेदन में कारगर भूमिका निभाता है। इसमें भाषायी और सामाजिक-सांस्कृतिक अभिव्यक्तियों और संकल्पनाओं को स्पष्ट करने में अनुवाद काफी काम करता है, लेकिन यह बात अवश्य है कि गलत अनुवाद का प्रयोग भाषा शिक्षण में घातक हो सकता है। वास्तव में अनुवाद अपने-आप में घातक तकनीक नहीं है, किंतु उसकी सही प्रवृत्ति को समझे बिना और उसके प्रयोग में सही संदर्भ को जाने बिना अनुवाद उपयोगी भूमिका नहीं निभा सकता। अतः भाषा शिक्षण में अनुवाद की प्रक्रिया और उसकी विशिष्टता को समझ लिया जाए तो उससे काफी हद तक सहायता मिल सकती है।

शब्दकोश और अनुवाद

अनुवाद में चार गुणों की आवश्यकता होती है–(1) स्रोत भाषा का अपेक्षित ज्ञान, (2) लक्ष्य भाषा का उत्तम ज्ञान, (3) मूल विषय का ज्ञान और (4) अभ्यास। इनमें से अभ्यास तो व्यक्ति-सापेक्ष हैं, किंतु स्रोत भाषा और लक्ष्य भाषा के ज्ञान के साथ-साथ विषय के ज्ञान के लिए साधनों और उपकरणों की आवश्यकता उसी प्रकार होती है, जिस प्रकार किसी भौतिक वस्तु के निर्माण के लिए औज़ारों और हथियारों की ज़रूरत होती है।

वास्तव में भाषाओं के अच्छे ज्ञाता होने के बावजूद भाषा के समस्त शब्दों के अर्थ प्रयोगों के ज्ञान की अपेक्षा किसी से नहीं की जा सकती। अतः स्रोत भाषा से लक्ष्य भाषा में अनुवाद करते समय अनुवादक को कई कठिनाइयों का सामना करना पड़ता है। कई बार मूल पाठ अपेक्षाकृत अप्रचलित शब्दों का प्रयोग होता है और उनके अनुवाद के लिए सही अर्थ खोजना आवश्यक होता है। कई बार किसी शब्द का अर्थ संदर्भ-विशेष में अलग छटा लिए होता है। अतः उसका समुचित और सटीक अर्थ सुनिश्चित करने का प्रयारा होता है। इन स्थितियों में स्रोत भाषा के एक भाषी शब्दकोश की आवश्यकता पड़ती है।

मूल लेखक अपनी कृति में स्रोत भाषा के मानक रूप के स्थान पर कई बार उपभाषा (या slang) अथवा बोली का प्रयोग कर देता है। इस प्रयोग के अर्थ के लिए संबद्ध उपभाषा अथवा बोली कोश का अध्ययन करना पड़ता है। साथ ही, सांस्कृतिक भिन्नता के कारण अनुवादक को कई बार मुहावरेदार प्रयोग में तथा भाषा प्रयोगों के पीछे सांस्कृतिक परंपरा होने के कारण उसमें स्पष्टता लानी पड़ती है, इसलिए उसे कभी-कभी संस्कृति कोश और पुराण कोश का अध्ययन करना पड़ता है।

स्रोत भाषा के शब्द का लक्ष्य भाषा में समतुल्य शब्द का ज्ञान न होने पर सामान्यतः द्विभाषी कोश की सहायता लेनी पड़ती है। किसी शब्द के अनेक पर्यायों में अर्थ का सूक्ष्म अंतर निहित रहता है और कई बार स्रोत भाषा के एक शब्द के लिए लक्ष्य भाषा में अनेक समतुल्य शब्द मिलते हैं। इस स्थिति में भाषा के शब्द का सूक्ष्म तथा सटीक अर्थ समझने के लिए और लक्ष्य भाषा में समुचित समतुल्य पर्याय का चयन करने के लिए 'थिसॉरिस' तथा पर्यायकोश बहुत सहायक और उपयोगी सिद्ध होते हैं।

विषय-विशेष या कार्यक्षेत्र की पारिभाषिक शब्दावली के लिए द्विभाषिक कोश के साथ-साथ विषय-विशेष का कोश अथवा संबद्ध पारिभाषिक शब्दावली का प्रयोग करना पड़ता है। इससे कई बार मानक पारिभाषिक शब्द का चयन करने में आसानी होती है। कई बार विषयवस्तु में कुछ ऐसी संकल्पनाएँ भी आ जाती हैं, जो अनुवादक के लिए अपरिचित या अज्ञात होती हैं। इस कारण विषय के साथ पूर्ण न्याय न होने की संभावना रहती है। अतः किसी विषय की संकल्पना को स्पष्ट करने के लिए विश्वकोश या ज्ञान कोश (Encyclopeadia) और विषय से संबद्ध परिभाषा कोश उपयोगी भूमिका निभाते हैं।

उपर्युक्त विवेचन से हम देखते हैं कि अनुवाद प्रक्रिया में एक भाषी कोश, उपभाषा कोश, बोली कोश, द्विभाषी कोश, थिसॉरिस, पर्यायकोश, मुहावरा और लोकोक्ति कोश, उच्चारण कोश आदि उपयोगी साधन हैं तो विषय का सम्यक् परिचय प्राप्त करने के लिए और विभिन्न संकल्पनाओं की स्पष्टता के लिए परिभाषा कोश, विश्वकोश, साहित्यकोश, पारिभाषिक शब्दावली आदि भी महत्त्वपूर्ण उपकरण का कार्य करते हैं।

कोश से अभिप्राय शब्दों के क्रमबद्ध संग्रह, उनके अर्थ-निर्धारण और व्याकरणिक कोटियों से है। इसी संदर्भ में कोशविज्ञान और कोश-निर्माण-प्रकिया के विभिन्न पक्षों पर सन् 1960 में यूनेस्को के विशेषज्ञों में चर्चा-परिचर्चा हुई थी। इस पर विचार करने के लिए एक समिति का गठन हुआ था। उस समिति की संस्तुति को देते हुए सी.सी. वर्ग ने कोश की परिभाषा दी है 'कोश उन समाजीकृत भाषिक रूपों की व्यवस्थित तथा क्रमबद्ध सूची है जो किसी भाषा-भाषी समुदायों के वाक्-व्यवहार से संग्रह किए गए हैं और जिनकी व्याख्या कोशकार द्वारा इस प्रकार की गई हो कि योग्य पाठक प्रत्येक रूप का स्वतंत्र अर्थ समझ सके तथा उस भाषिक रूप के सामूहिक प्रकार्य और तथ्यों से अवगत हो सके।' इस प्रकार कोश की परिभाषा में (1) व्यवस्थित क्रमबद्धता, (2) वैज्ञानिक विधि का पालन, (3) भाषा-भाषी समुदाय, (4) कोशीय भाषा रूप—एक, समाजीकृत और दो, वाक्व्यवहार (5) स्वतंत्र अर्थपरक व्याख्या, (6) संरचनात्मक अभिव्यक्ति और (7) योग्य पाठक आते हैं। इस दृष्टि से इस परिभाषा में पद्धति (1, 2), प्रकृति (3, 4) प्रकार्य (5, 6) और हेतु (7) तत्त्वों का समावेश है। इसमें मुख्य रूप है कोशीय भाषा जो समाजीकृत भाषारूप और भाषा समुदाय के वाक्यव्यवहार से संबद्ध है। कोशकार को स्थिर या एक रूप और विचलनकारी या बहुरूपी स्थिति के बीच शब्दों के समस्त प्रयोग-क्षेत्रों की छानबीन करनी होती है तथा वस्तुपरक कसौटी के आधार पर ऐसे समाजीकृत रूपों का संग्रह करना होता है, जो संबद्ध भाषा-भाषी समुदाय के वाक्-व्यवहार के अंश हैं। इस प्रकार कोश-निर्माण-प्रक्रिया कोश निर्माण की कला और विज्ञान दोनों हैं। इसमें विभिन्न स्रोतों से एक भाषा की कोशगत सूचना एकत्रित की जाती है। तत्पश्चात् उस सूचना को स्पष्ट और व्यवस्थित रूप दिया जाता है। इसमें पर्यायवाची और समध्वन्यात्मक जैसी अर्थगत सूचनाएँ दी जाती हैं। कोशविज्ञान मुख्यतः

भाषा की शब्दावली के सैद्धांतिक पक्षों का अध्ययन करता है और उसकी कोशगत संरचना का विवेचन प्रणाली के रूप में करता है।

कोश का निर्माण अर्थ-ग्रहण की कठिनाइयों दूर करने के लिए किया जाता है। इसमें अर्थ का निर्धारण किया जाता है। अर्थ-भेद का पता चलता है। वस्तुतः भाषा की आत्मा अर्थात् अर्थ का बोध कराना ही कोशकार का कार्य है। कोशकार स्रोतभाषा की इकाइयों के उपयुक्त समतुल्य लक्ष्यभाषा में देता है। इसी में अनुवाद का कार्य होता है। रोमन याकोब्सन ने व्यापक संदर्भ में अनुवाद के तीन प्रकार मानते हुए अंतःभाषिक अनुवाद में एक ही भाषा के तूफान, प्रवात, चक्रवात, आँधी, बवंडर, झंझावात आदि विभिन्न प्रतीकों के और अंतर भाषिक अनुवाद में कमल (Lotus), पानी (Water), गाय (Cow) आदि दो भाषाओं के अलग-अलग प्रतीकों के स्थानापन्न या अंतरण की बात की है। कोश और अनुवाद के संदर्भ में एक भाषी कोश का संबंध अंतःभाषिक अनुवाद से है और स्रोत भाषा से लक्ष्य भाषा में द्विभाषी कोश का संबंध अंतर भाषिक अनुवाद से माना जाता है। द्विभाषी कोश में दो प्रकार के प्रविष्टि शब्द होते हैं—अनुवादपरक समतुल्य और व्याख्यापरक समतुल्य। अनुवादपरक समतुल्य को लक्ष्य भाषा के वाक्य में एकदम कोशीय इकाई के रूप में रखा जा सकता है, किंतु व्याख्यापरक समतुल्य को कोशीय इकाई के रूप में सदैव नहीं रखा जा सकता।

कोश निर्माण करते हुए एक प्रविष्टि के लिए मुख्य समतुल्य शब्द के अतिरिक्त अन्य छटाएँ भी दी जाती हैं, क्योंकि अनुवाद में मुख्य अर्थ के अतिरिक्त अर्थ छटाएँ अधिक मिलती हैं। इस दृष्टि से अर्थ को देखने की आवश्यकता है। अर्थ के तो कई प्रकार हैं, किंतु यहाँ कोश के संदर्भ में केवल सात प्रकार के अर्थों का विवेचन करना उपयुक्त होगा :

(क) **बोधात्मक अर्थ :** यह मुख्य अर्थ है जो भाषिक इकाइयों और बाह्य वस्तुओं के बीच संबंध का परिणाम है। जैसे—कमल, पानी, गाय, कड़वा, टेढ़ा, खींचना। कोश में इस प्रकार के शब्दों की व्याख्या की जाती है अथवा उनके समतुल्य शब्द लक्ष्य भाषा में दिए जाते हैं।

(ख) **व्याकरणिक अर्थ :** यह व्याकरणिक प्रकार्य को बताते हैं। जैसे—ने, को, से, में, पर परसर्गों से व्याकरणिक अर्थ मिलते हैं। 'ने' का प्रयोग मुख्यतः कर्ता के साथ हाता है और 'को' तथा 'से' परसर्गों का प्रयोग प्रायः कर्म और करण कारकों के साथ होता है। इसी प्रकार 'मुझ से खाना नहीं खाया गया' वाक्य में 'गया' मुख्य अर्थ 'जाना' के संदर्भ में नहीं है वरन् 'पूर्णता' के लिए 'कर्मवाच्य' अर्थ भी मिलता है।

(ग) **संरचनात्मक अर्थ :** यह संप्रेष्य का वह पक्ष है जिसका आधार भाषिक संरचना है। इसमें मुख्य अर्थ से अतिरिक्त अर्थ का संकेत मिलता है। जैसे—पंकज, जलज (कमल), षट्पद (भ्रमर), त्रिलोचन (महादेव)। द्विभाषी कोश में इस प्रकार के शब्दों के समतुल्य रूपों को देना कठिन होता है।

(घ) **सामाजिक अर्थ :** इसमें भाषिक इकाई का संबंध परिवेशजन्य संदर्भ से है, जो सामाजिक तथा सांस्कृतिक स्थितियों के साथ जुड़ा होता है। मध्यम पुरुष सर्वनाम के एकवचन तू, तुम, आप वक्ता और श्रोता के सामाजिक संबंधों का परिचय देते हैं। दिवंगत, स्वर्गवास, ब्रह्मलीन, मृत्यु तथा मौत, गरीबखाना तथा अमीर खाना, बैठना और बिराजना आदि शब्दों में मुख्य अर्थ से भिन्न सामाजिक और सांस्कृतिक अर्थ मिलते हैं, जिनके समतुल्य रूपों के लिए द्विभाषी कोश में समस्या खड़ी होती है।

(ङ) **लक्षणापरक अर्थ :** यह बोधात्मक अर्थ का विकसित रूप है जिसमें अर्थ मुख्यार्थ से अलग होता है; जैसे पानी (चमक, इज्जत), गधा (मूखी), हीरा (बहुत अच्छा), 'लकड़ी टेढ़ी है' और 'औरत टेढ़ी है' वाक्यों में वाक्य (1) में 'टेढ़ी' का मुख्य अर्थ है और वाक्य (2) में 'टेढ़ी' का मुख्य अर्थ है और वाक्य (2) में 'टेढ़ी' का लक्ष्‍गापरक अर्थ है।

(च) **शैलीपरक अर्थ :** इसमें भाषा की विभिन्न शैलियों के शब्द अर्थ मिलते हैं जो उसके भाषायी रूपों का परिचय देते हैं। जैसे—बाप-पिता, माँ-माता, चिट्ठी-पत्र-खत, सुंदर-खूबसूरत। हिन्दी की संस्कृतनिष्ठ शैली, अरबी-फ़ारसी मिश्रित शैली (उर्दू) और सामान्य बोलचाल की शैली (हिन्दुस्तानी) शैली के शब्द अलग-अलग भाषाभाषी के परिवेश की जानकारी देते हैं।

(छ) **क्षेत्रीय अर्थ :** इसमें भाषा के विभिन्न भौगोलिक रूपों अर्थात् विभिन्न बोलियों के आंचलिक पक्षों का परिचय मिलता है; जैसे—नेनुवा, तरोई तथा तोरी, कुम्हड़ा तथा सीताफल, अरबी और घुइयाँ, लड़का, लौंडा और छोरा।

कोश में यथासाध्य और यथावश्यक उपर्युक्त सभी प्रकार के अर्थ देने की अपेक्षा रहती है। इसमें शब्दों को देते हुए ऐसे समतुल्य दिए जाएँ जिससे अनुवादक को भ्रम न हो। इसमें समतुल्य देने की व्यवस्था रहती है। पहले लक्ष्य भाषा के मानक रूप में स्रोतभाषा के शब्द के पर्याय को खोजना सही है। इसके बाद अन्य विकल्प दिए जाते हैं। कोश-निर्माण में यह अपेक्षा रहती है कि लक्ष्य भाषा के यथासंभव प्रचालित शब्द दिए जाएँ। यदि प्रचलित शब्द उपलब्ध न हों तो क्षेत्रीय भाषाओं से समतुल्य लिए जा सकते हैं। यदि वे भी उपलब्ध न हों तो ऐसे शब्द दिए जाएँ जो लक्ष्यभाषा में सार्थक हों।

एकभाषी कोश में समतुल्यों की या तो परिभाषा दी जाती है या उसकी व्याख्या की जाती है। द्विभाषी कोश का संबंध अनुवाद समतुल्य से है। कोशकार का अनुवादक होना भी अपेक्षित है। इससे अनुवाद-समतुल्य को रूपांतरण परीक्षण द्वारा जाँचने में सहायता मिलेगी। स्रोतभाषा में एक वाक्य लिया जाए और उसका अनुवाद लक्ष्य भाषा में किया जाए। इससे सही समतुल्य मिलने में कठिनाई नहीं होगी; जैसे—

(1) उसके गिलास में पानी नहीं है।

(2) उसके चेहरे पर पानी नहीं है।

इन दोनों वाक्यों में Water और Lustre समतुल्य होंगे।

शब्द के मूल को ध्यान में रखने के कारण कोशकार कभी-कभी उसका ऐसा अर्थ भर देता है, जो वस्तुतः उसका नहीं होता। उदाहरण के लिए; अंग्रेजी शब्द To be Salver का कोश में अर्थ 'थूक या लार से आच्छादित' अथवा 'लार टपकना' अर्थ मिलता है, जबकि अनुवाद की स्थिति में प्रायः 'खुशामद करना' या 'चापलूसी करना' अर्थ मिलने की पूरी संभावना रहती है। इसी प्रकार To take a chance का 'भाग्य परखना' ही अर्थ नहीं हैं, वरन् I will take a chance का अर्थ यहाँ 'मैं आ जाऊँगा, आप होंगे तो ठीक है, नहीं होंगे तो कोई बात नहीं'। एक अन्य शब्द है See। इसका सामान्य अर्थ 'देखना' है, किंतु I See का अर्थ 'मैं समझ गया हूँ' भी होता है। एक अन्य वाक्य I will see that this work in done में इसका अर्थ हो जाता है कि 'मैं इस काम को करवाने का पूरा प्रयास करूँगा'। इसी प्रकार I will see you tomorrow में 'देखना' और 'मिलना' दोनों अर्थ हैं। यहाँ 'देखना' का दूसरा भाव 'निपटना' से भी हो सकता है अर्थात् 'मैं कल तुम्हें देख लूँगा या निपट लूँगा'। वास्तव में अनुवाद से जिस प्रकार की अभिव्यक्ति मिलती है, उसे कोश में कई बार दे पाना संभव नहीं होता। संदर्भ के अनुसार अर्थ-निर्धारण में अधिक सहायता मिलती है। उदाहरण के लिए;

1. Use (क) प्रयोग, इस्तेमाल (ख) लाभ (ग) उद्देश्य।
2. Move (क) चलना (ख) हिलना (ग) प्रारंभ (घ) प्रयास (ङ) आन्दोलन।
3. Want (क) चाहना (ख) इच्छा (ग) माँग (घ) आवश्यकता (ङ) कमी।
4. Observation (क) अवलोकन (ख) कथन (ग) टिप्पणी (घ) विचार (ङ) अनुभूति।
5. Operate (क) आपरेशन करना (ख) चलाना (ग) काम करना (घ) लागू होना (ङ) प्रभाव डालना (च) सैनिक कार्रवाई।

भौगोलिक दृष्टि से जितने अधिक विस्तृत क्षेत्र में अर्थ मिलते हैं, वहाँ लक्ष्य भाषा के अर्थ देते हुए सतर्क रहना अपेक्षित है। जैसे besiege का समतुल्य हरदेव बाहरी के कोश में 'छेंकना' दिया गया है। भोजपुरी में इसके अर्थ 'सुरक्षित करना' (बर छेंकना) और 'बाधा डालना' (मैं काम पर जा रहा था, उसने छेंक दिया) मिलते हैं। ब्रजभाषा में कहीं-कहीं 'वंचित रखना' के रूप में प्रयुक्त होता है। 'वह खूब पट्ठा था' वाक्य में 'पट्ठा' के दो अर्थ मिलते हैं—एक जवान और दूसरा, कसरत करने वाला। इन दोनों अर्थों को इंगित करना आवश्यक है अन्यथा इसमें भ्रम पैदा होने की संभावना रहती है।

कोश-निर्माण में सामाजिक, सांस्कृतिक और प्रयुक्तिपरक सीमाएँ आती हैं। इनका सही समतुल्य अनुवाद के माध्यम से ही उपलब्ध हो पाता है; जैसे—चैत का महीना। 'चेत' को अंग्रेज़ी में देते हुए उसकी व्याख्या करनी होगी अर्थात् First month (lunar) of the Hindu Calender (March-April)। प्रयुक्तिपरक शब्दों में bed के मुख्य अर्थ—पलंग, शैया, चारपाई और खाट है, किंतु क्यारी (gradening) तह, तल (river) तथा आधार (base) के अन्य विकल्प भी मिलेंगे। Root शब्द वनस्पति में 'जड़' अर्थ देगा तो व्याकरण में 'धातु'। 'पद' शब्द के status (समाजविज्ञान), verse (साहित्य), post (प्रशासन), phrase (व्याकरण) आदि अर्थ-विभिन्न प्रयुक्तियों में उपलब्ध हैं। इसी के साथ-साथ प्रयोगधर्मी अर्थ भी अपने अलग वैकल्पिक समतुल्य लिए होते हैं। उदाहरण के लिए;

(1) बंदर छत पर कूद रहे हैं।
(2) मकड़ी का जाला छत पर है।
(3) मक्खियाँ छत पर बैठी हैं।

उपर्युक्त तीनों वाक्यों में 'छत' शब्द क्रमशः roof, ceiling अर्थ देते हैं, किंतु वाक्य (3) में roof और ceiling दोनों अर्थ संभव हैं।

इसी प्रकार कोश के निर्माण में अनुवाद की उपयोगिता काफी अधिक है, जबकि अनुवाद में कोश कभी-कभी असफल हो जाता है। इसलिए कोशकार के लिए यह आवश्यक है कि लक्ष्य भाषा के परंपरागत प्रयोगों को बनाए रखने तथा मूल के अर्थ की संपुष्टि करने के साथ-साथ अनुवाद समतुल्य को भी बनाए रखे। इसके अतिरिक्त कोशकार को चाहे लक्ष्य भाषा का काफी ज्ञान और अनुभव हो, उसे मूल भाषा के सूचक से बराबर सहायता लेते रहना चाहिए ताकि अनुचित प्रयोग से बचा जा सके और उसमें अनुवादकीय गंध न आ सके। वास्तव में अनुवाद और कोश अन्योन्याश्रित सही समतुल्य प्रस्तुत कर कोश को उपादेय और सार्थक बनाता है और कोश अनुवाद को सही समतुल्य उपलब्ध कराने में एक अच्छे साधन के रूप में सहायता करता है।

पारिभाषिक शब्दावली और अनुवाद

भाषा के विकास में भाषा के आधुनिकीकरण की विशेष भूमिका रहती है। किसी भी भाषा में विभिन्न विषयों और कार्यक्षेत्रों के प्रादुर्भाव से उसमें नई-नई संकल्पनाएँ, नई अभिव्यक्तियाँ और नए-नए शब्द उद्भूत होते रहते हैं, जो भाषा को आधुनिकीकरण की ओर ले जाते हैं। आधुनिकीकरण की इस प्रक्रिया में विषय के विकास और उसकी स्पष्टता के लिए उसी के अनुकूल पारिभाषिक शब्दावली का निर्माण होता है। इस निर्माण-प्रक्रिया में पारिभाषिक शब्दावली के भाषिक स्वरूप के साथ-साथ उसकी मानकता और प्रयोग पर भी ध्यान दिया जाता है। वास्तव में पारिभाषिक शब्दावली का प्रयोग और उसकी प्रक्रिया अपने-अपने विषय के विशेषज्ञों के बीच परस्पर विचार-विनिमय और चिंतन के लिए होती है। पारिभाषिक शब्दावली की आवश्यकता इसलिए पड़ती है कि एक ही विषय का अध्ययन करनेवाले मनीषी एक ही शब्द के भिन्न-भिन्न अर्थ न निकाल पाएँ।

पारिभाषिक शब्दावली : अर्थ और स्वरूप

सामान्य शब्द और पारिभाषिक शब्द का विश्लेषण किया जाए तो भाषिक संरचना की दृष्टि से सामान्य शब्द और पारिभाषिक शब्द में कोई अंतर नहीं है, किंतु अर्थ-संरचना की दृष्टि से इन दोनों के बीच काफ़ी अंतर मिल जाता है। वास्तव में सामान्य शब्द में यथार्थ वस्तु और उसकी संकल्पना अनिश्चित रहती है। उसमें लचीलापन होता है और संदिग्धता भी हो सकती है। इसमें सामाजिक, सांस्कृतिक, मनोवैज्ञानिक, दार्शनिक, भौगोलिक आदि परिवेशों के कारण कई अर्थ निकाले जा सकते हैं। इस प्रकार यह शब्द आवश्यकतानुसार अभिधापरक, लक्षणापरक और व्यंजनापरक किसी भी अर्थ में प्रयुक्त हो सकता है। पारिभाषिक शब्द में संकल्पना और यथार्थ वस्तु निश्चित होती है। यह प्रायः अभिधापरक अर्थ में प्रयुक्त होता है। इसलिए इसमें स्पष्टता होती है और यह स्वयंसिद्ध होती है। इसके प्रयोग में सैद्धांतिक परिवेश का बोध होता है। विशिष्ट प्रयोजन के भाषा-रूपों अर्थात् भौतिकी, रासायनिकी, इंजीनियरी, मेडिकल, दर्शन, गणित, विधि, प्रशासन आदि विषयों के शब्द सुनिश्चित अर्थ लिए होते हैं और उनमें एकार्थकता होती है। सामान्य भाषा के शब्दों को जहाँ पारिभाषिक शब्दों के रूप में

ग्रहण कर लिया जाता है, वहाँ उनमें अर्थ का लचीलापन समाप्त हो जाता है और वह बौद्धिक आदान-प्रदान के लिए प्रयुक्त होने लगता है। इस प्रकार पारिभाषिक शब्दों का जन्म एक सीमित बौद्धिक वर्ग में होता है और वे अपने कार्यक्षेत्र तक सीमित रहते हैं। यह विषय-सापेक्ष और शास्त्रबद्ध होता है। इसका अर्थ उस विषय या कार्यक्षेत्र के संदर्भ में ही ग्रहण किया जा सकता है। इसलिए विषय-विशेष में इनकी सहायता से निश्चित स्पष्ट और अपेक्षित अभिव्यक्ति संभव होती है। यदि इसमें अर्थ निश्चित नहीं होगा तो उसका प्रयोक्ता उसे एक अर्थ में प्रयुक्त करेगा और श्रोता उसे दूसरे अर्थ में समझेगा, जिससे विषय का सही प्रतिपादन नहीं हो पाएगा। उदाहरण के लिए; सामान्य अर्थ में अंग्रेजी शब्द Issue के लिए समस्या, संतान, मुद्दा, जारी करना आदि कई अर्थ मिलते हैं, किंतु पत्रकारिता में 'अंक', प्रशासन में 'निर्गम', अर्थशास्त्र में 'शेयर जारी करना' आदि अर्थों में प्रयुक्त होते हैं।

पारिभाषिक शब्द पारदर्शी और अपारदर्शी दोनों प्रकार के होते हैं, किंतु स्रोत भाषा के अपारदर्शी शब्दों के लिए लक्ष्यभाषा में पारदर्शी शब्द भी मिल जाते है; जैसे–gynaecology के लिए स्त्रीरोग विज्ञान, Opthalmology के लिए नेत्ररोग विज्ञान, orthopaedics के लिए अस्थिरोग विज्ञान, Earned leave के लिए 'अर्जित छुट्टी' शब्द पारदर्शी है। इन शब्दों से तकनीकी अर्थ स्पष्ट होता है। इसके अतिरिक्त कुछ पारिभाषिक शब्द व्यक्ति के नाम पर होने से अपारदर्शी ही रह जाते है; जैसे Fahrenheit (फ़ारनेहाइट), Voltameter (वोल्टमीटर), ampere (एंपियर)। इस प्रकार पारिभाषिक शब्दावली सामान्य शब्दावली से अपनी अलग सत्ता बनाए होती है। इसके अतिरिक्त पारिभाषिक शब्द की प्रवृत्ति प्रायः किसी सूक्ष्म अथवा विशिष्ट अर्थ के वाचक के रूप में होती है और वह शब्द के संकुचित अर्थ की ओर प्रवृत्त होती है। उदाहरण के लिए; पारिभाषिक शब्द 'ऊष्मा, उष्णता, ताप और गरमी' के सामान्य अर्थों को संकुचित कर उनमें भेद उत्पन्न करता है।

पारिभाषिक शब्दावली का निर्माण सामान्य शब्दों को लेकर ही होता है और उनके अर्थ-विशेष विषय अथवा कार्य-क्षेत्र में निश्चित कर दिए जाते हैं। इनमें कुछ ऐसे शब्द भी होते हैं, जो किसी विषय-विशेष में ही प्रयुक्त होते हैं। ऐसे शब्दों को **पूर्ण पारिभाषिक** शब्द कहा जाता है; जैसे–प्रशासन में अधिसूचना, अर्थशास्त्र में निवेश, गणित में संक्रिया। कुछ शब्दों का प्रयोग विषय-विशेष में भी होता है और सामान्य शब्दावली के रूप में भी होता है। इस प्रकार के शब्दों को **अर्ध पारिभाषिक** शब्द कहा जाता है। काव्यशास्त्र में रस प्रशासन 'रस' में मंजूरी, व्याकरण में 'अक्षर', भौतिकी में 'प्रकाश' आदि एक निश्चित अर्थ के रूप में प्रयुक्त होते हैं, किंतु उन्ही शब्दों का प्रयोग सामान्य भाषा में भी होता है।

पारिभाषिक शब्द अपने अर्थ के लिए अपने संदर्भ से बंधे होते हैं और संदर्भ भी इनसे बंधे रहते हैं। उदाहरण के लिए; 'आदेश' शब्द का सामान्य अर्थ 'आज्ञा' हैं, किंतु प्रशासन के संदर्भ में वह 'राजाज्ञा' अर्थात् 'राजा की आज्ञा' के रूप में प्रयुक्त हुआ।

लेकिन सामंतकालीन व्यवस्था में शासनतंत्र की सर्वोच्च शक्ति राजा के पास थी, अतः 'राजाज्ञा' (या शाही फरमान) शब्द में सार्थकता थी। आज लोकतंत्र होने के कारण नियम या स्रोत व्यक्ति नहीं, अपितु सभा (लोकसभा या विधान सभा) हो गई है। इसलिए राजाज्ञा के स्थान पर 'आदेश' शब्द को सटीक माना गया है तथा कभी-कभी इसकी उपयुक्तता पर और बल देने के लिए 'सरकारी आदेश' या 'राजकीय आदेश' भी लिखा जाता है। आदेश के अनेक संदर्भ हो सकते हैं, अतः अर्थ की सुनिश्चितता और प्रयोगभेद की स्पष्टता को ध्यान में रखकर पारिभाषिक शब्द बनाए गए हैं; जैसे—समादेश (Command), निदेश (Direction), अनुदेश (Instruction), अधिदेश (Mandate), अध्यादेश (Ordinance)।

आधुनिक विज्ञान मनुष्य की चिंतन-प्रक्रिया का एक विशिष्ट रूप है। उसमें विभिन्न शब्दों में अर्थ का सीमांकन कर निर्दिष्ट स्तर पर ले जाने का प्रयास होता है। तकनीकी शब्दों में अस्पष्टता न रहे, इसलिए उन्हें नाप-तौल कर रखा जाता है; जैसे—वेग (Velocity), गति (Speed) और चाल (Motion)। 'वेग' में संचलन, समय-दर, विशिष्ट दिशा और नियमितता चार आयाम होते हैं तो 'गति' में विशिष्ट दिशा और नियमितता नहीं होती। 'चाल' केवल संचलन है, शेष तीनों आयाम नहीं हैं। विधि की शब्दावली में भी यही स्थिति देखी जा सकती है। उदाहरण के लिए—अधिकार, विशेषाधिकार, परमाधिकार। 'अधिकार' के लिए न्यायालय के दरवाजे खटखटाए जा सकते हैं, जबकि 'विशेषाधिकार' के लिए नहीं। 'परमाधिकार' देश के सर्वोच्च पदाधिकारी के पास होता है, सामान्य अधिकारी के पास नहीं। इस प्रकार तकनीकी और पारिभाषिक शब्द विशेषज्ञ वर्ग में प्रयोजनमूलक कार्यों के लिए निर्दिष्ट अर्थ का द्योतन कराते हैं।

पारिभाषिक शब्दावली के संप्रदाय

हिन्दी के राजभाषा घोषित हो जाने के बाद पारिभाषिक शब्दावली के निर्माण की आवश्यकता महसूस की गई। इस संदर्भ में वैज्ञानिक तथा तकनीकी शब्दावली आयोग की स्थापना हुई। इस आयोग ने विज्ञान, प्रौद्योगिकी, आयुर्विज्ञान, कंप्यूटर, इंजीनियरी, प्रशासन, मानविकी आदि ज्ञान-विज्ञान के सभी क्षेत्रों के लिए लगभग सात लाख तकनीकी शब्दों का निर्माण किया है। इन शब्दों के निर्माण में संस्कृत, अंग्रेजी, देशज, अरबी-फारसी भाषाओं के अतिरिक्त अन्य भारतीय भाषाओं के शब्द ग्रहण किए गए हैं। राजभाषा हो जाने के बाद हिन्दी की पारिभाषिक शब्दावली के निर्माण की आवश्यकता महसूस की गई। प्रारंभ में इसका निर्माण करते हुए चार दृष्टिकोण सामने आए थे, जो इस प्रकार है :

(क) राष्ट्रीयतावादी (संस्कृतवादी) : इस मत के अनुसार संस्कृत के प्रचलित शब्दों को यथाविधि हिन्दी शब्दावली में ले लिया जाए। संस्कृत संश्लेषणात्मक भाषा

है और यह उपसर्ग, धातु, प्रत्यय तथा समास-शक्ति के कारण बड़ी उर्वरक है। इस भाषा में एक शब्द से अनेक शब्द बनाने की शक्ति है; जैसे—'विधि' के साथ उपसर्ग या प्रत्यय या दोनों लगाने से संविधि, विधान, संविधान, प्रावधान (प्राविधान), विधायी, वैधानिक, विधेयक, विधायक, विधायिका आदि अनेक शब्द बनाए जा सकते हैं। 'ईक्षण' धातु (देखना के अर्थ में) के साथ उपसर्ग और प्रत्यय लगाने से कई शब्द बने हैं; जैसे—वीक्षण (Invigilation), संवीक्षण (Scrutiny), परीक्षण (Testing), निरीक्षण (Inspection), पर्यवेक्षण (Supervision), सर्वेक्षण (Survey), अधीक्षण (Superintending), परीक्षा (Examination)। इसी प्रकार 'शिक्ष' धातु से शिक्षा, शिक्षक, शिक्षण, प्रशिक्षण, शैक्षिक, शैक्षणिक, शिक्षित, अशिक्षित, शिक्षार्थी, प्रशिक्षार्थी आदि अनेक शब्दों का निर्माण हो सकता है। इसमें एक कठिनाई यह है कि जिनकी भाषा संस्कृत के निकट नहीं है, उनके लिए शब्दावली क्लिष्ट और दुरूह हो सकती है, किंतु लाभ यह है कि समानार्थक शब्दों को एक ही परिधि में रखा जा सकता है।

(ख) अंतरराष्ट्रीयतावादी (अंग्रेज़ीवादी) : इन विद्वानों की मान्यता है कि अंग्रेज़ी अंतरराष्ट्रीय भाषा है और भारत भी बहुभाषी देश है। अतः अंग्रेजी के ही शब्दों को ज्यो-का-त्यों या अपनी भाषा की ध्वनि-व्यवस्था के अनुसार अपनाया जाए; जैसे—मीटर, ड्यूटी, कंप्यूटर, ओवरडाफ्ट, ग्रेड, पेट्रोल। इससे अन्य भाषाओं से संबंध जुड़ेगा और अंतरराष्ट्रीय तकनीकी शब्दावली को याद रखने की सुविधा रहेगी। किंतु कोई भी समुन्नत देश दूसरी भाषाओं से सभी शब्द ग्रहण नहीं करता, क्योंकि इससे अपनी भाषा की अस्मिता और उसका अस्तित्व समाप्त हो जाता है।

(ग) लोकवादी (स्वभाषावादी) : कुछ मनीषियों का यह मानना है कि आम बोलचाल की भाषा के शब्द ही ग्रहण किए जाएँ जो हमारी सामासिक संस्कृति के अनुकूल हैं। इससे अपनी भाषा का विकास और संवर्धन होगा; जैसे—रेलगाड़ी, मसौदा, डाकघर, जच्चाघर, नजरबंद, दलबदलू, घुसपैठिया, निपटान। इन शब्दों से शब्दावली तो समृद्ध नहीं हो पाएगी, बल्कि मानक भाषा में उनके अनूदित शब्द अटपटे से लगेंगे। साथ ही, इन शब्दों से समानार्थक शब्दों के निर्माण में काफी व्यवधान पड़ेगा। यह नीति पारिभाषिक शब्दावली के लिए पर्याप्त नहीं है।

(घ) समन्वयवादी : इसे मध्यमार्गी संप्रदाय भी कहा जा सकता है। इसमें उपर्युक्त तीनों दृष्टिकोण को समन्वित रूप में ग्रहण किया गया है। इसमें उन शब्दों को रखने की बात की गई है, जिन्हें संदर्भानुसार उपयुक्त समझा जाए। इसमें आवश्यकतानुसार संस्कृत से शब्द ग्रहण किए जा सकते हैं, अंग्रेजी से भी शब्द लिए जा सकते हैं और देशज शब्द भी अपनाए जा सकते हैं। इसके परिणामस्वरूप, इस समय हिन्दी पारिभाषिक शब्दावली में उपर्युक्त तीनों प्रवृत्तियाँ विद्यमान हैं। कचहरी, न्यायालय, अदालत, कोर्ट; जच्चाघर, प्रसूतिगृह, मैटरनिटी होम; सरकार, हुकूमत, शासन, गवर्नमेंट; चुनाव, निर्वाचन, इलेक्शन; राजयक्ष्मा, तपेदिक, टी.बी; कृषि, काश्त, खेती, एग्रीकल्चर;

श्वास, दमा, अस्थमा, साँस आदि शब्द संस्कृत, अंग्रेजी और अरबी-फ़ारसी शब्दों के अतिरिक्त हिन्दी के अपने शब्द भी है।

पारिभाषिक शब्दावली : सैद्धांतिक दृष्टिकोण

इस प्रकार सामाजिक आवश्यकताओं के अनुसार शब्दावली का निर्माण किया जा रहा है तथा यथासंभव प्रचलित शब्दों को ही लिया जा रहा है। शब्द-निर्माण करते हुए स्पष्टता, सूक्ष्मता और सरलता पर ध्यान देने की बात रखी गई है। इसमें वैज्ञानिक और तकनीकी शब्दावली आयोग, भारत सरकार द्वारा निम्नांकित दृष्टियाँ अपनाई गई हैं।

(1) इसमें उन अंग्रेजी शब्दों को अपनाया गया है, जो अंतरराष्ट्रीय हैं और जिनका प्रचार कम-से-कम तीन देशों में है। इसके अतिरिक्त हिन्दी में आम प्रचलित अंग्रेज़ी, पुर्तगाली और फ्रांसीसी शब्दों को भी रखा गया है; जैसे–इलेक्ट्रान, प्रोट्रीन, न्यूट्रान, ऑक्सीजन, नाइट्रोजन, मशीन, इंजिन, मीटर, लीटर, फाइल, कोटा, अपील।

(2) जिन शब्दों के समानांतर शब्द हमारे यहाँ मिल जाते हैं और वे अधिक प्रचलित हो चुके हों तो उन्हें ग्रहण किया जाए। तार (Telegram), महाद्वीप (Continent), परमाणु (Atom) आदि ऐसे ही शब्द हैं।

(3) संस्कृत शब्दावली को आधार के रूप में रखा गया है, क्योंकि इसमें धातु अथवा मूल शब्द के साथ उपरार्ग और प्रत्यय जोड़कर अन्य शब्द आसानी से बनाए जा सकते हैं; जैसे–मानव से मानवता, मानवीय, मानवीकरण, मानविकी, और भाग से विभाग, प्रभाग, अनुभाग, संभाग। इसी प्रकार संस्कृत के अनेक शब्द मिलते हैं–नियम, विनियम, अधिनियम, सचिव, उपसचिव, अवर सचिव, सचिवालय, निदेश, निदेशक, निदेशालय आदि।

(4) अरबी-फारसी (या उर्दू) का संबंध भी हिन्दी के साथ काफ़ी रहा है। अतः पारिभाषिक शब्दावली में इनको अलग नहीं किया जा सकता। इसके भी कई शब्द लिए गए हैं; जैसे–मंज़ूरी, दस्तावेज़, वकालतनामा, हलफ़नामा, ज़िला, ज़मानत।

(5) न केवल यही, स्वभाषावादी या देशज शब्दों को भी अपनाने का पूरा-पूरा प्रयास किया गया है; जैसे–डाकघर, जच्चाघर, घरेलू मामले, बिचौलिया, दलबदलू, रेलगाड़ी।

(6) भारतीय भाषाओं के शब्दों को भी यथासंभव अपनाया जा रहा है ताकि सामासिक संस्कृति अभिव्यक्त हो सके; जैसे–मराठी से पावती (Acknowledgement), आवक (inward), जावक (outward), कन्नड़ से सौध (Annexe), बंगला से बाहिनी (Battalion), पंजाबी से भल (Silt) लिए गए हैं।

(7) पारिभाषिक शब्दावली का निर्माण करते हुए मूल शब्दों की संकल्पनाओं का ध्यान रखते हुए अनूदित शब्द दिए जाने का प्रयास किया जा रहा है; जैसे—intensive farming के लिए 'श्रमप्रधान कृषि', extensive farming के लिए 'भू-प्रधान कृषि', भौतिकी में barometer के लिए 'वायुदाबमापी' रखा गया है, जबकि इसका शब्दार्थ 'भारमापी' होता है।

(8) उच्चारण की दृष्टि से और हिन्दी की प्रकृति के अनुसार या तो शब्दों का सरलीकरण किया गया है या विदेशी शब्दों का हिन्दीकरण किया गया है; जैसे—सचिव + आलय के 'सचिवालय' के आधार पर मंत्री + आलय का मंत्रयालय न बनकर 'मंत्रालय' बनाया गया है। इसी प्रकार अन्य भाषाओं से अकादमी (Academy), तकनीक (Technique), अंतरिम (Interim), त्रासदी (Tragedy), कामदी (Comedy), प्रावधान (प्राविधान), कानूनी (कानूनन) आदि शब्दों का सरलीकरण है।

(9) आवश्यकता पड़ने पर रूपिम और शब्द के धरातल पर संकर या सम्मिश्रित शब्द बनाए जाते हैं; उदाहरण के लिए डायरीकार (अंग्रेजी + हिन्दी), आयनीकरण (अंग्रेजी + हिन्दी), ज़िलाधीश (उर्दू + संस्कृत), बेबाकी पत्र (उर्दू + संस्कृत), ख़जाना अधिकारी (उर्दू + संस्कृत)। इन शब्दों में वस्तुतः बोधगम्यता, उपयोगिता और संक्षिप्तता का ध्यान रखा गया है।

(10) शब्द-निर्माण करते समय इस बात की ओर ध्यान दिया गया है कि समस्त शब्दों में शब्द या प्रत्यय का अनुवाद एक रूप में किया जाए ताकि वह बोधगम्य तथा सरल हो सके; जैसे—Tele के लिए 'दूर' उपसर्गवत् शब्द है और इससे बने समस्त शब्द अर्थात् दूरभाष (Telephone), दूरदर्शन (Television), दूरमुद्रक (Teleprinter), दूरसंचार (Telecommunication) बने हैं। इसी प्रकार प्रत्यय—ation के लिए 'करण' प्रत्यय है; जैसे—राष्ट्रीयकरण (Nationalization), भारतीयकरण (Indianization), औद्योगिकीकरण (Industrialization), विद्युतीकरण (Electrification), विकेंद्रीकरण (Decentralization), पंजीकरण (Registration)।

(11) हिन्दी पर्यायों का चयन करते समय सरलता, अर्थ की परिशुद्धता और बोधगम्यता का ध्यान विशेष रूप से रखा गया है; जैसे—प्रबंध निदेशक (Managaing Director), लालफीताशाही (redtapism), उपदान (gratuity), मुख्यालय (Head Office), सेवानिवृत्ति (retirement)।

(12) हिन्दी पारिभाषिक शब्दावली में जो अंतरराष्ट्रीय शब्द अपनाए गए हैं, उनमें अन्य कोई कारण न होने पर लिंग-विधान की दृष्टि से उन्हें पुल्लिंग रूप में प्रयुक्त किए जाने की व्यवस्था की गई है।

इस प्रकार पारिभाषिक शब्दों के अर्थ सुनिश्चित और स्पष्ट होने चाहिए। इसमें इस बात का ध्यान रखा जाना चाहिए कि इनमें न तो अव्याप्ति दोष हो और न ही

अतिव्याप्ति। शब्द यथासाध्य छोटे हों और उन पर 'गागर में सागर भरने' वाली कहावत लागू होनी चाहिए।

अनुवाद में पारिभाषिक शब्दावली की उपयोगिता

अनुवाद के संदर्भ में विभिन्न विषयों में कई पारिभाषिक शब्द अलग-अलग अर्थों में प्रयुक्त होते हैं। उदाहरण के लिए, अंग्रेजी का शब्द 'reaction' भौतिकी, रासायनिकी और वनस्पति विज्ञान में प्रयुक्त होता है। भौतिकी में इसके लिए 'प्रतिक्रिया', रासायनिकी में 'अनुक्रिया' और वनस्पति विज्ञान में 'अभिक्रिया' शब्द का प्रयोग होता है। इसी प्रकार Focus शब्द गणित में 'नाभि', भौतिकी में 'फोकस' और भूगोल में 'उद्गम केंद्र' के रूप में प्रयुक्त होता है। issue शब्द प्रशासन में 'निर्गम', पत्रकारिता में 'अंक' और अर्थशास्त्र में 'शेयर जारी करना' के अर्थ में प्रयुक्त होता है। इसके विपरीत कभी-कभी अंग्रेजी में कई शब्दों का प्रयोग होता है, जबकि उन सभी के लिए हिन्दी में एक शब्द होता है; जैसे—हिन्दी 'पद' शब्द है। इसके लिए अंग्रेजी में verse (छंदयुक्त काव्यरूप), समाजविज्ञान में status (समाज में दर्जा), भाषाविज्ञान में word form या phrase (विभक्ति प्रत्यययुक्त शब्द) और प्रशासन में post (योग्यतानुसार अधिकार का ओहदा) शब्द प्रयुक्त होते हैं। इसी प्रकार 'धातु' शब्द का प्रयोग अंग्रेजी के संदर्भ में आयुर्विज्ञान में element, व्याकरण में root और धातुविज्ञान में metal होता है।

कभी-कभी एक ही विषय में अलग-अलग संदर्भों में अलग-अलग शब्दों का प्रयोग होता है। उदाहरण के लिए, अर्थशास्त्र में paper rate, paper credit, paper currency और paper money के लिए क्रमशः 'प्रकाशित दर', 'रुक्के पर उधार', 'करेंसी नोट' और 'कागजी मुद्रा' शब्द प्रयुक्त होते हैं। यदि यहाँ paper credit के लिए 'प्रकाशित उधार' लिखा जाएगा तो वह पूर्णतया अशुद्ध होगा। अंग्रेजी में एक ही विषय के एक ही परिधि के शब्दों में अर्थ का विस्तार होता है; जैसे—cold, cooling, chilling, refrigeration शब्द अलग हैं, किंतु हिन्दी में अनुवाद के संदर्भ में 'शीत' शब्द का विस्तार कर उनके लिए क्रमशः शीत (ठंडा), शीतन, द्रुत शीतन, प्रशीतन शब्दों का प्रयोग ही सार्थक होगा।

तकनीकी शब्दों के अनुवाद में सामान्य शब्दों का प्रयोग प्रायः नहीं होता। रसायन में पानी और 'जल' के लिए H_2O और 'नमक' के स्थान पर 'लवण' का प्रयोग होता है। इसी प्रकार प्रशासन में 'Order' शब्द के लिए 'आज्ञा' का प्रयोग न होकर 'आदेश' का प्रयोग होता है। विमानिका के संदर्भ में aerodrome और airport अलग-अलग अर्थ लिए हुए हैं। airport में सीमा शुल्क (custom) की सुविधा होती है, जबकि aerodrome में नहीं होती। इसलिए इन दोनों के लिए हिन्दी में क्रमशः अलग-अलग शब्द हैं—हवाई अड्डा और हवाई पत्तन (अर्थात् Three of the aerodromes will be converted into airport this year), किंतु इन दोनों के लिए प्रायः हवाई अड्डा लिखा जाता है, जो सही नहीं है। अतः विशिष्ट प्रयोजन की भाषा में उपयुक्त पर्याय के चयन में सतर्कता बरती जाती है। उदाहरण के लिए, deceased शब्द के मृत, दिवंगत, स्वर्गीय, परलोकवासी आदि अनेक हिन्दी पर्याय हो सकते है, किंतु प्रशासन की भाषा में 'मृत' पर्याय का प्रयोग ही उपयुक्त है, दिवंगत या स्वर्गीय आदि का नहीं। यह भी उल्लेखनीय है कि दो या दो से अधिक शब्दों से मिलकर बने पद या पदबंध में निहितार्थ का महत्त्व रहता है। ऐसे पदों की रचना में अर्थ-विशेष की ओर ध्यान देना पड़ता है; जैसे—Constitution of Commitee और Terms of reference के लिए 'समिति का संविधान' और 'संदर्भ की शर्तें' अर्थ सही नहीं होगा। इनका अर्थ होगा 'समिति का गठन' और 'विचारणीय विषय'। वाक्य-विन्यास में भी पारिभाषिक शब्दावली का विशिष्ट महत्त्व रहता है। चिकित्सा संबंधी वाक्यों का अनुवाद करते हुए चिकित्सा संबंधी शब्दावली अधिक उपयोगी सिद्ध होगी। उदाहरण के लिए निम्नलिखित अंग्रेजी वाक्य लीजिए :

1. It is her first delivery.
2. There are many boils on his skin.

इनका हिन्दी अनुवाद है'

3. यह उसकी पहली **डिलीवरी (प्रसूति)** है।
4. उसके शरीर पर अनेक **फोड़े** हैं।

उपयुक्त वाक्य (1) में प्रयुक्त Delivery शब्द के सुपुर्दगी , माल-छुड़ाई, प्रसव, प्रसूति, डिलीवरी आदि शब्द, शब्दकोश में मिलते है, किंतु वाक्य (3) में 'डिलीवरी या प्रसूति' शब्द कार्यक्षेत्र के अनुसार उपयुक्त है। इसी प्रकार प्रसूति शब्द वाक्य (2) में boil शब्द के लिए 'उबाल' अर्थ न होकर वाक्य (4) के अनुसार 'फोड़ा' शब्द प्रसंगानुकूल ही है। वास्तव में अनुवाद में पारिभाषिक शब्दावली का प्रयोग करते हुए उसके चयन में बहुत ही सजग और सर्तक रहने की आवश्यकता है।

सारानुवाद : स्वरूप, प्रविधि और व्यवहार

सारानुवाद दो शब्दों के योग से बना है—सार और अनुवाद। इसका अभिप्राय यह है कि किसी पाठ के मुख्य कथ्य का सार करना और फिर उसका अनुवाद करना है अर्थात सार रूप में अनुवाद करना सारानुवाद है। दूसरे शब्दों में इसमें समूचे मूल पाठ का अनुवाद न करके उसके मुख्य भावों का अनुवाद होता है। अतः सारानुवाद का अर्थ है मूल पाठ में निहित मुख्य बिंदुओं को पहचानना और उनका अनुवाद करना। यह सामान्य अनुवाद से अधिक जटिल प्रक्रिया तो है, साथ ही दोहरी प्रक्रिया भी है। वास्तव में सारानुवाद में स्रोत भाषा की मूल कृति को लक्ष्य भाषा में सार रूप में प्रस्तुत किया जाता है। प्रत्येक कृति या अवतरण को किसी विशेष विचार या तथ्य के विवरण के संप्रेषण के उद्देश्य से लिखा जाता है। ऐसे विवरण या विचार में एक मुख्य कथन होता है जिसे कृति का केंद्रीय विचार कह सकते हैं। इस केंद्रीय विचार को विकसित करने या उसे सुस्पष्ट करने या पुष्ट करने के उद्देश्य से कृति या अवतरण में अन्य तथ्य, विचार या उदाहरण निहित रहते हैं। इनको उप-विचार भी कह सकते हैं। मूल कृति में केंद्रीय विचारों और उप-विचारों का ताना-बाना होता है जो परिच्छेदों के माध्यम से केंद्रीय विचार की भूमिका से प्रारंभ होकर, केंद्रीय विचार की व्याख्या, विस्तार और निष्कर्ष आदि में समायोजित होता है। सारानुवाद में केंद्रीय विचार के इसी विकासक्रम को सार रूप में प्रस्तुत करना होता है। इस प्रकार स्रोत भाषा से लक्ष्य भाषा में क्रमबद्ध और संक्षिप्त रूप में किए गए सार के अनुवाद को सारानुवाद करते हैं, जो मूल कृति के मुख्य कथ्य को प्रकट करता है।

सारानुवाद की प्रक्रिया

सारानुवाद में सबसे पहले अर्थ ग्रहण की आवश्यकता होती है। इसके लिए समूचे पाठ को एक से अधिक बार पढ़ना पढ़ता है। पाठ को पढ़ने पर हमें यह पता चलेगा कि यह पाठ किस संदर्भ में लिखा गया है। अर्थ ग्रहण तभी संभव है जब हमें उस विषय का सामान्य ज्ञान हो जिसके संदर्भ में कृति या पाठ को लिखा गया है। संदर्भ की जानकारी होने पर हम यह समझ सकेंगे कि उसके प्रत्येक वाक्य और प्रत्येक अनुच्छेद में किस अर्थ का बोध होता है और उसे किस क्रम में अभिव्यक्त किया

गया है। सारानुवाद के लिए दिए गए सभी पाठ एक समान नहीं होते। यदि पाठ में शैली और भाषा सरल हो तो अर्थ सहज ही समझ में आ सकता है। लेकिन कभी-कभी ऐसा होता है कि पाठ की भाषा की क्लिष्टता और वाक्यों की जटिलता के कारण अर्थ को समझना अपेक्षाकृत कठिन होता है। अनेक लेखक मिश्रित वाक्यों का प्रयोग करते हैं। ऐसे वाक्यों में युक्त और अयुक्त उपवाक्यों के परस्पर संबंध को समझकर पूरे वाक्य का अर्थ निकालना होता है। कई बार अभिप्रेत विचार को उपमा, अन्योक्ति आदि अलंकारों अथवा उदाहरणों अथवा किसी घटना के वर्णन के माध्यम से या ऐसे ही किसी अप्रत्यक्ष रूप में अभिव्यक्त करने का प्रयास रहता है। ऐसी अभिव्यक्ति में से अभिप्रेत विचार को खोजकर निकालना और स्पष्ट करना होता है। इसमें यह भी देखा जाता है कि मूल पाठ के मूल कथ्य का तात्पर्य क्या है, मूल कथ्य में लेखक का उद्देश्य क्या है और मूल कथ्य का विस्तार किस क्रम में किया गया है।

मूल पाठ से अर्थ ग्रहण करने के पश्चात् मुख्य अथवा केन्द्रीय विचार तथा आवश्यक अंशों के चयन की प्रक्रिया प्रारंभ होती है। इसमें यह देखा जाता है कि कौन-सा विचार केंद्रीय विचार के क्रम के विकास में सहायक है। एक अंश या अवतरण में किसी मुख्य विचार की अभिव्यक्ति अनेक उप-विचारों की सहायता से होती है। ये उप-विचार तर्क, दृष्टांत, तुलनात्मक व्याख्या आदि के रूप में प्रायः होते हैं। किसी बात पर बल देने के लिए उसे कई बार अलग-अलग ढंग से भी अभिव्यक्त किया जाता है। इसमें कई बार एक ही विचार की पुनरुक्ति भी हो जाती है। यदि इन अभिव्यक्तियों को छोड़ दिया जाए तो भी मूल अभिव्यक्ति सामने आने लगती है। ऐसी अभिव्यक्तियों अथवा उप-विचारों को छोड़ देना उचित है। केंद्रीय विचार के विकास में जो वाक्य अथवा अभिव्यक्ति सहायक होती है, उसी को अपनाना अपेक्षित है। कभी-कभी लाक्षणिक अभिव्यक्ति में से मूल विचार को खोज निकालना होता है। कई बार लेखक किसी विचार को उपमा, उदाहरण, अन्योक्ति या किसी अन्य प्रकार से स्पष्ट करने का प्रयास करता है। ऐसी स्थिति में जिस विचार की ओर संकेत किया गया हो, उसको सारानुवाद में स्पष्ट शब्दों में लिख दिया जाता है। अतः सारानुवाद की प्रक्रिया में छोड़ने और जोड़ने की जो स्थिति चलती है, उसमें समूची कृति के कथ्य के क्रम को टूटने नहीं दिया जाता।

सारानुवाद की प्रक्रिया में अनूदित किए जाने वाले अवतरण या अवतरणों को बार-बार पढ़ा जाता है और पता लगाया जाता है कि इसमें कौन-सा मुख्य अथवा केंद्रीय विचार है? तदुपरांत उन अंशों को रेखांकित किया जाता है। सार लिखते समय उस केंद्रीय विचार को ग्रहण किया जाता है और प्रत्येक अवतरण के मुख्य विचारों की क्रमबद्ध सूची बनाई जाती है जो सारानुवाद का प्रारूप तैयार करते समय सहायक होती हैं। इसमें यह ध्यान रखना आवश्यक है कि यह सारानुवाद मूल पाठ का लगभग एक-तिहाई हो।

सारानुवाद का प्रारूप तैयार करते समय दो विधियाँ अपनाई जाती हैं। एक, पाठ का सार पहले मूल भाषा में तैयार किया जाता है और तदुपरांत उस सार का अनुवाद लक्ष्य भाषा में किया जाता है। दो, मूल भाषा से सीधे ही लक्ष्य भाषा में पाठ का सारानुवाद किया है। इस विधि में अनुवादक प्रमुख को कागज़ पर नहीं लिखता, बल्कि अपने मस्तिष्क में ही उन्हें क्रमबद्ध करता है और लक्ष्य भाषा में सीधे उन्हें पुनः प्रस्तुत कर देता है। दूसरी विधि कठिन है और उसका प्रयोग अनुवाद के दीर्घकालीन अनुभव के बाद ही हो पाता है।

इन दोनों में कोई भी विधि अपनाई जाए, किंतु यह देखना आवश्यक है कि सारानुवाद में कथ्य का संक्षेपण भी हो जाए और उसके सभी प्रमुख भाव भी आ जाएँ। लेकिन सार या सारानुवाद के प्रारूप को संपूर्ण मूल कृति से मिलाकर यह भी देखा जाए कि कहीं कोई अंश छूट तो नहीं गया है या पुनरुक्ति तो नहीं हुई है, अथवा कोई असंगत बात तो नहीं लिखी गई है। ऐसा करते समय हम प्रारूप को रेखांकित अंशों और मुख्य विचारों की सूची से भी मिलाकर देख सकते हैं। इस प्रकार सारानुवाद एक प्रकार का संक्षेपण है जो लक्ष्य भाषा में स्रोत भाषा के मूल पाठ से छोटा होता है। इसगें कथ्य को कम-से-कम शब्दों में समेटा जा सकता है। मूल कथ्य से असंबद्ध और पुनरुक्त अंशों को हटा दिया जाता है, किंतु यह बात ध्यान में रखना आवश्यक है कि कथ्य का व्यतिक्रम न हो तथा मूल पाठ का तारतम्य बना रहे। इसे सरल और सुबोध भाषा में लिखा जाए। इसमें अलंकार और शब्दाडंबर का स्थान नहीं है।

सारानुवाद और अनुवाद : अनुवाद का क्षेत्र बहुत विस्तृत है। प्रत्येक प्रकार के अनुवाद का उद्देश्य और प्रविधि की दृष्टि से अपनी विशिष्टता होती है। सामान्यतः अनुवाद का मुख्य उद्देश्य एक भाषा की कृति का अर्थ लक्ष्य भाषा में यथावत् प्रस्तुत करना होता है। अनुवाद मूल कृति के भावों को प्रतिबिंबित करता है। इसे मूल पाठ का सहपाठ भी कहते हैं। सारानुवाद का उद्देश्य इससे भिन्न है। इसमें भाषा की लाक्षणिकता की ओर कम ध्यान दिया जाता है और भाव-संप्रेषण की ओर अधिक। साथ ही उन भावों को संक्षिप्त रूप में भी प्रस्तुत करना है। वास्तव में सारानुवाद का उद्देश्य मूल कृति के कथ्य को सुगठित, सुव्यवस्थित और संक्षिप्त रूप में प्रस्तुत करना और मूल पाठ की भाषा-शैली से मुक्त करना है।

कोई भी अनुवाद शुद्धतः शाब्दिक नहीं होता, फिर भी सामान्य अनुवाद में शब्दों और वाक्यों को महत्त्व दिया जाता है क्योंकि भाषा की लाक्षणिकता शब्दों पर ही आधारित होती है। मूल कृति के प्रत्येक वाक्य को, उसके प्रायः सभी पदबंधों का अर्थ देते हुए लक्ष्य भाषा में अभिव्यक्त करना अनुवाद की प्रमुख विशेषता है। सारानुवाद में शब्दों, पदबंधों और वाक्यों के विन्यास की ओर ध्यान न देकर, उनमें ध्वनित होने वाले भावों या विचार-सूत्रों को अपनाया जाता है तथा उसे बोधगम्य बनाने के लिए लक्ष्य भाषा में अभिव्यक्त किया जाता है। उसमें ऐसी भाषा का प्रयोग होता है जिसके द्वारा सूक्ष्म रूप में विस्तृत अर्थ को अभिव्यक्त किया जा सकता हो। अतः सारानुवाद में भाषा

की लाक्षणिकता को महत्त्व न देकर उसकी सूक्ष्मता, सरलता और बोधगम्यता की ओर अधिक ध्यान देने की अपेक्षा रहती है। सारानुवाद में, मूल कथ्य के संप्रेषण के उद्देश्य से असंगत अभिव्यक्तियों और अनावश्यक अंशों को हटाया जाता है और सुसंगत तथा आवश्यक अंशों का चयन किया जाता है। इस प्रकार सारानुवाद में एक प्रकार का संपादन होता है। सामान्य अनुवाद में कुछ सीमा तक संपादन की आवश्यकता तो रहती है किंतु यह संपादन भाव को अधिक स्पष्ट करने के लिए होता है। यह संपादन मुख्यतः पल्लवन की दिशा में होता है। इसके विपरीत, सारानुवाद में मूल कृति को काँट-छाँट कर उसे संक्षिप्त रूप में इस प्रकार प्रस्तुत किया जाता है कि मूल कथ्य का अर्थ क्रमानुसार संप्रेषित हो जाता है।

सारानुवाद और भावानुवाद : सारानुवाद एक प्रकार का भावानुवाद है क्योंकि दोनों में ही मूल कथ्य का समग्रता में अनुवाद न करके मूल भावों को संप्रेषित किया जाता है। दोनों प्रकार के अनुवादों में भाषिक तत्त्वों की ओर ध्यान न देकर उसमें निहित भाव की ओर ध्यान दिया जाता है। मूल भाषा में प्रयुक्त किसी भी भाषिक तत्त्व अर्थात् शब्द, पदबंध, वाक्य आदि की भिन्न-भिन्न अर्थव्यंजनाएँ हो सकती हैं। अतः लक्ष्य भाषा में उसी शब्द का, अर्थव्यंजना के अनुरूप, विभिन्न प्रकार से अनुवाद हो सकता है। अर्थव्यंजना के आधार पर किया गया अनुवाद ही भावानुवाद कहलाता है। इसमें मूल कृति के विचारक्रम का अनुसरण करना आवश्यक होता है। इस विचारक्रम को प्रस्तुत करने वाले विवरणों का विस्तार करने की जरूरत नहीं होती। अतः दोनों में ही अभिप्रेत भाव को व्यक्त करने के लिए मूलानुवर्ती पर्याय को छोड़ कर ऐसा उपयुक्त पर्याय चुनने की स्वतंत्रता रहती है, जिसमें मूल भाव का बोध हो। भावानुवाद में इस बात पर ध्यान दिया जाता है कि अनुवाद का उद्देश्य केवल शब्दार्थ करना नहीं वरन् संकेतार्थ प्रस्तुत करना होता है। किंतु सामान्यतः मूल कृति के भाव को व्यक्त करने के लिए लक्ष्य भाषा में समतुल्य (equivalent) शब्द उपलब्ध नहीं होते। ऐसी स्थिति में लक्ष्य भाषा के रचना विधान और संस्कार के अनुसार ऐसे शब्दों का चयन होता है जो मूल शब्द के भाव को अभिव्यक्त कर सकें।

भावानुवाद में एक प्रकार की मौलिकता होती है। लेखक के भावों को आधार बनाते हुए अनुवादक वास्तव में एक नई रचना करता है जो कथ्य में समान होते हुए भी अपने रूप में मूल रचना से स्वतंत्र होती है। रूप की यह मौलिकता ही भावानुवाद की विशेषता होती है। यह अनुवादक पर निर्भर करता है कि उसे किस हद तक छूट लेनी है। इसी मौलिकता के कारण भावानुवाद प्रायः साहित्यिक रचनाओं के होते हैं, यद्यपि इस मौलिकता की एक सीमा होती है जो अभिव्यक्ति को मूल संदेश की परिधि में रखती है और स्वच्छंद नहीं होने देती। सारानुवाद में भावानुवाद जैसी मौलिकता नहीं होती। उसमें सूचना की प्रधानता होती है।

सारानुवाद और भावानुवाद में मुख्य अंतर यह है कि सारानुवाद में अभिव्यक्ति के आकार की सीमा होती है जबकि भावानुवाद में इसकी अपेक्षा नहीं है। सारानुवाद में

अर्थ की अभिव्यक्ति के लिए विस्तार तो वर्जित है ही, संक्षेपण भी अपेक्षित है। भावानुवाद में विस्तार की अपेक्षा रहती है और प्रायः संक्षेपण नहीं होता। सारानुवाद में मूल भाव का संप्रेषण सूत्र रूप में होता है। सारानुवाद में मूल कृति के प्रत्येक पद या वाक्य की अर्थ-व्यंजना का अंतरण करना आवश्यक नहीं होता और संभव भी नहीं होता जबकि भावानुवाद में ऐसा करना अनुज्ञेय है। भावानुवाद एक प्रकार का मौलिक सृजन है जबकि सारानुवाद में सृजन के अतिरिक्त संपादन भी निहित रहता है। भावानुवाद में मूल कृति के अनुरूप निरंतरता बनी रहती है। सारानुवाद में यह निरंतरता मूल कृति के उद्देश्य के अनुरूप ही होती है। सारानुवाद का कलेवर मूल कृति की अपेक्षा बहुत छोटा होता है। भावानुवाद का विस्तार मूलकृति की तुलना में सीमित भी हो सकता है अथवा आद्योपांत मूल कृति के साथ-साथ भी चल सकता है और मूल कृति से अधिक विस्तृत भी हो सकता है।

निम्नलिखित उदाहरण से भावानुवाद और सारानुवाद का अंतर स्पष्ट हो जाएगा।

English passage

मूल पाठ :

Opposition parties criticize the government in two ways. There are some procedures inside the legislatures which they can use. Motions of No-confidence, Calling attention, Adjournment etc. are some measures which they can use. But they also organize meetings, demonstrations, etc., outside the legislature and tell the people what the government is doing wrong. The government has to pay heed to these criticisms, if it is not to lose touch with the people. Besides the opposition, there is a very important role played by those who can form public opinion, Newspapers, the television, the radio, the magazines, etc., help in shaping the opinion of the citizens. We shall see below how these institutions do their work in our democracy.

For democracy to work properly, there are also other things which must exist. Most of these things have to do with the attitude of ordinary people. Domocratic government gives a lot of freedom to the ordinary citizen. However, the citizens have to use freedom with responsiblity and discipline, as democracy does not supress anybody's opinion; this imposes a responsiblity on the citizens too. Even if they have some grievances, they have to show their grievances through the channels provided by democratic system. If citizens act without discipline, this brings disrepute to democracy. From this, the view can gain around that democratic government is ineffective and only some form of authoritarian government can rule the country properly. Democracy is sometimes called government by discussion and persuasion. The support for any opinion is tested through the principle of majority. Only if a view carries a majority, it can become a policy. But just as the minority must accept the verdict of the majority, the majority must also accept the right of the minority to hold a different opinion. The majority must not try to impose its opinin on the minority by forc.

भावानुवाद :

विपक्षी दल सरकार की आलोचना दो प्रकार से करते हैं। वे विधानमंडलों में कुछ प्रक्रियाओं का पालन करते हैं। अविश्वास प्रस्ताव, स्थगन प्रस्ताव तथा ध्यानाकर्षण सूचना कुछ ऐसे साधन हैं जिनका प्रयोग विपक्ष करता है। विधानमंडलों के बाहर ये दल सभाओं और प्रदर्शनों आदि के माध्यम से सरकार की आलोचना करते रहते हैं और जनता को बताते हैं कि सरकार क्या गलत कर रही हैं। यदि सरकार, जनता के साथ संपर्क बनाए रखना चाहती है तो उसे इन आलोचनाओं की ओर ध्यान देना पड़ता है। विरोध के अतिरिक्त अन्य साधनों की भी महत्त्वपूर्ण भूमिका जनमत के निर्माण में रहती है और वे हैं समाचारपत्र, पत्रिकाएँ, रेडियो, दूरदर्शन आदि जो जनता की राय बनाने में सहायक होते हैं। हम नीचे देखेंगे कि हमारे लोकतंत्र के लिए अन्य संस्थाओं की भूमिका कैसी रहती है।

लोकतंत्र की सफलता के लिए कुछ अन्य चीज़ों का होना भी आवश्यक है। इनमें से अधिकतर का संबंध जन साधारण के दृष्टिकोण से है। लोकतांत्रिक सरकार आम नागरिकों को अधिकाधिक स्वतंत्रता देती है। नागरिकों को भी अपनी स्वतंत्रता का प्रयोग उत्तरदायित्व और अनुशासन के साथ करना है, क्योंकि लोकतंत्र में व्यक्ति के विचारों का दमन नहीं किया जाता, बल्कि उसे कुछ उत्तरदायित्व भी दिया जाता है। यद्यपि उनकी कुछ शिकायतें भी होती हैं, जो उन्हें लोकतांत्रिक पद्धति से सरकार तक पहुँचानी होती हैं। नागरिक यदि स्वयं अनुशासनहीन हो जाएँ तो इससे लोकतंत्र की बदनामी होती है। इस स्थिति में यह भावना पैदा हो जाती है कि लोकतंत्र प्रभावकारी नहीं है। उसके स्थान पर तानाशाही शासन सही हो सकता है। कभी-कभी लोकतंत्र में सरकार विचार-स्वातंत्र्य देती है और कभी-कभी विचारों को अपने पक्ष में प्रभावित करवा लेती है। किसी भी विचारधारा का परीक्षण बहुमत के सिद्धांत के आधार पर होता है। जिस विचारधारा को बहुमत का समर्थन प्राप्त हो, वही देश की नीति

बन जाता है। यह आवश्यक है कि अल्पमत बहुमत के निर्णय को स्वीकार करें। इसी प्रकार बहुमत, अल्पमत के भिन्न विचारों के अधिकार को स्वीकार करे। बहुमत को बल प्रयोग के द्वारा अल्पमत पर अपने विचार थोपने का प्रयास नहीं करना चाहिए।

सारानुवाद : विपक्षी दल सरकार की आलोचना कई तरीकों से करते हैं। जनमत के निर्माण में जनसंचार की भी विशेष भूमिका रहती है। इससे जनता और सरकार दोनों जागरूक रहते हैं। लोकतांत्रिक सरकार जन सामान्य को अधिक से अधिक स्वतंत्रता प्रदान करती है। नागरिकों का भी कर्त्तव्य है कि वे अनुशासन में रहें और अपने उत्तरदायित्व के प्रति सजग रहें अन्यथा लोकतंत्र निष्प्रभावी हो जाएगा। बहुमत को अल्पमत के विचारों का आदर करना चाहिए और अल्पमत को बहुमत का समर्थन करना चाहिए।

सारानुवाद की विशेषताएँ

सारानुवाद के विशिष्ट और तकनीकी स्वरूप के अनुसार संक्षिप्तता, सूचना-प्रधानता, विचारक्रम, संपादन और भाषा-शैली जैसी विशेषताएँ सारानुवाद की उपयोगिता में वृद्धि करती है।

संक्षिप्तता : सारानुवाद एक दोहरी प्रक्रिया है जिसमें संक्षेपण और अनुवाद दोनों कार्य होते हैं। इसमें वाक्यों का संयोजन उतना ही आवश्यक है जितना संक्षेपण में होता है। लेकिन संक्षेपण में जहाँ मूल अवतरण के संक्षिप्त अर्थ का संप्रेषण होता है वहाँ सारानुवाद में कथ्य के मूल उद्देश्य को भी संगोजित करना होता है। इरामें संक्षिप्तता मूल कृति की एक-तिहाई से कम हो तो और उत्तम होगा। यह भी उल्लेखनीय है कि सारानुवाद विषय-अनुसार होता है। इसमें किसी विषय के प्रतिपादन या घटना के विवरण को सार रूप में दिया जाता है। सामाजिक सरोकार के विषयों के संप्रेषण के लिए सारानुवाद की विशेष उपयोगिता है। इन विषयों में सामाजिक विज्ञान के विविध विषय—अर्थशास्त्र, राजनीतिविज्ञान, दर्शन, न्यायालय अथवा कार्यालय से संबंधित कार्रवाई की प्रक्रिया, पत्रकारिता (सूचना संप्रेषण) आदि शामिल हैं।

सूचनाप्रधानता : सारानुवाद में मूल पाठ में विषय अथवा घटना के विवरण को संक्षिप्त रूप में दिया जाता है। इसका मुख्य उद्देश्य उक्त विषय अथवा घटना-विवरण की सूचना प्रदान करना है। इस प्रकार अनूदित सामग्री के पाठक अथवा श्रोता वर्ग को किसी विषय अथवा घटना या गोष्ठी विवरण के प्रमुख मुद्दों और बातों की जानकारी मिल जाती है।

विचारक्रम : सारानुवाद में प्रतिपादित विषय का विचारक्रम मूल कृति के अनुसार यथावत रहता है। किसी भी विषय का प्रतिपादन विचारों के अनुक्रम पर ही आधारित

होता है। इससे विचारों में तारतम्य बना रहता है। सारानुवाद मूलकृति के आशय को आद्योपांत व्यक्त करता है। अतः सारानुवाद एक प्रकार से कृति के रूप में स्वतःपूर्ण होता है।

संपादन : संक्षेपण करते हुए संपादन की प्रक्रिया भी चलती रहती है। संपादन एक प्रकार की शल्य क्रिया है। इससे भाषा की जटिलता को सरल और सुबोध बनाया जाता है। उलझे हुए विचारों को व्यवस्थित ढंग से दिया जाता है। असंगत और अनावश्यक अंशों को काट-छाँटकर मूल कथ्य को प्रवाहपूर्ण बनाया जाता है। इस प्रकार सारानुवाद मूल कृति के भावों को अधिक स्पष्ट करता है और उसे अधिक बोधगम्य बनाता है। यह एक प्रकार का संपादन है। यहाँ सारानुवाद एक प्रकार का पुनः सृजन हो जाता है जिसमें चिंतन के साथ-साथ रचना-कौशल भी रहता है।

भाषा शैली : प्रत्येक विषय की अपनी शब्दावली होती है। विषय को बोधगम्य बनाने के लिए अपेक्षाकृत अधिक प्रचलित, लोक व्यवहार में आने वाले सरल शब्दों का प्रयोग अपेक्षित होता है। सारानुवाद करते समय भाषा की बोधगम्यता पर सदैव ध्यान रखा जाता है। अतः इसमें लाक्षणिक और आलंकारिक भाषा का प्रयोग कम, सरल और सटीक शब्दों का प्रयोग अधिक होता है और ऐसी भाषा का प्रयोग होता है जिससे केवल अर्थ का ही बोध हो। वह न तो शब्दाडंबर से युक्त हो और न ही प्रभावहीन। भाषा इतनी नपी-तुली और संतुलित हो कि वह संपूर्ण मूल कथ्य का अंतरण करे। उदाहरण के लिए, यदि हम सूचना प्रौद्योगिकी से संबंधित सामग्री का जनसामान्य के लिए सारानुवाद करेंगे तो हमें क्लिष्ट शब्दावली के स्थान पर ऐसे शब्दों का प्रयोग करना पड़ेगा जिनसे जनसामान्य परिचित हों और इसमें बोलचाल की शैली अपनानी होगी। इसमें क्लिष्ट तथा बोझिल शब्दों और तकनीकी जटिलताओं से बचना होगा। यह उल्लेखनीय है कि यदि हमें सूचना प्रौद्योगिकी के विशेषज्ञों की किसी गोष्ठी के लिए सामग्री का, या गोष्ठी की चर्चाओं का अथवा सूचना प्रौद्योगिकी से संबंधित किसी सामग्री का सूचना प्रौद्योगिकी के अध्येताओं के लिए सारानुवाद करना है तो तकनीकी शब्दों की पारिभाषिक शब्दावली का उपयोग होगा। किंतु ऐसी कृतियों का अनुवाद करते समय विषय का ज्ञान होना ज़रूरी है। इसी प्रकार अर्थशास्त्र, वाणिज्य और व्यापार से संबंधित सामग्री का अनुवाद गृहीता की अपेक्षाओं के अनुरूप होना चाहिए। यदि हम किसी समाचारपत्र के लिए व्यापारिक समाचारों का सारानुवाद कर रहे हैं तो उस विषय से संबंधित ऐसे प्रचलित शब्दों का प्रयोग वांछनीय है जिनसे सामान्य व्यापारी परिचित हों। व्यापार और वाणिज्य के क्षेत्र में भी महाजनी, बहीखाता, राजस्व और बाजार-विश्लेषण आदि से संबंधित देशी और विदेशी भाषाओं के ऐसे अनगिनत शब्द हैं जो प्रचलन में हैं और जिनके अर्थ निश्चित हो चुके हैं। उदाहरण के लिए; खाता, लेजर, जमा, डेबिट, नामे, क्रेडिट, जोखिम, उठाव, उछाला, रायल्टी, शेयर, डिबेंचर, कमीशन, बजट आदि।

इसके विपरीत, इन विषयों का ज्ञान और संदर्भ सामग्री का सारानुवाद करने में मानक शब्दावली का प्रयोग वांछनीय है।

इस प्रकार सारानुवाद एक व्यावहारिक और उपयोगी प्रक्रिया है। उसका उपयोग सूचना या संवाद के संकलन और/अथवा संप्रेषण के उद्देश्य से होता है। अतः सारानुवाद में उद्देश्य, विषयवस्तु और प्रयोजन होता है। उसी के अनुसार भाषा-शैली का निर्धारण होता है।

सारानुवाद की उपयोगिता

ज्ञान-विज्ञान के क्षेत्रों और संचार के साधनों के विकास के साथ-साथ सारानुवाद की उपयोगिता में वृद्धि हो रही है, क्योंकि इस विकास के साथ-साथ ज्ञान-विज्ञान और सूचना की सामग्री भी अधिक मात्रा में उपलब्ध हो रही है। समूचे विश्व में विभिन्न भाषाओं में इस सामग्री का आदान-प्रदान होता रहता है। किसी भाषा में इस सामग्री को संकलित अथवा संप्रेषित करने के सीमित माध्यमों के कारण उनका संकलन और संप्रेषण संक्षिप्त रूप में करना पड़ता है। विश्व के विभिन्न क्षेत्रों में जो कुछ भी घटित हो रहा है। उसकी सूचना पहले से अधिक अब उपलब्ध होने लगी है। ऐसी सूचनाओं को समय और स्थान की सीमाओं के कारण, उनके विस्तृत रूप में ग्रहण करना कई बार संभव नहीं होता।

राष्ट्रीय और अंतरराष्ट्रीय स्तर पर सामाजिक गतिविधियों का तेज़ी से विस्तार हो रहा है। विश्व की विभिन्न संस्कृतियाँ एक-दूसरे से अधिक निकट आ रही हैं जिससे मानव की जीवन शैली पर प्रभाव पड़ रहा है। प्रत्येक क्षेत्र से संबंधित जानकारी और ज्ञान जहाँ अधिकाधिक मिल रहा है, वहाँ उसे प्राप्त करने वालों की संख्या में भी वृद्धि हो रही है। अतः विभिन्न भाषाओं में हो रही नई खोजों, अनुसंधानों और आविष्कारों की विपुल सामग्री को किसी एक भाषा में संकलित, संगृहीत और संप्रेषित करने के लिए सारानुवाद एक उपयोगी माध्यम बनता जा रहा है। वास्तव में सूचना और ज्ञान के इस विशाल सागर को गागर में भरने का माध्यम सारानुवाद ही है।

कई बार भाषणों का लिखित पाठ उपलब्ध नहीं होता, इसलिए उनका सारानुवाद तैयार किया जाता है। इस स्थिति में वक्ता के भाषण के दौरान उसकी मुख्य बातें लिख ली जाती हैं और तत्पश्चात् अपनी भाषा में उनका सार क्रमवार लिखा जाता है और फिर उसका अनुवाद होता है। कई बार भाषणों को टेपांकित किया जाता है और उसका सार तैयार करके अनुवाद किया जाता है। यह सारानुवाद स्थायी महत्त्व का भी हो सकता है।

न्यायालय में तैयार किए जाने वाले सारानुवाद का गृहीता वर्ग उच्च न्यायालयों के वकील तथा न्यायाधीश होते हैं। इनके समक्ष निचली अदालतों से आए निर्णयों तथा अन्य हिन्दी दस्तावेज का अंग्रेजी सार अनूदित रूप में प्रस्तुत किया जाता है।

सारानुवाद की सीमाएँ

सारानुवाद एक विशेष प्रकार की विधा है जिसका उपयोग विशेष प्रयोजन के लिए होता है। इससे हमें केवल मूल कृति के आशय की जानकारी मिल सकती है। उस आशय को जिस रूप में अभिव्यक्त किया गया है उसका परिचय नहीं होता। सारानुवाद में हमारा मूल कृति से सांगोपांग साक्षात्कार नहीं होता। इसमें मूल कृति की गंध तो होती है किंतु उसका रूप नहीं होता, आत्मा की प्रतीति तो होती है, किंतु मूल से सावयव तादात्म्य नहीं होता। मूल कृति में केवल विचार और भाव ही नहीं होते, उन विचारों और भावों को प्रभावी बनाने के लिए विशेष शैली का भी उपयोग किया जाता है। अभिव्यक्ति की शैली भावों और विचारों को रंजित करती है और उसके अवयवों को सजीव बनाती हैं। सारानुवाद से यह ज्ञात तो हो सकता है कि मूल कृति में कौन-सा रस है किन्तु उसका रसास्वादन नहीं होता।

सारानुवाद में केवल मूल पाठ अथवा कृति के उद्देश्य को ही उद्घाटित किया जाता है और मूल पाठ की रूपरेखा का मात्र संप्रेषण होता है। कभी-कभी एक ही कृति के कई ध्वन्यार्थ होते हैं। इन सभी ध्वन्यार्थों को सारानुवाद में अभिव्यक्त नहीं किया जा सकता। कभी-कभी अपने मंतव्य को अभिव्यक्त करने के लिए वक्ता अपनी बात को इस प्रकार घुमा-फिराकर कहता है कि उसका अभिप्राय भिन्न सा लगता है। समाचारपत्रों में प्रायः ऐसे समाचार पढ़ने को मिलते हैं, जिनमें किसी वक्तव्य का गलत अर्थ प्रकाशित करने के संबंध में विवाद उत्पन्न हो जाता है। ऐसे विवादों से बचने के लिए समाचारपत्र अक्सर वक्तव्य का मूलनिष्ठ अनुवाद ही प्रकाशित करते हैं, क्योंकि वे सारानुवाद छाप कर खतरा मोल नहीं लेना चाहते।

सूचना-प्रधान होने के कारण सारानुवाद में शैलीगत सौंदर्य अथवा ओजस्विता की संभावना नहीं रहती। सभी प्रकार की कृतियों का सारानुवाद न तो संभव होता है और न ही उपयोगी। ऐसी कृतियाँ जिनमें कथ्य को सूक्ष्म या सूत्र में प्रस्तुत किया गया हो, उनका सारानुवाद करना संभव नहीं होता। अतः उनकी टीका या उनका भाष्य लिखने की आवश्यकता पड़ती है। संस्कृत के शास्त्रीय ग्रंथ इसी श्रेणी में आते हैं। साहित्यिक रचनाओं का, विशेषकर कविता का सारानुवाद न तो संभव है और न ही उपयोगी। वास्तव में किसी भी प्रकार की साहित्यिक रचना का अनुवाद न तो मात्र भाषांतरण होता है और न ही स्थूल शाब्दिक अनुवाद बल्कि उसका पुनःसृजन होता है। उपन्यास, कहानी, नाटक आदि कथा-प्रधान रचनाओं अथवा वैचारिक निबंधों का किसी सीमा तक सारानुवाद तो हो सकता है किंतु कविता का सारानुवाद नहीं हो पाता।

सारानुवाद का सर्वाधिक प्रयोग संचार माध्यमों में होता है। इनमें मुख्य माध्यम रेडियो, पत्रकारिता और दूरदर्शन है। इन माध्यमों के पाठक श्रोता कई वर्गों और स्तरों के होते हैं। इनका बौद्धिक स्तर, शिक्षा स्तर और रुचियाँ अलग-अलग हैं। संचार माध्यम अधिक से अधिक वर्गों और अधिक से अधिक संख्या में लोगों का मनोरंजन और ज्ञानवर्द्धन करने का प्रयास करते हैं। ग्रामीण, नगरीय और महानगरीय श्रोता और पाठक

अलग-अलग होते हैं, जो अनगिनत व्यवसायों से जुड़े होते हैं। निम्नवर्गीय, मध्यवर्गीय और उच्चवर्गीय लोग निरक्षर और बुद्धिजीवी, वृद्ध, युवा और किशोर, स्त्री और पुरुष इन संचार माध्यमों का उपयोग करते हैं। महिलाएँ अपनी विशेष सामाजिक, आर्थिक स्वास्थ्य, श्रृंगार-प्रसाधन जैसे विषयों में रुचि लेती हैं, वृद्ध स्त्री-पुरुष प्रायः धर्म और अध्यात्म के विषय अधिक पसंद करते हैं। बुद्धिजीवी ज्ञान-विज्ञान के विश्लेषण तथा राजनैतिक, सामाजिक, आर्थिक, राष्ट्रीय और अंतरराष्ट्रीय समस्याओं में या तो रुचि रखते हैं, या उन विषयों से जुड़ी सूचनाओं की अपेक्षा करते हैं। अतः इनका सारानुवाद इस व्यापक पाठक वर्ग की आवश्यकताओं और अपेक्षाओं को ध्यान में रखकर किया जाता है।

देश और विदेश की विभिन्न सरकारों, राष्ट्रीय और अंतरराष्ट्रीय संस्थाओं द्वारा बड़ी मात्रा में प्रसार-सामग्री तैयार की जाती है। यह सामग्री समाज के विभिन्न वर्गों के लाभ के लिए तैयार की जाती है जिसका सारानुवाद जन-सामान्य के लिए प्रकाशित होता है। इसके साथ-साथ सरकारी और गैर-सरकारी कार्यालयों में सारानुवाद उच्च प्रशासनिक अधिकारी-वर्ग के लिए होता है। जन-सामान्य अथवा अन्य कार्यालयों से अंग्रेजी या हिन्दी अथवा भारतीय भाषाओं में प्राप्त पत्रों या दस्तावेजों का सारानुवाद अधिकारी-वर्ग के समक्ष प्रायः 'टिप्पण' के साथ प्रस्तुत होता है। इसके अतिरिक्त कार्यालयों में कभी-कभी तथ्यों का क्रमिक सार अथवा 'तारीखवार सार' भी टिप्पणी के साथ संलग्न किया जाता है।

संसद में किए जाने वाले सारानुवाद का गृहीता वर्ग मुख्य रूप से संसद सदस्य होते हैं। यह अनुवाद प्रायः सत्र के दौरान प्रतिदिन हुए वाद-विवादों और भाषणों का सार तैयार किया जाता है और उसे अगले दिन की सभा आरंभ होने से पहले सदस्यों में वितरित किया जाता है। इससे उन्हें यह जानकारी मिल जाती है कि पिछले दिन की बैठक में किस सदस्य ने कौन-सी बात कही थी। इसके अतिरिक्त, इस सारानुवाद का गृहीता वर्ग जन-सामान्य भी होता है जिसे संसद की प्रतिदिन की कार्यवाही मुद्रित रूप में उपलब्ध कराई जाती है। यह कार्यवाही संचार माध्यमों के द्वारा रिपोर्ट के रूप में प्रस्तुत होती है।

सारानुवाद का प्रयोग-क्षेत्र

जनसंचार और पत्रकारिता : सारानुवाद का अधिकाधिक प्रयोग पत्रकारिता के क्षेत्र में और संचार के अन्य माध्यमों में होता है। विश्व के एक भाग से दूसरे भाग में संवाददाता, समाचार एजेंसियाँ या फीचर ऐजेंसियाँ सूचना भेजती है। ये सूचनाएँ डाक, तार, टेलीप्रिंटर, फैक्स, ई-मेल, टेलीफोन आदि की सहायता से पत्र-पत्रिकाओं के कार्यालयों में पहुँचाई जाती हैं। भारत में सूचना भेजने वाली अधिकतर सामाचार एवं फ़ीचर एजेंसियाँ अंग्रेजी में सूचना भेजती हैं। यद्यपि कुछ एजेंसियों ने हिन्दी में सूचना भेजने

का काम भी शुरू कर दिया है किंतु आज भी, अधिकतर सूचना अंग्रेज़ी में प्राप्त होती है। इसके अतिरिक्त विदेशों से भी बड़ी मात्रा में अंग्रेजी में सूचना और समाचार प्राप्त होते हैं। इस कारण हिन्दी पत्रों में काम वालों के लिए अंग्रेजी जानना और अंग्रेजी से हिन्दी में अनुवाद करने की योग्यता होना आवश्यक है। सूचना के महत्त्व और स्थान की उपलब्धता को ध्यान में रखकर प्रायः मूल सूचना को संक्षिप्त रूप में संप्रेषित या प्रकाशित करना पड़ता है। इस प्रकार स्रोत से प्राप्त मूल विस्तृत सूचना को सार रूप में अनूदित करके प्रकाशित या संप्रेषित किया जाता है। इसके अतिरिक्त हिन्दी के समाचारपत्रों में बड़ी मात्रा में सरकारी विज्ञप्तियों, सरकारी विभागों, अथवा अन्य संगठनों की रिपोर्ट, पत्रकार सम्मेलनों के सामाचार और संसद में होने वाली चर्चा की सूचना छापनी होती है। यह अधिकतर सामग्री अंग्रेजी में होती है और उसका सार हिन्दी में अनूदित करके छापा जाता है। इस प्रकार जनसंचार में अनुवाद, विशेषकर सारानुवाद का काफी महत्त्व है। इस बात का उल्लेख करना असमीचीन न होगा कि भारतेंदु हरिश्चंद्र द्वारा प्रकाशित 'हरिश्चंद्र चंद्रिका' के 1875 के अंकों में प्रत्येक समाचार पर अंग्रेजी में भी शीर्षक होता था और समाचारावली होती थी जिसके साथ अंग्रेज़ी में 'समरी ऑफ न्यूज़' (Summary of News) शीर्षक जाता था।

आकाशवाणी और दूरदर्शन : आकाशवाणी (रेडियो) और दूरदर्शन के समाचार प्रसारण में न्यूनाधिक सारानुवाद का सहारा लिया जाता है। अंतर केवल इतना है कि संपादन विभाग में पहले अंग्रेजी में समाचारों का संक्षेपण किया जाता है। उनमें से अधिकतर समाचारों का हिन्दी और क्षेत्रीय भाषाओं में उपयोग के लिए अनुवाद किया जाता है। इस प्रकार भाषा से सारानुवाद न करके मूल भाषा में तैयार किए गए सार को लक्ष्य भाषा में अनूदित किया जाता है।

संसद : भारतीय संसद में सारानुवाद की विशेष उपयोगिता है। संसद की कार्यवाही हिन्दी और अंग्रेजी दोनों भाषाओं में होती है। सदस्यों को पूर्व सूचना देने पर अन्य भारतीय भाषा में भी बोलने की अनुमति दी जाती है। हिन्दी और क्षेत्रीय भाषाओं में दिए जाने वाले भाषणों से अंग्रेजी में और अंग्रेजी से हिन्दी में तत्कालिक अनुवाद अर्थात् आशु अनुवाद की व्यवस्था है। प्रतिदिन होने वाली बहस में दिए गए भाषणों का सार तैयार करके अगले दिन सदस्यों में वितरित कर दिया जाता है। इससे सदस्यों का पता चलता है कि पिछले दिन की बैठक में किस सदस्य ने अपने भाषण में क्या मुख्य बात कही थी। यह सारांश अंग्रेजी और हिन्दी दोनों भाषाओं में तैयार होता है। इसके लिए सभा समाप्त होने के तुरंत बाद सभी भाषणों का सार अंग्रेजी में तैयार किया है और बाद में उस सार का हिन्दी में अनुवाद किया जाता है। देर रात तक हिन्दी और अंग्रेजी में तैयार किया जाने वाला यह सारानुवाद रात भर में छापकर तैयार होता है और अगले दिन प्रातः प्रत्येक सदस्य तक पहुँचा दिया जाता है।

इसके अतिरिक्त ससंद में प्रतिदिन होने वाली कार्यवाही का हिन्दी संस्करण भी प्रकाशित होता है। इस संस्करण में अंग्रेज़ी में दिए गए भाषणों का सार रूप में अनुवाद

छापा जाता है जबकि हिन्दी में दिए गए भाषणों को मूल रूप में छापा जाता है। संसद में सारानुवाद का कार्य कठिन है। इसमे त्वरित अनुवाद अर्थात् आशु अनुवाद करना होता है जो अनुभवी दुभाषियों (आशु अनुवादकों) द्वारा होता है।

सम्मेलन-संगोष्ठी आदि की रिपोर्ट : विभिन्न सरकारी, गैर-सरकारी संस्थाओं द्वारा अपनी संगोष्ठियों, विचारगोष्ठियों, सम्मेलनों आदि की कार्यवाही की रिपोर्ट का अनुवाद इसी प्रकार सार रूप में तैयार होता है। लंबे-चौड़े भाषणों के सुसंगत अंशों को शामिल करके संगोष्ठी अथवा सम्मेलन की कार्यवाही की एक संक्षिप्त रिपोर्ट अन्य भाषा में अनूदित करके प्रकाशित की जाती है।

प्रशासन और विधि : सरकारी कार्यालयों में, विशेषकर केंद्रीय सरकार और उसके अधीनस्थ कार्यालयों में हिन्दी और अंग्रेज़ी दोनों भाषाओं का प्रयोग होता है। आवश्यक कार्रवाई करते समय कई बार नियम-विनियमों का सार देने की आवश्यकता पड़ती है। यदि नियम-विनियम अंग्रेज़ी में हो तो उनका सार हिन्दी में दिया जाता है। कई बार किसी मामले के बारे में पिछली कार्रवाई अथवा नियम-विनियमों का 'तारीखवार सार' अथवा 'क्रमिक सार' तैयार किया जाता है। ऐसे टिप्पणों और पत्रों का सारानुवाद करने की आवश्यकता पड़ती है। विधि विभागों ओर न्यायलयों में भी अनुवाद की आवश्यकता बनी रहती है। कुछ हिन्दीभाषी राज्यों के न्यायलयों और विधि विभागों में हिन्दी का प्रयोग हो रहा है, लेकिन उच्च न्यायलयों और उच्चतम न्यायालय में सभी निर्णय अंग्रेज़ी में होते हैं। ये निर्णय उस सामग्री और उन दस्तावेजों पर निर्भर होते हैं जो अंग्रेजी के अतिरिक्त हिन्दी में भी होते हैं। न्यायाधीशों को अपना निर्णय देने के लिए उनके सार या सारानुवाद पर निर्भर रहना पड़ता है। ये सारानुवाद इन विभागों में अपनी विशेष भूमिका निभाते हैं।

साहित्य : साहित्य के क्षेत्र में सारानुवाद केवल भाव संप्रेषण ही नहीं होता, बल्कि उसमें भाषा के लालित्य का भी बड़ा महत्त्व होता है। यद्यपि समूचे विश्व में साहित्यिक क्षेत्र में भाव-प्रधान अनुवाद होते हैं किंतु वे सारानुवाद की श्रेणी में उस प्रकार नहीं आते, जिस प्रकार सूचना-प्रधान साहित्य का सारानुवाद होता है। यह अंतर वास्तव में ज्ञान के साहित्य और सर्जनात्मक साहित्य के अनुवाद का अंतर होता है। इन्हें या तो भावानुवाद की श्रेणी में रखा जा सकता है या रूपांतरण की श्रेणी में। सारानुवाद में भाव संप्रेषण के साथ-साथ मूल कृति के भावों के तारतम्य को भी बनाए रखा जाता है। नाटक, गल्प, वृतांत, जीवनी आदि से संबंधित साहित्य में सारानुवाद की उपयोगिता एक सीमा तक रहती है। चार्ल्स लैंब ने शेक्सपीयर के नाटकों का सार कहानी के रूप में प्रस्तुत किया हालांकि यह सार अंग्रेजी में ही था, किंतु इसको सारानुवाद की श्रेणी में रखा जा सकता है, क्योंकि नाटक विधा को कहानी विधा में प्रस्तुत करना भी एक प्रकार का अंतःभाषिक अनुवाद है। इसमें कथ्य को साहित्य की एक विधा से दूसरी विधा में रूपांतरित किया गया है। दूसरे प्रयुक्त शेक्सपीयरकालीन अंग्रेजी भाषा आधुनिक अंग्रेजी से भिन्न है जो अंतःभाषिक अनुवाद का ही एक रूप है। देवकीनंदन

खत्री के कई खंडों में रचित 'चंद्रकांता' उपन्यास का सारानुवाद भी अंग्रेजी में एक ही खंड में हुआ है।

सारानुवाद की संभावनाएँ

सारानुवाद एक ऐसी विधा है जिसका महत्त्व व्यावहारिक उपयोगिता पर आधारित है। उसकी उपयोगिता सूचना और ज्ञान के विस्तार से जुड़ी हुई है। ज्यों-ज्यों सूचना और ज्ञान के भंडार में वृद्धि हो रही है, वैसे-वैसे उसे सार रूप में संकलित करके विभिन्न भाषाओं में संप्रेषित करने की आवश्यकता बढ़ रही है। मानव की व्यस्तता, उसकी बढ़ती हुई गतिविधियों और इन गतिविधियों की सूचना के आदान-प्रदान की आवश्यकता के परिप्रेक्ष्य में उपलब्ध सूचना को सार रूप में अनूदित करके संप्रेषित करने की आवश्यकता बढ़ रही है। प्रत्येक कार्य-क्षेत्र से संबंधित विश्व की अद्यतन सूचना प्राप्त करना आवश्यक हो गया है। यह उनकी दैनिक आवश्यकता बनती जा रही हैं। इस सूचना को सार रूप में उपलब्ध कराने में सारानुवाद की निर्णायक भूमिका रहती है। इस दृष्टि से सारानुवाद संप्रेषण की तकनीक का अंग बनता जा रहा है। यदि किसी साहित्य की मूल भाषा से भिन्न भाषा में संक्षिप्त परिचय देने की आवश्यकता पड़ती है तो सारानुवाद का सहारा लेना पड़ता है। अंग्रेजी, हिन्दी, तेलुगु आदि भाषाओं में रचित विश्वकोश और उनके हिन्दी-अंग्रेजी संस्करण भी एक प्रकार के सारानुवाद हैं।

व्यवहार पक्ष

सारानुवाद के कुछ नमूने नीचे दिए जा रहे हैं।

PASSAGE 1

How futile the old argument seems in view of these astonishing development in scientific thought. It is time we brought our mind into line with the progress of science and gave up the meaningless controversies of an age gone by. It is true that science change, and there is nothing dogmatic or final about it. But the method of science does not change, and it is to that we must adhere in our thought and activites, in research, in social life, in political and economic life, in religion. We may be specks of dust on a soap-bubble universe, but that speck of dust contained something that was the mind and spirit of man. Through the ages this has grown and made itself master of this earth and drawn power from its innermost bowels as well as from the thuderbolt in the skies. It has tried to fathom the secrets of the universe and brought the vagaries of nature itself to its use. More wonderful than the earth and the heavens is this and spirit of man which grows ever mightier and seeks fresh worlds to conquer.

That is the task of scientist, but we know that all scientists are not fashioned in the heroic mould, nor are they the philosopher - king of whom Plato told us in the days of old, Kingliness might not be theirs, but even philosophizing is often lacking, and the day's task follows a narrow sphere and a dull routine. As they specialize and specialize they must, they lose sight of the larger picture and become pedants out of touch with reality. In India, the political conditions under which we have had the misfortune to live have further stunted their growth and prevented them from playing their rightful part in social progress. Fear has often gripped them, as it has gripped so many others in the past, lest by any activity or thought of their, they might anger the Government of the day and thus endanger their security and position. It is not under these conditions that science flourishes or scientists prosper. Science requires a free environemnt to grow. When applied to social purpose, it requires a social objective in keeping with its method and the spirit of the age.

Main Ideas of the passage are:

1. We should adopt the scientific attitude in all spheres of live.
2. The mind of man is the most wonderful thing in the universe although man himself is an insignificant creature. Man has great passion for knowledge and control of nature.
3. It is dangerous for the development of science if scientist follows a narrow sphere, work in routine and losing touch with reality.
4. The fear of Governement puts hurdle on the development of science.
5. Scientist, needs not only free enviornment, but also a proper social purpose.

Precis : The amazing development in scientific thought means that we should adopt the scientific attitude in all spheres of life. Man may be an insignificant creature in the universe, but his mind is the powerful thing in it. It has probed into the mysteries of the universe, mastered the mighy forces of nature and made them useful for the services of mankind. In their passion for specialization however, scientists are inclined to fall into narrow grooves and research thus losing wider perspective and contact with reality. Also the fear of Government puts hurdle on the development of science. It is true that science thrives only in a free atmosphere, but scientist need not only freedom. but also a proper social purpose.

सारानुवाद : वैज्ञानिक सोच में हुई आश्चर्यजनक प्रगति से यह अभिप्राय है कि हम सभी सोच क्षेत्रों में वैज्ञानिक प्रवृत्ति अपनाएँ। मनुष्य संसार में तुच्छ प्राणी है किंतु उसका मस्तिष्क बहुत ही शक्तिशाली है। इसने विश्व के रहस्यों का उद्घाटन किया है, प्रकृति की शक्तियों पर नियंत्रण किया है और उन्हें मानव सेवा के लिए उपयोगी बनाया है। वैज्ञानिक विशेषज्ञता के अति उत्साह में संकीर्ण कार्यक्षेत्रों और अनुसंधानों में उलझ जाते हैं। इससे वे संसार के व्यापक रूप से वंचित हो जाते हैं और वास्तविकता से दूर हो जाते हैं। इसके अतिरिक्त संसार का भय भी विज्ञान के विकास में बाधा डालता है। यह सच है कि विज्ञान मुक्त वातावरण में फलता-फूलता है किंतु वैज्ञानिक को केवल स्वतंत्रता नहीं, बल्कि उसे समुचित सामाजिक प्रयोजन की भी आवश्यकता है।

PASSAGE 2

In a Country, where the landloard has a permanent property in the soil, it will be worth his while to improve that any rate he will make such an agreement with them (his tenants) as will prevent their destroying it. But when the lord of the soil himself, the rightful owner of the land, is only to become the farmer for a lease of ten years, and if he is then to be exposed to the demand of a new rent, which may perhaps, be dictated by ignorance or rapacity, what hopes can there be. I will not say of improvement, but a preventing? will it not be his interest, during the early part of that term, to extract from the estate every possible advantage for himself, and if any future hopes of a permanent settlement are then held out, to exhibit his lands at the end of it in a state of ruin? I am not only of opinion that the landlords have the best right, but from being persuaded that nothing could be so ruinous to the public interest as that the land should be retained as the property of the Government. I was also convinced that, failing the claim of right of the landlords, it would be necessary for the public good to grant a right of property in the soil to them or to persons of other descriptions.

It is the most effectual mode for promoting the general improvement of the Country. which I look upon as the important object for our present consideration.

I may safely assert that one-third of the company's territory in India is now a jungle inhabited only by wild beasts. will a ten year's lease induce any proprietor to clear away that jungle and encourage the ryots to come and cultivate his lands, or lose all hopes of deriving any benefit from his labour, for which perhaps by that time he will hardly be repaid.

It is in the interest of the State that the landed property should fall into the hands of the most frugal and class of people, who will improve their lands and protect the ryots, and thereby promote the general property of the Country.

Precis : Short term lease will take away from the landlords all incentive to improve their land. The landlords are rightful owner of the land, and even if they had not been given this right, it should be given them, because Government ownership of the land is not in the public interest. It is for the State the land should be in the hands of the most thrifty class; but no landlord would clear and cultivate the jungle, of which a third of the company's land is composed if he had only a ten year's lease.

सारानुवाद : लघु अवधि के पट्टे से जमींदारों में ज़मीन के सुधार में रुचि नहीं रहेगी। ज़मीदार ज़मीन के न्यायोचित मालिक हैं और यदि उन्हें यह अधिकार नहीं दिया गया तो उसे दिया जाना चाहिए, क्योंकि ज़मीन का सरकारी स्वामित्व जनहित में नहीं होता। राज्य के लिए यही सर्वोत्तम है कि ज़मीन अत्यंत मित्तव्ययी वर्ग के हाथों में होनी चाहिए, किंतु किसी ज़मींदार को केवल दस साल का पट्टा दिया गया तो वह उस जंगल को न तो साफ़ करेगा और न ही उसमें खेतीबाड़ी करेगा, जो कंपनी की ज़मीन का एक तिहाई भाग बनता है।

PASSAGE 3

The thoughtless wickedness with which we scatter sentences of imprisonment, torture in the solitary cell and on the plank bed, privation of human intercourse and daily news, and flogging, on mortal invalids and energetic rebels, is as nothing compared to the silly levity with which we tolerate poverty as if were either a wholesome tonic for lazy people of else a virtue to be embraced as St. Francis embraced it. If a man is indolent, let him be poor. If he is drunken, let him be poor, if he is addicted to the arts or to pure science instead of to trade and finance, let him be poor.

Now what does this 'Let Him be Poor' mean? I means let him be weak. Let him be ignorant. Let him be cheap, and drag his fellows down to his own price by selling himself to do their work. Let his habitations turn our cities into poisonous congeries of slums.

This being so, is it really wise to let him be poor? Would he not do ten times less harm as a prosperous burglar, incendiary or murderer, to the utmost limits of humanity's comparatively negligible impulses in these directions? Suppose we were to abolish all penalities for such activities and decide that poverty is the one thing we will not tolerate that every adult less than a thousand a year shall be painlessly but inexorable killed, and every hungry, half-naked child forcibly fattened and clothed, would that not be an enormous improvement on our existing system, which has already destroyed so many civilizations and is visibly destroying ours? Surely the sensible course would be to give every man enough to live well on, so as to guarantee the community against the possibility of a case of the malignant disease of poverty, and then (necessarily) to see that he earned it.

The main ideas of the passage are:

(1) Poverty is the greatest enemy of the Society.

(2) It is surprising that we do not tolerate the crime but the poverty.

(3) Poverty is the greatest single evil corroding society and may destroy our civilizaton as it has destroyed civilizatons in the past.

(4) In fact, the so-called criminals are only morally sick and the only real crime is poverty.

(5) Poverty means weakness, ignorance, and cheapness housed in uncared and poisonous slums.

(6) The wisest course would be to provide sufficiency of means to every man through suitable employment.

सारानुवाद : गरीबी समाज का सबसे बड़ा शत्रु है, जो समाज को नष्ट करता है। आश्चर्य की बात है कि हम अपराध को सहन नहीं करते किंतु गरीबी को सहन कर लेते हैं। गरीबी से हमारी सभ्यता नष्ट हो सकती है जैसा कि अतीत में हुआ है। वास्तव में तथाकथित अपराधी केवल नैतिक दृष्टि से रोगी होते हैं किंतु वास्तविक अपराध तो गरीबी है। गरीबी का अर्थ है कमज़ोरी, अज्ञानता और तुच्छता जो उपेक्षित और विषाक्त झुग्गी-झोपड़ियों में निवास करती हैं। इसे समाप्त करने के लिए बुद्धिमानी का सबसे बड़ा काम यह होगा कि प्रत्येक को समुचित रोज़गार के द्वारा पर्याप्त साधन जुटाए जाएँ।

PASSAGE 4

It is, I think, not without significance that the science graduate in this country usually has the following order in his mind when thinking about a career. First, a job in a University with a thriving research department; second, in a Government research establishment or a research association; third, in the research division of a firm, and last, well down on the list, in the production or management side of industry. I do not want to suggest that first-rate scientists would make good businessman-far from it. But I think that the attitude of the scientists is symptomatic of a widely held view of business among youngman thinking of their future career. You may say, 'quite right too-after all, business is concerned with the material and inferior side of life and it is encouraging that young men are not particularly attracted by career in such activity. But in that case you must not complain that industry lacks enterprise and drive. And what about raising productivity by providing more equipment per worker? There is no doubt that the difference here between the United States and this country, is very great, especially in the manufacturing industry, and that the margin is increasing every year. We have no chance of reaching the American level within a foreseeable time; but we can certainly do more than we have been doing in the past few years if we want. Do we want this? The price is fairly clear. We should have to reduce consumption - private and social - so as to devote more resources to make machinery and equipment; or we could give a bigger share of investment money to manufacturing and less to housing. But if you say that you would rather have the little now than the prospect of more later, then all right. But do not expect to have both.

सारानुवाद : भारत में जब विज्ञान स्नातक अपने केरियर (व्यवसाय) के बारे में सोचते हैं तो उनकी दृष्टि विश्वविद्यालय या सरकारी कार्यालयों में अनुसंधान कार्य की ओर होती है और यदि यह नहीं हो पाता तो अंतिम सहारे के रूप में वे व्यापार उद्योग के बारे में सोचते हैं। वे व्यापार को मात्र भौतिक दृष्टि से देखते हैं जिसके कारण उद्योग उसकी निर्माण कला और पहलशक्ति से वंचित हो जाते हैं। उत्पादन में भारत अमरीका के पीछे है क्योंकि यहाँ प्रति व्यक्ति यांत्रिक उपकरण बहुत ही कम है। हम अपने उत्पादन में तभी वृद्धि कर सकते हैं, यदि हम निर्मित सामग्री की खपत कम करें। मशीनरी के निर्माण में अपने संसाधनों का पूरा उपयोग करें अथवा गृह प्रबंधन की अपेक्षा उत्पादन करने वाले उद्योगों में धन का अधिक निवेश करें। जब तक हम अपने सुख-साधन प्राप्त करने की प्रवृत्ति त्याग नहीं देते तब तक उत्पादन में वृद्धि नहीं हो सकती।

भारत में अनुवाद परंपरा

प्राचीन भारतीय साहित्य में अनूदित साहित्य प्रायः उपलब्ध नहीं है। इसका मुख्य कारण यह माना जा सकता है कि उस काल में साहित्य और ज्ञान-विज्ञान के क्षेत्र में भारत विश्व का सर्वाधिक विकसित देश था। यद्यपि ज्योतिष, ज्यामिती आदि क्षेत्रों में भारत को बाहर से जो भी नई जानकारी मिली, उसे आत्मसात् करके भारतीय भाषा में स्वतंत्र रूप से लिपिबद्ध किया गया। इस प्रकार विदेशी कृतियों का अनुवाद उस काल में उस दृष्टि से नहीं हुआ जिस दृष्टि से अरब, चीन आदि देशों ने भारतीय ग्रंथों का अपनी भाषाओं में अनुवाद किया। बाद में, लौकिक संस्कृत में जो अनुवाद हुए, वे प्रायः अंतःभाषिक, अंतरभाषिक तथा अंतरप्रतीकात्मक अनुवाद थे। तत्कालीन ऋषि, आचार्य आदि काव्य का गद्यान्वय भी लिखवाते थे। विधांतरण के कारण ये गद्यान्वय अंतःभाषिक अनुवाद कहलाते हैं। शब्दकल्पद्रुम कोश में मूलपाठ में अवधारित अर्थ होता है। उसी भाषा में उसके 'पुनः कथन' को भी अनुवाद कहा गया है। इस दृष्टि से 'भाष्य' तथा 'टीका' को भी अनुवाद की श्रेणी में रखा जा सकता है। इन दोनों के रूप समान हैं किंतु आर्ष ग्रंथों अर्थात वेदों की व्याख्या को भाष्य कहा गया है और लौकिक (क्लासिकल) संस्कृत के ग्रंथों की व्याख्या को टीका। वस्तुतः ये दोनों हैं ही अंतःभाषिक अनुवाद। वेदों का सर्वप्रथम भाष्य ब्राह्मण ग्रंथों में मिलता है, जिनमें वेद-मंत्रों की व्याख्या मूलतः यज्ञ संबंधी विभिन्न विधियों को ध्यान में रखकर की गई है। इनके साथ-साथ यास्क ने वेद-मंत्रों की व्याख्या नैरुक्त, वैयाकरण, ऐतिहासिक, याज्ञिक, पूर्व याज्ञिक, परिव्राजक, नैदान, आत्मप्रवाद और अध्यात्म नौ पद्धतियों से बताई है।

यास्क के बाद सातवीं शताब्दी तक अनेक भाष्यकारों ने वेदों का भाष्य किया, किंतु वे आज उपलब्ध नहीं हैं। इनमें स्कंदस्वामी, नारायण और उद्‌गीथ के नाम उल्लेखनीय हैं। इनके बाद माधव भट्ट, वेंकट माधव, आनंद तीर्थ, आत्मानंद आदि ने ऋग्वेद का पूर्ण रूप से अथवा आंशिक रूप से भाष्य किया। चौदहवीं शताब्दी में सायणाचार्य ने ऋग्वेद पर जो भाष्य लिखा और उन्नीसवीं शताब्दी में स्वामी दयानंद सरस्वती ने वेद मंत्रों की जो व्याख्या की, वे भाष्य के सुंदर उदाहरण हैं।

इधर टीकाकार दंडान्वय अथवा खंडान्वय पद्धतियों के द्वारा सरल अर्थ के साथ मूल पाठ की जो टीका प्रस्तुत करते हैं, उसमें व्याकरणशास्त्र के आधार पर शब्दों की व्युत्पत्ति, कहीं-कहीं किसी विशिष्ट शब्द की सिद्धि के निर्देशक पाणिनीय सूत्र

और कठिन शब्दों के लिए कोश-विशेष का संदर्भ भी देते हैं। इनमें अंतरकथाओं को भी आवश्यकतानुसार संक्षिप्त रूप में प्रस्तुत किया गया है। विवेच्य विषय की पुष्टि के लिए विभिन्न दर्शनों के अतिरिक्त कामशास्त्र, सामुद्रिक शास्त्र आदि उद्धरण दिए गए हैं और काव्यशास्त्रीय ग्रंथों के आधार पर काव्य-सौष्ठव का भी विवेचन किया गया है। इस प्रकार भाष्य और टीका में मूल भाषा में ही व्याख्या प्रस्तुत की जाती रही है।

प्राचीन भारतीय साहित्य में संस्कृत, पालि, प्राकृत, अपभ्रंश आदि भाषाओं के साहित्य को किसी अन्य भाषा में प्रस्तुत अर्थात् अनुवाद करने का अधिक प्रचलन नहीं रहा। कदाचित् इसकी आवश्यकता नहीं समझी गई थी; किंतु काव्यशास्त्रीय तथा नाट्यशास्त्रीय ग्रंथों में गाहा सत्सई, वड्डकहा, कर्पूर मंजरी आदि प्राकृत ग्रंथों में संगृहीत अनेक स्थलों का संस्कृत अनुवाद प्रस्तुत किया गया है। इनके अतिरिक्त नाटकों में पुरुष पात्रों का संवाद संस्कृत में होता था? किन्तु स्त्रियाँ तथा समाज के निम्न वर्ग के पात्र प्राकृत में बोलते थे। ऐसे प्राकृत संवादों का संस्कृत पाठ भी साथ-साथ दिया जाता था जिसे 'छाया' कहा गया है, किन्तु यह एक प्रकार का अंतरभाषिक अनुवाद ही था। प्राकृत भाषा के अनेक ग्रंथों के संस्कृत में छायानुवाद या अंतरभाषिक अनुवाद भी हुए हैं; यथा—गुणाढ्य की पैशाची प्राकृत में लिखी 'बड्डकहा' (बृहत्कथा) के तीन रूपांतर मिलते हैं—(1) बुध स्वामी कृत 'बृहत्कथा-श्लोक-संग्रह', (2) क्षेमेंद्र कृत 'बृहत्कथा मूंजरी' और (3) सोमदेव का 'कथा सरित्सागर'। इन में पहले दो संक्षित रूप में है और अंतिम विस्तृत रूप में उपलब्ध है। इनके अतिरिक्त, पंचसंग्रह, विसति-विंसिका, कम्मपयडि, पंचास्तिकाय, समराइच्चकहा आदि के संस्कृत अनुवाद मिलते हैं। अंतरप्रतीकात्मक अनुवाद के उदाहरण महाभारत में शकुंतला की कथा, ब्राह्मणों में उर्वशी-पुरुरवा की कथा आदि के नाट्य-रूपांतरों में मिलते हैं।

भारतीय पालि साहित्य में अनूदित ग्रंथ नगण्य हैं। प्राकृत अपभ्रंशों में भी अनूदित ग्रंथ नहीं मिलते। कुछ ग्रंथों पर कहीं-कहीं प्राचीन संस्कृत ग्रंथों की छाया मिलती है। तथापि, प्राकृत अपभ्रंशों के कई ग्रंथों के पूर्ण-अपूर्ण अनुवाद हिन्दी, गुजराती, तिब्बती, अंग्रेजी, जर्मन, इतालवी आदि भाषाओं में हुए हैं।

प्राचीन भारतीय साहित्य में अनुवाद की क्रमबद्ध परंपरा भले ही न हो, लेकिन भारतीय साहित्य का विश्व की अन्य भाषाओं में अनुवाद और रूपांतरण होते रहे हैं। सर्वप्रथम संस्कृत के प्राचीनतम अनुवाद चीनी भाषा में किए गए। एशिया के विभिन्न देशों में बौद्ध धर्म के प्रसार के साथ-साथ चीन, जापान, लंका, जावा, बाली, बोर्नियो आदि देशों में बौद्ध-साहित्य का उन देशों की भाषाओं में अनुवाद हुआ। ग्रंथ 'त्रिपिटक' का चीनी अनुवाद हुआ। इस के बाद तिब्बती, ग्रीक, अरबी-फारसी, लातीनी आदि भाषाओं मेंं अनुवाद हुए। इसके अलावा रामायण और महाभारत की बहुत से कथाएँ एशियाई देशों में पहुँची। इनका पर्याप्त प्रसार वहाँ हुआ और इन कथाओं को उन्होंने

अपने ढंग से रूपांतरित कर लिया। जिस प्रकार संस्कृत से अन्य भाषाओं में अनुवाद की इतनी दीर्घ एवं विस्तृत परंपरा है, वैसे ही अन्य भाषाओं से संस्कृत में भी अनुवाद की परंपरा मिलती है, किंतु अन्य भाषाओं से संस्कृत में अनुवाद करने की परंपरा कब प्रारंभ हुई, निश्चित रूप से यह नहीं कहा जा सकता।

पंचतंत्र का अनुवाद पहलवी भाषा में हकीम बुर्जोई ने खुसरो नौशेरवाँ (531-579 ई.) के शासनकाल में किया। इसके बाद अरबी भाषा में इसका अनुवाद अब्दुल्ला मोफ्फ़ा ने 'कलिलह दिमनह करटक दमनक' नाम से किया। अनुवाद की दृष्टि से पंचतंत्र का स्थान प्रथम है। मूल भाषा संस्कृत से अथवा किसी मध्यस्थ भाषा से पंचतंत्र के अनुवाद सीरियन, अरबी, ग्रीक, इटालियन, लेटिन, जर्मन, स्पेनिश, स्लाव, हिब्रू, डैनिस, आइसलैंडिक, डच, फ्रांसीसी, अंग्रेजी, फ़ारसी, तुर्की, हंगेरियन आदि अनेक भाषाओं में हुए हैं। भारत में पंचतंत्र का अनुवाद लगभग सभी साहित्यिक भाषाओं में हुआ है। भारत-प्रवासी पारसी पंडितों ने भी सातवीं शताब्दी में अनेक संस्कृत अनुवाद किए। इनमें मोबेद नेरयोसंग धवल नाम के एक पारसी विद्वान ने संस्कृत में श्रेष्ठ अनुवाद किए। पारसी के मूलशास्त्र ग्रंथ 'अवेस्ता' के एक बड़े अंश का संस्कृत में अनुवाद किया गया। नौवीं शताब्दी में एक अन्य पारसी विद्वान ने 'शिकन्द गुमानीक-विजार' नाम का ग्रंथ लिखा। नेरयोसंग धवल ने उक्त ग्रंथ का प्रामाणिक पाठ तैयार किया और सरल संस्कृत में 'स्कंद-गुमानी गुंजर' नामक शीर्षक से उसका अनुवाद किया।

मुगल काल में बादशाह अकबर ने प्राचीन ग्रंथों के अरबी और फारसी में अनुवाद के लिए एक स्वतंत्र विभाग स्थापित कराया, जिसमें रामायण, महाभारत, गीता आदि के अनुवाद फ़ारसी में कराए गए। विभिन्न संस्कृतियों की भिन्नता को दूर कर अकबर द्वारा उद्भूत एकीकरण की यह भावना मुगल राजवंश को प्रेरित करती रही जिसकी अपूर्व घटना सत्रहवीं शताब्दी के मध्य में हुई। सन् 1656-1657 में मुगल सम्राट शाहजहाँ के ज्येष्ठ पुत्र तथा औरंगजेब के बड़े भाई शहज़ादा दारा शिकोह ने एक महायज्ञ के रूप में 52 उपनिषदों का अनुवाद फ़ारसी में किया। उपनिषदों के अनुवाद के अतिरिक्त दाराशिकोह ने गीता और योगवसिष्ठ का भी फ़ारसी में अनुवाद किया। इस सांस्कृतिक सौहार्द्र के अनश्वर प्रतिरूप के लिए दाराशिकोह चिरस्मरणीय रहेंगे।

आधुनिक युग में लगभग संपूर्ण वैदिक साहित्य (वेद, ब्राह्मण-ग्रंथ, आरण्यक, उपनिषद), पुराण, महाभारत, रामायण, प्रबंधकाव्य, गद्यकाव्य, नाट्य-साहित्य के अतिरिक्त स्मृति ग्रंथ, चिकित्सा, विधि आदि से संबंधित संस्कृत-ग्रंथों के अनुवाद जर्मन, फ्रांसीसी, अंग्रेजी, फ़ारसी, चीनी, सिंहली आदि अनेक विदेशी भाषाओं में प्रस्तुत हुए हैं। ऋग्वेद के प्रथम अष्टक का अनुवाद फ्रीड्रिक रोज़न ने लैटिन में, संपूर्ण ऋग्वेद का अनुवाद एच.एच. विल्सन और आर.टी.एच. ग्रिफ़िथ ने अंग्रेज़ी में, एच. ग्रासमान, ए. लुडविग और एच. ओल्डनबर्ग ने जर्मन में, तथा लांग्ल्वा ने फ्रांसीसी में किया। मैक्डोनल,

मैक्समूलर विन्टरनित्स आदि अन्य अनेक विदेशी विद्वानों ने ऋग्वेद के कुछ स्थलों का अनुवाद किया। शुक्ल यजुर्वेद का अंग्रेजी भाषा में अनुवाद टी.एच. ग्रिफ़िथ ने किया, कृष्ण यजुर्वेद की तैत्तिरीय संहिता का कीथ ने, सामवेद का जे. स्टीवेन्सन ने, अथर्ववेद का ह्विटनी और लैनमैन ने प्रस्तुत किया। इसी प्रकार जर्मन भाषा में भी वैदिक साहित्य के अनुवाद प्रस्तुत किए गए। वैदिक साहित्य के अनुवादकों में योगी अरविंद का नाम उल्लेखनीय है।

ब्राह्मण-ग्रंथों में से अंग्रेजी अनुवाद **शतपथ ब्राह्मण** का जे. ईल्गिंग ने, **ऐतरेय ब्राह्मण** और **कौशतकी ब्राह्मण** का ए.बी. कीथ ने, **ऐतरेय ब्राह्मण** का मार्टिन हाग ने, **पंचविंश** अथवा **तांडय महाब्राह्मण** का डब्ल्यू. केलेंड ने किया। उपनिषदों में से ग्यारह उपनिषदों का जी.ए. जैकब ने अंग्रेजी में अनुवाद किया। किसी एक भाषा के प्रत्येक वाक्य को उसके प्रायः सभी पदों का अर्थ देते हुए अन्य भाषा में प्रस्तुत करना एक अच्छे अनुवाद की प्रमुख विशेषता है। जिसका पालन पाश्चात्य विद्वानों ने प्रायः किया है। इनका अनुवाद शाब्दिक है। इनका प्रयास यह रहता है कि कोई शब्द अपनी ओर से न डाला जाए। आवश्यकता पड़ने पर इसे कोष्ठक में दिया गया है।

वैदिक साहित्य के पश्चात् रामायण, महाभारत और पुराणों का युग आता है। अंग्रेजी में वाल्मीकि 'रामायण' का पद्यबद्ध अनुवाद आर.टी.एच. ग्रीफिथ ने किया। लेटिन में लैग्ल ने, फ्रैंच में ए. रोसेल ने, इतालवी में जी. गोरेसियों ने, जर्मनी में प्रथम कांड का जे. मनराड ने, और कुछ अंशों का फ्रे. रूकर्ट ने और इधर मन्मथनाथ ने अंग्रेजी में गद्यानुवाद किया। गीता प्रेस से भी अंग्रेजी में गद्यानुवाद प्रकाशित हुए है, किंतु उनमें अनुवादक का नाम नहीं दिया गया है। महाभारत का गद्य में अंग्रेजी अनुवाद प्रतापचंद्र राय ने ग्यारह भागों में प्रस्तुत किया। इस महान ग्रंथ के अनेक अंशों के अनुवाद विभिन्न भाषाओं में किए गए। महाभारत के महत्त्वपूर्ण अंश श्रीमद्भगवद्गीता का अनुवाद विश्व की लगभग सभी प्रमुख भाषाओं में हो चुका है।

उपनिषदों की संख्या 108 से 200 तक मानी जाती है, किंतु इनमें से शंकराचार्य ने केवल ग्यारह का भाष्य प्रस्तुत किया था। अतः यही उपनिषद् ख्यात हैं। इनमें से भी उस उपनिषद् का अनुवाद सर्वाधिक हुआ है जो यजुर्वेद का चालीसवाँ अध्याय है। जॉन वुड्राफ़ और हिरियन्ना, अरविंद घोष, स्वामी शिवानंद के अतिरिक्त अनेक पाश्चात्य तथा भारतीय विद्वानों ने इसका अनुवाद किया है। इनके अतिरिक्त केनोपनिषद् का अंग्रेजी अनुवाद हिरियन्ना और वरदाचार्य ने किया। हिरियन्ना ने बृहदारंयकोपनिषद् का भी अनुवाद किया। मैत्रोयोपनिषद् का ई.बी. कोवैल ने, तैतिरीयोपनिषद् का महादेव शास्त्री ने, छान्दोग्य उपनिषद् का गंगाराम झा ने, वैष्णवोपनिषद् का टी.आर. श्रीनिवास आयंगर ने अंग्रेजी अनुवाद किया। उपनिषदों के अनुवाद बहुत बड़ी संख्या में किए गए हैं। पुराणों में से श्रीमद्भागवत् का अंग्रेज़ी में गद्यानुवाद जे.एम. सान्याल ने किया और इसके संक्षिप्त रूप का अनुवाद डा. वी. राघवन ने, मार्कण्डेय पुराण का एफ.ई. पर्जिटर ने, मत्स्यपुराण का अवध के एक ताल्लुकेदार ने तथा देवी भागवत का स्वामी विज्ञानानंद

ने किया है। अग्निपुराण, हरिवंशपुराण के अंग्रेजी अनुवाद भी प्रकाशित हैं तथा गीता प्रेस से भी श्रीमद्भागवत का अनुवाद प्रकाशित हुआ है।

इन महान आख्यान-काव्यों के पश्चात सूत्र साहित्य के अंतर्गत पाणिनीय शिक्षा का अंग्रेजी अनुवाद मनमोहन घोष ने और निघण्टु-निरुक्त का लक्ष्मण स्वरूप ने किया। प्रातिशाख्यों में से ऋक्-प्रातिशाख्य का जर्मन भाषा में अनुवाद एफ. मैक्समूलर ने किया और अंग्रेजी में मंगलदेव शास्त्री ने। ऋक्तंत्र (सामवेद की प्रातिशाख्य) तथा अथर्वप्रातिशाख्य का अनुवाद सूर्यकांत ने अंग्रेजी में किया। ऋग्वेद के 'उपलेखसूत्र' का जर्मन भाषा जी. पर्त्श ने अनुवाद किया। शोखायन श्रौतसूत्र, वैखानस गृह्यसूत्र और जैमिनि गृह्यसूत्र का अंग्रेज़ी अनुवाद केलेंड ने किया, आपस्तम्ब गृह्यसूत्र का एस. वेकटरामा शास्त्री ने, आपस्तम्ब धर्मसूत्र का आर.एन. सूर्यनारायण ने, वैश्वानस धर्मसूत्र का के. रंगाचारि ने, गोभिलगृह्यसूत्र का वनमाली वेदांततीर्थ ने और लाटयायन श्रौतसूत्र का अग्निस्वामी ने किया है। व्याकरण-ग्रंथों में से लघु सिद्धांत कौमुदी का अनुवाद वी. वी. मीराशी ने और सिद्धांत कौमुदी का के. राय ने किया है।

व्याकरण-ग्रंथों के अनुवाद के साथ-साथ संस्कृत में अनेक और बहुविध महाकाव्यों, नाटकों, गीतिकाव्यों के अतिरिक्त गद्य काव्य की रचना होती रही। इन सब के अधिकतर अनुवाद अंग्रेजी तथा अन्य अनेक विदेशी भाषाओं में हो चुके हैं। 'मेघदूत' का अनुवाद भारत की लगभग सभी प्रमुख भाषाओं के अतिरिक्त अंग्रेजी, जर्मन, फ्रांसीसी, इटालियन, स्वीडिश, डैनिश, चीनी और तिब्बती भाषाओं में हो चुका है। मेघदूत की तरह 'अभिज्ञान शाकुन्तल' के अनेक भारतीय और विदेशी भाषाओं में अनुवाद हुए हैं। भारत की लगभग सभी साहित्यिक भाषाओं में इसका अनुवाद हुआ है। इसके अतिरिक्त 'हितोपदेश' का अंग्रेजी अनुवाद चार्ल्स विल्किन्स ने और 'ऋतुसंहार' का जोन्स तथा वान हन्मैन क्रेयेनबर्ग ने किया है।

वास्तव में संस्कृत के लगभग सभी सुविख्यात महाकाव्य, मुक्तक काव्य, नाटक, गद्यकाव्य आदि का अनुवाद विदेशी भाषाओं में हो चुका है। 'किरातार्जुनीय' का अनुवाद कार्ल केपेल्लर ने जर्मन भाषा में किया, 'बुद्धचरित' का अंग्रेजी में ई.एच. जानस्टन ने, 'बृहत्कथालोकसंग्रह' का एफ. लाकोटे ने फ्रांसीसी में, 'मेघदूत' का जी.एच. रोके ने अंग्रेजी में, रावणवहो अथवा 'सेतुबंध' (प्राकृत) का ई. हुल्ट्ज ने जर्मन में किया है। विधि, चिकित्सा आदि के अतिरिक्त काव्यशास्त्रीय ग्रंथों के अनुवाद भी पाश्चात्य विद्वानों ने प्रस्तुत किए हैं। 'साहित्य-दर्पण' का अनुवाद 'The Mirror of Composition' के नाम से हुआ है।

अरबी-फारसी-संस्कृत : अरबी एवं फारसी भाषा से भी संस्कृत में अनेक अनुवाद हुए। शेख सादी के काव्य 'गुलिस्ताँ' के कई अनुवाद हुए। रामस्वामी ने 'प्रसून वाटिका' नाम से, आर.वी. गोखले ने 'पुष्पोद्यान' नाम से तथा आचार्य धर्मेंद्रनाथ ने 'सादिनः पुष्पलोकः' नाम से इसके अनुवाद किए। आदि भट्टल, नारायण दास, गिरिधर शर्मा, एम. आर. अय्यंगर, हरिचरण, सदाशिव डांगे आदि अनुवादकों ने उमर खैय्याम की रूबाइयों

को संस्कृत में अनूदित किया। मुल्ला नसीरूद्दीन अब्दुर रहमान जामी (1414-1492) के फारसी काव्य 'यूसुफ जुलेखा' का संस्कृत में 'कथाकौतुकम्' नाम से पंडित श्रीवर ने अनुवाद किया।

संस्कृत-तमिल : तमिल में अनुवाद की प्रवृत्ति प्राचीन काल से ही विद्यमान रही है। सर्वप्रथम अगस्त्य ऋषि ने तमिल में 'अहतियम्' नामक व्याकरण ग्रंथ लिखा, जिसका उल्लेख परवर्ती साहित्यकार तोल्काप्पिय ने अपने ग्रंथ में किया है। इन में तमिल भाषा के प्रथम व्याकरण 'तोलकाप्पियम्' में 'दनूल' के नाम से अनूदित ग्रंथ का उल्लेख मिलता है। प्राचीन साहित्य में 'बाल्मीकि रामायण' तथा 'व्यास महाभारत' का क्रमशः **कंब रामायणम्** तथा **विल्लिपुत्तरार का महाभारतम्** का अनूदित रूप मिलता है। इसमें तमिल संस्कृति की पूरी झलक मिलती है। दंडी ने संस्कृत में 'काव्यादर्श' नामक लक्षण ग्रंथ लिखा और स्वयं ही उन्होंने इसका तमिल अनुवाद 'दंडियलंकारम्' नाम से किया।

तमिल-संस्कृत : तमिल भाषा के आलवार भक्त कवियों की भक्तिमूलक पद्य रचनाओं के संग्रह को तमिल में 'जालियार दिव्य प्रबंधम्' नाम से जाना जाता है। इन भक्तिपरक पद्यों के कई अनुवाद हुए। जिनमें भेद पलिल वेंकट रामाचार्य का 'गीर्वाणशढ कोपसहस्र', टी. नरसिंह अय्यंगार की 'सहस्रगाथा रत्नावलि' (1930), एवं प्रतिवादिभयंकर अण्णंगराचार्य का संग्रह (1954) उल्लेखनीय है। तमिल वेद 'तिरुक्कुरल' के कई अनुवाद हुए। अप्पा वाजपेयिन् की 'सुनीति रत्नकार' (1927), शंकर सुब्रह्मयम शास्त्री का 'सूक्ति रत्नाकर' एवं श्रीराम देशकिन् का समग्र श्लोकबद्ध अनुवाद भी उल्लेखनीय है। त्रिवेन्द्रम के एस. नीलकंठ शास्त्री ने तमिल 'कंब रामायण' का 'श्रीरामचरितम्' नाम से संस्कृत अनुवाद किया। सी. नारायणन् नायर ने प्रसिद्ध तमिल काव्य शिलंप्पदिकारम का 'कुन्नकि कोवलम्' से छह संर्गों में अनुवाद किया। वैदूनर डोरे स्वामी के तमिल उपन्यास 'मेनका' का संस्कृत अनुवाद डी.डी. ताताचार्य ने किया।

अंग्रेजी-तमिल-अंग्रेजी : आधुनिक काल में तमिल के प्रारंभिक लेखकों में वे पादरी आते हैं, जिन्होंने ईसाई धर्म के प्रचार-प्रसार किया। इनमें तत्त्वबोधक स्वामी (रोबेतो दी नोविली) ने 'ज्ञानोपदेश', 'कांडम', 'मंत्रमाला', 'आत्मनिर्णय', 'तत्व दर्पण', 'क्रिश्तुचरित्र', ज्ञानदीपिका आदि ऐसी अनेक रचनाएँ 'बाइबिल' पर आधारित लिखी हैं। इंग्लैंड के जी. यू. पोप ने तमिल भाषा के विद्वान् माणिक्कवाचकर कृत व 'तिरूवाचकम्' का अनुवाद किया। 1867 ई. में ही अंग्रेजी में वैद्यक शास्त्रों का अनुवाद तमिल में होने लगा। सेम्युल, एफ. ग्रीन की प्रेरणा से हूपर हार्नर, स्मिथ, विलसन, ड्रौट जैसे महान डॉक्टरों के ग्रंथों का अनुवाद तमिल में होने लगा। सन् 1872 में वैद्यसागरम् या डॉक्टरों का संदर्भ ग्रंथ और मनुष्यांगादिपादम् मनुष्य शरीर के विश्लेषण का ग्रंथ प्रकाशित हुआ। इनका अनुवाद मौलिक पाठ से भी श्रेष्ठ लगता है।

तमिल में अंग्रेजी साहित्य से काफी मात्रा में अनुवाद हुआ है। वी. सुन्दरम् पिल्लै ने लॉर्ड लिटन कृत 'दि सीक्रेट वे' का अनुवाद 'मनोन्मणीयम्' नाम से किया। पम्मल

मुदलियार ने शेक्सपियर और कालिदास के नाटकों का अनुवाद तमिल में किया। शंकरदास स्वामिफल को तमिल नाटकों का पितामह माना जाता है, उन्होंने 'मृच्छकटिकम्' और शेक्सपियर के 'रोमियो जूलियट' एवं 'सिलेन' नाटकों को तमिल में अनूदित किया। तमिल में वी.एस. खंडेकर, शरतचंद्र, रवींद्रनाथ ठाकुर, प्रेमचंद, जैनेन्द्र आदि लेखकों की अनेक रचनाओं के अनुवाद से तमिल साहित्य समृद्ध हुआ है। इस प्रकार इन अनुवाद कार्यों से भारत की राष्ट्रीय अखंडता एवं भावात्मक एकता में भी वृद्धि हो रही है।

संस्कृत-अंग्रेजी : आधुनिक काल में विदेशी भाषाओं से संस्कृत अनुवाद का कार्य ईसाई धर्मग्रंथ बाइबिल से प्रारंभ होता है। बैप्टिस्ट धर्म प्रचारक लिलियम केरी ने बाइबिल का अनुवाद किया। जर्मनी के कार्ल कापेलेर (1840-1925) ने होमर एस्कीलस, यूरोपिडीज आदि प्राचीन ग्रीक कवियों के काव्य नाटकों के सौ पद्यों को चुनकर उनका 'यवन शतकम्' शीर्षक के अंतर्गत अनुवाद किया। तत्पश्चात् नाटककार शेक्सपियर के नाटकों–'मिडसमर नाइट्स ड्रीम', 'एज़ यू लाइक इट', 'हैम्लेट', 'टैम्पेस्ट' आदि के भी संस्कृत अनुवाद किए गए हैं। जर्मन नाटककार लैस्टिंग के नाटक 'एमीलिया गालेती' का डॉ. शामा शास्त्री ने संस्कृत में अनुवाद किया। रामराज वर्मा ने 'ऑथेलो' का रूपांतरण किया। जर्मन विद्वान गेटे के ग्रंथ 'द फॉस्ट' का एस.एन. ताड़ पत्रीकर ने 'विश्व मोहनम्' नाम से तथा टैनिसन के 'द कप' का वैंकटरचाया ने 'कमला विजयनाटकम्' नाम से अनुवाद किए। शेक्सपियर के अंग्रेजी नाटकों का भी संस्कृत में अनुवाद किया गया। वीरेंद्र कुमार भट्टाचार्य ने शेक्सपियर के 'मर्चेंट ऑफ वेनिस' का 'वेनिस सार्थवाह' नाम से संस्कृत अनुवाद किया।

प्रोफेसर एम.आर. भट्ट ने 1955 के आस-पास 'अफ्रीका कथाः' नाम से कुछ अफ्रीकी लघु कथाओं के संस्कृत अनुवाद किए, जो नागपुर से प्रकाशित 'संस्कृत-भवितव्यम्' पत्रिका में थे। सुप्रसिद्ध रूसी लेखक टॉलस्टॉय की एक लघु कथा का संस्कृत अनुवाद डॉ. वी. राघवन् ने 'अंड प्रमाणकम् धान्यम्' शीर्षक से किया था। पंडित चारूदेव शास्त्री ने 1963 में एक जर्मन लघुकथा 'हास विमुखी राजदारिका' नाम से संस्कृत अनुवाद किया।

मध्यकाल और आधुनिक काल में अन्य भाषाओं में रचित अनेक विश्वप्रसिद्ध कृतियों के संस्कृत में अनुवाद हुए हैं। सभी भारतीय भाषाओं और विश्व की अनेक भाषाओं में संस्कृत वाङ्मय के अनगिनत ग्रंथों के अनुवाद हुए हैं। आधुनिक भारतीय भाषाओं में संस्कृत, प्राकृत तथा अपभ्रंशों से जो अनुवाद हुए हैं, उस से उनकी ग्रंथ-संपदा में संवर्धन हुआ है। इन अनुवादों में प्रायः मूल भाव को लेकर भावानुवाद और रूपांतर हुए हैं। तेलुगु और बंगला जैन ग्रंथों के आधार पर 'जीवक चिन्तामणि' काव्य लिखा गया जो पाँच महाकाव्यों में अन्यतम है।

तेलुगु-संस्कृत : तेलुगु भाषा के चिरायत साहित्य के अनेक अनुवाद संस्कृत में हुए। एस.एन. श्रीरामदेशिकन् का वेमना की कविताओं का संस्कृत अनुवाद 'वेमनपद्यशतकम्'

के. शेष शर्मा द्वारा अल्लासानि पेद्दन की कृति का संस्कृत अनुवाद 'मनुसंभव' सान्नितधानम् सूर्यनारायण शास्त्री द्वारा पिंगली सरानर की कृति का संस्कृत अनुवाद 'कलापूर्णोदय' एवं 'आंध्रभागवत्' का संस्कृत अनुवाद भी आगे चलकर प्रकाशित हुए। कन्नड़ के त्यागराज परमशिव कृत सुप्रसिद्ध ग्रंथ 'कीचकम' का श्री के.एस. नागराजन ने 'उन्मत्त कीचकम्' नाम से अनुवाद किया। इसी प्रकार मराठी नाटककार अन्ना साहब किर्लोस्कर के मौलिक नाटक 'संगीत सौभद्रम' का संस्कृत अनुवाद भी एस.बी. वैलंकर ने इसी शीर्षक से किया। मलयालम के प्रसिद्ध कवियों उल्लूर परमेश्वर अय्यर, बल्लथोल् नारायण मेनोन एवं कुमार नाशान की कृतियों का संस्कृत में अनुवाद हुआ। एन. गोपाल पिल्लै द्वारा अनूदित कुमार नाशान कृत 'सीता विचार लहरी' उल्लेखनीय अनुवाद हैं।

बंगला-संस्कृत : बंगला भाषा से संस्कृत में सबसे अधिक अनुवाद किए गए। कृष्णदास कविराज द्वारा लिखी चैतन्य महाप्रभु पर आधारित 'चैतन्यचरितामृत' का श्लोकाबद्ध अनुवाद स्वामी भास्करानंद ने, माइकेल मधुसूदन दत्त के 'मेघनादवध' काव्य का संस्कृत में भी नित्य गोपाल विद्याविनोद ने, बंगला उपन्यासकार बंकिमचंद्र चट्टोपाध्याय के उपन्यासों—'लावण्यमयी', 'कृष्ण कांतेर उइल' एवं 'इंदिरा' का अप्पा शास्त्री ने किया। बंगला के रचनाकार रवींद्रनाथ ठाकुर की काव्यकृति 'गीतांजलि' के अमरेंद्र मोहन तर्कतीर्थ (1929), पुल्लेय श्रीरामचंद्रडु, कामिनी कुमार अधिकारी, महामहोपाध्याय कालिपद तर्काचार्य, एन. गोपाल पिल्लै द्वारा लगभग पाँच संस्कृत अनुवाद किए गए। रवींद्र के अन्य ग्रंथों में 'गांधारीर विलाप' को 'गांधार्यवेदनम्' नाम से काश्यप कवि एवं फटिक लाल दास ने, 'मुक्तधारा' को धीरेंद्रनाथ मुखोपाध्याय एवं ध्यानेय नारायण चक्रवर्ती ने, 'भारतीर्थ' को चंद्रकुमार एवं दुर्गादास गोस्वामी ने, 'पुरस्कार' को 'पुरस्कारः' नाम से कालीपद तर्कापद तर्काचार्य ने तथा 'डाक घर' का 'वार्तागृहम' नाम से ध्यानेश नारायण चक्रवर्ती ने अनुवाद किया। रवींद्रनाथ के बंगला नाटक 'कालेर यात्रा' का श्री विमल कृष्ण मोतीलाल ने 'रथ रज्जु' नाम से अनुवाद किया। बंगला के सुविख्यात उपन्यास 'कपाल कुंडला' का हरिचरण ने और 'शैवलिनी का ए. राजगोपाल अयूयंगार ने संस्कृत में अनुवाद किया।

गुजराती-संस्कृत : गुजराती भाषा में लिखी गांधी जी की जीवनी 'सत्यना प्रयोग' को 'सत्य शोधनम्' नाम से पंडित होसकेरे नागप्प शास्त्री ने संस्कृत में अनुवाद किया। मराठी भाषा से सखाराम शास्त्री भागवत एम.पी. ओक एवं ए.वी. खासनीश ने श्री ज्ञानेश्वर की प्रसिद्ध गीता-व्याख्या ज्ञानेश्वरी का पद्यबद्ध अनुवाद किया। महाकवि मोरोपंत की कृति 'केकावली' का 'गीर्वाकेकावली' नाम से श्री डी.टी. सकुरीकर ने अनुवाद (1946) किया। एन.सी. केलकर के उपन्यास 'बलिदान' का संस्कृत अनुवाद लटकर शास्त्री ने किया। हिन्दी से भी संस्कृत में अनेकानेक अनुवाद हुए। तुलसीदास 'रामचरितमानस' का प्रथम अनुवाद मैसूर के तिरुवेंकटाचार्य ने किया तथा जनार्दन रटाटे का अनुवाद उत्कृष्ट माना गया है। कबीर के 'बीजक' ग्रंथ के अनेक संस्कृत

अनुवाद उपलब्ध हैं। जयशंकर प्रसाद की कामायनी का श्लोकबद्ध अनुवाद दत्त शास्त्री ने किया।

मराठी अनुवाद : अंग्रेजी के प्रसिद्ध रचनाकार शेक्सपियर की कृतियों के मराठी में अनेक अनुवाद हुए। शेक्सपियर के नाटक 'ऑथेलो' का अनुवाद महादेव शास्त्री कोल्हटकर ने 1867 में किया। 'मर्चेंट ऑफ वेनिस' का उत्कृष्ट अनुवाद भी खंडेराव भीकाजी तेलसरे ने किया। श्री आत्माराम विनायक पाटकर ने 'स्त्री न्याय चातुर्य' नाम से 1871 में इसका अनुवाद किया। 1881 में शंकर मोरो रानाडे ने 'अतिपीडचरित' नाम से 'किंग लियर' का अनुवाद किया। 1882 में ना.बा. कानिटकर ने 'रोमियो एंड जूलियट' का 'शशिकला व रत्नपाल' नाम से अनुवाद किया। इसी वर्ष एकनाथ विष्णु मुसले ने 'प्रतापराव अणि मंजुका' नाम से इस नाटक का अनुवाद किया। बेलसरे ने 'प्रेमाचा ककस' नाम से रोमियो-जूलियट का अनुवाद किया। 'दि मिड समर नाईट्स ड्रीम' का अनुवाद गणेश गोविंद तलवलकर ने 'थोडक्यांत चुकले' अथवा 'संगीत सीता नाटक' नाम से अनुवाद किया। रा.ख.मि. बेलसरे ने इसे 'मधु यामिनी स्वप्नदर्शन' नाम से अनूदित किया। 'हेमलेट' नाटक का अनुवाद राय बहादुर आनंदराम सखाराम बर्वे द्वारा 'हिमत बहादुर' के नाम से हुआ। सन् 1883 में गोपाल गणेश आगरकर ने 'विकार विलसित' के नाम से तथा गोविंद वासुदेव कानिटकर का 'वीरसेन किंबा विचित्र पुरीचा राजपुत्र' नाम से 'हेमलेट' का अनुवाद प्रकाशित किया। दूसरा के मराठी में तीन अनुवाद हुए—प्रथम, काशीनाथ गोविंद नातू ने 1872 ई. में 'विजयलिंग' नाम से किया। दूसरा, अनुवाद 1883 में रामकृष्ण ताला पाब्सकर ने किया। सन् 1913 में बेलसरे ने भी इसका तीसरा अनुवाद किया। 'ऑल इज़ वेल दैट एंड्स वेल' नाटक के मराठी में दो अनुवाद हुए। प्रथम, विष्णु मोरेश्वर महाजनी ने 1887 में 'बल्लभानुनय' नाम से तथा द्वितीय, वासुदेव सदाशिव पटवर्धन ने 1913 में 'प्रियाराघन' नाम से किया। 'ट्वेलफ्थ नाइट' के भी दो अनुवाद हुए। कृष्ण जी परसुराम गाडगिल ने 1891 में 'वेषविभ्रम' नाम से तथा रा. बलवंत हरि पंडित ने 'भ्रमविलास' नाम से 1913 में अनुवाद किया। 1898 में मानाजीराव शिवराम महादेव परांजपे ने 'मैकबेथ' का अनुवाद किया। इसका एक अन्य अनुवाद वि.वा. शिखाड़कर ने 1954 में 'राजमुकुट' नाम से किया। शेक्सपीयर के नाटक 'एज़ यू लाइक इट' का 'संगीत प्रेम गुफा' नाम से दा.वि. नेवालकर ने 1908 में किया। 'किंग हेनरी दि फिफ़्थ का' का 'पंचम हेनरी चरित' नाम से ख.मि. वेलसरे ने अनुवाद किया। 'ऐंटनी एंड क्लियोपेट्र। का 'वीरमणि तथा श्रृंगार सुंदरी' नाम से वा. बा. केलकर ने 1893 में अनुवाद किया। 'कॉमेडी ऑफ एरर्स' का 1877 में बजावा रामचंद्र प्रधान ने 'भ्रांति कृत चमत्कार' के नाम से अनुवाद किया। 'किंग हेनरी अष्टम' का अनुवाद राजा रघुनाथ राव अथवा 'आठवाँ हेनरी' के नाम से हणमंत बापूराव आत्रे ने 1904 में किया। कृष्ण की वासुदेव फड़के कृत 'सुधन्वा पेरिक्लिस' का 1883 में किया गया अनुवाद है और 'टायमन ऑफ अथेन्स' का कानिटकर द्वारा 'भूरिवसु' नाम से अनुवाद है।

सिंधी अनुवाद : सिंधी में अनेक कहानियों का अनुवाद हुआ है। मुंशी नंदीराम द्वारा अनूदित 'एसप जूँ आखन्यूँ' (1854) अंग्रेजी के 'ईसपस फेबल्स' का अनुवाद है। गुरदासल कृपलाणी द्वारा अनूदित 'बैताल पच्चीसी', (1890) तथा पंचतंत्र की कहानियों को हासाराम और शोभराज ने 'सभा जो स्रींगारू' (1894) नाम से अनूदित किया। अंग्रेजी से जॉनसन के उपन्यास का अनुवाद 'रासेलास' (1668) शीर्षक से सिंधी में साधु नवलराइ और उधरामा थांवरदास ने किया। सर वाल्टर स्कॉट के अंग्रेजी उपन्यास का अनुवाद तिलस्म नाम से 1891 में साधु हीरानंद ने किया। 'शुकसत्पति' के उर्दू रूपांतर 'तोतेनामा' पर आधारित रचना का 'तोते नामो' शीर्षक से 1862 में मुंशी उधाराम थांवरदास ने अनुवाद किया। हाजी इमाम बख़्श ने उर्दू से 'चहार दरवेश' (1890), 'हातिम ताई' (1894), अलिफ लैला (1898), का अनुवाद किया। देवकनंदन खत्री के उपन्यासों 'चंद्रकांता संतति' एवं 'भूतनाथ' के अनुवाद, प्रेमचंद के उपन्यासों, सुदर्शन, अश्क और यशपाल की रचनाओं के भी बड़ी संख्या में सिंधी में अनुवाद हुए। सिंधी के नाटकों के भी काफी मात्रा में अनुवाद करने की प्रवृत्ति रही है। हर्ष के संस्कृत नाटक 'रत्नावली' को 1888 में कौडमल खिलनाणी ने इसी नाम से अनूदित किया। जेठानंद खिलणदास ने 1894 से 'नलदमयंती' का अनुवाद किया। लीलाराम चेतनमल ने संस्कृत कृतियों 'हरिश्चन्द्र' और 'रामायण' को अनूदित किया। कालिदास की संस्कृत में लिखी रचना 'शकुंतला' को 1896 में मिर्ज़ा कलीच बेग ने अनूदित किया। उन्होंने शेक्सपियर के 'मर्चेंट ऑफ वेनिस' को 'हुस्ना दिलदार' नाम से, तथा 'किंगलियर' को 'शाह एलिया' नाम से अनूदित किया। इसके अलावा इस्लाम धर्म के लगभग पचास ग्रंथ अरबी-फारसी से सिंधी में अनूदित हुए।

इस प्रकार आधुनिक भारतीय भाषाओं में संस्कृत के प्रमुख ग्रंथों के अनुवादों के साथ-साथ अरबी, फ़ारसी, अंग्रेज़ी आदि भाषाओं के विश्व प्रसिद्ध ग्रंथों के अनुवाद हो चुके हैं। इसके साथ-साथ हिन्दी, बंगला, मराठी आदि अनेक भारतीय भाषाओं की अनेक कृतियों के अनुवाद भी विश्व की प्रमुख भाषाओं में हुए हैं और हो भी रहे हैं। बाद में आधुनिक भारत की भाषाओं के परस्पर अनुवाद में काफ़ी तेज़ी आई है, विशेषकर, गत् बीसवीं शताब्दी के उत्तरार्द्ध में भारतीय भाषाओं के बीच जितना अनुवाद कार्य हुआ है, उतना उससे पहले के सैकड़ों सालों में भी नहीं हुआ। वास्तव में प्रत्येक अंचल में एक-दो भाषाओं का प्रभाव उस अंचल की अन्य भाषाओं पर अधिक प्रभाव पड़ा है। पूर्वांचल में संस्कृत साहित्य का प्रभाव बंगला, उड़िया, असमिया आदि पर अधिक प्रभाव पड़ा और इन भाषाओं में बीच सर्वाधिक अनुवाद बंगला भाषा से हुए। उत्तर-मध्य अंचल में हिन्दी का प्रभाव सर्वाधिक रहा। दक्षिण में तमिल-मलयालम के बीच अधिक अनुवाद हुए और दूसरी ओर कन्नड़-तेलुगु के बीच भी अधिक अनुवाद हुए। इनकी तुलना में कन्नड, तमिल या मलयालम के बीच या तेलुगु और तमिल या मलयालम् के बीच कम अनुवाद हुए। पश्चिमी क्षेत्र में मराठी और गुजराती के बीच जो अनुवाद हुआ, वह लगभग समान है। कुल मिला कर यह कहा जा सकता है कि भारतीय भाषाओं

में सर्वाधिक अनुवाद हिन्दी में हुए। डॉ. प्रभाकर माचवे के कथनानुसार अनुवाद के क्षेत्र में हिन्दी एक प्रकार के 'क्लियरिंग हाउस' का काम करती रही है। एक भाषा की कृति का अनुवाद बहुधा पहले हिन्दी में होता है और बाद में हिन्दी के माध्यम से अन्य भारतीय भाषाओं में पहुँचता है। यदि मूल कृतियों के अनुवाद की बात करें तो हिन्दी में, और अन्य भाषाओं में सर्वाधिक अनुवाद बंगला भाषा से हुए हैं। इस क्रम में दूसरा स्थान मराठी का है। आज भी इन्हीं दो भाषाओं से सर्वाधिक अनुवाद हिन्दी तथा अन्य भाषाओं में हो रहे हैं। इस प्रकार संस्कृत, तमिल, मलयालम, सिंधी तथा मराठी आदि भाषाओं में भी परस्पर अनुवाद खूब हुए हैं। अनुवाद की यह परंपरा आज पहले से अधिक सशक्त एवं पुष्ट हुई है।

हिन्दी में अनुवाद

आधुनिक काल में हिन्दी और अन्य भारतीय भाषाओं से अनुवाद की परंपरा ईस्ट इंडिया कंपनी के शासनकाल तथा अंग्रेजी शिक्षा के प्रचार-प्रसार से प्रारंभ होती है। वैसे तो अंग्रेजी से वैज्ञानिक, धार्मिक एवं शैक्षिक साहित्य के भी अनेक अनुवाद हुए हैं; किंतु अधिकतर अनुवाद सर्जनात्मक साहित्य के ही हुए हैं। वर्ड्सवर्थ, कीट्स, शैली, बायरन, टामस ग्रे, गोल्डस्मिथ एवं काउपर आदि की कविताओं के अनेक अनुवाद मिलते हैं। अंग्रेजी की फुटकर कविताओं के हिन्दी अनुवाद सर्वप्रथम श्रीयुत श्रीनिवास दास ने किए। उन्होंने अपने उपन्यास 'परीक्षा गुरु' में शेक्सपियर, बायरन की कविताओं की कई पंक्तियों को अनूदित रूप में प्रस्तुत किया है।

हिन्दी में अनुवाद की व्यवस्थित परंपरा सोलहवीं शताब्दी से मिलती है। अट्ठारहवीं शताब्दी तक प्राचीन साहित्य का अनुवाद होता रहा। इस अवधि में अरबी-फ़ारसी के कुछ प्राचीन ग्रंथों का अनुवाद हुआ, क्योंकि उस काल में समकालीन ग्रंथ उपलब्ध नहीं थे। हिन्दू धर्म के ग्रंथों के साथ-साथ बौद्ध, जैन और इस्लाम मतों के ग्रंथों का अनुवाद हुआ। इसके अलावा संस्कृत और अरबी-फारसी के साहित्य, चिकित्सा, ज्योतिष, नीति आदि विषयक ग्रंथों का अनुवाद हुआ। इन अनुवादों में कई पांडुलिपियां तो ग्रंथागारों में पड़ी हैं। वशिष्ट कृत संस्कृत वेदांत ग्रंथ 'योग वशिष्ट' का अनुवाद रामप्रसाद 'निरंजनी' की भाषायोग वशिष्ट (1741) को खड़ीबोली हिन्दी गद्य की प्राचीनतम पुस्तक माना जाता है। 18वीं और 19वीं शताब्दी में श्रीमद्भागवत के दशम स्कंध का अनुवाद मुंशी सदासुख लाल 'नियाज' (1746-1824) का 'सुखसागर' है और भागवत पुराण के दशम स्कंध का चतुर्भुज शर्मा के ब्रजभाषा रूपांतर का खड़ीबोली गद्य में अनुवाद लल्लू लाल (1763-1825) का 'प्रेमसागर' (1803) है; सदल मिश्र (1786-1848) की बहुचर्चित कृति 'नासिकेतोपाख्यान' (1803) भी नचिकेता के प्रसिद्ध संस्कृत आख्यान का खड़ीबोली में रूपांतर है। खड़ीबोली काव्य की प्रथम कृति श्रीधर पाठक की 'एकांतवासी योगी' (1886) ऑलिवर गोल्डस्मिथ की 'द हरमिट' का काव्यानुवाद है।

'सरस्वती' के प्रथम वर्ष (1900) में प्रकाशित किशोरी लाल गोस्वामी की जिस कृति 'इन्दुमति' को हिन्दी की प्रथम कहानी माना जाता है, उसमें विलियम शेक्सपियर की 'द टेम्पेस्ट' की छाया मिलती है। खड़ीबोली हिन्दी में निबंध विधा का उद्भव करने वाले निबंधमालादर्श (1899) और बेकन-विचार-रत्नावली (1900) नामक दो अनूदित ग्रंथ हैं। 'निबंधमालादर्श' विष्णु कृष्ण चिपलूणकर के मराठी निबंधों का गंगा प्रसाद अग्निहोत्री द्वारा अनूदित ग्रंथ है और 'बेकन-विचार-रत्नावली' में महावीर प्रसाद द्विवेदी ने फ्रांसिस बेकन के अंग्रेज़ी निबंधों का अनुवाद प्रस्तुत किया है। लाला सीताराम के अनूदित नाटकों पर महावीर प्रसाद द्विवेदी ने हिन्दी में जो 'कालिदास की आलोचना' लिखी। वह अनुवाद की समालोचना है। टॉमस ग्रे की कविता को 'गड़रिया और आलिम' नाम से 1884 में अनूदित किया। लाँग फैलो की कविता 'इवैंजलीन' को 'अंजलैना' नाम से, पर्नेल की कविता 'हरमिट' को 'योगी' शीर्षक से अनूदित किया। मैकाले के कथाकाव्य 'लेज ऑफ एन्शेन्ट रोम' ने हिन्दी अनुवादकों को अपनी ओर बहुत आकर्षित किया। यद्यपि संपूर्ण काव्य का हिन्दी में अनुवाद नहीं हुआ, किंतु इसके एक अंश 'होरेशस' को छंगा लाल मिश्र ने 1903 में अनूदित किया। इसी को बच्चन पांडेय ने 1911 में तथा रघुनाथ प्रसाद कपूर ने 1912 में अनूदित किया। इस प्रकार हिन्दी की प्रायः हर विधा का प्रारंभ किसी अनूदित या अनुवाद से संबंधित किसी ग्रंथ से हुआ है। अन्य साहित्यों में अनुवाद न केवल एक स्वतंत्र विधा या विषय के रूप में स्थापित हुआ है, बल्कि उसका एक स्वतंत्र शास्त्र भी बन चुका है।

ईरान में ग्यारहवीं-बारहवीं शताब्दी का एक फ़ारसी कवि उमर खैय्यमी कई शताब्दियों तक गुमनामी के अंधकार में खोया रहा और फिर अचानक उन्नीसवीं शताब्दी में अनुवाद के माध्यम से विश्व प्रसिद्ध हो गया। उसकी फ़ारसी में रचित रूबाइयों का अंग्रेजी में सर्वप्रथम अनुवाद सन् 1859 में फिट्ज़जेराल्ड ने किया। फिट्ज़जेराल्ड में मौलिक रचनाकार की प्रतिभा थी और इसी कारण उमर खैय्याम की रूबाइयों का अनुवाद पुनर्सृजन अधिक था, अनुवाद कम। फिर इसके बाद इन रूबाइयों के अनुवाद विश्व की अनेक भाषाओं में हुए। हिन्दी में भी फिट्ज़जेराल्ड के अधिकतर अनुवाद 1930-40 के दौरान हुए। सन् 1930 और उसके बाद हरिवंश राय बच्चन, मैथिलीशरण गुप्त, सुमित्रानंदन पंत, केशव प्रसाद पाठक, रघुवंश लाल गुप्त, बलदेव प्रसाद मिश्र, गया प्रसाद गुप्त, सूर्यनाथ टकसर, गिरिधर शर्मा (नवरत्न), ब्रजमोहन तिवारी, किशोरी रमण टंडन, जगदंबा प्रसार हितैषी, कमला देवी चौधरी, रामचंद्र सैनी, सत्यपाल बेदार साहित्यकारों और अनुवादकों ने किया है।

इज़रायल में तेलअवीव विश्ववविद्यालय के प्रोफ़ेसर इत्तामार इवान ज़ोहर ने अपने शोध ग्रंथ 'हिब्रू में साहित्यिक अनुवाद का इतिहास' में कहा है कि साहित्य के इतिहास में प्रायः अनुवाद का उल्लेख तभी होता है जब उसकी उपेक्षा किसी तरह भी संभव न हो; जैसे पुनर्जागरण या मध्यकाल का इतिहास लिखते समय साहित्य का ऐतिहासिक लेखा-जोखा प्रस्तुत करते हुए अनुवाद का उल्लेख वृहत साहित्यिक प्रणाली के साथ

सुव्यवस्थित ढंग से किया गया है, अन्यथा साहित्यिक प्रणाली अपने आप में अधूरी समझी जाती। इवान ज़ोहर रूसी रूपवाद के इस मत से सहमत हैं कि संस्कृति प्रणालियों की एक जटिल प्रणाली है। रूसी रूपवाद के अनुसार समस्त साहित्यिक और साहित्येतर संसार को बहुसंरचनात्मक प्रणालियों में बांटा जा सकता है। साहित्यिक प्रणाली के अंतर्गत साहित्यिक परंपराएं अपनी अलग प्रणाली का विकास करती हैं। साहित्यिक विधाओं की अलग प्रणाली है और इसी प्रकार एक साहित्यिक कृति स्वयं एक विशिष्ट प्रणाली है और फिर सामाजिक व्यवस्थाएं अपनी एक अलग प्रणाली का निर्माण करती हैं। ये सभी प्रणालियाँ न तो स्वतंत्र या स्वायत्त होती हैं और न ही एक दूसरे से जुड़ी होती हैं बल्कि एक-दूसरे को द्वंद्वात्मक ढंग से प्रभावित भी करती हैं। इन प्रणालियों का पारस्परिक संबंध समानता पर आधारित नहीं होता। इनमें कुछ प्रणालियों का स्थान प्रमुख होता है और कुछ का गौण, किंतु प्रणालियों की कोई भी व्यवस्था स्थायी नहीं होती। अपरिचित होने के कारण नई रचनाएं साहित्यिक प्रणाली को निरंतर अव्यवस्थित किए रहती हैं, जिससे श्रेणी में प्रणालियाँ ऊपर-नीचे चली जाती हैं। यह परिवर्तन सतत प्रक्रिया है जिससे साहित्यिक प्रणालियों में विकास होता रहता है।

खड़ीबोली हिन्दी का उद्भव और विकास भारतीय नवजागरण के उदय के साथ हुआ। यदि नवजागरण "दो जातीय संस्कृतियों की टकराहट से उत्पन्न रचनात्मक ऊर्जा है" तो अनुवाद ही वह माध्यम है जो संस्कृतियों में संपर्क और टकराहट लाने में अपनी भूमिका निभाता है। वास्तव में नवजागरण की चेतना के पीछे अनुवाद की प्रायः मुख्य भूमिका रहती है। वस्तुतः "अनुवाद की गहरी परतों से नवजागरण की भूमि उर्वर होती है।" भारतीय नवजागरण में संस्कृत और अंग्रेज़ी से हुए अनुवादों की वही भूमिका थी जो यूरोपीय पुनर्जागरण के परिप्रेक्ष्य में ग्रीक तथा लेटिन के अनुवादों की थी। किंतु ग्रीक और लेटिन परंपराएं जहां एक ही सभ्यता के अंग थे, वहां संस्कृत और अंग्रेज़ी साहित्य की परंपराएं न केवल भिन्न सभ्यता से उत्पन्न थीं बल्कि कई मायनों में परस्पर विरोधी संस्कृतियों का प्रतिनिधित्व भी करती थीं। भारतीय नवजागरण में संस्कृत और अंग्रेज़ी के अनुवादों की भूमिका एकसमान रही है। इसमें भारतेंदु ने श्री हर्ष कृत 'रत्नावली' कृष्ण मिश्र के 'प्रबोध चन्द्रोदय' नाटक का 'पाखंड विडम्बन' (1873), कंचन पंडित के 'धनंजय विजय' (1873), महाकवि विशाखदत्त के 'मुद्राराक्षस' (1875), जैसे संस्कृत ग्रंथों और राजशेखर कृत 'सदृक प्राकृत रचना कर्पूर मंजरी (1875) के अनुवाद के साथ-साथ शेक्सपीयर के 'मर्चेंट ऑफ वेनिस' का भी अनुवाद किया। लाला सीताराम ने 1885 से 1915 के बीच शेक्सपीयर के ग्यारह नाटकों का अनुवाद किया और साथ ही भवभूति के 'महावीरचरित' (1897), 'उत्तररामचरित' (1897),'मालती माधव' (1898), कालिदास के 'मेघदूत' (1883), 'कुमार' संभव (1884), 'रघुवंश' (1886), 'मालविकाग्निमित्र' (1898), शूद्रक के 'मृच्छकटिक' (1899) और हर्षदेव के 'नागानंद' (1900) का भी अनुवाद किया। गोल्डस्मिथ, थॉमस ग्रे, लांगफेलो एवं पार्नेल के प्रसिद्ध अनुवादक श्रीधर पाठक

कालिदास के 'ऋतुसंहार' के भी अनुवादक हैं। जोसेफ एडिसन के 'केटो' के सुप्रसिद्ध अनुवादक तोताराम वर्मा (1847-1902) ने वाल्मीकि रामायण का भी अनुवाद किया। महावीर प्रसाद द्विवेदी (1864-1938) न केवल जयदेव की 'बिहारवाटिका' (1890), कालिदास की 'ऋतुतरंगिनी' (1891), पंडित राज जगन्नाथ की 'गंगा-लहरी' (1891) के अनुवादक हैं बल्कि जे.एस. मिल की 'ऑन लिबर्टी' की 'स्वाधीनता' (1905) और फ्रांसिस बेकन के लेखों के संकलन 'बेकन-विचार रत्नावली' (1900) के भी अनुवादक हैं। इस प्रकार नवजागरण काल में दो विजातीय भाषाओं के अंतर्विरोधी परंपराओं के बीच हिन्दी की अनूदित साहित्यिक प्रणाली का विकास हुआ। वास्तव में हिन्दी साहित्य का यह विकास भारतेंदु युग और द्विवेदी युग की देन है।

भक्तकवि गोस्वामी तुलसीदास द्वारा रचित विश्वविख्यात क्लासिक महाकाव्य 'रामचरित मानस' (1574) का अनुवाद लगभग सभी भारतीय भाषाओं में ही नहीं हुआ, वरन् अंग्रेजी, रूसी, फ्रांसीसी, चीनी आदि अनेक विदेशी भाषाओं में भी हुआ है। कहा जाता है कि यह महाकाव्य अपने समय में इतना महत्त्वपूर्ण हो गया था कि संस्कृत के एक विद्वान रामू द्विवेदी ने सन् 1605 के आसपास 'प्रेम रामायण' नाम से इसका अनुवाद संस्कृत में किया था जिसकी हस्तलिखित प्रति लंदन में रॉयल एशियाटिक सोसायटी ऑफ़ इंडिया के ग्रंथालय में उपलब्ध है। इसके बाद रघुनंदन शर्मा, बलभद्र, शिवकुमार शुक्ल, सुधाकर द्विवेदी आदि ने भी पद्यानुवाद किए हैं। आधुनिक काल में भारतीय भाषाओं में भी 'मानस' के अनेक अनुवाद हुए हैं। भारत की विभिन्न भाषाओं में मानस का सर्वप्रथम अनुवाद असमिया में मिलता है जो सूर्यकांत विप्र द्वारा सन् 1794 में आहोम के राजा कमलेश्वर सिंह की प्रेरणा से हुआ था। उसके बाद कई अनुवाद हुए किंतु बापचंद महंत तथा केशव महंत का अनुवाद (1981) अच्छा माना जाता है। उड़िया में जगबंधु महापात्र का 'तुलसी रामायण' (1952), रघुनाथ महापात्र का 'रामचरित मानस कथा' (1980), बंगला में हरिनारायण मिश्र (1903) द्वारा अनूदित हुए। कन्नड़ में नरसिंह राव द्वारा अनूदित 'तुलसी दास रामायण' (1935), गुरुनाथ जोशी द्वारा अनूदित 'श्री रामचरित मानस' (1968), तमिल में टी. वेंकट कृष्ण अय्यंगर द्वारा अनूदित 'रामायणम्' (1967), तेलुगु में 'मानस' का अनूदित रूप लाने का सर्वप्रथम श्रेय शिष्टु कृष्णमूर्ति शास्त्री को जाता है जिन्होंने सन् 1880 में अपना पद्यानुवाद 'रामचरित मानस सरोवरमु' से प्रस्तुत किया। बाद में कई अनुवाद हुए जिनमें तांकल्ल सांबमूर्ति द्वारा अनूदित 'आंध्र वचन तुलसी रामायणमु' (1955) डी. सत्य नारायण द्वारा अनूदित 'श्री रामचरित मानसमु' (1956) उल्लेखनीय हैं। मलयालम में टी. के. रामन मेमन द्वारा अनूदित 'तुलसी रामायणम्' (1967) प्रकाशित हुआ। गुजराती में गिरजाशंकर मायाशंकर शास्त्री द्वारा अनूदित 'तुलसी कृत रामायण' (1927), शंकर भाई विक्रम भाई पटेल द्वारा 'श्री रामचरित मानस' (1954) प्रस्तुत हुए। मराठी में यादवशंकर जामदार द्वारा 'श्री तुलसी रामायण' (1940), गणेश सदाशिव भोपटकर द्वारा 'मराठी चौपाई वृत्त रामायण', प्रज्ञानंद सरस्वती द्वारा 'रामचरित मानस' (1920), रामचंद्र चिंतामणि श्रीखंडे द्वारा

'सुश्लोक मानस' (1955), एम.जी. घाटे द्वारा मानस सूक्ति सुधा (1961) और नारायण भास्कर द्वारा अनूदित 'संपूर्ण मराठी तुलसी रामायण' (1970) प्रकाशित हुए। पंजाबी में ज्ञानी संत सिंह ने सन् 1894 में मानस का गद्यानुवाद और संत गुरमुख सिंह 'प्रेमी' ने पद्यानुवाद सन् 1917 में किया। बाद में हरपाल सिंह बेदी ने सन् 1982 में, रत्नसिंह डोंगी ने 1977 में और संत सिंह ने सन् 1987 में मानस का अनुवाद किया। सिंधी में लोकराम पेसूमल डोडेजा ने तुलसी रामायण (1947) नाम से गद्यानुवाद प्रकाशित किया। नेपाली में कुलचंद्र गौतम का अनुवाद (1972) प्रकाशित किया। उर्दू में जगन्नाथ खुश्तर ने सन् 1860 में मानस का संक्षिप्त पद्यात्मक अनुवाद प्रकाशित किया। सुखदेव लाल द्वारा अनूदित 'तुलसी रामायण उर्दू' (1956), हकीम वाइसराय वहमी द्वारा अनूदित 'रामायण मंजूम' (1960) प्रकाशित हुए। यदि हिन्दी और उर्दू को एक भाषा की दो शैलियाँ माना जाए तो यह एक प्रकार का अंतःभाषिक अनुवाद है। हिन्दी की बोलियों में राम निरंजन पांडेय ने खड़ीबोली में 'रामायण तुलसी दल' शीर्षक से मानस का अनुवाद सन् 1990 में प्रकाशित किया। मैथिली में रामलोचन शरण ने 'मैथिली श्री रामचरित मानस' (1968) नाम से अनुवाद किया। हरियाणवी में श्री रामेश्वर दयाल शास्त्री ने मानस का पद्यानुवाद प्रकाशित किया। ये अनुवाद भी अंतः भाषिक अनुवाद अथवा अन्वयंतरण कहलाते हैं।

अंग्रेजी में अदालत खाँ (1874), एस.एफ. ग्राउज़ (1883), डगलस पी. हिल (1971), एस.पी. बहादुर (1971) रामचंद्र प्रसाद (1988) और सी.एल. ढोंडी (1991) ने 'मानस' के जो अनुवाद किए हैं उनमें अधिकतर अनुवाद गद्य में हैं और कुछ पद्य में कुछ अनुवाद पूर्ण हैं और कुछ खंड ए.जी. एटकिन्स ने (1954) मानस का अनुवाद संपूर्ण पद्य में ही किया। अंग्रेजी अनुवादों में एटकिन्स का अनुवाद अन्य अनुवादों की अपेक्षा श्रेष्ठ और तुलसी के अधिक निकट जा पड़ता है। अंग्रेजी के अतिरिक्त अन्य विदेशी भाषाओं में जो अनुवाद हुए, वे मानस के कालजयी और समूचे विश्व की अनुभूति के प्रमाण हैं। रूसी भाषा में अलेक्सेई पेत्रेविच बरान्नि कोव ने सन् 1948 में 'तुलसीदास रामायण' नाम से जो पद्यानुवाद प्रस्तुत किया वह शब्दानुवाद होते हुए भी मानस के काव्यार्थ को बनाए हुए हैं। इसलिए रूसी पाठकों की सुविधा के लिए उन्हें भारतीय दर्शन, धर्म, संस्कृति की अनेक संकल्पनाओं और पौराणिक संदर्भों की व्याख्या करनी पड़ी है। इन व्याख्यात्मक पाद टिप्पणियों के निर्माण में उन्हें उनके सुपुत्र प्यात्र अलेक्सेयेविच बरान्निकोव ने भी सहायता की थी। चीनी भाषा में 'मानस' का छंदबद्ध पद्यानुवाद जिन-दिग-हान ने 1988 में किया था। यह चीनी अनुवाद चीनी भाषियों में काफ़ी लोकप्रिय हुआ। जापानी में 'मानस' का प्रथम अनुवाद 1991 में उन इकेदा ने 'भगवान राम के चरित का सरोवर' नाम से किया जो मुख्यतः शाब्दिक अनुवाद है। भोलानाथ नादान ने 'समरः अलू हयात' (जीवन का फल या उपलब्धि) नाम से फारसी अनुवाद किया था। इसकी हस्तलिखित पांडुलिपि अलीगढ़ मुस्लिम विश्वविद्यालय के मौलाना आज़ाद ग्रंथालय में उपलब्ध है। माना जाता है कि इस अनुवाद का काल

1195-1203 हिजरी (सन् 1781-1788) के मध्य रहा है। अनुवाद के अंतर्गत गद्य में विभिन्न मार्मिक प्रसंगों और चरित का संवेदनशील और आकर्षक वर्णन है। अंत में कुछ शेर भी दिए गए हैं जिसमें ईश्वर की कृपा से शुभ वर्ष में शुभ कार्य करने का संकेत किया गया है। फारसी में और भी अनेक अनुवाद हुए जिनमें शेख सांडदुल्लाह मसीहा पानीपती का 1050 हिजरी (सन् 1640) में अनूदित 'राम सीता' महत्त्वपूर्ण है। ये भी उल्लेखनीय है कि गार्सा व तासी (1851) और एल.पी. टेसीटोरी (1911-12) ने भी मानस के कुछ अंशों का अनुवाद फ्रांसीसी भाषा में किया है।

अनूदित नाटक : किसी भी भाषा के सर्वांगीण विकास में अनुवाद महत्त्वपूर्ण भूमिका निभाता है। हिन्दी में नाटक के आगमन का श्रेय वस्तुतः अनुवादों को ही है। इन अनूदित नाटकों से हिन्दी नाटकों के लिए नूतन विषय मिले, साथ ही मौलिक शैली की सृष्टि हेतु प्रेरणा भी प्राप्त हुई। इसके तमिल, तेलुगु, मलयालम, बंगला, फ़ारसी, अंग्रेजी, फ्रांसीसी, रूसी आदि भाषाओं में अनेक अनुवाद हुए हैं। खड़ीबोली हिन्दी में नाटकों से गद्य साहित्य की परंपरा उद्भूत हुई है। यह उल्लेखनीय है कि हिन्दी में नाटकों का प्रारंभ मौलिक नाटक से न हो कर अनूदित नाटक से होता है। हरिश्चंद्र ने सबसे पहले यतींद्र मोहन ठाकुर के 'विद्यासुंदर' नाटक बंगला से हिन्दी में अनुवाद किया, न कि चौर कवि की मूल संस्कृत रचना से। किंतु आचार्य रामचंद्र शुक्ल ने सन् 1868 में प्रकाशित बंगला से भारतेंदु द्वारा अनूदित 'विद्यासुंदर' से ही इस परंपरा का प्रारंभ माना है, सन् 1861 में प्रकाशित राजा लक्ष्मण सिंह (1826-96) के 'अभिज्ञान शाकुंतल' को नहीं माना। यद्यपि भारतेंदु ने स्वयं लक्ष्मण सिंह के 'शकुंतला' नाटक को खड़ीबोली का प्रथम तथा 'विद्यासुंदर' को द्वितीय नाटक माना है, क्योंकि उस समय शकुंतला को मौलिक नाटक की ख्याति प्राप्त हुई थी।

यहाँ यह उल्लेखनीय है कि पश्चिम में भारतीय साहित्य का श्रीगणेश विलियम जोन्स (1746-1794) द्वारा 'अभिज्ञान शाकुंतल' के लेटिन अनुवाद से होता है। यह अनुवाद 1789 में शकुंतला 'द फेटॅल रिंग' प्रकाशित अंग्रेज़ी अनुवाद से किया। इसकी भूमिका में अनुवादक ने कालिदास को 'भारत का शेक्सपीयर' कहा है। जोन्स के अनुवाद से पूरा यूरोप 'शकुंतला' की ओर इतना आकर्षित हुआ कि यूरोप की लगभग सभी भाषाओं में इसका अनुवाद हुआ। इस नाटक की लोकप्रियता के पीछे शकुंतला को 'प्रकृति की पुत्री' के रूप में प्रस्तुत किया जाना था जो वस्तुतः यूरोपीय स्वच्छंदतावाद, विशेषकर जर्मन स्वच्छंदतावाद के अनुकूल था। नव शास्त्रीयतावाद की 'सुसंस्कृत स्त्री' की स्वच्छंदतावादी प्रतिक्रिया 'प्रकृति की पुत्री' ही हो सकती थी। जार्ज फोर्स्टर के जर्मन अनुवाद (1791) पर गेटे की शकुंतला की बहुचर्चित प्रशंसा इसकी साक्षी है किंतु इंग्लैंड में जेम्स मिल के उपयोगितावादी दर्शन के प्रभाव के कारण जर्मन स्वच्छंदतावाद की भाँति अंग्रेज़ी स्वच्छंदतावाद में शकुंतला उतनी लोकप्रिय नहीं हो पाई। जेम्स मिल भारतीय सभ्यता और विलियम जोन्स के कटु आलोचक थे और उनकी दृष्टि में भारतीय सभ्यता की पहचान था, बुद्धि-अभाव। उनके मतानुसार संस्कृत साहित्य एक

आत्मग्रस्त समाज की रचना थी और इसी कारण उनकी दृष्टि से शकुंतला 'प्रकृति की पुत्री' नहीं थी। अतः विलियम जोन्स की शकुंतला (1789) मोनियर विलियम्स की 'शकुंतला' (1855) से अलग है। यहाँ प्रश्न उठता है कि विलियम जोन्स की अनूदित कृति (द फेटॅल रिंग) के बजाय मोनियर विलियम्स के अनुवाद (द लॉस्ट रिंग) को मानक क्यों माना गया? वास्तव में, मोनियर विलियम्स की रचना ने ही प्रायः सभी भारतीय भाषाओं में 'शकुंतला' को अनूदित करने के लिए प्रेरित किया था। राजा लक्ष्मण सिंह ने कालिदास के 'शकुंतला' नाटक का हिन्दी में जो अनुवाद 1861 ई. में किया राजा लक्ष्मण सिंह मोनियर विलियम्स के अनुवाद से कितने प्रभावित थे, किंतु यह तो नहीं कहा जा सकता कि उसमें काव्यात्मक अंश नहीं थे। उन्होंने सन् 1889 में उसमें काव्यात्मक अंश जोड़ दिए। इसके अतिरिक्त विलियम जोन्स ने शकुंतला का गद्यानुवाद किया था, जबकि मोनियर विलियम्स ने मूल के छंदयुक्त अंशों का पद्यानुवाद भी किया था। इस प्रकार 'प्राच्यवाद' ने भले ही भारतीय अतीत की दृष्टि बदल दी हो किंतु नवजागरण की राष्ट्रवादी प्रतिक्रिया ने भी उस अतीत को गौरवान्वित किया जिसके कारण उन्नीसवीं शताब्दी में संस्कृत के एक-एक ग्रंथ को ढूँढ़-ढूँढ़ कर अनुवाद किया जाने लगा, विशेषकर नाटकों का। इस का एक कारण यह भी था कि साहित्य की सभी विधाओं में नाटक के सर्वाधिक सामाजिक स्वरूप होने के कारण नवजागरण की सामाजिक चेतना को पुष्ट करने में इससे काफ़ी सहायता मिल सकती थी।

अनूदित जीवन चरित : हिन्दी के आधुनिक काल में लेखकों का ध्यान जीवनचरितों की ओर भी गया। प्रारंभ में जिन नायक-नायिकाओं के जीवन-चरित लिखे गए, उनमें रानी दुर्गावती, रानी लक्ष्मीबाई, जवाहर बाई, कर्मदेवी, वीरधात्री पन्ना, वीर बालक और वीर नारी, राजकुमार चंड, महाराज पृथ्वीराज, बादलचंद्र, रायमल, सिख वीर रणजीत सिंह, हमीर, महाराणा प्रताप सिंह, छत्रपति शिवाजी आदि चौदह वीर कहानियाँ प्रमुख हैं। भारतेन्दु जी ने इसका प्रारंभ एक साहित्यिक विधा के रूप में किया और इनका अनुवाद भी कराया। जीवन चरित के अनुवादों का सिलसिला काशीप्रसाद खत्री से प्रारंभ होता है। उन्होंने ऐलिजाबेथ स्टर्लिंग की रचना का 'यूरोपियन पतिव्रता और धर्मशील स्त्रियों के जीवन चरित्र' शीर्षक से 1884 ई. में अनुवाद प्रस्तुत किया। तत्पश्चात् राधाकृष्ण दास और हरिऔध ने बंगला से 'आर्यचरितामृत' एवं 'चरितावली' का क्रमशः 1884 ई. में 1889 में हिन्दी अनुवाद प्रकाशित किया। सन् 1900 में केशवप्रसाद सिंह ने लाला लाजपत राय की मूल रूप में उर्दू में लिखी 'ग्विसेप मैजिनी का जीवन चरित्र' का अनुवाद किया। इसमें चरित नायक के विचारों का आलोचनात्मक विवेचन भी है। जगन्नाथ प्रसाद चतुर्वेदी ने बंकिम चंद्र चटर्जी की सुविख्यात 'कृष्ण चरित्र' का अनुवाद सन् 1913 में प्रस्तुत किया। बंगला से बंकिमचंद्र लाहिड़ी के 'सम्राट अकबर' का अनुवाद गुलजारी लाल चतुर्वेदी ने सन् 1919 ई. में तथा वीरेंद्र बाजीराव का अनुवाद वामनाचार्य गिरि ने 1907 ई. में प्रस्तुत किया। इस प्रकार उन्नीसवीं शताब्दी में अनूदित जीवनचरितों की भूमिका महत्त्वपूर्ण रही है।

अनूदित आत्मकथाएँ : हिन्दी में अनूदित प्रथम आत्मकथा महर्षि दयानंद की है। दयानंद सरस्वती द्वारा लिखी आत्मकथा हिन्दी से अंग्रेजी में, अंग्रेजी से उर्दू तथा उर्दू से हिन्दी में अनूदित हुई। 1904 में मुंशी दयाराम ने उर्दू से हिन्दी में, 1912 में देवेंद्र मुखोपाध्याय ने अंग्रेजी से हिन्दी में इसका अनुवाद किया। 1915 में अंग्रेजी में के टी. वाशिंगटन की आत्मकथा 'अप फ्राम स्लेवरी' का अनुवाद पंडित लक्ष्मीनारायण गर्दे द्वारा 'आत्मोद्धार' नाम से हुआ। यद्यपि इसका अनुवाद पहले अंग्रेजी से मराठी में हुआ, बाद में मराठी से हिन्दी में। गुजराती में लिखी गई महात्मा गांधी की आत्मकथा हरिभाऊ उपाध्याय ने 'सत्य के प्रयोग' (1927) शीर्षक से अनूदित किया। रवींद्रनाथ ठाकुर की आत्मकथा को सूरजमल जैने ने 'जीवन स्मृति' नाम से अनूदित किया। रवींद्र की आत्मकथा को धन्य कुमार जैन ने 1917 में 'मेरी आत्मकथा' नाम से पुनः अनूदित किया। जवाहर लाल नेहरू की आत्मकथा 'माई स्टोरी' का अनुवाद हरिभाऊ उपाध्याय ने 'मेरी कहानी' शीर्षक से किया। गिरीशचंद्र जोशी द्वारा अनूदित नेताजी सुभाषचंद्र बोस की आत्मकथा 'तरुण के स्वप्न' शीर्षक से अनूदित हुई। शचींद्रनाथ सान्याल की बंगला भाषा में लिखी आत्मकथा हिन्दी में 'बंदी जीवन' (1938) नाम से अनूदित हुई। डॉ. राधाकृष्णन की आत्मकथा को शालिग्राम ने 'सत्य की खोज' नाम से अनूदित किया।

चेकोस्लोवाकिया के शहीद जूलियस फ्यूचिक की आत्मकथा का अनुवाद नेमिचंद्र ने 'फाँसी के तख़्ते से' किया और काका कालेलकर की आत्मकथा का अनुवाद खुशहाल सिंह चौहान ने 'स्मरण यात्रा' (1953) नाम से किया। कालेलकर जी की आत्मकथा आत्म-विश्लेषण तथा गांधीवादी चिंतन से ओत-प्रोत है। विनायक दामोदर सावरकर की आत्मकथा का पहला अनुवाद 1956 में 'काला पानी' नाम से तथा दूसरा अनुवाद 'आजन्म कारावास' अर्थात् अंडमान का प्रिय प्रवास शीर्षक से (1969) में प्रकाशित हुआ। मुगल सम्राट जहाँगीर की फारसी में लिखी आत्मकथा का हिन्दी में ब्रजरत्नदास ने 'जहाँगीरनामा' अथवा 'जहाँगीर की आत्मकथा' (1957) नाम से अनुवाद किया। नयनतारा सहगल की अंग्रेजी में रचित आत्मकथा का हिन्दी अनुवाद मुकुंदीलाल श्रीवास्तव ने 'मेरे बचपन की कहानी' से किया। त्रैलोक्यनाथ चतुर्वेदी की आत्मकथा का हिन्दी अनुवाद महादेव साहा ने 'जेल में तीस वर्ष' और वेद मेहता की आत्मकथा को डॉ. शिवकुमार शर्मा ने 'मेरा जीवन संघर्ष' (1957) और अनंत वासुदेव सहस्रबुद्धे की मराठी में लिखित आत्मकथा का अनुवाद बी.एन. आत्रेय ने 'मेरा जीवन विकास' (1958) से नाम से अनूदित किया। बीसवीं शताब्दी के छठे दशक में लिखी गई आत्मकथाओं में दीवान सिंह मफ्तून की उर्दू में रचित 'नाकाबिले फरामोश' का अनुवाद जगन्नाथ प्रभाकर ने 'त्रिवेणी' नाम से और मौलाना अबुल कलाम आजाद की आत्मकथा का अनुवाद महेंद्र चतुर्वेदी ने 'आजादी की कहानी' (1965) नाम से किया।

बीसवीं शताब्दी के सातवें दशक में विदेशी लेखकों की आत्मकथाएँ काफी प्रकाशित हुईं। क्यामें एंक्रमा को 'घाना का गांधी' माना जाता है, जिनकी आत्मकथा

का अनुवाद श्यामू सन्यासी ने 'अफ्रीका जागा' नाम से किया। प्रसिद्ध चीनी क्रांतिकारी यू.टी. हेसू की आत्मकथा 'अदृश्य संघर्ष' (1964) प्रकाशित हुई। एंथनी सिलवेस्टर कृत 'लिविंग विद कम्यूनिजम' का अनुवाद विजयश्री भारद्वाज ने 'साम्यवाद के मेरे अनुभव' नाम से किया। तुर्की में लिखी गई जहीरूद्दीन मुहम्मद बाबर की आत्मकथा 'तजुक-ए-बबरी' का अनुवाद अब्दुर्रहीम खानखाना ने 1590 में किया था। इसका हिन्दी में अनुवाद 1971 में श्री मथुरा लाल शर्मा ने किया। यह आत्मकथा बाबरकालीन भारत का एक प्रामाणिक दस्तावेज है।

अरविंद घोष की आत्मकथा का अनुवाद जगन्नाथ ने 'अपने विषय में' और उर्दू के सुप्रसिद्ध कवि जोश मलीहावादी की आत्मकथा को हंसराज रहबर ने 'यादों की बारात' के नाम से अनूदित किया। बी.के. माधवन कुट्टी की आत्मकथा का अनुवाद ए. गोपीनाथ ने 'खतरा मेरा हमराही' (1976) नामक शीर्षक से किया। आत्मकथा में आत्मविश्लेषण के स्थान पर रहस्य तथा रोमांचक वर्णनों का आधिक्य है। पंजाबी साहित्यकार अमृता प्रीतम की आत्मकथा का अनुवाद बटुक शंकर भटनागर ने 'रसीदी टिकट' (1977) नाम से किया। इस रचना में आत्मकथा में प्रस्तुत आत्मसत्य बेझिझक मिलते हैं। कमलादास की आत्मकथा का अनुवाद सुदर्शन चोपड़ा ने 'मेरी कहानी' नाम से किया। इस आत्मकथा के द्वारा पश्चिमी सभ्यता में रंगे संभ्रांत समाज का वास्तविक रूप उद्घाटित हुआ है। लक्ष्मीनाथ बेजबरूआ की बंगला में लिखित आत्मकथा को हंस कुमार तिवारी ने 'मेरी स्मृतियाँ' (1979) नाम से अनूदित किया। प्रसिद्ध भारतीय धावक मिल्खा सिंह को आत्मकथा पंजाबी भाषा से हिन्दी में अरुण सरीन ने 'फ्लाइंग सिक्ख मिल्खा सिंह' नाम से अनूदित किया। प्रसिद्ध पंजाबी कथाकार कर्तार सिंह दुग्गल की आत्मकथा 'स्मृतियों के आइने में' नाम से अनूदित हुई। नाटककार एवं रंगकर्मी बलवंत गार्गी की अंग्रेजी में रचित आत्मकथा का हिन्दी अनुवाद 'नंगी धूप' (1980) नाम से प्रकाशित हुआ। फिल्म अभिनेत्री दुर्गा खोटे की मराठी में लिखी आत्मकथा को कुसुम ताँबे ने 'मैं दुर्गा खोटे' नाम से अनूदित किया। इसी प्रकार सत्यजी रे की आत्मकथा का अनुवाद संदीप मुखोपाध्याय ने 'जब मैं छोटा था' नाम से किया। इसमें आत्मकथाकार ने अपने बाल्य जीवन को जीवंत रूप में चित्रित किया है। कन्नड़ साहित्यकार शिवराम कारंत की आत्मकथा को बी.आर. नारायण ने 'पगले मन के दस चेहरे' नाम से 1985 में अनूदित किया। कश्मीर के पूर्व राजा डॉ. कर्ण सिंह की आत्मकथा को हिन्दी में रामेश्वर प्रसाद मालवीय ने 'युवराज : बदलते कश्मीर की कहानी' (1985) नाम से अनूदित किया। शंकरराव खैतरा की आत्मकथा को डॉ. केशव प्रथमवीर ने 'तरल-अंतराल' (1987) नाम से अनूदित किया। यह आत्मकथा समकालीन भारतीय समाज का एक दस्तावेज कही जा सकती है। इसमें समाज में व्याप्त भयंकर विषमता, दरिद्रता, पीड़ा एवं शोषण का भी सटीक चित्रण मिलता है। मराठी के दलित साहित्यकार शरण कुमार लिंबाले की आत्मकथा 'अक्कर माशी' और प्र.ई. सोनकबिले की आत्मकथा 'आठवणीचे पक्षी' का 'यादों के पंछी' नाम से अनुवाद सूर्यनारायण

रणसुभे ने किया है। इस प्रकार आत्मकथा लेखन तथा उनके अनुवाद करने की परंपरा का इतिहास बहुत लंबा है। साहित्यकारों, शिक्षाविदों, वैज्ञानिकों, राजनीतिज्ञों, फिल्म अभिनेता-अभिनेत्रियों आदि विभिन्न वर्गों एवं व्यक्तियों की आत्मकथा माध्यम से निजी अनुभवों और अनुभूतियों के अतिरिक्त समकालीन सामाजिक, राजनैतिक एवं सांस्कृतिक संदर्भ भी उभरकर सामने आता है। इस प्रकार हिन्दी में अनूदित आत्मकथाओं का परिदृश्य अत्यंत व्यापक और समृद्ध है।

हिन्दी में विदेशी लेखकों : टॉलस्टॉय, गोर्की और कैसर—की आत्मकथाएँ काफी लोकप्रिय रहीं। रूसी लेखक लेव टॉलस्टॉय की आत्मकथा 'ए कन्फैशन' का अनुवाद उमराव सिंह ने 'तॉलस्तॉय की आत्मकहानी' (1922) शीर्षक से किया। इसे 1939 में राजाराम अग्रवाल ने भी 'मेरी आत्मकहानी' नाम से अनूदित किया। मैक्सिम गोर्की की आत्मकथा 'मेरा बचपन', (1929), 'जीवन राहों पर' तथा 'मेरे विश्वविद्यालय' (1929) नाम से अनूदित हुई। जर्मनी के प्रसिद्ध कैसर की आत्मकथा को पारसनाथ सिंह द्वारा 'कैसर की राम-कहानी' (1930) नामक शीर्षक से अनूदित किया गया। विदेशी लेखकों में एफ.आर. वेस्ट की आत्मकथा 'कोलमाईन टू पार्लियामेंट' का प्रताप नारायण चतुर्वेदी द्वारा 'कोयले की खान से पार्लियामेंट तक' (1932) में किया गया। यह अनुवाद अत्यंत उल्लेखनीय हैं। रूसी से अंग्रेजी और अंग्रेजी से हिन्दी में प्रकाशित ट्रास्ट्स्की की आत्मकथा 'ट्राट्स्की की जीवनी' नाम से दो भागों में छपी। प्रथम भाग का अनुवाद रामदास गौड़ ने तथा दूसरे भाग का यह अनुवाद राज बल्लभ सहाय ने किया। जर्मनी के तानाशाह हिटलर की आत्मकथा को कृष्णचंद्र बेरी ने 'मेरा जीवन संग्राम' नाम से अनूदित किया।

संस्कृत से अनुवाद : वास्तव में भारतेन्दु ने जो अनुवाद किया है, उसके पीछे नवजागरण की भावना तो थी ही, साथ ही तत्काल मौलिक रचना न कर पाने के कारण अन्य साहित्य के अनुभवों को अनुवाद के माध्यम से अपने साहित्य में लाना चाहते थे। 'रत्नावली' की भूमिका में भारतेंदु ने कहा है "हिन्दी भाषा में जो सब भाँति की पुस्तकें बनने के योग्य हैं अभी वे बहुत कम बनी हैं, विशेषकर नाटक तो (कुंवर लक्ष्मण सिंह के शंकुतला के सिवाय) कोई भी ऐसे नहीं बने हैं, जिनको पढ़ के चित्त को कुछ आनंद और इस भाषा का बल प्रकट हो; इस वास्ते मेरी इच्छा है कि चार नाटकों का तर्जुमा हिन्दी में हो जाए तो मेरा मनोरथ सिद्ध हो।" इससे स्पष्ट होता है कि भारतेंदु साहित्य के रिक्त भंडार को अनुवाद से भरना चाहते थे। उन्होंने यह कार्य न केवल स्वयं किया वरन् इसके लिए अपने मित्रों और सहयोगियों को भी प्रेरणा दी। शीतला प्रसाद ने सन् 1879 में कृष्ण मिश्र के 'प्रबोध चन्द्रोदय नाटक' का तथा देवदत्त तिवारी ने भवभूति के 'उत्तररामचरित' का 1871 ई. में अनुवाद किया। दुबे नंदलाल विश्वनाथ ने भी 1886 ई. में 'उत्तररामचरित' और 'शकुंतला' का अनुवाद प्रस्तुत किया। संस्कृत से जयदेव रचित 'गीतगोविन्द' का अनुवाद सन् 1882 में हुआ तथा भर्तृहरि की 'त्रिशतकम' 1893 ई. में अनूदित हुई। आगे चलकर लाला सीताराम के अतिरिक्त रामेश्वर भट्ट ने श्री हर्ष

के 'रत्नावली' को 1895 में तथा इसी नाटक का अनुवाद बालमुकुंद गुप्त ने सन् 1898 में अनुवाद किया। कालांतर में 'रामायण', 'हरिवंश पुराण', 'शिवपुराण', 'विघ्ननारदीय पुराण', 'कथासरित्सागर', 'हितोपदेश' के अतिरिक्त अश्वघोष, पंडितराज जगन्नाथ, जयदेव, जिनसेन सूरी, नीलकंठ पुष्पदंत भट्टि, भर्तृहरि, भारवि, माघ, विल्हण, बाणभट्ट, भास, रामदास, बोधिचंद्र सूरि, हरिहर उपाध्याय, हृदयराम कवि, दंडी, विष्णु शर्मा, वल्लात, कुसुमदेव की कृतियों का भी अनुवाद हुआ। श्रीकृष्ण मिश्र कृत संस्कृत नाटक 'प्रबोध चन्द्रोदयम्' ने हिन्दी के साहित्यकारों को अत्यधिक आकर्षित किया। श्रीकृष्ण मिश्र ने आध्यात्मिक ज्ञान और भक्ति से संपन्न 'प्रबोध चन्द्रोदयम्' संस्कृत की रचना की। संस्कृत के कथा साहित्य के अनुवाद ने भी हिन्दी में उपन्यास की नई साहित्यिक विधा के अविर्भाव में काफी योगदान किया। इस में बाणभट्ट की 'कादम्बरी' का अनुवाद गदाधर सिंह ने बंगला में किया, जिसका 'हरिश्चंद्र मैगज़ीन' में धारावाहिक प्रकाशन हुआ था। संस्कृत ग्रंथ 'भोज प्रबंध' का हिन्दी रूपांतर पंडित वंशीधर ने 1877 ई. में अंग्रेजी अनुवाद 'टेल्स ऑफ किंग भोज' के आधार पर प्रस्तुत किया। 'हर्षचरित्र' का हिन्दी अनुवाद 1886 ई. में प्रकाशित हुआ। सन् 1890 में पूर्वाचार्य की संस्कृत रचना 'चतुर सखी' का हिन्दी में काशीनाथ शर्मा ने अनुवाद किया। 'हितोपदेश' का अनुवाद 1895 ई. में नारायण शर्मा ने प्रकाशित किया। 'कथासरित्सागर' का अनुवाद 1897 में कालीचरण तथा क्षमापति वाजपेयी ने मिलकर प्रस्तुत किया। 'पंचतंत्र' का हिन्दी अनुवाद सन् 1898 में मुंबई से प्रकाशित हुआ। इसके अतिरिक्त संस्कृत की 'दुश्यंत-शकुंतला', 'नल-दमयंती', 'ध्रुव की तपस्या' जैसी कुछ पौराणिक कथाओं के भी अनुवाद मिलते हैं।

अंग्रेजी से अनुवाद : हिन्दी भाषा और साहित्य न केवल संस्कृत से समृद्ध हुआ, वरन् अंग्रेजी कृतियों के अनुवाद से भी हुआ। इस तथ्य से नवजागरणकाल के साहित्यकार अवगत थे। महावीर प्रसाद द्विवेदी के मतानुसार "जैसे अंग्रेजों ने ग्रीक और लेटिन भाषा की सहायता से अंग्रेजी की उन्नति की और उन भाषाओं के उत्तमोत्तम ग्रंथों का अनुवाद करके अपने साहित्य की शोभा बढ़ाई, वैसे ही हमको भी करना चाहिए। इस सभय अंग्रेजों का साहित्य अत्यंत उन्नत देशों को प्राप्त है। अतएव हमको चाहिए कि उस भाषा के अच्छे-अच्छे ग्रंथों का अनुवाद करके हिन्दी साहित्य की दशा को सुधारें।" अंग्रेजी साहित्य के संपर्क में आने पर भारतीय साहित्यकारों ने अंग्रेजी नाटकों के अनुवाद भी आरंभ कर दिए। सर्वप्रथम आगा खाँ ने शेक्सपियर के 'मर्चेन्ट ऑफ वेनिस' को अनुवाद 'दिलफरोश' नाम से किया। उमराव अली लखनवी ने 'हैमलेट' को 'जहाँगीर' नाम से तथा अहमद हुसैन खान ने 'ऑथेलो' को 'जाफर' नाम से अनूदित किया। इसके अलावा 'किंग लीयर' (1892) तथा 'मैकबेथ' (1908) अनूदित हुए। वस्तुतः इन अनुवादों में गद्य-पद्य दोनों का मिश्रण था। भाषा अशुद्ध, संवाद भद्दे एवं दृश्य-सज्जा में तड़क-भड़क थी। इसीलिए इन अनुवादों को उच्च कोटि का अनुवाद नहीं माना जाता।

सन् 1879 ई. में अंग्रेजी से दो ग्रंथों का अनुवाद खड़ीबोली में हुआ—एक, जोसेफ एडिसन की नाट्य कृति 'केटो' (1713) का तोताराम वर्मा (1847-1902) द्वारा अनूदित 'केटो वृतांत' तथा दूसरा, विलियम शेक्सपियर की नाट्य-रचना 'द कामेडी ऑफ एरर्स' (1592) का श्री रत्नचंद्र (1840-1911) द्वारा किया गया अनुवाद 'भ्रमजालक' नाटक। इसी वर्ष शेक्सपियर की इसी कृति का अनुवाद 'भ्रमजालक' नाम से मुंशी इमदाद अली ने भी किया। अंग्रेजी से हिन्दी में अनूदित होने वाली प्रथम कृति 'केटो वृतांत' में जहाँ स्वाधीनता और देशभक्ति की स्तुति मिलती है, वहाँ 'भ्रमजालक' एक प्रहसन (फ़ार्स) के रूप में प्राप्त है। अगले वर्ष भारतेंदु ने शेक्सपियर के 'द मर्चेंट ऑफ वेनिस' का अनुवाद 'दुर्लभ बंधु' या 'वंशपुर का महाजन' के नाम से किया। फिर शेक्सपियर के प्रायः सभी नाटकों का अनुवाद हुआ। पहले सुखांत रचनाओं का अनुवाद हुआ और बाद में दुखांत रचनाओं का। शेक्सपियर के आरंभिक अनुवादकों में लाला सीताराम का नाम उल्लेखनीय है। उन्होंने सन् 1885 से 1915 ई. के बीच शेक्सपियर के 'भूलभूलैया' (कामेडी ऑफ एरर्स), 'अपनी-अपनी रुचि' (एज़ यू लाइक इट), 'प्रेम परिणाम' (रोमियो एंड जुलियट), 'मनमोहन का जाल' (मच एडो अबाऊट नथिंग), 'जंगल में मंगल' (द टेंपेस्ट), 'राजा लियर' (किंग लियर), 'राजा हेनरी पंचम' (हेनरी फ़िफ़्थ), 'सिम्बेलीन' (सिंबेलीन), 'राजा जुलियस' (जुलियस सीज़र), 'डेनमार्क का राजकुमार' (हेमलेट), 'ओथेलो' (औथेलो), 'बगुला भगत' (मेजर फार मेजर) अनुवाद प्रस्तुत किए। इसी अवधि में लाला सीताराम के अतिरिक्त शेक्सपियर के अन्य अनुवाद भी हुए जिनमें आर्या ने मर्चेंट ऑफ वेनिस का 'वेनिस नगर का व्यापारी' (1888), पुरोहित गोपीनाथ ने 'एज़ यू लाइक इट' का 'मनभावन' (1896), रोमियो एंड जुलियट 'प्रेमलीला' (1897), शीर्षक से, मथुरा प्रसाद उपाध्याय ने 'मैकबेथ' का 'साहसेन्द्र साहस' (1893), गदाधर सिंह का 'औथेलो' (1894), श्रीनिवास दास ने रोमियो एंड जुलियट' का 'रणधीर और प्रेम मोहिनी' (1890) नाम से अनुवाद किया। कालीचरण द्विवेदी ने 1877 में 'जूलियस सीज़र' का अनुवाद 'स्वतंत्रता संचार' नाटक शीर्षक से किया। इन सब के अनुवाद प्रायः मूलनिष्ठ अनुवाद हैं। इनमें कहीं भावानुवाद है तो कहीं गद्यानुवाद। नाटकों के पात्रों के नामों में कहीं-कहीं भारतीयकरण भी किया गया है। कहीं ब्रजभाषा का प्रयोग है तो कहीं अवधी भाषा का।

हिन्दी के आरंभिक चरण में शेक्सपियर की यह लोकप्रियता तत्कालीन रंगमंच की गतिविधियों के कारण मानी जाती है। उन दिनों हिन्दी क्षेत्र में रंगमंच के नाम पर या तो रामलीला, रासलीला या स्वांग जैसी लोक कलाएँ थीं या पारसी रंगमंच था। शेक्सपीयर के नाट्यानुवाद पारसी रंगमंच पर अत्यंत लोकप्रिय सिद्ध हुए। 'खूने-नाहक' (हेमलेट), 'मुरादेश शक' (विंटर्स टेल), 'शहीदे-वफा'(औथेलो), 'बज़्मे-फानी' (रोमियो एंड जुलियट), 'मीठा जहर' (सिंबेलीन), 'दिल फरोश' (मर्चेंट ऑफ वेनिस), 'शहीदे नाज' (मेजर फार मेजर) जैसे नाटक शेक्सपियर की कृतियों के स्वतंत्र अनुवाद थे। इनकी नाट्य-प्रस्तुति में कलात्मकता का अभाव था। पारसी रंगमंच प्रस्तुति के

साथ-साथ स्वतंत्र अनुवाद में मूलपाठ की कलात्मकता बिलकुल नहीं थी। ज्याँ रासीन की नाट्यकृति 'फैन्ड्रा' को कृष्ण बलदेव वैद ने 1990 में अनूदित किया। इन अनुवादों से हिन्दी के नए रंग-मंच-आन्दोलन को एक विशेष गति मिली। हिन्दी रंगकर्म कथ्य एवं शिल्प के स्तर पर समृद्ध हुआ। इन रचनाओं के अनुवाद करने की इस चुनौती को उपर्युक्त अनुवादकों ने बड़ी ही सूझ-बूझ और रचनात्मकता के साथ स्वीकार किया है।

इस युग में कुछ यूरोपीय नाटकों का अनुवाद अंग्रेज़ी के माध्यम से खड़ीबोली हिन्दी में हुआ। फ्रांसीसी नाटककार ब्रियो यूजीन के अंग्रेजी अनुवाद 'मैटरनिटि' शीर्षक नाटक का हिन्दी अनुवाद श्री वासुदेव ने 'वैवाहिक अत्याचार और मातृत्व' के नाम से किया। इसी प्रकार मारिस मैतरलिक की अंग्रेज़ी नाट्य-कृति 'सिस्टर ब्रीमीस' का पदुमलाल पुन्नालाल बख्शी ने 'प्रायश्चित' शीर्षक से अनुवाद किया। मोलियर की 'ल मेडिसां मालग्रे लूइ,' 'लामार मेडिसां', 'ल मेडिस वलाँ' का क्रमशः 'मार-मार कर हकीम', 'आँखों में धूल', 'हवाई डाक्टर' शीर्षक से अनुवाद हुए। रूसी नाटककार लेओ तोल्सतोय (1828-1910) के नाटक के अंग्रेजी अनुवाद 'द फर्स्ट डिस्टिलर' का हिन्दी रूपांतरण खड़ीबोली में क्षेमानंद राहत ने 'तलवार की करतूत' शीर्षक से किया। विदेशी भाषाओं एवं अंग्रेजी से हिन्दी में कई नाटक अनूदित हुए हैं। बीसवीं शताब्दी के पाँचवें दशक में रांगेय राघव ने शेक्सपीयर के नाटकों को हिन्दी गद्य में अनूदित किया। अमृतराय ने 1965 में 'हेमलेट' का अनुवाद किया। रघुवीर सहाय ने भी 'मैकबेथ' को 'वरनमबन' नाम से अनूदित किया। सुप्रसिद्ध ग्रीक नाटककार सोफ़ोक्लीज के प्रसिद्ध नाटक 'एंटीगोनी' को भवानी प्रसाद मिश्र ने 1977 में अनूदित किया। इसी प्रकार सोफ़ोक्लीज के अन्य नाटक 'राजा ईडिपस', यूरोपिडीज की 'ट्राय की औरतें', जर्मन नाटककार जार्ज व्यूखनर का 'दाँतों की मौत', अस्तित्ववादी नाटककार सार्त्र का 'मैन विदाउट शैडोज', इब्सन का 'एन एनिमी ऑफ द पीपुल', पिरांदलो का 'सिक्स कैरेक्टर्स इन सर्च ऑफ द ऑथर तथा विलियम सारोयां का 'द केव डवैलर्स' एवं ब्रेख्त का 'मदर करेज' आदि नाटकों का अनुवाद भी किया गया। रूसी नाटककार चेखव के नाटकों को राजेन्द्र यादव ने अनूदित किया। 'तीन बहनें', 'हंसनी' और 'चेरी का बगीचा' इनकी उत्कृष्ट अनूदित रचनाएँ हैं, यद्यपि ये अनुवाद सीधे-सीधे रूसी भाषा से न होकर अंग्रेजी से हुए हैं। इस कारण अनुवाद एवं अनुवादक की सीमाएँ निश्चित रूप से हो सकती है। लियो टॉलस्टॉय के नाटक 'द पॉवर ऑफ डार्कनैस' का अनुवाद 1976 में जैनेन्द्र कुमार ने 'पाप और प्रकाश' नाम से किया। विश्व के अनेक नाटककारों के नाटकों का अनुवाद श्री जे.एन. कौशल ने किया। विभिन्न भाषाओं से अंग्रेजी में अनूदित नाटकों को हिन्दी में कौशल जी ने अनूदित किया। वस्तुतः इन नाट्यानुवादों में कई रचनाओं का भारतीयकरण कर दिया गया है। स्पेनी नाटककार लोको के नाटक 'येर्मा' का अनुवाद 'बाँझपन' नाम से शीला भाटिया, नीलम सिंह, बी.एम. शाह और दुलाल रॉय आदि अनेक अनुवादकों ने किया।

इस नाटक का भी भारतीयकरण कर इसमें भारतीय परिवेश और प्रांत का चित्रण किया गया है। भीष्म साहनी ने रूसी लेखक चिंगेज आहतमातोव एवं मोहम्मेजानोव के संयुक्त लेखन में रचित 'फूज़ीनामा' का अनुवाद किया।

नोबल पुरस्कार-प्राप्त स्वीडिश साहित्यकार 'पइर लागरक्विस्त' के उपन्यास The Dwarf का अनुवाद रमेश दवे द्वारा अनुवाद 'बौना' नाम से सन् 1999 में प्रकाशित हुआ। इसमें अनेक सांस्कृतिक शब्दों का रूपांतरण करते हुए कई त्रुटियाँ हुई हैं। प्रसिद्ध इतालवी लेखक दीनो बुत्साती के उपन्यास 'तातारी वीरांत' का अनुवाद घनश्याम शर्मा ने किया, जिसमें शब्दों और अभिव्यक्तियों की समतुल्यता संगति और औचित्य पर ध्यान दिया गया है। अंग्रेजी उपन्यास 'रेबेका' पर आधारित 'भुवनदीप' राधा बल्लभ त्रिपाठी द्वारा किया गया अनुवाद है।

वास्तव में हिन्दी साहित्य को उपन्यास की जिस नई साहित्यिक विधा का परिचय हुआ, वह डेनियल डेफो के अंग्रेज़ी उपन्यास 'द लाइफ एंड स्ट्रेंज एंड सरप्राइजिंग एडवेंचर्स ऑफ रोबिन्सन क्रूसो' (1719) के हिन्दी अनुवाद से 1860 से हुआ। इस उपन्यास का अनुवाद काशी के पंडित बद्रीलाल ने बंगला से किया था। डेफो के बाद जॉन बुनयान (1628-88) का उपन्यास 'पिलग्रिम्स प्रोग्रेस' (1676) का अनुवाद एक ईसाई मिशनरी ने 'यात्रा स्वप्नोदय' के नाम से 1865 ई. में किया। डेफो की साहसिक और बुनयान की नैतिक कथा के बाद हिन्दी में रेनाल्ड्स के रहस्य एवं रोमांच से ओत-प्रोत मनोरंजक उपन्यासों का अनुव्राद हुआ। हिन्दी में रेनाल्ड्स को लाने वाले लेखकों में देवकीनंदन खत्री, हरिकृष्ण जोहर एवं गंगाप्रसाद गुप्त थे, जिन्होंने इस भाषा में तिलिस्मी-ऐय्यारी उपन्यासों की नींव डाली। हरिकृष्ण जोहर ने रेनाल्ड्स के 'फाउस्ट' का अनुवाद 'नरपिशाच' (1901) शीर्षक से, देवकीनंदन खत्री ने 'लैला' का 'प्रवीण पथिक' के नाम से तथा गंगाप्रसाद गुप्त ने 'द यंग फिसरमेन' का 'किले की रानी' (1915) तथा 'लव्ज ऑफ हरम' का 'रंगमहल' (1904) शीर्षक से अनुवाद किया। बाद में, रेनाल्ड्स के सभी उपन्यासों का अनुवाद हुआ। इसी क्रम में पहले से ही अनूदित 'हातिमताई' का हिन्दी रूपांतर 1868 ई. में प्रकाशित हुआ और 1870 में रतन नाथ सरदार की 'आजाद कथा' छपी। सन् 1874 में अमीर खुसरो का 'चहा़र दरवेश' का लिप्यंतरण हुआ और 1890 ई. में 'अलिफ लैला' और 'अमीर हमजा की दास्तान' का भी इसी के आस-पास प्रकाशन हुआ। उर्दू की इन सभी 'दास्तानों' में रहस्य-रोमांच का वही वातावरण है जिसकी बुनावट से रेनाल्ड्स को इतनी लोकप्रियता प्राप्त हुई थी। डेफो, बुनयान और रेनाल्ड्स के बाद हेरिट बीयर स्टो की सुविख्यात रचना 'अंकल टाम्स केबिन' को महावीर प्रसाद पोद्दार ने 'राम काका की कुटिया' अर्थात् 'गुलामी पर कुठार' शीर्षक से अनुवाद किया। यह अनुवाद मूल पाठ का नहीं है वरन् चंडीचरण सेन के बंगला अनुवाद पर आधारित है। वाल्टर स्काट (1771-1832) का हिन्दी में सर्वप्रथम अनुवाद श्री चंद्र लाल ने 'द एबट' (1820) का 'रानी मेरी' शीर्षक से किया। जोनाथन स्विफ्ट (1667-1745) की सुप्रसिद्ध रचना

'गुलिवर्स ट्रेवल' (1726) का अनुवाद 'विचित्र विचरण' नाम से जगन्नाथ प्रसाद चतुर्वेदी ने किया। सेमुअल जॉनसन (1709-84) के सुप्रसिद्ध 'ओरियेंटल टेल' रेसेल्स (1759) का अनुवाद केशवरम भट्ट ने किया।

हिन्दी और बल्गारियन दोनों देशों की भाषाओं का सांस्कृतिक एवं साहित्यिक आदान-प्रदान माध्यम से हुआ है अनुवाद। बल्गारियन भाषा में 'महाभारत' एवं 'रामायण' के अनुवाद सती कुमार तथा मार्को गांचवे (1972) ने किए। 'पंचतंत्र' का अनुवाद योर्दान मीलेय ने किया। रवींद्रनाथ टैगोर के साहित्य को 'तगोर' नाम से 1985 में इज़बानी तोरबी तोमा ने अनूदित किया। प्रेमचंद्र के 'गोदान' का अनुवाद जेरत्वेता क्रवा ने किया। वस्तुतः बल्गारियन में अनुवाद सीधे हिन्दी से न होकर रूसी या अंग्रेज के माध्यम से हुए हैं। हिन्दी में मूल बल्गारियन भाषा से अनूदित संभवतः प्रथम रचना ग्योर्गी जागरोव की कविताओं का संग्रह 'वर्षांत' है, जिसका अनुवाद 1979 में सती कुमार ने किया। ल्यूबोमीर लेवचेव की कविताओं का अनुवाद सती कुमार ने 'मुर्गा युद्ध' शीर्षक से किया। हिन्दी में बल्गारियन भाषा से अनूदित 'बल्गारिया का इतिहास' का अनुवाद विमलेश कांति वर्मा एवं धीरा वर्मा ने किया। ल्यूबोमीर लेवचेव तथा लच्छेजार एलेन्कोव की कविताओं का अनुवाद गंगा प्रसाद विमल तथा दिमितर पोपोव ने किया जो 'शाश्वत पंचाग' तथा 'छुट्टी का दिन' शीर्षक से प्रकाशित हुआ।

भारतेंदु और उनके युग के अन्य कवि इस बात के लिए आश्वस्त नहीं थे कि काव्यभाषा के रूप में खड़ीबोली उपयुक्त है या नहीं। संस्कृत, उर्दू के छंदों के अलावा हिन्दी के कवित्त-सवैया तथा लोकप्रचलित कजरी, मुकरी, लावनी आदि का प्रयोग होता था। बरहाल, श्रीधर पाठक ने ऑलिवर गोल्डस्मिथ की काव्यकृति 'द हरमिट' का लोकप्रचलित लय 'लावनी' में 'एकांतवासी योगी' शीर्षक से अनूदित कर खड़ीबोली की काव्यभाषा का विकास किया। इस अनुवाद की सीधी-सादी खड़ीबोली और जनता के बीच प्रचलित लय के साथ-साथ उसकी कथा की सार्वभौमिक मार्मिकता भी मिलती है। यह मार्मिकता अनपढ़ स्त्रियों तक के गीतों की मामिकता को अपने भीतर समेटे हुए है और पंडितों की बँधी हुई रूढ़ि से बाहर निकलकर अनुभूति के स्वतंत्र क्षेत्र में आने के लिए उद्यत है। गोल्डस्मिथ की एक अन्य महत्त्वपूर्ण काव्य-कृति 'ट्रेवलर' (1764) का श्रीधर पाठक ने 'श्रांत पथिक' शीर्षक से रोला छंद में अनुवाद किया। इन्होंने गोल्डस्मिथ की एक अन्य रचना 'क्लाउड मेमोरियल' का भी अनुवाद 1900 ई. में प्रकाशित किया। गोल्डस्मिथ के अलावा इन्होंने थॉमस ग्रे (1716-71) की काव्यकृति 'शेफर्ड एंड द फिलोसफर' का 'गड़रिया और आलिम' शीर्षक से 1884 ई. में; अट्ठारहवीं शताब्दी में थॉमस पार्नेल (1679-1749) की सुप्रसिद्ध कृति 'हरमिट' का 'योगी' नाम से 1895 ई. में तथा अमरीकी कवि लांगफेलो (1807-82) की काव्य-रचना 'इवेंजलाइन' का 'अंजलैना' शीर्षक से 1886 ई. में अनुवाद किया। यहाँ यह उल्लेखनीय है कि कुलदीप सलिल ने अंग्रेजी के बीस कवियों की कविताओं का अनुवाद 'अंग्रेजी के श्रेष्ठ कवि और उनकी श्रेष्ठ कविताएँ' (2005) शीर्षक से

प्रकाशित किया जिसमें शेक्सपियर, बिल्टन, शैली, कीट्स, वर्डस्वथकोलरिज, टी.एस इलियट, डब्ल्यू बी. यीट्स, डब्ल्यू बी आडेन आदि हैं।

शेक्सपीयर के साथ-साथ काउपर (1731-1800) और बायरन (1788-1824) की कुछ काव्य-पंक्तियों के अनुवाद लाला श्रीनिवास दास के उपन्यास 'परीक्षा गुरु' (1882) में मिलते हैं। थॉमस ग्रे की सर्वाधिक चर्चित रचना 'एन एलिजि रिटन इन कंट्री चर्च यार्ड' (1750) का अनुवाद 'ग्रामस्थ शवागार में लिखित शोकोक्ति' शीर्षक से 1897 ई. में विद्या रसिक ने प्रस्तुत किया। इसी कृति का एक और अनुवाद कामता प्रसाद गुरु ने 1908 ई. में 'ग्रामीण गीत' के नाम से किया था। इस अनुवाद से हिन्दी में शोकगीत लिखने की परंपरा प्रारंभ हुई। कालांतर में थॉमस मैकाले (1800-1859), जॉन मिल्टन (1608-74) और अल्फ्रेड टेनीसन (1809-92) की कुछ रचनाओं का अनुवाद भी इसी समय हुआ। पुर्तगाली कवि अलवटों की कविताओं का अनुवाद परमानंद श्रीवास्तव ने किया। धर्मवीर भारती ने विभिन्न देशों को कविताओं के अनुवाद किए। वोरिस पास्तरनाक, इलियट आदि की अनेक कविताओं का भी हिन्दी अनुवाद किया गया।

बंगला-हिन्दी-बंगला अनुवाद : भारतीय भाषाओं में जो परस्पर अनुवाद हुए हैं, उनमें सर्वाधिक अनुवाद हिन्दी और बंगला के बीच हुए हैं। भारत में मुद्रण एवं पत्रकारिता के आरंभिक काल से ही बंगला एवं हिन्दी के मध्य अनुवाद परंपरा प्रारंभ हो गई थी। सुनीति कुमार चट्टर्जी का मत है कि सभी आधुनिक भारतीय भाषाओं पर अंग्रेजी के बाद आधुनिक बंगला साहित्य का अत्यंत प्रभाव रहा है। इसमें सब से अधिक प्रभाव खड़ीबोली के आरंभिक युग पर पड़ा है। कई बार अंग्रेजी का प्रभाव बंगला के माध्यम से भी आया है। इस संबंध में भारतेंदु हिन्दी भाषा के विकास में बंगला के योगदान का उल्लेख करते हुए कहते हैं कि "अपनी सम्मति शालिनी ज्ञानवृद्धा बड़ी बहन बंगभाषा के अक्षयरत्न भांडागार की सहायता से हिन्दी भाषा बड़ी उन्नति करे।" यही कारण है कि भारतेंदु ने यतींद्र मोहन ठाकुर की नाट्य-कृति 'विद्यासुंदर' का अनुवाद कर स्वयं पहल की। भारतेंदु मंडल और अन्य साहित्यकारों ने श्रेष्ठ बंगला साहित्य का भावानुवाद अथवा उसके अनुकरण पर हिन्दी रचनाएँ लिखीं। बंकिमचंद्र चट्टोपाध्याय, रमेशचंद्र दत्त, चंडीचरण सेन, शरत चंद्र, चारू चंद्र, हाराण चंद्र रक्षित, रवींद्रनाथ ठाकुर आदि की रचनाएँ हिन्दी में अनूदित होकर हिन्दी के भंडार में श्रीवृद्धि करती हैं। इसी परंपरा में रामगोपाल विद्यांत ने 1877 ई. में मनमोहन बसु (1831-1912) की प्रसिद्ध नाट्य-रचना 'रामाभिषेक' (1867) का अनुवाद किया। यह बंगला में रामकथा पर लिखा जाने वाला पहला मौलिक नाटक था। बसु के सर्वाधिक प्रसिद्ध दुखांत नाटक 'सती नाटक' का अनुवाद उदित नारायण लाल ने 1889 में किया। बसु के नाटक में लोक और शास्त्रीयता का अद्‌भुत समन्वय है। ईश्वर चंद्र विद्यासागर (1820-91) की 1855 ई. में रचित कृति का अनुवाद कर में ब्रह्मांकर मिश्र ने 1881 ई. में खड़ीबोली में 'विधवा विवाह' शीर्षक से प्रकाशित किया, जो 'विधवा विवाह अधिनियम' को पारित करवाने में काफी सहायक सिद्ध हुई थी। इस नाटक का एक और अनुवाद काशीनाथ

खत्री ने अगले वर्ष प्रस्तुत किया। केशव प्रसाद मिश्र ने ज्योतिरींद्र नाथ ठाकुर की नाट्य-रचना 'सरोजिनी' (1875) का अनुवाद 1883 ई. में किया। देशभक्ति की भावना से ओतप्रोत इस त्रासदी को 'यात्रा' में भी रूपांतरित किया गया था। इनकी एक अन्य महत्त्वपूर्ण रचना 'अश्रुमति नाटक' (1879) का अनुवाद उदित नारायण लाल ने सन् 1895 में किया था। 'अश्रुमति नाटक' की कथा राजपूत इतिहास से ली गई है। माइकेल मधुसूदन दत्त (1824-1873) की रचनाओं के प्रारंभिक अनुवाद सन् 1888 में देखने को मिलते हैं। मधुसूदन दत्त के विख्यात सामाजिक प्रहसन 'एकेइ कि बले सभ्यता' (1859) का अनुवाद बृजनाथ शर्मा ने सन् 1888 में 'क्या इसी को सभ्यता कहते हैं शीर्षक से प्रकाशित किया। इस नाटक में अंग्रेजी शिक्षा की आलोचना मिलती है। दत्त के दो अन्य महत्त्वपूर्ण नाटक 'पद्मावती' (1860) तथा 'कृष्णकुमारी' (1865) का बेहतरीन अनुवाद रामकृष्ण वर्मा (1859-1906) ने 1888 ई. में किया। 'पद्मावती' जहाँ एक ग्रीक पुराकथा का रूपांतर है वहाँ 'कृष्णकुमारी' टॉड की "ऐनल एंड ऐन्टिक्विटिज ऑफ राजस्थान" (दो खंड : 1829) की एक कहानी पर आधारित है। दत्त की इन दोनों कृतियों पर शेक्सपियर तथा ग्रीक त्रासदी का स्पष्ट प्रभाव दिखाई देता है। सन् 1892 में रचित रवींद्रनाथ ठाकुर (1861-1941) के गीति-नाट्य 'चित्रांगदा' का गोपालराम गहमरी ने 1895 ई. में अनुवाद प्रस्तुत किया। आगे चलकर क्षीरोद प्रसाद विद्याविनोद (1863-1927), गिरीषचंद्र घोष (1844-91), राजकृष्ण राय (1881), द्विजेंद्रलाल राय (1863-1915) के भी कुछ नाटकों का अनुवाद हुआ।

बंगला के महाकवि रवीन्द्रनाथ टैगोर द्वारा रचित 'गीतांजलि' का प्रकाशन सन् 1910 में हुआ था। यह कुल 157 कविताओं का संकलन था। टैगोर ने इनमें से 103 कविताओं का चयन कर उसका अंग्रेज़ी में अनुवाद सन् 1912 में 'सांग ऑफरिंग्स' के नाम से प्रकाशित किया था। सन् 1913 में उन्हें नोबेल पुरस्कार प्रदान करने की घोषणा हुई और इस कृति को विश्व में काफ़ी ख्याति प्राप्त हुई। बाद में, गीतांजलि के अनेक हिन्दी अनुवाद प्रकाशित हुए। प्रारंभ में ये अनुवाद अंग्रेज़ी से हुए थे और बाद में इसका अनुवाद मूल बंगला गीतांजलि से होने लगा। गीतांजलि का प्रथम संपूर्ण अनुवाद सन् 1915 में काशीनाथ ने किया। तत्पश्चात् गिरिधर शर्मा नवरत्न (1924), श्रीधर शास्त्री (1941), सूर्यनारायण चौबे (1942), लालधर प्रवासी (1946), भवानी प्रसाद तिवारी (1947), कैलाशकल्पित (1950), पृथ्वीनाथ शास्त्री (1953), सत्यकाम विद्यालंकार (1959), मुरलीधर श्रीवास्तव (1960), हंस कुमार तिवारी (1961), श्यामलाल (1982) के अनुवाद प्रकाशित हुए। इनमें अधिकतर पद्यानुवाद हैं और कुछ गद्यानुवाद भी हैं। वास्तव में गीतांजलि के इतने अधिक अनुवाद इसकी उत्कृष्टता और सर्जनात्मकता के परिचायक हैं।

एक यूरोपीय विद्वान जार्ज लुचि का कथन है कि हमारी साहित्यिक आवश्यकताएँ ही साहित्यिक अनुवाद को तय करती हैं, किंतु अनूदित साहित्य का प्रभाव वहीं गहरा और गंभीर होता है, जहाँ लक्ष्य साहित्य और स्रोत साहित्य की प्रवृत्तियाँ, परोक्ष रूप से

ही सही, मिलती-जुलती हों। उन्नीसवीं शताब्दी के बंगला साहित्य और खड़ीबोली की साहित्यिक प्रवृत्तियों में काफी समानता मिलती है। बंगला नाटक के आरंभिक युग में 1853 ई. से बंगला नाटककारों ने दो स्पष्ट पद्धतियाँ अपनाईं। एक, अंग्रेज़ी नाटकों - विशेषकर शेक्सपियर के नाटकों का अनुवाद तथा रूपांतर और दूसरी, संस्कृत के अति प्रसिद्ध नाटकों का अनुवाद तथा रूपांतर। इन दोनों साहित्यिक प्रणालियों के आरंभिक युग में पौराणिक, ऐतिहासिक, राष्ट्रवादी नाटकों तथा समाज सुधारवादी प्रहसनों का ज़ोर दिखाई देता है। यही कारण है कि जहाँ मनमोहन बसु का 'रामाभिषेक', 'सती नाटक' और 'हरिश्चन्द्र' जैसे पौराणिक नाटकों का हिन्दी में अनुवाद हुआ; वहीं लाला श्रीनिवास दास का 'प्रह्लाद चरित्र' (1888), अयोध्या सिंह उपाध्याय का 'प्रद्युम्न विजय' (1893), लाल कृष्ण भट्ट का 'दमयंती स्वयंवर' (1895), कार्तिक प्रसाद वर्मा का 'उषा हरण' (1891) जैसे मौलिक पौराणिक नाटक भी लिखे गए। जहाँ बंगला से मधुसूदन दत्त की 'कृष्णकुमारी', लक्ष्मीनारायण चक्रवती का 'नवाब सिराजुद्दौला', ज्योतिरींद्रनाथ ठाकुर का 'सरोजिनी अर्थात् चितौर आक्रमण' जैसे ऐतिहासिक नाटक अनूदित हुए, वहाँ राष्ट्रीय भावना से ओतप्रोत 'अश्रुमति नाटक', 'सरोजिनी' जैसे नाटक बंगला से अनूदित हुए।

अनूदित उपन्यास : नाटक और उसके साथ-साथ उपन्यास की जिस नई साहित्यिक विधा का श्री गणेश हुआ वहाँ अन्य भाषाओं से उपन्यास के अनुवाद की परंपरा का भी आविर्भाव हुआ। सुप्रसिद्ध पत्रकार और विद्वान आशीष नंदी कहते हैं कि दक्षिण एशियाई समाज में औपनिवेशिक अनुभव के एक अवयव के रूप में उपन्यास की अवधारणा उभर कर आई है। यह सही है कि उपन्यास के आविर्भाव में उपनिवेशवाद की विशेष भूमिका रही है। सुविख्यात हिन्दी साहित्यकार निर्मल वर्मा के कथनानुसार "यूरोप ने भारतीय चेतना में जो दरार उत्पन्न की थी—एक हिस्सा परंपरा में डूबा हुआ और दूसरा अपने को यूरोपीय मनुष्य की छवि में ढालने में लीन—उसने एक ऐसी आत्मछलना को जन्म दिया जो हिंदू परंपरावादियों और नव्य हिंदुओं—दोनों के अंतःकरण को कुतरने लगी। परंपरावादी अपने को यूरोपियों के विरुद्ध स्थापित करना चाहते थे, अपने अतीत का आदर्शीकरण करके इसके लिए भले ही उन्हें अपने इतिहास के कुछ अंशों का मिथ्याकरण करना पड़ा, जैसे कि बंकिम चन्द्र चटर्जी ने अपने ऐतिहासिक उपन्यासों में किया था।" इतिहासकार सुधीर चंद्र का भी यही मत है कि पुनरुत्थानवाद औपनिवेशिक चेतना की संरचना का एक अनिवार्य संघटक है। अंग्रेजी पुस्तकों के कुछ प्रकाशनों से भारत में नवजागरण पर गहरा प्रभाव पड़ा। उपनिवेशवाद की राष्ट्रवादी प्रतिक्रिया के फलस्वरूप भारत के शौर्यपूर्ण इतिहास के प्रति जागरूकता उत्पन्न हुई, जो 'ऐतिहासिक उपन्यास' के रूप में प्रस्फुटित हुई। इसका प्रारंभ बंगला से हुआ। बंगला में ऐतिहासिक कथा लिखने वाले पहले व्यक्ति भूदेव मुखर्जी थे, जिन्होंने ऐतिहासिक उपन्यास 'अंगुरीयविनिमय' (1862) की कथावस्तु जे. एच. कांटर की 'रोमांस ऑफ हिस्ट्री' से ली। इसमें औरंगजेब की सेना पर शिवा जी

की विजय-गाथा का वर्णन है। बंकिमचंद्र चटर्जी का प्रथम बंगला उपन्यास 'दुर्गेशानंदिनी' (1865) का केंद्रीय कथानक 'अंगुरीयविनिमय' है। 'दुर्गेशनंदिनी' उपन्यास को भारतीय उपन्यास की यात्रा का श्री गणेश माना जाता है। उन्नीसवीं शताब्दी में भारत की प्रायः सभी भाषाओं में इसका अनुवाद हुआ। इस उपन्यास का युगांतकारी प्रभाव भारतीय साहित्य पर पड़ा।

हिन्दी में ऐतिहासिक चेतना का अभाव था। इसी कारण वृंदावन लाल वर्मा से पहले ढंग का कोई ऐतिहासिक उपन्यास नहीं मिलता। हिन्दी नवजागरण के अग्रदूत भारतेंदु को अपने क्षेत्र के अनैतिहासिक चेतना की व्याप्ति का अनुभव था और वे स्वयं 'कालचक्र', 'प्राचीन काल का संवत निर्णय', 'काश्मीर कुसुम', 'बादशाह-दर्पण' जैसी रचनाओं के माध्यम से इसे दूर करने का प्रयास कर रहे थे। इस अभियान में उन्होंने बंकिम चंद्र के उपन्यास 'राजसिंह' (1881) का अनुवाद करना आरंभ किया। इस कार्य में उन्होंने अपने मित्रों को प्रेरणा भी दी। उनके मित्र गदाधर सिंह ने 'दुर्गेशनंदिनी' का जो अनुवाद बंगला से खड़ीबोली हिन्दी में किया, वह पहला अनूदित उपन्यास है। भारतेन्दु ने इसे 'कवि वचन सुधा' पत्रिका में धारावाहिक प्रकाशित किया था। गदाधर सिंह ने इसी बंकिम चंद्र के 'चौबे का चिट्ठा' का अनुवाद दो भागों में प्रस्तुत किया था। उन्होंने रमेशचंद्र दत्त (1848-1909) के अकबरकालीन ऐतिहासिक उपन्यास 'बंगविजेता' (1878) का भी अनुवाद 1886 ई. में किया था। भारतेंदु की समकालीन मल्लिका देवी ने बंकिम के उपन्यास 'राधारानी' (1886) का अनुवाद सन् 1893 में प्रस्तुत किया था। भारतेंदु के अनन्य मित्र तथा सहयोगी प्रतापनारायण मिश्र ने बंकिम के चार उपन्यास—'इंदिरा' (1873), 'युगलांगरीय' (1874), 'राधारानी' (1886), 'राजसिंह' (1881) का अनुवाद 1894 ई. में प्रकाशित किया। उन्होंने बंकिम के 'कपाल कुंडला' (1866) का भी अनुवाद किया था, लेकिन उनके देहांत के बाद 1901 ई. में ही वह प्रकाशित हुआ। अयोध्या सिंह उपाध्याय 'हरिऔध' (1865-1947) ने भी बंकिम के दो उपन्यास 'कृष्णकांत का दानपत्र' ('कृष्णकान्तेर उइल' : 1878) तथा 'राधारानी' का अनुवाद 1897 ई. में किया। तत्पश्चात बंकिम के अन्य उपन्यास 'मृणालिनी' (1869), 'विषवृक्ष' (1873), 'चन्द्रशेखर' (1875), 'रजनी' (1877), 'आनन्दमठ' (1882), 'देवी चौधरानी' (1884), 'सीताराम' (1887) भी अनूदित हुए। बंकिम और रमेशचंद्र दत्त के बाद रवींद्रनाथ ठाकुर की बड़ी बहन स्वर्णकुमारी देवी (1885-1932) का ऐतिहासिक उपन्यास 'द्वीप निर्वाण' (1876) का अनुवाद उदित नारायण लाल वर्मा ने किया। पृथ्वीराज चौहान के जीवन पर आधारित इस उपन्यास के दो-दो अनुवाद—एक, राधाचरण गोस्वामी ने तथा दूसरा, उदितनारायण लाल वर्मा ने 1891 ई. में प्रकाशित किए।

इन ऐतिहासिक उपन्यासों के अनुवाद से निस्संदेह एक प्रकार की ऐतिहासिक चेतना का विकास हुआ, किंतु बंगला के ऐतिहासिक उपन्यासों के अतिरिक्त सामाजिक उपन्यासों के भी काफ़ी अनुवाद हुए। बालमुकुंद गुप्त (1865-1907) ने अक्षयचंद्र

सरकार (1846-1917) के बहुचर्चित उपन्यास 'माडेल भगिनी' (1886-88) का अनुवाद चार भागों में किया, जो 1888 ई. में प्रकाशित हुआ। तारकनाथ गांगुली (1845-91) के यथार्थवादी उपन्यास 'स्वर्णलता' (1873) का अनुवाद राधाचरण दास ने किया। तत्पश्चात, इनके दो अन्य उपन्यास 'अदृष्ट' एवं 'अहोर' भी अनूदित हुए। कार्तिक प्रसाद खत्री द्वारा अनूदित पाँचकौड़ी दे का उपन्यास 'कुलटा' तथा 'मधुमालती' का 1897 ई. में प्रकाशन हुआ। इसके अतिरिक्त, इस दौरान दामोदर मुखर्जी (1853-1907), नगेंद्रनाथ गुप्त (1861-1940), विश्वनाथ शास्त्री (1847-1919), संजीवचंद्र चटर्जी (1834-89), हरिदास हाल्दार (1862-1934) तथा रवींद्रनाथ ठाकुर (1861-1941) के कतिपय उपन्यासों का अनुवाद हुआ। इस प्रकार हिन्दी के विकास में रामकृष्ण वर्मा, ईश्वरी प्रसाद शर्मा, रूपनारायण पांडेय, कार्तिक प्रसाद खत्री, राधाचरण गोस्वामी, बालमुकुंद गुप्त तथा राधाकृष्ण दास का विशेष योगदान है।

बीसवीं सदी के पूर्वार्द्ध में बंगला की अनेक रचनाओं का अनुवाद हिन्दी में हुआ। इनमें प्रमुख रूप से रवींद्रनाथ ठाकुर कृत 'कलरव' का अनुवाद सन् 1931 में श्री रामचन्द्र टंडण ने किया। माइकेल मधुसूदन दत्त की 'वीरांगना' को मैथिलीशरण गुप्त ने 1927 में अनूदित किया। गिरिशचंद्र घोष की रचनाओं में 'बलिदान' एवं 'वैधव्य' को रामचंद्र वर्मा ने अनूदित किया। द्विजेंद्र लाल राय के 'उस पार' का अनुवाद रूपनारायण पांडेय ने 1920 में किया। बंकिमचंद्र चट्टोपाध्याय की 'राधारानी' का अनुवाद प्रताप नारायण मिश्र ने 1918 में किया। हरप्रसाद शास्त्री की कृति 'राजकुमार कुणाल' का श्री लक्ष्मीधर बाजपेयी ने 1927 में अनुवाद किया। स्वर्णकुमारी देवी की कृतियाँ 'अधखिली कली' को 1923 में धनेश्वर प्रसाद ने तथा 'फूलों का हार' को 1918 में रामचन्द्र वर्मा ने अनूदित किया। राखालदास बधोपाध्याय की रचनाओं के ऐतिहासिक उपन्यास और एक रचना 'शशांक' एवं 'करुणा' को आचार्य रामचंद्र शुक्ल ने क्रमशः 1940 और 1946 में अनूदित किया।

इसी शताब्दी में बंगला से हिन्दी में सर्वाधिक अनुवाद हंस कुमार तिवारी ने किए। उनकी प्रमुख अनूदित कृतियाँ इस प्रकार हैं—रवींद्रनाथ ठाकुर कृत 'गीतांजलि' (1961), हुमायूँ कबीर कृत 'बंगला काव्य की भूमिका' (1961), शरतचंद्र कृत 'देवदास' (1960), आशापूर्ण देवी कृत 'बकुल कथा' (1979), लोकनाथ भट्टाचार्य कृत 'गोधुलिया' (1985), प्रथमनाथ विशि कृत 'बड़े केरी साहब का मुंशी' (1960), प्रतापचंद्र 'चंद्र' कृत 'अजगर' (1977), बंकिमचंद्र कृत 'आनंदमठ' (1977), विमल मित्र कृत 'कुहासा' (1959), शंकर कृत 'योग-वियोग' (1965), सत्यजीत रे कृत 'गंगटोक में घपला' (1976), प्रबोध कुमार सन्याल कृत हुस्न बाबू (1962) ताराशंकर बंधोपाध्याय कृत 'हरकारा' (1962), विभूतिभूषण बंधोपाध्याय कृत 'अरण्यक' (1957), मनोज बसु कृत 'कैसे भूलूँ' (1969), समरेश वसु कृत 'गंगा', (1967) आदि। तसलीमा नसरीन के बहुचर्चित उपन्यास 'लज्जा' का अनुवाद मुनमुन सरकार ने 1994 में किया। इस उपन्यास में सांप्रदायिकता का नग्न चित्रण किया गया है। इसी वर्ष तसलीमा नसरीन

के अन्य उपन्यास 'फेरा' का अनुवाद अमर गोस्वामी ने किया। तसलीमा नसरीन की अन्य रचनाओं 'निर्वाचित कॉलम' और 'नष्टमेयर नष्ट' गद्य का अनुवाद मुनमुन सरकार ने क्रमशः 'औरत के हक में' और 'नष्ट लड़की नष्ट गद्य' 1995 प्रकाशित किया। इस प्रकार बंगला के इन उपन्यासों के अनुवाद से हिन्दी अतिप्राकृत, अतिरंजित, घटनाबहुल ऐय्यारी उपन्यासों के मोहजाल से मुक्त हुई और साथ ही शुद्ध भारतीय संस्कृति की ओर भी उन्मुख हुई। इन अनुवादों से हिन्दी भाषा संस्कृत पदावली के माधुर्य और गांभीर्य से परिपूर्ण हुई और उसमें कोमल भावनाएँ तथा सुकुमार कल्पनाएँ भी अनुस्यूत हुईं। इससे हिन्दी कविता और गद्यभाषा समृद्ध हुई। उर्दू के अतिरंजित कथानकों और किस्सागोईपरक साहित्य से हिन्दी को वह मुक्ति मिली जो उसके विकास के लिए आवश्यक था।

जीवन दास की कविताओं को 'स्वदेश भारती' ने 1984 में और भारत भूषण अग्रवाल ने विष्णु दे की कविताओं को 1973 में अनूदित किया। रवींद्रनाथ ठाकुर की 'लाल कनेर' का 1958 में आचार्य हजारी प्रसाद द्विवेदी ने अनूदित किया। द्विवेदी जी कविताओं के भी अनुवाद किए। रवींद्रनाथ ठाकुर की कविताओं को 'रवींद्रनाथ कविता कानन' नाम से सूर्यकांत त्रिपाठी 'निराला' ने अनूदित किया। शरतचंद्र कृत 'विंदो का लड़का' को 1964 में ओंकार शरद ने, शंभू मित्र कृत 'कंचन रंग' को 1964 में नेमिचंद्र जैन ने, बंकिमचंद्र कृत 'राधारानी' को 1918 में प्रताप नारायण मिश्र ने तथा 'आनंदमठ' को 1960 में मन्मथनाथ गुप्त ने अनूदित किया। शंकर कृत 'चौरंगी' को 1964 में राजकमल चौधरी ने तथा रवींद्रनाथ टैगोर के नाटकों का 'अज्ञेय' ने अनुवाद किया। शीषेन्दु मुखोपाध्याय कृत 'पारापार' (1985) का अनुवाद वीरेंद्रनाथ मिश्र ने, प्रफुल्ल राय कृत 'जन्मभूमि' (1974) को जयंत कुमार ने, 'आविष्कार' को वीरेंद्रनाथ मिश्र ने किया। बीसवीं सदी के उतरार्द्ध में बंगला की अनेक रचनाओं का अनुवाद हुआ है।

बंगला-हिन्दी अनुवाद के संबंध में एक महत्त्वूपर्ण पहलू वह है कि जहाँ बंगला से हिन्दी में अनुवाद करने की प्रवृत्ति अधिक रही है, वही हिन्दी भाषा से बंगला में अनुवाद की स्थिति संतोषजनक नहीं रही। किंतु कुछ उल्लेखनीय अनुवाद अवश्य हुए हैं। तुलसीदास कृत 'रामचरितमानस' का अनुवाद विजयकाली भट्टाचार्य ने और 'दोहावली' का अनुवाद ज्योतिभूषण चाकी ने किया। प्रेमचंद्र कृत 'गोदान' और 'निर्मला' का अनुवाद चित्रा देव ने किया। नामवर सिंह के 'हिन्दी गल्प गुच्छ' का बंगला अनुवाद इंद्राणी सरकार ने 1982 में किया। सियारामशरण गुप्त कृत 'नारी' को 1969 में सुधाकांत रॉय चौधरी ने , अमृतलाल नागर के 'बूँद और समुद्र' का 'बिंदुओं सिंधु' नाम से अर्चना कुमार ने, रेणु कृत 'तीसरी कसम' कहानी का सुबिमल बसाक ने, और 'मैला आँचल का प्रसून मित्र ने और श्रीलाल शुक्ल के 'राग दरबारी' का रमेश मजूमदार ने बंगला में अनुवाद किया।

बंगला से कृतिवास रामायण का अनुवाद 1894 में अनूदित हुआ। आगे चल कर मैथिलीशरण गुप्त (1886-1964) ने माइकेल मधुसूदन दत्त की काव्यकृति 'मेघनाद वध',

'विरहिनी ब्रजांगना' एवं 'वीरांगना' का अनुवाद किया था। इस काल में नजीर अकबराबादी (1740-1830) की कविताओं के अनुवाद काफी लोकप्रिय हुए। उनकी 'चूहेनामा' कृति 1874 ई. में तथा 'दीवान-ए-नजीर' 1892 ई. में अनूदित अथवा लिप्यंतरित हुई।

संस्कृत साहित्य में यूँ तो 'प्रबंध', 'निबंध' जैसी रचनाएँ मिलती हैं लेकिन नवजागरण काल में यह विधा पश्चिम से आई है। इसके प्रवर्त्तक फ्रांसीसी लेखक मांतेन (1853-92) थे। हिन्दी में चार्ल्स वुड की शिक्षा नीति से संबंधित पश्चिमी निबंधों (सिसरो से स्टीवेंसन तक) का अनुवाद हुआ। कुछ अनुवाद मूल अंग्रेजी से सीधे किए गए और कुछ 'देहली वर्नाकुलर ट्रांसलेशन सोसाइटी' (1841) के उर्दू अनुवादों के आधार पर किए गए। हिन्दी के अनेक आरंभिक निबंध किसी-न-किसी अंग्रेजी निबंध के छायानुवाद हैं। मदन मोहन भट्ट ने स्माइल्स के निबंधों के उर्दू अनुवाद पर 'परमपुरुषार्थ' की रचना 1885 ई. में की। काशीनाथ खत्री ने 1887 ई. में जान स्टुअर्ट ब्लैकी का 'सेल्फ कल्चर' का अनुवाद 'नीत्युपदेश' शीर्षक से किया। उन्होंने ही उर्दू से 'गुलदस्ता-ए-तहजीब' का 'नीति पुष्पावली' नाम से हिन्दी में 1889 ई. में अनुवाद किया। 1894 में श्यामसुंदर दास ने अंग्रेजी से 'एड्स ऑफ कंटेंटमेंट' का छायानुवाद 'संतोष' शीर्षक से किया। अंग्रेजी निबंधों के कुछ अनुवाद वीरेश्वर चक्रवर्ती द्वारा संपादित 'साहित्य संग्रह' (1886), साहिबप्रसाद सिंह का भाषासार 32 भाग (1877) एवं अंबिकादत्त व्यास द्वारा संपादित 'साहित्य नवनीत' (1899) में भी देखे जा सकते हैं। किंतु निबंधों के अनुवादों में विष्णु कृष्ण शास्त्री चिपलूनजकर के मराठी निबंधों का 1899 ई. में गंगाप्रसाद अग्निहोत्री द्वारा अनूदित 'निबंधमालादर्श' तथा महावीरप्रसाद द्विवेदी द्वारा 1900 ई. में अनूदित फ्रांसिस बेकन के निबंधों का संकलन 'बेकन-विचार-रत्नावली' दो ग्रंथ आधुनिक निबंध रचना के मार्गदर्शक सिद्ध हुए। हिन्दी में व्यावहारिक आलोचना की शुरुआत 'आनंदकादम्बिनी' और 'हिन्दी प्रदीप' में प्रकाशित पुस्तक समीक्षाओं से हुई। महावीरप्रसाद द्विवेदी ने लाला सीताराम द्वारा अनूदित कालिदास की रचनाओं का विवेचन किया है। इस प्रकार बंगला-हिन्दी-बंगला अनुवाद की एक सुदीर्घ तथा सशक्त परंपरा भारतीय अनूदित साहित्य रही है। ज्ञान तथा भाव-संपदा की यह सारस्वत विरासत भारतीय समाज के साथ-साथ वैश्विक समुदाय के लिए भी अत्यंत उपयोगी सिद्ध हुई है। बंगला साहित्य के अनेक रचनाकारों अर्थात् शरतचंद्र, बंकिमचंद्र, माइकल मधुसूदन दत्त, रवींद्रनाथ टैगोर, काजी नज़रूल इस्लाम, जीवनानंददास, बुद्धदेव वसु, विष्णु दे, सुंकात भट्टाचार्य, सुनील दे, ताराशंकर, समरेश बसु, विमल मित्र, आशापूर्ण देवी तथा महाश्वेता देवी आदि की साहित्यिक कृत्तियों का अनुवाद भारतीय एकीकरण और सामाजिक संस्कृति के निर्माण में रचनात्मक भूमिका निभा रहे हैं। हिन्दी आलोचना के इतिहास को देखते हुए इस काल को **अनुवाद काल** कहना असमीचीन न होगा। इस युग की पत्र-पत्रिकाएँ अनूदित साहित्य की समीक्षाओं से भरी पड़ी हैं।

मराठी-हिन्दी-मराठी : मराठी से हिन्दी में अनेक साहित्यिक और साहित्येतर कृतियों का अनुवाद हुआ है। अनुवाद की यह परंपरा सन् 1861 से मानी जाती है जिसका आरंभ विनायक जनार्दन कीर्तने के अनुवाद से हुआ है। मराठी के लगभग एक सौ से अधिक पौराणिक, ऐतिहासिक और सामाजिक नाटकों का हिन्दी में अनुवाद हुआ है। इनमें सबसे अधिक अनुवाद विजय तेंडुलकर और वसंत कानेटका के नाटकों के हुए हैं। इनके अतिरिक्त कृष्णाजी प्रभाकर खाडिलकर के 'कीचक वध' का अनुवाद भवानी प्रसाद तिवारी ने, भा.वि. वरेरकर के 'हाच मुलाचा बाप' का अनुवाद 'यही है वर का बाप' नाम से रा.र. सर्वटे ने और वरेरकर के 'भूमि कन्या सीता' का अनुवाद र.रा. केलकर' ने, पु.ल. देशपांडे के 'तुझे आहे तुजपाशी' का अनुवाद 'कस्तूरी मृग' के नाम से राहुल बारपुते ने, विजय तेंडुलकर द्वारा लिखित 'घाशीराम कोतवाल' नाटक का अनुवाद वसंतदेव ने, वसंत कानेटकर लिखित सामाजिक नाटक 'कस्तुरी मृग' का हिन्दी अनुवाद 'बिन चेहरों के पुरुष' कुसुम कुमार ने, जयवंत दलवी रचित 'बॅरिस्टर' नाटक का अनुवाद विजय बापट ने किया है। ये सभी अनुवाद गुणात्मक दृष्टि से उल्लेखनीय हैं।

प्राचीन मराठी काव्य के पद्यानुवाद और गद्यानुवाद दोनों काफ़ी मात्रा में हुआ है। ज्ञानेश्वरी, तुकाराम गाथा, अमृतानुभव आदि के अनुवाद क्रमशः बाबुराव कुमठेर, नारायण प्रसाद जैन, ब्रजराज सिंह ने किया है। 'मनाचे श्लोक' का देवीदास लक्ष्मण महाजन ने गद्यानुवाद और बलदेव प्रसार मिश्र ने पद्यानुवाद किया है। साहित्य अकादमी ने अनिल, वि.दा. करंदीकर, बा.सी. मर्ढेकर, मंगेश पाडगावकर, वसंत बापट, पु.शि. रेगे, मुक्तिबोध, कुसुमाग्रज, इंदिरा संत, सरिता पत्की, वी.रा. कांत, बा.भ. पोरकर आदि कवियों की कविताओं का संकलन 1995 में प्रकाशित किया। इनका अधिकतर अनुवाद प्रभाकर माचवे ने किया है जिनका अनुवाद साहित्य में उल्लेखनीय स्थान है।

हिन्दी में मराठी के उपन्यासों का अनुवाद अपेक्षाकृत अधिक हुआ है। मराठी उपन्यासों के अनुवाद की परंपरा सन् 1901 से प्रारंभ हो गई थी, जब वामनशास्त्री इस्लामपुर के 'प्रणयी माधव' का अनुवाद गंगा प्रसाद अग्निहोत्री ने प्रस्तुत किया था। स्वरूप चंद्र जैन ने का.र. मित्र के 'इमा आणि माधव' का अनुवाद सन् 1903 में किया था। स्वतंत्रता से पूर्व हरि नारायण आपटे, वा.म. जोशी, वि.स. खांडेकर, ग.त्र्यं. माडखोलकर और मामा वरेरकर की रचनाओं के अनुवाद हुए। इसी दौरान आपटे अपने वज्राघात और 'उषा काल' उपन्यासों तथा वि.स. खांडेकर अपने 'क्रौंच वध' और 'उल्का' उपन्यासों के अनुवाद से काफ़ी लोकप्रिय हुए। स्वतंत्रता के बाद विश्वास पाटील साने गुरुजी, खांडेकर, मामा वरेरकर, गो.नी. दांडेकर न.सा. फडके आदि के उपन्यासों के अनुवाद प्रभाकर माचवे, रा.र. सर्वटे, गो.प.नेने. चंद्रकांत बांदिवडेकर, ओम शिवराज, रामजी तिवारी, केशव प्रथमवीर आदि ने किए हैं। इन अनुवादों में वि.स. खांडेकर के पौराणिक उपन्यास 'ययाति' का अनुवाद र.र. सर्वटे और मोदेश्वर तपस्वी ने अलग-अलग किया है। रणजीत देसाई द्वारा रचित ऐतिहासिक उपन्यास 'स्वामी' का

अनुवाद ओम शिवराज ने किया है। हरि नारायण आपटे के सामाजिक उपन्यास 'पण लक्षात कोण घेतो' का अनुवाद श्रीनिवास कोचकर ने 'पर कौन ध्यान देता है' (1961) नाम से किया। ना. पेंडसे के आंचलिक उपन्यास 'गारंबीचा बापू' का अनुवाद 'चट्टान का बेटा' (1959) नाम से शैलेन्द्र कुमार ने प्रस्तुत किया। विश्वास पाटील के ग्रामीण उपन्यास 'पांगिरा' का अनुवाद इसी शीर्षक से (1993) प्रकाश भांतब्रेकर ने किया। इनके अतिरिक्त वसंत पटवर्धन के आर्य मुरलीधर जगताप ने आर्य चाणक्य (1991) के नाम से, शिवाजी सावंत के 'मृत्युंजय' का ओम शिवराज (1978) ने व्यंक्टेश माडगूलकर के 'बनगर वाडी' का (1963) रा.र. सर्वटे ने, साने गुरुजी के 'श्यामची आई' को 'श्यामू की माँ' (1995) के नाम से गोपीवल्लभ उपाध्याय ने, वि.स. खांडेकर के 'उल्का' का प्रभाकर माचवे ने, विश्वास पाटील के 'पानीपत' का मो.ग.तपस्वी (1991) ने, न. पेंडसे के 'आक्टोपस' का चंद्रकांत बांदिवडेकर (1976) ने, अरुण साधू के त्रिशंकू का प्रकाश भांतब्रेकर (1998) ने, गो. नी. दांडेकर के 'मृष्मयी' का मीरा नांदगावकर ने 'अथाह की थाह' (1989) नाम से, विश्वास पाटील के 'झाडा झडती' (1959) का गजानन चव्हाण (1995) ने, दया पवार के 'वलुते' का 'अछूत' नाम से दामोदर खडसे ने जो अनुवाद किए, उनका भारतीय अनुवाद साहित्य में विशेष स्थान है।

तेलुगु-हिन्दी-तेलुगु अनुवाद : हिन्दी से तेलुगु और तेलुगु से हिन्दी भाषा में अनुवाद-प्रक्रिया नई नहीं है। संस्कृत के रामायण, महाभारत, गीता तथा अनेकानेक पुराणों को आधार बनाकर दक्षिण भारतीय भाषाओं में काफी संख्या में काव्य ग्रंथ लिखे गए। 19वीं शताब्दी के उत्तरार्द्ध में शिष्टफ कृष्णमूर्ति शास्त्री एंड मंड नरहरि कायुया ने 'रामचरितमानस' का तेलुगु पद्यानुवाद किया। तेलुगु में अब 'मानस' के दर्जन भर अनुवाद उपलब्ध हैं। इस प्रकार तेलुगु से हिन्दी में भी अनुवाद की एक मजबूत श्रृंखला बनती जा रही है। दक्षिण भारत की संस्कृति और सभ्यता को, वहाँ के मूल्यों और विचारों को इसी सशक्त अनुवाद परंपरा ने विस्तार दिया। डॉ. इलापावलुरि पांडुरंग राव ने जयशंकर प्रसाद द्वारा रचित अमर कृति 'कामायनी' का 1974 में तेलुगु में अनुवाद किया। पांडुरंग राव द्वारा अनूदित 'कामायनी' महाकाव्य का तेलुगु पद्यानुवाद अनेक विशेषताओं से संपन्न है। पांडुरंग राव के अलावा तेलुगु में 'कामायनी' के अनुवादकों में दो अन्य अनुवादक श्री वाविलात सामयाजुल और जंध्याल पापच्य शास्त्री के नाम भी उल्लेखनीय हैं। इन्होंने 'कामायनी' के अतिरिक्त जयशंकर प्रसाद कृत 'आँसू' का भी अनुवाद किया है। संस्कृत के नीलकंठ दीक्षित के 'कलिविडबंनमु' का पद्यानुवाद तथा जयदेव कृत 'पीयूष लहरी' के गेय रूपक में लयबद्ध अनुवाद भी किए गए।

पी आदेश्वर राव ने तेलुगु की अनेक रचनाओं का अनुवाद 'तेलुगु की नई कविता', 'लोकालोक', 'मृत्यु के बाद', 'चंपका', 'चतुष्पथ', 'आत्म वंचना', 'हत्या', पंडित परमेश्वर शास्त्री की 'वसीयत' और 'मोहभंग' का नाम से किया है। तेलुगु कवि वी. गोपाल रेड्डी की चुनी हुई बत्तीस कविताओं को 'लोकालोक' नाम से आदेश्वर राव ने

अनुवाद किया और साथ ही गोपाल रेड्डी की परवर्ती कविताओं का हिन्दी रूपांतर भी 'मृत्यु के बाद' शीर्षक से किया गया। 'चंपका आचार्य कोनेरू रामकृष्ण राव के गीति नाट्य का हिन्दी रूपांतर है। तेलुगु के प्रसिद्ध लेखक बुच्चि बाबू के सामाजिक नाटक का हिन्दी रूपांतर, 'आत्मवंचना' नाम से किया गया। त्रिपरनेनि रामस्वामी चौधरी के पौराणिक नाटक 'हत्या' और 'मोहभंग' उपन्यास का भी अनुवाद आदेश्वर राव ने किया। आदेश्वर राव ने हिन्दी से तेलुगु में भी अनुवाद किए हैं जिनमें अमृतलाल नागर की 'अमृत और विष' का 'अमृतमू-विषम' अनुवाद उल्लेखनीय है। इस के अतिरिक्त बंगला के प्रसिद्ध कवि बुद्धदेव वसु के पौराणिक काव्य नाटक के हिन्दी रूपांतर का 'काल-संध्या' नाम से तेलुगु अनुवाद है। आदेश्वर राव ने हिन्दी से अंग्रेजी में रचनाओं में 'उर्वशी', 'कुरुक्षेत्र', 'कान्टस्म्प्रेरी पोयट्री' और 'पप्पेट्स ऑफ टाइम' आदि भी अनूदित किए हैं। इस प्रकार आदेश्वर राव ने हिन्दी, तेलुगु और अंग्रेजी भाषाओं में उच्च-स्तरीय अनुवाद किए हैं।

महाकवि पोतन्ना के 'आंध्र महाभागवतम्' का हिन्दी अनुवाद 'आंध्र भागवत परिमल' नाम से 1965 में वाराणसि राममूर्ति ने किया और साथ ही गर्रम जाषुवा की 'गार्ब्बेलमु' का हिन्दी अनुवाद 'चमगादड़' नाम से किया। पुरिपंडा अप्पलस्वामी की काव्य रचना 'सौदामिनी' का अनुवाद डॉ. सूर्यनारायण भानु ने और डॉ. सी. नारायण, रेड्डी की रचना 'विश्वंभरा' का हिन्दी अनुवाद डॉ. भीमसेन निर्मल ने इसी नाम से किया। मधुनांपतुलु सत्यनारायण शास्त्री द्वारा रचित 'आंध्र पुराणमु' का अनुवाद 'मौ चेत्रोलु शेषगिरी राव ने ती नए' नाम से 1973 में किया। त्यागुराजु की कृति 'त्यागराज कृतुल' का 'त्यागराज' नाम से डॉ. 1975 ई. में अनुवाद किया। कुदुर्ति आज नेयुलु कृत 'कुदुर्ति कवितलु' रचना को में ए. मल्लेश्वर राव ने 1978 अनूदित किया। तेलुगु के महाकवि शेषेंद्र शर्मा की आधुनिक मानदंडों पर आधारित महाकाव्यात्मक रचना 'ना देशम ना प्रजालु', का अनुवाद 'मेरी धरती मेरे लोग' शीर्षक से ओम प्रकाश निर्मल ने 1975 में किया। शेषेंद्र शर्मा काव्य संकलन 'मुण्डे सूर्युड्', लंबी कविता 'गोरिल्ला' और एक अन्य रचना 'प्रेम लेखालु' के हिन्दी अनुवाद क्रमशः 'दहकता सूरज', 'गोरिल्ला' और प्रेमपत्र के नाम से 1974, 1977 और 1980 में प्रकाशित हुए।

विश्वनाथ सत्यनारायण के बृहद् उपन्यास 'वेयिपडगुल' का हिन्दी अनुवाद (1970) भारत के पूर्व प्रधानमंत्री श्री पी.वी. नरसिंह राव ने किया था। विश्वनाथ सत्यनारायण की कहानी 'माकली दुर्ग का कुत्ता' नाम से वेमूरि आंजनेय शर्मा ने, गुडियाटि वेंकटा चलम की कहानी का अनुवाद 'अनमोल त्याग' नाम से आर. शांता सुंदरी ने सदानंद शारदा की कहानी का सी.एच. रामुलु ने 'सबल-प्रबल' नाम से, जीडिंगुट रामचंद्रमूर्ति की कहानी का श्री पी.वी. रेड्डी ने 'पागल बाप' नाम से अनुवाद किया। नाटकों के अनुवाद की परंपरा में श्री पड़ाला रामाराव के तेलुगु नाटक 'शहीद अल्लूरि' 'सीताराम राजू' का अनुवाद वेमूरि आंजनेय शर्मा ने किया। तेलुगु के सामाजिक उपन्यास हरिजन नेता और समता का अनुवाद वी. दयावंती ने किया।

तेलुगु के सुविख्यात कवि एन. गोपि की एक कृति 'नानीलु' (1998) का अनुवाद कई भाषाओं में हुआ है। विजय राघव रेड्डी ने हिन्दी अनुवाद (2004) और पी. जयलक्ष्मी ने अंग्रेजी अनुवाद (2007) किया है। एन. गोपि के तेलुगु 'जलगीतम्' काव्यकृति (2002) का हिन्दी अनुवाद (2005) पी. माणिक्यांबा ने 'जलगीत' (2005) के नाम से और उर्दू अनुवाद (2005) रहमत यूसुफ़ ज़ई ने 'नगमा-ए-आब' नाम से किया। इसी प्रकार एन. गोपि की एक अन्य साहित्य अकादमी काव्य पुरस्कार-प्राप्त काव्य कृति 'कालान्नि निद्र पोनित्वनु (1998) का हिन्दी अनुवाद 'समय को सोने नहीं दूँगा' (2006) नाम से आर. शांता सुंदरी ने किया है।

इसी प्रकार हिन्दी के सुप्रसिद्ध हस्ताक्षर प्रेमचंद, जैनेंद्र, राहुल सांकृत्यायन, रांगेय राघव, भगवतीचरण वर्मा, सूर्यकांत त्रिपाठी 'निराला', हजारी प्रसाद द्विवेदी, इलाचंद्र जोशी, धर्मवीर भारती आदि के उपन्यासों का अनुवाद तेलुगु भाषा में हुआ है। प्रेमचंद्र के आठ प्रसिद्ध उपन्यास तेलुगु भाषा में अनूदित हुए हैं। 1918 में प्रकाशित 'सेवासदन' का अनुवाद दोमेर्लभ्रमरांबा और कोण्डा विजय लक्ष्मीबाई ने किया। बाद में एन.वी. सोमाजुलु ने सन् 1960 में इसका अनुवाद किया। 'गोदान' का अनुवाद इसी नाम से पिच्चेश्वर राव ने किया। 'प्रतिज्ञा' का अनुवाद के.जी. आचार्य ने किया। छायेश्वर ने 'निर्मला' को 'निर्मला' नाम से ही अनूदित किया। 'रंगभूमि' और 'गबन' का अनुवाद आलुरि भुजंगराव ने किया। 'कर्मभूमि' का इसी नाम से पोडरि रामचंद्र राव ने अनुवाद किया। 'मंगलसूत्र' का अनुवाद 'मुगलसूत्रम्' नाम से चावलि रामचंद्र राव ने किया।

जैनेंद्र के 'सुनीता', 'कल्याणी', 'सुखदा', 'जयवर्धन' और 'त्यागपत्र' उपन्यासों का अनुवाद इन्हीं नामों से पुराणम् कुमार राघव शास्त्री ने किया है। इलाचंद्र जोशी के उपन्यासों 'संन्यासी' तथा 'प्रेत और छाया' का अनुवाद क्रमशः 'संन्यासी' और 'प्रेतमु छाया' नाम से छायेश्वर ने किया। रांगेय राघव के उपन्यास 'छोटी सी बात' का 'इदा नागरिकता' नाम से आलुरि बैरागी ने 1960 में, रामनरेश त्रिपाठी के 'अप्सरा' उपन्यास का के. रमेश ने 'अप्सरा' नाम से, शिव सागर मिश्र के उपन्यास का 'मृत्युदंड' नाम से कु. वासिरेड्डी सीता देवी ने अनुवाद किया।

हिन्दी-तेलुगु-हिन्दी अनुवाद में कविता का अनुवाद भी व्यापक स्तर पर हुआ। कबीर के दोहे को 'कबीर सूक्तुलु' नाम से श्री ईमनि दयानंद ओंगोल ने 1922 में तेलुगु भाषा में अनूदित किया। कबीर की दो पंक्तियों वाले दोहों को उन्होंने चार पंक्तियों में संयोजित किया। राम नरेश की त्रिपाठी की काव्य रचना 'पथिक' को श्री डाल्लराजू लक्ष्मीपति ने 1979 में अनूदित किया। राधाकांत मिश्र की 'शब्दों का आकाश', 'हंस' कविता को 'हंस' नाम से ही डॉ. बापुरेड्डी ने अनूदित किया। सुमित्रानंदन पंत के 'अणिमा' कविता का तेलुगु में 'मित्रता गीतमा' नाम से 1991 में और धर्मवीर भारती की रचना 'टूटा पहिया' का 'विरिगिन चक्रम' नाम से अनुवाद किया।

मलयालम-हिन्दी-मलयालम : मलयालम और हिन्दी में अनुवाद के संदर्भ में काफी आदान-प्रदान हुआ है। बीसवीं शताब्दी के प्रारंभिक वर्षों में मलयालम की कुछ रचनाएँ

हिन्दी में अनूदित होकर विभिन्न पत्र-पत्रिकाओं में प्रकाशित होती थीं जिनमें चंद्रहासन, जी. के. केशवन नायर, पी.जी. वासुदेव, सी. जी गोपीकृष्णनन आदि के नाम उल्लेखनीय हैं जो मलयालम के महाकवि वल्लतोल, कुमारन आशान, जी. शंकर कुरूप, ई.वी. कृष्ण पिल्लै आदि की रचनाओं का अनुवाद करते थे। बाद में रत्नमयी देवी दीक्षित (1959) ने वल्लताल की 17 कविताओं के संकलन का हिन्दी अनुवाद प्रस्तुत किया। श्रीधर मेनोन (1977) ने कुमारन आशान की 'तीन कविताएँ' (चिंताविष्याय सीता, चंडाल भिक्षुकी और करुणम) काव्य संकलन का अनुवाद किया। मलयालम और हिन्दी के साहित्यकार और अनुवादक एन. चंद्रशेखरन नायर (1981) ने एम.पी. अप्पन के 'गौरीशंकर' काव्य का सुंदर अनुवाद प्रकाशित किया। जी. शंकर कुरूप के 'ओटक्कुषल' नामक काव्यसंग्रह का अनुवाद 'बांसुरी' नाम से नारायण पिल्लै तथा लक्ष्मीचंद्र जैन ने 1966 में किया और उसी वर्ष कुरूप के दूसरे संकलन 'संध्या' का अनुवाद सुधांशु चतुर्वेदी ने किया। मलयालम उपन्यासों के कई श्रेष्ठ अनुवाद हुए हैं जिनमें तकषी शिवशंकर पिल्लै का उपन्यास 'चेम्मीन' का अनुवाद 'मछुआरे' के नाम सेर भारती विद्यार्थी ने सन् 1951 में किया। के. पाणिक्कर के 'केरल सिंहम्' का हिन्दी अनुवाद रत्नामयी देवी दीक्षित और सीताचरण दीक्षित (1956) ने 'केरल सिंह' नाम से ही किया। तकषी शिवशंकर पिल्लै के रंटिटंड्षी नामक उपन्यास का हिन्दी अनुवाद भारती विद्यार्थी (1975) ने 'दो से धान' के शीर्षक में प्रस्तुत किया। के. रवि वर्मा (1960) ने मुहम्मद बशीर के 'न्टेप्पुप्पाक्कोरन्नेन्टानु' उपन्यास का 'दादा का हाथी' नाम से अनुवाद प्रकाशित किया। सुधांशु चतुर्वेदी ने जोसेफ़ मुडश्शेरी के 'प्रोफेसर' उपन्यास को उसी नाम (1967) से और तकषी शिवशंकर पिल्ले के 'केयर' उपन्यास का 'रस्सी' (1992) के नाम से दो अच्छे अनुवाद किए। शंकरन कुट्टी पोट्टेक्कार द्वारा रचित 'ओरू देशंतिरे कथा' उपन्यास का अनुवाद पी. कृष्णन ने 'कथा एक प्रांतर की' नाम से सन् 1981 में किया। राजप्पन नायर ने सन् 2007 में सी.वी. आनंद बोस के उपन्यास नाटूकुट्टम का अनुवाद 'नया मोड़ नया रास्ता' नाम से किया। इसी प्रकार एन. ई विश्वनाथ अयूयर ने पारप्पस्त के 'आधी घड़ी' उपन्यास, बी. डी. कृष्णन नांपियार आदि ने तकषी शवशंकर पिल्लै के 'मंगलसूत्र' के अनुवाद किए। मलयालम नाटकों के हिन्दी अनुवाद में राजप्पन नायर, विश्वनाथ अयूयर, सुधांशु चतुर्वेदी आदि के नाम उल्लेखनीय हैं। राजप्पन नायर ने पीरप्पन कोड के 'साखाव' और स्वाति तिरूनाल दो नाटकों का अनुवाद क्रमशः 'कामरेड' और स्वाति तिरूनाल नाम से सन् 1992 और 2006 में किया। मलयालम साहित्य की अन्य विधाओं के हिन्दी अनुवाद भारतीय अनुवाद साहित्य में अपना विशेष स्थान रखते हैं। हिन्दी साहित्य की विभिन्न विधाओं में मलयालम अनुवाद भी काफी मात्रा में हुए हैं। इनमें प्रेमचंद के 'गबन' और 'गोदान' उपन्यासों तथा उनके कहानी संग्रहों के मलयालम अनुवादों में ई. के. दिवाकरन पोट्टी, एन. ई विश्वनाथ अयूयर, सुधांशु चतुर्वेदी के नाम उल्लेखनीय हैं।

दक्षिण भारत की प्राचीनतम तथा समृद्ध भाषा तमिल में भी अनुवाद की सशक्त एवं सुदीर्घ परंपरा उपलब्ध रही है। जैन कथाओं, बौद्ध कथाओं, महाभारत और रामकथा संबंधी जो साहित्य तमिल में रचित हुआ उसकी प्रेरणा अनुवाद ही रही। भारत की समस्त आधुनिक भाषाओं में जिन महत्त्वपूर्ण रचनाओं के सर्वाधिक अनुवाद हुए उनमें गीता, रामायण, भागवत पुराण, महाभारत तथा संस्कृत के विश्वप्रसिद्ध कवि कालिदास का नाम विशेष रूप से उल्लेखनीय है। इसी प्रकार सूफी साहित्य, फारसी की प्रेम कथाओं में लैला-मजनूं, गुलिस्तान-बोसतां, शाहनामा, सोहराब-रुस्तम आदि का भी अनेक भारतीय भाषाओं में लोकप्रिय अनुवाद हुआ।

कन्नड़ भाषा में गिरीश कर्नाड के लिखे नाटक 'रक्त कल्याण' को रामगोपाल बजाज ने 1994 में अनूदित किया। शिशिर कुमार दास के बंगला नाटक 'बाघ' का अनुवाद डॉ. रणजीत साहा ने किया।

भारतीय भाषाओं में सर्वाधिक अनुवाद बंगला भाषा में हुए हैं। कृतिवास रामायण, गोविंददास-माधवदास के पद, चैतन्य चरितामृत, बाउलगीत आदि के अनुवाद उल्लेखनीय हैं। बंगला उपन्यासों तथा कहानियों के तो अनेक अनुवाद हुए और अत्यंत लोकप्रिय भी हुए। शरतचंद्र, बंकिमचंद्र, टैगोर आदि के अनेक हिन्दी अनुवाद तो इतने श्रेष्ठ अनुवाद हुए हैं कि इन्हें पहचानना कठिन हो जाता है कि वे मूल पाठ हैं या अनुवाद। 'रामकृष्ण वचनामृत' का तथा रवींद्रनाथ टैगोर की कविताओं का बेहतरीन अनुवाद हिन्दी के प्रतिष्ठित कवि सूर्यकांत त्रिपाठी निराला ने किया। चिदंबरा, पंचवटी, कामायनी, आँसू आदि रचनाओं के अनुवाद इन भाषाओं में खूब सराहे गए हैं। गुजराती, सिंधी, मराठी आदि भाषाओं ने भी अनुवाद की इस सशक्त परंपरा को आत्मसात किया। देश के कोने-कोने में अनुवाद-साधना में हजारों-लाखों अनुवादक तथा कवि, लेखक, नाटककार आज भी इस सारस्वत कार्य में रत हैं। हिन्दी साहित्य के अनेक साहित्यकारों ने भी अनुवाद को गौरव-गरिमा का विषय मानकर अपनाया और खूब अनुवाद किए। वास्तव में तमिल, तेलुगु, मलयालम, कन्नड़, उड़िया, कश्मीरी, पंजाबी आदि भारतीय भाषाओं और साहित्य में परस्पर अनुवाद तथा विदेशी भाषाओं से हिन्दी अनुवाद की एक सशक्त और सुदीर्घ परंपरा विद्यमान रही है। किसी ने स्वेच्छा से और स्वांतः सुखाय से अनुवाद किया तो किसी ने व्यावसायिक दृष्टि से। व्यावसायिक अनुवाद कार्य को अधिकतर प्रोत्साहन प्रकाशकों से मिला है, किंतु गुणवत्ता के स्तर पर इन अनुवादों में कमी दिखाई देती है। इसके अतिरिक्त विभिन्न भाषाओं के प्रचार-प्रसार और विकास में संलग्न विभिन्न सरकारी और गैर-सरकारी संस्थाएँ भी अनुवाद को प्रोत्साहन देती रही हैं। इन संस्थाओं में केन्द्रीय साहित्य अकादमी, नेशनल बुक ट्रस्ट, राज्यों की भाषा अकादमियाँ, ग्रंथ अकादमियाँ, साहित्य परिषदें आदि संस्थाएँ उल्लेखनीय हैं। सरकारी और गैर सरकारी स्तर पर राजभाषा संबंधी प्रशासनिक, बैंक, वित्त, वाणिज्य, नीति, दर्शन, मनोविज्ञान, राजनीति, अर्थशास्त्र, धर्म, साहित्य, योग साहित्य, इतिहास, विज्ञान, प्रौद्योगिकी, जन-संचार तथा

मीडिया, पर्यटन, खान-पान, वेशभूषा, इतिहास तथा अन्य क्षेत्रों में अनुवाद कार्य युद्ध स्तर पर चल रहा है। इस प्रकार अन्य भारतीय भाषाओं को भी अपने सीमित दायरे से निकलने का अवसर मिला है।

निष्कर्ष रूप से कहा जा सकता है कि भारतीय अनूदित साहित्य को बाँध पाना संभव कार्य नहीं है। भारत में अनुवाद कर्म की परंपरा उतनी ही प्राचीन है, जितनी मूल लेखन की। अतः अनुवाद का इतिहास-लेखन बड़ा कठिन तथा चुनौतीपूर्ण कार्य है। वास्तव में भारत के बहुभाषी देश होने के कारण अनेक भाषाओं और बोलियों के इस देश में अनुवाद की इतिहास भी संस्कृत के वैदिक-औपनिवेशिक युग में प्रारंभ हो जाता है। ये अनुवाद भारतीयों तथा विदेशियों द्वारा पूरे मनोयोग से किए गए है। यह भी उल्लेखनीय है कि एक-एक रचना के कई-कई अनुवाद भिन्न-भिन्न अनुवादकों द्वारा हुए हैं। लेकिन एक विडंबना यह है कि भारतीय स्वतंत्रता से पूर्व हिन्दी भाषी में साहित्यकारों ने संस्कृत, अंग्रेजी, बंगला, मराठी आदि भारतीय भाषाओं के साहित्यों का अनुवाद किया था, किंतु स्वतंत्रता-प्राप्ति के बाद हिन्दी भाषी साहित्यकारों और अनुवादकों ने भारतीय भाषाओं से बहुत ही कम मात्रा में अनुवाद किया जबकि हिन्दीतर भाषी साहित्यकारों और अनुवादकों ने अपनी-अपनी भाषाओं के साहित्य का अनुवाद स्वयं किया है। वास्तव में लक्ष्य भाषा अनुवादक की मातृभाषा अथवा प्रथम भाषा हो तो उसे अनुवाद करने में अधिक सुविधा होती है और अनुवाद में सहजता और स्वाभाविकता आने की अधिक संभावना रहती है। इस ओर ध्यान देने की अत्यंत आवश्यकता है।

पश्चिम में अनुवाद परंपरा

'बैबेल' (Babel) की रोचक कहानी के अनुसार आरंभ में विश्व के सभी लोग एक ही भाषा बोलते थे और एक दूसरे की बात समझते थे। एक दिन कुछ लोगों ने मिलकर एक विशाल निर्माण कार्य करने के बारे में सोचा और एक ऊँची मीनार बनाना प्रारंभ किया। सबके सब जुट गए और मीनार लगातार ऊँची बढ़ने लगी। मीनार को ऊँचा उठते देख स्वर्ग में बैठे देवताओं को खतरा महसूस होने लगा कि कहीं ऐसा न हो कि मनुष्य अपने परिश्रम के सहारे ऊपर बढ़ता चला आए और मीनार स्वर्ग में प्रवेश कर जाए। उनके सामने बड़ी समस्या पैदा हो गई, इसलिए उन्होंने इस समस्या का समाधान बहुत ही चतुराई से खोजा। उन्होंने मीनार बनाने वालों को अलग-अलग भाषाएँ दे दीं। परिणामस्वरूप, एक जुट लगे लोग विभाजित हो गए। अलग-अलग भाषा होने के कारण वे एक-दूसरे की बात समझ नहीं पाते। संवाद टूट जाने पर उनका एक-दूसरे से संवाद ही टूट गया तो संगठित होकर मीनार बनाने का काम कैसे चलता? अंततः निर्माण कार्य रुक गया और मीनार अधूरी रह गई। इस अधूरी मीनार को बैबेल की मीनार कहा जाता है। बैबेल का शाब्दिक अर्थ होता है—हड़बड़ी, खलबली या कोलाहल। 'बैबेल की मीनार' की यह घटना जहाँ मानवीय संप्रेषण पर हुआ कुठाराघात मानी जाती है, वहीं यह अनुवाद के आरंभ का हेतु भी बनती है। मनुष्य अलग-अलग भाषाएँ तो बोलने लगा, लेकिन उसे परस्पर संपर्क के लिए भाषांतर अथवा अनुवाद की ज़रूरत पड़ी। भिन्न-भिन्न भाषाएँ बोलने वाले आदि-मनुष्यों के समूहों या कबीलों का जब एक दूसरे से संपर्क हुआ होगा, उनमें परस्पर प्रीति और वैर के संबंध विकसित हुए होंगे, तभी से अनुवाद के मौखिक रूप की शुरुआत मानी जा सकती है।

मानव सभ्यता के विकास के साथ-साथ मनुष्य भौगोलिक सीमाओं को पार करते हुए दूसरे समुदायों से युद्ध, मैत्री, व्यापार, धर्म-प्रसार आदि के संबंध में एक दूसरे से मिलता रहा और संप्रेषण व्यापार में अनुवाद का आधार मिलता है। संस्कृत और ग्रीक (यूनानी) क्रमशः पूर्व और पश्चिमी की प्राचीनतम क्लासिक भाषाएँ थीं, जिनके पास प्रचुर मात्रा में ज्ञान भंडार था। अन्य समकालीन भाषाएँ उनके आगे बोलियों के रूप में थीं। चूँकि उनके पास इन क्लासिक भाषाओं को देने के लिए कुछ विशेष न था, इसलिए अन्य भाषाओं से इन भाषाओं में अनुवाद का कोई क्रम दिखाई नहीं देता।

पश्चिमी वाङ्मय में अनुवाद की परंपरा दो धाराओं में मिलती है—एक, बाइबिल का अनुवाद और दो, अन्य वाङ्मय का अनुवाद।

1. बाइबिल का अनुवाद : पश्चिम में बाइबिल के अनुवाद की सुदीर्घ और विस्तृत परंपरा रही है। इससे अनुवाद चिंतन और सिद्धांत भी प्रभावित हुआ। जिस प्रकार धार्मिक अनुष्ठानों, उत्सवों आदि से यूनानी नाट्य साहित्य के विकास की उज्ज्वल परंपरा का आरंभ होता है, पश्चिम की उसी अनुवाद-परंपरा में ईसाइयों का धर्मग्रंथ बाइबिल ही प्रस्थान-बिंदु बनता है। ईसा से चार-पाँच सौ वर्ष पूर्व यहूदी लोग हिब्रू भाषा में होने-वाले प्रवचनों को द्विभाषियों की सहायता से आर्मेइक भाषा में अनूदित करवा कर समझते थे। इससे भी पूर्व लगभग तीन हज़ार ई.पू. असीरिया के राजा सारगोन ने असीरियन भाषा में लिखी अपनी विजयों की घोषणा विभिन्न भाषाओं में अनुवाद के द्वारा करवाई। 2100 ई.पू. सम्राट हम्यूरावी बहुभाषी बेबिलोन में सरकारी आदेशों का अनुवाद कई भाषाओं में कराता था। उसके काल में विभिन्न भाषाओं के कोश क्यूनीफार्म लिपि में ठीकरों पर मिले हैं। तथापि, विश्व का प्राचीनतम अनुवाद रोज़ेटा प्रस्तर पर मिला है, जो लगभग 200 ई.पू. का है और उसमें मिस्र की दो प्राचीन लिपियों हीरोग्लाइफिक तथा देमांतिक में इतिहास तथा संस्कृति का वृत्तांत है और उसका अनुवाद प्राचीन मिस्री भाषा में भी है।

उपर्युक्त अनुवादों के अतिरिक्त पश्चिम में अनुवाद की व्यवस्थित परंपरा बाइबिल के अनुवाद से चली। बाइबिल का 'प्राचीन विधान' (ओल्ड टेस्टामेंट) हिब्रू में लिखा गया था। मिस्र तथा एलेक्ज़ैंड्रिया में बहुत से ऐसे यहूदी थे, जिनकी मातृभाषा यूनानी थी और वे हिब्रू भाषा नहीं जानते थे। इसलिए इन यहूदियों के लिए तीसरी-दूसरी शताब्दी में यूनानी (ग्रीक) भाषा में इसके कई अनुवाद किए गए थे। इनमें सर्वप्रथम अनुवाद 'सेप्तुआगिंत' है, जिसका प्रणयन उन यहूदियों के लिए किया गया था, जो ग्रीक भाषा के आगे अपनी मातृभाषा भूलते जा रहे थे। इस अनुवाद का लक्ष्य धार्मिक अधिक, साहित्यिक कम था। कहा जाता है कि इसका अनुवाद बहत्तर अनुवादकों ने बहत्तर दिनों में किया था। यह शाब्दिक अनुवाद है, इसलिए इस अनुवाद की शैली भी प्रकृत यूनानी के स्थान पर 'सिमिटिक' शैली थी। इस अनुवाद ने बाइबिल के परवर्ती अनुवादों को काफी प्रभावित किया। इस तथ्य की पुष्टि इस बात से की जा सकती है कि सुसमाचार (गॉस्पल) प्राचीन के लेखक जहाँ विधान को उद्धृत करते हैं, वहाँ वे 'सेप्तुआगिंत' की सिमिटिक यूनानी का ही प्रयोग करते हैं, न कि मूल हिब्रू से उस प्रचलित और सामयिक यूनानी में अनुवाद करते हैं, जिसमें उसके अधिकतर वृत्तांत लिखे गए हैं। दूसरी शताब्दी में एक्विला (Acquila) ने प्राचीन विधान का अनुवाद यूनानी में किया था, जो अत्यधिक शब्द-प्रति-शब्द है और इसी कारण उसकी शैली अटपटी हो गई थी। यूनानी बोलने वाले श्रोताओं के लिए कई उद्धरण बड़े अजीब और अप्रचलित दिखाई देते थे, क्योंकि कई स्थलों पर अनुवाद बोधगम्य नहीं होता था। इसी प्रकार प्राचीन विधान (ओल्ड टेस्टामेंट) की अंग्रेजी भी आधुनिक पाठकों को दुरूह लगती है। फिर भी,

'सेप्तुआगिंत' की शैली का अपना आकर्षण था। इसी कारण 'गॉस्पल' की कथाओं में इसके अनेक वाक्यांश, मुहावरे आदि उन स्थलों पर प्रयुक्त मिलते हैं, जहाँ उनके होने का कोई औचित्य नहीं है।

इसके बाद सुसमाचारों (गॉस्पल्स) और यूनानी भाषा में बाइबिल के नया विधान (न्यू टेस्टामेंट) के अनुवाद सिरियाई, लेटिन, इथोपिक, गॉथिक, जार्जियन, आरमेनियन आदि अनेक भाषाओं में हुए, क्योंकि उस समय ईसाई धर्म का प्रचार जोरों पर था। प्राचीन काल में बाइबिल के जितने भी अनुवाद हुए, उनमें ऐतिहासिक और भौगोलिक कारणों से लैटिन अनुवादों को ही सर्वाधिक महत्त्व मिला, हालांकि लेटिन अनुवाद पूर्णतया शब्दानुवाद है और अटपटा सा लगता है। इनकी परिणति संपूर्ण बाइबिल के उस प्रामाणिक अनुवाद में हुई, जिसका शुभारंभ 382 ई. में पोप देमेसस के अनुरोध पर संत जेरम ने किया था। बाइबिल के 405 ई. में तैयार हुए इस लैटिन अनुवाद का नाम 'बुल्गाट' पड़ा। यद्यपि इसकी भाषा-शैली की रसात्मकता में कोई मत-वैभिन्न्य नहीं हैं, तथापि इसके अनुशीलन से ऐसा लगता है कि संत जेरम के सामने जो आदर्श थे, वे परंपरागत तथा धार्मिक अधिक थे, कलात्मक कम। उनका प्रधान लक्ष्य मूल के शाब्दिक अनुवाद की अपेक्षा भाव-प्रति-भाव रूपांतर प्रस्तुत करना और मूल लेखकों के शब्द-प्रयोग की अति पवित्रता और विलक्षणता को कायम रखना ही था। इसके अतिरिक्त पश्चिमी जगत में अनुवाद और अनुवाद चिंतन का प्रमुख केन्द्र रोम रहा है। रोम के विद्वानों ने अनुवाद करने के साथ-साथ अनुवाद सिद्धांतों पर चिंतन और मनन भी किया है।

सत्रहवीं शताब्दी में किंग जेम्स ने 47 अनुवादकों का एक दल नियुक्त किया और उसे बाइबिल का अधिकृत अंग्रेजी अनुवाद कार्य सौंपा ताकि उसे गिरजाघरों (चर्चों) में सरलता से पढ़ा जा सके। इसका प्रकाशन 1611 ई. में हुआ। बाइबिल के संपूर्ण अनुवादों में यह प्राधिकृत संस्करण (ऑथराइज़्ड वर्शन) अथवा 'किंग जेम्सेज़ बाइबिल' सर्वाधिक है। इस अनुवाद में न तो बोलचाल की भाषा की निकटता मिलती हैं और न ही अनुवाद सिद्धांतों का प्रतिपादन। यद्यपि बाइबिल का यह अनुवाद आज भी काफी प्रशंसाप्राप्त और लोकप्रिय माना जाता है, फिर भी आरंभ में इसका काफी विरोध हुआ था। बाद में विरोध का स्वर मंद पड़ता गया और अंग्रेजी भाषा में इसका एक विशेष स्थान बन गया। आज भी बोलचाल की भाषा में बाइबिल के अपेक्षाकृत अधिक सटीक और विश्वसनीय अनुवाद की आवश्यकता महसूस की जा रही है। सन् 1934 ई. में प्रकाशित अपने निबंध-संग्रह (कलेक्टेड ऐसेज़, 16) में रॉबर्ट ब्रिजेज़ ने यहाँ तक कह दिया कि 'हमारी इस बाइबिल में अन्य वर्नाक्यूलर (बोलीगत) अनुवादों की अपेक्षा अधिक सौंदर्य ही नहीं, वरन् इसके सर्वाधिक जीवंत भागों में मूल बाइबिल की अपेक्षा अधिक सौंदर्य भी है और सामीप्य भी।' विरोधी स्वरों में सॉमर्सेट मॉल का स्वर अधिक स्पष्ट है, जब वे 'द समिंग अप' (1938) में अंग्रेजी बाइबिल के दुष्परिणामों का उल्लेख करते हुए यह खेद प्रकट करते हैं कि इस 'प्राच्य' रचना ने अंग्रेजी लेखन-शैली और

अभिव्यक्ति को बुरी तरह प्रभावित किया है। इसी प्रकार इ.एस. बेट्स ने 'इंटरट्राफिक' (1943) में कतिपय अज्ञात तथ्यों की ओर हमारा ध्यान दिलाते हुए लिखा है कि 1611 वाले संस्करण की प्रशंसा करते समय इन तथ्यों को ध्यान में रखना आवश्यक है कि 'नया विधान' के अनुवाद के जिस किसी अंश का कुछ भी महत्त्व है या श्रेष्ठता है, वह सन् 1525 में प्रकाशित टिंडेल और कॉवर्डेल विलियम के कठिन श्रम और अध्यवसाय का ही परिणाम हैं। टिंडेल और कॉवर्डेल से पूर्व 1384 ई. में विक्लिफ़े ने बाइबिल का जो अंग्रेजी अनुवाद किया था, उसकी शब्दावली और लययुक्त सौंदर्य से भी प्राधिकृत संस्करण प्रभावित है। बाइबिल के अन्य अनुवादों में 1913 ई. और 1924 ई. में प्रकाशित जेम्स मॉफ़्फ़ट का अनुवाद उल्लेखनीय है, जिसका उद्देश्य बाइबिल को एक प्रसादमयी शैली प्रदान करना था, लेकिन इसमें पूरी सफलता प्राप्त नहीं हुई। आर.ए. नॉक्स द्वारा प्रस्तुत 'बुल्गाट' का विद्वतापूर्ण पाठांतर (1944-50) अपेक्षाकृत अधिक निर्दोष है, यद्यपि इसकी शैली में एकरूपता नहीं आ पाई है। अंत में बाइबिल के नव्यानुवाद के लिए गठित एक संयुक्त समिति (द ज्वांइट) के निर्देशन में नए अनुवाद का प्रकाशन हुआ। आज भी अत्यधिक संख्या में बाइबिल अनुवाद हो चुके हैं और हो रहे हैं। इस प्रकार अनुवाद प्रक्रिया और सिद्धांतों के निर्णय में बाइबिल के अनुवादों और अनुवादकों की व्यापक भूमिका रही है।

2. अन्य वाङ्मय का अनुवाद : पश्चिम में अनुवाद की परंपरा यूनानियों के बाद रोम के नाम आती है। धार्मिक ग्रंथों के अनुवाद के साथ-साथ लौकिक साहित्य के अनुवाद की समृद्ध परंपरा भी रोम में मिलती हैं। यूनान पर रोम की विजय के पश्चात रोमवासियों में कला, संस्कृति और ज्ञान के क्षेत्र में यूनानियों जैसा महान बनने की कामना पैदा हुई। उन्होंने यूनानी (ग्रीक) भाषा की श्रेष्ठ कृतियों का लैटिन में अनुवाद शुरू कर दिया। तभी से लैटिन में अनुवादों की एक अटूट श्रृंखला बन जाने की आशा जाग्रत हो उठी। रोम में ई.पू. तीसरी शताब्दी में लिवियस ऐंड्रोनिकस ने होमर कृत 'ओडिसि' (ओदिसी) का एक पद्यात्मक, किंतु अनगढ़ अनुवाद लैटिन छंदों में किया था। कई यूनानी नाटकों के लैटिन अनुवाद हुए। प्रथम शताब्दी ई.पू. सिसरो ने प्लेटो के 'प्रोतागोरस' तथा अन्य कई यूनानी कृतियों का लैटिन भाषा में अनुवाद किया। वर्जिल ने होमर और थियोक्रिटस की कुछ पंक्तियों का अनुवाद यत्र-तत्र उद्धृत किया है। पश्चिमी यूरोप में लैटिन लोकभाषा बन गई। बीड ने 'इक्लेज़िएस्टिकल हिस्ट्री' (731 ई.) की रचना लैटिन में ही की थी। महान शिक्षाविद् सम्राट आल्फ्रेड (848-99 ई.) ने उस ग्रंथ का ऐंग्लो-सैक्सन भाषा में रूपांतर प्रस्तुत किया। बोयेथियस विरचित 'कांसोलेशन्स ऑफ फिलॉसफ़ी' के अनुवाद का श्रेय भी इसी सम्राट को है। अनुवाद के पश्चात इतिहास में ये दोनों रूपांतर आज भी बड़े महत्त्व के मीलपत्थर माने जाते हैं।

मध्य काल में यूनानी भाषा-साहित्य के अध्येताओं की संख्या पश्चिमी यूरोप में बहुत ही कम रह गई थी। इस साहित्य के रूपांतरण की ओर भी लोगों में कोई विशेष

रुचि नहीं थी। यद्यपि यह उल्लेखनीय है कि आयरलैंड के सुप्रसिद्ध विद्वान जोहानस स्कोटस एरीजिना ने 'जयोनीसियस दि एरियोपगीट' का अनुवाद किया था। बैजातिया का (बाइजैंताइन) साम्राज्य का रुझान प्राचीन परंपराओं और ज्ञान के प्रति था। इसलिए बगदाद के अरबी विद्वानों पर अनुवाद का दायित्व पड़ा। नवीं शताब्दी के इन विद्वानों ने और तदनंतर कॉर्डोवा के विद्वानों ने अरस्तू की दार्शनिक कृतियों के प्रामाणिक रूपांतर को लैटिन में पुनः भाषांतरित किया, जो 1150 ई. के लगभग दक्षिणी स्पेन में होता हुआ पश्चिमी यूरोप पहुँचा। यह मानव-सभ्यता के सांस्कृतिक विकास में अनुवादक के योगदान का सर्वोत्तम प्रतीक है। 12वीं शताब्दी तक प्राचीन यूनानी ग्रंथों के लेटिन अनुवाद और प्रचार-प्रसार का मुख्य केन्द्र स्पेन का टोलेड्रो स्थापित हो चुका था। यह एक प्रकार का बाइबिल युग था, जिसमें अनुवाद की परंपरा और उसके चिंतन का विकास हुआ। क्रिमोनी के गेराई (1114-1187) ने टोलेडो में अनेक वैज्ञानिक कृतियों का अनुवाद यूनानी और अरबी भाषा से लेटिन भाषा में किया। इसी दौरान दो सदियों के बाद कुस्तुंतुनिया से अनेक अनूदित कृतियाँ पश्चिम में जाने लगी। पुनर्जागरण के आन्दोलन में जिस अनुवाद ने एक महत्त्वपूर्ण भूमिका निभाई और जो नए युग का प्रस्थान-बिंदु कहा जाता है, वह था लियोंटियस पाइलेटस द्वारा किया गया होमर का लैटिन में अनुवाद।

जर्मन अनुवादकों का कार्य सुव्यवस्थित और श्रेष्ठकर था। 16वीं शताब्दी में प्रोटेस्टेंट मत के समर्थक मार्टिन लूथर ने बाइबिल के अनुवाद (1522-34) से जर्मन भाषा को न केवल नवजीवन मिला, बल्कि उसके परवर्ती अनुवादकों को सहज और अकृत्रिम लेखन के लिए एक अग्रणी तथा मानक अनुवाद मिल गया। लूथर के पहले बाइबिल के 'नया विधान' का अनुवाद फ्रांसीसी, डच, जर्मन, अंग्रेजी, चेक आदि भाषाओं में हो चुका था, क्योंकि लेटिन समझने वाले लोग कम होते जा रहे थे। इस समय शब्द-प्रति-शब्द अनुवाद और भावानुवाद का विवाद समाप्तप्राय हो चुका था, हालांकि लूथर के समकालीन सुविख्यात फ्रांसीसी विचारक और अनुवादक एतीने दोले को भावानुवाद के पक्ष में स्पष्ट और निर्भीक विचार प्रस्तुत करने पर पादरियों का कोपभाजन बनना पड़ा और कई बार जेल जाना पड़ा। अंत में प्लेटो के एक संवाद 'A writing in conversational form' को जानबूझ कर गलत अनुवाद और धर्म विरोधी भावनाओं का प्रचार करने के आरोप में एतीने दोले को मार दिया गया और सार्वजनिक चौक पर उसकी रचनाओं के साथ उसे ज़िंदा जला दिया गया था। मार्टिन लूथर के प्रयास से अनुवाद एक सर्जनात्मक विधा के रूप में स्थापित हो गया। इसका एक सुपरिणाम यह हुआ कि क्रिस्टोफ मार्टिन तीलांद (1733-1813) से राइनर मेरिय रिल्के (1875-1926) तक सभी श्रेष्ठ कवियों ने इसकी साधना की। ऑगस्ट विल्हेल्य श्लेगेल द्वारा शेक्सपीयर के नाटकों के जर्मन भाषा में किए गए अनुवाद (1797-1810) विश्व साहित्य के श्रेष्ठ अनुवाद माने जाते हैं। होमर के पद्यात्मक जर्मन अनुवाद तो बराबर होते ही रहे हैं। जर्मन के श्रेष्ठ अनुवादकों ने, जिनमें वौन शेफर (1948) भी एक है, जिसने यह सिद्ध

कर दिखाया है कि यूनानी षटपदियों (हेक्सामीटर्स) को आधुनिक भाषा में प्रतिरोपित या स्थानांतरित करना असंभव नहीं है। इस प्रकार एच.वी. कॉटेरिल ने 'ऑडिसि' का जो अंग्रेजी अनुवाद (1911) किया, वह बहुत ही अच्छा अनुवाद था।

नवीं शताब्दी में फ्रांसीसी भाषा में दो सबसे प्राचीन पांडुलिपियाँ उपलब्ध हैं। एक, बायोथिस के संबंध में एक गीत का अनुवाद और दो वाल्डेनसेस की कविता। दक्षिणी फ्रांस में पुरोहित लोग (फादर्स) बाइबिल संबंधी काव्य और पवित्र धर्म ग्रंथों के काव्यात्मक और कथात्मक भाग के अनुवाद में संलग्न रहते थे। सेम्युल की पुस्तक तथा राजाओं की पुस्तकों का अनुवाद 11वीं शताब्दी में मिलता है। फ्रांस में सबसे उल्लेखनीय अनुवादक लकीत द लीले (1818-94) हुए। उन्होंने यूनानी, लैटिन और पौरस्त्य श्रेण्य रचनाओं का सफल अनुवाद किया। यह सही है कि स्वच्छंदतावादी आन्दोलन के विरोधियों पर उनका विशेष प्रभाव था, किंतु उनकी सबसे बड़ी विशेषता इस बात से स्पष्ट होती है कि उन्होंने 'इलियाड' और 'ओडिसि' का जो अनुवाद किया, उसको पुनः स्पेनी भाषा में रूपांतरित किया गया है।

अरब देशों में भी प्राचीन काल में अनुवादों की बड़ी समृद्ध परंपरा रही है। इन देशों में 7-8 वीं शताब्दी से अनेक भारतीय कृतियों के अनुवाद हो रहे थे। 9-10वीं शताब्दी में बगदाद में प्लेटो, अरस्तू आदि सभी विद्वानों द्वारा यूनानी भाषा में रचित ग्रंथों के अरबी अनुवाद काफी संख्या में हुए थे। भारत से भी अरब का बहुत प्राचीन संबंध रहा है। अरबों ने संस्कृत में रचित विभिन्न ग्रंथों का अनुवाद सिंधी ब्राह्मणों की सहायता से आठवीं, नवीं, और दसवीं शताब्दी में करवाया। इनमें मुख्यतः अंकगणित, रेखागणित, ज्योतिष, तर्कशास्त्र, चिकित्सा, रसायनशास्त्र, खगोलविज्ञान, अर्थशास्त्र, संगीत, सुश्रुत, चरक, पंचतंत्र आदि महत्त्वपूर्ण हैं। अरबी अनुवाद मुख्यतः भावानुवाद हैं। इनमें शब्द-प्रति-शब्द का आग्रह बिलकुल नहीं है। यह भी उल्लेखनीय है कि 830 ई. में खलीफ़ा उन-मामून ने एक संस्था 'वैतुल हिक्मा' (ज्ञानगृह) की स्थापना की थी, जिसमें उच्च अध्ययन, शोध तथा अनुवाद कार्य होता था। ग्यारहवीं-बारहवी शताब्दी में स्पेन में टोलेडो में अरबी पाठों का अनुवाद लेटिन भाषा में हुआ। लेटिन भाषा की कुछ कृतियों का अनुवाद यूनानी भाषा से होते हुए अरबी में भी हुआ है।

अंग्रेज़ी में अनुवाद : 14वीं शताब्दी में इसी समय अंग्रेजी के क्लासिक कवि और कथाकार जेफ्री चॉसर (1330-1400) फ्रांस की रूमानी कथाओं को अंग्रेजी धरातल पर आरोपित करने में लगे थे। पंद्रहवी शताब्दी में सर टॉमस मैलरि ने कई फ्रांसीसी कथाओं के मुक्त रूपांतर किए और विलियम कैक्सटन तथा क्रिस्टोफर मारलो ने ओविद-कृत 'मेटामोरफोसीज़' का एक अति रोचक अनुवाद प्रकाशित किया। शोध करने पर पता चला है कि कैक्सटन का अनुवाद मूल कृति पर आधारित न होकर उसके एक फ्रांसीसी अनुवाद पर आधारित था। वास्तव में यूनानी और लैटिन की क्लासिक रचनाओं के तत्कालीन अंग्रेजी में सही-सही अनुवाद का युग एलिजाबेथ प्रथम और जेम्स प्रथम के शासन-काल से आरंभ होता है। प्राचीन यूनान के

नैतिकतावादी लेखक और भाववादी दार्शनिक प्लुटार्क (46-126 ई.) की कृति 'लाइव्ज' (1579) का अनुवाद इस युग की सर्वाधिक महत्त्वपूर्ण कृति है, जिसका अनुवाद सर टॉमस नार्थ ने किया। सन् 1566 ई. में विलियम ऐडलिंगटन ने एपुलियस की रचना 'गोल्डेन ऐस' का जो भाषांतर किया, वह अपनी उत्कृष्टता के लिए ही नहीं, वरन् अनुवाद में मूल पाठ की रोचकता अक्षुण्ण बनाए रखने के लिए भी महत्त्वपूर्ण है। यह अनूदित रचना बीसवीं शताब्दी के मध्य तक श्रेष्ठ मानी जाती रही। इसी समय रॉबर्ट ग्रेब्स ने (1895-1985) 'केलेक्टेड पोयम्स' का जो प्रणयन (1955-1975) किया, उसका एक नया रूपांतर प्रकाशित हुआ, जिससे एलिजाबेथकालीन अंग्रेजी गद्य और आधुनिक अंग्रेजी गद्य के अलग-अलग रूप मिलते हैं।

ऑगस्टन युग में जॉर्ज चैपमैन ने 'ईलियड' और 'ओडिसि' के जो अनुवाद किए, वे अत्यधिक सीमित तथा आधुनिक हैं और वे एडलिंगटन के अनुवाद के आगे नहीं टिकते। एलिजाबेथयुगीन शब्दालंकारों और उक्ति-वैचित्र्य के चमत्कारों में मूल रचनाओं की शैली और भाव तिरोहित हो गए हैं। यही बात अलेक्जैंडर पोप (1688-1744) द्वारा किए गए होमर की रचनाओं के पद्यानुवाद पर लागू होती हैं। ऑगस्टन युगीन शैली में अनूदित ये रचनाएँ उदात्त और परिनिष्ठित तो हैं, किंतु इनके अनुवाद पर भी अट्ठारहवीं शताब्दी की रुचि का अत्यधिक प्रभाव है और कदाचित इस बात पर ध्यान नहीं दिया गया है कि होमर अट्ठारहवीं शताब्दी का न तो कोई नव्यशास्त्रवादी था, न ऑगस्टन कवि और न ही वर्जिल। जॉन ड्राइडन (1631-1700) द्वारा रोमन कवि वर्जिल के महाकाव्य 'इनीद' का अनुवाद 1697 ई. में प्रकाशित हुआ। यह अनुवाद मूल की आत्मा के निकट था। उन्होंने ओविद कृत 'एप्सिटल्स' (Epistles) का, जुवेनल तथा परर्सियस के Satires of Juvenal and Persius का, फ्रांसीसी चित्रकार ड्यू फ्रेसनाय की De Arte Graphuca का और वर्जिल के Ecologres तथा Georgices कृतियों के अनुवाद भी किए, जो शैली और संवेदना के स्तर पर विविधता लिए हुए हैं। 18वीं शताब्दी में अंग्रेजी में बहुत से अनुवाद हुए। इनमें एलेक्जैंडर पोप (1688-1744) और विलियम काउपर (1931-1800) के नाम उल्लेखनीय हैं। पोप ने 'इलियड' (1715-1720) और 'ओडेसी' (1725-1726) के जो अनुवाद किए, वे मूल पाठ से अलग दिखाई देते हैं। इस संबंध में एक आलोचक का कथन है कि पोप का अनुवाद तो सुंदर हैं, किंतु इसे होमर की कविता नहीं कहा जा सकता। काउपर ने 'इलियड' (1791) के अनुवाद में कहा है कि मूल के प्रति निष्ठा ही अनुवाद की आत्मा है।

विक्टोरियन युग में अनेक कवियों ने भी अनुवाद किए, किंतु उनमें सर्वश्रेष्ठ अनुवाद महाकवि शैली द्वारा रूपांतरित होमरीय 'हिम टु मरक्यूरी' है। यह बात अलग है कि विक्टोरियायुगीन कवियों ने उसके आदर्शों का निर्वाह नहीं किया। अनुवाद तो होते रहे, किंतु उनमें यह नैसर्गिक सौष्ठव देखने को नहीं मिलता, जो प्रौढ़ और सहज प्रवाहमान अनुवादों का लक्षण है। 19वीं शताब्दी में कई अनुवाद हए। इन अनुवादों में तकनीकी सटीकता (Technical accuracy) पर बल दिया गया। 'अरेबियन नाइट्स'

के कुछ अनुवाद तकनीकी दृष्टि से अच्छे है, किंतु उनमें पूर्वी गंध (eastern touch) नहीं आ पाई। सुप्रसिद्ध आलोचक और कवि मैथ्यू आर्नल्ड (1822-1888) ने होमर के कुछ अंशों का अंग्रेजी षट्पदी में अनुवाद करने का प्रयास किया। एडवर्ड फिट्ज़जेराल्ड (1809-1883) को उमर खैय्याम की रूबाइयाँ के अनुवाद से ख्याति प्राप्त हुई। इसके अलावा फिट्ज़जेराल्ड ने स्पेनी नाटककार काल्देरों (colderon) के छह नाटकों, यूनानी तथा अन्य कई फ़ारसी कृतियों के अनुवाद भी किए। उमर खैय्याम की रूबाइयों के अनुवाद में मात्र 49 रूबाइयाँ मूलनिष्ठ हैं, शेष 52 में कुछ भावानुवाद और छायानुवाद हुए हैं। वास्तव में फिट्ज़जेराल्ड अनुवादक की अपेक्षा सर्जक साहित्यकार अधिक दिखाई देते हैं। सन् 1883 ई. में लैंग, लीफ और मायर्स ने 'इलियड' का एक अनुपम अंग्रेजी रूपांतर प्रकाशित किया और 1894 ई. में आर.सी. जेब्ब ने सेफोक्लेस रचित 'इलेक्ट्रा' का अनुवाद किया, लेकिन ये दोनों अनुवाद दोषपूर्ण माने जाते हैं। ईस्खिलस विरचित 'एगामिम्नोन' के अपने अनूदित संस्करण की भूमिका में राबर्ट ब्राउनिंग (1812-89) को कहना पड़ा कि 'अनुवाद के लिए चाहे जो भी मूल्य चुकाना पड़े, उसे हर स्थिति में शाब्दिक होना ही होगा, शर्त इतनी है कि हमें अपनी भाषा के प्रति घोर हिंसा न करनी पड़े।' सर्जनात्मक साहित्य के साथ-साथ प्लेटो, अरस्तु आदि दार्शनिकों तथा चिंतकों की रचनाओं के भी अनुवाद होते रहे। इंग्लैंड में बेंजामिन जॉविट ने 1871 ई. में प्लेटो के ग्रीक भाषा में रिपब्लिक का जो अनुवाद प्रकाशित किया, वह शैली की दृष्टि से बड़ा ही आंडबरपूर्ण है। सन् 1941 में एफ.एम. कॉनफोर्ट द्वारा 'रिपब्लिक' का जो अनुवाद प्रकाशित हुआ, वह श्रेष्ठ माना जाता है।

अमरीका में अनुवाद : अमरीकी अनुवादक भी अनुवाद कला की बारीकियों और उसकी महत्ता के प्रति अत्यंत जागरूक हैं। उन्होंने अलग-अलग युगों में हुए अनुवादों का एक भव्य संग्रह प्रकाशित किया है, जो विश्व-साहित्य में एक विशिष्ट प्रयोग है। डब्ल्यू. एच. ऑडेन द्वारा संपादित 'द पोर्टेबल ग्रीक रीडर' इस प्रयोग की एक नव्यतम अभिव्यक्ति मानी जाती है। कुछ क्लासिक कृतियों के अनुवाद अपना विशिष्ट स्थान रखते हैं। प्लेटो के ग्रीक भाषा में लिखित रिपब्लिक का जो अंग्रेजी अनुवाद सन् 1871 में बेंजामिन जोवित ने किया था, उसका पुनः प्रकाशन सन् 2004 में न्यूयार्क में हुआ। आठवीं शताब्दी में होमर द्वारा रचित ग्रीक महाकाव्य 'इलियाड' का अनुवाद एन्निस रीस (1963) में और 'ओडिसि' का अनुवाद जार्ज हर्बट पाल्मर (2003) ने किया। दांते अलगियरी के इटालियन में रचित 'डिवाइन कॉमेडी' महाकाव्य के प्रथम भाग 'इन्फर्नो' का अनुवाद हेनरी वड्स्वर्थ लांगफैलो ने सन् 1867 में किया था, जिसका संशोधित रूप न्यूयार्क में सन् 2003 में प्रकाशित हुआ इसी 'इन्फर्नो' का अनुवाद एंथोनी एसोलेन ने भी सन् 2000 में प्रकाशित किया। इसी प्रकार 'ऐसोप फेबल्स' (Aesop's Fables) का अनुवाद वी.एस. वर्नोन जोन्स ने सन् 1912 में किया था, जिसका पुनमुद्रण सन् 2003 में न्यूयार्क में हुआ। फ्रांज़ काफ़्का की जर्मन भाषा में लिखित विभिन्न कहानियों का अनुवाद डोन्ना फ्रीड (1996) नें 'मेटामार्फोसिस और अदर' स्टोरीज़ के नाम से किया।

विक्टर ह्यूगो के फ्रांसीसी उपन्यास 'ले मिसरेब्लस' (Les Miserables) का अनुवाद सी.ई. विल्बुर द्वारा 2003 में प्रकाशित हुआ। वोल्टेअर (फ्रांकोइस मेरी एरोवे) द्वारा लिखित फ्रांसीसी व्यंग्यकथा केंडीड (candide) का अंग्रेजी अनुवाद हेनरी मोरले ने 1922 में प्रकाशित किया। मार्सेल प्रूस्त के फ्रांसीसी उपन्यास Dicotede chez swann का अंग्रेजी अनुवाद सी.के. स्कॉट मोन्क्रीफ़ (1922) ने स्वेन्स वे (Swann's way) के नाम से किया था, जो सन् 2005 में न्यूयार्क में पुनः प्रकाशित हुआ। लिओ ताल्स्ताय के रूसी उपन्यास 'वॉर एंड पीस' विश्व में काफी लोकप्रिय रहा है और इसके कई अनुवाद हुए। इसका रेज़मेरी एडमंड्स द्वारा किया गया प्रथम अंग्रेजी अनुवाद लंदन में सन् 1957 में प्रकाशित हुआ था। इसके बाद अमरीका में एन्न दुन्निगम (1968), कॉस्टेस गार्नेट (2002) एंथॉनी ब्रिग्स (2006) ने अलग-अलग अनुवाद किए। लिओ ताल्स्ताय के 'रिसर्केशन' (Resurrection) के नाम से लुई मॉडे (2006) ने अंग्रेजी अनुवाद किया। लिओ ताल्स्ताय की कहानियों के संकलन का अंग्रेजी अनुवाद 'दि डेथ आफ इवॉन इलिंच एंड अदर स्टोरीज़' के नाम से कॉस्टेंस गार्नेट, हाजी मुराद और एलिमेर मॉउ ने सन् 1915 में किया था, जिसका संपादित रूप 2004 में प्रकाशित हुआ।

इनके अतिरिक्त जापानी हाइकू के महान् कवि बाशो की 50 हाइकू कविताओं का अंग्रेजी अनुवाद डि कोर्मन (1984) ने किया। योएल हॉफ़मैन 1986 ने जापानी कवियों की मृत्यु संबंधी कविताओं का और अनुवाद 'जापानीज़ डेथ पोइम्स' के नाम से प्रकाशित किया। राबर्ट हास (1994) ने जापानी के सुविख्यात हाइकू कवियों बाशो, बुसोन और इस्सा की विभिन्न हाइकू कविताओं का अंग्रेजी अनुवाद किया। सुप्रसिद्ध जापानी उपन्यासकार नेत्सुमे सोसेकि के उपन्यास 'कोकोरी' का अंग्रेजी अनुवाद एडविन मेक्कलेलेन (1957) ने किया। चीनी उपन्यासकार हन शाओगोंग के उपन्यास 'ए डिक्शनरी आफ़ माकिआओ' के नाम से जुलिया लोवेल (2003) ने अनुवाद किया। रोजर हौसडन (2001) ने विभिन्न भाषाओं के दस कवियों—अंतानियों मेकाडो (स्पेनी), रूमी (तुर्की) सूफीसंत कबीर (हिन्दी के भारतीय संत), पाब्लो नेरूदा (चिल्ली) डेरेक वाल्कॉट (त्रिनिदाद), सेंट जॉन आफ़ दि क्रास (स्पेनी) के अनुवाद के साथ चार अमरीकी कवियों का काव्य संग्रह प्रकाशित किया। दीपक चोपड़ा (2001) ने रूमी (तुर्की), हाफ़िज़ (फ़ारसी), कबीर (हिन्दी), मीराबाई (हिन्दी), रवीन्द्रनाथ टैगोर (बंगला) की कविताओं का अंग्रेजी अनुवाद 'द सोल इन लव' के नाम से प्रकाशित किया। इसी दौरान जे.डी. मेक्कलेची ने विश्व के अस्सी प्रतिष्ठित कवियों तस्लीमा नसरीन (बंगलादेश), पाब्लो नेरूदा (चिल्ली) बेइदाओ तथा शुति (चीन) रवेस बोन्नेफाय (फ्रांस), ए. के. रामानुजन (भारत), येहुदा एमिचाई (इस्रायल) शुंतरो तानिकावा (जापान), वोले सोइन्का (नाजेरिया), जोसेफ़ ब्रोदस्की और येगेनी येव्तुरोनो (रूस), ब्रेचटेन बेयटेनबा (दक्षिण अफ्रीका) आदि की कविताओं का अंग्रेजी में अनुवाद 'द विंटेज बुक ऑफ कान्टेंप्रेरी वर्ल्ड पोयट्री' के नाम से प्रकाशित किया। पीटर वाशिंगटन (2004) ने उमर खैयूयाम, सनाय, अत्तार, रूमी, सादी, हफ़ीज आदि फ़ारसी कवियों के अनुवादों का संपादन किया,

जिसमें फिट्ज़जेराल्ड, डेविड पेंडलेबरी, आरबरी, मिर्जा अकील हुसैन, ऐलिजेबेथ टी.ग्रे. जूनियर के अनुवाद प्रकाशित हैं। स्मिथपाल 1988 में कबीर के सात सौ दोहों का 'अनुवाद सेवेन हंडरस सेइंग्ज' के नाम से किया और विलियम स्टीफेन 1998 ने कबीर के दोहो का अनुवाद 'सोल ऑफ़ फायर' के नाम से प्रकाशित किया। एंड्रयूज स्कैलिंग (1998) ने मीराबाई के गीतों का अनुवाद 'फॉर ऑफ़ द डार्क वन' और लेवी बल्यूसे (1979) ने 'स्वीट आन माइ लिप्स' के नाम से प्रकाशित किया। डेनियल लेडिन्स्की ने पूर्व और पश्चिम की बारह पावन आवाज़ों अर्थात् राबिया (ईराक), सेंट फ्रांसिस आफ आसिसी (इटली), रूसी (अफ़गानिस्तान), सेंट थॉमस एक्विनस (इटली), हाफिज़ (फ़ारस), सेंट केथेरीन ऑफ सियना (इटली) कबीर, मीरा और तुकाराम (भारत), सेंट टेरेसा ऑफ एवाइल (स्पेन) की कविताओं का अनुवाद 'लव प्रोइम्स क्राम गॉड' के नाम से प्रकाशित किया। इस के साथ ही सुविख्यात स्पेनी कवि पाब्लो नेरूदा की कविताओं का अनुवाद मारिया जेकेटि ने 'नेरूदास गार्डन' के नाम से और बेन बेलिट (1974) ने 'फाइव डिकेड पोइम्स' (1925-1970) के नाम से प्रकाशित किया। गद्य में संस्कृत के महान ग्रंथ 'मनुस्मृति' का अनुवाद पैट्रिक ओलिवेले ने 'ए लॉ कोड आफ मनु' के नाम से प्रकाशित किया। इस प्रकार अमरीका में अनुवाद की परंपरा काफी सुदृढ़ और प्रवाहशील है।

यूरोप और अमरीका में अनुवाद की परंपरा आज भी प्रवाहमान है। वास्तव में अनुवाद के क्षेत्र में अंग्रेजी में कुछ असाधारण उपलब्धियाँ ऐसी हैं, जिन्हें विश्व वाङ्मय की अमूल्य निधि कहा जा सकता है। इनमें स्कॉटलैंड के कवि गॉविन डगलस द्वारा वर्जिल के महाकाव्य 'इनीद' का अनुवाद (1553) और आर्थर गोल्डिंग (1565-67) का अनुवाद है। क्रिस्टोफर मार्लो द्वारा उस काल के सर्वाधिक विख्यात ओविद की रचना 'मेटामोरफोसीज़' के अंग्रेजी रूपांतर है, जिसे जार्ज सैंडिस ने सन् 1626 में पूरा किया था। 1559 और 1581 के दौरान प्राचीन रोम के विरक्तिवादी (स्टोइक) दार्शनिक तथा नाटककार सेनेका (जन्म 4 ई. पू.—मृत्यु 65 ई.) के भी कई अनुवाद हुए, जिनसे अंग्रेजी के गीति नाट्य बहुत प्रभावित हुए। प्लिनी की 'नैचुरल हिस्ट्री' का अनुवाद फिलमेन हॉलैंड ने 1601 ई. में प्रकाशित किया। ऐरिओस्टा द्वारा रचित 'ऑलैडो फ्यूरियोस' का सर जान हैरिंगटन द्वारा किया गया अनुवाद 1591 ई. में और कास्तिलियानी की रचना 'इल कार्तिजियानो' का सर टॉमस हॉबी का अनुवाद 1561 ई. में प्रकाशित हुआ, लेकिन उस काल का एक और विश्वविख्यात अनुवाद जॉन फ्लोरियों द्वारा तोंतेन के निबंधों का है, जो सन् 1603 में प्रकाशित हुआ था। स्पेन के लेखक सेवतिस दे सावेद्रा (1547-1616) की अमूल्य कृति डॉन-क्विक्जोट के पहले भाग का अनुवाद सन् 1612 में संपन्न हुआ था। 18वीं शताब्दी में इसके तीन अनुवाद हुए—मॉट्टोज का 1712 ई. में, जर्विस का 1742 ई. में और स्मालेअ का सन् 1755 में। रबेले के 'गारमैंचुआ एंड पेंटाग्रहुएल' के प्रथम तीन भागों का अनुवाद टॉमस अकट ने प्रकाशित किया। प्रथम दो भागों को 1653 में और तीसरे को 1694 में। सन् 1708 में मॉट्टोज ने चतुर्थ और

पंचम भागों के अनुवाद प्रकाशित किए। सर विलियस जोन्स (1746-94) ने अरबी की कविताओं के (जिन्हें 'मोलाकात' कहते हैं) और संस्कृत 'अभिज्ञानशाकुन्तल' तथा 'मनुस्मृति' के अनुवाद किए। जिन अनुवादों का अंग्रेजी साहित्य पर विशेष प्रभाव दिखाई देता है, वे इस प्रकार हैं—(1) अतुकांत पद्य में केरी द्वारा किया गया दांते के महाकाव्य 'डिवाइन कॉमेडी' का अनुवाद (1805-12), (2) कॉलरिज द्वारा संपन्न शिलर की रचना 'वौलेस्टाइन' का अनुवाद (1800); (3) रिचर्ड बर्टन द्वारा 'अरेबियन नाइट्स' का अनुवाद (1885-88); (4) विलियम मॉरिस द्वारा 'आइसलैंडिक सागाज' का अनुवाद (1869); (5) स्विनबर्न द्वारा विर्लो तथा कई प्राचीन यूनानी और लैटिन लेखकों के अनुवाद। सन् 1861 में मैथ्यू आर्नल्ड का 'ऑन ट्रान्सलेटिंग होमर' शीर्षक विचारोत्तेजक निबंध प्रकाशित हुआ। इसके बाद अनुवाद की समकालीन परंपरा का सूत्रपात होता है, जिसकी कड़ियाँ कई सफल अनुवादों में निर्मित हुई हैं। इसमें कौस्टस गार्नेट द्वारा टॉलस्टॉय और तुर्गनेव का तथा विलियम आर्चर द्वारा इब्सेन के अनुवाद का अपना महत्त्व है। प्रूस्त के महान उपन्यास का 'रिमैम्ब्रेन्स ऑफ थिंग्स पास्ट' के नाम से अनुवाद हुआ है। आधुनिक काल में आर्थर वेली की चीनी कविताएँ (1946) और एज़रा पाउंड के 'कैथे' का चीनी भाषा में जो अनुवाद हुआ है, उनकी महत्ता को नकारा नहीं जा सकता। रॉय कैंपबेल ने 'पोयम्स आफ़ सेंट जॉन ऑफ द क्रॉस' (1951) और एडविन म्यूर ने 'काफ़्का' का जो अनुवाद किया है, उनकी साहित्य जगत में काफी सराहना हुई है।

भारतीय साहित्य के अनुवाद : पश्चिम में भारतीय साहित्य प्रेरक का कार्य करता रहा है। अतः भारतीय साहित्य के अनुवादों का जो गौरव प्राप्त हुआ, उसका ही एक प्रमाण मैक्समूलर द्वारा संपादित और अनेक भाषाविदों द्वारा अनूदित 50 खंडों का 'द सेक्रेड बुक्स ऑफ द ईस्ट' है। प्राच्य धर्मग्रंथों के अनुवादकों में जेम्स डार्मेस्टीर, एल. एच. मिल्स, रीज डेविड्स, जुलियस, एग्लिग, हर्मन ओल्डेनबर्ग, सैम्युल बी.एल.एच., कर्न, हर्मन जकोबी, मैक्समूलर, जूलियस जॉली, एम. ब्लूमफील्ड, ई.बी. कॉविल, काशीनाथ त्रयंबक तैलंग आदि के नाम उल्लेखनीय हैं। भारत के मुगल सम्राट शाहजहाँ के ज्येष्ठ पुत्र शहज़ादा दाराशिकोह ने उपनिषदों का जो अनुवाद फ़ारसी में किया था, उसकी पांडुलिपि एक फ्रांसीसी विद्वान अन्क्वेतिल टु पोरों को उपलब्ध हुई। पोरों ने दारा शिकोह के अनुवाद का अनुवाद (1801-02) लेटिन भाषा में किया। रूस, जर्मनी, जापान आदि देशों में अनुवाद की अनेक सक्रिय संस्थाएँ हैं, जो श्रेष्ठ कृतियों की, चाहे वे जिस भाषा की हो, मूल्यवत्ता आँकती रहती हैं और उनका अनुवाद अपनी-अपनी मातृभाषा में कर डालती हैं। इनमें मास्को का प्रगति प्रकाशन और रादुका प्रकाशन उल्लेखनीय हैं। यूनेस्को ने भी कई कृतियों के अनुवाद कराए हैं, जो पाश्चात्य अनुवादकों की शैक्षिक निष्ठा और सांस्कृतिक चेतना का प्रमाण हैं। रामचरितमानस का अंग्रेजी अनुवाद एस. एफ. ग्राउज (1883), ए.जी. एटकिन्स (1954) और डब्ल्यू. डगलस पी. हिल (1971) ने किया था। रूसी भाषा में अलेक्सेई पेत्रोविच बरान्निकोव ने सन् 1948 में 'तुलसीदास

रामायण' नाम से पद्यानुवाद किया। वेद मंत्रों का संग्रह और अंग्रेजी अनुवाद (1977) लिंडा हेस और शुकदेव सिंह ने किया। कबीरकृत 'बीजक' का रूपांतर वॉदविल ने अंग्रेज़ी में (1974) किया है। अमरीकी भाषाविद् जार्ज कार्डोना ने पाणिनि की विवृतियाँ आठ खंडों में प्रकाशित की हैं,। रॉबर्ट पी. ओल्डमैन द्वारा बाल्मीकि रामायण के अंग्रेजी अनुवाद जैसे सहस्रों रूपांतर भारतीय संस्कृति को विश्व की भिन्न-भिन्न संस्कृतियों से अनुस्यूत कर रहे हैं।

इस प्रकार बीसवीं शताब्दी में पाश्चात्य अनुवाद-साहित्य का अभूतपूर्व विकास हुआ है। साहित्य, दर्शन, विज्ञान समाजशास्त्र आदि सभी विषयों में अनुवाद कार्य हो रहे हैं। आज के युग में अनुवाद साहित्य बहुत ही बहुआयामी और व्यापक हो गया है। यूरोप, अमरीका, जापान, चीन, रूस आदि विभिन्न देशों के आचार्य-अनुवादक अपने-अपने विश्वविद्यालयों में प्राचीन ग्रंथों की शोधपरक टिप्पणियाँ ही नहीं प्रस्तुत करते, बल्कि विश्व के विशाल साहित्य को अपनी-अपनी भाषा में, विशेषकर अंग्रेजी, रूसी और जापानी में रूपांतरित कर रहे हैं। रूसी भाषा में भी अनेक कृतियों के अनुवाद हुए। महाभारत के प्रथम रूसी अनुवाद एन. बर्ग है। ए.ए. पेत्रोव ने भगवद्गीता का अनुवाद सन् 1787 में किया। ए.एम. गोर्की के नेतृत्व में सन् 1981 में सोवियत संघ में प्राच्य साहित्य, विशेषकर भारतीय साहित्य के अनुवाद की परंपरा प्रारंभ हुई। प्रेमचंद के 'गोदान' और 'रंगभूमि', यशपाल का 'झूठा-सच' और 'दिव्या', अमृतलाल नागर के 'बूँद और समुद्र' तथा 'अमृत और विष', रांगेय राघव के 'मुर्दों का टीला' और 'कब तक पुकारूँ' फणीश्वरनाथ रेणू के 'मैला आंचल' आदि उपन्यास रूसी भाषा में अनूदित हुए। चेक भाषा में औदोलन स्मैकल ने प्रेमचंद के 'गोदान' का अनुवाद 1957 में किया। भारत के लिए महत्त्वपूर्ण अनुवादों में रवींद्रनाथ कृत 'गीतांजलि' और यूनेस्को द्वारा प्रकाशित प्रेमचंद्र कृत 'गोदान' है। रूसी में प्रेमचंद और तुलसीदास के अनेक अनुवाद हुए। वास्तव में प्राचीन काल से प्रवाहमान पाश्चात्य अनुवाद-परंपरा को ध्यान में रखते हुए यह कहा जा सकता है कि वहाँ देश और काल के अनुसार अनुवाद संबंधी सैद्धांतिक विचारधाराओं में परिवर्तन होता रहा है। कभी वह भावानुवाद को प्रधानता देता है तो कभी शब्दानुवाद को, लेकिन अनुवाद अपने प्रवाह को बहाए चला जा रहा है।

वस्तुतः पश्चिम में अनुवाद की परंपरा काफ़ी समृद्ध और सुव्यवस्थित रही है। अनुवाद की परंपरा के साथ-साथ अनुवाद चिंतन भी चलता रहा। इससे अनुवाद संबंधी नए सिद्धांत और अवधारणाएँ उद्भूत हुईं, जिनका अनुवाद के चिंतन में महत्त्वपूर्ण योगदान है।

अनुवाद : महत्त्व और प्रासंगिकता

आधुनिक युग अनुवाद का युग है। ज्ञान-विज्ञान के क्षेत्र में जो प्रगति हो रही है, उससे आज का विश्व छोटा होता जा रहा है। आज हम भौगोलिक सीमाओं को पार करते हुए बृहत्तर संबंधों को जोड़ रहे हैं। इससे व्यक्ति के समग्र ज्ञान का क्षितिज विस्तृत हो रहा है और उसका संबंध अन्य भाषा-भाषी समुदायों से जुड़ रहा है, जो 'वसुधैव कुटुंबकम्' अर्थात् विश्वबंधुत्व की भावना पैदा करने में सहायक है। इसके साथ-साथ ज्ञान के विश्वव्यापी प्रसार से मानव चेतना के नए आयामों में विस्तार आया है। भाषायी सीमाओं को लाँघते हुए हम यह अनुभव करते हैं कि अपनी भाषा से किसी भाषा का ज्ञान होने का अर्थ है तीसरी आँख या तीसरे कान का होना। यह तीसरी आँख या तीसरे कान की उपलब्धि अनुवाद से ही संभव है, जो हमें अन्य भाषाओं में ज्ञान-विज्ञान के क्षेत्र में हो रहे कार्यों का परिचय देता है।

विश्व संस्कृति में अनुवाद

विश्व की सभ्यताओं और संस्कृतियों के विकास में अनुवाद की विशेष भूमिका रही है। विभिन्न सभ्यताओं और संस्कृतियों को जानने तथा समझने के लिए अनुवाद को माध्यम बनाना हमारी नियति रही है। यूनान, मिश्र, चीन आदि की प्राचीन सभ्यताओं से भारत का घनिष्ट संबंध रहा है और इस संबंध में अनुवाद की विशेष महत्ता रही है। बौद्ध धर्म का प्रचार-प्रसार समूचे एशिया में अनुवाद की जीवंत परंपरा का परिणाम है। विश्व भर में गीता तथा उपनिषद के ज्ञान का अनुवाद अपने ढंग से किया जाता रहा है। बौद्ध धर्म के माध्यम से भारतीय ग्रंथों का अनुवाद चीनी भाषाओं में हुआ। पंचतंत्र के लघु संग्रहों का अनुवाद अरबी तथा अन्य यूरोपीय भाषाओं में हुआ। इससे साहित्य और कला की विश्व चेतना का विकास हुआ। वास्तव में अनुवाद एक सांस्कृतिक सेतु का काम करता है। विश्व की सांस्कृतिक एकता में इसकी आवश्यकता निश्चित रूप से सिद्ध हो जाती है। इसका आविष्कार मानव सभ्यताओं के विकास के साथ हुआ, जिसे मनुष्य ने बहुभाषिक स्थिति की विडंबनाओं से बचने के लिए किया था। अनुवाद के माध्यम से मानव में व्याप्त सार्वभौमिक, ऐतिहासिक और सामाजिक एकता के दर्शन होते हैं, जिससे भाषाओं के बाहरी भेद के होते हुए भी मानवीय अस्तित्व के समान तत्त्वों का परिचय मिलता है।

प्राचीन काल में अनुवाद सर्जनात्मक साहित्य तक ही सीमित था और आज वह सामान्य जीवन-व्यवहार की वस्तु बन गया है। विभिन्न राष्ट्रों की साहित्यिक तथा सांस्कृतिक निधियाँ हमारे सामने हैं। हम अनुवाद के माध्यम से इन निधियों का आदान-प्रदान करते हैं और एक-दूसरे की सांस्कृतिक विरासत में भागीदार बनते हैं। अनुवाद की इस परंपरा में यह जानकारी मिल जाती है कि किन-किन भाषाओं में या किन-किन देशों में कैसा साहित्य-सृजन हो रहा है और वह अन्य देशों से कितना समान और विषम है।

विश्व साहित्य और अनुवाद

साहित्य के अनुवाद का इतिहास काफ़ी प्राचीन है। अनुवाद ने न केवल विभिन्न साहित्यों के विकास में महत्त्वपूर्ण भूमिका निभाई है, बल्कि भाषा के विकास में भी इसके योगदान को नकारा नहीं जा सकता। विश्व के विभिन्न साहित्यों के बीच जो परस्पर आदान-प्रदान हुआ, वह अधिकांशतः अनुवाद के माध्यम से ही हुआ है। इससे विभिन्न भाषाओं के साहित्यों के तुलनात्मक अध्ययन में काफी सहायता मिली है। इससे मानवीय ज्ञान के विविध संदर्भों, संकल्पनाओं, सिद्धांतों आदि की जानकारी मिलती है। इसके माध्यम से अन्य भाषाओं के साहित्य का अध्ययन करने से जिन नई अभिव्यक्तियों, संवेदनाओं, विचारधाराओं, जीवनानुभूतियों और साहित्य-शैलियों का परिचय मिलता है, वे हमारे जीवन के साथ-साथ हमारी चिंतन-शक्ति और साहित्य-सर्जना को भी प्रभावित करती हैं। विभिन्न साहित्यों में निहित सार्वभौमिक तत्त्वों की भी जानकारी मिलती है। भारत जैसे बहुभाषी देश में तुलनात्मक साहित्य का अध्ययन और उसमें निहित अनुवाद की भूमिका प्रासंगिक है। विभिन्न भाषाओं में रचित भारतीय साहित्य के इतिहास की सार्वभौमिकता को देखने के लिए अनुवाद का आश्रय लेना आवश्यक हो जाता है।

यूरोप में अनुवाद और उभरते हुए राष्ट्रवाद के बीच संबंधों का अध्ययन संस्कृति-विषयक विभिन्न संकल्पनाओं के महत्त्व पर प्रकाश डाल सकता है। जिस 'रेनेसा' काल में क्लासिक ग्रीक तथा रोमी साहित्य का अनुवाद हो रहा था, उसी काल में अंग्रेज़ी और जर्मन रोमांटिक अनुवादकों की भाष्यपरक दृष्टि सामाजिक परिस्थितियों और संदर्भों के अनुकूल थी और यह दृष्टि व्यक्ति की भूमिका के बदलते हुए प्रयासों से भी जुड़ी हुई थी। पश्चिम में अनुवाद परंपरा का अध्ययन पश्चिमी साहित्य और संस्कृति के इतिहास को जानने तथा समझने के लिए अनिवार्य दिखाई देता था। इसके अतिरिक्त लैटिन साहित्य में अनुवाद की व्यापक भूमिका रही है, जिसने लैटिन साहित्य और भाषा को काफ़ी उच्च स्तर पर पहुँचा दिया है।

नवीं-दसवीं शताब्दी में अंग्रेज़ी जैसे यूरोपीय वर्नाकुलरों के विकास में अनुवाद का योगदान उल्लेखनीय रहा। उस काल की देशी भाषाएँ शिक्षा का माध्यम बन रही थीं और उसमें साहित्य सृजन होने लगा था। लैटिन कृतियों का अनुवाद इन भाषाओं में होने लगा, जिससे ये भाषाएँ विकसित होने लगीं। वास्तव में डेनिश आक्रमणों से ज्ञान

के विभिन्न केंद्रों का जो विध्वंस हुआ था, उससे इंग्लैंड की जनता का मनोबल गिर गया था और उनमें एकता की भावना क्षीण हो गई थी। उसे पुनः स्थापित करने में अनुवाद का विशेष योगदान रहा। इसके अतिरिक्त अनुवाद, व्याख्या और भाष्य के नए आयामों का विकास हुआ। उस समय अधिकतर वर्नाकुलरों में लिखित साहित्य की परंपरा लगभग नगण्य थी, जो अनुवाद के माध्यम से पुनः प्रतिष्ठित और समृद्ध हुई।

ज्ञान-विज्ञान और अनुवाद

विश्व भर में ज्ञान-विज्ञान की चेतना से मानवीय ज्ञानात्मक और भावात्मक संवेदना को अनुवाद ने बदला है। अनुवाद से मिलने वाले ज्ञान ने मनुष्य के समाजशास्त्र को एक देश की सीमा से निकाल कर दूसरे देश तक पहुँचाया है। संस्कृत और यूनानी साहित्य, कला और दर्शन के प्रचार-प्रसार का श्रेय अनुवाद को ही जाता है। वास्तव में अनुवाद कार्य ने समाजिक चेतना में परिवर्तन की प्रक्रिया को जीवंत बनाने में उल्लेखनीय योगदान किया है। वैचारिक आदान-प्रदान की चेतना से सामाजिक वैचारिकता के लिए भूमि तैयार करना अनुवाद का महत्त्वपूर्ण कार्य रहा है। आधुनिक नवजागरणकाल में पश्चिम के नए ज्ञान-विज्ञान से हमारे ज्ञान और चेतना के विकास में अनुवाद ही संबल रहा है।

अनुवाद का महत्त्वपूर्ण योगदान ज्ञान-विज्ञान के विभिन्न क्षेत्रों में मिलता है। ज्ञान के संचार और संरक्षण में यह एक महत्त्वपूर्ण साधन के रूप में उभरा है। विश्व के सभी विकसित देशों की राजनैतिक, सामाजिक, सांस्कृतिक, आर्थिक, वैज्ञानिक तथा प्रौद्योगिकीपरक प्रगति में अनुवाद की उल्लेखनीय भूमिका रही है। आज विज्ञान के तेज़ी से बदलते हुए विश्व में प्रौद्योगिकी, चिकित्सा, कृषि आदि के क्षेत्रों में हो रहे नए-नए आविष्कारों और अनुसंधानों से जुड़े रहने के लिए अनुवाद सबसे बड़ा साधन है। अनुवाद से ही न्यूटन के गुरुत्वाकर्षण सिद्धांत, डार्विन के विकासवाद, फ़्रायड के मनोविश्लेषणवाद और कार्ल मार्क्स के द्वंद्वात्मक भौतिकवाद की जानकारी अनुवाद से ही प्राप्त हुई है और इससे समूचा विश्व प्रभावित हुआ। रूसी, जर्मनी, फ्रांसीसी, अंग्रेज़ी आदि विभिन्न भाषाओं से विज्ञान, कंप्यूटर और प्रौद्योगिकी का विश्व भर में प्रचार-प्रसार हुआ। इस परमाणु शक्ति के युग में प्रत्येक शक्तिशाली राष्ट्र अन्य राष्ट्रों की सामरिक गतिविधियों पर पूरी-पूरी निगरानी रख सकता है और ऐसी स्थिति में अनुवाद का महत्त्व बढ़ जाता है। वास्तव में विश्व की कम होती दूरियों में अनुवाद की उपयोगिता, प्रासंगिकता और महत्त्व में वृद्धि हो रही है।

वाणिज्य-व्यापार और अनुवाद

प्राचीन काल से ही अनुवाद देश-विदेश में वाणिज्य और व्यापार के क्षेत्र में अत्यंत उपयोगी रहा है। प्राचीन काल से ही भारत, अरब, चीन, और यूरोप में व्यापारी लोग

अपने व्यापार के लिए देश-विदेश जाया करते थे और अनुवाद के सहारे ही अपना व्यापार और वाणिज्य करते थे। आज भी व्यापारी अपने उत्पादों और वस्तुओं की गुणवत्ता और उनके क्रय-विक्रय के संवर्धन के लिए अनुवाद का ही सहारा लेते हैं। इसके अतिरिक्त अंतरराष्ट्रीय बाजार में उत्पादों और माल को खपाने की प्रतिस्पर्धा में आगे बढ़ने के लिए भी अनुवाद का महत्त्व बढ़ जाता है। साथ ही उत्पादन के विज्ञापनों में अनुवाद की प्रासंगिकता आज भी बेजोड़ है। इसी के साथ पर्यटन के क्षेत्र में भी अनुवाद की प्रासंगिकता को नकारा नहीं जा सकता।

धर्म प्रचार और अनुवाद

अनुवाद ने ईसाई मत के प्रचार-प्रसार में भी नई भूमिका अदा की है। जब किसी धर्म या मत के अनुयायी अपने मत अथवा मज़हब का प्रचार करना चाहते होंगे तो उन्होंने अनुवाद की आवश्यकता अवश्य महसूस की होगी। 'न्यू टेस्टामेंट' का अनुवाद पहले से ही प्रारंभ हो गया था और इसी के माध्यम से बाइबिल जनसामान्य तक पहुँच गया था। तत्कालीन अनुवादकों—विकिल्फ़, टिंडेल, मार्टिन लूथर आदि ने अनुवाद के द्वारा बाइबिल को धार्मिक रूढ़ियों से मुक्त कराया। वास्तव में इस काल में अनुवाद ने सक्रिय और क्रांतिकारी योगदान किया। बुद्धमत को मुख्य धर्म के रूप में स्थापित करने में अनुवाद की महत्त्वपूर्ण भूमिका रही है। भारतीय इतिहास में सम्राट अशोक (272-273 ई.पू.) ने अपनी राज्य सीमा से बाहर बुद्धधर्म और भारतीय संस्कृति के प्रचार में काफी कार्य किया था। अफगानिस्तान से मिश्र, सीरिया, मेकदूनिया, फारस, चीन, जापान, श्रीलंका आदि अनेक देशों में अपने बच्चे और दूत भेजे थे। बौद्ध संतों ने बौद्ध धर्म ग्रंथों का अनेक भाषाओं में अनुवाद किया, जिससे बौद्ध धर्म का प्रसार हुआ। यही बात इस्लाम धर्म के प्रचार-प्रसार में भी लागू होती है। इस प्रकार कई युगों से अनुवाद ने धर्म और संस्कृति के प्रचार-प्रसार में विशेष योगदान किया है।

भारतीय साहित्य और अनुवाद

भारत में भी अनुवाद की परंपरा प्राचीन काल से चली आई है। मध्यकाल में संतों ने संस्कृत और पालि के साहित्य, दर्शन, धर्म नीति आदि ग्रंथों का अपनी भाषा में अनुवाद कर जनजागरण किया। वैद्यक, ज्योतिष, व्याकरण आदि ग्रंथों का अनुवाद कर हिन्दी का भी विकास किया। उन्नीसवीं शताब्दी के उत्तरार्द्ध में एक ओर भारतीय प्राचीन ग्रंथों का अनुवाद-कार्य तीव्र गति से होने लगा तो दूसरी ओर पश्चिमी अंग्रेज़ी ग्रंथों का भारतेन्दु हरिश्चंद्र, मैथिलीशरण गुप्त, रामचंद्र शुक्ल, प्रेमचंद, हरिवंशराय बच्चन आदि साहित्यकारों ने अंग्रेजी, संस्कृत, बंगला, मराठी आदि भाषाओं के साहित्य का अनुवाद कर हिन्दी साहित्य को नई दिशा प्रदान की। भारतीय भाषाओं के बीच वैचारिक आदान-प्रदान के मार्ग भी अनुवाद ने खोले, जिससे हिन्दी साहित्य का संवर्धन हुआ और

देश को एक सूत्र में बाँधने के प्रयास को बल मिला। इस राष्ट्रीय और सांस्कृतिक नवजागरण में अनुवाद ने युगांतकारी कार्य किया है। संस्कृत के नाटकों का अनुवाद राजनैतिक चेतना उत्पन्न करने के लिए किया गया था, शेक्सपियर के नाटकों का अनुवाद मानव को विभिन्न रूढ़ियों से मुक्त करने के लिए किया गया था। रामचंद्र शुक्ल ने धर्मांधता, आध्यात्मिक जड़ता, कठमुल्लापन आदि बुराइयों का पर्दाफाश करने के लिए हैकल की क्रांतिकारी कृति 'रिडिल आफ यूनिवर्स' का 'विश्व प्रपंच' नाम से अनुवाद कर नए ज्ञान-विज्ञान का परिचय दिया।

स्वतंत्रता-पूर्व भारत में नवजागरण की जो चेतना प्रस्फुटित हुई, उसमें अनुवाद के युगांतकारी महत्त्व को भुलाया नहीं जा सकता। फ्रांस की क्रांति, यूरोपीय पूँजीवाद, उपनिवेशवाद और साम्राज्यवाद की शक्तियों और उनके खतरों से हम अनुवाद के माध्यम से परिचित हुए थे। पश्चिम में डार्विन, रूसो और टालस्टाय के विचारों के साथ यूरोप में नवचिंतन का शुभारंभ हुआ था, उसे भारत तक पहुँचाने में अनुवाद का उल्लेखनीय योगदान रहा।

भारत बहुभाषी और बहुसांस्कृतिक राष्ट्र है। भारत की यह बहुभाषिकता एक शक्ति के रूप में अपनी पहचान सदियों से बनाए हुए हैं। अतः अनुवाद की सर्जनात्मक भूमिका का महत्त्व तो है ही, इसकी प्रासंगिकता को भी नकारा नहीं जा सकता। पहले अनुवाद एक सीमित दायरे तक ही व्याप्त था और यह केवल पौराणिक, धार्मिक और साहित्यिक क्षेत्र तक अपनी सीमा बाँधे हुए था, किंतु आधुनिक युग में इसका क्षेत्र अत्यंत व्यापक हो गया है। भूमंडलीकरण और उदारीकरण से इसने अपनी सीमाओं को पार कर विभिन्न कार्यक्षेत्रों में अपना महत्त्व बना लिया है और इसी कारण उसकी प्रासंगिकता और बढ़ गई हैं। चिकित्सा, वाणिज्य-व्यापार, विज्ञान, प्रौद्योगिकी आदि विभिन्न विषयों और क्षेत्रों में जो अनुसंधान और शोध कार्य हो रहे हैं, उसमें अनुवाद की अत्यंत आवश्यकता है। भारतीय भाषाओं और साहित्य में परस्पर अनुवाद से भारत की सही तस्वीर मिल जाती है। जनसंचार के क्षेत्र अर्थात् पत्रकारिता, रेडियो, दूरदर्शन आदि से जो भी उपलब्धि हो रही है, उसमें अनुवाद की विशेष भूमिका है। आज के बदलते विश्व में इसकी प्रासंगिकता पहले की अपेक्षा अधिक हो गई है। गत दो-तीन दशकों में भारत में जो एक प्रौद्योगिकीपरक तथा सांस्कृतिक क्रांति का प्रादुर्भाव हुआ है, वह सब अनुवाद से ही संभव हो पाया है। इस दृष्टि से अब अनुवाद दूसरे दर्जे का विषय या कार्यक्षेत्र नहीं रहा। वास्तव में जिस विषय का कार्यक्षेत्र में विश्व की एकता का विकास हो, विश्व में परस्पर संपर्क स्थापित करने की क्षमता हो, राष्ट्र को एक सूत्र में बाँधने की शक्ति हो और विभिन्न समुदायों को एक-दूसरे को समझने तथा उनमें समभाव लाने का भाव हो, उसकी प्रासंगिकता और महत्ता तो बनी रहेगी और उसे दूसरा दर्जा देना उस विषय के साथ अन्याय करना है।

❑❑❑

संदर्भ-ग्रंथ

हिन्दी

अन्नपूर्णा सी., 1998 *अनुवाद समीक्षा-कामायनी के संदर्भ में;* हैदराबाद : चर्ल प्रकाशन।

अर्जुन चाह्वाण, 1998 *अनुवाद चिंतन;* कानपुर : अयन प्रकाशन।

आनंदप्रकाश खेमाणी, 1964 *अनुवाद कला : कुछ विचार;* दिल्ली: एस.चांद एंड संस।

आरसू, 1995 *साहित्यानुवाद : संवाद और संवेदना;* नई दिल्ली : वाणी प्रकाशन।

आलोक कुमार रस्तोगी, 1984 *हिन्दी में व्यावहारिक अनुवाद;* दिल्ली : जीवन ज्योति, प्रकाशन।

कुलदीप सलिल, 2005 अंग्रेजी के श्रेष्ठ कवि और उनकी श्रेष्ठ कविताएँ; दिल्ली : राजपाल एंड संस।

कुसुम अग्रवाल, 1999 *अनुवाद शिल्प : समकालीन संदर्भ;* दिल्ली : साहित्य सहकार।

कृष्ण कुमार गोस्वामी 1981, *शैक्षिक व्याकरण और व्यावहारिक हिन्दी;* दिल्ली : आलेख प्रकाशन।

.... 1990, *अनुवाद की सीमाएँ;* अनुवाद (उर्दू विशेषांक)।

.... 1991, *व्यतिरेकी विश्लेषण और अनुवाद;* अनुवाद (जुलाई-सितंबर अंक) 27:3:25-30

.... 1992, *प्रयोजनमूलक भाषा और कार्यालयी हिन्दी;* दिल्ली : कलिंग पब्लिकेशन्स।

.... 1993, *समतुल्यता का सिद्धांत और अनुवाद;* देखें नगेन्द्र (सं.)।

.... 1993 *व्यावहारिक हिन्दी और रचना;* नई दिल्ली : वाणी प्रकाशन।

.... 2001, *अनुवाद विज्ञान;* भाषा (अनुप्रयुक्त भाषाविज्ञान विशेषांक नवंबर-दिसंबर) 41:2:310-311

.... 2003 *सारानुवाद : स्वरूप, प्रविधि और संभावनाएँ;* अनुशीलन 10:39-50 (केंद्रीय अनुवाद ब्यूरो)।

.... 2005 *भाषा के विविध रूप और अनुवाद;* नई दिल्ली : वाणी प्रकाशन।

.... 2005 *पाठ की अवधारणा और अनुवाद,* बहुवचन (म.गां.अं. हिं.वि.वि.) 7:13:56-73

.... 2007 *आधुनिक हिन्दी : विविध आयाम;* दिल्ली : आलेख प्रकाशन।

.... और *पूरन चंद टंडन (सं.) 2002 अनुवाद मूल्यांकन*; नई दिल्ली : भारतीय अनुवाद परिषद।

कृष्ण गोपाल अग्रवाल, 2004 *विधि अनुवाद : विविध आयाम; दिल्ली;* संजय प्रकाशन।

कैलाशचंद्र भाटिया, 1985 *अनुवाद कला : सिद्धांत और प्रयोग;* दिल्ली : तक्षशिला।

.... 1992 *भारतीय भाषाएँ और हिन्दी अनुवाद : समस्या-समाधान;* नई दिल्ली : वाणी प्रकाशन।

.... 2004 *अनुवाद प्रक्रिया और स्वरूप;* नई दिल्ली, तक्षशिला।

गार्गी गुप्ता (सं.) 1990 (2001) *अनुवाद बोध;* नई दिल्ली : भारतीय अनुवाद परिषद्

.... और कुसुम अग्रवाल, 1984 *अनुवाद सूक्तियाँ* (राष्ट्रीय एवं अंतरराष्ट्रीय संदर्भ में); नई दिल्ली : भारतीय अनुवाद परिषद्।

.... तथा भोला नाथ तिवारी (सं.) 1987 *अनुवाद का व्याकरण;* नई दिल्ली : विद्या विहार।

गोपीनाथन जी, 1985 *अनुवाद सिद्धांत और प्रयोग;* इलाहाबाद : लोक भारती।

चंद्रभान रावत और दिलीप सिंह, 1987 *अनुवाद अवधारणा और अनुप्रयोग;* चेन्नैः दक्षिण भारत हिन्दी प्रचार सभा।

देवेन्द्र कुमार, 1967 *संस्कृत नाटकों के हिन्दी अनुवाद;* दिल्ली : राजपाल एंड सन्स।

नगीन चंद सहगल, 1991 *काव्यानुवादः सिद्धांत और समस्याएँ;* दिल्ली : हिन्दी माध्यम कार्यान्वयन निदेशालय, दिल्ली विश्वविद्यालय।

नगेन्द्र (सं.) 1993 *अनुवाद विज्ञान : सिद्धांत और अनुप्रयोग;* दिल्ली : हिन्दी माध्यम कार्यान्वयन निदेशालय, दिल्ली विश्वविद्यालय।

.... (सं.) 2004 *भारत के प्रसिद्ध अनुवादक;* दिल्ली : कला मंदिर।

पूरनचंद टंडन, 1998 *अनुवाद साधना*; दिल्लीः अभिव्यक्ति प्रकाशन।

प्रदीप सक्सेना, 1999 *अनुवाद सैद्धांतिकी;* पंचकुला : आधार प्रकाशन।

बालकृष्ण विश्वनाथ केसकर (सं.) 1967 *विकासशील देशों में अनुवाद की समस्याएँ*; नई दिल्लीः नेशनल बुक ट्रस्ट।

भारती गोरे, 2004 *अनुवाद निरूपण;* कानपुर : विकास प्रकाशन।

भोला नाथ तिवारी, 1972 *अनुवाद विज्ञान;* दिल्ली : शब्दकार।

.... और महेन्द्र चतुर्वेदी, 1980 *काव्यानुवाद की समस्याएँ;* दिल्ली : शब्दकार।

.... कृष्ण कुमार गोस्वामी और अजीतलाल गुलाटी, 1982 *कार्यालयी अनुवाद की समस्याएँ;* दिल्ली : शब्दकार।

माणिक गो. चतुर्वेदी और कृष्णकुमार गोस्वामी (सं.) 1986 *अनुवाद : विविध आयाम;* आगरा : केंद्रीय हिन्दी संस्थान।

रमण सिन्हा, 2002 *अनुवाद और रचना का उत्तरजीवन;* नई दिल्ली : वाणी प्रकाशन।

राजमल बोरा (सं.) 1993 *अनुवाद क्या है?* दिल्ली : वाणी प्रकाशन।

राम गोपाल सिंह, 1999 *अनुवाद विज्ञान : स्वरूप और समस्याएँ;* अहमदाबाद : पार्श्व प्रकाशन।

रवींद्रनाथ श्रीवास्तव और कृष्ण कुमार गोस्वामी, 1995 *अनुवाद सिद्धांत और समस्याएँ;* दिल्ली : आलेख प्रकाशन।

रीतारानी पालीवाल, 1990 *अनुदाद की सामाजिक भूमिका;* दिल्ली : सचिन प्रकाशन।

वासुदेवनंदन प्रसाद, 1966 *हिन्दी अनुवाद : सिद्धांत और प्रयोग;* पटना : भारती भवन।

विजय राघव रेड्डी, 1986 *व्यतिरेकी भाषाविज्ञान;* आगरा : विनोद पुस्तक मंदिर।

विश्वनाथ अय्यर, एन.ई. 1990, *अनुवाद कला;* दिल्ली : प्रभात प्रकाशन।

.... 1998 *व्यावहारिक अनुवाद;* नई दिल्ली : प्रभात प्रकाशन।

सुरेश कुमार, 2005 *अनुवाद सिद्धांत की रूपरेखा;* दिल्ली : वाणी प्रकाशन।

सुरेश सिंहल, 2003 *सृजनात्मक साहित्य का अनुवाद : स्वरूप एवं समस्याएँ;* नई दिल्ली : सार्थक प्रकाशन।

सूरजभान सिंह, 2003, *अंग्रेजी-हिन्दी अनुवाद व्याकरण;* नई दिल्ली : प्रभात प्रकाशन।

सोहन शर्मा (सं.) 1984 *अनुवाद : सोच और संस्कार;* मुंबई : सन्मति प्रकाशन।

सौमित्र शर्मा, 1990 *अनुवाद चिंतन;* दिल्ली : विद्या प्रकाशन मंदिर।

अंग्रेजी

Amos, F.R. 1920 *Early Theories of Translation.* Folcroft, Pa : The Writer.

Arrowsmith, W. and R. Shattuck (eds.) 1961. *The Craft and Context of Translation.* Austin: University of Texas Press.

Austin, John L 1968. *How to do things with words* (ed. by J.O. Urmson); New York : Oxford University Press.

Bar-Hillel, Y. 1954. *Can Translation be Mechanized ? Am Scientist A2-240-*260.

Barthe, Roland. 1967. *Elements of Semiology.*London : Cape.

Bassnett-McGuire, Susan. 1991 (1980). *Translation Studies.* London and New York: Methuen.

..............., and A. Lefevere (eds.) 1990 *Translation, History and Culture.* Landon : Pinter.

Bathgate, R.H. 1980 *Studies of Translation Model 1.* The Incorporated

..............., 1981 *Studies of Translation Model 2.* The Incorporated Linguist. 20.1:10-16

Bell, Rouger T. 1991 *Translation and Translating : Theory and Practice.* London : Longman.

Belloc, Hilaire. 1931. *On Translation.* Oxford : The Clarendon Press.

Biguenet, J. and R. Schulte 1989. *The Craft of Translation*. Chicago : The University Press

Boas, F. 1940. *Race, Language and Culture*. New York : Macmillan.

Booth, A.D. 1956. *The Nature of Translating*. Machine Engineering 102; 302-304.

Brislin, Richard W. 1976. *Translation : Application and Research*. New York : Gardner Press Inc.

Bronowski, J. 1956. *The Theory and Philosophy of Language. Mech Translation* 3-12-13. Brower, R.A. (ed.) 1966 (1959). *On Translation*, New York : Oxford : University Press.

Catford, J.C. 1965. *A Linguistic Theory of Translation*. London : OUP.

Chaudhari, Sukanta 1999. *Translation and Understanding*. Delhi : OUP.

Cohen, J.M. 1962. *English Translators and Translation*, London : Longmans.

Cronin, M. 2003 *Translation and Globalization*. London : Routledge.

Das, Bijay Kumar 1998. *The Horizon of Translation Studies*. Delhi : Atlantic.

Daswani, T.C. 1974. Discourse in Translation Theories. *J.S.L* 94-114.

Dil, Anwar S. 1975. *Language Structure and Translation* (Essays of E.A. Nida). Stanford University Press.

Ervin, S. Bower. 1953. *Translation Problems*. In International Surveys. Pub. Opinion Quart 16; 595-604.

Fawley, William (ed.) 1984. *Translation*. New York: University of Delaware Press.

Finlay, I.F. 1971. *Translating*. London : Teach Yourself Books.

Firth, J.R. 1956 *Linguistic Analysis and Translation*. In Halle (ed.) for Roman Jakobson, pp. 133-139.

Frenz, Harest. 1961. *The Art of Translation*. In Stallknecht and Frenz (eds.).

Gargesh, Ravinder and K.K. Goswami (eds) 2007 *Translation and Interpreting* (Reader and workbook). New Delhi : Orient Longman.

Gold, D.L. 1972. *On Quality in Translation I & II*. Babel 18.1 : 10-12 and 18.4 : 29-30.

Guenthner, F. and M. Guenthner-Reutter (eds.) 1978. *Meaning and Translation : Philosophical and Linguistic Approaches*. London : Duckworth.

Haas, W. 1962. *Theory of Translation*. In Parkinson (ed.).

Halliday, M.A.K. et al 1964. The *Linguistic Sciences and Language Teaching*. London : Orient Longman & ELBS.
Hardwick, L. 2000. *Translating Words, Translating Cultures.* London : Duckworth.
Hatim, Basil and J. Munday 2004. *Translation: An Advanced Resource Book.* London : Routledge Taylor and Francies Group.
Haugen, E. 1966. *Dialect Language and Nation.* In American Anthropologists. 68 : 922-953.
Henisz-Dorstert, B. et al 1979. *Machine Translation.* The Hague : Mouton.
Hockett, C.F. 1954. *Translation Via J.C. UAL;* 20 : 213-215.
Holmes, James (ed.) 1970. *The Nature of Translation : Essays on the Theory & Practice of Literary Translation.* The Hague : Mouton.
Holmes, J.J. Lambert & A. Lefevere (eds.) 1978. *Literature and Translation.* Louvain ; ACCO.
House, Juliana. 1977. *Model for Translation Quality Assessment.* TBL Verlag.
Jacobsen, Eric 1958. *Translation : A Traditional Craft.* Copenhagen : Nordisk Forlage.
Jakobson, R. 1959. *On Linguistic Aspects of Translation.* In Brower 232-239.
Joshi, U and Rao, I.P.1980. *The Art of Translation.* New Delhi, Indian Institute of Mass Communication.
Kalyani, P.K. 2001. *Translation Studies*. Delhi: Creative Books.
Katan, D. 2004 *Translating Cultures*. Manchester : St. Jerome.
Kelkar, Ashok R. 1977. *Translate or not to Translate*? JISTA, 6.3-4 : 1-12
Kelly, L.G. 1979. *The True Interpreter : A History of Translation Theory & Practice in the West.* Oxford : Blackwell.
Kirkwood, H. 1966. *Translation as a Basis for Contrastive Linguistic Analysis*. International Review of Applied Linguistics.
Kothari, R. 2003 *Translating India*, Manchester : St. Jerome.
Lakshmi, H 1993 *Problems of Translation.* Hyderabad : Booklinks Corporation.
Lal, P. 1996. *Translation : Seven Essays on the Art of Transcreation.* Kolkata : Writer's Workshop.
Landers, C. 2001 *Literary Translation: A Practical Guide*, Clevedon : Multilingual Matters.
Lanigan, R.L. 1977. *Speech Act Phenomenology*. The Hague : Martinu Nijhoff.

Leech, G.N. 1983. *Principles of Pragmatics*. London : Longmans.

Lefevre Andre. 1975. *Translating Poetry : Seven Strategies and a Blue print*. Assen/Amsterdam: Ven Gorcum.

..............., 1977. *Translating Literature : The German Tradition from Luther to Rosenzweig*. Amsterdam and Assen : Van Gorcum.

1978. *Translation studies: The Goal of the Discipline.* In Holmes, Lambert & Broeck (eds.).

Lotman, J. & B.A. Uspensky. 1978. *On the semiotic Mechanism of Culture. New Literary History* IX 201 -232.

Ludskanov, A. 1975. A *Semiotic Approach to the Theory of Translation*. Language Sciences 3515-8.

Machwe P. 1958. *The Problems of Translation Hindi and other Indian Languages*. *Babel*: 23-31.

Mukherjee, S.1994 (1981). *Translation as Discovery and other Essays : On Indian Literature In English Translation*. Hyderabad : Orient Longman.

Munday, Jeremy, 2001. *Introducing Translation Studies,* London : Routledge Taylor and Francis Group.

Nair, Rukmini Bhaya (ed.) 2002. *Translation, Text and Theory : The Paradigm of Ind*ia, New Delhi : Sage Publications.

Nair, Sreedevi K. 1996. *Aspects of Translation*, Delhi : Creative Books.

Neusteupny, J.V. 1970 *Basic Types of Treatment of Language Problems*. In Linguistic Communications (ed.) Monash University.

Newbert, A. 1985. *Text and Translation*. Leipzig : VEB Verlag.

NewMark, Peter. 1978. *Twenty three Restricted Rules of Translation*. The incorporated linguist 2 (1): 9-15.

..............., 1978. *The Theory and Craft of Translation.* In Language Teaching and Linguistic surveys. 79-100; Cambridge : Cambridge University Press.

..............., 1991.*About Translation,* Clevedon : Multilingual Matters.

Nida, E.A. 1964 *Towards a science of Translating*. Leiden : E.J. Brill.

1964. *Science of Translation. Language.* 45-3 : 483-498.

.... and C. Taber. 1974. *The Theory & Practice of Translation.* Leiden : E.J. Brill.

Niranjan, Tejaswani. 1995 *Listing Translation : History, Post Structuralism and the Colonial Context,* Delhi: Orient Longman.

Parkel, Lobis L. 1958. *Medical Terminology*. Illinois Charles C. Thomas.

Parkinson, R. (ed.) 1962. *The Theory of Meaning*. London : Oxford University Press.

Pattanayk, D.P. 1968. *Linguistics and Translation.* BDCRI. 27 : 57-63

Picken, C. (ed.) 1983. *The Translator's Handbook* (Introductory Survey by P. NewMark). London : Aslib

Pierce, C.S. 1940. *Selected Writings* ed. by Buchlev. New York : Harcourt Bruce and Co.

Pinchuk, Isadore. 1977. *Scientific and Technical Translation.* London : Andre Deutch Ltd.

Pöchhacker, Franz. 2003 *Introducing Interpreting Studies,* London : Routledge Taylor and Francis Group.

Popovic, Anton. 1976. *Dictionary for the Analysis of Literary Translation.* University of Alberta (Deptt. of Comparative Literature).

Ramakrishna, shanta 1998. *Translation and Multilingualism.* Delhi : PenCraft International.

Rao, R. Raghunath 1990 (1910) *The Art of Translation.* New Delhi : Bharatiya Anuvad Parishad.

Riccardi, Alessandra. 2002 *Translation Studies : Perspectives on an Emerging Discipline.* Oxford : OUP.

Robinson, Donglas. 2003 *Becoming a Translator.* London : Routledge Taylor and Francis Group.

Saussure, F. de 1974. *Course in General Linguistics.* London : Fontana.

Savory, Theodore. 1957. *The art of Translation.* London : Cape.

Sastry, J. Venkteswara (ed.) 1994. *Art and Science of Translation.* Hyderabad : Booklinks Corporation.

Sharma P. Gopa 1972. *Popularization of Science and Communication. Babel.*

Shlesinger, Miriam 2001. *The Interpreting Studies Reader,* London Routledge Taylor and Francis Group.

Simon, Sherry 1996. *Gender in Translation,* London and New York : Routledge.

Singh, Avadesh Kumar (ed.) *Translation: Its Theory and Practice.* Delhi : Creative Books.

Smith, A. H. 1958. *Aspects of Translation.* London : Secker and Warburg.

Steiner, George. 1975. *After Babel, Aspects of Language and Translation.* London : Oxford University Press.

Talgeri, P. and S.B. Varma (eds.) 1988. *Literature in Translation.* Mumbai : Popular Prakashan.

Toury, G. 1980. *In Search of a Theory of Translation.* Tel-Aviv : Porter Institute.

..............., 1987. *Translation Across Cultures*. New Delhi : Bahri Publications.

Trivedi. H.C. 1971. *Problem in Linguistic and Cultural Translation*. Ahmedabad : New Order Book Depot.

Ure, Jean 1964. *Types of Translation and Translatability.* Babel 10:3-11.

Walmsley, John B, 1970 *Translation Theory and Translations*. IRAL 8.3; 185-99.

Weissbort, D and A. Eysteinsson. 2006. *Translation : Theory and Practice.* Oxford : OUP.

Wilss, Wolfram 1977. *The Science of Translation (Problem & Methods).* Verlag Tubingen : Gunter Narr.

❑❑❑